한국 사람 만들기 IV
친일개화파 2

함재봉 지음

본 연구는 「한국학술연구원」의 지원으로 이루어졌음.

함재봉(咸在鳳)

한국학술연구원장. 연세대학교 정치외교학과 교수(1992-2005), 프랑스 파리 유네스코 본부(UNESCO) 사회과학국장(2003-2005), 미국 서던캘리포니아대학교(University of Southern California) 한국학연구소 소장 겸 국제관계학부 및 정치학과 교수 (2005~2007), 랜드연구소(RAND Corporation) 선임 정치학자(2007-2010), 아산정책 연구원 이사장 겸 원장(2010~2019) 등을 역임했다. 미국 칼튼대학교 (Carleton College)에서 경제학 학사학위(1980), 존스홉킨스대학교(Johns Hopkins University)에서 정치학 석사 및 박사학위(1992)를 취득하였다.

블로그 https://blog.naver.com/hahmchaibong
페이스북 https://www.facebook.com/hahmchaibong
유튜브 함재봉TV - 역사와 시사
카카오톡 오픈채팅 한국사람사랑방

한국 사람 만들기 IV

친일개화파 2

함재봉

머리말

이번 책은 유난히 난산이었다. 책을 쓰는 도중에 책의 주제가 바뀌어버렸다. 원래 주제는 「친미기독교파 2」였다. 그런데 도중에 계획에도 없던 「친일개화파 2」로 바뀌었다. 원래 계획은 앞부분에서 「청일전쟁」과 「갑오경장」을 다루고 그 다음에는 윤치호, 서재필 등 친미기독교파들이 「독립협회」와 「독립신문」, 「만민공동회」 등을 통하여 조선 사회의 근대화를 꾀하고 입헌군주제 운동을 펼치는 내용을 다룰 생각이었다. 그러나 막상 「청일전쟁」을 파고들다 보니 당시 동북아의 지정학을 이해해야 했고 그 다음에는 전쟁의 도화선이 된 「김옥균 암살 사건」과 「동학난」의 발생 배경과 경과를 이해해야 했다.

김옥균의 암살 사건을 추적하던 중에는 그와 함께 일본에서 10년에 걸친 망명생활을 한 박영효를 재발견 하게 됐다. 김옥균과 늘 같이 언급되지만 그의 그늘에 가려 있으면서 결국 「친일파」로 전락한 인물 정도로 알고 있었다. 그러나 박영효는 일본에서의 망명생활 10년간 미국과 유럽의 사상과 제도를 연구하면서 조선을 위한 놀랍게 구체적이고 치밀한 근대 개혁의 청사진을 마련한다. 그리고 「역적」이었던 그에게 다시 한번 권력을 잡고 근대화 개혁을 추진할 수 있는 전혀 뜻밖의 기회가 찾아온다.

기회를 제공한 것은 동학난이었다. 학정을 견디지 못하고 일어난

민란이 천년왕국설과 종말론을 기반으로 한 민간신앙과 합치면서 폭발한다. 중화문명권의 봉건왕조 붕괴과정에서 일어나는 전형적인 현상이다. 동학은 조선의 전근대성, 봉건성의 마지막 집단적 발현이었다.

그러나 낫과 곡괭이, 죽창으로 무장한 농민군 조차 진압할 실력이 없던 조선은「종주국」청에 토벌을 부탁할 수 밖에 없었고 이는 일본이 청과 전쟁을 일으키고 갑오경장을 추진할 수 있는 빌미를 제공한다. 조선조정이 지나치게 개방적이고 친외세적이라고 비판할 정도로 봉건적이고 쇄국적인 동학이 난을 일으킴으로써 갑오경장이라는 급진 개혁의 기회가 마련된다. 역사의 아이러니일 뿐만 아니라 조선말 역사의 굴곡이 또 한번 적나라하게 드러나는 순간이다.

일본은 청일전쟁과 갑오경장을 동시에 시작한다. 청이 조선에 개입하다 못해 결국 속국화하는 정책을 채택하게 된 것은 조선의 정정 불안 때문이었다. 특히 임오군란과 갑신정변은 조선 조정이 외세의 개입 없이는 생존할 수 없음을 보여주었고 청은 이를 기화로 조선에 깊숙히 개입한다. 1882년 임오군란과 1884년 갑신정변 당시만 해도 청에 무력으로 맞설 실력이 없었던 일본은 그 후 10년간 대내개혁을 완성한다. 1894년 동학난이 일어나면서 청이 다시 한번 조선에 군사를 보내 개입하자 일본은 물러서지 않는다. 10년전의 일본이 아니었다.

일본은 청을 무력으로 조선에서 축출하기 위하여 전쟁을 일으키는 동시에 조선내정개혁을 통해 외세개입의 근원을 제거하고자 갑오경장을 시작한다. 친일개화파 박영효는 청일전쟁에서 연전연승하는 일본의 전폭적인 지원하에 급진 개혁을 추진한다.

청일전쟁과 갑오경장에 대한 논의를 시작도 하기 전에 책이 이미 200페이지를 훌쩍 넘어버렸다. 결국 친미기독교파를 다루려던 계획을 포기하고 박영효를 중심으로 청일전쟁과 갑오경장을 전후한 친일개화파의 역할에 대해 집중하기로 했다.

일이 더 복잡해지기 시작한 것은 청일전쟁과 갑오경장을 서술하는 방식때문이었다. 청일전쟁과 갑오경장은 항상 별도로 다뤄진다. 워낙 크고 중요한 사건들이었기 때문이다. 그러나 두 사건은 밀접하게 연관되어 있을 뿐만 아니라 동시에 일어난다. 청일전쟁이 시작되면서 갑오경장이 시작되었고 전쟁이 끝나면서 개혁도 끝난다. 두 사건을 별도로 다룰 경우 두 사건의 맥락을 입체적으로 파악할 수 없다. 따라서 청일전쟁과 갑오경장을 한 사건으로 보면서 그 전개과정을 한 장에 모두 넣어 개괄적으로 보고자 하였다. 그러다보니 제4장인「청일전쟁과 갑오경장」은 거의 400페이지가 되어버렸다. 다만 목차상으로「갑오경장」관련 소제목들을 푸른 색깔로 독자들의 이해를 돕고자 하였다.

청일전쟁과 씨름하기 시작하면서는 전쟁 직전 청, 일 양국의 국내정치, 전쟁준비 상황, 군사력도 비교분석해야 했고 전쟁이 시작된 후에는 주요 전투들의 전개과정을 알고 싶었다. 동시에 제 1, 2, 3차 갑오경장의 내용과 속도와 주체를 둘러싼 치열한 권력투쟁, 조선의 내정개혁을 추진한 일본정치인들의 의도와 이해관계, 이들과 조선의 위정자들과의 관계를 입체적으로 파악하고자 노력하였다.

청일전쟁과 갑오경장을 한 장에 묶어 넣고 서술하는 작업을 간신히 마쳐갈 때쯤「삼국간섭」의 중요성을 깨닫기 시작했다. 역사책에서는 일반적으로「러시아, 독일, 프랑스가 개입하여 일본이 청으로부터 할양받은 랴오둥(요동)을 되돌려주게 된 사건」 정도로 요약하고 넘어가지만 삼국간섭을 이해하지 못하면 청일전쟁의 여파도, 갑오경장이 실패하는 이유도, 10년 후 발생하는 러일전쟁의 원인도 이해하지 못하게 된다.

삼국간섭을 공부하면서 일본과 러시아, 독일, 프랑스는 물론 영국과 미국과의 긴박한 협상과정까지 세밀히 들여다봤다. 외교라는 것이 얼마나 긴박하게, 예측할 수 없게 전개되고 국익을 위하여 협상에 임하는 각국 외교관들의 애국심, 지식, 세계관, 냉혹한 국제현실에 대처하는 자세, 국익을 극대화 하는 협상력, 배짱, 성격 등 모든 것이 드러나는 드라마란 사실을 새삼 깨달았다. 삼국간섭은 특히 드라마틱했다. 외교사의 가장 드라마틱한 장면 중 하나를 보다 자세하게 이해하고 소개하고 싶었다.

삼국간섭으로 일본의 영향력이 급격히 추락하자 민비와 민씨 척족을 비롯하여 개혁에 반대하는 모든 세력은 일본을 견제하기 시작한다. 이 와중에 박영효는 다시 한번 반역자로 몰려 일본 망명길에 오른다. 반개혁세력들은 러시아를 끌어들이고 러시아는 조선의 권력공백을 이용하고, 신임 일본 공사 미우라 고로는 상황을 만회해보려고 을미사변을 일으킨다. 그러나 제3차 갑오경장으로 「단발령」이 발표되자 반일, 반개혁 감정이 전국적으로 폭발하고 고종은 러시아 공사관으로 피신하면서 1년 넘게 지속해 온 개혁을 부정한다. 갑오경장은 이렇게 실패로 끝난다.

늘 그렇듯이 역사를 공부하다 보면 전혀 예기치 못하였던 인물의 등장, 사건의 전개, 역사의 논리를 만나면서 기존에 갖고 있던 지식을 과감히 버리고, 고정관념을 깨뜨려야 했다. 한국의 독자들이 받아들이기 힘들어할 내용들도 많다. 그러나 조선말의 역사, 근세사는 다시 써야 한다는 것을 이 책을 쓰면서 새삼 절감했다.

한국학술연구원 박상은 이사장님께서는 이 책을 쓸 수 있는 최고의 연구환경을 제공해주셨다. 연구원에 온 후 지난 일년반 처럼 오직 연구와 집필에만 집중할 수 있었던 때가 없었던 것 같다. 감사의 말씀을 드린다. 책을 쓰는데 가장 힘든 부분 중 하나는 교정보는 일이다. 그런데 이번에는 「한국사람사랑방」 「손님들」께서 오탈자, 띄어쓰기, 철자법 등을 정성스레 보아 주셨다. 「사랑방 손님들」께 감사드린다. 한국 사람 만들기 제IV권이 언제 나오는지 문의해주신 수 많은 독자분들 지속적인 관심과 격려 덕분에 이 작업을 마칠 수 있었다. 이번에도 최주호 디자이너가 책을 멋지게 디자인 해주었다. 벌써 5권째 공동작업이다. 감사할 따름이다.

그 어떤 일도 모든 것을 품어주는 가족의 기다림과 인내, 지지가 없으면 불가능하다. 유현과 진호, 서호에게 미안함과 고마움을 전한다.

2022년 8월 퇴촌과 신사동에서

목차

제3장 동학난 · 169

제4장 청일전쟁과 갑오경장 · 241 *청색의 제목은 「갑오경장」관련 부분

제5장 삼국간섭 · 625

서론

서론

1. 갑신정변 후 친일개화파와 일본의 대외정책

1884년 12월의 갑신정변이 「삼일천하」로 끝난 후 정변을 주도한 친일개화파 지도부는 일본으로 망명하기 위하여 한양을 빠져나와 제물포로 피신한다. 그러나 일본 공사 다케조에 신이치로(竹添進一郎)는 김옥균, 박영효, 서재필, 서광범 등이 일본으로 망명하는 것은 물론 제물포의 일본 영사관에 발을 들여놓는 것조차 반대한다. 이들은 이노우에 가쿠고로(井上角五郎, 1860.11.30.~1938.9.23.)의 도움으로 간신히 배에는 오르지만 망명객들이 나가사키에 입항한 후에도 일본 정부는 아무런 도움을 주지 않는다. 김옥균 등이 일본에서 그나마 생활할 수 있었던 것은 개인적인 친분이 있던 일본 인사들과 미국 선교사들의 도움 덕분이었다.

1884년 12월 말 망명객들은 이노우에 가쿠고로의 권유와 설득으로 도쿄의 후쿠자와 유키치를 찾아가 몸을 의탁한다.[1] 후쿠자와는 이들에게 사태를 관망할 것을 조언한다. 이홍장과 이토 히로부미가 톈진에서 갑신정변 사후 처리 문제를 놓고 협상 중이었고 친일개화파에 대한 일본 정부의 입장도 정리가 되지 않은 상황이었기 때문이다.

1885년 4월 18일 이토는 이홍장과 4개월에 걸친 협상 끝에 「톈진협약」을 체결하면서 일본이 조선에 더 이상 개입하지 않을 것임을 분명히 한다. [텐진협약에 대한 논의는 제II권, 제12장, 「4. 갑신정변의 사후처리」참조]. 일본은 그 후 청일전쟁이 일어나는 1894년까지 10년간 조선, 청, 러시아 등 인접국들과의 갈등을 피하면서 대내 개혁에 몰두한다. 주조선 미국 대리 공사였던 폴크(George Clayton Foulk, 1856.10.30.~1893) 중위는 텐진협약 이후 일본의 대외정책기조가 변했음을 미 국무성에 보고한다.

> 과거에는 일본이 적극적으로 조선의 내정에 영향력을 행사하려고 하였으나 지난 4월 청과 조약을 체결한 후로는 매우 소극적인 방관자에 지나지 않는 모습을 보여왔습니다. 새로 짓고 있는 일본 공사관도 이전 것과는 달리 매우 작고 보잘것없습니다. 공사관의 수석 외교관도 임시 대리 공사(charge d'affair ad. Interim)에 불과합니다. 일본이 조선에 대한 정책을 대폭 수정하였고 청이 조선에 대한 종주권을 주장하는 것을 받아들이는 것을 보여주는 여러 가지 정황들입니다.[2]

조선 정부는 김옥균, 박영효 등의 신병을 인도할 것을 거듭 요구하지만 일본 정부는 이들이 정치범이라는 이유로 거절한다.[3] 그러면서도 일본 정부는 조선의 망명객들을 시종일관 무시한다. 일본 정부가 자신들을 지원하기는커녕 냉대로 일관하면서 조선에 개입하기를 거부하자 박영효, 서광범, 서재필 등은 미국 선교사들의 도움으로 1885년 5월 26일 미국 망명길에 오른다. 이들이 미국행 여비를 어떻게 마련하였는지는 분명치 않다. 청과의 협조 정책을 천명한 일본 정부가 청을 자극하지 않기 위해 후쿠자와를 통해 여비를 제공하고 조용히 미국으로 떠나도록 종용했다는 설도 있다.[4] 김옥균만 미국행을 거부하고 일본 잔류를 택한다.

1885년 11월 「오사카 사건」이 터진다. 일본 정부가 갑신정변의 실패를 방관하고 일본에 망명한 친일개화파 인사들을 냉대하는 것에 불만을 품은 오이 겐타로(大井憲太郎, 1843.9.2.~1922.10.15.), 후쿠다 히데코(福田英子, 1865.11.22.~1927.5.2.) 등 「자유민권파」들이 군사를 모집하여 조선으로 건너가 민씨 척족을 몰아내고 김옥균과 박영효 등에게 정권을 넘길 것을 모의한 사건이었다. [오사카 사건에 대한 논의는 제III권, 제7장, 8. 「오사카 사건과 극우파의 태동」 참조].

일본 정부는 주동자들을 모두 검거하고 재판에 회부한 후 징역에 처하는 등 강력하게 대응한다. 조선 정부와의 갈등을 유발하기 않기 위해서였다. 다행히 김옥균은 오사카 사건에 개입하지 않는다.[5] 후쿠자와가 거듭 자중할 것을 권하였기 때문이다. 그러나 일본 정부에게는 김옥균이 일본에 계속 체류하고 있는 것이 큰 부담이었다.

오사카 사건 직후 고종과 민비는 김옥균을 조선으로 유인하여 죽이고자 고종의 사촌 형 이준용으로 하여금 김옥균에게 밀서를 보내게 한다. 이 계획이 실패하자 1886년 5월에는 자객 지운영(池運永, 1852~1935.3.)을 일본으로 밀파한다. 지운영은 암살에 실패하지만 일본 정부는 조선 왕실이 김옥균을 암살하고자 한다는 사실을 확인한다. 일본 정부는 반정부 세력에게 정부를 공격할 빌미를 제공할 뿐만 아니라 조선 조정과 끊임없는 갈등의 요인이 되는 김옥균을 오가사와라 군도(小笠原群島, 일명 보닌 군도)로 귀양 보낸다.

2. 극에 달하는 청의 조선 간섭

일본이 대내 개혁을 완성하고자 조선에 대한 간섭을 자제하는 동안 조선에 대한 청의 간섭은 극에 달한다. 명과 조선이 「사대자소(事大字小)」의 관계를 맺은 이후 중국 조정이 전략적, 경제적 이해를 극대화하기 위해서 속방에 직접 개입하기 시작한 것은 처음 있는 일이었다. 조선이 중국의 「정삭(正朔)」을 받고 왕과 세자가 중국 황제의 「책봉」을 받는 등 중국을 종주국으로 받들지만 중국이 조선의 내치와 외교에는 간섭하지 않는 것이 「사대자소」의 원칙이자 관례였다.

그러나 청은 갑신정변 이후 「사대자소」의 오랜 관행과 원칙을 깨고 서구 열강이 식민지 침탈에 사용하는 제도와 방식들을 조선 통치에 도입하기 시작한다. 조선에 상주관을 두고 조선 정부 부처 내에 청국인 고문들을 배치시켜 조선의 내치와 외교를 직접 챙긴다. 연행사 등 공식 사절들을 통한 제한적인 무역만 허락하던 전통을 깨고 청국 상인과 상사들의 조선시장 침투를 적극 뒷받침하면서 경제적 이권을 챙긴다. 청군 장교들은 조선군을 훈련시키고 통솔하면서 식민군화 한다. 청이 같은 시기에 신장, 대만, 만주 등을 공식 영토로 편입시켜 나가는 과정과 같은 맥락이었다.[6]

조선에 대한 청의 개입이 극에 달하자 이홍장이 묄렌도르프의 후임으로 조선의 「협판내무부사(協辦內務府事, 내무부 차관)」 겸 「외아문장교당상(外衙門掌交堂上, 외교부 국장)」에 파견한 미국인 데니(Owen Nickerson Denny, 1838~1900)조차 청의 조선정책을 공개적으로 비판한다. 미국 판사 출신인 데니의 임무는 조선에서 청의 이익을 보호하는 것이었지만 그는 오히려 조선에 대한 청의 간섭과 국권 침탈을 비판하고 급기야는 이홍장과 격론을 벌인 후 청의 조선 정책을 조목조목 비판하는 글을 발표한다. 그러나 조선 문제에 관심이 없던 미국 정부는 오히려 청과 마찰을 일으키는 데니를 불편해 한다. 데니는 결국 사임하고 미국으로 돌아간다.

일본도, 미국도 조선에 아무런 관심을 보이지 않자 원세개는 조선이 청의 속방임을 대내외에 노골적으로 과시한다. 「영사」 직급을 받아 조선에 부임한 원세개는 실질적으로는 「총독」 역할을 한다. 1885년의 「톈진협약」에 따라 청과 일본은 조선 주둔군을 철수하지만 원세개는 「경찰 호위대」라는 미명 하에 상당수의 군사를 주둔시킨다.[7] 1890년 6월 4일 조대비가 승하하자 청은 조선에 「조문사절」을 파견한다. 고종은 청황제의 조문 사절단에 「삼궤구고두(三跪九叩頭)」의 예를 갖추어야 했다. 1891년 6월 13일 톈진을 방문한 주 조선 미국 공사 허드(Augustine Heard)를 접견한 이홍장은 조선의 독립을 용납할 수 없다면서 고종과 김윤식 등에게 독립에 대한 환상을 버리고 중국을 따르도록 종용하라고 한다.

3. 시베리아 횡단철도와 급상승하는 조선의 전략적 가치

이홍장과 원세개가 조선의 정치, 경제를 장악하고 청의 종주권을 대내외적으로 과시하는 와중에도 조선의 지정학적, 전략적 가치는 급상승한다.

1891년 3월 29일 러시아의 차르(황제) 알렉산더 3세(Alexander Ⅲ Alexandrovich Romanov, 1845.3.10.~1894.11.1. 재위 : 1881~1894)는 **시베리아 횡단철도**

건설을 선포하는 칙령을 내린다. 모스크바에서 시작하는 횡단철도의 종착역은 블라디보스토크로 정해진다. 블라디보스토크는 러시아가 1860년 청으로부터 할양받은 연해주에 위치한 항구로서 러시아어로 「동방의 패자(霸者)」를 뜻했다. 시베리아 횡단철도 건설 선언은 러시아가 곧 동방의 패자(霸者)가 되겠다는 야심의 노골적인 표현이었다.

시베리아 횡단철도가 완성되면 극동의 세력균형은 영구적으로 바뀌고 일본은 조선에 대한 영향력을 상실하게 될 것이 분명했다. 조선에 대한 영향력을 상실하고 대륙 진출이 좌절될 경우 일본은 열강의 반열에 오를 수 없었다. 따라서 일본의 입장에서 러시아 황제의 시베리아횡단철도 건설 칙령은 미국의 「몬로 독트린(Monroe Doctrine, 1823)」과 같은 배타적 패권지역(exclusive sphere-of-influence)의 선포였다. 미국은 몬로 독트린으로 유럽 열강이 중남미에 발붙이는 것을 좌시하지 않을 것임을 선포한다. 알렉산더 3세의 시베리아 횡단철도 건설 선포는 일본이 아시아 대륙에 발을 못 붙이게 하겠다는 선포였다.[8]

야마가타 아리토모는 1890년 일본의 「대전략(Grand Strategy)」을 구상하고 정리한 「외교 전략론」을 통하여 러시아의 시베리아 횡단철도 완공이 가져올 지정학적 위협과 조선의 중요성에 대하여 경고한 바 있다.

우리나라 이익선의 초점은 바로 조선에 있다. 시베리아 철도가 이미 중앙아시아로 나아갔으니, 수년 뒤 준공에 이르면 러시아 수도를 출발하여 십 수일이면 말에게 흑룡강 물을 마시게 할 수 있을 것이다. 우리는 시베리아 철도 완성의 날이 곧 조선의 다사다난한 날이 될 것임을 잊어서는 안 되며, 또한 조선이 다사다난할 때에는 곧 동양에 일대 변동이 발생할 계

기가 될 것임을 잊어서는 안 된다.[9]

러시아가 시베리아 횡단철도 완성 계획을 선포하자 대내 개혁을 위하여 대외 문제 개입을 자제해 온 일본은 대외정책을 근본적으로 수정하기 시작한다. 일본은 「조선 문제」를 해결할 시간이 10년 정도 남은 것으로 계산한다. 조선문제의 「해결」이란 조선에서 청을 축출하고 조선의 내정을 개혁함으로써 조선이 거듭된 정치적 혼란으로 외세의 개입을 불러오고 국제 분쟁을 일으키는 악순환을 끊는 것이었다.

1891년 4월, 시베리아 횡단철도 건설 칙령 발표 직후 러시아의 「차레비치(Tsarevich, 황태자)」 니콜라이 알렉산드로비치(Nikolai II Alexandrovich Romanov, 1868.5.18.~1918.7.17.)가 일본을 방문한다. 니콜라이는 일본 방문 후 러시아의 극동함대 기지인 블라디보스토크로 가서 블라디보스토크와 하바롭스크를 잇는 우수리 철도 기공식에 참석할 예정이었다. 당시 23세의 황태자를 극동으로 보낸 것은 러시아가 동아시아를 얼마나 중시하기 시작했는지 보여준다.[10]

니콜라이는 1891년 4월 27일 나가사키에 도착한다. 일본은 국빈 맞이에 정성을 기울인다. 그러나 5월 11일 오츠(大津)에 관광을 갔던 니콜라이는 러시아에 대해 반감을 품은 일본 경찰관의 습격을 받는다. 다행히 이마에 가벼운 상처만 입었지만 이 사건으로 일본은 공황 상태에 빠진다. 저격범이 잡히고 재판에 넘겨지지만 일본 사법부가 사형 대신 종신형을 내리자 일본은 러시아가 보복 공격을 할 것이라는 공포에 휩싸인다. 러시아 측에서는 아무런 문제 제기를 하지 않는다. 그러나 이 사건으로 일본의 조야는 러시아가 얼마나 무서운 존

재인지 절감한다.

4. 김옥균의 암살

1894년에 들어서면서 일본은 영국과의 불평등 조약을 재협상하고 있었다. 당시 세계 최강대국 영국이 일본과의 불평등 조약을 대등한 조약으로 대체해 준다면 다른 열강들도 영국의 뒤를 따를 것이 확실했다. 불평등조약 재협상에 성공하면 일본은 드디어 국제법상으로 구미 열강과 대등한 지위를 확보할 수 있었다. 영국도 불평등조약 재협상이 일본 정부에게 얼마나 중요한 사안인지 충분히 인지하고 있었다. 그러나 영국은 일본이 조약을 일방적으로 파기할 것이라는 핑계를 대면서 협상을 지연시킨다. 반면 일본의 자유민권운동파나 극우파 등 야권에서는 일본이 열강들과의 불평등조약을 일방적으로 파기할 것을 요구하고 있었다. 이토 히로부미 총리대신과 무츠 무네미츠 외무대신은 그런 일은 결코 없을 것이라면서 영국을 계속해서 설득해야 했다.[11] 이때 김옥균 암살 사건이 터진다.

1886년 8월 9일 오가사와라 군도로 유배되었던 김옥균은 1888년 7월, 건강 악화로 삿포로로 이송되지만 도쿄로 돌아오는 것이 허락되는 것은 1890년이었다. 4년에 걸친 귀양 끝에 도쿄로 돌아온 김옥균은 재기를 위해 몸부림치지만 그를 도와주는 사람은 없었다. 그의 생활이 방탕해지면서 후쿠자와 유키치 등 그나마 그에게 연민의 정을 느끼던 사람들의 도움의 손길마저 끊긴다. 한편 김옥균이 도쿄로 돌아오자 조선 조정은 또다시 암살 계획에 착수하여 1892년 5월 이일직(李逸稙)을 일본에 파견한다. 이일직은 2년에 걸친 공작 끝에 김옥균의 신임을 얻은 후 1894년 3월 그를 상하이로 유인하여 자객 홍종우를 시켜 암살한다.

김옥균이 죽자 일본 언론은 그를 조선의 「문명개화」를 위하여 투쟁하다가 희생된 영웅으로 추앙한다. 동시에 조선 왕실이 자객을 보내 일본에 망명 중인 김옥균을 상해로 유인해서 암살한 것은 일본의 국법을 무시하고 국위를 훼손시킨 것이라면서 격앙된다.

청과 조선이 암살범 홍종우와 김옥균의 시신을 처리한 방식은 일본 여론을 더욱 자극한다. 김옥균이 암살된 여관은 상하이 미국 조계(租界)에 위치해 있었다. 외국인 조계에서 벌어지는 형사사건들은 상해에 거주하는 외국인들 소관 조계의 「공부국」에서 다루게 되어 있었다. 그러나 이홍장과 원세개는 관례를 깨뜨리고 홍종우의 신병을 인도 받아 석방한 후 김옥균의 시신과 함께 청 군함에 태워 조선으로 보낸다.

조선에 도착한 홍종우는 막대한 상금과 집을 포상으로 받는 등 영웅 대접을 받는다. 김옥균의 시신은 능지처참된 후 8쪽으로 나뉘어져 전국 8도에 보내진다. 일본 언론은 이홍장이 일본과의 신의를 저버렸다고 성토하는 한편 조선 왕실의 야만성이 다시 한번 드러났다고 비난한다. 김옥균의 처참한 말로에 대한 자세한 보도는 연일 모든 일본 신문의 일면을 장식한다.

김옥균 암살은 메이지 정부의 대외정책이 유약하다고 비판해 온 반정부 세력들에게 정부를 압박할 수 있는 빌미를 제공한다. 조선정책은 일본 정부의 나약한 대외정책의 표본이 되어버린다. 야당의 자유민권주의자들과 이들을 지지하는 신문들은 김옥균이 문명을 위하여 순교하였으며 조선 정부는 그의 암살을 사주하였고 청 정부는 방조하였으며 일본 정부는 그를 박대했다고 대서특필한다. 「겐요샤」의 극우파들도 김옥균을 애도하는데 앞장서면서 일본 정부가 그의 죽음을 방치한 것은 곧 일본의 명예를 실추시킨 일이라고 성토한다.[12] [겐요샤에 대한 논의는 제III권, 제7장, 8. 오사카 사건과 극우파의 태동, 「겐요샤」 부분 참조]. 이때 조선에서 동학란이 발발하면서 이를 진압하는데 실패한 조선 정부가 청 정부에 지원군 파병을 요청할 것이라는 소식이 전해진다.

5. 동학난

청일전쟁 전야의 조선은 「실패한 국가(failed state)」였다. 「실패한 국가(failed state)」란 주권 국가로서 최소한의 기본 요건도 못 갖추고 국민에 대한 최소한의 책임을 질 수 없을 정도로 체제가 붕괴하여 더 이상 나라 구실을 하지 못하는 국가를 일컫는다.[13] 19세기 조선은 경제, 국방, 치안, 교육, 보건 등 모든 분야에서 실패한다. 당신 조선을 목격한 외국인들이 전하듯이 조선의 「중앙 정부 체계는 직권 남용의 핵심부로서 밑도 끝도 없는 부패의 바다」였고 정부는 「도둑질을 위한 장치에 불과」했다.[14]

폭정과 수탈, 가난과 기아, 질병과 자연재해의 연속인 「헬조선」 속에 방치된 조선의 백성들에게는 정신적, 정서적, 심리적 위안을 제공해 줄 수 있는 종교도 없었다. [「헬조선」에 대한 논의는 제III권, 「제2장 아비규환」, 「제3장 헬조선과 개신교」 참조]. 조선의 「국교」인 주자성리학은 인구의 2~3%에 불과한 사대부 남성의 전유물이었다. 불교는 왕조 초기부터 지속적인 탄압과 천시로 형해화 되면서 헬조선의 백성들에게 종교적 위안을 제공해주지 못한다. 남은 것은 무속이었다. 그러나 무속은 「미래의 삶에 대한 즐거움 또는 슬픔과 연관된 것도 아니고 사람들에게 도덕적인 삶을 살도록 하는 어떤 동기를 제공하는 것도 아니고 그저 공포심만 끊임없이 자극한다.」[15]

천주교와 동학은 「헬조선」에서 고통받고 있는 민초들에게 현세의 고단한 삶을 감내할 수 있는 보다 높은 차원의 가치관과 미래에 대한 희망을 주는 내세관을 제공한다. 국가가 수탈의 도구로 전락한 상황에서 서민들이 서로 믿고 의지하면서 희생하고 봉사하고 나누는 삶을 살 수 있는 도덕 공동체도 제공해준다. 국가가 사이비, 이단으로 규정하고 철저하게 탄압하는데도 불구하고 민초들 사이에 급속히 퍼져 나간 이유다.

반면 조정의 입장에서는 민간신앙으로 뿌리내리기 시작한 천주교와 동학은 결코 용납할 수 없었다. 중국의 역사는 민간신앙이 역대 왕조의 가장 큰 위협이었음을 보여준다. 한나라는 도교의 일파인 「태평도」가 일으킨 「황건적의 난」으로 멸망했고 원나라는 불교의 일파인 「백련교」가 일으킨 「홍건적의 난」으로 멸망다. 조선왕조도 건국 초기부터 주자성리학에 기반한 정치적 정통성과 정체성을 유지하기 위하여 불교와 같은 「이단」을 배척하고 같은 유교 내에서도 정통에 도전하는 「사문난적」을 끊임없이 색출하여 제거해 왔다.

조선과 중국의 역대 봉건 왕조들이 특히 경계한 것은 세상이 바뀌고 새 세상이 도래할 것이라고 주장하는 「천년왕국설」이나 「종말론」이었다. 민란은 학정에 저항하여 일어난다. 그러나 민란은 기본적으로 체제 순응적이다. 임금에게 탐관오리를 벌주고 선정을 베풀 것을 요구한다. 민란이 체제 부정적인 색채를 띠게 되는 것은 천년왕국설이나 종말론을 품고 있는 민간신앙과 결합할 때다. 천주교의 내세관이나 동학의 「후천 개벽설」은 기존 체제를 부정하는 천년왕국설과 종말론의 전형이다. 실패한 국가 조선이 천주교와 동학을 탄압한 이유다.

헬조선의 고통 받는 민초들에게 희망과 위안을 줄 수 있는 신앙을 전교하는데 전념하던 천주교는 서양 오랑캐들의 앞잡이로 인식되면서 혹독한 박해를 받는다. 그러나 1880년대 초부터 조선이 구미열강과 수교하면서 천주교에 대한 박해는 멈춘다. 반면 초기에 천주교의 아류로 오인되어 박해받았던 동학은 천주교에 대한 금지가 해제된 후에도 여전히 금지되었고 1890년대 초 부터는 오히려 박해가 심해진다.

동학은 1892년부터 「교조신원운동」을 전개한다. 이는 1864년 순교한 창시자 최제우의 명예 회복을 탄원하는 운동이었지만 동시에 동학에 대한 금지를 철폐하고 종교의 자유를 요구하는 운동이었다. 최제우의 순교 후 제2대 교주 최시형의 지도 하에 경전, 교리, 제례, 조직을 정비하면서 세를 확장한 동학은 삼남 지방과 수도 한양에서 동시에 대규모 집회를 열면서 교조신원운동을 전개한다. 동학의 교세에 놀란 정부는 수차례 박해를 멈출 것을 약속하지만 지키지 않는다.

교조신원운동이 정부의 무성의하고 무원칙적인 대응으로 교착 상태에 빠졌을 무렵인 1894년 1월, 고부에서 전봉준이 군수 조병갑의 학정에 저항하는 민란을 일으킨다. 교조신원이나 종교의 자유를 요구하는 동학난이 아닌 탐관오리의 해임과 폐정의 중단을 요구하는 전형적인 민란이었다. 전봉준의 1차 봉기로 조병갑은 해임된다.

그러나 민심을 수습하기 위하여 파견된 안핵사(按覈使) 이용태(李容泰)는 민란을 일으킨 것이 동학이라면서 민란 가담자들을 동학교도로 몰아 죽이고 가옥을 불태우면서 사태를 악화시킨다. 이에 전봉준은 무장의 동학접주 손화중과 태인의 동학접주 김개남과 합세하여 다시 봉기한다. 교주 최시형은 봉기에 원칙적으로 반대하였지만 난은 걷잡을 수 없이 확산된다. 제1차 동학난이었다.

조선이 실패한 국가임을 가장 적나라하게 보여주는 것은 동학 농민군의 반란을 진압할 군사력조차 없었다는 사실이다. 1868년 병인양요 당시에는 프랑스군과, 1871년 신미양요 당시에는 미군과 처절한 전투 끝에 물리쳤던 조선군은 1894년에는 더 이상 존재하지 않았다. [신미양요 당시 조선군의 전투력에 대한 논의는 제I권, 제6장, 「7. 신미양요」 참조]. 조선의 관군은 낫과 곡괭이, 죽창으로 무장한 동학군을 진압하는데 실패하고 1894년 5월 31일 전주가 함락된다.

6. 청일전쟁

동학난 진압에 실패한 조선 조정은 청에 지원군을 요청한다. 조선이 청에 파병을 요청할 것이라는 정보를 입수한 일본은 먼저 파병을 결정한다. 조선의 내정 불안은 조선만의 문제가 아니었다. 청과 일본은 상대방이 조선을 장악하는 것을 최대의 안보위기로 생각했다. 1882년 임오군란 당시에도, 1884년 갑신정변 당시에도 청군과 일본군은 조선에서 충돌 일보 직전까지 간다. 그러나 청이 군사를 보내 조선 정국을 장악하자 일본은 번번이 물러섰다. 청에 대항할 정치력도,

외교력도, 군사력도 부족하였기 때문이다.

러시아가 1860년 연해주 할양과 블라디보스토크 건설로 극동에 발판을 마련한 이후 청과 일본은 러시아가 조선의 권력 공백을 이용하여 남하하는 것을 저지하기 위하여 노심초사한다. 1891년 러시아가 시베리아 횡단철도 건설을 공표하자 일본은 더 이상 지체할 시간이 없음을 깨닫는다.

1894년 조선 내정 불안으로 동학란이 일어나면서 극동의 국제정세가 다시 한번 요동치자 일본은 상황을 장악하기로 한다. 왕정복고 이후 정치, 경제, 교육, 법, 사회, 문화, 군사 등 모든 분야에서 급진적인 근대 개혁을 성공적으로 추진한 일본은 이미 선진국, 열강의 반열에 진입하고 있었다.

청일전쟁(1894.7.25.~1895.5.8.)은 동아시아에서 중국이 수백 년에 걸쳐 구축한 「화이질서(華夷秩序, 중화질서, 中華秩序)」가 일본이 구축하기 시작한 근대 국제질서로 대체되는 문명사적 전환점이었다.

모든 예상을 깨고 일본군은 청군을 상대로 압도적인 승리를 거둔다. 「풍도해전」, 「성환전투」에 이은 가장 큰 육상 전투인 「평양전투」에서 청군은 변변히 저항도 못하고 패주한다. 조선에서 청군을 축출한 일본군은 요동반도의 난공불락의 요새인 뤼순(旅順, 여순)을 함락시킨다. 이로써 일본군이 청의 수도 베이징으로 진격해 갈 수 있는 길이 활짝 열린다. 일본 해군은 「황해해전」에서 승리하면서 제해권을 잡은 후 산둥반도의 웨이하이웨이로 대피한 「북양함대」를 궤멸시킨다. 중국은 북양함대의 파괴 이후 100년간 대양해군을 보유하지 못한다.

일본의 승리를 결정지은 것은 일본의 근대화였다. 일본군은 일관

된 무기체계와 병참 체계로 무장한 반면 청군은 병사 개인이나 부대에 따라 천차만별의 무기를 갖고 있었고 병참체계는 없었다. 일본군의 사기는 충천한 반면 청군은 전쟁 초기부터 전의를 상실한다. 일본과 청의 해군 함정들은 모두 유럽에서 건조된 것들이었다. 청의 군함들은 일본의 군함들보다 컸다. 그러나 일본 해군은 빠른 함정 속도, 속사포 등을 이용하여 승리한다. 무기체계, 전략과 전술은 물론 군의 기강과 사기에 있어서도 청은 일본의 상대가 되지 않는다.

청일전쟁을 종결시킨 「시모노세키조약」은 청이 19세기에 체결한 조약 중 가장 치명적인 조약이었다. 일본에 영토를 할양하고 경제특권을 제공하고 막대한 배상금을 지불하면서 청에 대한 본격적인 열강의 침탈이 시작된다. 청일전쟁에서의 패배로 중국은 더 이상 지리적으로도, 문명적으로도 중심국이 아닌 「극동」, 「동아시아」의 「후진국」으로 전락하는 반면 일본은 동아시아의 「열강」, 「선진국」으로 부상한다.

중국이 근대로 넘어오는 전환점을 아편전쟁으로 보는 것이 일반적인 견해지만 중화질서를 무너뜨린 것은 청일전쟁이었다. 오늘날 세계가 중국과 일본, 동아시아를 바라보는 시각을 각인시킨 것 역시 청일전쟁이었다. 한 역사학자는 「청일전쟁 이후 중국 외교정책의 초점은 청일전쟁의 결과를 뒤집으려는 것인 반면 일본의 외교정책은 그 결과를 굳히는 것이다」고 말할 정도로 청일전쟁의 후유증은 오늘날까지도 지속되고 있다.[16]

7. 갑오경장

갑오경장(1894.7.27.~1896.2.11.)은 조선조가 명나라를 모델 삼아 500년에 걸쳐 구축한 주자성리학 봉건체제가 일본의 메이지 유신을 모델로 하는 근대국가 체제로 전환되는 분수령이었다. 1881년 일본에 신사유람단을 파견하면서 시작된 근대 개혁의 의지가 임오군란으로 꺾이고 1884년 친일개화파가 절박한 심정으로 일으킨 갑신정변이 「삼일천하」로 끝난 후 조선에는 개혁을 추동할 세력이 없었다. 고종과 민비, 민씨 척족이 장악한 조선은 청의 속방임을 자처하면서 실패한 국가로 전락한다.

일본은 청과의 전쟁을 시작하는 동시에 전쟁의 근원이 된 조선의 내정 불안을 종식시키기 위하여 조선 내정 개혁에 착수한다. 일본의 국익과 직결된 문제라고 생각했기 때문이다. 1895년 10월 제2차 갑오경장을 추진하기 위하여 주 조선 공사로 부임하는 이노우에 가오루는 「근본적인 개혁」 없이는 조선의 독립을 실현하고 영구히 유지하는 것은 불가능하다고 한다.[17] 일본 외교부도 같은 생각이었다.

> 약하고 고분고분한 조정, 탐욕스러운 관료 계층, 광범위하게 퍼진 부정부패, 재정에 대한 부실한 관리, 붕괴한 화폐 질서, 기술적 낙후 등은 조선을 약하고 외부로부터의 압력을 견딜 수 없게 만들고 있다. 이러한 난맥상을 집중적인 자강 운동을 통해 극복하지 못한다면 조선은 일본과 강력한 이웃인 중국과 러시아 사이에서 완충지대 역할을 할 수 없다. 개혁 없이는 조선은 열강의 먹잇감이 되어 버릴 것이고 그렇게 되면 일본의 측면은 완전히 노출될 것이다.[18]

일본은 조선의 내정 개혁을 추진하기 위하여 무력으로 경복궁을 점령하여 고종과 민비를 인질로 잡는다. 문제는 조선의 개혁을 주도할 세력이 없었다는 점이다. 친일개화파는 갑신정변의 실패로 이미 10년 전에 붕괴했다. 여전히 정부 내에 남아서 조용히 개혁정책들을 추진하는 개화파들도 소수 존재하였으나 이들을 단합된 정치세력으로 묶어 국가 차원의 개혁을 추진할 만한 지도자는 없었다. 일본은 어쩔 수 없이 1885년 청나라에서 석방된 후 운현궁에 갇혀 끊임없이 고종과 민비, 민씨 척족을 상대로 암약하던 흥선 대원군을 소환한다.

대원군을 개혁정부의 수반으로 영입한 일본은 1894년 7월 27일 「군국기무처」를 설립하고 「제1차 갑오개혁」을 시작한다. 그러나 대원군은 군국기무처가 쏟아 내는 각종 개혁안에 반대한다. 대원군의 관심은 오직 민비를 폐서인하고 고종을 폐위시킨 후 손자 이준용을 보위에 앉혀 권력을 되찾는 것이었다. 그러나 일본과 친일개화파의 반대로 계획이 무산되자 대원군은 일본을 조선에서 축출하고 개혁을 중단시키기 위해 암약한다. 평양의 청군에게는 자신과 고종, 김홍집 총리대신의 밀서를 보내 일본을 축출해 줄 것을 청하고 삼남의 유림과 동학교도들에게도 밀사를 보내 의병을 일으켜 일본을 몰아내고 근대 개혁을 중단시킬 모의를 한다. 임진왜란 때 명군이 북에서 쳐내려오고 의병이 남쪽에서 봉기하면서 왜군을 협공한 전략을 따르기 위해서였다. 그러나 대원군과 고종이 청군에 보낸 밀서가 평양전투에서 승리한 일본군에 의해 노획되고 유림과 동학과의 교신도 모두 발각되면서 대원군은 다시 한번 정계에서 은퇴한다.

제1차 갑오경장이 실패로 돌아가자 일본은 이노우에 가오루를 조선 공사로 파견한다. 메이지 유신 주역 중 한 명이자 일본 외교를 책임지면서 강화도조약 때부터 조일관계를 주관해 오던 이노우에는 직접 조선의 내정 개혁을 챙기기로 한다. 1894년 10월 한양에 부임한 이노우에는 대원군을 축출하고 민비의 내정간섭 금지령을 내리면서 일본에서 박영효를 불러와 개혁내각 요직에 앉힌다.

일본으로 망명한 직후 미국에 건너갔다 적응하지 못하고 반년 만에 일본으로 돌아온 박영효는 그 후 10년간 서양의 역사와 사상, 기독교를 공부하면서 자신만의 개화사상과 개혁의 청사진을 완성한다. 식지 않는 개혁의 열정을 담아 1888년 『조선국 내정 개혁에 관한 건백서(朝鮮國內政開革에 關한 建白書)』를 고종에게 바치지만 물론 「역적」의 개혁안에 대해서는 아무런 반응도 없었다. 조선의 개혁을 꾀하기는커녕 고국에 돌아갈 가능성도 없는 상황에서도 박영효는 「보국회(保國會)」라는 조선 청년 단체를 조직하고 「친린의숙(親隣義塾)」이라는 조선 청년 교육 기관을 설립하면서 조선의 개혁을 준비한다. 그러나 고종과 민비가 보낸 이일직이 김옥균을 암살하고 박영효 자신도 암살 당하기 직전 상황까지 가면서 상황은 점점 더 악화되기만 하는 듯 했다.

이때 동학난이 발발한다. 조선이 청에 파병을 요청하자 일본은 10년간 지속한 불간섭 정책을 폐기하고 무력으로 청을 조선에서 축출하고 강제로 조선 내정 개혁을 추진하기로 한다. 일본은 박영효를 조선으로 불러 고종, 민비와 화해시키고 제2차 갑오개혁을 맡긴다. 뜻밖의 기회를 맞은 박영효는 열정적으로 개혁을 추진한다. 박영효의 주도하에 추진된 제2차 갑오경장 중에 총 213건의 개혁안이 제정된다. 그중 68건은 박영효가 직접 서명한다.

8. 삼국간섭과 갑오경장의 실패

일본군은 풍도해전(1894.7.25.)과 성환전투(7.28.~29.), 평양전투(1894.9.15.)에서 승리하면서 청군을 조선에서 축출한데 이어 만주에서의 연승 끝에 11월 21일에는 뤼순을 함락시킨다. 1895년 2월 12일에는 북양함대의 모항인 웨이하이웨이 마저 함락시킨다. 이로써 청의 자랑이었던 북양함대는 사라진다.

랴오둥반도의 뤼순과 산둥반도의 웨이하이웨이를 점령함으로써 일본은 베이징으로 향하는 황해와 발해만의 요충지를 모두 수중에 넣는다. 일본군이 베이징으로 진격하여 청조를 무너뜨리는 것은 시간문제였다. 이에 열강들은 청일간 강화조약을 조속히 맺도록 압력을 행사하기 시작하고 청과 일본은 지난한 협상 끝에 결국 1895년 4월 17일 「시모노세키조약(下關條約)」을 체결한다.

그러나 일본은 강화조건으로 뤼순을 포함한 랴오둥반도와 대만, 평후제도(澎湖諸島)를 할양 받는다. 열강들은 일본이 대만과 평후제도를 차지하는 것에 대해서는 이의를 제기하지 않는다. 그러나 일본이 랴오둥반도를 차지하는 것에 대해서는 반대한다. 일본이 청의 수도인 베이징으로 가는 해로상의 길목인 뤼순과 육로상의 길목인 산해관이 위치한 랴오둥반도를 영구히 소유하게 된다면 청은 일본의 속국으로 전락할 것이 분명했다. 그렇게 되면 열강이 아편전쟁 이후 중국과 동북아에 구축해 온 정치, 경제질서도 무너질 것이 확실했다.

오랜 기간 일본과 전략적 협력관계를 유지해 온 영국은 일본의 랴오둥반도 할양에 반대하지 않는다. 그러나 시베리아 횡단철도 건설을 극동정책의 핵심으로 간주하는 러시아 입장에서는 랴오둥반도를 일본이 차지하는 것은 용납할 수 없었다. 러시아는 결국 독일과 프랑스를 설득하여 일본으로 하여금 랴오둥반도를 포기하도록 한다. 이른바 「삼국간섭」이다.

1년에 걸친 전쟁에서 압승을 거두었을 뿐만 아니라 대륙에 거점을 마련함으로써 축제 분위기에 빠져 있던 일본은 충격과 분노에 떤다. 그러나 랴오둥을 지키기 위해서 러시아 등 서구 열강과의 전쟁을 치를 여력은 없었다. 일본은 랴오둥을 포기한다. 러시아는 2년 후인 1897년 랴오둥 반도를 청으로부터 조차하여 뤼순을 요새화하는 한편 시베리아 횡단철도와 연결시킨다. 이는 러일전쟁의 원인이 된다.

삼국간섭의 피해자는 일본만이 아니었다. 일본이 무기력하게 서구 열강의 압력에 굴복하는 모습을 보이면서 조선에 대한 일본의 장악력 역시 급격히 떨어진다. 고종과 민비, 민씨 척족은 삼국간섭을 주도한 러시아와 손잡고 일본을 견제하는 한편 박영효를 반역죄로 몰아 축출한다. 박영효는 다시 한번 일본 망명길에 오른다. 삼국간섭과 박영효의 망명으로 조선 내정 개혁의 동력이 떨어지자 이노우에 가오루는 일본 정부로부터 거액의 차관을 받아 고종, 민비, 민씨 척족과 손을 잡고 개혁을 시도하지만 일본 정부도, 은행들도 조선에 대한 대규모 투자에는 반대한다. 이노우에는 결국 모든 것을 포기하고 1895년 9월 17일 귀국한다.

이노우에의 후임에는 외교 경험도 경력도 없는 미우라 고로(三浦梧楼)가 임명된다. 일본 내 정치적인 고려에 의한 인사였다. 미우라는 조선의 대표적인 반일주의자였던 민비를 시해하는 것이 급속히 약화되는 일본의 영향력을 만회하는 방법이라고 오판하고 1895년 10월 8

일 「을미사변」을 일으킨다. 그러나 일본의 만행은 조선 국내외의 공분을 사면서 오히려 일본의 영향력을 더욱 축소시킨다. 때마침 제3차 갑오경장을 추진하던 김홍집 내각이 「단발령」을 내리자 도처에서 일본과 개혁에 대한 반대가 의병과 민란으로 폭발한다.

「을미의병」과 「상투 폭동」으로 정국이 다시 한번 혼란에 빠진 틈을 이용하여 고종은 아관파천을 단행하고 1년여 넘게 추진해 온 모든 개혁을 무효화시킨다. 조선의 근대화 개혁을 꾀하던 갑오경장은 청일전쟁 종전 1개월 만에 실패로 끝난다.

제1장

청의 조선 직할통치와 동북아

제1장

청의 조선 직할통치와 동북아

1887년이 되면 청은 조선의 내치와 외교를 완전히 장악한다. 「중국의 대표(원세개)는 조선을 때로는 겁박하고 때로는 사심 없이 친절을 베푸는 척하는 모습을 보이면서 끊임없이 상소를 올리고, 무언가를 제공하고, 강요하고, 지도합니다.」[1] 딘스모어(Hugh Dinsmore, 1850.12.24.~1930.5.2.)가 미 국무성에 보낸 보고서 내용이다.

청이 조선에 대한 종주권을 노골적으로 강화시킬 수 있었던 것은 일본이 조선반도에 대해 일체 간섭을 안 했기 때문이다. 일본의 조선 정책이 바뀐 것은 우선 청일간의 무역조약 갱신 협정을 앞두고 청일 관계를 우호적으로 유지할 필요가 있었기 때문이다. 뿐만 아니라 일본이 무력을 통해서 조선에 대한 「이익」을 주장할 수 없는 상황에서 조선이 러시아나 다른 열강보다는 청의 속방으로 남아 있는 것이 유리하다고 판단했기 때문이다.[2]

1890년이 되면 일본의 조선무역은 다른 어떤 나라와의 무역량보다 컸다. 자유민권운동파나 극우파들은 조선에 정치적으로 개입할 것을 지속적으로 주장하고 있었지만 일본-조선 관계의 가장 크고 중요한 부분은 교역이었다. 1878년 오쿠보 도시미치가 암살되고 일본의 최고 지도자로 부상한 이토 히로부미는 일본이 1880년대 내내 추구한 전방위적 급진 개혁이 성공하기 위해서는 청과 평화로운 관계를 유지하는 것이 무엇보다 중요하다고 생각했기 때문이다. 이토는 갑신정변 후의 청일관계를 규정하는 「톈진협약」을 협상할 때부터 이홍장과 각별한 관계를 맺고 조선 문제로 인하여 청과 일본이 갈등하지 않도록 조심한다. 이토는 같은 이유로 러시아도 자극하지 않는 정책을 편다.

일본의 조선정책이 지극히 소극적인 기조를 유지하자 1891년 3월 6일 일본 중의원은 정부가 「조선의 독립」에 대해서 더 이상 아무런 관심을 갖지 않는 듯하다면서 정부 정책을 비판한다. 외무대신 아오키 슈조(青木周蔵, 1844.3.3~1914.2.16)는 대정부질의에서 「국제관계는 때로는 피와 돈으로 큰 희생을 치러야 한다. 그렇기에 깊이 생각하지 않고 섣불리 해서는 안 된다. 그러나 정부는 일본의 명예를 높일 수 있을 때까지 높이고자 노력할 것이다」라고 답변한다.[3]

러시아는 조선이 중국으로부터 독립하기를 바랐다. 그러나 러시아는 아직도 중국의 군사력을 경계했기에 청을 자극하지 않으려고 한다. 러시아는 오히려 갑신정변의 후속조치로 일본의 이토 히로부미와 청의 이홍장이 「톈진협약(Convention of Tientsin, 1885)」을 협상하는 과정에서 양국 간에 러시아에게 불리한 비밀 거래가 있었다고 의심한다. [톈진조약에 대한 논의는 제 II권, 갑신정변의 사후처리, pp. 744-753 참조].

러시아 외무장관 기르스는 1887년 3월 셰비치(Dmitry Yegorovich Shevich, 1839~1906, Envoy. 1892.7.28.~30.~1896.6.30.) 주 일 러시아 공사에게 일본 정부와 일본 주재 외국 공관에 러시아는 일본이 조선의 독립을 조금이라도 저해하는 것을 좌시하지 않겠다는 뜻을 전할 것을 명한다.[4] 이에 대하여 일본 외무대신 이노우에와 외무차관 아오키 슈조는 일본은 그저 톈진협약을 따를 뿐이라고 답한다. 총리대신 이토 히로부미는 그 해 10월 셰비치 공사에게 일본은 내정 개혁에 몰두하고 있고 조선에서는 평화가 유지되기만을 바란다고 한다.[5]

미국도 러시아와 비슷한 입장이었다. 조선이 계속 독립을 유지하기를 바랬지만 청과의 관계를 악화시키고 싶지는 않았다. 청과의 무역이 중요했기 때문이다. 국무장관 베이야드(Thomas F. Bayard)는 조선의 「통리교섭통상사무아문(統理交涉通商事務衙門, 외교부)」이 원세개의 지시에 따라 주 조선 미국 대리공사의 폴크의 소환을 요구하자 받아들인다. 원세개는 고종에게 청으로부터의 독립을 부추기는 폴크는 원세개에게는 골칫거리였다.[6]

1. 오웬 니커슨 데니의 청 비판 (1886~1888)

청이 노골적으로 조선에 대한 종주권을 행사하기 시작하자 이홍장이 묄렌도르프의 후임으로 조선에 파견한 미국인 데니(Owen Nickerson Denny)가 오히려 청의 조선정책을 비판한다.

데니는 1838년 9월 4일 오하이오주 모건 카운티(Morgan County)에서 태어났다. 1852년, 데니 부모와 데니의 5남매는 「오레곤 가도(Oregon Trail)」를 따라 마차를 타고 오레곤주 세일렘(Salem)으로 이주한다. 세일렘에서 고등학교를 졸업하고 윌라멧 칼리지(Willamette College)를 졸업한 데니는 변호사 사무실에서 일하면서 법을 배워 1862년 오레곤주 변호사 시험에 합격한다. 변호사로 일하던 데니는 오레곤 주지사에

오웬 니커슨 데니(Owen Nickerson Denny)

휴 딘스모어(Hugh Dinsmore)

의해서 와스코 카운티(Wasco County) 판사에 임명되어 4년간 봉직한다. 1868년 12월 23일 거츠루드 화이트(Gertrude Hall White)와 결혼한 데니는 1870년 포틀랜드(Portland)시의 경찰법원 판사에 임명된다. 이때부터 데니는 「데니 판사(Judge Denny)」로 불린다.

1874년 그랜트 대통령(Ulysses S. Grant)은 그를 오레곤주와 알래스카주 주세청장(Collector of Internal Revenue for Oregon and Alaska)에 임명한다. 1877년 취임한 헤이즈 대통령(Rutherford Birchard Hayes, 1822.10.4.~1893.1.17.)은 3월 데니를 주 톈진 미국 영사에 임명한다. 당시 미국은 아직도 외교관을 훈련시키는 제도가 없었다. 따라서 외국 대사, 영사 임명은 모두 대통령이 당에 기여한 사람들을 외교경력과 관계없이 「낙하산」으로 임명하고 있었다. 데니 역시 1876년 선거에서 승리한 헤이즈 대통령을 지지한 「보은인사」로 톈진 영사에 임명된다.[7]

데니는 1877년 9월 20일 톈진에 부임한다. 톈진 영사는 상하이 영사 다음으로 중요한 자리였다. 무엇보다 정치적으로 중요한 자리였다. 텐진은 청의 외교는 물론 「양무운동」을 주도하고 있던 이홍장 즈리총독(直隸總督)의 본부였다. 데니도 물론 이를 정확하게 인식하고 있었다.

> 아시다시피 수출입 품목이 텐진으로 직접 오지 않고 모든 물품은 상하이를 먼저 거쳐서 오기 때문에 이 영사관은 경제적으로보다는 정치적으로 중요한 곳입니다...... 이 영사관이 정치적으로 중요한 것은 텐진이 즈리총독 이홍장의 본부이기 때문입니다.[8]

데니는 텐진 영사로 있으면서 이홍장과 친분을 쌓는다. 둘은 많은 대화를 나눈다. 데니는 이홍장을 높이 평가한다.

> 모든 차원에 있어서 그는 제국의 가장 유능하고 진보적인 정치가다. 중국인들을 그들 조상의 편견에 그토록 오랫동안 묶어 놓고 있는 사슬을 끊어버릴 근대문명의 아이디어들을 소개하는데 모든 외국인들은 이 사람을 통해서 하려고 한다. 그는 나라의 자원을 개발하는 문제나 인민들의 발전에 대해 깊은 관심을 갖고 있다. 중국에는 그 같은 사람이 하도 흔치 않아 그는 외국인의 친구인 동시에 외국인들의 이해관계를 돌보아 줄 수 있는 사람으로 여겨진다.[9]

데니의 부인은 이홍장이 텐진에 있는 데니 집에 자주 들렸으며 오후 내내 지내다 가는 경우가 종종 있었다고 한다. 이홍장은 데니에게 미국사회에 대해 자세히 캐물었고 데니가 중국에 대해서 어떻게 생각하는지 듣고 싶어 했다고 한다.

1880년 4월 데니는 상하이 영사로 자리를 옮기지만 1883년 10월 전임 상하이 영사였던 수워드(Seward)와의 분쟁 끝에 사표를 내고 고향 오레곤으로 돌아간다.

이때 마침 이홍장은 「조-러밀약사건」으로 해임된 묄렌도르프의 후임을 물색하고 있었다. [「조-러밀약」에 대해서는 제Ⅲ권, 제8장, 「2. 묄렌도르프와 제1차 조-러 밀약」참조]. 묄렌도르프는 조선의 「해관총세무사」와 통리기무아문의 「통리교섭통상사무아문참의(외무차관)」을 겸했다. 이홍장은 묄렌도르프의 후임에게는 그토록 많은 권한을 주지 않기로 한다. 청의 해관을 맡고 있던 하트(Robert Hart)는 자신의 휘하에서 일하던 메릴(Henry F. Merrill, 1853~1935)을 추천한다. 이홍장은 1885년 10월 14일 메릴을 조선의 총세무사로 임명한다. 메릴은 1889년 11월 조선을 떠날 때까지 조선의 해관을 청의 해관의 일부로 편입시키고 청의 이해를 충실하게 대변한다.[10] 그러나 총세무사는 메릴에게 맡기되 「외교부 차관」직은 데니에게 맡기기로 한다.

1885년 8월, 이홍장은 포틀랜드의 데니에게 전보를 쳐 조선국왕의 고문직을 맡아줄 것을 요청한다. 데니는 처음에는 거절한다. 그러나 이내 이홍장과의 오랜 친분을 고려해서 제안을 받아들인다. 데니는 자신의 역할이 이홍장과 고종 간의 연락책으로 생각한다.[11]

1885년 12월 29일 데니 판사 내외는 샌프란시스코를 출항하여 하와이를 거쳐 요코하마에 도착한다. 1886년 2월 8일, 데니 판사 내외가 투숙하고 있던 「윈저하우스(Windsor House)」호텔에 화재가 발생한다. 이 사고로 데니 판사 내외가 갖고 있던 현금과 귀금속 등이 불에 탄다. 다행이 내외는 다치지는 않았지만 이 사고로 인하여 데니 판사 내외의 조선 생활은 항상 경제적으로 쪼들린다.

데니 내외는 요코하마에서 톈진을 거쳐 1886년 3월 28일 한양에 도착한다.[12] 데니는 조선에 도착하기 전 폴크 소위에게 편지를 보내 한양에 도착하면 거처를 마련할 때까지 미 공사관에 머물 수 있을지 여부를 물었고 폴크 소위는 이를 기꺼이 승낙한다.

한양에 도착한 데니는 원세개가 자신을 고종과 조선 조정에 공식적으로 소개할 것을 기대했다. 그러나 데니의 존재에 대해 부담을 느끼기 시작한 원세개는 중국인 관리들을 조선 조정에 소개하는 예법과 데니와 같은 외국인을 소개하는 예법은 다른 것이라는 핑계를 대면서 데니를 고종에게 소개하지 않는다. 폴크 소위는 원세개가 「조선에서 데니 판사의 영향력이 자신의 영향력을 능가할 수도 있다고 걱정한 나머지 조선 정부 내에서 데니 판사가 차지하게 될 위상에 대하여 시기하는 모습을 보였다」고 한다.[13] 데니가 고종을 처음 알현하여 임명장을 제정한 것은 조선의 관리들과 폴크 소위의 안내를 받아서였다. 폴크는 「왕과 왕비, 조정은 데니 판사의 태도와 모습에 매료되었다」고 한다.[14]

며칠 후 데니는 고종에게 제정한 임명장이 자신을 「외아문장교사당상(외교부 국장)」으로만 임명하고 있다는 사실을 알고 아연실색한다. 뿐만 아니라 임명장은 데니가 원세개의 지휘를 받는 것으로 명시하고 있었다. 한문을 읽지 못하는 데니는 자신이 「국왕전하 정부의 총고문(General Advisor of the Government of His Majesty)」에 임명된 것으로 알고 있었고 원세개와는 공식적으로 아무런 관계가 없는 자리인 줄 알고 있었다.[15]

이홍장과 원세개는 데니가 자신들의 명령을 곧이곧대로 듣지 않을 수도 있을 것이라는 사실을 어렴풋이 깨닫기 시작하면서 데니의 직책을 외교부에 국한시키려고 한다. 당시 통리외무아문은 김윤식이 독판(장관)을 맡고 있었고 원세개는 김윤식을 통하여 통리외무아문을 장악하고 있었다. 따라서 데니를 김윤식 밑에 두는 것이 가장 안전하다고 생각했다.

그러나 고종은 이홍장과 원세개의 의도와는 달리 1886년 4월 9일, 데니를 「협판내무부사(내무부 차관)」와 「외아문장교사당상(외교부 국장)」에 동시에 임명한다. 특히 협판내무부사직은 고종과 지근거리에 일할 수 있는 직책이었다. 알렌과 폴크의 영향 하에 미국이 군사훈련관도 보내고 자신을 도울 것이라는 것을 믿고 있던 고종은 미국인 데니를 각별히 대하고 가까이 두고자 한다.

데니는 부임직후부터 원세개와 사사건건 충돌한다. 박정양 공사를 주 미 공사로 파견하는 사건으로 크게 충돌한 데니와 원세개는 1887년 평양을 외국인들에게 개방하는 문제를 놓고 다시 한번 충돌한다. [박정양 주 미 공사 파견에 대한 논의는 제III권, 제8장, 5] 미국 공사관 개설과 영약삼단 참조].

조선의 경제개발을 촉진하는 것이 자신의 역할 중 하나로 생각한 데니는 1887년 2월부터 평안도의 지하자원을 본격적으로 개발할 것을 제안한다. 1887년 5월에는 본인이 직접 평안도에 가서 광산개발과 경제발전 촉진 방안을 모색하기로 한다. 1개월 이상을 평안도에 머문 데니는 7월 초에 한양으로 돌아온다. 그는 광공업과 상업의 확대를 통한 조선 북부의 산업발전의 가능성이 크며 따라서 조선 정부가 이 지역을 하루빨리 개발해야 할 것이라는 보고서를 제출한다.

이를 위한 첫 단계로 데니는 평양을 외국인들에게 개방할 것을 제안한다. 비록 해안으로부터 30마일 내륙에 위치하고 있지만 대동강을 통해 항만과 쉽게 연결될 수 있기에 평양은 평안도의 산업과 상업을 발전시키는 중심 역할을 할 수 있을 것이라고 한다. 조선 총세무사 메릴 역시 데니의 평가에 적극 동의하면서 청의 해관장인 하트에게 평양시를 개방시킬 것을 제안하는 별도의 보고서를 제출한다.[16] 그러나 데니는 이홍장이 평양 개방을 반대한다는 사실을 전해 듣는다.

박정양 주 미 공사 파견문제, 원세개의 노골적인 내정간섭과 거만하기 이를 데 없는 처신, 그리고 평양 개방 문제 등 조선과 청 간의 현안이 쌓이자 데니는 톈진으로 가서 이홍장을 만나기로 한다.

1887년 10월 7일 톈진에서 만난 데니와 이홍장은 긴 대화를 나눈다. 데니는 이홍장이 1886년 자신을 조선에 파견하면서 「조선 정부를 어려움에서 구해 줄 뿐만 아니라 통상을 일으키고 권장하고 조선의 부존자원을 모든 가능한 방법을 동원하여 개발하는데 모든 노력을 기울일 것」을 부탁하였음을 상기시키면서 그런 취지에서 평양의 개방을 권장하는 것이라고 한다. 그러나 이홍장은 평양이 요동의 잉커우(營口)와 너무 인접해 있으며 따라서 평양을 개방할 경우 요동의 무역을 방해할 것이기 때문에 평양 개방에 동의할 수 없다고 한다. 데니는 잉커우가 평양으로부터 수백 마일 떨어져 있고 잉커우와 평양 사이에는 아무런 교역도 이루어지지 않고 있음을 지적하면서 조선은 독립국가이기 때문에 원하는 어떤 항구라도 개항할 수 있다고 한다.[17]

그러자 이홍장은 데니에게 평양의 개방과 같이 청의 국익에 반하는 정책을 고종에게 자문하지 말 것을 종용한다. 이에 데니는 자신을 3인칭으로 칭하면서 다음과 같이 답한다. 「그가 국왕의 신하로 있는 한 그는 조선 정부의 이해에 맞는 방법들을 자문할 것이고 한양에 돌아가는 대로 평양을 개방할 것을 종용할 것이다」라고 한다.[18]

데니는 또 원세개가 조선의 궁에 가마를 탄 채로 못된 종과 마부들을 데리고 출입한다는 사실도 얘기한다. 원세개가 고종을 겁박하고 폐위시키려고 거듭 시도한 사실도 얘기한다. 조선이 미국에 공사를 파견하는 것을 막고 있는 것도 비판한다. 조선은 청과 좋은 관계를 유지하기를 원하고 있지만 원세개의 끊임없는 음모들로 인하여 고종과 조선 조정은 청에 대한 신뢰를 잃어가고 있다면서 만일 청이 조선과의 관계를 회복하기를 원한다면 원세개를 해임하고 다른 사람을 임명해야 할 것이라고 한다. 원세개가 그토록 많은 음모를 꾸미고 있음에도 그를 그냥 두면 청이 조선을 합병시키려는 의도가 있는 것으로 사람들이 오해할 것이라고 한다.

이홍장은 조선이 박정양을 주 미 공사로 파견하는 것에 대해서는 워싱턴에서도 조선이 중국의 속방임을 분명히 한다면 허락하겠다고 한다. 그러나 원세개를 해임하는 것은 거부한다.[19]

이홍장과의 대화는 데니에게는 전환점이었다. 데니는 이때까지만 해도 조선의 국익에 도움이 되는 것은 곧 청의 국익에도 보탬이 되는 것이라고 생각했다. 반면 이홍장은 데니가 조선에서 청의 국익을 도모하고 있다고 생각했다. 그러나 10월 7일의 대화를 통해 이홍장과 데니는 조선과 청의 관계를 바라보는 서로의 입장이 완전히 다르다는 사실을 확인한다. 이홍장은 러시아와 일본의 야심을 견제하고 청의 안보를 지키기 위해서는 청이 조선을 완전히 장악하는 것이 청의 국익을 지키는 길이라고 믿었다. 반면 데니는 청의 정책이 오히려 러시아와 일본을 자극하는 동시에 조선의 근대화를 불가능하게 한다고 생각했다.

데니는 원세개가 조선에서 하는 일들도 이홍장 몰래, 이홍장의 의도와는 상관없이 독자적으로 벌이는 일인 줄 알았다. 이홍장과의 만남으로 이러한 환상은 깨진다. 이홍장을 위시한 중국의 지도부가 원세개의 일부 과도한 행동들에 대해서는 비판적인 입장을 취했을 수 있으나 조선의 내치와 외교를 장악하려는 원세개의 기본적인 목표에는 모두 적극 동의하고 있다는 사실을 깨닫는다. 데니는 조선의 독립을 지키려는 자신의 목표는 청의 전략적 목표와 상반된 것임을 알게 된다.

톈진에서 돌아온 데니는 실의에 빠진다. 그는 첫 2년 임기가 끝나는 대로 사임을 할 것을 고민한다. 1888년 1월 7일 포틀랜드의 친구에게 보낸 편지에 「나는 수차례 국왕을 보좌하는 일을 그만두고 고향으로 돌아갈 생각을 했다」고 한다. 2월, 데니는 고종에게 건강 악화를 이유로 사의를 표명한다. 자신을 후원해주던 미연방 상원의원 미첼(John H. Mitchell, 1835.6.22.~1905.12.8.)에게 보낸 편지에 데니는 「지난 10개월 동안 서울에서 일어난 수많은 음모와 모의 때문에 숨가쁘게 걱정하면서 지내느라, 그리고 중국이 조선을 못되게, 그리고 거만하게 다루는 데서 오는 정치적 문제들 때문에」 건강이 나빠졌다고 한다.[20]

데니와 친하게 지냈던 베베르 주 조선 러시아 공사는 고종에게 데니의 후임으로 주 조선 미국 공사 딘스모어를 추천한다. 그러나 미국의 베이야드(Bayard) 국무장관은 이 제안을 거절한다. 그는 데니 못지않게 청의 조선정책에 대해 비판적인 딘스모어를 데니의 후임으로 앉힐 경우 미-중관계가 악화될 것을 우려했다. 그는 데니에게 보낸 답신에

「청제국 정부는 우리 정부에 그들이 조선에 대한 종주권을 갖고 있다고 하는데 만일 우리 의 대표가 외교관직을 사임하 고 조선 정부에 고문으로 취직 하게 되면 중국의 이러한 주장 을 무시하는 것으로 받아들여 질 것이라는 사실을 염두에 두 어야 할 것」이라고 한다.[21]

존 미첼(John H. Mitchell) 상원의원

딘스모어가 자신의 자리를 대신 할 수 없게 된 상황에서 데니는 고민 끝에 결국 1888년 5월 14일, 조선 정부와의 고문직 계 약을 2년 연장한다. 이때부터 데니는 원세개는 물론 청의 조선에 대 한 정책 전반에 대해 비판의 목소리를 내기 시작하면서 오랜 친구인 이홍장에 맞서 자신의 직을 걸고 조선의 국익을 지키는데 온 힘을 기 울인다.[22]

데니는 1887년 가을 이홍장과의 대담 후 조선-청 관계에 대한 글 을 쓰기 시작한다. 그는 1887년 겨울 내내 집필에 몰두하여 1888년 2월 초에는 초고를 거의 완성한다. 이때까지만 해도 데니는 조선을 떠날 계획이었다. 그러나 조선에 남기로 한 이후에도 글을 출판하는 계획은 계속 추진한다. 그는 이 글이 「조선 사람과 외국인들을 속이 기 위한 목적으로 조선 문제에 대해서 은연중에 쳐진 거미줄을 제거 할 것」이라고 한다.[23]

데니는 1888년 7월에 요코하마에서 출간되는 영문 주간지 『더저팬위클리메일』에 원고 출판을 의뢰하지만 거절당한다. 다음 달 데니는 개인 비용을 들여 몇 부를 인쇄할 수 있었다. 그는 이 중 몇 부를 조선 주재 미국, 일본 공사에게 보낸다.

35페이지에 달하는 이 글은 미첼 상원의원에 의해서 『미 의회 기록 (Congressional Record)』에도 실린다. 그리고 결국 이 글은 상하이의 상업 출판사 「켈리앤월시오브상하이(Kelly and Walsh of Shanghai)」사에서 출판된다. 이때 출판된 글은 47페이지였고 사비를 들여 출판한 글에는 포함되지 않았던 내용도 포함되었다.[24]

『중국과 조선(China and Korea)』에서 데니는 청의 「부당하고 부정한 정책」을 고발한다. 그는 특히 두 가지를 강조한다. 하나는 원세개의 행태였다. 그는 원세개가 1886년과 1887년 고종을 폐위시키려고 시도했다는 점과 그의 밀수 행위를 고발하면서 메릴 조선 총세무의 보고서를 인용한다. 메릴은 보고서에서 「조선의 외교부는 원세개가 요구하는 것은 무조건 들어줄 수밖에 없기에 원세개의 상관들의 도움 없이는 이 악행(청의 밀수)을 막을 방법이 없다」고 한다.[25] 메릴은 또 청의 밀수행위와 이홍장의 평양개방 반대는 「나를 이곳에 보내줬고 내가 당연히 이해관계를 지켜줘야 하는 정부에 대하여 수치스럽게 생각하게 만들고 있다」고 한다. 그러면서 그는 청이 조선의 전통적인 속방으로서의 권리를 무시함으로써 자신이 청에 대하여 갖고 있던 우호적인 감정들이 모두 사라지고 있다고 한다.[26]

데니가 강조한 또 한 가지는 조선이 비록 청의 속방이지만 국제법에 따르면 독립 주권국이라는 주장이었다. 그는 오스틴(John Austin), 그로티우스(Hugo Grotius), 바텔(Emeric de Vattel), 휘튼(Henry Wheaton) 등 국제법

학자들을 인용하면서 조선이 청과는 관계없이 국제법에 따라 일본과 별도의 수호통상조약을 체결하고 그 이후 서구 열강과도 유사한 조약을 체결하였음을 상기시킨다. 이로써 「독립된 주권국가만이 행사할 수 있는 권리」를 행사했고 따라서 조선은 「독립국가들의 대가족(the great family of independent nations)」의 일원이 되었다고 주장한다. 갑신정변 직후 이홍장과 이토 히로부미가 체결한 「톈진협약(Li-Ito Convention)」은 청이 일방적으로 조선에서 행사할 수 있었던 권리를 모두 박탈하였고 따라서 원세개가 자신을 「총독(Resident)」이라고 부르는 것은 「형편없는 오역이자 음모(miserable misnomer and subterfuge)」라고 한다.[27]

1882년 조선과 청이 체결한 「조청수륙무영장정」의 서문에 조선이 청의 「제후국」임을 명시한 것은 「오류의 일방적인 선포(ex pate assertion of fallacy)」라면서 이 조약이 조선의 청국 상인들에게 치외법권을 인정하고 여권을 사용하도록 한 것은 청이 조선을 속방으로 보지 않기 때문에 가능한 것이라고 한다. [조청상민수륙무역장정에 대한 논의는 제II권, 제10장, 5. 속국에서 직할령으로 참조.] 만일 청이 조선에 대한 종주권을 갖고 있었다면 자국의 주권이 미치는 조선 내에서 자국민들에게 치외법권을 적용하는 것은 모순의 극치(acme of absurdity)라고 한다.[28]

조선이 「조미수호통상조약(1882)」 체결 당시 고종 명의의 문서를 미국에 전달하면서 조선이 청의 속방임을 밝힌 것은 사실이지만 동시에 조선이 외교와 내치에 있어서 주권을 갖고 있음을 천명하였음을 지적한다. 따라서 청이 이제 와서 조선이 주권이 없는 청의 속방임을 주장하는 것은 「언어의 오용이고 지식을 조롱하는 일」이라고 한다. 청이 조선을 속방으로 만들려고 하는 이상한 방법들은 모두 국제법상 아무런 근거가 없다면서 「조선은 청의 친구와 동맹국이 되고 싶어하지만 자진해서 노예가 될 의사는 추호도 없다」고 한다. 원세개에 대해서는 「이웃 나라에 밀수꾼, 음모꾼, 외교적 무법자를 보내 자국을 대표하게끔 하는 정부의 도덕적 상태는 도대체 무엇인가?」라고 직설적으로 비난한다.[29]

논란이 커지자 미국 정부는 주 청 미국 공사 덴비(Charles Denby)에게 원세개의 정확한 직책이 무엇인지 청 총리아문에 공식 문의하도록 한다. 공친왕과 총리아문은 조선이 청의 속방이기 때문에 원세개의 지위는 다른 조약국들이 파견한 외교관이나 영사대표들과 다르다면서 그는 외교관이 아닌 「타오타이(道臺, 道台)」 즉 중국 내의 정4품 지방관이며 그의 임무는 「조선 내의 중국업무를 담당하는 것」이라고 한다.[30]

원세개는 한양의 외교사절단 모임에 참석하지 않고 조선의 통리외무아문에서 열리는 행사에만 참석했다. 외교사절들이 조선 정부에 공동명의로 보내는 공문에도 서명하기를 거부하고 조선과 교신할 때는 한문만 사용 한다. 원세개가 외교사절들 모임에 참석하지 않고 자신 휘하의 관리를 파견하는 것에 대하여 딘스모어 미국 공사는 공식 항의하기도 한다.[31]

데니의 책자는 당시 청과 일본의 언론에 보도되면서 격렬한 논쟁을 불러일으킨다. 당시 극동에서 가장 영향력 있는 영자신문이었던 『노스차이나 헤럴드(The North China Herald)』는 청의 안보상황이나 조선과 청의 전통적인 관계를 볼 때 청이 조선에 대한 패권을 유지하는 것은 당연하다고 한다. 따라서 데니가 국제법을 운운하면서 조선의 독립을 논하는 것은 쓸데없는 논리라고 한다. 조선이 외국에 상주 외교관을 파견하는 것도 「청을 기분 나쁘게 하고 조선의 국익에도 아무런 도움이 되지 않는 짓굿고 어리석은(mischievous and ill advised) 일」이라고 한다.

그러면서도 원세개의 강압적이고 독단적인 행동은 청과 조선의 관계를 악화시키고 있다면서 청 정부는 원세개를 하루빨리 소환하는 것이 좋을 것이라고 한다. 신문은 원세개에 대한 데니의 비판을 받아들이면서도 데니가 원세개에 너무 집착한 나머지 「흥분되고, 논쟁적이며 비외교적」인 글을 썼다고 비판한다. 그러면서 데니는 조선과 청에 대한 러시아의 위협을 간과하고 있다고 결론짓는다.[32]

톈진에서 발행되는 『차이니스 타임즈(The Chinese Times)』는 데니에 대해서 더욱 비판적이었다. 이 신문 역시 『노스 차이나 헤럴드』와 마찬가지로 조선의 독립국 지위를 국제법적으로 논증하는 것은 무의미한 일이라면서 조선은 청에 조공을 바치는 속방일 뿐만 아니라 지리적으로 볼 때에 청이 조선에 개입하는 것은 필요하다고 한다. 조선이 미국에 공사를 파견한 것도 어리석은 짓이며 실패한 것은 당연하다고 한다.

이 신문은 원세개와 같이 능력이 있고 자신의 행동에 책임을 질 준비가 되어 있는 인물이 데니를 받아 주었음에도 불구하고 데니가 청의 이해관계를 무시하고 조선의 독립만 추구하는 과정에서 둘 사이가 벌어졌다면서 오히려 데니를 비판한다. 원세개가 밀수를 한다고 주장하지만 이는 동아시아에서는 너무나 흔히 볼 수 있는 지극히 사소한 일일 뿐만 아니라 원세개 본인이 직접 개입된 것도 아닐 것이라고 한다.[33]

원세개가 고종을 폐위하는 음모를 꾸몄다는 데니의 주장에 대해서는 「전혀 믿을 수 없는 얘기」라고 한다.

조선의 왕은 조공을 바치는 속방이며 그를 책봉하는 것도 그의 주군인 중국의 황제다. 따라서 조선 왕의 승계문제에 적극적으로, 또는 수동적으로라도 개입하는 것은 곧 황제에 대한 반역이기 때문에 중국의 관리는 그 누구라도 감히 할 수 없다.[34]

만일 그런 일이 있었다면 원세개가 아직도 현직에 있을 수 없을 것이고 아직 해임되지 않았다는 것은 그러한 사실이 없음을 증명하는 것이라고 한다.

그러나 데니의 책자를 통하여 원세개의 비행들이 알려지기 시작하면서 『차이니스 타임즈』도 입장을 바꾼다. 11월에는 원세개가 수없는 음모를 꾸미고 있고 이로 인하여 원세개와 고종간의 관계가 벌어지고 있다면서 원세개를 하루빨리 해임할 것을 촉구한다. 반면 청이 전략적, 정치적 이유로 조선을 장악해야 한다는 입장에는 변화가 없었다. 다만 원세개가 청의 정책을 수행하기에는 문제가 있는 인물이라는 주장이었다.[35]

요코하마에서 발행되는 『더저팬위클리메일(The Japan Weekly Mail)』 역시 국제법을 거론하면서 조선의 독립을 논하는 것은 허무한 일이라고 한다. 국제법이란 「요즘처럼 고등 문명을 구가하고 있는 시대에는 열강이 자신들한테 유리한 조항들을 사용할 수 있는 이론적 기초를 제공할 뿐」이라고 한다. 그러면서 조선이 진정한 독립국이 되기 위해서는 법적인 근거보다는 최소한의 국력을 갖출 필요가 있다고 한다. 조선이 자신을 지킬 힘도 없는 허약하기 짝이 없는 나라로 남아 있는 이상 청은 자국의 안보이익을 지키기 위해서 조선에 개입할 수밖에 없다고 한다. 그러면서 「베이징은 조선이 자신의 독립이 위태롭다는 팻말을 내걸도록 놔둘 수는 없다. 왜냐하면 이는 외세의 무력 개입을 부르는 일이기 때문이다」라고 한다.[36]

『더저팬위클리메일』은 청이 조선을 대하는 방식에 대해 데니가 왜 그토록 분노하는 이유는 「미국 시민으로서 자신도 제어할 수 없는 그의 모든 본능은 그로 하여금 모든 형태의 자유의 편에 서도록」 하기 때문이라고 한다. 이러한 문화적 배경을 가진 사람은 「작고 힘에 겨운 나라가 거대한 이웃에 종속된 상태를 그냥 보고만 있을 수 없다. 더구나 원세개 총독과 같은 자들이 이용하는 방법을 통하여 그러한 상태가 되었다면 더 받아들이기 힘들다」고 한다. 신문은 데니의 동기가 추상적인 차원에서는 훌륭하다고 볼 수 있겠지만 그는 결국 조선과 청에게 도움이 되기보다는 해를 끼치게 될 것이라고 예상한다. 조선의 나약함과 청의 규모를 볼 때 조선이 완전한 독립을 이룰 수 있는 가능성은 거의 없음에도 불구하고 데니 때문에 고종은 독립을 고집할 수 있다. 그러나 이는 청을 자극하여 동아시아의 국제관계를 더욱 불안정하게 할 것이라고 이 신문은 결론 내린다.[37]

데니는 이 글에 대해 이홍장이 무척 불쾌해 할 것은 예상했다. 그러나 이홍장의 분노는 데니의 예상을 훨씬 뛰어넘는다. 이홍장은 조선 조정에게 데니를 해고할 것을 요구한다. 그러나 데니는 꿈쩍도 하지 않는다. 그는 자신이 조선 조정과 체결한 계약이 유효하다고 믿었고 자신은 이홍장을 포함한 그 누구에게도 결코 자신의 권리를 양보하지 않을 「감각과 용기」가 있다고 자부하였다.[38] 더구나 고종도 데니 편이었다.

압력으로 데니를 해임시키는데 실패하자 이홍장은 다른 방법을 사용한다. 11월 말, 데니는 상하이로 건너가 『노스 차이나 헤럴드』와 인터뷰 한다. 그리고는 청 관리들과 만난다. 청 측에서는 데니의 오랜 친구인 상하이의 타오타이와 구스타브 데트링(Gustave Detring), 청 해관의 모르스(Hosea B. Morse) 등이 나온다. 11월 29일경 데니와 청과의 갈등에 대해 청측은 합의에 이른다.[39]

모르스의 증언에 의하면 데니는 네 가지 조건이 충족되면 조선을 떠나겠다고 했다. 첫째는 고종이 그의 사임을 받아들일 것, 둘째는 원세개가 소환되어 조선을 떠날 것, 셋째는 고종이 원한다면 데니는 언제라도 조선에 돌아올 수 있다는 것, 넷째는 데니의 밀린 봉급을 받아낼 수 있도록 청이 도울 것 등이었다. 청을 대표하는 관리들은 데니가 조선을 떠나는 즉시 원세개도 떠날 것이라고 확언한다.[40]

데니는 1889년 1월 말 조선으로 돌아온다. 그는 즉시 자신의 후임에 대해 고종과 상의하기 시작한다. 고종은 딘스모어가 데니의 후임이 된다면 데니의 사임을 받아들이겠다고 한다. 데니는 두 달의 휴가 기간을 요청하고 그 기간 동안 딘스모어를 초빙하는 구체적인 방안을 마련해 보겠다고 한다.

2월 19일, 데니 판사 내외는 휴가 차 조선을 떠난다. 데니 내외는 나가사키, 상하이, 홍콩 등을 다닌다. 홍콩에서는 한 신문과의 인터뷰에서 「저는 아직은 미국으로 귀국할 의사가 전혀 없습니다. 제가 시작한 일은 매우 어려운 일이고 안 해도 될 수만 있다면 좋겠지만 현 시점에서 포기할 생각은 없습니다」라고 한다.[41] 데니판사 부부는 7월 2일 제물포에 도착하여 이틀 후 한양으로 들어간다.

그러나 원세개는 여전히 조선의 「총독」 역할을 하고 있었다. 청이 원세개를 소환할 의사가 전혀 없음이 명백해졌다. 데니는 본인도 고종 곁을 지키는 것이 자신의 임무라고 생각했다.[42] 그러나 문제는 미국 정부였다. 미국 정부는 조선 문제에 개입되는 것을 극도로 꺼리면서 데니가 청과 갈등하는 것에 동의하지 않는다. 결국 데니는 이듬해 조선을 떠난다. 조선에 대한 미국 정부의 무관심은 데니의 문제에만 국한 된 것이 아닌 보다 근본적인 것이었다.

2. 조선에 대한 미국의 무관심

미국 기독교의 조선 선교와 미국 정부의 조선 외교는 거의 동시에 시작된다. 푸트 공사는 갑신정변 발발 1년 반 전인 1883년 5월 미국의 초대 주 조선 공사로 부임한다. 1년 후인 1884년 5월 폴크 미 해군 소위가 미국 공사관의 무관으로 부임한다. 미국 최초의 선교사 겸 의사 호러스 알렌은 1884년 10월 27일 가족과 함께 한양에 도착한다. 언더우드, 스크랜턴, 아펜젤러 등의 미국 개신교 선교사들이 조선에 입국하는 것은 1885년 4~5월이다. 푸트가 부임한지 꼭 2년이 되는 시점이다.

그러나 미국 교회와 달리 미국 정부는 조선에 아무런 관심이 없었다. 1884년 7월, 미국 의회는 1884년도 「외교 및 영사 법」을 통과시키면서 푸트 공사의 직위를 「공사」에서 「공사대리 겸 총영사」로 강등한다. 이는 당시 주 청국, 주 일본 미국 공사 보다 한 단계 낮은 직급이었다. 푸트는 사표를 제출한다. 조선 정부에는 자신의 직급이 강등되었다는 사실도, 사표를 제출하였다는 사실도 알리지 않는다. 갑신정변 직후인 1885년 1월 10일, 휴가 차 미국으로 간다고 알린 후 조선을 떠난 그는 다시 돌아오지 않는다.[43]

홀로 남은 폴크 역시 본국 정부로부터 아무런 지원을 받지 못한 채 악전고투 한다. 푸트 공사의 일 년 연봉은 미화 5,000달러였다. 푸트는 이도 늘 부족하여 정부에 추가 예산을 요청하지만 번번히 거절당한다. 폴크 소위 연봉은 1,200달러였다. 이 연봉으로 의식주를 해결하고 미국 공사관의 조선인 고용인들 월급을 주고 공사관 건물의 난방을 비롯한 모든 경비를 충당해야 했다. 그의 왕성한 외교 활동, 조선어 수업 등을 위해 필요한 모든 경비 역시 아무런 지원을 받지 못한다.[44]

조선 조정은 미국으로부터 많은 것을 기대했다. 특히 고종은 미국이 군사교관을 파견하여 조선의 군대를 훈련시켜 줄 것을 간절히 원했다. 고종의 요청은 푸트 공사와 폴크 중위를 통해 수차례 미국 정부에 전달된다. 그러나 1885년, 새로 취임한 클리블랜드 대통령 (Stephen Grover Cleveland, 1837.3.18.~1908.6.24.)이 국무장관으로 임명한 토마스 베이야드(Thomas Francis Bayard, 1828.10.29.~1898.9.28.)는 「이는 확실히 해야 할 것 입니다. 이 제안은 미국이 먼저 제안한 것도 아니고 이 제안에 따라 미군 장교들을 조선에 교관으로 파견할 생각도 없습니다」라고 한다.[45]

폴크는 1885년 10월 21일 베이야드 국무장관에게 사의를 표하면서 후임이 도착할 때까지만 복무를 하겠다고 한다. 베이야드는 1886년 6월에나 폴크의 후임으로 윌리엄 파커(William Harwar Parker, 1826.10.8.~1896.12.30.)를 보낸다. 파커는 6월 8일 한양에 도착한다. 그는 알코올 중독자였다.

폴크는 파커에게 인수인계를 마치고 나가사키로 요양을 떠나지만 베이야드 국무장관은 파커를 해임하고 폴크를 다시 소환해 대

그로버 클리블랜드   토마스 베이야드   윌리엄 파커

리공사직을 맡을 것을 명한다. 11월 25
일 폴크는 다시 한번 이직을 요청한다. 미
국무성은 주 베이징 미국 공사관에 근무
하던 윌리엄 로크힐(William Woodville Rockhill,
1854.5.1.~1914.12.8.)을 보낸다. 폴크는 1887
년 1월 31일 다시 일본 나가사키로 간다.
베이야드는 1887년 4월 휴 딘스모어(Hugh
Dinsmore)를 새 공사로 조선에 파견하고 폴

윌리엄 로크힐

크는 3월 13일 조선으로 복직하지만 6월 18일 해임되고 6월 29일
마지막으로 조선을 떠난다. 폴크는 1893년 일본에서 쓸쓸히 죽는다.

딘스모어의 후임은 어거스틴 허드 2세(Augustine Heart II, 1827~1905)로
1890년 1월 30일~1893년 6월 27일까지 주 조선 공사로 재직한다.
그의 후임은 존 실(John Mahelm Berry Sill, 1831~1901)로 조선에는 1894년 4
월 30일~1897년 9월 13일까지 재직한다. 모두 1인 공사관이었다.
그나마 실의 후임을 구하지 못하자 결국 호러스 알렌을 대리공사로
임명한다. 알렌은 조선이 「을사보호조약」으로 외교권을 박탈 당하는

1905년까지 재직한다.

그렇다면 미국은 왜 조선에 이토록 무관심하고 소홀했을까? 가장 흔한 설명은 당시 미국이 동아시아에서 벌어지고 있던 열강들 간의 세력 다툼에 끼어들기 싫어서 였다고 한다. 특히 조선을 호시탐탐 노리던 중국, 일본, 영국, 러시아 등과 갈등을 피하려고 했다는 것이다. 이는 어불성설이다. 그렇다고 미국이 기독교를 믿는 「착한 나라」였기 때문도 물론 아니다.

미국은 조선에 대해서만 관심이 없었던 것이 아니다. 미국은 일본이나 중국에서도 다른 제국주의 열강들과는 전혀 다른 모습을 보였다. 청이나 일본도 미국을 상대적으로 중립적이고 따라서 자신들의 이해 관계에 역행할 가능성이 별로 없는 국가로 여겼다. 영국이나 청, 일본이 미국으로 하여금 조선과 적극적으로 수교를 하도록 주선을 한 사실이 이를 여실히 보여준다.

미국은 아시아는 물론 세계 어디에서도 유럽의 다른 열강들과 달리 제국주의적인 면모를 별로 과시하지 않았다. 남북전쟁 이후 미국의 외교는 유명무실해졌다. 1868년 쿠바에서 내전이 발발해 10년 간 지속되고 1870년에는 도미니카 공화국을 미국에 편입시킬 수 있었지만 그랜트 대통령은 손을 쓰지 않는다. 영국의 수에즈 운하 성공에 고무되어 미국에도 운하가 필요하다는 주장이 제기되었지만 이내 수그러든다. 캐나다로 하여금 미연방에 합류하도록 설득하자는 얘기도 있었지만 역시 곧 수그러든다. 1890년대 초에 이르면 미국의 평론가들은 농담반, 진담반으로 국무성은 웃음거리에 불과하기에 폐쇄하는 것이 좋겠다는 얘기가 나온다.[46]

이는 미국이 「착한 나라」였기 때문이 아니다. 미국이 제국주의적인 모습을 상대적으로 적게 보인 것은 내부적 요인 때문이었다. 미국의 서부는 아시아, 아프리카, 남미, 그 어디에 비해서도 비옥하고 넓은 땅과 막대한 지하자원, 무한한 경제발전의 기회를 제공했다. 늘 부족한 인구를 충당하기 위해서는 무수히 많은 이민을 끊임없이 받아들였다.

외부로부터의 위협이 부재하고 무한한 개발 잠재력을 갖고 있는 광대한 영토를 보유하고 있던 미국은 해외 식민지에 관심을 가질 필요도, 그럴 여유도 없었다. 미국의 정치인들이나 지식인들은 국제정치와 지정학에 어두웠고 알 필요도 없었다. 미국은 제국주의를 할 필요가 없었다. 미국의 국무성은 있으나 마나 하다는 농담이 나온 이유다.

물론 미국이 제국주의적 행태를 전혀 안 보인 것은 결코 아니었다. 미국의 제국주의는 모두 대내적인 제국주의였다. 인디언과 멕시코인들을 학살하고 그들의 땅을 빼앗고, 흑인들을 노예로 삼고 중국인들의 노동력을 착취한 것은 모두 지극히 제국주의적인 행태였다. 다만 그 대상이 외국이 아닌 자국 내의 영토와 인종에 관련된 것들이었을 뿐이다.

그러나 그렇기에 조선이나 청, 일본에 대해 상대적으로 관심이 적었다. 해외에서 식민지를 확보하고 유지하기 위해서 유럽의 열강들 끊임없이 서로를 견제하고 전쟁을 할 필요가 없었다. 미국이 상대적으로 덜 제국주의적인 행태를 보이고 중립적인 나라로 비쳤던 이유다.

3. 조대비 국상 (1890)

1890년 6월 4일 신정왕후 조씨(神貞王后趙氏, 조대비, 1809.1.21.~ 1890.6.4)가 82세를 일기로 승하한다. 순조의 아들 효명세자(익종, 1812.8.12.~1830.6.25.)의 빈이자 헌종(憲宗, 재위: 1834~1849)의 어머니인 조대비는 철종(哲宗, 재위: 1849~1864)이 후사 없이 승하하자 흥선군과 모의하여 고종을 옹립한다. 1863년에서 1866년까지 수렴청정을 한 후 흥선대원군에게 권력을 물려주지만 대원군이 실각한 후에도 왕실의 어른으로 막강한 영향력을 행사했다.

조대비가 승하하자 고종은 아버지 흥선대원군이 다시 권력을 잡으려 시도할 것을 우려하여 궁과 관청의 경비를 강화하는 동시에 미국 공사관에 지원병을 요청한다.[47] 미국 공사가 유사시에는 자신을 호위하는 임무를 부여 받은 것으로 오해하고 있던 고종은 허드(Augustine Heard, 1827~1905) 공사에게 미 해병대를 보내 달라고 한다. 허드는 궁궐에 미군을 보낼 수는 없지만 55명의 해병을 미 공사관에 배치할 수는 있다고 한다.[48]

한편 원세개는 고종이 허드 공사와 긴밀하게 교신하는 것을 우려스러운 눈초리로 바라본다. 원세개는 다른 외교사절들과 마찬가지로 6월 4일 독판교섭통상사무(외교부 장관) 민종묵으로부터 신정왕후의 승하소식을 듣는다. 승하소식을 접하자마자 허드 공사는 한양에 있는 모든 외교사절들을 미 공사관으로 초청하여 공동으로 조문하는 방법을 논하고자 한다. 원세개는 청과 조선 사이에는 조문을 위한 오랜 예법들이 정해져 있다면서 참석을 거부한다.[49]

다음 날 원세개는 민종묵에게 5일간의 초상이 끝나는 대로 입궐하여 조문하겠다고 통보한다. 허드의 주도하에 다른 외교사절들이 조문을 하기 전에 먼저 조문을 하기 위해서였다.[50] 그러나 5일간의 초상 기간이 지나자 민종묵은 종친들과 비빈의 가문들을 제외한 그 누구도 조문하는 전례가 없다고 한다. 원세개는 청과 조선의 상례는 같기 때문에 자신이 조문하는 것은 아무 문제가 없다면서 조문할 날짜와 시간을 줄 것을 요구한다. 그러나 민종묵은 이미 조정에서 이 사안을 논의했

조대비 추상화 (추정)

으며 원세개는 조문을 할 수 없다고 못 박는다.[51]

원세개는 조선 조정이 10월 11일 국상을 치르기로 한 것을 알게 되면서 미국의 해병대가 국상에 참여할 가능성을 걱정한다. 미 해병대가 공식적으로 국상에 참여할 경우 청이 조선과 각별한 관계임을 자랑하던 것이 무색해지기 때문이었다. 따라서 원세개는 이홍장에게 총리아문을 통하여 신정왕후 국상에 미 해병대가 참여하는 것에 대하여 미국 정부에 항의하도록 요청하는 한편 자신은 고종에게 직접 항의하겠다고 한다. 그리고 청의 해병대를 한양에 진주시켜 「속방을 보호하는 시위(示保護屬邦)」를 한다면 고종이 겁을 먹고 미 해병대의 참여를 취소시킬 것이라고 한다. 그러나 이홍장은 원세개가 고종을 직접 만

나는 것은 허락하지만 청의 해
병대를 파병하는 것은 너무 자
극적이고 다른 열강들의 의심
을 살 것이라면서 거절한다.[52]
청의 해병대를 한양에 진주시
키는 계획이 무산되자 원세개
는 미국의 영향력을 차단할 다
른 방법을 찾는다.

신정왕후가 승하하자 고종
이 자신의 호위를 위해 허드를
먼저 찾은 것은 그만큼 원세개

어거스틴 허드(Augustine Heard)

를 싫어하고 믿지 않는다는 것을 뜻했다. 만일 고종이 허드에게 미 해
병대를 국상 행렬에 참여시킬 것을 요청하거나 청의 조문사신을 맞
이할 때 미 해병대가 도열해 있다면 이는 충성스러운 조선이 자애로
운 상국 청을 받든다는 이미지에 큰 타격을 줄 것이 뻔했다.[53] 원세개
는 신정왕후의 국상을 조선이 청의 속방임을 만방에 과시하고 확인
시켜주는, 다른 어느 나라도 간여할 수 없고 참여할 수 없는 청과 조
선 만의 고유한 제례로 만들고자 한다.

국상을 치르기 전 2주 동안 원세개와 허드 공사, 민종묵은 한양 주
재 외교관들이 조대비의 국상에 참여하는 방법에 대하여 협상한다.
각국의 외교사절이 국상에 참여하는 정도에 따라 조선의 국제적 지
위가 규정되는 상황이었다. 원세개의 입장에서는 청과 조선의 관계
가 친근하면서도 명백한 정치적 위계질서에 기반하고 있음을 보여줄

수 있어야 했고 이 관계는 다른 어떤 나라와도 맺을 수 없는 조선과 청만의 관계, 말 그대로 「사대자소(事大字小)」의 관계임을 보일 수 있어야 했다. 반면 허드와 다른 외교사절들에게는 조선이 독립국임을 보여주는 것이 자신들이 대표하는 열강의 국익을 대변하는 길이었다.[54]

민종묵(閔種默)

9월 30일, 허드는 원세개에게 국상의 날에 함께 동대문에서 상여 행렬을 기다릴 것을 제안한다. 상여가 도착하면 그때 예를 갖추고 고종에게도 조의를 표하는 것이 좋겠다고 한다. 원세개는 허드의 제안을 일언지하에 거절한다. 중국과 조선 사이에는 따라야만 하는 「오랜 관례(舊章)」가 있으며 미국이 여기에 참여할 여지는 없다고 한다.[55] 문제는 「청의 조선 총독」이 조선의 국상에 참여하는 것은 전례가 없는 일이었다. 과거에는 조선에 상주하는 청의 「총독」은 없었으며 청의 대표가 조선의 국상에 참여한 경우도 없었다.[56]

그러나 그렇게 물러날 원세개가 아니었다. 이홍장의 사전 허락을 받은 원세개는 새로운 「오랜 관례」를 만들어 내기 시작한다. 10월 4일, 국상 일주일 전 원세개는 민종묵에게 청과 조선은 한 가족이기 때문에 본인이 상여 행렬에 참여하는 것은 당연하다고 주장한다. 다만 상여 앞에서 걸을 것인지 아니면 뒤따라 갈 것인지는 고종이 정해줄 것을 요청한다.[57] 국상 이틀 전 민종묵은 원세개에게 상여를 따라 갈 필요도 없고 오히려 방해만 될 것이라고 통보한다. 그러면서 허드 공사의 제안대로 다른 외교사절들과 함께 동대문에서 상여행렬을 영접할 것을 제안한다.

원세개는 강력히 항의한다. 자신은 청의 조선총독으로 오래 조선에 거주하였으며 대비의 상을 당하여 진심으로 슬퍼하고 있으며 상여행렬에 참여하고 싶은 마음도 진심이라고 한다. 원세개의 입장에서는 다른 외교사절들과 함께 동대문에서 상여행렬을 맞이하는 상황이 벌어지는 것만큼은 어떻게 해서든 피해야 했다.

민종묵이 꿈쩍도 하지 않자 원세개는 상여가 지나가는 가변에서 따로 노제(路祭)를 지내겠다고 한다.[58] 상여를 따라 가는 것만큼의 효과는 없겠지만 다른 외교사절단과 차별화가 가능하고 상여의 행렬이 자신이 지내는 노제앞에 잠시 머물고 감으로써 조선과 청의 관계가 다른 나라들과의 관계와 다르다는 것을 보여줄 수 있다고 생각했다. 더구나 노제는 흔히 있었다. 따라서 조선 측에서도 굳이 반대할 명분이 없었다.[59]

한편 허드는 고종으로부터 상여를 동대문에서 영접할 수 있다는 윤허를 받은 후 일본, 프랑스, 독일, 러시아, 영국 공사들을 소집하여 동대문에서 함께 상여를 맞이할 것에 합의한다.[60] 또한 인천에 정박해 있던 전함 「모노카시(USS Monocacy)」호에 있던 해병들을 한양에 진주시킨다.

원세개는 100명에 달하는 미 해병이 모노카시에 승선해 있고 국상에 참여할 준비를 하고 있다는 보고를 받는다. 실제로 국상 하루 전날 수십 명의 미 해병이 미 공사관에 배치된다. 원세개는 즉시 허드에게 무슨 소요사태를 예상하기에 군사를 배치시켰는지 항의한다. 그러자 허드는 다음과 같이 답한다.

> 저는 이 군사들이 한양에 배치된 것이 소요사태를 대비해서 한 것이 아님을 기쁜 마음으로 답합니다. 경께서 아시겠지만 최근 이 나라를 슬픔에 빠뜨린 대비의 승하로 최고의 장엄한 예법으로 치러질 장례 절차가 오늘밤 시작되었습니다. 미국처럼 조선과 가까운 우방은 존경과 애도를 표하기 위하여 해군 함정으로부터 소부대를 파견하고자 합니다.[61]

원세개는 국상을 거행하는 날 미국 해병대가 동대문에 집결하고 있다는 소식을 듣고는 민종묵에게 이는 모종의 음모가 진행되고 있음을 보여주는 증거라면서 1) 조선이 미 해병을 초청했던지, 2) 미국이 조선 정부에 해병을 진주시킬 수 있는지 물었고 조선 정부는 이를 허락한 것이든지, 3) 미국이 조선의 허락 없이 군대를 보낸 것 중에 하나일 수밖에 없으며 이중 어느 것이 사실이냐고 해명을 요구한다.[62] 민종묵은 답을 안 한다.

10월 11일 조대비의 상여는 경복궁을 출발하여 동대문으로 향한다. 동대문에는 조선 주재 외교사절단과 미 해병 의장대가 도열해 있었다. 원세개는 노제를 위한 상과 제물을 동대문 바로 서쪽 옆에 차린다. 상여행렬이 외교사절 앞에 도달하기 전 청의 노제를 지나도록 하기 위해서였다. 그러나 상여행렬에는 고종도, 민비도, 왕세자도 없었다. 그나마 상여행렬은 원세개가 준비한 노제 앞에는 멈추지도 않고 그냥 지나간다. 원세개는 급히 세 번 허리를 숙여 예를 표할 시간밖에 없었다.

민종묵은 이틀 후 원세개에 편지를 보내 국상 당일 외국 공사들이 조의를 표하려고 동대문에 모였고 미국은 우방국으로서 조의와 경의를 표하기 위하여 해병들을 보낸 것이라고 설명한다. 그리고는 허드 공사에게 외교사절들과 미 해병을 동원한 것에 대한 감사의 편지를 보낼 것이라면서 오히려 원세개를 자극한다.[63]

4. 청의 조문사절 (1890)

그러나 원세개에게는 미국을 믿고 청을 거듭 거역하는 조선을 굴복시킬 무기가 아직도 남아 있었다. 다름아닌 청의 조대비 조문사절 파견이었다. 원세개는 이홍장에게 황제의 조문사절을 보내 청의 위세를 과시할 수 있는 기회로 삼을 것을 제안한다. 관례에 의하면 고종은 도성 문 밖으로 나가 청의 사신들을 맞이하고 황제가 보낸 조문을 향해 「삼궤구고두례」를 행해야 했다. 이홍장은 이러한 관례를 잘 알지 못하는 듯했지만 관심을 보이면서 예부에 조문사절의 선례를 찾아보도록 지시한다.[64]

반면 조선의 예조는 관례를 정확히 알고 있었다. 조대비가 승하한 다음날 민종묵은 이미 원세개를 만나 조문사신에 대해 논의한다. 민종묵은 조문사절단이 오는 것은 오랜 관례임을 인정하면서 그 대신 조문사절을 맞이하고 국상을 치르는데 드는 비용과 백성들이 부담해야 될 재정적 부담을 고려해줄 것을 부탁한다. 그러나 원세개는 조선이 조문사절단의 파견을 취소해줄 것을 요청할 것임을 알고 있었다. 원세개가 고종 주변에 심어 놓은 스파이들은 데니가 다시 고종과 가까워지고 있으며 조종의 대신들에게 청의 조문사절을 받는 것은 조선의 국격을 침해하는 일이라고 공공연하게 말하고 있다고 전한다.[65]

6월 28일 주진독리(駐津督理, 톈진주재상관장) 김상덕(金商悳, 1852~1924)은 이홍장에게 조문사절을 위해 어떤 절차를 따라야 할지 문의한다. 조문사절은 정확한 선례들이 있었기에 이홍장과 원세개는 김상덕의 조회가 조문사절단을 취소해줄 것을 요청하는 것으로 이해한다. 원세개는 과거 청이 조선의 왕비나 대비가 승하했을 때 보냈던 조문사절단의 명단을 만들어 이홍장에게 보여주면서 만일 조문사절을 보내지 않는다면 이는 오랜 관행을 어기는 것이라고 한다. 그러자 이홍장은 만일 청이 이런 때에 사절단을 보내지 못한다면 청과 조선의 관계가 특별한 것임을 서구열강들이 모를 것이라고 한다. 따라서 비록 비용이 많이 들더라도 조문사절단을 파견하는 것은 당연하다고 한다.[66]

조대비가 승하한 다음날 고종은 조대비의 부고를 지참한 사절이 베이징으로 갈 것임을 청 측에 전달하도록 하면서 홍종영(洪鍾永, 1839~?)을 「고부사(告訃使)」에 임명한다. 홍종영은 7월 10일 한양을 출발하여 육로로 악천후 속의 강행군 끝에 9월 26일 베이징에 도착한다. 고부사절은 왕실에 부고가 있을 때마다 파견되는 사절이었지만 홍종영을 파견한 이유는 특별했다. 홍의 임무는 이홍장을 건너 뛰어 황제에게 직접 조문사절의 파견을 취소해 줄 것을 청하는 것이었다. 전례가 없는 일이었다.[67]

홍종영은 베이징에 도착한 바로 다음날인 10월 4일 청 예부(禮部)에 부고와 함께 자문을 제출한다. 조선의 재정상태가 매우 안 좋으며 대비의 국상을 치르느라 더욱 어려워졌고 청이 조문사절을 보내는 것이 관례인 것은 확실하나 조선의 재정난 때문에 조문사절 영접이 불가능할 것이라면서 조문사절을 취소해 줄 것을 청하는 내용이었다. 그리고 조문사절 대신 황제의 조문을 부고사가 직접 받아 조선 조정에 전하겠다고 한다. 예부는 황제에게 자문을 올린다.[68]

그러나 광서제는 바로 다음날 조문사절을 취소해 달라는 조선의 요청을 거절하는 칙지를 내린다. 청과 조선의 밀접한 관계를 생각할 때 오랜 세월에 걸쳐 따라온 관행을 무시하는 것은 있을 수 없는 일이라고 한다. 그러나 조선의 재정 상황을 고려하여 조문사절단은 북양함대의 전함을 타고 톈진에서 출발하여 인천으로 간 다음 한양으로 향할 것이라고 한다. 이렇게 사신을 뱃길로 보내면 조선 조정이 조문사절단을 압록강에서부터 한양까지 영접하고 그리고 다시 압록강까지 환송하는데 드는 비용을 절감할 수 있을 것이라고 한다.

과거에는 청의 사신들이 의주에 도착할 때부터 육로로 한양에 이를 때까지, 그리고 다시 의주를 통하여 청으로 되돌아갈 때까지 당도하는 곳마다 인근의 조선 관리들이 영접하여 제례를 행하고 연회를 베풀어야 했다. 청의 사신이 육로가 아닌 해로로 조선을 오가는 것은 전례가 없었다. 그러나 광서제의 조칙은 이것이 선례에서 벗어나는 것으로 간주해서는 안 되며 인천에 도착하면 이전과 같은 전례를 예외 없이 따를 것을 못 박는다.[69]

일반적으로 임무를 마친 연행사들은 베이징에 머무는 동안 관광도 다니고 상점에서 물건도 사고 중국 인사들과 교류도 하는 것이 관행이었다. 그러나 홍종영과 그의 일행은 곧바로 빈관으로 돌아와 6일 동안 한 발자국도 바깥으로 안 나가면서 일체 외부와의 접촉을 삼간다. 홍종영은 베이징에 총 42일 머무는 동안 32일을 빈관에서 지내며 방문객도 받지 않는다. 베이징 주재 외교사절들에게 자신들의 존재가 알려지는 것을 피하기 위해서였다. 귀국 후 고종이 베이징에서 외국인들과 접촉했는지 묻자 홍은 다음과 같이 답한다.

> 사절은 과거와는 달랐기 때문에 빈관에만 머물렀습니다. 아무도 외부인들과 접촉하지 않았습니다. 조용히 방에 머무는 것이 필요하다고 생각했습니다.[70]

조선 조정은 조문사절이 뱃길로 올 것이라는 소식에 놀라지만 이내 대응책을 마련한다. 김상덕은 사신들이 인천 대신 마산포를 이용할 것을 제안한다. 인천은 한양에서 80리이고 마산포는 100리이지만 인천에서 한양으로 오는 길은 제대로 닦여 있지 않으며 따라서 청의 사신들을 영접하기에 적합하지 않다고 한다. 반면 마산포에서 한양으로 오는 길은 여관도 많아서 사신들이 사용하기에 편리하다고 한다. 더구나 청군이 1882년 임오군란 당시에도 마산포에 상륙했기 때문에 길도 잘 알 것이라고 한다. 이홍장은 원세개에게 김상덕의 주장이 사실인지 확인하도록 한다.[71]

10월 19일, 정병하는 원세개에게 고종이 청의 사신들을 영접할 때 「교영(郊迎)」의 예를 생략하고 그 대신 사신들을 빈관에서 영접할 수 있도록 해 줄 것을 청한다. 「교영」이란 조선의 왕이 한양의 성문 밖으로 나가 사신을 영접하면서 중국 황제의 칙령 앞에 삼궤구고두례를 행하는 예식을 말한다. 정병하는 다시 한번 사신들이 제물포가 아닌 마산포로 도착할 것도 제안한다. 원세개는 사신들이 도착하는 포구를 바꾸는 문제에 대해서는 답을 하지 않지만 교영을 생략하게 해 달라는 요청은 일언지하에 거절한다.[72]

같은 날 원세개는 이홍장에게 보고서를 보낸다. 인천과 한양의 거리는 80~90리 정도인 반면 마산포와 한양의 거리는 160리에 달할 뿐만 아니라 마산포에서 한양까지의 길은 험하기 이를 데 없고 여관도 한 군데 밖에 없다고 한다. 반면 인천에서 한양으로 가는 길에는 전선도 깔려 있어서 사신들과 수시로 연락을 주고받을 수 있을 것이라고 한다. 원세개는 조선 조정이 굳이 마산포를 고집하는 이유는 조선이 청 사신들을 영접하는 광경을 조선 주재 외교사절단이 보지 못하게 하기 위해서라고 한다. 김상덕은 끝까지 마산포와 한양의 거리가 100리라고 하지만 원세개는 인천으로 정한다.[73]

10월 25일 정병하는 고종의 하문이라면서 어떤 예법을 갖추어 사절단을 영접하는 것이 좋을지 다시 한번 원세개에게 묻는다. 교영의 예를 면해보기 위해서였다. 원세개는 정병하에게 직설적으로 답한다.

> 예법을 따르는데 논쟁을 해서는 안 된다. 최근 몇 년 동안 중국과 조선 사이에는 많은 오해와 가짜 소문이 떠돌아다녔다. 이제 조선은 중국에 대한 최대한의 공경을 표하여 이 모든 의심들을 해소시켜야 할 것이다. 외부인들의 자극적인 말에 솔깃해서 중국과 조선 사이의 오랜 예법을 저버리는 일은 있을 수 없다. 외부인들과 비밀 논의가 있어서는 안 된다. 이를 너희 임금에게 알려라.[74]

청의 조문사절은 1890년 10월 30일 베이징을 출발, 톈진에서 3척의 북양함대 군함에 승선하여 인천으로 향한다. 출발하기 앞서 정사 속창(續昌)과 부사 숭례(崇禮)는 조선에 주재하는 다른 나라의 외교사절들이 청 사절단의 행사에 일절 참석하지 못하도록 할 것이며 그들과 만날 시간이 없음을 미리 통보할 것을 원세개에게 명한다. 조선이 청의 사신을 모든 예의를 갖춰 영접하는 모습을 서양의 외교사절들이 보는 것은 중요하지만 어디까지나 먼 발치에서 보도록 하는 것이 중요했기 때문이다.[75]

사절단은 11월 6일 인천에 도착하여 선상에서 조선 관리들의 영접을 받은 후 부두에서 공식적인 영접행사를 거행한다. 조선 관리들은 사신들을 청의 무역관 공관으로 안내한다. 그곳에서 현지의 조선 관리들은 청의 사신들에게 삼궤구고두례를 행한다. 그날 오후 속창과 숭례는 이홍장에게 전문을 보내 부두에서 진행된 전례가 모두 올바른 예법에 따라 진행되었으며 이를 볼 때 고종이 교영의 예를 행할 가능성은 매우 높아 보인다고 보고한다.[76]

다음날 아침 한양으로 출발한 사절단은 마포에 도착하여 하룻밤을 지낸다.[77] 11월 8일 아침 고종은 서대문을 통과해서 경기관아 앞에 특별이 설치된 천막에서 조문 사절단을 기다린다. 사절단이 도착하자 고종이 어떤 예를 갖추었는지에 대해서는 조선과 청, 미국 측의 기록이 조금씩 다르다. 『승정원일기』에 의하면 고종은 천막을 나와 황제의 조문칙령에 삼궤구고두례를 행하고 곧바로 다시 천막 안으로 들어갔다.[78] 반면 청의 기록에 의하면 고종이 천막 밖으로 나와 왕실, 문무백관과 함께 교영의 예를 행하였다고 한다. 그러나 허드 미국 공사의 기록에 의하면 고종은 천막 밖으로 나오는 대신 칙령을 천막 안으로 들였고 따라서 고종이 칙령에 대해 정확히 어떤 예를 행했는지 목격한 사람은 없다고 한다.[79]

8일 오전, 한양에 입성한다. 고종은 서대문을 나가 그들을 맞이한다. 경기감영 맞은 편에 큰 천막을 치고 왕이 그들을 맞이하였다. 사신들은 세 개의 가마를 앞세웠다. 첫 가마에는 상례 예물들이, 두 번째 가마에는 제주(祭酒)를 담은 항아리들, 그리고 세 번째는 노란 천으로 가려졌는데 신정왕후를 정 2품, 병부 상서의 부인의 품계를 내린다는 칙지와 조문이 실려 있었다. 가마가 앞을 지날 때 고종은 천막 안에서 무릎을 꿇고 절을 하는 것이 예법이었다. 행렬은 이어서 남대문으로 향했고 고종은 서대문을 통해서 근정전에 먼저 도착하여 만조백관과 함께 청의 사신들을 기다렸다.[80]

한편 원세개는 한양에 있는 외교사절들에게 공문을 돌려 청의 사신들이 조선에 체류하는 기간이 짧아서 외교사절들을 접견할 수 없음을 통보한다. 한양의 외교사절단은 이를 모욕으로 받아들였다. 허드미 공사가 블레인 국무장관에게 설명하였듯이 「이 중국인들에게 예법에 관한 한 사소한 것이 없습니다. 만일 우리가 이 공문을 완전히 무시해버렸다면 마치 우리가 중국 사신들을 꼭 접견하여 예를 갖추려고 하였지만 거절당한 것처럼 보이게 한 것입니다.」[81]

며칠 간의 연회 후 조문사절단은 11월 11일 베이징으로 돌아간다. 슈창과 총리는 사절단의 임무가 완벽한 성공이었다고 보고한다. 조선에 체류하는 동안 보낸 보고서에는 고종이 모든 예법을 정확하게 따랐으며 예법뿐 아니라 대화를 하는 중에도 극도로 공손한 태도를 보였다고 보고한다. 베이징에 돌아가서 제출한 보고서에는 조선 군주가 자발적으로 모든 예법을 따름으로써 속방임을 다시 한번 확인하였을 뿐만 아니라 서양의 외교관들도 사절단의 위엄과 화려함에 압도되어 더 이상은 조선이 청의 속방임을 거부할 수 없게끔 되었다

고 자찬한다.[82]

이후 청은 조선에 대해 더욱 노골적으로 종주권을 행사한다. 원세개는 외국 사절 중 유일하게 가마에 탄 채 궁궐의 정전 앞까지 자유로이 출입한다. 반면 서구열강의 외교관들과 일본 외교관은 모두 궁궐의 정문 앞에서 가마에서 내려 정전까지 걸어 들어가야 했다.

1893년 9월 9일은 민비가 임오군란 후 무사히 환궁한 것을 기념하는 날이었다. 이날 큰비가 내렸다. 러시아와 미국, 프랑스, 영국 외교사절들이 동궁을 접견하고 나와 고종을 알현하러 정전으로 가려던 때 비가 쏟아지기 시작하자 일행은 잠시 궁궐 처마 밑에서 머뭇거리고 있었다. 그러자 내관 한 명이 그들에게 「가!」라고 소리친다. 알렌과 프랑스 공사 프랑당(H. Frandin)은 베란다에서 호우가 잦아들 때까지 기다리지만 러시아 공사 베베르와 영국의 대리공사 윌킨슨(W.H. Wilkinson)은 빗속에 급히 궁정을 가로질러 정전 쪽으로 뛰어나간다. 이를 본 동궁의 시종들이 큰 소리로 웃는다.

서양 외교사절들이 빗속을 뚫고 진흙탕이 된 궁정을 가로질러 400m를 뛰어 건너갔을 때 마침 원세개의 비서이자 영사인 당소의(唐紹儀, 1862.1.2.~1938.9.30.)가 가마를 탄 채 정전 앞에 도착한다. 고종을 알현할 때 원세개와 당소의는 비를 조금도 맞지 않은 반면 다른 외교사절들은 온몸이 완전히 젖고 흙탕물이 튄 모습으로 서 있어야 했다.[83]

5. 니콜라이 암살미수 사건(1891)과 러-일관계

러시아에 대한 일본의 경계심을 한층 고조시킨 사건은 러시아의 차

러시아 황태자 니콜라이(1892년)　　　　요르요스 그리스와 덴마크의 왕자

레비치(tsarevich: 황태자) 니콜라이의 방일이었다. 일본을 휩쓸고 있던 독
감에서 회복 중이던 메이지는 1891년 1월 9일 러시아의 황태자 니
콜라이가 일본을 방문한다는 보고를 받는다. 일본은 당시 러시아와
쿠릴열도 문제로 갈등을 겪고 있었지만 러시아와의 우호적인 관계를
유지하는 것은 중요했다. 러시아의 차르가 될 니콜라이는 그때까지
일본을 방문한 국빈 중 가장 중요한 인물이었다.

　당시 23세의 니콜라이는 그의 사촌인 그리스와 덴마크의 왕자 요
르요스(Prince George of Greece and Denmark, 1869.6.24.~ 1957.11.25.)와 함께 여행
중이었다. 러시아의 외무상 비테(Sergei Yulyevich Witte, 1849.6.29.~1915.3.13.)
는 니콜라이와 요르요스의 극동아시아 방문 배경을 다음과 같이 적
고 있다.

　차레비치(Tsarevich, 황태자)가 성인이 되자 그의 정치적 훈련을 위해서 해

다루히토 친왕 저택 자리는 현재 「아리수가와미야 기념공원(有栖川宮記念公園)」이 되어있다.

외에 보낼 것이 결정되었다. 황제 알렉산드르 3세(Alexander Alexandrovich Romanov III, 1845.3.10.~ 1894.11.1. 재위: 1881~1894)는 차례비치를 극동에 보내는 것이 좋겠다고 생각했다. 차례비치는 그의 동생 조지가 동행하기로 하였지만 조지는 여정이 끝나기 전에 감기나 부주의로 인하여 폐결핵 증상을 보이기 시작하여 귀국하여야 했다. 차례비치와 동행한 또 한 사람은 대공이나 왕자의 모범이라고 할 수 없는 그리스의 왕자 요르요스였다.[84]

차례비치가 도쿄에서 머물 곳은 다루히토 친왕(有栖川宮熾仁親王, 1835.3.17.~1895.1.15.)의 서양식 저택으로 정해졌고 이 집을 수리하기 위하여 2만엔의 예산이 배정된다. 당시 주 일 영국 공사 휴 프레이저(Hugh Fraser)의 부인 메리 프레이저(Mary Fraser)는 도쿄의 분위기를 다음과 같이 전한다.

이 왕족의 방문을 위한 대단한 준비가 벌어지고 있다. 바닷가에 있는 궁전의 방들은 모두 새 가구를 들여 놓고 실내장식도 새로 했다. 개선문들을 곳곳에 세우고 조명이 설치되고 궁에서는 무도회가 준비되고 있다. 천황은 손님에게 갖가지 훈장과 즐거움을 제공할 예정이라고 한다.[85]

니콜라이는 1890년 11월 상트페테르부르크를 출발하여 오스트리아-헝가리 제국의 주항인 트리에스트(Trieste)에서 전함 「파미아트 아조바(Pamiate Azova)」에 올라 이집트, 봄베이, 실론, 싱가포르, 자바, 사이공, 방콕, 홍콩, 광동, 상하이 등을 거쳐서 1891년 4월 27일 나가사키에 입항한다.[86]

나가사키에서 니콜라이를 영접한 것은 황태자의 일본 일정 내내 안내를 맡게 된 다케히토 친왕(다루히토 친왕의 동생)이었다. 첫날 환영 연회가 끝난 후 니콜라이는 이나사(稻佐) 지역에 본부를 두고 있던 러시아 태평양함대의 젊은 장교 8명과 만난다. 니콜라이는 이들이 모두 일본 부인을 두고 있다는 사실을 알게 된다. 그는 일기에 「나도 이들처럼 하고 싶다」고 적고는 그러나 곧 이어 「이런 생각을 하다니 부끄러운 일이다. 이제 예수님께서 고행하신 성주간이 곧 시작되는데……」라고 적는다.[87] 5월 3일은 부활절이었다.

니콜라이는 부활절까지의 수난주간 동안 기도를 하면서 지내야 했다. 일본 측은 5월 4일까지 아무런 공식 일정을 만들지 않는다. 그러나 니콜라이는 참지 못하고 선상에서 기도와 금식을 하는 대신 인력거를 타고 나가사키 관광에 나선다. 그는 도로와 주택들이 청결한 것

「파미아트 아조바」

나가사키의 니콜라이

에 놀라고 일본 사람들의 친절함에 감탄한다. 일본 경찰의 보고서에 의하면 니콜라이는 그날 저녁 9시부터 다음날 새벽 4시까지 무려 7시간 동안 오른팔에 용 문신을 새긴다. 니콜라이가 가는 곳마다 그림자처럼 따라다니면서 그의 일거수일투족을 기록한 일본 경찰의 비밀 보고서 내용이다.[88]

5월 4일, 사순절이 끝나면서 종교 예식에서 벗어난 니콜라이는 나가사키시가 개최 한 환영식에 참석한다. 나가사키 시민들은 그를 열렬히 환영한다. 러시아의 태평양함대는 이미 30년 넘게 나가사키시와 깊은 관계를 맺어 왔기에 많은 나가사키 시민들은 러시아에 대해 우호적인 감정을 갖고 있었다. 니콜라이는 일기에 러시아말을 할 줄 아는 나가사키 사람들이 많은 것에 대해 놀라움을 표한다. 그날 저녁 은 나가사키현 지사가 준비한 공식 만찬에 참석한다.

만찬 후 그와 그리스 왕자는 「아리타야키(有田焼, 아리타 자기)」를 구경하고 나가사키의 가장 큰 신사인 「스와진사(諏訪神社)」를 다녀온다. 배로 돌아온 니콜라이는 그날 저녁 요르요스와 함께 배를 빠져나와 이나사(稲佐)로 가서 젊은 러시아 해군장교들과 그들의 일본 부인들을 만난다. 니콜라이의 일기에 의하면 게이샤들이 춤을 추고 모두 술을 「조금」 마셨다.[89] 그러나 일본의 비밀경찰 보고서에는 니콜라이가 일기에 적지 않은 내용도 있다. 러시아인들은 5명의 게이샤의 향응을 제공받으면서 술을 마시고 게이샤들과 춤도 추고 두 왕자들은 러시아 노래를 부른다. 그들은 또 밤 늦게 모루카 마츠라는 여자가 운영하는 서양 식당에 가서 새벽 4시에야 배로 돌아온다. 니콜라이는 나가사키를 떠나는 것을 무척 섭섭해했다.[90]

그 다음 방문지는 사쓰마번의 번도 가고시마였다. 당시 사쓰마가

여전히 존황양이 세력의 본
거지였던 점을 고려할 때 일
본 정부가 가고시마를 선정한
것은 의외였다. 사쓰마의 다
이묘 시마즈 다다요시(島津忠義,
1840.5.22.~1897.12.26.)는 특히 보
수적이었다. 그는 단발령도 거
부하였고 서양 옷을 입는 것도
거부하였다. 다다요시는 외국
인들을 싫어했지만 러시아의
황태자가 일본을 방문한다는

시마즈 다다요시

소식을 듣고는 그를 가고시마로 초청한다. 니콜라이의 일행은 5월 6
일 가고시마에 도착한다.[91]

　다다요시는 전통적인 환영식을 연다. 니콜라이가 번주의 거처에
도착하자 다다요시는 전통 복장을 한 170명의 나이든 사무라이들과
함께 나와서 그를 맞이한다. 사무라이들은 다다요시의 6살짜리 아들
다다시게와 함께 전통 군무(軍舞)를 춘다. 다다요시는 말을 타고 달리
면서 활을 쏘는 전통 궁술 시범도 보인다. 니콜라이는 시마즈의 환영
식을 즐긴다. 그는 특히 가고시마에서는 외국인들을 하나도 볼 수 없
다는 점을 기쁘게 생각하면서 이 도시가 여전히 「오염되지 않은 도
시」라고 한다. 일본식 만찬도 즐겼다. 그는 무엇보다도 시마즈 다다
요시의 보수적인 사고방식을 마음에 들어 했다. 본인의 사고방식과
같았기 때문이다. 니콜라이 일행은 만찬 후 그날 저녁 가고시마를 출
발한다.[92]

나카무라로 식당

　5월 7~8일은 선상에서 지낸다. 「파미아트 아조바」는 시모노세키 해협을 지나 「내해(內海)」로 들어가 9일 정오에 고베에 입항한다. 2시간 동안 고베시를 둘러본 일행은 기차편으로 교토로 간다. 니콜라이는 교토에 매료된다. 그는 교토를 「일본의 모스크바」라고 부른다. 두 도시 모두 한때 수도였기 때문이었다. 서양식으로 지은 「도키와(常盤) 호텔」에 투숙한 니콜라이는 일본 측이 그를 위해 준비해둔 서양식 방을 마다하고 전통 일본식 다다미 방에 여장을 푼다. 그날 밤 니콜라이는 갑자기 「교토 기생(게이샤)들」의 춤을 보고 싶다고 한다. 일본 측은 그를 기온(祇園)의 「나카무라로(中村樓) 식당」에 데려다 준다. 니콜라이는 새벽 2시까지 그곳에 머문다.[93]

　이튿날은 관광과 쇼핑으로 소일한다. 「고쇼(御所, 천황궁)」, 「니조궁」,

「미이데라(三井寺)」의 「금당(金堂)」

「히가시혼간지(東本願寺)」와 「니시혼간지(西本願寺)」 등을 보고 「게마리(蹴鞠: 헤이안 시대에 유행했던 축구 비슷한 구기)」를 관람하고 궁술시범을 참관한다. 그는 모든 것을 즐겼고 가는 곳 마다 많은 관중들의 환영을 받았다. 쇼핑으로 일본 미술품들을 1만엔어치 사고 「니시혼간지」에서는 가난한 사람들을 위해서 200엔을 헌납한다. 가는 곳 마다 실내로 들어갈 때 신발을 벗어야 하냐고 물으면서 일본식 예절을 지키려는 모습을 보여 더욱 인기를 끈다.[94]

다음날 아침, 니콜라이, 요르요스와 수행원들은 오츠(大津)의 비와 호수(琵琶湖)와 주변 산을 구경하기 위해 교토 호텔을 나선다. 니콜라이는 줄무늬 모직 양복을 입고 중산모자(中山帽子, bowler hat)를 쓰고 인력거

를 탄다. 교토와 시가현 경계
에는 일본, 러시아, 그리스 국
기로 장식된 아치(arch)가 그를
맞이한다. 환영 아치를 지나자
오츠군 연대장, 시가현 경찰총
감, 시 관리, 교사, 학생 등이
줄을 서서 일행을 환영한다.[95]
100m가 넘는 니콜라이 일행
의 인력거 행렬이 오츠에 들어
서자 오츠의 시민들은 국기를
흔들면서 환영한다. 일행은 우

「미이데라」의 「산주노토(三重塔: 삼중탑)

선 미이데라(三井寺)를 구경한 후 비와 호수를 감상한다. 호숫가에서 유
람선 「호안마루」에 오른 일행은 가라사키(唐崎)로 향한다. 가라사키 신
사를 참관한 일행은 다시 「호안마루」에 올라 오츠로 돌아온다.[96]

오츠로 돌아온 니콜라이는 현의 청사에서 오찬을 하고 1시반에 교
토로 돌아가기 위해 인력거 편으로 오츠 역으로 향한다. 인력거 행렬
의 첫 네 대는 다케히토 친왕과 교토의 경찰과 관리들이 타고 있었다.
니콜라이는 다섯 번째 인력거에, 요르요스는 여섯 번째 인력거에 타
고 있었다. 러시아 황태자에게 안 좋은 일이 있을 수도 있다는 소문
때문에 경찰들이 길을 따라 배치되어 있었다.

현 청사를 출발해서 배웅 나온 군중이 길 양측에 도열해 있는 좁은
골목길로 600~700m쯤 갔을 때 갑자기 경찰관 한 명이 황태자의 머
리에 칼을 겨누면서 뛰어든다. 칼은 니콜라이가 쓰고 있던 모자의 앞
챙을 자르고 그의 이마에 상처를 입힌다. 니콜라이는 이 사건을 다음

과 같이 일기에 적고 있다.

　나는 갈 때와 같은 길로 인력거를 타고 돌아오고 있었다. 군중들은 길 양편에 서 있었다. 우리는 좁은 골목길에서 왼쪽으로 꺾었다. 바로 그때 내 오른쪽 정수리에 뭔가 날카로운 충격을 받았다. 내가 뒤를 돌아보자 너무나도 흉측하게 생긴 경찰이 두 손으로 칼을 잡고 휘두르면서 나에게 두 번째 공격을 해오고 있었다. 나는 「너 이놈, 뭐하는 짓이냐!」라고 소리치면서 인력거에서 길 위로 뛰어내렸다. 그 놈은 계속 나를 쫓아왔다. 아무도 그를 제지하려는 사람이 없었다. 나는 손으로 피나는 부위를 누르면서 전력을 다해 뛰었다. 나는 군중 속으로 숨고 싶었으나 일본 사람들은 모두 놀라서 흩어지는 바람에 그럴 수도 없었다.

　뛰면서 다시 뒤를 돌아다보니 요르요스가 나를 쫓는 경찰관을 뒤쫓고 있었다. 50m 정도 뛰었을 때 나는 좁은 길 모퉁이에서 뒤 돌아섰다. 다행히도 공격은 끝났다. 내 생명의 은인인 요르요스가 대나무 회초리로 그 놈을 넘어뜨렸다. 내가 다가갔을 때는 인력거꾼들과 경찰 여러 명이 그 놈의 발을 잡고 끌고 가고 있었고 한 명은 그 놈의 목을 칼로 내리치고 있었다.

　모두가 충격에 빠졌다. 나는 왜 요르요스와 나, 그리고 그 미친놈만 길에 내버려두고 아무도 나를 도와서 그 경찰을 저지하려 하지 않았는지 이해할 수 없었다. 그러나 나는 내 일행 중 다른 사람들은 왜 나를 도울 수 없었는지는 알 수 있었다. 세번째 인력거에 타고 있던 아리스가와 친왕은 아무것도 볼 수 없었다. 그들을 안심시키기 위해서 나는 가능한 한 오래 서 있었다.[97]

그러나 실제 상황은 니콜라이가 기억하는 것과 많이 달랐다. 증언을 종합해본 결과 암살을 시도한 경찰을 쓰러뜨린 것은 요르요스가 아니었고 아무도 황태자를 도우려 하지 않았다는 것도 사실이 아님이 드러난다. 증인들은 재판에서 요르요스가 가장 먼저 경찰관을 제지하려고 시도한 것은 사실이었다고 말한다. 그는 그날

츠다 산조

기념품으로 산 대나무 회초리로 경찰관을 때렸다. 그러나 그 회초리는 경찰관을 쓰러뜨리지는 못했다. 다만 경찰관이 움찔하는 사이에 니콜라이의 인력거를 끌던 인력거꾼이 그를 덮쳐서 넘어뜨렸고 이 과정에서 경찰관이 칼을 떨어뜨렸다. 그러자 요르요스의 인력거꾼이 칼을 집어 들어서 경찰관의 목과 등을 내리쳤다. 두 인력거꾼들이 황태자의 목숨을 살리는데 결정적인 역할을 한 사실은 일본 사람들 뿐만 아니라 러시아 사람들도 곧 인정한다.[98]

니콜라이는 인력거꾼들에게 후한 상을 내린다. 그럼에도 불구하고 니콜라이는 매년 5월 11일이 되면 오츠의 사건을 기억하면서 늘 요르요스에게 자기의 목숨을 살려준 것에 감사하는 기도를 올리면서도 인력거꾼들을 기억하지는 않는다.[99] 니콜라이의 일기에는 일본 사람들이 길가에 무릎을 꿇고 두 손을 모아 기도하면서 이 사건에 대해 용서를 비는 모습을 감동적으로 묘사하고 있다. 그리고 암살 시도 직후

다케히토 친왕에게 부상이 경미하며 이 사건으로 인하여 일본에 대한 나쁜 감정을 품는 일은 절대 없을 것이라고도 했다.[100] 그러나 비테는 자신의 회고록에 다음과 같이 쓰고 있다.

> 내가 보기에 황태자에 대한 암살시도는 그에게 일본과 일본인들에 대한 적개심과 경멸심을 남긴 것 같다. 이는 공식적인 보고서에서도 그가 일본 사람들을 「원숭이」라고 부른 것에서 볼 수 있다. 그가 일본 사람들이 불쾌하고 경멸스럽고 힘이 없는 사람들, 러시아라는 거인이 한방에 날려버릴 수 있는 존재라고 생각하지만 않았어도 우리가 결국 일본과의 불행한 전쟁으로 치닫는 그런 정책을 취하지는 않았을 것이다.[101]

암살시도 소식은 전국에 급속히 퍼진다. 매리 프레이저가 들은 첫 번째 소식은 「머리 두 곳에 깊은 상처. 회복 불가능」이었다. 추가 전보가 도착하기 시작하면서 상황이 그토록 심각하지는 않다는 것이 밝혀지지만 일본인들은 큰 충격에 빠진다. 일본 사람들 대부분은 황태자에 대한 공격이 러시아와의 전쟁을 촉발시킬 것으로 생각하였고 일본은 유라시아 대륙에 걸친 거대한 영토를 가진 러시아 제국의 상대가 안 된다고 생각했다.

그러나 일본 사람들이 느낀 것은 전쟁에 대한 공포만이 아니었다. 무엇보다도 암살시도 사건은 일본인들이 갖기 시작한 근대문명국가로서의 자존심에 타격을 입힌다. 메리 프레이저는 다음과 같이 적고 있다.

이런 일이 유럽에서 일어났다면 모두 매우 불행한 일이라고 생각했겠지만 그 이상의 의미는 부여되지 않았을 것이다. 그 후유증에 대한 별다른 고민도 하지 않았을 것이다. 이러한 일 때문에 우방관계가 깨지거나, 조약은 모두 부질없는 짓이고 국가들 간의 평등은 허황된 꿈에 불과하다고 말하는 사람은 아무도 없었을 것이다. 그러나 가엾은 일본은 이 사건을 그렇게 받아들였다. 가장 뼈아프게 생각한 것은 나라의 명예가 상처를 입었다는 것이었다. 왜냐하면 천황의 손님이 이 불행을 겪어야만 했기 때문이다.[102]

메이지는 암살시도 20분 만에 다케히토 친왕이 보낸 전보를 통해서 소식을 접한다. 황태자가 심각한 부상을 입었으니 하시모토 츠나츠네(橋本綱常, 1845.7.24.~1909.2.18. 군의총감과 육군성의무국장을 역임한 일본적십자병원 초대원장) 장군을 즉시 현장으로 보내 달라는 내용이었다. 1시간 후에 다시 보낸 전보에는 천황이 교토로 직접 와 달라는 내용이 담겨있었다. 메이지는 총리대신을 비롯한 다른 대신들과 상의한 후 우선 요시히사 친왕을 즉시 교토로 보낸다. 동시에 하시모토와 자신의 어의를 포함한 의사들을 곧바로 황태자에게 보낸다. 그리고는 다케히토에게 다음날 아침 본인이 친히 황태자를 보러 가겠다고 알린다.

메이지는 니콜라이에게도 전보를 쳐 저격에 대한 놀라움과 분노를 표하면서 빠른 회복을 기원한다. 황태자는 답신에서 천황에게 걱정을 끼쳐서 미안하며 자신은 놀라울 정도로 괜찮다고 한다. 메이지는 니콜라이의 아버지 차르 알렉산드르 3세(1845.3.10~1894.11.1. 재위: 1881~1894)에게도 전보를 보내 그의 아들이 부상당했다는 소식을 전한다. 황후도 차리나(Tsarina, 러시아 황후)에게 같은 내용의 전문을 보낸다.[103]

천황은 약속대로 다음날 오전 6시 30분 심바시역에서 출발하여 그날 밤 교토에 도착하자마자 니콜라이가 묵고 있는 호텔로 간다. 그러나 러시아 공사는 늦은 밤에 환자를 만나는 것은 환자에게 좋지 않을 것이라면서 니콜라이를 보고 싶다는 천황의 청을 거절한다. 천황을 거절하는 것은 흔치 않은 일이었다. 그러나 메이지는 아무 말없이 다음날 아침 다시 오겠다고 한다. 메이지가 보낸 의사들도 환자를 진료하지 못한다. 황태자도 자신의 의사들 말고 다른 의사들의 진료를 받고 싶지 않다고 한다. 다음날 일본 의사들이 다시 오지만 역시 거절당한다.[104]

다음날 아침 천황은「고쇼(御所, 교토의 천황궁)」를 나와 니콜라이의 호텔로 향한다. 요르요스 왕자의 영접을 받은 메이지는 부상당한 황태자의 방으로 안내된다. 천황은 깊은 유감을 표하면서 걱정하고 있을 니콜라이의 부모님께 송구하다는 말을 전한다. 메이지는 황태자가 회복하는 대로 도쿄도 방문하고 일본의 다른 명승지도 관광할 수 있었으면 좋겠다고 한다. 니콜라이는 이처럼 가벼운 상처 때문에 천황과 일본 국민이 보여준 친절에 대한 감사의 마음이 조금이라도 훼손되는 일은 없을 것이라면서도 도쿄 방문 문제는 본국으로부터의 명을 기다려야 한다고 한다.[105]

그날 니콜라이는 교토에서 고베로 옮겨진다. 그의 모후가 니콜라이에게「파미아트 아조바」선상에서 치료받을 것을 명하였기 때문이다. 니콜라이가 배로 옮겨진다는 소식을 들은 메이지는 충격을 받는다. 이는 니콜라이가 도쿄를 방문하지 않을 것임을 뜻했기 때문이다. 메이지는 이토 히로부미로 하여금 러시아 공사를 만나 황태자가 일본에 더 머물도록 설득할 것을 명한다. 그러나 러시아 공사는 러시아 국민들이 황태자의 안전에 대해 깊이 염려하고 있고 특히 황후의 염려가 크다고 한다. 황태자 본인은 원래 계획대로 도쿄를 방문하고 싶어했지만 그의 부모의 명을 따를 수밖에 없다고 한다. 그리고 공사는 눈물을 흘리면서 천황이 황태자를 자신의 아들과 같이 생각하여 고베까지 함께 가줌으로써 그의 안전을 지켜줄 것을 요청한다. 이토는 이 요청을 메이지에게 전할 것이며 자애로운 천황이 틀림없이 들어줄 것이라고 한다.[106]

니콜라이가 곧 일본을 떠나야 한다는 소식에 메이지는 실망하면서도 러시아 공사의 요청을 들어주기로 한다. 메이지는 자신의 마차로 황태자의 호텔로 가서 니콜라이와 함께 기차역까지 간다. 그들은 천황의 전용열차에 요르요스 왕자, 다케히토 친왕과 함께 오른다. 기차역에서 「파미아트 아조바」가 정박해 있는 항구까지 가는 철로 변에는 군사들이 도열하여 철통같이 지켰다. 고베 도착 후 메이지는 니콜라이를 부두까지 나가 환송한다. 둘은 악수를 하고 헤어진다.[107]

5월 16일 니콜라이는 메이지에게 편지를 보내 부왕의 명으로 5월 19일에는 일본을 떠나야 한다고 한다. 메이지는 19일 오찬을 고베에서 하자고 하지만 니콜라이는 의사들이 배를 떠나는 것에 반대한다고 한다. 그 대신 니콜라이는 메이지에게 「파미아트 아조바」 선상에서 오찬을 함께할 것을 요청하자 메이지는 이를 받아들인다.

이 소식이 일본 내각에 전해지자 대신들은 질겁을 한다. 일본 대신들은 청이 흥선대원군을 선상으로 초청해 납치해 중국으로 데려가 3년간 가뒀던 사건을 상기하면서 러시아가 메이지를 납치해 갈 것이 분명하다고 한다. 고베항에는 일본 군함보다 러시아 군함이 훨씬 더 많이 정박해 있었다. 그러나 메이지는 침착하게 러시아인들은 야만인들이 아니기 때문에 그런 일은 차마 못할 것이라면서 오찬에 가겠

다고 한다.[108]

5월 18일 메이지는 다루히토 친왕, 요시히사 친왕 등과 「파미아트 아조바」에 오른다. 오찬은 순조롭게 진행된다. 러시아 공사는 메이지가 그토록 크게 웃는 것을 처음 봤다고 한다. 천황은 「오츠 사건」에 대해서 사과하였고 니콜라이는 어느 나라나 미치광이들은 있게 마련이며 자신의 부상이 가볍기 때문에 천황은 걱정할 필요가 없다고 한다. 둘은 러시아의 관습대로 식후 서로 담배를 권하고 같이 피운다. 메이지는 2시경 하선한다. 배는 몇 시간 후 블라디보스톡을 향해 출항한다. 메이지는 요시히사 친왕으로 하여금 「야에야마」를 타고 「파미아트 아조바」를 시모노세키까지 환송할 것을 명한다.[109]

일본은 니콜라이 저격사건으로 계속해서 고통스러워한다. 가장 큰 충격을 받은 것은 황후였다. 프레이저 부인에 의하면

한편 가엾은 젊은 황태자를 도울 수 있는 방법도 없고 그를 저격한 범인을 벌할 방법도 없던 의롭고 점잖은 황후는 모든 것을 참아내야 한다는 평생 배워온 교훈을 모두 잊고, 그 어떤 순간에도 보여줬던 놀라운 침착성을 잃어버리고 그날 밤 내내 오르락 내리락 안절부절하면서 슬픔의 봇물이 열려 울고 또 울었다. 그는 그저 그 아이와 그의 어머니밖에 생각할 수가 없었다.[110]

황후만이 아니었다. 일본 전체가 슬픔에 빠진 듯했다. 그리스 태생 일본 귀화인 소설가 래프카디오 헌(Patrick Lafcadio Hearn, 일본명: 고이즈미 야쿠모, 小泉八雲, 1850.6.27.~1904.9.26.)이 전한 당시의 분위기다.

도시에는 마치 국상이라도 난 듯이 이상한 적막감이 돌았다. 행상들조차 평소보다 작은 목소리로 물건을 파는 듯했다. 평소에는 아침 일찍부터 밤 늦게까지 북적거리던 극장들도 모두 닫았다. 모든 유흥점, 모든 구경거리, 꽃가게마저 모두 닫았다. 모든 연회장도 다 닫았다. 침묵만 흐르는 게이샤들의 거리에서는 샤미센(三味線: 일본의 전통 현악기)의 소리조차 들리지 않았다. 대형주점에서 즐기는 사람들도 없었고 손님들은 모두 낮은 목소리로 얘기한다. 길거리에서 만나는 얼굴들조차 평소의 웃음기가 모두 사라졌다. 플래카드들은 모든 만찬과 공연들이 무기한 연기되었음을 알린다.[111]

래프카디오 헌은 일본에는 「보편적이고 본능적으로 잘못을 바로잡고자 하는 욕구」가 지배한다면서 이러한 현상을 설명한다. 실제로 일본 사람들은 부자나 가난한 사람들 할 것 없이 자신들이 가진 가장 값진 패물을 기꺼이 내놓으면서 「파이마트 아조바」로 보냈다.[112]

그러나 래프카디오 헌이 가장 감명받은 것은 「유코」라는 하녀의 이야기였다. 5월 20일 유코는 교토 현청 앞에서 자결한다. 27세였다. 헌에 의하면 그녀의 유서에는 「비록 비천하지만 이처럼 젊은 삶이 그 죄값으로 바쳐 졌음을 보고 천자(天子)님께서 더 이상 슬퍼하지 않으실 것을 기도하면서」라고 적혀 있었다.

4천만명이 슬픔에 잠겨 있었으나 그녀의 슬픔은 남들보다 컸다. 어떻게, 왜인지는 서양의 사고방식으로는 제대로 이해하기 힘들다. 그녀의 존재는 우리(서양인)로써는 가장 막연한 방식으로밖에 추론해 볼 수 있는 (일본인 특유의) 감정과 충동에 의해 지배받고 있다.[113]

범인 츠다 산조(津田三蔵)는 증오의 대상이 된다. 야마가타현의 가나야마라는 마을에서는 츠다라는 성이나 산조라는 이름을 사용하는 것을 금하는 조례를 통과시킨다.

츠다는 사무라이 집안에서 태어났다. 그의 조상들은 대대로 이가(伊賀国)의 다이묘 밑에서 의사로 봉직하였다. 1855년 1월에 태어난 츠다는 번숙

래프카디오 헌(고이즈미 야쿠모, 小泉八雲)

에서 중국고전과 군사학을 배웠다. 1872년에는 육군에 입대하여 세이난전쟁 당시 전공을 세워 훈장을 받고 상사로 특진한다. 1882년에는 전역한 후 경찰로 미에현과 시가현에서 경찰로 봉직한다. 사람들은 그가 말수도 적고 친화적이지 않은 인물로 기억했다.[114] 그의 범행동기에 대해서는 의견이 분분했다. 도쿄의대 교수로, 일본 황실의 주치의로 일본 근대의학의 기초를 놓은 바엘즈(Erwin von Bälz, 1849.1.13.~1913.8.31.)는 다음과 같이 분석했다.

범인은 일종의 헤로스트라토스(고대 그리스의 방화범. 악명을 떨치기 위해서 신전을 방화)로 악명을 떨치고 싶었을 것이다. 그러나 부정할 수 없는 사실은 지난 수년간 점증하고 있던 러시아에 대한 일본인들의 증오가 한몫을 했다는 점이다. 러시아는 계속해서 팽창하고 있으며 작은 이웃들을 집어삼키고 있다. 이는 모든 일본인들을 초조하게 만들고 있다.[115]

어떤 사람들은 츠다가 격분한 것은 일본이 사할린을 러시아에게 넘긴 것 때문이었고 러시아의 황태자가 일본에 온 것도 일본을 침공하기에 앞서 첩자로 온 것이며, 일본에 왔으면 도쿄로 가서 천황을 먼저 알현하는 것이 도리인데 나가사키와 가고시마에서 관광이나 하고 있었기 때문이었다고도 한다.[116]

바엘즈

재판에서 츠다는 황태자를 암살하기로 결심한 것이 니콜라이가 미이데라를 방문하기로 되어있던 그날 아침이었다고 한다. 니콜라이와 요르요스는 그날 경치를 즐기기 위해 인력거에 올라 미유키야마를 올랐다. 이 언덕은 1878년 메이지가 다녀간 곳으로 세이난 전쟁에서 전사한 오츠 무사들의 충혼탑이 있는 곳이었다. 츠다는 한때 영광스러운 전쟁에 참여했던 자신이 보잘것없는 경찰 신분이라는 것에 울분을 느꼈고 니콜라이에 대한 적개심이 생겼다. 그는 좌절감을 해소하는 방편으로 니콜라이를 죽이기로 했다.

바로 그때 니콜라이와 요르요스가 나타났는데 이들은 군인들의 충혼탑에는 조금도 관심을 두지 않고 인력거꾼들과 경치만 얘기하고 있었다. 츠다는 이것이 그들이 스파이로 온 증거라고 생각해서 더 분노가 끓었다. 그러나 둘 중 누가 니콜라이인지 확실하지 않아 저격을 잠시 미뤘다. 일행이 가라사키로 돌아왔을 때 니콜라이에 가까이 접근할 기회가 있었지만 망설였다. 그러나 니콜라이 일행이 오츠를 떠난다는 얘기를 듣고 만일 그가 이곳을 몸 성히 떠나게 하면 언젠 가는 일본을 침공할 것이라고 생각하여 그 때 암살을 시도했다고 진 술한다.[117]

츠다가 니콜라이를 의도적으로 공격한 것은 분명했다. 거의 모든 사람은 츠다가 곧바로 사형에 처해질 것으로 생각했다. 정부의 젠로 (원로)들과 내각은 츠다를 사형시키지 않는다면 러시아가 결코 만족하 지 않을 것이고 그렇게 되면 무슨 일이 일어날지 모른다고 한다. 남 은 것은 형법의 어느 조항을 적용할 것인가 뿐이었다. 일본 형법 제 116조는 천황이나 황후, 황태자의 암살을 기도한 자는 사형에 처할 것을 적시하고 있었다. 문제는 이 조항이 외국의 왕족에게도 적용되 는가 하는 점이었다.[118]

5월 12일 총리대신 마츠카타 마사요시(松方正義, 1835.2.25.~1924.7.2.)와 농상무대신 무츠 무네미츠(陸奥宗光, 1844.8.20.~1897.8.24.)는 고지마 고레 카타(児島惟謙, 고지마 간조, 1837.3.7.~1908.7.1.) 대심원장을 불러 러시아의 감 정을 상하게 하는 것은 위험하다고 경고한다. 그러나 고지마는 형법 116조가 외국의 왕자에게도 적용될 수 있다고 가정할 아무런 이유가 없다면서 법이 우선이라고 한다. 마츠카타는 나라가 있어야 법도 있 다면서 나라의 생존을 잊고 법의 중요성만 강조하는 것은 잘못이라 고 하고 무츠는 형법 제116조에 「텐노(天皇)」라고만 하였지 「일본 의 텐노」라고 명시하지 않았다며 따라서 다른 나라 왕실에도 적용된 다고 한다. 그러나 고지마는 원로원이 1880년 형법을 수정하면서 「일 본의 천황」이라고 명시하지 않은 것은 「텐노」가 일본의 군주를 일컫 기 때문이라고 한다.

다음날 고지마는 대심원의 다른 판사들과 만난다. 판사들은 모두 「덴노」가 일본의 천황을 일컫는 것이라는 데 합의한다. 야마다 아키요시(山田顯義, 1844.11.18.~1892.11.11.) 사법대신(司法大臣, 법무대신)은 계엄령을 선포하여 계엄법으로 다스리겠다고 대심원 판사들을 협박한다. 같은 날 오츠 법원 판사는 츠다의 범죄에는 형법 292

고지마 고레카타(일명, 간조)

조와 112조, 즉 일반 살인미수죄가 적용된다는 보고서를 제출한다. 일반 살인미수죄에 적용될 수 있는 가장 무거운 형벌은 종신형이었다.[119]

츠다를 사형에 처하라는 내각의 압력은 계속되었다. 그러나 고지마는 물러서지 않는다. 그는 러시아 법에 의하면 외국의 군주에 대한 암살미수죄는 차르에 대한 암살시도보다 훨씬 형벌이 가볍다는 사실과 독일 형법은 유사한 범죄에 대한 형벌을 10년 징역형으로 규정하고 있다는 사실을 지적하면서 츠다를 종신형에 처하는 것만 해도 다른 나라보다 훨씬 무겁게 처벌하는 것이라고 한다. 그리고 만일 특정 사안에 따라 법을 왜곡하기 시작하면 헌법체제가 무너질 것이라고 한다.

츠다를 사형에 처하지 않으면 러시아가 침공할 것이라는 주장에 대해서는 러시아가 야만국이 아니며 복수를 위하여 침공을 준비하고 있다는 여하한 낌새도 없다고 답한다. 그러면서 그렇지 않아도 외국인들이 일본 법제도가 선진국 수준에 미치지 못하고 있다고 불평하고 있는데 차제에 일본이 법치를 얼마나 엄중히 여기는지 보여줄 기회라고 맞받아친다.[120]

5월 20일, 고지마를 비롯한 대심원 판사들은 고쇼(御所, 천황궁)에서 천황을 알현한다. 메이지는 「러시아의 황태자와 관련된 이번 사건은 나라에 매우 중요한 사건이다. 조심하여 사건을 신속히 처리하라」는 칙지를 내린다. 이 칙지가 정확히 무엇을 뜻하는지에 대해서는 해석이 분분했다. 어떤 사람들은 「조심하여」를 러시아를 자극하지 말라는 뜻으로 받아들인 반면 다른 사람들은 헌법을 왜곡해서는 안 된다는 뜻으로 해석한다. 고지마는 헌법 116조를 왜곡하여 외국 왕실에 적용하는 일이 없도록 하라는 뜻으로 받아들인다.[121]

7명의 대심원 판사들에 대한 압력도 거셌다. 내각의 대신들은 같은 번 출신 판사들을 접촉하여 설득에 나섰지만 대부분의 판사들은 압력을 버텨낸다. 결국 7명 중 5명은 제116조를 츠다에게 적용하는 것을 거부한다. 5월 24일, 츠다의 재판이 시작되기 하루 전, 고지마는 야마다 아키요시(山田顕義) 사법대신에게 116조를 이번 사건에 적용하는 것은 불가능하다고 통보한다.

내무대신 사이고 츠구미치(西郷従道)는 격노한다. 그는 고지마에게 결정의 근거를 자세하게 설명할 것을 명한다. 고지마는 판사들이 천황의 칙지를 따랐을 뿐이라고 답한다. 제116조를 적용하는 것은 헌법을 어길 뿐만 아니라 일본의 역사에 천 년이 지나도 지울 수 없는 오점을 남기고 천황의 덕에 먹칠을 하는 일이라고 한다. 동시에 판사들은 불공정하고 불성실하다는 오명을 남기게 될 것이라고 한다.

사이고는 「나는 법리에 대해서는 아무것도 모른다. 그러나 당신 제안 대로 한다면 이는 천황의 칙지를 거역하는 것이 될 뿐만 아니라 러시아 함대가 시나가와만에 집결할 것이고 단 한방에 우리 제국은 산산조각이 날 것이다. 그럴 경우 법은 나라의 화평을 지키는 방편이 아니라 나라를 무너뜨리는 도구가 될 것이다」라고 한다. 천황이 이에 대하여 매우 심려하고 있으며 자신을 비롯한 다섯 대신들은 천황의 명으로 온 것이라면서 판사들이 칙령마저 거역할 것이냐고 힐문하지만 고지마는 양보하지 않는다.[122]

5월 25일 예정대로 「오츠사건」에 대한 재판이 시작된다. 판결은 예상대로 종신형이었다. 내무대신 사이고 츠구미치와 외무대신 아오키 슈조(青木周蔵, 1844.3.3.~1914.2.16.)는 책임을 지고 사임한다. 그러나 판결 소식이 러시아에 전해진 후에도 러시아는 함대를 보내 시나가와를 포격하지 않는다. 러시아 공사는 외무대신 아오키에게 만일 츠다에게 사형이 언도되었다면 차르가 메이지에게 관용을 베풀 것을 부탁했을 것이라고 전한다. 츠다는 홋카이도에 있는 감옥에 투옥된 후 그 해 9월 30일 폐렴으로 죽는다.

오츠 사건은 당시 일본 내각 대신들이 걱정한 것처럼 전쟁으로 이어지지 않는다. 이 사건으로 니콜라이가 일본에 대한 적대감정을 갖게 되었고 결국 13년 후 「러-일 전쟁(1904~1905)」의 원인이 되었다는 견해도 있지만 심증일 뿐 확증은 없다. 이 사건의 가장 중요한 결과는 일본 사법제도의 확립이었다. 고지마 고레카타의 용기는 일본의 사법체계를 국제 수준으로 끌어올리는데 결정적인 역할을 한다. 고지마는 1894년 귀족원에 선출된다. 그러나 그가 오츠 사건에 대해 기

니콜라이로부터 훈장과 상을 받은 두 인력거꾼.

록한 그의 일기는 1931년까지 출판이 금지된다.[123]

당시 일본에 거주하는 외국인들은 일면 니콜라이가 부상당한 것은 안타깝게 생각하면서도 러시아의 의도에 대해서는 깊이 의심했다. 바엘즈 박사는 일본이 1875년 사할린을 러시아에 양도한 것이 큰 실수였다고 하고 래프카디오 헌은 친구에게 보낸 편지에 다음과 같이 쓰고 있다.

그나저나 나는 미래세대는 츠다 산조를 보다 긍정적으로 평가하게 될 것이라고 생각한다. 그의 죄라면 「미치도록 충성한 것(loyalty run mad)」뿐이다. 그는 순간적으로 미쳤지만 그의 광기는 다른 상황이었다면 칭송 받아 마땅한 것이었다. 그는 영국 마저도 떨게 만드는, 서유럽이 1백 50만 대군을 일으켜 상대할 수밖에 없는 무시무시한 열강을 대표하는 자가 자기 앞에 나타나는 것을 보았다. 그는 일본의 적을 보았다. 최소한 보았다고 생각했다 (그가 진짜 적을 보았는지는 시간만이 보여줄 수 있다). 그러자 그는 공격했다. 아무런 생각 없이 오직 충정으로.[124]

니콜라이의 목숨을 구한 무카이하타 지사이부로(向畑治三郎, 1854~1928)와 기타가이치 이치타로(北賀市 市太郎, 1859.12.3.~1914.11.3.) 등 두 명의 인력거꾼은 영웅 대접을 받는다. 그러나 1904년 러일전쟁이 발발하자 이들은 연금을 박탈당하고 러시아 스파이라는 오명을 쓰고 경찰의 끊임없는 감시와 괴롭힘의 대상이 된다.

6. 변하기 시작하는 일본의 조선정책

1891년초 일본은 조선의 임시 대리공사 곤도 마스키(近藤真鋤, 1840~1892) 후임으로 샌프란시스코 총영사를 역임한 가와기타 도시야(河北俊弼, 1844~1891)를 임명한다. 조슈 출신 사무라이로 세이난전쟁(1877, 사쓰마 반란)에서 전공을 세우고 히로시마 방위사령관을 역임한 가와기타는 부임한 직후 병사한다. 그러나 그가 병사하기 직전 그의 직급은 「임시대리대사」에서 「특명전권공사(弁理公使)」로 격상된다. 일본이 조선과의 관계를 재조정하기 시작한 징조다.

가와기타의 후임으로는 가지야마 데이스케(梶山鼎介, 1848.11.15.~1933.3.25.) 중령이 임명된다. 조슈의 사무라이였던 가지야마는 보신전쟁에서 전공을 세우고 정부 유학생으로 2년간 미국 유학을 다녀온 후 청국 공사관 무관, 서기관, 내무성 지리국장을 역임한 후 조선에 부임한다. 주 일 러시아 공사 셰비치(Shevich)는 일본이 주 조선 공사를 특명전권공사로 직급을 높인 것이 「흥미롭다」고 한다.

일본은 조선과의 통상이 급증하고 있기 때문에 이를 제대로 지원하기 위해서는 대리공사로는 부족하다고 설명한다. 그러나 셰비치는 일본이 조선 주재관의 직급을 특명전권공사로 격상시킨 것은 조선이 독립국가임을 강조하기 위한 조치인 동시에 공사에게 보다 중요한 정치적 역할을 부여하기 위해서라고 해석하면서 청이 이를 결코 좋아할리 없을 것이라고 한다.[125]

조선과 일본 간의 교역이 계속해서 늘자 조선의 일본 언론은 일본 정부의 조선정책에 대한 열띤 논쟁을 벌인다. 영국과의 동맹을 주장하는 목소리도 있었고 러시아와 손잡을 것을 종용하는 목소리도 있었지만 대부분은 보다 「강력하고 독자적인 정책」을 요구한다. 이들은 가지야마가 조용하고 합리적인 사람이지만 일본의 국익을 대변하는데 소극적이라면서 보다 활동적이고 적극적인 사람을 임명할 것을 요구한다.[126]

1891년 11월, 일본은 가지야마 후임으로 오이시 마사미(大石正巳, 1855.5.26.~1935.7.12.)를 임명한다. 오이시는 도사번 출신의 사무라이로 이타가키 다이스케, 오쿠마 시게노부를 추종하면서 「자유민권운동」에 적극 참여해온 인물이었다. 대부분의 자유민권운동가들이 그랬듯이 오이시 역시 일본 정부의 소극적인 조선 정책에 비판적이었고 김옥균 등의 개화파를 적극 지지하면서 조선에서도 근대 개혁을 추동할 것을 적극 주장하였다. 셰글로브는 오이시가 조선에 부임하기 이전에는 아무런 공식적인 직책을 역임한 경력이 없으며 오직 「극단주의적 경향과 외국인에 대한 반감」으로 잘 알려진 인물이라고 본국에 보고한다.

한편 마이니치 신문은 오이시가 「큰 주제들에 대해 토론하는 것을 즐기며」「용기를 필요로 하는 어떤 일이라도 수행할 수 있는 정신력을 가졌다」고 평가한다. 일부 외무성 고위 관리들은 그가 반-러시아주의자이기 때문에 한양에 부임할 경우 러시아와 문제를 야기할 수 있다면서 반대했지만 내각은 그의 임명을 밀어부쳤다고 보도한다.[127] 오쿠마 시게노부의 영향력이 분명했다.

오이시는 「니뽄노니다이세이사쿠(日本之二大政策)」라는 글에서 「내가 볼 때 조선은 이미 무너졌다. 조선이 존재하는 것은 다른 열강들이 점령하지 않았기 때문이다. 국가의 틀은 산산조각이 났다…… 아메리카 인디안들과 아프리카의 야만인들도 창과 장총을 집에 갖고 있다. 그들은 다른 부족들이 침략하는 것을 막을 용기가 있다. 그러나 조선은 아니다. 조선은 마치 벽이 없는 집, 잠긴 문이 없는 창고와 같다」고 한다.

또, 조선을 다시 부활시킬 수 있는 정치인은 조선에는 없다면서 대원군과 오랜 시간 얘기를 나눴지만 대원군은 국제정세에 어둡고 여러 차례 만났던 민영준(민영휘)은 지리를 몰랐고 오직 대원군의 역할에 대해서만 관심이 있을 뿐 다른 모든 것에 대해서는 관심이 없었다고 한다. 그는 민영준에게 러시아의 시베리아 횡단철도의 위협에 대해 얘기하면서 조선이 이에 대처하기 위하여 어떤 조치를 취하고 있는지 묻자 민은 러시아와의 국경에 조선의 밀정들을 파견하여 러시아의 움직임에 대해서 감시하고 있다고 대답하였다고 한다. 이에 오이시는 「아! 국가를 방어할 방법이 없는데 밀정을 파견한 들 무슨 소용이 있으랴!」라고 쓴다. 그는 조선이 「성난 호랑이 발 밑에 있는 염소」

와 같다고 한다.[128]

조선 조정은 오이시의 임명에 긴장한다. 오이시의 임명으로 일본이 조선에서 보다 강경한 정책을 추진할 것이라는 예상이 팽배하자 1892년 8월 외무대신에 부임한 무츠 무네미츠는 히트로보 러시아 공사를 불러 안심시키고자 한다. 「저는 왜 우리가 오이시를 한양에 임명했는지 귀하께 설명하는 것에 제 의무라고 생각합니다. 그는 야당 내에 너무나 좌충우돌하는 사람이었기에 내각은 이 기회를 이용하여 그에게 좋은 자리를 줌으로써 안정할 수 있게 하면서 그 대신 정부의 모든 훈령을 부지런히 집행할 것이라는 맹세를 받아 냈습니다.」[129]

주 조선 미국 공사 허드(Augustine F. Heard Jr., 1827~1905. 재임: 1890.1.30. ~1893.6.27.)는 「일본에는 늘 두 파가 있으며 한 파는 청과의 협력을 중시하고 다른 한 파는 보다 독립적인 강경한 정책을 중시한다」고 분석한다. 그러면서 「현재는 강경파가 강해지고 있으며 오이시의 임명도 그 일환이다」라고 한다. 허드는 오이시가 김옥균의 친구이며 김옥균은 일본의 「소시(壯士: 폭력배)」들과 함께 와서 조선 정부를 전복하려고 할 것이라고 한다. 이와 함께 일본인들의 조선사람들에 대한 태도는 점점 더 거만해지고 있고 폭력적이 되어 간다고 한다.[130]

1893년에 들어서면서 일본의 대외정책과 국내 여론이 바뀌기 시작한다.

제2장

김옥균과 박영효의 일본 망명기

제2장

김옥균과 박영효의 일본 망명기

　1884년 12월 갑신정변 실패 후 일본으로 망명한 혁명동지 김옥균과 박영효는 그 후 10년간 서로 극단적으로 대비되는 삶을 산다. 4년에 가까운 유배생활과 조선 정부의 끊임없는 암살 시도에 시달리던 김옥균은 1894년 3월, 상황을 타개해 보고자 상하이로 건너가지만 이마저 암살범들이 놓은 덫이었다. 일본에서 10년의 인고의 세월을 보낸 김옥균은 상하이에서 43세의 나이로 암살범의 흉탄에 유명을 달리한다.

　한편 일본 정부의 냉대에 서재필, 서광범 등과 함께 미국으로 건너간 박영효는 미국 생활을 견디지 못하고 6개월 만인 1885년 12월 일본으로 돌아온다. 그 후 10년 동안 박영효는 동서양의 사상을 공부하고 조선을 근대화 시킬 수 있는 개혁정책을 구상한다. 그가 1888년 고종에게 바친『조선국 내정 개혁에 관한 건백서(朝鮮國內政開革에 關한 建白書)』라는 방대한 문건은 조선 근대화 개혁의 청사진이었다. 1889년「보국회(保國會)」라는 단체를 조직하면서 발표한「대한청년보국회 서문(大韓靑年保國會誓文)」은 자유, 인권, 법, 정부, 국가, 국제관계에 대한 박영효의 놀랍게 근대적인 인식을「언문」, 즉「한글」로 표현하고 있

1884년경의 김옥균

일본에서의 김옥균

일본 망명생활 중의 김옥균

김옥균의 친필 서신

1883년 일본체류 중의 박영효 삽화   일본 망명생활 중 일본인 수행원과   박영효
                                 함께(오른쪽이 박영효)

다. 1893년에는 일본 조야의 지원으로 「친린의숙(親隣義塾)」이라는 기숙학원을 설립하여 조선 유학생들에게 근대 교육을 시킨다. 일본의 주도 하에 갑오경장이 시작되자 박영효는 일본 망명 생활 10년 동안 정립한 그의 조선 개혁 청사진을 실행에 옮길 수 있는 기회를 잡는다.

1. 김옥균

1) 이재원의 밀서 (1886.1.)

고종과 민비, 민씨 척족은 김옥균과 박영효를 암살하기로 한다. 가장 좋은 방법은 그를 조선으로 다시 유인하여 죽이는 것이었다. 이를 위해 고종의 사촌 형인 이재원(完林君 李載元, 1831.10.13~1891.2.19.)을 동원한다.

이재원은 1853년(철종 4년) 정시문과(庭試文科)에 병과(丙科)로 급제하여 성균관 대사성을 지내고, 고종 즉위 후 도승지, 대사헌, 이조참판,

예조와 형조 판서 등을 역임한다. 1884년 갑신정변 당시 김옥균 등 친일개화파는 그를 영의정에 임명한 바 있다. 이러한 경력 때문에라도 고종과 민비, 민씨 척족을 거스를 수 없었던 이재원은 1866년 초 장은규, 송병준 등 두 명의 심복을 일본에 잠입시킨다. 장은규는 의친왕의 생모 귀인 장씨의 친정 오빠였다. 송병준은 함경

송병준

도 장진 출신으로 어머니는 기생으로 알려졌지만 훗날 「을사오적」의 한 명으로 출세하면서 은진 송씨를 자처한 인물이다.[1]

장은규와 송병준은 이재원의 한글 밀서를 김옥균에게 전한다. 이재원은 김옥균에 대한 고종의 신임이 여전하며 김옥균이 다시 조선으로 밀입국해 오면 군사를 일으켜 함께 거사를 도모할 것을 약속한 것으로 추정된다. 김옥균은 장은규와 송병준 편으로 보낸 답신에서 일본의 자유민권운동파의 이타가키 다이스케, 고토 쇼지로 등이 자신을 도울 것이라면서 이들의 도움으로 총을 구하고 병사를 모집하여 강화도에 상륙하여 이재원의 군사와 함께 한양으로 진격할 수 있다고 한다. 이재원은 김옥균에게 답을 하는 한편 김옥균으로부터 받은 밀서들을 고종과 민비에게 전달 한다. 김옥균이 이재원에게 보낸 편지는 청 측의 기록에 남아 있다.

뜻밖에 보내 주신 서한을 받았습니다. 엎드려 읽고 나니 온 마음이 경복 (敬服)해서, 희경(喜慶)이 매우 깊음에 도리어 비감(悲感)이 생깁니다. 대감께서 군주와 나라를 위해 목숨을 바치기로 결심하셔서, 변변치 못한 사람을 이처럼 대우하시니 저는 죽어도 여한이 없습니다. 예전에 제가 우리나라에는 다시 나라를 위해 목숨을 바치는 인물이 없다고 말씀드렸는데, 대감께서 바로 이와 같으시니, 비록 일이 이뤄지지 않더라도 우리나라 500년의 기업은 반드시 무너지지 않을 것입니다. 대감의 이 마음은 천지신명께 묻더라도 떳떳해서 결코 변할 리 없지만, 혹여 일이 이뤄지지 않을 우려가 있습니다. 그러나 제가 응당 대감을 위해 질정(質定)할 것입니다......[2]

김옥균은 1885년 9월 과거 「동남제도개척사(東南諸道開拓使)」에 임명되었을 때 수행원으로 일하던 백춘배(白春培)를 조선에 밀입국시켜 조선 내부사정을 정탐하게 한다. 그러나 백은 곧 체포되고 심문 과정에서 그가 자백한 내용은 김옥균이 이재원에게 보낸 편지의 내용과 대략 일치한다. 그러자 조정은 1885년 12월 20일 독판교섭통상사무 김윤식을 통하여 주 조선 일본 대리공사 다카히라 고고로(高平小五郎, 1854.1.29.~1926.11.28.)에게 공문을 보낸다.

대조선독판교섭통상사무 김(金)이 은밀히 조회를 보냅니다. 김옥균은 우리나라의 난신(亂臣)입니다. 귀국으로 도주한 지 이미 몇 년이 돼서 귀국에 여러 차례 체포해서 송치할 것을 요청했으나 끝내 허락을 받지 못했습니다. 귀국은 관례를 어기고 체포해서 송치할 방도가 없다고 했으니, 또한 결코 난을 일으키려는 것을 들어줄 이치가 없을 것입니다. 이 역적은 몇 해 전부터 우리나라의 불초(不肖)한 무리와 은밀히 결탁해서 허황된 말로 사람들을 현혹했으니, 갖가지 불법을 모두 이미 분별해서 수시로 징판(懲判: 징벌, 처분)했습니다. 그런데 뜻밖에 이 역적이 대담하게도 감히 우리 강화유수 판서 이재원에게 서한을 보냈습니다. 이 판서는 거짓으로 회신을 보내서 그 정황을 탐지하고자 했습니다. 금년 7월 25일에 이 역적이 보낸 서한에 따르면, 소총 1천 자루를 사두었으니 시기를 봐서 움직인다면 대사(大事)를 이룰 수 있다고 했습니다. 또한 장갑복(장은규) 등 앞뒤로 보낸 밀정의 말에 따르면, 이 역적이 장차 군대 1천 명을 고용해서 우선 강화도로 들어온 후 경성을 범할 것이라고 했습니다. 이에 한문으로 번역한 서한과 원 서한을 귀 대리공사에게 보내니, 속히 귀국 정부에 보고해서 조사하고 처분해서 난(亂)의 근원을 제거하십시오. 그리하여 양국의 우의를 더욱 돈독히 하신다면 큰 다행이겠습니다. 이 때문에 문서를 갖추어 조회하니, 부디 살펴보신 후 시행하시기 바랍니다. 이상과 같이 대일본 대리공사 다카히라에게 조회함. 을유년 11월 15일.[3]

다카히라는 백춘배의 공초문과 김옥균이 이재선에게 보낸 편지의 원본 등을 통리아문으로부터 받아 김윤식의 공문과 함께 일본으로 보낸다. 그리고 1886년 2월 9일, 외무성의 훈령에 따라 김윤식에게 답신을 보낸다.

삼가 고합니다. 귀력(貴曆) 을유년 11월 15일에 귀 조회를 받았습니다. 김옥균의 일로 이미 우리 정부에 보고했으며, 이번에 우리 외무대신의 회시(回示)를 받았습니다. 그 내용에, 「전에 보낸 김옥균의 서신을 본 대신이 모두 잘 살펴보았다. 그러나 이는 그의 심의(心意)를 드러낸 것에 불과하고 실제로 증거로 삼을 만한 범적(犯跡: 죄를 범한 흔적)이 없다. 또 우리 정부는 사람의 심의만으로 책벌을 가할 수 없다. 이는 만국보통(萬國普通)의 법리이다. 김옥균의 서신을 갖고 있어도 쓸 데가 없으니 조선 정부에 돌려보내라」라고 했습니다. 본 공사는 이에 훈령을 받들어 소유하고 있는 서신을 봉하여 귀 정부에 보내니, 부디 조사하신 후 거둬들이시기 바랍니다. 우리 정부는 이번 일에 있어 귀 정부의 희망에 부응할 수 없음이 전술한 바와 같으니, 부디 양해하시기 바랍니다.[4]

2) 지운영의 암살시도 (1886.5.~6.)

일본이 김옥균의 신병을 조선 조정에 인도하는 것을 거듭 거부하자 고종과 민비, 민씨 척족은 김옥균을 일본 현지에서 암살하기로 하고 자객을 밀파한다. 김옥균 암살의 임무를 맡은 것은 지운영(池雲英, 1852~1935)이었다. 일본에서 우두를 배워와 처음으로 조선에 우두를 실시한 지석영(池錫永, 1855.5.15.~1935.2.1.)의 친형인 지운영은 통리군국아문 주사를 역임했고 박영효와 김옥균 등과 친분이 있었다.

1886년 5월 고베로 건너간 지운영은 그 달 하순 도쿄에 도착하여 김옥균에게 면회를 요청하지만 김옥균은 거절하고 자신을 따르던 유혁로(柳赫魯, 1851.3.9.~1945.5.15.), 정난교(鄭蘭敎, 1863.1.23.~1944.12.28.)에게 대신 만나게 한다. 6월 1일 유혁로와 정난교를 만난 지운영은 이들에게 자신이 고종의 명령을 받고 김옥균을 암살하러 일본에 건너왔다면서 고종의 위임장도 보여주고 암살에 성공할 경우 5천엔을 지급하겠다는 증서도 준다.[5]

유혁로와 정난교가 김옥균에게 이 사실을 알리자 김옥균은 곧바로 총리대신 이토 히로부미와 외무대신 이노우에 가오루에게 알리는 한편 경시총감 미시마 미치쓰네(三島通庸, 1835.6.26.~1888.10.23.)에게 신변보호를 요청한다. 이노우에 외무대신은 다카히라 대리공사를 시켜 지운영이 지참하고 있던 김옥균 암살 위임장이 진짜인지 여부를 조선의 통리아문에 확인하도록 한다. 그리고 곧바로 김옥균에게 수도 도쿄를 떠날 것을 명한다.

유혁로

조선인 지운영은 왕의 위임장을 가지고 김옥균을 암살하려던 도중 발견되었다. 그리고 김옥균은 지운영이 가진 전권 위임장을 증거로서 재판부에 항의를 제기하며 일본 정부에게 정식으로 보호를 요청했다. 만일 이것이 성공했을 시, 상당히 심각한 상황이 되었을 것이며 이러한 상황을 회피하고 조선과의 관계와 내지의 안정을 위해 본 정부는 김옥균에게 정해진 기일 내에 일본 국경에서 퇴거할 것을 명령했다. 그러나 김옥균은 계속해서 몇몇 외국인들의 지원 아래 정식으로 항의하고 있다. 이러한 상황 속에서 지운영의 부재가 일본에게 있어서 가장 바람직하다 할 수 있다. 공사는 이러한 상황을 조선 정부에게 알리고, 조선 정부가 지운영에게 귀국하라는 명령을 전보로 보내라고 조언하도록.[6]

이노우에는 일본 정부가 김옥균에게 일본을 떠날 것을 명하였으니 조선 조정도 지운영을 소환할 것을 요구한다. 조선의 독판교섭통상 사무 서리 서상우(徐相雨, 1831~1903)는 일본의 제안에 동의하고 6월 12일 일본 측에 전문을 한 통 건네면서 지운영에게 전달해 줄 것을 요청한다.

이제 정부의 명을 받았다. 현재 처리하고 있는 일에 관해, 신속히 귀국하라고 특령(特令)하셨으니 즉각 출발하라. 외무서리독판 서(徐)[7]

이노우에는 가나카와현(神奈川県) 현령(縣令) 오키 모리카타(沖守固, 1841.6.13.~1912.10.7.)를 통하여 6월 15일 「요코하마 그랜드 호텔」에 투숙하고 있던 지운영에게 서상우의 전문을 전하도록 한다. 그러나 지운영은 일본을 떠나려 하지 않는다. 오키는 다시 6월 19일 지운영을 만나 출국할 것을 종용하였지만 지운영은 차일피일 출국을 미룬다. 6월 22일, 내무대신은 오키 현령에게 훈령을 보낸다.

지운영이 받았다고 주장하는 것과 같은 명령을 소지한 외국인이 우리나라에 체류하는 것은, 우리나라의 치안을 방해하고 또 외교상의 평화에 지장을 줄 것으로 우려할 만한 이유가 있다고 일본 정부는 확신한다. 따라서 본 대신은 귀하에게 지운영을 억류해 놓고, 적당한 기회에 그를 속히 조선에 송환할 것을 명한다.

오키는 23일 경찰관으로 하여금 지운영을 「요코하마마루」에 승선시켜 인천으로 강제 송환하도록 한다.[8]

1886년 7월 4일 인천에 도착한 지운영은 「감리인천구통상사무(監理仁川九通商事務)」에게 인도된 후 7월 11일 의금부로 송치되어 문초를 당한다. 의금부의 『지운영 공초문』에 의하면 지운영은 다음과 같이 말했다.

오키 모리카타(冲守固)

제가 이 한 몸을 일으켜서 두자루 칼을 갈아서 곧바로 일본으로 들어가 도주한 역적 옥균을 베어 죽이려고 한 것은 오로지 사충(私衷: 사사로운 진심)이 분노한 데서 나왔을 뿐입니다. 이른바 사분(私憤)이라는 것에는 두 가지가 있습니다. 난신적자(亂臣賊子)는 사람들이 모두 그를 죽일 수 있다고 한 것이 한 가지요, 주인을 위해서 원수를 갚는 것이 또 한 가지입니다. 아아! 난적(亂賊)을 아직 죽이지 못하고 주인의 원수도 갚지 못했거늘, 전후의 사정을 모두 주상의 명이라고 거짓으로 칭하여 스스로 국치(國恥)를 끼쳤으니, 저의 죄는 응당 만 번 죽어도 여한이 없을 것입니다. 지극히 황공한 마음을 이길 수 없나이다.[9]

국왕에게 불리한 증언이나 자백을 하는 것이 반역으로 간주되던 당시 상황에서 지운영은 모든 잘못을 자신의 것이라고 하면서 죄를 뒤집어쓰고 유배된다.

3) 오가사와라 제도 유배 (1886.8.9.~1888.7.)

김옥균은 일본 정부의 명령에 따라 도쿄를 떠나 1886년 6월 3일 「요코하마 그랜드 호텔」에 투숙한다. 6월 9일 이노우에 외무대신은 내무대신 야마가타 아리토모에게 전문을 보내 김옥균을 추방할 것을 공식적으로 요청한다. 김옥균 추방령은 내무대신의 소관이었기 때문이다.

김옥균이 조선 경성 변란 이후 객으로서 우리나라로 도망 와 도쿄부에 거주하고 있는 것은 이미 알고 계신 내용대로입니다만, 아래 적은 사정이 있어 이번 우리 국경을 퇴거하도록 하기 원하여 별지의 안을 보내니 경시총감 부지사(附知事) 현령으로 해주시길 원합니다.

원래 김옥균이 우리나라에 살면 시종일관 우리나라와 청국, 조선 간의 교의를 저해하는 요인이 될 것이며 이번에 올 적에 그의 처분 계획상 우선 먼저 그대로 두었지만, 이번에 별지 갑을병호를 통해 아신 바 되었듯, 슬슬 절박함에 이르렀고, 우리나라의 치안을 방해하며 평화의 장애가 되는 단초가 되는 정세에 놓였으니 속히 어떤 처분을 결행함이 마땅한 기세에 있습니다. 이에 따라 즉 본 월 2일에 경시총감에게 김옥균에게 언제가 되든지 날을 기하여 우리 국경에서 퇴거하도록 구두로 전한 바 되었습니다.

단 김옥균의 처분에 있어서는 조선 정부, 청 공사에게도 종종 요구 혹은 부탁도 있었고 그 어느 쪽도 들어줄 수 없음에 대해 청 공사와 두텁게 이야기를 하였으며 공사에게 우리 논지를 잘 이해시키어 우리의 처분에 대해 이견 없음을 확인, 단연히 위의 처분을 결행하겠습니다. 장래 또는 그 후에 소위 자객의 위임장을 입수하였기에 별지 정무호로 보냅니다. 또한 본 건에 관하여서는 별지 기호로 다카히라 대리공사를 보내어 조선 정부로 하여금 지운영을 조속히 송환하도록 권고해 두었습니다.

위와 같이 진행함에 있어 본 월 2일에 구두로 전달한 것에 더하여 서면 확인으로 퇴거를 전달하기 원하오며, 이에 대해 김옥균이 지금 요코하마 그랜드 호텔에 머물고 있으니 상황에 따라서 위 경시통감 부지사 가나가와현 경찰관에게 위의 통문의 정서를 지참하여 김옥균에게 전달, 이 뜻을 받들도록 파견하는 명령을 내려 주시기를 이번 기회에 문의 드립니다.[10]

내무대신 야마가타 아리토모는 6월 11일 가나가와 현령 오키에게 다음과 같은 훈령을 내린다.

조선인 김옥균이라는 자가 국사범이라는 이유로 본국에서 탈주하여 현재 일본에 체류하고 있다. 일본 정부의 입장에서는, 그가 우리나라에 체류하는 것은 일본 정부와 우의후정(友誼厚情)의 관계가 있는 현 조선 정부에 불쾌한 감정을 일으킬 뿐 아니라, 우리나라의 치안을 방해하고 외교상 평화에 지장을 줄 우려가 있다고 믿을 만한 충분한 이유가 있으므로, 본 대신은 김옥균에게 이 명령서가 송달된 다음 날부터 계산해서 15일 이내에 우리 제국을 떠나서 이 명령서의 취소가 있기 전까지 다시 우리 영지 내에 들어오지 말 것을 명한다. 따라서 귀하에게 명하노니, 김옥균이 만약 귀하의 관할 내에 있을 경우에는 이 명령서의 정사(正寫)를 김옥균에게 송달하고, 앞에서 말한 15일이 경과해도 김옥균이 여전히 우리 제국을 떠나지 않을 경우에는 그를 억류하여 퇴거 명령을 결행하는 데 필요한 힘을 써서 가능한 한 속히 김옥균을 우리 일본 국외로 추방하라. 이에 따라 이 명령서를 통해 이상의 권한을 귀하 등에게 부여한다.[11]

오키 현령은 6월 12일 야마가타의 출국명령을 김옥균에게 전달하면서 미국으로 갈 것을 권한다. 필요한 여권과 여비도 제공하겠다고 한다. 그러나 김옥균은 일본에서 진 빚을 청산하고 미국에서 필요한 생활비를 마련할 시간이 필요하다면서 6월 27일로 정해진 출국 날짜를 연장해 줄 것을 요청한다. 오키는 야마가타의 허락을 받아 7월 13일 요코하마에서 샌프란시스코로 가는 정기 여객선이 출항하는 날까지 출국을 연기해준다.[12]

그러나 김옥균은 7월 13일이 지나도 출국을 안 한다. 김옥균이 머물고 있던 요코하마는 외국인 치외법권 지역이었을 뿐만 아니라 그가 투숙하고 있던 「요코하마 그랜드 호텔」은 프랑스인 소유였기에 일본 정부도 김옥균을 조심스럽게 다뤄야 했다. 결국 오키는 주 요코하마 프랑스 영사에게 김옥균 체포에 동의해줄 것을 요청한다.

요코하마 그랜드 호텔

7월 21일 주 일 프랑스 공사 센케비치(Joseph Adam Sienkiewicz, 1836.12.25. ~1898.10.10.)는 이노우에 외무대신에게 「김옥균에 대해서는 요코하마 주재 영사와 가나가와 현령이 합의해서, 프랑스 우편선에 편승해서 일본 영토를 떠날 것을 명령했으나 그가 동의하지 않았다」고 통보한 다. 이노우에는 센케비치와 교섭 끝에 7월 24일 김옥균을 구인할 수 있는 권한을 받는다.[13] 가나가와 경찰은 7월 26일 「요코하마 그랜드 호텔」에서 김옥균을 구인한다.

한편 이노우에는 야마가타에게 김옥균과 그를 따르는 4명은 모 두 「낭인」이기 때문에 굳이 외국으로 추방하지 않아도 될 것이라면 서 김옥균만 오가사와라 군도(小笠原群島, 일명 보닌섬, 「부닌지마(無人島)」에서 유래) 로 추방할 것을 건의한다. 야마가타는 이노우에의 안을 받아들인다. 타카히라 주 조선 일본 공사 대리는 조선 정부도 이에 동의하였음을 알려온다.

오키 현령은 8월 5일 김옥균에게 오가사와라 군도로 추방할 것을 통보하면서 섬에서의 최소한 생활비는 지급할 것이라고 한다. 김옥 균은 「예전에 나에게 외국 추방 명령서를 전했으면서, 이제 다시 오 가사와라 군도로 호송한다는 명령을 한 데는 필시 이유가 있을 터이 다. 그 이유를 이 명령서에 명시하지 않는다면 받아들이기 어렵다」 면서 항의한다. 8월 7일 새벽 일본 경찰은 김옥균을 범선 「슈고마루」 에 강제로 태운다. 김옥균을 태운 배는 1886년 8월 9일 시나가와를 출항한다. 김옥균은 그 후 2년간 오가사와라 군도 지치지마(父島)에 억 류된다.[14]

오가사와라 군도에서 2년의 유배생활을 한 김옥균은 1888년 7월

오가사와라 군도

홋카이도(北海道)의 삿포로(札幌)로 옮겨진다. 그러나 그는 홋카이도의 혹
한에 괴로워했고 일본 정부에 토쿄로 자신을 옮겨줄 것을 요청하는
탄원서를 수차례 보낸다. 1890년 10월 30일, 사이고 츠구미치 내무
대신은 김옥균의 탄원을 받아들여 외무대신 아오키 슈조에게 「망명
자 김옥균의 동정에 관한 건」이라는 제목의 전문을 보내 「김옥균에게
내지 거주를 허가하는 방안」에 대한 동의를 구한다.[15]

조선인 김옥균을 지난번에 홋카이도로 이송한 첫 번째 이유는, 정당원들
이 그를 이용하여 내지의 치안을 혼란케 하려 함이고, 두 번째 이유는, 조
선 정부가 자객을 이용하여 상해하려 하는 계획이 있었음이니, 내지 및
외교상의 번잡함을 야기할 우려가 있었습니다. 그러나 최근에 이르러서

는 당초와 같은 쾌념은 찾아볼 수 없으며, 또한 본인은 관절염과 안질 등의 병을 앓고 있어 홋카이도의 기후로 인해 괴로워하고 있기 때문에 지난 9월 중순부터 몇 차례 동경부 내로 전지요양을 원하는 이야기를 하였습니다. 이와 더불어 내지에서의 자유거주를 허용하고 종전의 구휼규칙에 따라 지급하는 금액은 합쳐서 급여해야 하는 쪽으로 생각합니다. 위의 일은 외교상에도 관계되는 일이기에 각료회의 의견제출에 앞서 우선 의견을 여쭙고자 상의 드립니다.[16]

김옥균은 1890년 말 도쿄로 돌아온다.

4) 이일직의 암살계획 (1892.5.~1894.3.)

김옥균이 유배지에서 풀려나와 도쿄로 복귀했다는 소식을 들은 조선 조정은 다시 암살을 계획한다.

1892년 5월 병조판서 민영소(閔泳韶, 1852~1917)는 이일직(李逸稙, ?~?, 이세직으로도 알려져 있음)에게 김옥균과 박영효를 처단하라는 고종의 지시를 전한다. 이일직은 함경도 출신으로 그의 가계에 대해서는 알려진 바가 없고 그의 생몰연대도 전하지 않는다.

이일직은 5월 조선국교환서회판(朝鮮國交換署會辦: 새롭게 화폐를 발행하거나 화폐개혁이 이루어질 때 구화폐와의 교환을 위해 설치하던 기구) 오미와 초베(大三輪長兵衛)의 도움을 받아 권동수(權東壽, 1842~?), 권재수 형제와 함께 일본으로 건너간다.[17] 이일직은 쌀 무역상이라고 하고 권씨 형제는 여행을 위해서 왔다고 했지만 권동수는 친군장위영관(親軍壯衛營領官)이었다. 권재수는 통역으로 따라 간다.

이일직은 많은 돈을 가지고 가 일본인 첩을 얻어서 오사카에서 집을 짓고 살면서 박영효와 김옥균에게 접근한다. 이일직은 우선 김옥균, 박영효와 가까운 자유민권운동의 지도자 소에지마 다네오미(副島種臣, 1828.10.17.~1905.1.31.), 극우파의 태두로 「겐요샤(玄洋社, 현양사)」를 창설한 도야마 미쓰루(頭山滿, 1855.5.2.~1944.10.5.) 등과 교류하면서 가까워진다. [겐요샤와 도야마 미쓰루에 관한 논의는 제 III권, 제 8장, 「겐요샤」 참조]. 이를 통해 이일직은 김옥균, 박영효 등과 자연스럽게 가까워지기 시작한다.

박영효는 여러 차례 이일직의 집을 방문하고 생활비 보조도 받는다. 당시 박영효는 조선 청년들을 교육시키기 위한 학교를 설립하고자 이토 히로부미, 이노우에 가오루 등에게 도움을 청하지만 별다른 도움을 받지 못하고 있었다. 이때마침 이일직이 자금을 대준다. 박영효는 이일직의 도움으로 「친린의숙」이라는 학교를 도쿄에 세운다.[18]

이일직은 김옥균을 암살할 기회를 엿보지만 김옥균 주변에는 항상 이규완, 유혁로, 정난교, 신응희 등이 수행하고 있어 여의치 않았다. 따라서 이일직은 함께 도일한 권동수, 권재수 형제 이외에도 현지에서 조선 청년 김태원(金泰元)을 포섭하고 1893년 가을에는 홍종우(洪鍾宇, 1850~1913)를 포섭한다. 홍종우는 1890~1892년 조선 사람 최초로 프랑스 유학을 다녀온다. 그는 프랑스 유학을 마치고 귀국길에 도쿄에서 머물고 있던 중 친구 김유식(金有植)을 통해 이일직을 만난다.

이일직은 일본에서 김옥균을 암살하는 것은 치안 상태 등을 봤을 때 여의치 않음을 깨닫고 그를 상하이로 유인하기로 한다. 1894년 1월 이일직은 김옥균에게 중국으로 건너가 후일을 도모할 것을 권한다. 훗날 김옥균 암살과 박영효 암살 미수로 일본에서 재판 받는 과정에서 이일직은 다음과 같이 진술한다.

언젠가 김옥균이 혁명을 기도하는 데 어떠한 수단을 쓰는 것이 좋겠느냐는 이야기를 했습니다. 저는 드디어 기회가 왔다고 생각해서, 김옥균에게 「우선 사업을 일으키고자 한다면 프랑스를 이용하건 혹은 러시아를 이용하건 두 나라 가운데 한쪽을 이용하지 않으면 안 된다. 이를 위해서는 아무튼 먼저 러시아에 가서 시기를 살피는 것이 좋을 것」이라고 말했습니다. 홍종우도 곁에서 계속 같은 말을 거들며 권유하자 김옥균도 크게 마음이 동했던 듯, 한번은 러시아에 가겠다는 생각까지 하게 됐습니다.

그때 러시아에 가서 프랑스어를 하면 말도 통할 것이니, 홍종우를 데리고 가면 좋을 것이라고 말했습니다. 그런데 저는 원래 지나(支那, 중국)에서 14년간 있었습니다. 그래서 사실은 이홍장과 그의 양자 이경방 등과도 아는 사이이기 때문에 지나에 가면 크게 상황이 좋을 것이며, 이홍장만 진력해 준다면 대체로 일이 이뤄질 것이라고 했습니다. 또 지나에 갈 때는 오보인(吳葆仁, 도쿄 청국 공사관의 청국인 통역관)을 대동하면 좋을 것이라고 말했습니다. 그 뒤로 김옥균도 상하이에 가겠다는 결심을 조금씩 하게 됐습니다.[19]

김옥균은 사실 이일직을 만나기 전부터 이미 청나라로 건너갈 생각을 하고 있었다. 이는 그의 후견인이었던 후쿠자와 유키치가 증언하고 있다. 후쿠자와는 김옥균이 이홍장의 양자이자 주 일본 청국 공사를 역임한 이경방(李經方, 1854~1934.9.28.)과 그의 후임 왕봉조(汪鳳藻 1851~1918)와 긴밀하게 교류하고 있었음을 증언한다.

첫째, 김옥균이 살아 있을 때 이경방 공사와 왕래한 것은 이의를 제기할 수 없는 사실로, 이 공사가 상을 당해 귀국하면서 후임 왕봉조 공사에게 김옥균을 소개했다. 왕 공사도 전임 공사와 마찬가지로 친교를 유지했으므로, 메이지 26년 9월경부터 김옥균은 자주 청 공사관을 방문해서 왕 공사와 회담했다.

둘째, 이경방은 귀국 후 안휘(安徽) 무호(蕪湖)에 거주하면서 여러 차례 김옥균에게 서한을 보내서 청에 올 것을 재촉했다. 게다가 이 서장(書狀)은 왕 공사가 두 번이나 김옥균에게 전달했다.

셋째, 메이지 27년(1894) 2월 6일에 김옥균은 왕 공사에게서 초대장을 받아서 청 공사관 신년연회에 참석했다.

넷째, 메이지 26년(1893) 8, 9월 사이에 왕 공사는 이경방의 뜻이라고 하면서 여러 차례 김옥균에게 청으로 갈 것을 재촉했다.

다섯째, 김옥균은 청으로 가려는 희망이 있었기 때문에 지나어(중국어) 일상회화를 배우는 한편, 청으로 건너간 후 통역을 맡기기 위해 왕 공사에게 적당한 지나어 교사를 물색해 줄 것을 부탁하기도 했다. 왕 공사는 일본어 통역관 오보인 외 2명을 추천했다.

여섯째, 왕 공사는 오보인이 김옥균을 수행해서 청으로 건너가 있는 동안 오보인의 여비를 지급하겠다고 제의했지만 김옥균은 이를 사양했다.

일곱째, 김옥균은 도쿄를 출발하기 전인 3월 8일에 제국 호텔에서 왕 공사 및 청 공사관원들을 초대해서 만찬회를 열었다. 왕 공사는 사양했지만, 참찬관함 동문번역관(參贊官銜 東門飜譯官) 유경분(劉慶汾) 등 몇 명은 참석했다.

여덟째, 메이지 27년(1894) 3월 10일 야간열차로 김옥균이 출발하려고 할

이홍장의 양자로 주 일본 청국 공사 이경방(李經方)　　　왕봉조(汪鳳藻) 주 일본 청국 공사

때, 왕 공사는 종인(從人)에게 명함을 주고 김옥균을 불러오게 했다. 그리고 시바헨(芝邊)의 작은 음식점에서 7시 30분경부터 9시가 넘을 때까지 회담한 사실이 있다. 당시에 받은 명함이 김옥균의 호주머니 속에 있었고, 상하이에서 검시할 때 발견됐다.[20]

김옥균은 이경방, 왕봉조 등과의 교류를 통해 청으로 건너갈 생각을 하고 있었고 다만 돈이 모자라 못 가고 있던 중 이일직이 자금을 대줄 것을 약속하자 중국으로 갈 결심을 한다. 이일직은 김옥균에게 5천엔을 주겠다고 하면서 수표를 끊어준다. 수표는 상하이 소동문(小東門) 밖 「천풍은호(天豊銀號: 「은호」는 중국의 전포(錢鋪)」 앞으로 된 것으로 이일직 본인이나 대리인 홍종우가 직접 가야지만 현금으로 인출할 수 있다고 김옥균에게 말한다. 김옥균은 홍종우를 의심하면서도 어쩔 수 없이 동행을 승낙한다.[21]

5) 홍종우의 김옥균 암살 (1894.3.28.)

김옥균과 그의 시종 와다 엔지로(和田延次郎), 홍종우와 김옥균의 추종자 가이군지 등은 1894년 3월 10일 밤 열차로 도쿄를 출발해 11일 오후 오사카에 도착하여 10일간 머문다. 이일직은 이때 조선에서 갖고 온 6연발 권총과 단도 1자루를 홍종우에게 전달한다. 그리고 청에 입국할 때 발견되지 않도록 안쪽에 주머니를 단 한복 두루마기를 맞추어 준다.

3월 22일 김옥균은 와다 엔지로와 홍종우를 대동하고 이일직, 권재수 등의 전송을 받으며 고베로 가서 오보인과 만난다. 이들 일행은 고베-상하이 왕복 표를 구입하여 「일본우선주식회사」의 「사이쿄마루(西京丸)」에 오른다. 23일 고베를 출항한 「사이쿄마루」는 3월 27일 상하이에 도착한다.

도착 즉시 홍종우는 미국 조계 내의 철마로대교(鐵馬路大橋) 북쪽 「동화양행(東和洋行)」의 지배인과 함께 먼저 숙소로 가서 객실을 예약하고 배에 남아 있던 김옥균을 데리고 7시 30분경 여관에 투숙한다. 김옥균은 2층 1호실에 시종과 함께, 홍종우는 3호실에, 그리고 4호실에는 오보인이 투숙한다.[22]

다음날인 3월 28일 홍종우는 수표를 현금으로 바꿔오겠다며 일찍 나간다. 물론 수표는 위조였기에 홍종우는 오후에 빈손으로 돌아온다. 마침 통역 오보인도 외출 중이었다. 오후 3시경 홍종우는 이일직이 맞춰준 한복으로 갈아입고 김옥균의 방으로 간다. 김옥균은 외출에서 돌아온 후 양복 상의를 벗은 채 등나무 의자에 길게 누워 중국 소설을 읽고 있었다. 홍종우는 김옥균 방에 들어와 천천히 왔다갔

다하고 있었다. 이때 김옥균이 시종 와다 엔지로에게 심부름을 시키자 와다는 방을 나가 1층으로 내려간다.

홍종우(1895년경)

와다가 방을 나가자 홍종우는 권총을 꺼내 김옥균을 쏜다. 첫 번째 총알은 김옥균의 왼쪽 광대뼈 아래쪽에, 두 번째는 복부에 명중한다. 김옥균은 총에 맞으면서도 필사적으로 방을 탈출하려고 한다. 그때 홍종우의 세번째 총탄이 김옥균의 왼쪽 등 어깨뼈 아래 부분을 맞춘다. 김옥균은 자신의 방에서 약 20m 떨어진 제8호 객실 앞에 쓰러진다.

「사이쿄마루(西京丸)」

1층에 있던 와다 엔지로는 총소리를 들었지만 마침 근처에서 폭죽놀이가 있었기에 폭죽 소리로 착각한다. 그때 홍종우가 2층에서 뛰어내려와 달아나는 것을 본 와다는 이상하게 여겨 홍종우를 쫓아 가지만 놓친다. 한편 2층 8호실에 투숙하고 있던 일본 해군 장교가 총소리에 방을 나와 쓰러져 있는 김옥균을 발견한다. 이때 와다가 도착하지만 김옥균은 곧 절명한다.

「동화양행」의 주인은 공동 조계「공부국(工部局: 외국인 거류지의 자치행정기구)」경찰부와 주 상하이 일본 총영사관에 사건을 신고한다. 공부국 경

일본 신문에 실린 김옥균 암살장면 삽화

찰은 현장조사를 실시한 후 사건을 상하이현으로 이첩한다. 홍종우는 다른 여관에 숨어있다가 29일 새벽 3시에 체포된다.[23]

상하이에는 조선 주재관이 없었기에 사건 수사 관할 문제가 제기된다. 3월 29일 오전 10시, 상하이 지현(知縣: 현 지사) 황승훤(黃承暄)은 김옥균의 시체를 검안하고 홍종우, 와다 엔지로, 동화양행 주인 등을 심문한다. 이때 홍종우는 다음과 같이 진술한다.

> 김옥균은 예전에 우리나라 상신(相臣)이 되어 조정에 있을 때 대역부도한 짓을 일으켜 수백 명을 죽이고 내 친우도 그에게 살해 당했소. 국왕께서 이를 한스럽게 여기신 지가 10년이 되었소. 그는 동양으로 도주해서 이름을 이와다 슈사쿠(岩田周作)로 고쳤소. 내가 전에 친구와 동양 오사카에 있을 때 국왕의 명을 받았는데, 우리들에게 충성하는 마음으로 김옥균을 잡아 죽여서 왕의 마음을 편안히 하라고 했소. 공문은 내 친구에게 있소. 이제 내가 그를 만나서 상하이에 왔소. 그는 이와다 산와(岩田三和)로 개명

했소. 내가 방금 6연발 권총으로 그를 쏘아 죽이고 곧바로 달아났는데, 우쑹강(吳淞江)에서 순포(巡捕)들에게 추격을 당해 사로잡혔소. 권총은 우쑹강에 던져 버렸소. 나는 국가의 대사를 위해 이 일을 하려고 생각한 것이니, 그가 총상을 당해 죽은 정형을 우리나라에 전하면 응당 회답전보가 와서 내 말이 사실임이 입증될 것이오.[24]

황승훤은 김옥균의 시체를 일단 와다 엔지로에게 인도하지만 시신을 일본으로 보내는 것은 일주일간 연기하도록 한다.[25] 그리고는 상관인 강소해관도(江蘇海關道) 섭집규(聶緝槼)에게 보고한다.

김옥균이 암살되었다는 소식은 당일로 도쿄에 전해지고 그 다음날인 3월 29일 주 일 조선 대리공사 유기환(兪箕煥)이 본국에 전한다. 고종과 민비는 기뻐하며 원세개에게 홍종우가 불이익을 받지 않고 조선으로 속히 송환될 수 있도록 해 줄 것을 부탁한다. 원세개는 이홍장에게 즉시 전문을 보냈고 이홍장은 같은 날 강소해관도 섭집규에게 다음과 같은 전문을 보낸다.

원세개의 전보가 다음과 같다. 「조금 전에 조병직이 말을 전하기를 「일본 도쿄 주재 한원(韓員)이 보낸 전보를 받는데, 어제 신각(申刻)에 한인(韓人) 홍종우가 상하이에서 김옥균을 살해했습니다. 홍종우는 조계의 순포들에게 잡혀서 감옥에 갇혔습니다. 그 뜻이 가상하니 부디 호도(滬道)에게 명령을 내려서 조치를 취해 구호해 주십시오」라고 했습니다.」

김옥균은 한국의 입장에서는 모반(謀叛)의 수범(首犯)이니, 중화에 왔을 때 처리하기 어려웠다. 이제 한인에게 조계 내에서 칼에 찔려 죽었으니, 그 죄의 처분은 우선 놓아두고 논하지 말라. 외인들이 시끄럽게 하면 바

로 보고하라.[26]

원세개의 전보는 그렇지 않아도 섭집규가 원세개에게 상황을 알리려 하고 있을 때 먼저 도착한다.

그러나 홍종우는 이미 조계 산하의 공부국 경찰에 구속되었고 김옥균의 시신은 일본인 와다 엔지로에게 인도된 상태였다. 섭집규는 주 상하이 영국 총영사 하넨(Nicholas J. Hannen)의 양해를 구한다. 당시 상하이에서 영국의 영향력이 절대적이었기 때문이다. 하넨은 홍종우를 공부국을 통하여 기소하고 상하이 회심아문에서 재판하는 공식 절차를 밟는 대신 청에 인계한다. 새로 부임한 주 상하이 일본 영사는 중대한 외교적인 문제에 개입하는 것이 두려워 개입하지 않는다.[27]

한편 김옥균의 시신을 인도받은 김옥균의 시종 와다 엔지로는 숙소였던 「동화양행」에서 쫓겨난다. 와다는 3월 30일 고베로 돌아가는 「사이쿄마루」에 김옥균 시신을 싣는 비용을 지불하고 통관 수속을 마친다. 그러나 이홍장의 명령을 받은 강소해관도 섭집규는 오코시 총영사 대리에게 관을 싣지 못하도록 할 것을 요청한다. 와다 엔지로가 수차례 총영사관을 찾아가 관을 싣고 귀국할 수 있도록 허락해 줄 것을 사정하는 동안 김옥균의 관은 부두에 방치되고 결국 공부국 경찰관들에게 압류된다. 관마저 압류되자 겁을 먹은 와다 엔지로는 30일 혼자 귀국한다. 김옥균의 시신은 섭집규의 요청으로 조계 공부국 경찰부에서 청의 관할인 상하이현에 인계된다.[28]

고종은 3월 31일 주차천진독리통상사무(駐箚天津督理通商事務: 천진 주재 조서상교(徐相喬)에게 상하이로 가서 기소된 홍종우와 김옥균 시신을 인도받을 것을 명하고 이홍장에게 도움을 요청한다. 이홍장은 상하이해관도 섭집규에게 곧바로 명령을 전달한다. 서상교는 4월 6일 상하이에 도착하여 섭집규의 도움으로 홍종우와 김옥균 시신을 인도받아 청의 남양수사(南洋水師: 남양함대) 군함 「위정(威靖)」에 태워 귀국한다.[29]

김옥균의 시신과 홍종우는 4월 12일 오후 1시에 인천에 도착한 후 조선 조정에서 보낸 배에 옮겨져 13일 양화진에 도착한다. 조선 조정은 4월 13일 형조와 한성부에서 사체를 검안하게 한다.

> 의정부(議政府)에서 아뢰기를, 「방금 경기 감사(京畿監司) 김규홍(金奎弘)의 장계(狀啓)를 등보(謄報)한 것을 보니, 「중국(中國) 병선(兵船)이 월미도(月尾島) 뒷바다에 와서 정박하였는데 역적 김옥균(金玉均)의 시체를 싣고 왔으므로 즉시 한양(漢陽) 배에 옮겨 싣고 이어서 경강(京江)으로 출발하였다」고 하였습니다. 시체를 검사하는 것은 원래 일의 체모가 그러한 만큼 경조(京兆)와 형조(刑曹)에서 형전에 따라 당일로 거행하게 하고 검험(檢驗)한 사정을 부(府)에 보고하도록 품처(稟處)하는 것이 어떻겠습니까?」 하니, 윤허하였다.[30]

그 다음날 영의정(領議政) 심순택(沈舜澤), 판중추부사(行判中樞府事) 김홍집(金弘集), 좌의정(左議政) 조병세(趙秉世), 판중추부사 정범조(鄭範朝)의 연명 상소에 따라 김옥균의 시신을 능지처참한다.

> 「어제 역적 김옥균(金玉均)의 시체를 검사할 일을 초기(草記)하여 윤허를 받고 해사(該司)에 당일로 거행하도록 신칙하였는데 방금 경조(京兆)와

형조(刑曹)에서 보고한 것을 보
니 규정대로 검사한 결과 그것
이 역적 김옥균의 시체가 의심
할 바 없이 확실하다고 하였습
니다.

아! 이 역적은 바로 천하 고
금에 없는 흉악한 역적으로서

효수되어 양화나루에 내걸린 김옥균의 수급

온 나라 사람들 치고 누군들 그의 사지를 찢고 그의 살점을 씹으려고 하지
않겠습니까? 그런데 외국에 가서 목숨을 부지하여 오랫동안 천벌을 받지
않았으므로 여론이 갈수록 더욱 들끓었습니다. 지난번에 상하이(上海)에
서 온 전보를 받고 홍종우(洪鍾宇)가 사살한 거사가 있었던 것을 알았는데
역적의 시체가 이제 압송되어 왔고 그 진위(眞僞)를 판명하였으니 10여 년
동안 귀신과 사람의 격분이 이제 조금 풀리게 되었습니다.

비록 산채로 잡아다가 시원하게 방형(邦刑)을 바로잡지는 못하였지만
그래도 궤참(跪斬)하고 왕법(王法)을 소급하여 펼 수 있게 되었으니 반란을
음모한 무도한 큰 역적에게 부도율(不道律)을 적용하고 이괄(李适)과 신치
운(申致雲)에게 시행하였던 전례를 더 시행하여서 천하 후세에 반역을 음
모하는 역적들을 두려워하게 하소서. 신들은 감히 눈을 부릅뜨고 기염을
토하는 의리를 본받아 서로 이끌고 연명(聯名)으로 진술하니, 삼가 바라건
대, 속히 처분을 내리소서」 하니, 비답을 내리기를,

「지금 경들의 간절한 청은 피를 뿌리고 눈물을 머금고 징계하고 성토
하는 의리로 이렇게 말하는 것이 당연하며 또한 귀신과 사람이 공분하고
여론이 더욱 격화되어 그만둘 수가 없다. 아뢴 대로 윤허한다」 하였다.[31]

김옥균의 수급은 효수되고 능지처참된 그의 시신은 8조각으로 나뉘어져 전국에 보내진다. 김옥균의 부관참시와 함께 갑신정변 이후 10년간 옥에 갇혀 있던 그의 생부 김병태는 교수형에 처해진다.[32]

2. 박영효

갑신정변이 실패한 후 일본으로 망명한 박영효는 미국성서공회 총무 헨리 루미스(Henry Loomis, 1839~1920) 목사가 서양인들의 거주지역인 요코하마의 야마테초(山手)에 마련해준 거처에 망명동지들과 머문다.[33] 이때 박영효는 최초의 조선 감리교 선교사로 임명된 윌리엄 스크랜튼과 그의 모친 메리 스크랜튼 여사 등에게 조선어를 가르쳐주면서 가까워진다.[34]

헨리 루미스(Henry Loomis) 목사

1885년 5월 26일, 박영효는 서광범, 서재필과 함께 미국 선교사들이 써 준 소개장을 들고 미국 샌프란시스코로 건너간다. 서재필과 서광범은 막노동을 하면서 연명하다가 동부로 가서 각고의 노력 끝에 미국에서 자리를 잡지만 박영효는 미국 생활에 적응하지 못한다. 생활고를 견디지 못한 박영효는 샌프란시스코에서 우연히 후쿠자와 유

야마테초의 영국 영사관저. 1867년 히로시계 II(二代目 歌川広重) 작.

야마테초의 영국군 연병장(1864년경)

키치의 조카를 만나 여비를 빌려 도미한지 반년만인 1885년 12월 자신을 「한결같이 왕족으로 떠받들어 주는」 일본으로 돌아간다.[35] 일본의 『도쿄니치니치신문(東京日日新聞)』은 1886년 1월 3일자 기사에 박영효가 미국에서 일본으로 돌아왔다고 보도한다.[36]

미국에서 돌아온 박영효는 다시 루미스 목사의 도움을 받으며 교토와 고베(神戸)에 머물면서 서양학문에 심취한다.

씨(氏)는 이에 앞서 교토에 체류하였으나 요즘 고베에 가서 잠시 그곳에 머물고 있다고 한다. 그가 조선에 있을 때는 선학(禪學, 불교)을 좋아해 고상한 불서를 강독하였으나 근자에는 태서(泰西, 서양)의 철학과 야소교(耶蘇敎, 기독교)를 연구하고 있는데 그 대의(大意)에 잘 통하여 서양인들도 그 민첩함에 놀란다고 한다.[37]

그 후 도쿄로 간 박영효는 헵번(James Curtis Hepburn, 1815.3.13.~1911.9.21.) 등 미국 선교사들이 설립한 「메이지가쿠인(明治學院)」에서 영어를 배우며 요코하마에 있는 외국인 선교사들과 교류한다. 『아사노신문(朝野新聞)』은 1888년 4월 18일 「박영효 영어 면학, 메이지학원을 졸업」이라는 기사를 싣는다.

조선인 박영효씨는 전년도부터 아자부(麻布) 시로카네(白金) 메이지가쿠인에 입학하여 영어를 수업하였으나 지난달 중 예과(豫科)의 영어학을 졸업하였으므로 이 학원을 떠나 요코하마(橫浜)에 있는 미국교회에 들어갔다.[38]

그 후 한동안 요코하마의 일본인 지인 별장에 거주하면서 한문으로 번역된 서양서적들을 탐독한다.[39]

1) 「건백서」 (1888.2.23.)

박영효는 메이지가쿠인에서 수학중이던 1888년 2월 23일에는

『조선국 내정 개혁에 관한 건백서(朝鮮國內政開革에 關한 建白書)』를 고종에게 바친다. 한문 약 13,100자로 쓰여진 이 글은 친일개화파의 개혁사상과 정책을 집대성한 문건이다. 반년동안 미국에 체류한 후 일본으로 돌아와 꾸준히 영어를 배우고 서양사상에 심취하면서 이를 후쿠자와 유키치의 개화사상과 접목시킨 박영효는 조선 근대 개혁의 청사진을 완성한다. 훗날 제2차 갑오개혁을 통하여 실현시키고자 한 개혁 정책은 이 문건에 총 망라되어 있다.

「건백서」, 일명 「개화상소」는 「전문」과 「시급을 다투는 8가지 방안 (方今急務八條)」으로 구성되어 있다. 전문은 고종의 기대를 저버린 자신의 처신에 대한 사과로 시작한다.

> 일본에 머물고 있는 신(臣) 박영효는 삼가 4번 절하며, 하늘의 용 솟는 운명을 통합하시고 지극히 돈독한 인류을 일으키시는 대군주 폐하께 상소를 올립니다.
> 엎드려 생각컨데, 신의 가문은 세신(世臣)의 후예로서, 신의 대(代)에 이르러 부자형제가 특별히 총애를 받았습니다. 이런 까닭으로 신의 부자 (父子)는 폐하께서 내리신 은혜에 감격했고, 그것에 보답할 바를 알지 못했습니다.[40]

갑신정변을 일으킨 것에 대해서도 사과한다.

> 성은의 만 분의 일이나마 마음에 두었으나, 일의 순조로움과 거슬림을 헤아리지 못하여, 갑신정변에 이르러 멋대로 경솔한 거사를 행하였지만 천운과 마음이 어긋나, 공적으로는 폐하의 진노를 사고 3국의 분란을 일으

켰고, 사적으로는 헛되이 신(臣)의 부모형제와 친구들을 죽음에 이르게 했고, 거사는 끝내 나라에 무익하고, 많은 인정도 의리도 없는 무리와 같은 자로 인식되었습니다.[41]

그러나 조선에 남아서 벌을 받지 않고 일본으로 망명한 것에 대해서는 갑신정변이 반란이나 왕위찬탈 시도가 아닌 「충군애국」의 발로였기에 역적으로 죽기에는 억울해서였다는 변명도 곁들인다.

어찌하여 나아가 명을 받고 엎드려 벌을 받지 않았느냐 하면, 그 거사가 사실은 충군애국의 마음에서 일어난 것이지, 찬탈, 반란의 뜻이 아니었기 때문입니다. 또 근세 문명국에서 죄를 따질 때는, 그 사정과 원인을 살피되 모호한 것은 따지지 않으니, 신이 역적으로 처벌되는 것은 부당하며, 위로는 성세(聖世)의 덕에 누를 끼치고 아래로는 신의 죽음에 오명을 남길 뿐이므로, 저는 명을 어기고 나라를 탈출하여 타국에서 체류하였고, 성조(聖朝)의 문명이 더욱더 새로워져 신을 역신으로 보지 않을 때를 기다릴 뿐입니다.[42]

그리고는 조선의 현실에 대한 적나라한 지적을 한다.

본조(本朝)는 건국이래 지금까지 거의 500년을 이어져 내려오고 있는데, 중엽부터는 국세를 떨치지 못하여, 동쪽으로는 일본과 전쟁을 하고 북쪽으로는 청조(淸朝)가 일어나는 등 전쟁이 거듭 일어나면서 점차 쇠약해져, 근세에 이르러서는 극도로 약해졌습니다.[43]

이처럼 쇠약해질대로 쇠약해진 나라를 물려 받았기에 고종이 혼자 아무리 부지런하게 정사를 돌본다 하여도 아무 소용이 없다고 한다. 특히 국왕 주변의 대신들이 모두 국정을 보살핀다는 것이 무엇인지도 모른 채 일신의 영달과 부귀영화만 추구하기 때문이라고 일갈한다.

> 아, 폐하께서는 이와 같이 나라가 쇠약해진 후 위태롭고 혼란한 때에 왕업을 이루셔서, 「날이 새기 전에 일어나 옷을 입고 해가 진 후에 늦게 저녁을 먹으시면서」 정사에 부지런하시고 나라의 일을 근심하셔서 나라의 부흥을 도모하려고 하시지만, 일은 이루어지지 않고 백성과 국가가 더욱 곤란해진 것은, 폐하를 보좌하는 신하가 그 지위에 알맞는 사람이 아니고 치국(治國)의 요체를 알지 못하여 다만 자신과 집안의 부귀만 살피고, 종묘 사직과 백성의 안전과 위험은 살피지 않았기 때문입니다.[44]

조선 지배층의 부패는 전방위적이다. 그리고 그 결과는 백성들의 처참한 삶이다.

> 백성의 고혈을 빨고 국가재산을 도둑질하는 자의 관직이 지방의 수령에 이르고, 충신과 어진이를 배척하고 죄 없는 사람을 죽이는 자의 관직이 재상에까지 이르러, 백성들은 구렁텅이에 굴러 떨어지고 사방으로 흩어져 살게 되어 부모형제와 처자식이 서로 만나지 못하며, 어떤 사람은 굶어 죽게 되고, 어떤 사람은 얼어 죽고, 어떤 사람은 한(恨)을 참지 못하여 화병으로 죽고, 어떤 사람은 약과 의사를 얻지 못해 병들어 죽고, 어떤 사람은 죄가 없는데도 벌을 받아 죽임을 당하고, 어떤 사람은 배고픔과 추위에 지쳐 도적이 되었다가 살해당하고 있습니다. 이와 같은 일은 나라

한 가운데에 함정을 파는 것과 같습니다.[45]

반면 이웃 나라 일본은 조선과 문화나 기후, 국토의 크기, 생산품 등에 있어서 조선과 대동소이하지만 이미 문명국, 열강의 반열에 올랐고 그것은 일본이 「개명의 도」를 취하였기 때문이라고 설파한다.

또한 이웃에 한 나라가 있어서, 우리 조선과 같은 유(類)로 똑같이 비와 이슬의 혜택과 해와 달의 빛을 받고 있으며, 우리나라와 비교해 보아도 땅덩어리의 넓이에 있어서 크고 작음의 차이가 심하지 않고, 생산되는 물화의 많고 적음의 차이도 심하지 않으나, 다만 일을 하는 것에 있어 차이가 있습니다. 그들은 이미 개명(開明)의 도(道)를 취하여 문화와 기예를 닦고 무장을 갖추어, 다른 부강한 국가들과 거의 어깨를 나란히 하게 되었습니다.[46]

한편 「우리나라는 아직도 꿈에서 깨어나지 못하여, 어리석고 우매하며 술에 취하고 미친 것과 같아서, 세계의 사정을 헤아리지 못하여 온 천하로부터 모욕을 자초하고 있으니, 이것은 전혀 부끄러움을 모르는 행동」이라면서 「천하의 사람들에게 우리 조선이 어리석음과 우매함, 술 취함과 광기의 나라라는 것을 보게 한다면, 진실로 뜻있는 자 중에 그 누가 부끄러워하지 않겠습니까?」라고 반문한다.[47]

따라서 이처럼 절박한 상황을 타개하기 위해서 자신이 생각하는 안을 바친다고 한다.

신은 어리석지만 진실된 마음에서 감히 조항을 아래에 나열했으며, 스스로 이름하기를, 「현재의 시급한 일」이라 하였습니다. 옛말에 이르기를, 「마땅히 해야 할 일을 하지 않으면 반드시 재앙이 있다」고 하였고, 또 이르기를, 「범상치 않은 일을 해야 이후에 범상치 않은 공(功)이 있는 것이라고 했습니다. 이 공이란 것은, 천신만고 끝에 수고하고 노력하지 않으면 얻을 수 없는 것이므로, 사람이 수고하지 않으면 공은 없는 것입니다.

엎드려 바라옵건데, 폐하께서는 이 말을 역적의 말이라 생각하지 마시고, 받아들이시어 의심하지 마소서. 신이 글을 씀에 있어서, 마음이 초조하고 혼란스러워 말이 많고 중복되었으며 혹 공경(敬)을 잃었으니, 많은 지극한 두려움에 몸 둘 바를 모르겠습니다.

개국 497년 1월 13일[48]

전문에 이은 8조는 국제정세, 법치, 시장경제와 경제발전, 보건과 의료, 국방과 안보, 교육과 인재양성, 민주정치, 개인의 자유 등 8가지 개혁의 핵심과제를 다루고 있다.

제1조의 제목은 「세계의 형세(宇內之形勢: 우내지형세)」다.

지금 세계의 모든 나라는 옛날 전국시대(戰國時代)의 열국(列國)들과 같습니다. 한결같이 병세(兵勢)를 으뜸으로 삼아, 강한 나라는 약한 나라를 병합하고 큰 나라는 작은 나라를 삼키고 있습니다. 또한 항상 군비를 강구하는 한편, 아울러 문화와 기예를 진흥하여, 서로 경쟁하고 채찍질하며 앞을 다투지 않음이 없습니다. 각국이 자국의 뜻을 공고히 하여 세계에 위력을 흔들어 보고자 하고 있으며, 다른 나라의 빈틈을 이용하여 그 나라를 빼앗으려 하고 있습니다.

그런 까닭에, 폴란드와 터어키가 본래 약한 나라가 아니었으면서도 모두 자국의 곤궁과 혼란으로 인하여, 때로는 분할을 맛보고 때로는 영토를 삭탈당하여 다시 흥성해질 기회가 없어지게 된 것입니다.

비록 만국의 국제법(公法)과 세력균형(均勢, balance of power), 공의(公義)가 있긴 하지만, 나라에 자립, 자존(自存)의 힘이 없으면 반드시 영토의 삭탈과 분할을 초래하게 되어 나라를 유지할 수 없게 됩니다. 국제법과 공의는 본래 믿을 만한 것이 못되는 것입니다. 구라파의 개명하고 강대한 나라로서도 역시 패망을 맛보았는데, 하물며 아시아의 개명하지 못한 소국이야 말할 나위가 있겠습니까?

......

지금 이 시기는, 아시아주 동부에 있어서는 흥망성쇠가 결정되는 때이며, 우리 동족에게 있어서는 떨쳐 일어나 국난을 헤쳐 나가야 할 시기입니다. 그런데도 **우리 아시아주 민족들은 게으르고 부끄러움이 없어 구차히 목숨을 부지해 가고자 할 뿐, 전혀 과단성 있는 기상이 없으니, 이것이 신이 한심하게 생각하여 탄식하는 이유입니다.**

......

신이 살펴 보건대, 아시아주는 천하의 영기(靈氣)가 모이는 곳입니다. 그런 까닭에 유교, 불교,예수교 및 이슬람교의 교조들이 모두 여기서 출현하였던 바, 옛적의 흥성했던 시기에는 문명이 없는 땅이 아니었지만, 근대에 이르러 도리어 구라파에게 양보하게 된 이유는 무엇이겠습니까? 생각컨대, **여러 나라의 정부가 백성을 노예와 같이 보아, 인의예지로서 그들을 이끌고 문화와 기예로써 그들을 가르치지 않은 까닭에, 인민이 어리석고 부끄럼을 모르게 되어, 남에게 점령을 당하더라도 치욕이 되는 줄을 모르고 재앙이 곧 닥치려 하여도 깨닫지 못하게 된 것입니다.** 이것은 정부의 잘못이지 인민의 잘못이 아닙니다.

...... (중략) ......[49]

제2조의 제목은 「법률을 부흥시켜 나라를 안정시키십시오(興法紀安民
國: 흥법기안민국)」다. 박영효는 근대법을 「인민의 개인적 행동과 남과의
관계 맺음에 대한 규범이며, 바른 이치를 권면하고 그릇된 악행을 금
지하는 것」으로 규정한다.[50]

> 그러므로 그것을 시행함에 있어, 편파적이지 않고 치우침이 없게 하여 단
> 지 옳고 그름만을 판별하여 다스려서, 죄가 있으면 비록 신분이 높은 자
> 라 할지라도 반드시 멸하고, 아끼는 자라 할지라도 반드시 형을 집행해야
> 하며, 죄가 없으면 비록 천한 자라 할지라도 억눌러서는 안되고 미워하는
> 자라도 박절히 대해서는 안됩니다. 어린이, 어른, 가난하고 천한 자, 부유
> 하고 귀한 자라고 하는 것이 모두 그 몸과 목숨은 하나인 것입니다. 일개
> 가난한 아이로써 해진 옷을 걸친 자 하다라도, 법으로 보호함에 있어서
> 는 곧 제왕의 소중한 영지(領地)와도 같게 해야 하는 것입니다.[51]

모든 사람은 신분의 귀천을 막론하고 평등하며 그 누구도 빼앗을
수 없는 인권을 갖고 있다. 조선에서 법치가 제대로 이루어지지 않
는 이유는 지배층, 특히 고종이 법치의 근간인 신의를 지키지 않기
때문이다.

> 폐하께서는 이미 스스로를 책(責)하는 유시(諭示)를 백성에게 내려 보내신
> 것이 여러 번이셨음에도, 끝내 폐하의 유시를 실천하지 않으셨던 까닭에,

백성은 더욱 의심을 하고 법률과 기율은 더욱 해이해 지고 있습니다. 지금 폐하께서 백번 유시를 내려보내셔도 백성은 그것을 믿지 않고, 서로 「우리 임금님이 또 우리를 속이려 한다」고 말할 것이니, 무릇 그와 같이 할 것 같으면 정령(政令)은 결코 행해지지 않을 것이고, 생각지도 못한 곳에서 혼란이 일어날 것입니다.[52]

이러한 상황을 타개하기 위해서는 고종이 직접 종묘사직에 나아가 선정을 베풀겠다는 서약을 할 것을 종용한다.

엎드려 바라옵건대, 폐하께서는 백관을 인솔하시어 종묘에 제사지내고, 천신과 지신에 이르러 다섯 가지 일을 서약하시어 이르시길, 「짐은 이제 천명을 삼가 받들어 다섯 가지 일을 서약함으로써 나의 백성을 다스리고 나의 나라를 보호하려 한다. 만약 이 큰 뜻을 거스르는 자가 있다면, 이는 나의 백성을 위태롭게 하고 나의 나라를 어지럽게 만들고자 하는 것이니, 짐은 결코 용서치 않을 것이며 도적과 같이 볼 것이다. 모든 신민들은 삼가 다음의 명을 받들라. 첫째, 선행을 하는 자와, 재주와 덕이 있는 자는, 비록 천한 신분이라 할지라도 상을 주고 등용할 것이다. 둘째, 악행을 하는 자와, 재주와 덕이 없는 자는, 비록 귀한 신분이라 할지라도 벌을 주고 [관직에서] 쫓아낼 것이다. 셋째, 형벌을 줄이고 과세를 가볍게 하여, 백성으로 하여금 곤란과 고통에서 벗어나게 할 것이다. 넷째, 농업과 실업을 권면하고 공업과 상업을 진흥시켜, 백성으로 하여금 굶주림과 추위에서 벗어나게 할 것이다. 다섯째, 문덕(文德)을 도야하고 무비(武備)를 가다듬어, 백성은 편안하고 나라를 태평하게 할 것이다」라고 하십시오.
...... (중략) ......[53]

박영효는 실제로 제2차 갑오경장 때 실권을 잡자 첫 국가 행사로 1895년 1월 고종이 만조백관을 거느리고 종묘와 사직에 홍범 14조를 고하게 한다.

제2조는 12개의 소항목을 통하여 보다 구체적인 사법개혁의 틀을 잡는다. 소항목은 「모든 재판은 다만 재판관에게 맡겨 판결케 하여야 하며, 임금의 권한으로 재판을 마음대로 해서는 안됨」, 「혹독한 형벌을 폐기할 것」, 「연좌제 폐지」, 「고문을 통해서 자백을 받는 일 금지」, 「증거와 자백이 있을 경우에만 처벌할 것」, 「포도청에서 고문하다 실수로 사람을 죽이고는 숨기는 관행을 폐지할 것」, 「모든 재판은 공개적으로 할 것」, 「징역형을 실시할 것」, 「사형(私刑)을 금지하고 모든 재판은 비록 자식이나 노비일지라도 공적인 재판을 할 것」, 「모든 금전 거래는 영수증을 주고받도록 할 것」 등을 논한다.[54]

제3조에서는 「경제로 나라와 백성을 윤택하게 하십시오(經濟以潤民國: 경제이윤민국)」라는 제목하에 「매매의 도」, 즉 시장경제를 논한다.

나라에 있어서 재화는 사람에 있어 몸 속의 진액과 같습니다. 사람이 혈과 기를 보호하고 길러, 그것들이 전신을 흘러 통하고 막혀 흐르지 않는 일이 없으면 건강하고 굳세게 되며, 나라가 생산물을 증산하여 운반과 수송을 원활하게 하면 부유하고 윤택하게 됩니다.

그러므로 생산물을 증산하고 그것의 운반과 수송을 원활히 하려 한다면, 절약하고 검소해야 하며, 힘써 일하고, 농업, 공업, 어업, 수렵엽, 목축 등을 진흥시켜 산과 들, 강과 바다의 이(利)를 취하며, 금, 은의 화폐를 만들어 상품의 유통과 매매를 원활하게 하고, 상사(商社)와 은행을 설립하여 저축과 무역을 수월하게 하며, 도로와 교량을 정비하여 여행자와 말의 편의를 도모하고, 강과 바다, 하천과 도랑의 수로를 보수하여 배와 뗏목을 소통시켜야 합니다.

모든 사람들이 귀하게 여기는 것 중에서도 의, 식, 주의 세 가지가 주요한 것이어서, 재산을 증식하고 부를 이루어서 필요한 용도에 공급하고 기쁨을 누리려 하지 않는 자가 없습니다. 이러한 치부의 길은, 소박과 검소로써 집안을 다스리는 것, 그리고 물품을 생산하고, 제조하고 비축하고 유통하고 소비하는 것올 다스림에 있어서는 절제가 있어서 운반, 수송, 매매의 길이 편리해지는 것에 있습니다.[55]

시장경제가 발전하면 다만 의식주의 문제를 편리하게 해결하는데 그치지 않고 「문명개화」가 가능해진다.

그 매매의 도(道)라는 것은, 단지 나라 안에 물품을 나눠 보내어 세간에서 모자라는 것을 공급하고, 남는 것과 부족한 것을 고르게 함으로써 사람의 편리를 달성하는 것일 뿐만 아니라, 한편으로는 그 물품을 밑바탕으로 하여 세상의 문명개화를 돕고, 사람의 지식과 견문을 넓히며, 인류의 교제를 친밀하게 하여 태평 무사한 관계를 보전토록 하는 것입니다.[56]

시장경제는 개개인이 자신의 전문성을 살려 각자가 원하는 것을 하게 하면서 서로 돕는 사회를 만든다. 「선비」, 「농부」, 「공인(工人)」은 신분에 따라 정해지는 것이 아니고 개개인의 능력과 선택에 따라 정한다.

또한 사람이란, 혼자서는 살아갈 수 없고 반드시 남에게 의존해야만 삶을 이을 수 있는 존재여서, 집단을 이루어 거주하고 왕래를 하여 그들 각자의 장점으로써 서로 도와주는 것인 까닭에, 어떤 사람은 선비가 되고, 어떤 사람은 농부가 되고, 어떤 사람은 공인(工人)이 되고, 어떤 사람은 상인이 되어, 오고 가고 서로 교재하느라 바삐 뛰어 다니고 힘써 일하는 것입니다.[57]

그러면서 개개인이 자신을 위해서만 일을 하지만 결국 모두를 이롭게 하는 시장경제의 원리야 말로 「지극히 오묘한 이치」라고 한다.

이러한 일은, 따지고 보면 우리들 각자가 자기를 위해서 그렇게 하는 것이긴 하지만, 만약 우리가 다른 한 개인을 돌아보지 않고서 있는 것과 없는 것을 교환하지 않는다면 그 개인은 반드시 곤궁하고 구차하게 될 것입니다. 그러므로 있고 없는 산물을 서로 유통하는 것, 이것은 한 사람의 의, 식, 주를 대기 위해 수천만의 인원을 각처에 흩어져 일하게 하는 것과 다르지 않으니, **어찌 지극히 기이하고 지극히 묘한 이치가 아니겠습니까?**[58]

박영효는 이미 시장경제의 원리를 이해하고 있었다. 그리고는 44개 소항목에 걸쳐서 호구조사의 중요성, 토지세를 조정하고 토지 소유 증명서를 만드는 일, 길이, 양, 무게의 단위를 통일하는 일, 가축을 의무적으로 기르게 하는 일, 「치도사(治道使)」를 두어서 항상 길과 다리를 고치게 하는 일, 은행을 세우는 일, 백성이 상사를 세우고 외국에서 장사하는 것을 돕는 일, 인민에게 여관, 의류점, 음식점을 많이 설립하도록 장려하는 일 등 44가지를 열거한다.[59]

제4조는「백성을 보살펴 건강하고 번성하게 하십시오(養生以健殖人民: 양생이건식인민)」라는 제목 하에 국민보건, 개인위생의 중요성을 설파한다.

몸을 건강히 한다는 것은, 혈(血)을 보존하고 기르며 혈이 흐르고 통하여 막힘이 없으며 신체를 왕성하고 굳건하게 하는 것입니다. 본디 깨끗하게 살고, 더려움을 멀리하며, 음식에 절도있고, 운동하는 것은 곧 건강의 근본입니다. 그러으로 몸올 건강하게 한다는 것의 큰 의의는 의식주 세 가지 일로써 요지를 삼을 수 있겠습니다.

　의복으로 추위와 더위를 고르게 하여 동상이나 더위에 의한 상처로부터 벗어나고, 먹고 마심에 있어 배고프고 배부른 것을 적절히 하여 마르거나 비만해지지 않고, 주거를 움직임에 편하게 함으로써 닫혀 막힘으로부터 벗어나며, 안으로 혹시라도 질병이 일어나는 일이 있거나 밖으로부터 혹시라도 오염된 것의 침입이 있다면 곧 의사나 약으로써 그것을 치료합니다. 그렇게 함으로써, 근육이 왕성하고, 힘이 세고, 마음은 넓고, 몸집이 크고, 행복을 누리며, 오래살고, 인구가 늘어남에 이르게 되니, 이것은 문명국 사람들이 몸을 건강하게 보살필 수 있는 까닭인 것입니다.

　의복을 고르게 하지 못하여서 동상이나 화상을 벗어나지 못하고, 먹고 마심에 절도가 없어서 마르거나 비만해지며, 주거가 불편하여 닫혀서 갇히며, 안으로 자주 질병이 있고 밖으로부터 더렵혀지나 의사나 약의 치료를 받지 못하게 되면, 근육이 쇠퇴하고, 힘이 약해지고, 정신이 나약해지며, 신체는 파리해지고, 혹독한 고통은 많아지며, 빨리 죽고, 인구는 감소함에 이르게 됩니다. 이것은 야만국 사람들이 몸을 상하게 하는 근거입니다.

　그러면 그것이 그렇게 된 것은 무엇때문이겠습니까? 하나는 불학무식 때문이며, 또 하나는 박학다식 때문입니다. 하나는 배우지 못하고 아는 것이 없으니, 곧 멀리까지 생각하지 못하고 타고난 본성에 맡겨, 하는 것이 어린애와 다름이 없기 때문입니다. 다른 하나는 넓게 배우고 아는 것이 많으니, 곧 일의 이치에 도달하여 천지의 오묘한 이치를 연구할 수 있고, 더욱 사람들이 건강하게 살 수 있는 방법을 밝게 드러낼 수 있으므로, 타고난 본성을 조절하고 영위할 수 있기 때문입니다. 이런 까닭에 의복은 깨끗한 것을 좋게 여기고, 음식은 깔끔한 맛을 좋게 여기며, 거처는 높고 넓은 것을 좋게 여기며, 일찍 일어나고 밤에는 잠을 자며, 때가 아니면 먹지를 않습니다.[60]

그리고는 의료, 개인위생, 청결, 우두접종, 화재 예방, 수도 설치, 목욕할 장소 제공 등 총 19개 소항목을 열거한다.[61]

　　제5조는 「군비(軍備)를 갖추어 백성을 보호하고 나라를 지키십시오 (治武備保民護國: 치무비보민호국)」다.

군사력(武)이라는 것은 인간에 있어서 기력과 같은 것입니다. 사람에게 기력이 없으면 스스로 설 수 없으며, 남의 모욕을 막을 수도 없습니다. 나라가 군비(軍備)를 갖추고 있지 못하면, 안으로는 정치를 행할 수 없고, 밖으로는 이웃나라와 정당한 외교관계를 맺을 수 없습니다.[62]

　　군대는 그 숫자의 크고 작음보다 하나로 통일되어 있는지 여부가 무엇보다 중요하다.

사람에게 기력은 있으나 마음이 안정되어 있지 않으면 위태로워지고, 나라에 군비가 찰 갖추어져 있으나 군사들이 하나로 통일되어있지 않으면 어지러워집니다. 그러므로 군대에 있어서는, **하나로 통일시키는 것이 가장 중요한 문제이며, 숫자가 많은 것이 중요한 문제는 아닙니다.** 만일 군대를 하나로 통일시키려고 하신다면, 먼저 그들에게 인(仁)과 의(義)를 가르쳐서, 그들로 하여금 나라를 위해 스스로 싸워야 한다는 뜻을 갖도록 하는 것이 가장 중요합니다.[63]

하나로 통일된 군대를 만드는 것은 기강이다.

이러한 군대는 기율이 있는 군대이며, 장군이 비록 무능하다고 할지라도 오히려 싸우고 지킬 수 있을 것입니다. 그러한 까닭에, 군대에 있어서 기율이 있고 없는 것은, 나라가 존재하고 망하는 것과 관련되어 있는 것입니다. 그러므로 나라를 이끌고 군대를 가르칠 때는, 예(禮)를 가르치고 의(義)를 장려하여, 병사들과 백성들로 하여금 부끄러워하는 마음을 갖도록 하십시요.[64]

조선의 군대는 복잡한 군제와 기강해이로 사분오열 되어 있어 없느니만 못하다.

또한, 군대에 구식, 신식, 전군(前軍), 후군(後軍), 좌군(左軍), 우군(右軍)의 제도가 있어, 군법과 서열이 서로 다르고 서로 간섭할 수도 없어서, 군사를 움직일 때마다 서로 경쟁을 하여, 비록 한 나라의 군대일지라도 서로를 적과 같이 보고, 또 도로와 세간의 거리에서 난폭한 행동을 한다면, 백성들은 병사들을 보기를 원수와 같이 할 것입니다. 만일 그러할 것 같으면 절도가 없는 군대이니, 군대가 없는 것이 더 낫습니다.[65]

또한 고구려의 연개소문, 고려 때 거란과의 전쟁, 임진왜란, 병자호란 등을 예로 들어 국방의 중요성을 역설한다.

옛날에 삼국이 성할 때에, 고구려는 얼마 안 되는 고립된 군사로 수나라의 백만군을 무찔렀으며, 연개소문은 또한 2만의 병사로써 당나라의 수십만 무리를 깨뜨렸습니다. 이러한 모든 것은 마음이 하나로 된 데서 연유한 것입니다. 고려시대에 이르러, 거란과 전쟁을 해서 한 번 이기고 한 번 졌는데, 끝내는 압록강 서쪽의 땅을 잃고서 회복하지 못하였습니다. 본조(本朝)는 임진왜란 때 패배하였고 병자호란 때 항복을 하였으나, 훼손된 땅과 백성, 물건 등에 대하여 치욕을 씻을 수가 없습니다. 〔본조가〕 비록 고구려보다도 성대(盛大)하나 오히려 미치지 못하는 것은 장수와 재상, 군사와 백성이 모두 다 이 치욕을 잊어버렸기 때문업니다.[66]

그리고는 역사교육의 중요성을 역설한다.

이러한 까닭에 신(臣)의 어리석은 생각으로는, 바야흐로 힘써야 할 일 중에, 인민들에게 나라의 역사를 가르쳐서, 우리나라가 승리의 영광을 얻은 것과 패배의 치욕에 이르게 된 것을 알게 하는 일보다 중요한 일은 없을 것 같습니다. 그리하여 그런 사실들을 간(肝)과 폐(肺)에 새길 것 같으면 능히 옳고 그름을 분별할 수 있어, 부끄러워하는 마음이 곧 회복되어 굳세지고 강하게 되어서, 비로소 그들과 더불어 일을 같이 하실 수 있을

것입니다.[67]

제5조의 10개 소항목은 군사학교 설립, 장교양성, 군비마련, 군대를 하나로 통일하는 일, 해군 양성, 무기창 건설, 역대 나라를 위해 전사한 군인들의 후손을 보살피고 그들의 희생을 기념하는 일 등을 열거한다.[68]

제6조 「백성들에게 재주와 덕행과 문화와 기예를 가르쳐서 근본을 다스리십시요.(使民得當分之自由以養元氣: 사민득당분지자유이양원기)」는 학교설립의 중요성을 강조하면서 시작한다.

> 가르침이란 것은 나침판과 같은 것입니다. 사람이 큰 바다에나 사막의 한 가운데에 있을 때, 비록 남북을 분별할 수 없을지라도 나침판이 있으면 능히 분별할 수 있는 까닭에, 나침판은 사방으로 나아가는 데 있어서 중요한 문명의 도구입니다. 사람이란 태어나면 아는 것이 없으니, 아는 자가 가르쳐야 합니다. 자식이 태어나면, 부모는 먼저 그를 가르쳐서 인도하여 그의 지식을 열어줍니다. 그리고 다음에는 학교에 입학함으로써 그의 배움이 완성되는 까닭에, 학교를 설립하는 일은 이 세상에서 가장 급하고 중요한 것입니다.[69]

그렇기에 「백성들이 세금을 내 돈을 써가면서 정부로 하여금 인민을 교육시키게 하는 것」이다.[70]

교육을 받은 국민은 폭정과 압제에 순종하지 않는다. 따라서 군주의 권력을 강화하려면 백성들을 「백치 바보가 되게 하는 것이 가장 좋은 방법」이지만 그 대신 나라는 약해진다.

대체로 인간이 개명하게 되면, 정부에 복종하는 도리와 정부에 복종해서는 안되는 도리를 알게 되고, 또한 딴 나라에 복종해서는 안된다는 도리도 알게 됩니다. 이것은 다름이 아니라 예의와 염치를 알기 때문입니다. 이 때문에 미개하고 무식한 국민들은, 어리석고 게을러서 능히 압제의 폭정을 견뎌내고 그에 안주하지만, 개명하여 이치를 아는 백성들은, 지혜롭고 강직하여 속박하는 정치에 복종하지 않고 그에 항거합니다. 그러므로 군권(君權)의 무한함을 공고히 하려 한다면, 인민으로 하여금 백치 바보가 되게하는 것이 가장 좋은 방법일 것입니다. 인민이 바보면, 그들은 나약함으로 가히 임금의 전권(專權)을 공고히 할 수 있겠지만, 인민이 어리석고 나약하면 나라도 역시 그것을 쫓아 약해짐으로, 천하만국이 어리석고 약해진 연후에야 그 나라를 보전할 수 있고, 임금의 자리를 안전하게 할 수 있는 것입니다. 그렇지만 이런 헛된 말에 어찌 현실성이 있겠읍니까?[71]

그렇기 때문에 강한 나라를 만들기 위해서는 왕권을 약화시키고 국민들에게 자유를 줘야 한다.

따라서 진실로 한 나라의 부강을 기약하고 만국과 대치하려 한다면, 군권(君權)을 축소하여 인민으로 하여금 정당한 만큼의 자유를 갖게 하고 각자 나라에 보답하는 책무를 지게 한 연후에, 점차 개명한 상태로 나아가게 하는 것이 최상책일 것입니다. 대저 이와 같이 한다면 백성이 편안하고 나라가 태평하게 될 것이며, 종사(宗社)와 군위(君位)가 모두 함께 오래 갈 수 있을 것입니다.[72]

학문이란 실질적이어야 하고 결코 조선의 유학처럼 「문화(文華: 글의 화려함)」를 내세워서는 안된다.

> 학문이란 것은 동서양을 막론하고, 「실용」을 앞세우고 「글의 화려함(文華)」은 뒤로 해야 합니다. 대저 「실용」이란 것은 귤과 같은 것이고, 「글의 화려함」이란 것은 귤의 향기와 같습니다. 향기는 귤로부터 피어나는 것입니다. 어찌 귤이 그것의 향기로부터 생겨나는 일이 있을 수 있겠습니까? 그러므로 그 「실(實)」을 버리고 그 「화(華)」를 취한다면, 사물에 나아가 이치를 궁구하고 자신을 수양하여 나라를 다스리는 학문이 일시에 함께 무너져 버려서, 이윽고 뿌리없이 떠도는 겉(華)만 번지르르한 풍조를 초래하게 되는 것입니다.[73]

끝으로 종교의 중요성을 설파한다. 그렇지만 어느 종교를 선택할지는 「백성의 자유 의사에 맡겨」야 한다고 한다.

> 또한 종교라는 것은, 인민이 의지하는 것이며 교화(敎化)의 근본입니다. 그런 까닭에 종교가 쇠하면 나라도 쇠하고, 종교가 융성하면 나라도 융성하는 것입니다. 옛적에 유교가 융성했을 때엔 한(漢)나라가 강성해졌고, 불교가 융성했을 때는 인도 및 동양의 여러 지역들이 부강하게 되었으며, 이슬람교가 융성했을 때엔 서역과 터어키 등 여러 지역이 부강하게 되었습니다. 지금은 천주교와 예수교가 융성하니 구미의 여러 나라가 가장 강성합니다. 우리 조선의 유교와 불교도 일찍이 조금 융성한 때가 있었지만, 요즈음에 이르러 유교와 불교가 모두 무너져 버리고 국세가 차츰 약해지게 되었으니, 어찌 탄식하지 않을 수 있겠습니까? 아! 유교를 다시 부

홍시켜 문덕(文德)을 닦을 것 같으면, 국세(國勢)도 또한 그것을 따라 다시 융성할 것을 기약하여 기다릴 수 있을 것입니다.

하지만 모든 일에 시운(時運)이 있어 인력으로 조작할 수 없으니, 모든 종교는 백성의 자유 의사에 맡겨 신봉하게 하고, 정부가 간섭해서는 안되는 것입니다. 옛날부터 종교상의 쟁론(爭論)으로, 민심을 동요하여 나라를 멸망시키고 명(命)을 해친 일이 이루 다 헤아릴 수 없습니다. 마땅히 거울 삼아야 할 일입니다.[74]

그리고는 소학교와 중학교를 세울 것, 장년들을 위한 학교를 세워서 정치, 재정, 법률, 역사, 지리, 산술, 이화학 등을 교육시킬 것, 모든 인민에게 국사, 국어, 국문을 가르칠 것, 책을 많이 출판할 것, 박물관을 설립할 것, 연설을 활성화시킬 것, 외국어 교육을 실시할 것, 신문을 발행할 것 등을 제안한다.[75]

제7조는 「정치를 바로잡아 나라를 평정하십시오(正政治使民國有定: 정정치사민국유정)」다. 정부는 국민을 위해 존재하는 것이지 국민이 통치자, 군주를 위해 존재하는 것이 아니라는 점을 분명히 한다.

정부가 맡은 바 해야 할 일은, 국민을 편안하게 다스려 속박하지 아니하는 것이며, 나라의 법을 철저하게 지켜 멋대로 하지 않는 것입니다. 또한 외국과의 교제를 보호하여 신의를 두텁게 하며 백성의 생업을 육성시켜 주어서, 그들로 하여금 청렴과 절개를 지키고 영욕(榮辱)을 분별케 하며, 문(文), 덕(德), 재주, 기예(技藝)를 가르쳐서 이치를 궁구하고 새로운 것을 밝혀 내는 길을 열게 하는 것업니다.[76]

그리고 제한된 정부(limited government)의 중요성을 강조한다.

정치가 일단 틀이 잡히면 고치지 아니하며, 명령을 내릴 때는 반드시 믿음이 있게 하고 속이거나 거짓됨이 없게 하면, 백성들이 나라의 법에 의지해 편안히 생업에 종사하고 생산을 계획하게 되어, 굶주림과 추위로부터 벗어날 수 있게 되는 것입니다. 그리하여 안으로는 백성들의 소요가 없게 하고, 밖으로는 이웃 나라의 침입이 없게 하며, 정부가 중용의 도를 지킬 수 있다면, 정부가 해야 할 일은 여기에서 끝나는 것입니다.[77]

조선이 붕당정치의 폐해를 경험했고 갑신정변 역시 파당의 해악을 보여주지만 궁극적으로 정당정치는 꼭 필요하다.

신(臣) 등은, 나라의 사세(事勢)가 급박한 것을 보고서 헛되이 시간을 지체할 수 가 없어, 나라의 부흥을 급히 도모한 나머지 잔혹하고 망령된 거사(갑신정변)를 감행하기에 이른 것입니다. 그러나 이것(신(臣) 등의 당(黨)은 국체의 보존에 커다란 관심을 갖고 있으므로, 마땅히 「정당(政黨)」이라고 해야 할 것입니다.

엎드려 바라옵건대, 폐하께서는 옳고 그름을 분별하시어 국가에 충성하는 당(黨)을 보호하셔서, 국체를 보존하시고 백성을 편안하게 하십시오. 만약 그렇게 하지 않으신다면 곧 화(禍)의 길로 접어들게 될 것입니다.[78]

그리고는 14개의 소항목을 통해 「왕이 모든 것을 혼자 결정해서는 안된다」면서 「현회(縣會)」, 즉 지방자치제 도입 등을 주장한다. 마지막 소항목들은 국제정치에 할애한다. 청, 러, 미국, 일본 등을 어떻게 대할지, 국가간에 체결한 조약을 지키는 것이 얼마나 중요한지, 그리고 외교에 있어서 무엇보다 중요한 것은 국가의 주권이나 명예를 지키는 것임을 역설한다.

청(淸)은 조심스럽게 대하고, 러시아와 신중히 화합하며, 미국에 의탁하고, 일본과 친교하며, 영국,독일, 프랑스 등의 나라들과 국교를 맺는 일입니다.[79]

신뢰로써 외국과 교류하여 배신하지 않으며, 또 더불어 조약을 맺을 때 반드시 신중을 기하여 경솔하지 않는 일입니다.[80]

외국과 교류할 때, 주권을 잃거나 국체에 손상을 입혀서는 안되는 일입니다.[81]

제8조는 「백성들로 하여금 그들 몫의 자유를 갖게 하여서 원기를 배양토록 하십시오(使民得當分之自由以養元氣: 사민득당분지자유이양원기)」라는 제목 하에 정부는 제왕을 위해 존재하는 것이 아니고 백성들의 자유를 지키기 위해서 존재하는 것이라고 역설한다.

하늘이 백성을 내려주셨으니, 모든 백성은 다 동일하며, 타고난 성품에 있어서는, 변동시킬 수 없고 천하 일반에 통하는 불변의 도리(通義, 통의)가 존재합니다. 그 통의(通義)라는 것은, 사람이 스스로 생명을 보존하고 자유를 구하여 행복을 바라는 것을 말합니다. 이것은 타인이 어찌할 수 없는 것 입니다...... 그러므로 인간이 정부를 세우는 본래의 뜻은, 이러

한 통의(通義)를 공고히 하기를 바라는 데 있는 것이지, 제왕을 위해 설치한 것이 아닙니다.[82]

그리고는 미국의 「독립선언서」를 따라 백성의 자유를 침해하는 정부는 백성들이 갈아치울 수 있다고 주장한다.

> 그러므로 정부가 그 통의(通義)를 보호하여, 백성이 좋아하는 것을 좋아하고 백성이 싫어하는 것을 싫어할 것 같으면, 권위를 얻을 수 있을 것입니다. **만약 이와 반대로 그 통의(通義)를 벗어나, 백성이 좋아하는 것을 싫어하고 백성이 싫어하는 것을 좋아한다면, 백성은 반드시 그 정부를 갈아치우고 새롭게 세움으로써 그 커다란 취지를 보전할 것입니다.** 이것이 바로 인민의 공의(公義)이며 직분(職分)입니다. 그런 까닭으로 국제법(公法)에 있어서는, 국사범을 죄인으로 취급하지 않고 오히려 보호해 주는 것입니다. 이것이 문명의 공의(公義)이며 하늘의 지극한 이치를 계송하는 것입니다.[83]

백성들은 각자가 하고 싶은 일을 할 수 있어야 하며 직업에는 귀천이 있을 수 없다. 그리고 정부는 어떤 경우에도 개인의 자유와 존엄을 터럭 끝만큼이라도 방해해서는 안된다.

> 국법은 관대해야 하며 인민을 속박해서는 안됩니다. 사람들은 그들이 좋아하는 바를 해야 하니, 선비가 되기를 바라는 자는 선비가 될 수 있고, 농부가 되기를 원하는 자는 농부가 될 수 있으며, 공인(工人)이 되기를 원하는 자는 공인이 될 수 있고, 상인이 되기를 원하는 자는 상인이 될 수

있어야 합니다. 선비, 농부, 상인 간에 조금이라도 차별을 두어서는 안되며, 그들의 문벌을 논해서도 안됩니다. 또 정부의 지위로써 인민을 경멸해서는 안되며, 상하와 귀천은 각자의 본분을 얻어서, 터럭끝만큼이라도 다른 사람의 자유를 방해 하지 않고, 하늘이 내려준 재주와 덕(德)을 신장시키도록 해야 합니다.[84]

미국이 전쟁을 해서라도 노예해방을 시킨 것도 자유 때문이다.

그러므로 정부를 위하여 정책을 수립하는 자는, 인민으로 하여금 그들 몫의 자유를 얻어 넓고 큰 기운(浩然之氣)을 기르게 하지 않을 수 없으며, 가혹한 정치로 풍속을 해치고 통의(通義)를 해칠 수는 없는 것입니다.

그러한 까닭에 미국의 정부는, 노예를 금지하는 일 때문에 큰 전쟁을 치렀고, 마침내 그것을 금지했습니다. 온 세계도 역시 미국을 뒤따라 노예를 금지시켰으니, 어찌 훌륭한 일이 아니겠습니까? 또한 어찌 위대한 일이 아니겠습니까?[85]

조선에서도 노비제도를 폐지했다고는 하나 아직도 인민의 자유를 신장시킬 수 있는 여지가 남아 있는데 대표적인 것이 남녀차별과 반상의 차별을 없애는 것이다.

그러나 신(臣)의 어리석은 생각으로는, 아직도 인민으로 하여금 그 통의(通義)라는 것을 얻게 할 수 있는 몇가지 일이 있읍니다. 하나는, 「남자와 여자, 남편과 아내는 그 권리에 있어 균등하다는 것」입니다. 대체로 남자와 여자의 질투하는 마음은 같습니다. 그런데 남자는 부인이 있으면서도 첩을 얻을 수 있으며, 혹은 그의 부인을 멀리하거나 혹은 쫓아내기도 하지만, 부인은 다시 시집갈 수도 없고 또한 이혼을 할 수도 없습니다. 이것은, 다만 법률에서 여자의 간음만을 금지하고 남자의 간음을 금지하지 않기 때문입니다. 또한 남자는 그의 부인을 잃어도 또 다시 장가들 수 있으나, 여자는 그 남편을 잃으면 비록 혼례를 치르지 않았더라도 다시 시집갈 수 없습니다. 이것은 가족과 친지가 금지하고 있기 때문입니다.[86]

또 하나는 신분 차별을 없애는 것이다.

또 다른 하나는, 「반(班), 상(常), 중(中), 서(庶)의 동급을 폐지하는 것」입니다. 대체로 한 나라는 동류의 사람들과 동조(同祖)의 자손들로 이루어져 있습니다. 그런데도 강제로 귀천을 정하여 서로 시집, 장가가지 못하게 하며, 상하가 현격하게 차이가 나고, 드디어는 이류(異類)를 이루게 되었습니다. 양반이라 일컫는 자는, 비록 열등할지라도 영원히 귀한 신분이며, 상민이라 일컫는 자는, 비록 재주와 덕이 있어도 영원히 천한 신분입니다.[87]

남녀 차별과 반상의 차별이 존재하는 이유는 「귀한 신분의 사람들과 남자들이 예를 제정하고 제도를 만들어, 스스로 귀하게 하고 스스로 편하게 하기 때문」이라고 한다. 그러면서 「만약에 부녀자와 천한 신분의 사람들로 하여금 예와 제도를 만들게 했다면, 어찌 이러한 편벽됨이 있을 수 있겠습니까?」라고 힐문한다.[88]

또한 인간으로써 다른 사람을 타고 다니고, 다른 사람을 부리기를 짐승과 같이 하여서 동류(同類)의 인간을 욕되게 하고, 다른 사람의 첩이 되어 다른 사람으로부터 욕을 얻어 먹어 세속을 어지럽히는 것, 이러한 것들은 모두 의(義)가 없고 부끄러움이 없는 것입니다. 세상 사람들이 말하는 바, 「야만적 자유」인 것입니다. 이러한 몇가지 것들은, 정말로 하늘의 이치를 해치고 사람의 도리를 잃게 하는 것입니다. 비록 아시아주(洲)의 옛 풍속과 옛 관례를 계승한 것이라고 해도 빨리 고치지 않을 수 없는 것입니다. 구미(歐美)의 사람들이 항상 아시아주의 사람을 무시하는 것은 이와 같은 나쁜 풍속이 있기 때문이니, 어찌 수치와 욕됨이 심하지 않겠습니까? 만약 그 나쁜 풍속을 빨리 고쳐 좋은 풍속을 이루지 않는다면 성조(聖朝)의 문명은 기약할 수 없을 것입니다.[89]

자유란 「그가 옳다고 생각하는 바를 행하는 것」이라고 정의하면서 「단지 천지의 이치만 따른다면 아무런 속박도 굽힘도 없어야」한다고 한다.[90]

『건백서』는 다음과 같이 결론을 맺는다.

지금까지 열거한 조항은, 단지 한양 중심의 논의에 그치지 않고, 감히 전국을 들어 통론(統論)한 것입니다. 이와 같이 천박해 보이는 견해를 그 누가 모르겠읍니까마는, 행동으로 옮기는 자가 참으로 아는 자이며, 행동으로 옮기지 않는 자는 사실 모르는 자입니다.[91]

『건백서』는 조선의 근대화와 부국강병을 위한 방대하고도 치밀한 청사진이었다.

2) 「대한청년보국회서문」 발표(1889)

1889년에는 도쿄에서 「보국회(保國會)」라는 단체를 조직하고 「대한청년보국회서문(大韓靑年保國會誓文)」을 발표한다. 언문으로 쓰고 한문번역본을 함께 싣는다. 언문 제목은 「큰 조선 젊은 사람에 나라를 보전할 모임에 맹세한 글」이다.

하나님이 땅을 만드신 후 사람과 물건이 나서 번성하매 땅을 나누어주라 하니 그 가운데 독립국도 있으며 속국도 있으며 속지도 있으며 천자와 임금 되는 사람도 있으며 제후와 신하 되는 사람도 있으며 상전된 사람도 있으며 종 되는 사람도 있어서 위와 아래와 귀한 이와 천한 이가 판연히 분별이 있어 다른 무리와 다름이 없어서 이 땅위에 능히 같이 서질 못하니 그 귀한 사람과 윗사람에게는 매우 다행하고 즐겁거니와 천한 사람과 아랫 사람에게는 이렇게 슬프고 괴로운 일이 없으니 슬프외다.

하나님이야 어찌 이런 일을 행하시겠습니까? 하늘 이치로 의론할진대 사람이 본디 다 평등으로 같은고로 사람이 물건에는 능히 권리를 누려서 물건이 사람에게 매이되 사람인즉 당당하게 매인데가 없으니 이것은 사람이 물건과 같지 아니한 까닭이니 사람이 만일 다른 사람에게 매이든지 종이 되면 이건 물건이요 사람은 아니라. 물건이란 것은 풀과 나무와 새와 짐승이니 사람이 염치가 있으면 어찌 물건이 되어서 같은 무리 사람에게 붙여 매여서 머리를 숙이고 무릎을 꿇어서 윗사람이 이르는대로 쫓아 눕든지 서든지 굽히든지 펴든지 스스로 제가 하고 싶은대로 못하면 그 부끄럽고 욕되고 슬프고 피곤한게 어떠하겠습니까? 만일 땅에 신령이 있으면 또한 마땅히 이런 무리의 사람들이 땅 위에 사는 것을 부끄러워할 것이올시다.

슬프외다. 우리나라가 두셋 강한 나라 틈에 끼여서 그 여러 나라가 업신여기고 욕되게 하는 것을 당하되 능히 떨쳐 일어나지 못하고 버러지처럼 꿈찔꿈질 남의 속국이나 종 같아서 형세가 위태하여 달걀을 쌓아 놓은 것 같으니 의리가 있는 사람이야 어찌 이걸 보고 차마 남의 일 보듯 하겠습니까? 공자 말씀에 이것을 참으면 무엇을 못 참으리오 하셨으니 이는 곳 이것을 이름이시라.

우리들이 비록 학문과 지식은 없으나 죽기로 맹세하고 힘을 다하여 같이 나라 일을 도모하여서 망해가는 것을 흥하여 회복하기로 기약하여 이 세상에 당당 헌헌(軒軒)한 큰 나라가 되게 하는 것은 곳 우리들의 분수에 마땅한 일이니 만일 다른 사람이 아니 한다고 우리들도 또한 하지 않고 가만히 앉아서 망하길 기다리면 이는 지혜와 어진게 없는 것이요, 만일 몸과 목숨이 위태하다 하고 능히 몸을 잊어버리고 물과 불을 헤아리지 않고 나라를 돕지 아니하면 이는 의리가 없는 것이요, 도모하기가 매우 어렵다 하여서 우리 임금님으로 하여금 다른 나라 황제나 임금 아래 무릎을 꿇고 목을 늘여 명을 기다리게 하고 우리 몸과 마음을 종이나 속한 사람이나 새나 짐승 같은 일에 평안히 있으면 이는 예와 부끄러움이 없는게요.

만일 우리가 같은 동포로 나라 일을 의논하여 경영하다가 중간에서 서로 틀리고 반하고 업신여기고 속이면 이는 신의가 없는것이니 대체 사람이 비록 사람의 형용을 쓰고 귀와 눈과 입과 코와 손과 발이 다른 사람과 다름이 없더라도 지혜와 어진 것과 의리와 의례와 부끄러움과 신실함 이 여섯 행실이 없으면 곳 새나 짐승만도 못하오이다.

지금 우리들이 지혜로 이 나라를 흥해 회복하려 함에 하나님께 같이 맹세하고 이 맹세한 글을 써서 각기 이름을 쓰고 인을 쳐서 길고 오래도록

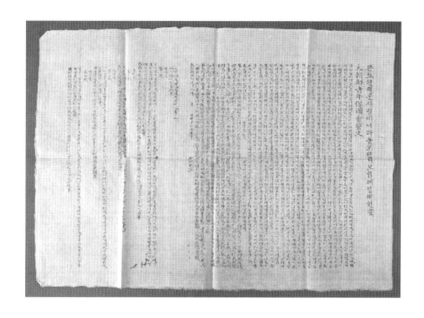

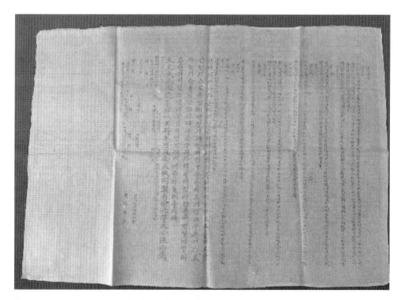

「大韓靑年保國會誓文」, 佐野市立圖書館(사노 시립도서관) 須永(元)文庫. 강기애 제공.

맹세대로 할 증거를 하옵나이다.

큰 조선 사백 아흔 여덟 해 달 날 일본 동경에 모여서 하나님께 절하고 같이 맹세하옵니다.

서문에 이어서는 실천할 항목 10가지를 열거한다. 그중 제2항은 「내 나라 권을 다른 나라에 잃지 말며 또 사람이 하나님께 타고난 평등한 공변된 권과 인간에 있는 자유을 잃지 말 일」이고 제4항은 「정부에 청하여 법률과 명령을 고쳐서 공변되고 형평성있고 어질고 옳은 것으로 근본을 삼고 억지로 제어하는 법률과 명령으로 백성에 자유와 공변된 권을 해롭게 못하게 할 일」이었다.

3) 「친린의숙」 개설 (1893.2.)

1893년 2월에는 후쿠자와 유키치, 타니 간조오 등의 도움으로 도쿄에 「친린의숙(親隣義塾)」이라는 기숙학원을 개설한다.[92] 『도쿄니치니치신문(東京日日新聞)』은 1893년 2월 22일자 기사에 「친린의숙」의 발기인대회를 보도한다.

오랫동안 본방(本邦: 우리나라)에 유우(流寓: 유랑)한 조선명사 박영효는 크게 조선국의 전도(前途: 앞날)를 걱정하여 동국(同國: 그 나라, 조선) 자체의 다수에게 문명적 교육을 시키려는 계획을 갖고 있었는데, 금반(今般: 최근) 본방(本邦)에서 소에지마 다네오미(副島種臣), 가츠 가이슈(勝海舟), 히가시쿠세

미치토미(東久世通禧), 오쿠마 시게노부(大隈重信), 이타가키 다이스케(板垣退助)의 오백(五伯: 작위를 받은 인물 다섯 명) 및 시나가와(品川), 타니(谷)의 두 자작(兩子爵), 기타 조야의 유력가 수십 명의 찬성을 얻어 조선국 준수(俊秀)한 자제 30명을 선발하여 일본제국의 교육을 시키고자 친린의숙(親隣義塾)이라는 기숙(寄宿)을 창설하여 동숙에서 각자의 학교로 취학시키기로 내정하였으므로 오는 24일 오후 6시부터 간다(神田) 이치츠바시도리초(一橋通)에 있는 대일본교육회(大日本教育會) 안에서 동숙 창립위원의 발기회를 열기로 되어 있다고 한다.[93]

1893년 10월 31일, 미국에서 오랜 유학을 마치고 상하이로 가던 중 일본에 들러 박영효를 만난 윤치호는 일기에 다음과 같이 쓴다.

박영효는 앞으로 조선의 젊은이들 약 100명을 데려와 의학, 상업, 군사기술들을 배우도록 하겠다는 그의 계획을 말하였다. 그리고 조선 젊은이들과 결성한 「대한조선청년보국회서문」의 사본을 나에게 주었다.[94]

정확한 숫자는 전해지지 않지만 1894년 당시 친린의숙에 기숙하는 학생은 17명 가량이었던 것으로 일본 신문은 보도하고 있다.[95]

4) 박영효 암살 미수 사건 (1894.3.28.)

1894년 3월 24일, 이일직은 상하이로 떠나는 김옥균과 홍종우를 배웅한 후 오사카에 있는 첩의 집으로 돌아가 권동수, 권재수 형제를 불러 박영효 암살 계획을 얘기한다. 이들은 24일 밤 오사카를 출발하여 25일 도쿄에 도착한 후 시바구(芝区)에 있는 「운라이칸(雲來館)」이라는 여관에 투숙한다.[96] 박영효를 운라이칸으로 유인한 다음 서화에 능한 권동수에게 글씨를 쓰게 하고 박영효가 글씨를 품평하는 틈을 타서 그를 저격할 계획이었다. 그들은 박영효를 암살한 다음 그의 신체부위를 절단하여 운반하기 위한 큰 가방 4개와 피를 흡수하기 위한 담요를 준비한다.[97]

이일직과 권씨 형제는 3월 26일 모든 준비를 끝낸다. 그러나 박영효 옆에 스파이로 보낸 김태원이 오히려 비밀을 누설한다. 이에 박영효가 오히려 이일직을 「친린의숙」으로 부른다. 이일직은 27일 「친린의숙」으로 박영효를 찾아가 해명하면서 박영효를 「운라이칸」으로 유인하려고 하지만 박영효가 응하지 않는다. 이일직은 결국 「운라이칸」으로 유인해서 암살하는 계획을 포기하고 「친린의숙」에서 암살을 거행하기로 한다. 이일직은 6연발 권총 각 1정과 일본도 각 1자루를 권씨 형제에게 주고 28일 오전 8시 「친린의숙」으로 향한다.[98]

(28일 오전) 6시경에 권동수와 권재수를 불렀는데, 어젯밤에 유혁로가 와서 이런저런 이야기를 하고 돌아갔고, 김태원에게서 이런 편지가 왔다고 하면서 그것을 보여 주었소. 28일에는 확실히 상하이에서 홍종우가 김옥균을 처리할 것이기 때문에, 내 책략은 당장 저들이 모두 모여 있는 학교(친린의숙)로 가기로 했소. 이와 관련해서, 나는 국왕의 명령을 받은 사람이기 때문에 권동수와 권재수에게 「나는 먼저 인력거로 갈 테니, 너희 둘은 나중에 칼과 철포(권총)를 가지고 오라. 그래서 내가 저들과 이야기를 하고 있을 때 밖에서 철포를 쏘면 안에 있는 자들이 당황해서 소란스럽게 밖으

로 뛰쳐나갈 것이다. 그때 그들을 베거나 철포로 쏘아 죽여라」라고 말했소. 그러자 두 사람의 낯빛이 새파래졌소. 그래서 내가「그렇게 안색이 변할 일이 아니다. 공의를 위해서는 내 자식이라도 방해가 되면 죽여 버린다는 각오로 마음을 확고히 정하고 움직여라」라고 명하자 두 사람도 이 일을 승낙했소. 다만 권동수와 권재수 두 사람은 처음부터 그렇게 살인을 시킬 작정은 아니었고, 잘린 수급을 갖고 귀국하는 일에 이용할 생각이었소. 그러나 상하이에서 홍종우가 김옥균을 죽이는 날짜가 당장 오늘로 임박해서, 지금이라도 그 전신이 오면 박영효 등이 경계해서 내가 생각하는 일을 달성하지 못하게 될 것이므로 이와 같이 두 사람을 이용하여 박영효 등을 살해하려고 한 것이오.[99]

이일직이「친린의숙」에 도착했을 때 박영효는 아직 도착 전이었다. 이규완과 정난교 등이 이일직을 2층으로 안내한 후 언쟁을 벌이다 이일직을 결박하고 구타한다. 박영효도 곧 도착해서 이일직을 심문하지만 이일직은 함구한다. 박영효는 후쿠자와 유키치를 방문하여 상황을 알아보지만 아무것도 알아내지 못한다. 이때 박영효는 후쿠자와에게 김옥균이 위험에 처했다는 소식을 전하지만 후쿠자와가 마지막 순간에 손을 써보려고 했는지는 확실하지 않다.[100] 박영효는 그 다음날인 29일 김옥균의 암살 소식을 듣는다. 그 동안 이규완, 정난교 등은 이일직을 결박시킨 채 감시하고 있었다.[101]

한편 권동수, 권재수 형제는「운라이칸」에 숨어 있다가 28일 오후 5시 조선공사관에 가서 보호를 요청한다. 임시 대리공사 유기환은 일본 경찰에 알린다. 일본 경찰은 29일 오후 1시「친린의숙」으로 가서 이일직을 연행한다.

4월 26일 예심공판이 열려 이일직은 모살교사, 박영효, 이규완, 정난교 등 6명은 감금, 구타, 고문죄로 기소되고 권동수, 권재수 등은 모살예비(謀殺豫備)로 예심면소(豫審免訴)를 언도받는다. 6월 27일의 결심공판에서는 이일직, 박영효 등은 무죄, 이규완과 정난교는 중금고 1개월 10일, 정난교는 1개월과 각각 2엔의 벌금이 선고된다. 이규완과 정난교는 상고하고 10월 1일 도쿄공소원(東京控訴院)은 공소기각을 선고한다.[102]

일본 외무성의 목표는 김옥균 암살과 박영효 암살 미수 사건이 일본과 청, 조선 간의 본격적인 외교 문제로 번지는 것을 막는 것이었다. 특히 재야의 인사들과 단체들이 조선과 청에 대한 강력한 대응을 요구하는 목소리가 비등하자 경찰력을 동원하여 이들을 제지하는 한편 일본 정부는 김옥균 암살사건에 개입할 아무런 권리도 책임도 없음을 천명하면서 차분하게 이 문제를 다루고자 한다.[103]

이일직은 「김옥균에 대한 모살교사 및 박영효에 대한 모살미수죄」로 일본 검찰에서 사형을 구형받지만 1894년 6월 28일 도쿄지방재판소에서 무죄 판결을 받고 10월 일본에서 추방당해 10월 23일 인천에 도착한다. 그는 고종의 신임을 받으면서 훗날 대한제국의 관료로 임용된다.[104]

제 3장

동학난

제3장

동학난

중국 역대 왕조의 안정과 지속을 가장 크게 위협한 것은 종교였다. 물론 「정통」 종교는 왕조의 이념적 틀과 제도적 기반을 제공했다. 불교와 유교가 대표적이다. 그러나 국가의 통제를 벗어나는 「이단」 또는 「사이비」종교, 특히 「민간신앙」은 봉건 왕조의 가장 큰 불안 요인이었다.

「정통」과 「이단」은 동전의 양면이다. 「이단」 없이는 「정통」도 없다. 왕조에게 정통성을 부여해주고 왕조로부터 「정통」으로 인정 받는 종교를 정립하는 과정은 왕조의 정통성을 부인하고 저항하는 「이단」을 배제시키는 과정이다. 불교나 유교처럼 「호국 종교」의 전형들도 끊임없는 교리 논쟁과 정치 투쟁의 과정을 거쳐 「이단」적인 요소들을 배제함으로써 「정통」으로 인정받기에 이른다.

역대 왕조에 의해 「이단」으로 규정되는 민간신앙의 공통점은 부패한 현세는 곧 끝나고 새로운 세상이 도래할 것이라는 「천년왕국설 (millenarianism)」이나 「종말론(eschatology)」을 믿는다는 점이다. 천년왕국설이나 종말론은 실정과 천재지변으로 촉발되는 경제 공황과 지배계층 내부의 권력 투쟁으로 야기되는 정치적 혼란으로 국가가 기능을 상실하고 백성들의 고통이 임계점에 달할 때 민란과 합치면서 체제 전복을 꾀하는 반란으로 폭발한다.

유교는 중국 한대(漢代)에서부터 「음양오행설」, 「황노사상」 등의 천년왕국설을 배제해 나가면서 「정통」이 된다. 도교에서는 정통과 이단을 분리해 나가는 과정이 더 노골적이었다. 2세기 후한말(後漢末)에 등장하는 장각의 「태평도」는 장릉(張陵, 장도릉, 張道陵, 34~156)이 창시한 「오두미도(五斗米道)」와 매우 유사하였다. 그러나 대기근과 황하의 홍수로 인하여 경제가 붕괴하고 환관정치가 극에 달하여 매관매직이 만연하자 장각은 「황건적의 난(184~205)」을 일으킨다.

불교 역시 미륵신앙 등 다양한 천년왕국설 형태의 「이단」들과의 끊임없는 투쟁을 통해 국가의 지원을 받고 국가를 지원하는 「호국」불교를 정립한다. 불교의 「이단」 중에서 가장 잘 알려진 것은 「홍건적의 난(紅巾賊之亂, 1351~1368)」을 일으킨 「백련교」다. 원나라 황실내부의 권력투쟁과 거듭되는 천재지변으로 경제가 무너지고 백성들에 대한 수탈이 극에 달하자 백련교도 한산동(韓山童, ?~1351)은 「홍건적의 난」을 일으킨다. 주원장(朱元璋, 1328.10.21.~1398.6.24.)은 홍건적의 지도자 곽자흥(郭子興, 1302.6.12.~1355.8.18.)의 수하로 들어가서 2인자가 되었다가 곽자흥이 병사하자 다른 홍건적 도당들과 군웅들을 격파하고 원조정을 만리장성 이북으로 쫓아내면서 명을 건국한다. 이 과정에서 원나라의 군대에 쫓기던 홍건적은 고려를 두 차례 침범해 한때 개경을 점령하기도 한다.

19세기에 접어들면서 봉건체제의 모순과 서구열강의 도래로 청, 일본, 조선에서는 천년왕국설과 종말론을 신봉하는 민간신앙이 급속히 확산된다. 청은 「백련교의 난」, 「니엔난」, 「태평천국의 난」으로 쇄

락의 길을 걷기 시작한다. 일본에서는 불교와 신도에 기반한 수많은 민간신앙이 우후죽순 처럼 일어난다. 「텐리쿄(天理教, 천리교, 1838)」, 신도의 일파인 「공코교(金光教, 금광교, 1859)」, 역시 신도의 일파인 「쿠로즈미쿄(黒住教, 흑주교, 1846)」, 신토(神道)계의 「마루야마쿄(丸山教, 1870)」, 「오모토(大本, 1892)」는 모두 19세기에 일어난다. 조선에서는 동학난이 터진다.

1. 이단과 정통

1864년 4월 7일, 의정부(議政府)가 동학의 창시자 수운 최제우를 처형해야 하는 이유를 고종에게 고한다.

> 이번에 동학(東學)이라고 일컫는 것은 서양의 사술(邪術)을 전부 답습하고 특별히 명목만 바꿔서 어리석은 사람들을 현혹하게 하는 것뿐입니다. 만약 조기에 천토(天討)를 행하여 나라의 법으로 처결하지 않는다면 결국에 중국의 황건적(黃巾賊)이나 백련교(白蓮教)라는 도적들처럼 되지 않을런지 어떻게 알겠습니까?[1]

의정부는 동학이 위험한 이유가 서학, 즉 천주교의 「사술」을 따라하기 때문이 아니라 황건적이나 백련교처럼 될 수 있기 때문이라고 한다.

『조선왕조실록』에는 「태평도」에 대한 기사가 10건, 「황건적」에 대한 기사가 40여 건, 「백련교」에 대한 기사가 20여 건 「홍건적」에 대한 기사가 80여 건 등장한다. 조선에서 천주교와 동학이 전파되기 시작할 무렵 중국에서는 「백련교도의 난(1794~1804)」, 「태평천국의 난(1850~1864)」, 「니엔난(1862~1877)」 등 「이단」이 일으킨 난 들이 청조를 뿌리째 흔들고 있었다.

1) 황건적의 난

태평도를 창시한 장각(張角, ?~184)은 「황로」로부터 『태평요술(太平要術)』이라는 경전을 받았다고 주장한다. 『후한서』는 장각(張角)의 태평도와 황건적에 대해 상세히 기록하고 있다. 민간신앙에 대한 최초의 공식 기록이다.[2]

> 거록(鉅鹿)의 장각은 스스로 대현양사(大賢良師) 혹은 대현랑사(大賢郎師)라 칭하고, 황로(黃老)의 도(道, 도교)를 행하며 제자를 키웠다. (장각은 신자에게) 꿇어 엎드려 자신에게 배례하며 과오를 고백시켰고, 부적과 물을 써서 주문을 외우며 병을 고쳤다. 환자들이 자못 병이 나으니, 사람들은 그를 신앙하기 시작했다. 장각은 이에 제자 여덟 사람을 사방으로 보내어 선한 길로써 천하를 교화시켜, 제자들은 차제에 사람들을 미혹하게 되었다. 십여 년 사이에 신자 무리는 수십만이 되었으니, 군국이 서로 결맹하게 되었다. 청주, 서주, 유주, 기주, 형주, 양주, 예주, 등 8개 주의 사람들 가운데 이에 응하지 않는 자가 없었다.[3]

173년에서 184년까지 불과 10년 만에 수십 만의 신도가 태평도를 따르게 된 1차적인 이유는 장각이 병을 고칠 수 있는 신통한 능력이

184년 황건적의 난 당시 황건적과 싸우는 유비, 관우, 장비. 청대의 삽화.

있다는 믿음 때문이었다. 장각은 음양오행설에 기반한 「참위설(讖緯說, 도참설)」을 따라 주술(呪術)을 외움으로써 병을 고쳤다. 정부로부터 아무런 의료 서비스를 기대할 수 없었던 당시 일반 백성들에게 장각의 치유 능력은 매력적이었다.

그러나 치유능력과 카리스마만으로는 그토록 짧은 기간에 광범위한 지역에 걸쳐 그토록 많은 신도를 모을 수 없었다. 중요한 것은 조직이었다. 장각은 무엇보다도 탁월한 조직 능력을 갖고 있었다.

장각은 이에 삼십육개 방을 설치하였다. 방이라 함은 장군의 호와 같은 것이다. 대방은 일만 명 이상, 소방은 육칠천 명 정도로, 각기 거수를 세웠다.[4]

태평도는 천년왕국설을 설파하면서 처참하고 고통스러운 현세가 사라지고 세상이 바뀌어서 새 세상이 열리면 모든 고통이 사라질 것을 약속한다.

> (신자들은) 천명을 구실로 「창천은 이미 죽었고, 황천이 세워져야할 것이다. 때는 갑자이니, 천하가 크게 길할 것이다.(蒼天已死, 黃天當立. 歲在甲子, 天下大吉).」라 하며 백토로 경성의 공무소 및 주군의 공무소에 갑자의 문자를 써놓았다.[5]

「창천(蒼天)」은 한나라를 상징했다. 「황천(黃天)」은 장각의 태평도가 세울 새 나라를 상징했다. 「갑자」에 「창천」이 「황천」으로 바뀌면, 즉 한나라가 멸망하고 장각이 새나라를 세우면 태평성대가 열릴 것이라는 주장이다.

태평도의 세가 확산되면서 한나라 조정이 박해를 시작할 조짐을 보이자 장각은 184년 「황건적의 난」을 일으킨다.

> 장각은 사람을 죽여 하늘에 제사를 올리고, 스스로를 천공장군이라 칭하였다. 장각의 동생 장보는 지공장군, 장보의 동생 장량은 인공장군을 칭했다. 그리고는 이르는 곳마다 관부를 불태우고, 마을마다 약탈을 행했다. 주와 군에는 거할 곳이 없어져 많은 관리들이 도망하였다.

태평도의 난이 「황건적의 난」이라 불리는 이유도 이들이 새로 도래할 황천의 세상을 상징하기 위하여 황색 두건을 썼기 때문이다.

적도들은 모두 황색 두건을 둘러 서로 표증으로 삼았다. 당시 사람들은 이를 황건이라 불렀고, 또한 아적이라고도 불렀다.[6] 한달만에 천하는 황건적에 호응하여, 경사(수도)는 요동하였다.

한나라 영제(靈帝, 효령황제 유굉(孝靈皇帝 劉宏), 156~189, 재위 168~189)는 관군이 황건적을 진압하는데 실패하자 지방의 유지들에게 군사를 일으켜 난을 진압하라는 칙령을 내린다. 제후들은 황건적을 토벌하는데는 성공하지만 이 과정에서 형성된 군벌들이 할거하면서 후한이 멸망하고 삼국시대로 들어간다. 나관중의 『삼국지연의』의 주인공인 유비, 관우, 장비, 조조 등도 모두 영제의 영을 받들어 황건적 토벌에 나서면서 등장한다.

2) 백련교의 난

백련교는 석가모니가 사망한 이후 한 겁이 지나 미륵불이 인간세상으로 내려온다는 미륵사상을 기반으로 한다. 현세에 내려온 미륵불은 썩어빠진 이 세상을 개벽하고 새로운 세계를 열 것을 믿는다.

홍건적의 난은 1330년대부터 원나라 황실 내부의 권력투쟁으로 중앙조정의 통제력이 급격히 약화되는 한편 거듭된 자연재해로 민심 이반이 일어난다. 1331~1333년에는 허베이에서 전염병이 돌아 1천3백만명이 사망한다. 1344~1346년에는 푸젠과 산동에서, 1351~1352년에는 산시, 허베이, 장쑤에서 전염병이 창궐한다. 1356~1362년에는 매년 전염병이 전국을 휩쓴다. 1358년에는 산시

명청시대(추정)의 백련교도들

에서만 200,000명이 사망한다.[7] 1340년대부터는 매년 황하가 범람하면서 대홍수가 중국을 덮친다.

1351년 황하의 홍수로 대운하가 막히자 이를 뚫는 대규모 토목공사를 위해 원 조정은 150,000명에 달하는 백성을 동원한다. 이에 자신이 송의 8대 황제인 휘종(宋 徽宗, 1082.11.2.~1135.6.4.)의 8세손이며 미륵불의 현현이라 자칭하는 백련교 지도자 한산동(韓山童, ?~1351)은 대운하 토목공사에 동원된 농민들을 규합하여 봉기한다. 이들은 모두 홍색 수건을 머리에 썼기 때문에 「홍건적」이라고 불린다.

한산동은 곧 잡혀서 처형되지만 그의 부장 유복통(劉福通, 1321.7.8. ~1363.2.23.)은 한산동의 어린아들 한림아(韓林兒, 1340.2.29.~1366.12.15.)를 「대한송제국(大韓宋帝國)」 황제 「소명제(小明帝)」로 옹립하고 본격적인 반란을 일으킨다.

백련교는 18세기 말에도 난을 일으킨다. 1796년에서 1805년까지 10년간 지속된 「백련교의 난」은 중국 서부를 초토화시킨다. 난을 평정하기 위해서 청 조정은 군사를 동원해야 했고 이로 인하여 재정은 고갈된다.

1799년(정조 23년) 11월 16일 『정조실록』에는 당시 중국을 뒤흔들고 있던 백련교의 난에 대한 기록이 있다. 청에 사신으로 다녀온 시헌서 (時憲書) 재자관(齎咨官) 이광직(李光稷)이 비변사에 제출한 보고서다.

교비(敎匪)를 토벌하는 일은 아직도 완결을 보지 못하고 있습니다. 소위 교비란 백련교(白蓮敎)·홍련교(紅蓮敎)·청련교(青蓮敎)의 호칭을 가진 자들로서 비(匪)라는 것은 적(賊)이라는 의미입니다. 유씨(劉氏) 성을 가진 그 괴수는 본래 사천(四川)의 사인(士人)으로서 둔갑법(遁甲法)을 배워 얻었는데 이 사술(邪術)을 가지고 인민을 현혹시키면서 건륭(乾隆) 60년에 반란을 일으켰습니다. 지금은 그 도당(徒黨)이 호북(湖北)·호남(湖南)·섬서(陝西)·하남(河南) 등지에 흩어져 있는데, 수령들 모두 교주(敎主)라고 일컬어지고 있습니다. 그런데 이들도 모두 둔갑술을 배웠기 때문에 비록 관군(官軍)에게 붙잡혀도 그 즉시 곧바로 몸을 빼어 달아나곤 하는 관계로 더욱 소란해지기만 할 뿐 끝내 붙잡아 복종시키기가 어려운 형편입니다.[8]

1803년 연행을 다녀온 주청서장관(奏請書狀官) 민명혁(閔命爀)은 중국에서 보고 온 것을 기록한 「문견별단(聞見別單)」을 바친다.

지난해 겨울 들어가는 길에 돌아오는 관동(關東)의 병정들이 1백 명이나 10명씩 무리를 이루어 수레가 줄을 이어 끊이지 않는 것을 보았습니다. 이에 대해 물어보았더니, 말하기를, 「교비(敎匪)의 여당(餘黨)이 산골짜기에 몰래 숨어 있으므로 군사를 머물러 두고 둔(屯)을 쳐 지키고 있는데, 대세(大勢)는 점차 평정되고 있으나 여당(餘黨)이 아직 많다.」고 하였습니다. 금년 정월 23일에 교비(敎匪)를 평정한 첩서(捷書)가 북경(北京)에 이르렀는데, 황제(皇帝)가 유시하기를, 「액륵등보(額勒登保) 등이 역비(逆匪)를 초멸(剿滅)하고 체포한 다음 대공(大功)을 감정(勘定)함에 의거하여, 짐은 천하의 신민(臣民)과 함께 깊이 기뻐하여 위로하는 바이다. 사교(邪敎)가 처음에는 간사한 백성들이 거짓으로 향화(香火)를 피우며 병(病)을 치료한다는 명분을 삼고 뭇사람들을 현혹시켜 돈[錢]을 거둠으로 말미암아, 무지(無知)하고 어리석은 백성들이 선유(煽誘)를 당하여 당여(黨與)가 이미 많아지게 되었다. 이에 더욱 많은 사람들을 위협하여 따르게 하고는 호북(湖北)에서 일어나 예성(豫省)에 난입(闌入)하여 섬서성(陝西省)을 경유하여 사천성(四川省)에 들어가니, 세 성(省)에 널리 퍼지게 되었다. 그래서 수년 동안 참수(斬首)하고 포획(捕獲)한 수역(首逆)이 1백여 인이 되고 두목(頭目)이 수백 명이 되었는데, 이에 죄를 뉘우치고 투항해 온 자가 수 만여 인이 되었다. 이에 세 성(省)의 남은 교비(敎匪)를 한결같이 진멸(殄滅)해 없애고 첩서(捷書)를 나는 듯이 달려서 알렸으니, 이는 내지(內地)의 난민(亂民)을 초멸(剿滅)하고 포획한 것에 관계된 것이었다. 비록 외적(外賊)을 평정하여 강토(疆土)를 개척한 것에 견줄 수는 없다 하더라도 판리(辦理)한 지 이미 7년에 이르러 군사를 통

솔했던 대신들이 비바람을 무
릅쓰고 온갖 간고(艱苦)를 겪었
으며, 아울러 조정에 있으면서
그 기략(機略)에 참여하여 이를
도모했던 대신들도 각기 마음
과 힘을 다 기울여 큰 공(功)을
이루었으니, 두루 은륜(恩綸)에
젖게 하고 성대한 상(賞)을 내
려 그 공에 보답함이 진실로

백련교의 일파인 천리교의 지도자로 계유지변을 일으킨
임청(林淸)

마땅할 것이다. 안으로는 성친왕(成親王) 이하로부터 밖으로는 액륵등보
(額勒登保) 이하 각 성(省)의 독무 총병(督撫總兵) 및 군교(軍校) 등에 이르기까
지 각기 상급(賞給)을 더하고, 중외에 통유(洞諭)하여 모두 이를 알게 하라」
하였습니다. 이 유지(諭旨)로서 살펴 보건대, 교비(敎匪)의 전역(戰役)은 이제
7년 만에 이미 소탕되어 평정된 듯합니다.[9]

난은 쉽게 평정되지 않는다. 민명혁이 보고 했듯이 백련교는 「거짓
으로 향화(香火)를 피우며 병(病)을 치료한다는 명분을 삼고 뭇사람들을
현혹시켜 돈[錢]을 거둠으로 말미암아, 무지(無知)하고 어리석은 백성들
이」 속아서 신도가 계속 늘어난다.

1805년 난의 평정으로 청은 잠시 한숨을 돌리지만 다시는 과거의
영화를 누리지 못한다. 1813년에는 백련교의 일파인 「천리교」의 교
도들이 청나라의 황궁 자금성을 습격한 「계유지변(癸酉之變, 금문지변, 禁
門之變)」이 일어난다.

2. 수운 최제우

19세기에 들어 삼남의 민란은 끊이지 않는다. 삼남은 중앙정부의 힘이 미치는 한계선이기도 했다. 1852년 당시 조선 인구의 절반은 삼남지방에 살고 있었다. 한양의 인구는 200,000명이었던데 비하여 경상도의 인구는 1,500,000명, 전라도는 1,000,000명, 충청도는 900,000명이었다.[10]

삼남지방, 그 중에서도 경상도는 특히 각종 종교가 성했다. 불교는 신라의 도읍이었던 경주를 중심으로 조선대에도 성행한다. 조선조의 창건과 더불어 숭유억불정책이 시행되면서 경상도에도 공식적으로는 4개의 사찰만 남겨놓고 모두 폐쇄되지만 조선후기에는 다시 338개로 늘어난다.[11] 철종대에는 천주교도 경주에서 활발하게 포교를 한다. 동학은 경주에서 일어난다.

최제우(崔濟愚)는 1824년 12월 24일 경주에서 30리 떨어진 가정리(柯亭里)에서 태어난다. 아명은 복술(福述), 호는 수운(水雲), 본관은 경주다. 부친 근암(近庵) 최옥(崔鋈,1762~1840)은 수재로 이름이 났지만 9차례 과거에 낙방한 후 53세에 과거를 포기하고 학문에 전념하여 영남의 명성 높은 유학자로 여생을 지낸다. 최옥은 첫 번째 부인과 자식들을 전염병으로 잃고 두 번째 부인을 맞이하였으나 딸만 둘을 낳자 조카를 양자로 들인다. 두 번째 부인과도 사별한 후 최옥은 경주 근교 금척리의 과부 한씨(1793~1833)를 소실로 맞는다. 한씨는 최옥이 63세때 수운을 낳는다.[12]

모친 한씨는 수운이 6세때, 부친 최옥은 수운이 16세때 세상을

떠난다. 수운은 울산의 규수와
결혼하여 슬하에 7명의 자식
을 둔다. 서출인 수운은 과거
를 볼 자격이 없었다. 부친으
로부터 땅을 물려 받고 부인도
어느 정도 지참금을 갖고 시집
왔지만 수운은 늘 빚에 쪼들린
다. 수운은 부친이 세상을 떠
난 후 2년간 병법을 공부한다.
그러나 이내 포기하고 처가가
있는 울산으로 거처를 옮긴다.

수운 최제우

울산에서는 포목 행상을 한다. 이 때 수운은 삼남지방을 두루 다니면
서 도탄에 빠진 민초들의 삶을 직접 목격하고 불교사찰들을 전전하
면서 다양한 민간신앙을 접하게 된다.[13] 이 당시의 상황을 수운은 『용
담유사』의 「권학가」에 다음과 같이 그리고 있다.

할 일 없는 나그네가
팔도강산 유람하다
전라도 은적암에서
새해를 맞이했네
무정한 이 세월에
놀고 보고 먹고 보세
광대한 이 천지에
지팡이를 벗 삼으며

이 한 몸 비켜서서

세상 이치 궁리하니

보이지 않는 마음

이심전심 어려워서

말로 하고 글로 지어

연말연시 보내려네.[14]

　1855년 울산으로 돌아온 최제우는 부친으로부터 물려 받은 논밭을 모두 팔아 대장간도 운영해 보지만 오히려 빚만 더 쌓인다. 이 때 수운은 신비체험을 한다. 암자에서 수행을 하고 있던 중 금강산 유점사 노승의 환영이 나타나 금강산에서 발견한 이서(異書)를 주고 수운에게 해독해 줄 것을 요청한다.[15] 수운은 곧바로 양산 통도사로 들어가 49일 기도를 바친다. 기도를 마친 수운은 울산의 가족을 데리고 용담으로 돌아와 부친이 지어 놓은 「용담서사(용담정)」로 들어간다.

　고향으로 돌아온 수운은 아명 「복술」을 「제우(濟愚)」, 즉 「어리석은 사람들을 구제하겠다」로 바꾸고 자신의 도를 창도하기 시작한다. 수운은 세상이 어지러운 이유가 어리석은 민중이 천주(天主)가 「비와 이슬을 내려주시는 은택(恩澤)을 모르고, 그것이 작위 없이 저절로 되는 줄 알고」 하늘을 섬기지 않기 때문이라고 한탄한다. 「또 이 근세 이래 온 세상 사람들이 각각 스스로 딴 마음을 먹고 하늘의 이치에 순종하지 아니하며, 하느님의 분부를 돌아보지 아니하니, 마음이 늘 송구스러워 지향할 바를 알지 못하였다」고 한다.[16]

　수운은 오히려 천주교를 믿는 서양 사람들이 하늘의 뜻을 따르고 있음을 보고 어찌 그럴 수 있는지 자문한다.

경주 구미산 용담정(龍潭亭)

경신(庚申: 1860)년에 이르러 전하여 듣건대, 서양 사람들이 하느님의 뜻을 생각하여 부귀를 취하지 아니하면서 천하를 공격하여 얻어서 집(堂, 교회당)을 세우고 그 도를 시행한다 함으로 나에게도 또한 그러할까, 어찌 그러할까 하는 의심이 있었다.[17]

1860년 4월 5일, 수운은 「상제(上帝, 하느님)」를 체험한다.

뜻밖에도 4월에 마음에 한기(寒氣)가 들고 몸이 전율하여 병 증세를 잡을 수 없으며 말로 형상할 수 없는 즈음에 어떠한 신선의 말이 홀연히 귓속에 들어오는 것이 있었다. 놀라 일어나 캐어 물은대, 「무서워하지 말고 두려워하지 말라. 세상 사람들은 나를 하늘님이라고 일컫는다. 너는 하느님을 알지 못하는가?」라고 말씀하셨다.

그 [강림하신] 까닭을 묻자온대, 이르시기를 「내 또한 보람이 없는 연고로

너를 세상에 낳아서 이 법을 사람들에게 가르치게 하겠다. 의심하지 말고
의심하지 말라」고 하시었다.

「그러면 서도(西道, 기독교)로써 사람들을 가르칩니까?」 하니,

「그렇지 않다. 나에게는 신령스러운 부험(符驗)이 있으니 그 이름은 선
약(仙藥)이며 그 모습이 태극이고 또 그 모습이 궁궁(弓弓)이다. 나의 이 부
험을 받아 사람들을 병드는 데서 건져내며, 나의 주문(呪文)을 받아서 사람
들로 하여금 나를 위하게 한다면, 네가 또한 길이 살아서 덕을 천하에 펼
것이다」라고 말씀하시었다.[18]

수운은 상제로부터 부적을 받는데 그 태극 모양의 부적은 영험한
약이었다. 당시 「헬조선」의 민초들에게 가장 필요한 것은 온갖 질병
에서 구제할 약이었다. 이는 태평도에서도, 백련교에서도 볼 수 있는
전형적인 민간신앙적 요소다.

내가 또한 그 말씀에 감동하여 그 부험을 받아 글씨 써서[불사른 재를 물에
타] 먹어보니 몸이 윤택해지고 병이 나으매 바야흐로 곧 선약(仙藥)임을 알
겠더라.[19]

그리고 이 약은 천주를 믿는 사람들에게만 효험이 있다.

이것이 병에 사용됨에 이르러서는 어떤 사람에게는 나음이 있고, 어떤 사
람에게는 나음이 없는 연고로, 그 까닭을 알 수 없었는데, 그 원인을 살펴
보니, 참되고 또 참되어 하느님을 지극히 위하는 사람에게는 번번이 적중
됨이 있고 도(道)와 덕(德)에 순종하지 않는 사람에게는 일일이 효험이 없

었다. 이것은 받은 사람의 정성과 공경이 아닌가?[20]

수운이 하늘의 계시를 받는 장면은 「안심가」에도 실려있다.

이럭저럭 지내다가

어느덧 사십 되니

사십 평생 이뿐인가

할 수 있는 것이 없네

가련하다 우리 부친

용담정 지을 때에

날 주려고 지었는데

무직이니 쓸데없네

하늘이 주는 직부

나에게는 어찌 없나

곰곰이 생각하니

이 또한 하느님 뜻

하느님이 정하시니

억지로 못 할지라

물 같은 세월이

여덟 달쯤 흘러가고

사월달 초닷새에

꿈인가 생시인가

천지가 아득하고

정신이 어두운데

공중에서 소리 있어

천지가 진동하네

집사람 거동 보소

놀라서 하는 말이

애고애고 내 팔자야

무슨 일로 이러한고

애고애고 사람들아

약도 없는 병일세

캄캄한 이 밤에

누구에게 하소할꼬

두려워 우는 애들

구석마다 누웠는데

아내 거동 볼작시면

산발에 행주치마

엎어지며 자빠지며

정신없이 우왕좌왕

이때에 공중 음성

무서워하지 말라

천주이신 상제님을

네가 어찌 알겠느냐

초야에 묻힌 인생

이리 될 줄 몰랐으리

천지를 개벽하고

세상일을 정할 때에

여러 나라 다 버리고

조선 운수 정했다네

한참 동안 쩔쩔매다

정신을 수습했네.[21]

「포덕문」과 같이 「안심가」에서도 상제는 수운에게 만병통치의 부
적을 전한다.

등 밝힌 한밤중에

백지 펴라 분부하네

어찌할 길이 없어

백지 펴고 붓을 드니

못 보던 형상이

종이 위에 뚜렷하다

내가 역시 정신없어

처자 불러 물어 봤네

이것이 무엇일까

저런 부적 보았는가

부인이나 자식의 눈에는 아무것도 보이지 않는다. 수운의 이상한
행동은 부인과 자식을 경악시킬 뿐이었다.

자식이 하는 말이

무슨 일이십니까

정신수습 하십시오

백지 펴고 붓을 들어

부적형상 그렸다는

헛된 말씀 마십시오

애고애고 어머님

불운한 우리 신세

아버님 거동 보소

알 수 없는 저런 말씀[22]

　그러나 이내 하느님의 말씀대로 부적을 태워서 재를 먹으니 삼신산 불사약이었다.

모자가 마주 앉아

손을 잡고 우는데

하느님이 이르시되

지각 없는 인생들아

삼신산 불사약을

누구나 보겠느냐

미련한 이 인생아

네가 다시 그리고

불살라 남은 재를

기도하며 물에 타서

천천히 삼켜보라

이 말씀 들은 후에

바삐 한 장 그려내어

물에 타서 먹어보니

냄새 없고 맛 없으나

느낌은 특별하여

그럭저럭 먹은 것이

수백 장 되었네

여덟 달쯤 지나니

가는 몸이 굵어지고

검던 낯이 희어졌네

어와 세상 사람들아

신선 풍채 내 아닌가

좋고도 또 좋구나

몸과 얼이 다 좋구나

늙음 죽음 어디 있나

독재자 진시황도

여산에 묻혀 있고

한무제 이슬 먹고

웃음거리 되었더라

좋고 또 좋구나

몸과 얼이 다 좋구나

불변 진리 이 아닌가

좋고 또 좋구나

금을 준들 바꿀쏘냐

은을 준들 바꿀쏘냐

진시황 한무제가

무엇 없어 죽었던가

내가 그때 있었다면

불사약을 손에 들고

맘껏 조롱했을 것을

늦게 나서 한이로다

좋고 또 좋구나

몸과 얼이 다 좋구나.[23]

수운은 자신이 창시한 새로운 도(道), 우주의 중심을 경주로 한다.

나라 이름 조선이요

고을 이름 경주로다

성 이름 월성이요

물 이름 문수로다

기자 때 왕도로서

천년이나 되었구나

경주는 옛 나라요

한양은 새 나라니

우리나라 생긴 후에

이런 도읍 또 있을까

물길도 좋거니와

산기운도 좋구나

금오는 남산이요

구미는 서산이라

봉황대 높은 봉에

봉황은 가고 없고

첨성도 높은 탑은

월성을 지켜주네

청색 황색 피리가

자웅으로 짝이 되어

일천 년 신라의

가물 홍수 조절하네[24]

　경주는 불교 뿐만 아니라 도교(신선마을)와 유학의 중심이다. 즉 수운에 의하면 조선의 유교, 불교, 도교는 모두 경주에서 발원한다. 그것은 경주가 중국 곤륜산의 한 줄기가 뻗어내려와 형성한 「작은 중국」이기 때문이다. 수운의 세계관은 철저하게 중화주의에서 출발한다. 경주가 한양보다 훌륭한 이유도 진정한 「소중화」는 한양이 아니라 경주가 중심이기 때문이다.

어와 세상사람들아

천하 승지 구경하소

동쪽 세 산 둘러보면

신선 마을 분명하고

서쪽 주산 살펴보면

유학 중심 분명하다

어와 세상 사람들아

옛 수도 구경하소

땅기운이 이재 내니

큰 선비 아니 날까

하물며 구미산은

경주의 주산일세

곤륜산 한 가닥이

중국에서 뻗어내려

우리나라 구미산에

작은 중국 꾸며냈네

어와 세상 사람들아

나서 자란 이 강산을

나 또한 바로 지켜

대대로 전하려네.[25]

수운 자신은 바로 작은 중국이 꾸며진 구미산 기슭에 뿌리 내린 경주 최씨 가암파의 후손이다.

우뚝하고 우뚝하다

구미산 우뚝하다

경주 최씨 가암파의

복덕산 아닐는가

구미산 생긴 후에

우리 선조 나셨구나

산 덕택 물 덕택에

충신열사 나셨구나[26]

다만 부친 대에 이르러서는 가문이 몰락한다.

가련하다 가련하다
우리 부친 가련하다
구미 용담 승지에서
도덕 문장 닦으시고
산과 물의 가호에도
벼슬하지 못하셨네
구미산에 정자 지어
용담이라 명명하고
시골의 큰 선비로
알려지고 마셨구나
가련하다 가련하다
집안 운수 가련하다[27]

수운 자신도 뜻을 못 펴고 「허송세월」하고 「이 일 저 일 해보다가」
사십이 되어 「할 일 없고 갈 길 없어」 구미 용담을 찾아온다.[28] 그러
던 중 「경신년 사월 오일」 「하느님 큰 은혜로」 「무한한 큰 지리」를 신
비롭게 얻는다.

장하고 또 장하구나
이내 운수 장하구나

하느님 이르시되

개벽 후 오만 년에

네가 처음이로다

나 또한 개벽 이후

보람을 못 보다가

너를 만나 성공하니

나도 성공 너도 성취

너희 집안 운수로다

이 말씀 들은 후에

자신감이 생겼도다

어와 세상 사람들아

세상 크게 변할 것을

너희 어찌 알까 보냐

기이하고 기이하다

이내 운수 기이하다

구미 산수 승지에서

진리를 닦아내니

운수가 터졌도다

대장부 되었으니

좋고 또 좋구나

몸과 얼이 다 좋구나

구미 산수 좋은 풍경

진리와 서로 통해

주객일치 되었도다.[29]

「용담가」, 「교훈가」, 「안심가」 등의 가사들은 신도들을 위한 글이라기 보다는 가족과 친지를 위해 쓴 일종의 「가훈」이었다. 가사의 내용들은 집안의 내력, 조상, 가문의 이름, 집안의 화평 등을 주제로 삼고 있다. 수훈은 자신이 하는 일을 부인과 자식들에게 설명하기 위해서 구어체를 사용하면서 조선 평민들에게 익숙한 무속, 풍수설, 불교 등의 테마들을 사용한다. 가훈답게 수운은 가족들에게 올바른 예법과 행실을 가르치고자 한다. 자신의 건강을 돌봄으로써 집안을 유지하고 부인과 자식들, 조카들의 삶이 조화를 이룰 수 있게 하고 용담이란 마을에서 자신과 자신의 가계의 명성을 기리도록 하고자 한다.

자신과 자신의 가족을 위하여 쓴 수운의 가사들은 영남지방의 민초들이 고단한 삶을 살아가는데 필요한 충고와 교훈이 된다. 그리고 수운의 이러한 훈시, 교훈, 가훈이 점차 종교의 형태를 띠기 시작하면서 동학은 민초들에게 정신적 지지대가 되어주고 경제적 지원도 제공하는 등 다양한 차원에서 위안과 도움을 줄 수 있는 자치 공동체가 되어 간다. 이때부터 사람들이 수운으로부터 배우고자 모여들기 시작한다.[30]

수운은 「포덕문(布德文)」, 「논학문(論學文)」, 「수덕문(修德文)」, 「불연기연(不然其然)」 등 한문으로 된 경전과 「교훈가(教訓歌)」, 「안심가(安心歌)」, 「용담가(龍潭歌)」, 「몽중노소문답가(夢中老少問答歌)」, 「도수사(道修詞)」, 「권학가(勸學歌)」, 「도덕가(道德歌)」, 「흥비가(興比歌)」, 「검결(劍訣)」 등의 언문 가사를 지어 포교한다. 훗날 최시형에 의해 구술되어 『동경대전(東經大全)』이 되는 한문 경전들은 조선의 지식층에, 역시 최시형에 의해 구술되어 편찬되는 『용담유사(龍潭遺詞)』를 형성하는 언문 가사들은 한문을 모르는

『동경대전』 1907년 본　　　　　　　『용담유사』 1909년 본

평민층 포교에 사용된다.

　수운은 유교, 불교, 도교를 새로운 방식으로 통합해서 표현한다. 동
경대전의 「포덕문」, 「논학문」, 「수덕문」에 등장하는 150여개의 고유
명사 중 대부분은 수(壽), 복(福)과 관련된 도교, 불교, 풍수설의 용어들
이다. 또한 기도문과 염불을 지어 무학층이 쉽게 동학의 교리를 암송
하고 따를 수 있도록 한다. 대표적인 것이 「삼칠주(三七呪)」 또는 「장생
주(長生呪)」라 불리는 동학의 주문이다.

　　지기금지 원위대강 시천주 조화정 영세불망 만사지

　　(至氣今至願爲大降 侍天主造化定永世不忘萬事知)[31]

　수운은 동시에 조직을 정비하기 시작하여 제자들 중에 뛰어난 자들
을 「접주(接主)」로 임명하고 신도들에게 일종의 신도증인 「명첩(名帖)」

을 발급한다.[32]

그러나 빈곤과 질병, 고단한 삶에 대하여 동학이 제공하고자 한 대처방안, 충고, 가훈, 교훈들은 수운의 의도와는 달리 정부의 정통성을 부정하는 새로운 종교 공동체로 발전해 나간다.

동학은 급속히 퍼져나간다. 1863년 1월 28일(음력 12월 20일) 선전관(宣傳官) 정운귀(鄭雲龜)가 동학을 조사하여 올린 서계(書啓)에는 다음과 같이 보고한다.

조령(鳥嶺)에서 경주까지는 400여 리가 되고 주군(州郡)이 모두 10여 개나 되는데 거의 어느 하루도 동학에 대한 이야기가 귀에 들어오지 않는 날이 없었으며 주막집 여인과 산골 아이들까지 그 글을 외우지 못하는 자가 없었습니다. 그리고 「위천주(爲天主)」라고 명명하고 또 「시천주(侍天主)」라고 명명하면서 조금도 부끄러워하지 않고 또한 숨기려고도 하지 않았습니다. 그러니 얼마나 오염되고 번성한지를 이를 통해서 알만합니다. 그것을 전파시킨 자를 염탐해 보니, 모두 말하기를 「최 선생(崔先生)이 혼자서 깨달은 것이며 그의 집은 경주에 있다.」고 하였는데, 만 사람이 떠드는 것이 한 입으로 지껄이는 것과 같았습니다. 그래서 신은 경주에 도착하는 날부터 장시(場市)와 사찰(寺刹) 사이에 출몰하면서 나무꾼과 장사치들과 왕래하니, 혹은 묻지도 않는 말을 먼저 꺼내기도 하고 혹은 대답도 하기 전에 상세하게 전해주었습니다.[33]

조정은 동학을 뿌리뽑기로 한다.

「이번에 동학(東學)이라고 일컫는 것은 서양의 사술(邪術)을 전부 답습하고 특별히 명목만 바꿔서 어리석은 사람들을 현혹하게 하는 것뿐입니다. 만약 조기에 천토(天討)를 행하여 나라의 법으로 처결하지 않는다면 결국에 중국의 황건적(黃巾賊)이나 백련교(白蓮敎)라는 도적들처럼 되지 않을는지 어떻게 알겠습니까?

대왕대비(大王大妃)의 자세한 전교는 간악한 것을 밝혀내고 요사스러운 것을 들추어내어, 그 죄상을 낱낱이 밝히면서도 죄지은 자를 가엾게 여겨 보살펴주는 뜻을 베푼 것이므로 참으로 엄숙하게 여기고 우러르는 마음을 금치 못하겠습니다.

그러나 조사한 문건에서 단정한 내용을 가지고 미루어 보건대, 최복술(崔福述)이 그들의 두목이라는 것은 자기 자백과 사실 조사를 통한 단안(斷案)이 있으니 해당 도신(道臣)에게 군사와 백성들을 많이 모아놓은 가운데 효수(梟首)하여 뭇사람들을 경각시킬 것입니다. 그리고 강원보(姜元甫) 등 12명은 분등(分等)하여 형배(刑配)하고, 그 나머지의 여러 죄수들은 도신에게 등급을 분등하고 참작하여 처리하게 할 것입니다.

이 자들은 서로 물들여 도당(徒黨)을 이룬 죄로 조율(照律)하면 처음부터 피차(彼此)와 천심(淺深)의 구별이 없으니, 전부 처분을 내린다고 해도 아까울 것이 없지만 생명을 소중히 여기는 대왕대비의 덕을 받들어 억지로 차등을 두었습니다. 정학(正學)이 밝아지지 못하고 사설(邪說)이 횡행하므로 혼란을 좋아하고 재화(災禍)를 즐기는 무리들이 거짓말과 헛소문을 퍼뜨려 점점 젖어들고 익숙하게 하여 결국 이 지경에까지 이르렀습니다.

경상도(慶尙道)는 우리나라에서 노(魯) 나라나 추(鄒) 나라와 같이 음악 소리와 글 읽는 소리가 그치지 않던 고장이었으나, 이런 일종의 요사스러운 무리들이 나타나서 많은 도당(徒黨)을 집결하기에 이르렀습니다. 이야말로 음(陰)과 양(陽)이 사라지고 자라나는 기회와 같은 것입니다. 삼가 등대 (登對)한 자리에서 따로 진달하려고 합니다만, 먼저 이런 내용으로 행회(行會)하는 것이 어떻겠습니까?」하니, 윤허하였다.[34]

수운은 1863년 체포되어 1864년(고종 원년) 4월 15일(음력 3월 10일)대구 에서 처형된다.

1863~1864년 경주를 중심으로 한 탄압은 이 지역의 동학을 궤멸 시킨다. 경상도 지역 동학에 대한 조정의 강력한 탄압은 가톨릭 교 회의 기록에도 나온다. 1864년 8월 18일 베르뇌 주교가 외방선교회 에 보낸 편지에는 경상도 지역의 탄압이 동학 때문이라는 것을 언급 하고 있다.

정말로 괴롭힘을 받은 지역은 몇 해 전부터 많은 개종자를 낸 아꼰(Acon-es) 주교(다블뤼 주교)의 지역 경상도입니다. 「서학」이라는 이름으로 불리는 천주교인들과 구별되기 위해 「동학」이라는 명칭을 가지고 5년 전부터 이 지방에 생겨난 종파를 찾아내라고 풀어놓은 포졸들이 돈을 마련하고 그 들의 복수심을 만족시킬 이 기회를 이용해서 동시에 아주 많은 신자들을 체포했습니다. 다른 많은 신자는 집과 전답을 버리고 도망쳐 이로 인해 극도의 곤궁에 빠졌습니다. 멀리 떨어진 이 도(道)에서 요새 소식은 받지 못했으므로 사태가 어떻게 되어 있는지를 모릅니다.[35]

그러나 수운의 순교는 동학 공동체가 뿔뿔이 흩어지면서 경주 중심 의 공동체에서 벗어나 전국적으로 퍼지기 시작하는 계기가 된다. 수운과 함께 체포 되었다가 강원도 영월로 유배된 이경화(李慶化)는 포교 활동을 시작하여 원주의 장기서, 이필제(1824~1871)등을 개종시킨다. 다른 동학교도들은 조선 중부와 동부의 산악지대로 숨어들면서 포교 활동을 계속한다. 영해의 이인언은 수운이 순교하였다는 사실도 모른 채 지리산으로 피신하여 1870년까지 7년간 은둔하였다가 1870년부터 다른 동학교도들과 다시 연락하면서 교회를 재건하기 시작한다.[36]

동학의 제2대 교주 최시형은 1865년 겨울을 평해(平海, 경상북도 울진)의 황주일(黃周一)의 집에서 은거하고 1866년에는 가족과 함께 울진 주병리로 옮겨간다. 이곳에서 최시형은 강수(姜洙) 등에게 수운의 『동경대전』과 『용담유사』를 구술하여 필사본을 만들게 한다.[37] 1866년 6월 영양 일월산 밑의 용화동으로 거처를 옮겨 계속 수련에 전념하는 한편 조직을 정비하기 시작한다.[38]

이때 단양, 정선, 상주 등에 흩어져 있던 수운의 유족들이 용화동으로 와서 합류한다. 교도들이 수운의 유족을 만나러 모여들면서 흩어졌던 교도들이 다시 연락을 취하고 만나는 계기가 마련된다. 이때부터 최시형은 수운의 탄신일인 음력 10월 28일과 순교일인 음력 3월 10일에 제사를 지내기 시작하면서 교조를 기리는 정기적인 모임을 통하여 동학교도들 간의 결속을 다지고 조직을 정비해 나간다.[39] 그러나 1871년 「이필제의 난」으로 동학은 다시 한번 위기를 맞는다.

3. 이필제의 난

1863년 10월 수운 최제우가 체포되어 한양으로 압송되던 중 철종의 승하로 다시 대구 감영으로 환송 될 것이라는 소식에 조령에 수천의 동학도들이 모여 수운을 맞이한다. 이필제는 이때 동학에 입교한다.[40]

1825년 충청도 홍주에서 태어난 이필제는 양반 출신으로 학문에도 뛰어났던 것으로 알려졌지만 당시 동학에 입교한 대부분이 사대부들과 마찬가지로 몰락한 양반 집안 출신이었다. 그가 「선달(先達)」 또는 「출신(出身)」이라 불린 것을 볼 때 무과 초시에 합격했던 것으로 추정된다.[41] 『정감록』에 심취하고 「북벌」을 주장한 이필제는 1869년에는 진천에서 「진천작변」을 일으키지만 밀고로 본인은 피신하고 부인과 아들만 체포된다. 1870년 2월 28일에는 진주 병영을 습격하는 「진주작변」을 모의하지만 이 역시 밀고로 실패로 돌아간다.[42]

경상도와 강원도 일대의 태백산맥에 숨어지내던 이필제는 1870년 7월 영해로 잠입한다. 이곳에서 이필제는 친분이 있던 동학 지도자들을 만나 수운의 신원을 명목으로 동학교도들을 규합하기 시작한다.[43] 영해의 동학 지도자들이 이필제에게 해월 최시형을 설득할 것을 제안하자 이필제는 동학교도들을 일월산에 은거하고 있는 최시형에게 보낸다. 최시형은 처음에는 자신이 모르는 사람이 교조신원을 위한 거사를 제안하자 거절한다. 그러나 이필제가 5개월 동안 5명의 동학교도들을 보내 설득하자 최시형이 이필제를 영해로 찾아간다. 이때 이 만남에서 다음과 같이 최시형을 설득한다.

내가 스승님의 원한을 씻어내고자 한 뜻이 이미 오래되었습니다. 옛글에 이르기를 하늘이 주는 것을 받지 않으면 오히려 재앙을 받게 된다고 하였으니, 나 역시 천명을 받았습니다. 한 가지는 스승님의 욕을 씻어내자는 것이오, 또 한 가지는 뭇 백성들의 재앙을 구하는 것입니다. 다만 내가 뜻하는 바는 중국에서 창업하는 것입니다. 그러나 이 땅에서 일을 일으키는 것은 다름이 아니라, 스승께서 말씀하시기를 동쪽에서 받았으므로 그 도를 동학이라고 하였으니, 동은 동에서 일어나는 것이므로 영해는 우리나라의 동해입니다. 이런 까닭에 동쪽에서 일을 일으키는 것입니다. 스승님을 위하는 자가 어찌 따르려 하지 않는단 말입니까. 한마디로 말해서 스승님께서 욕을 받으신 날이 3월 초열흘입니다. 그날로서 완전히 정하였으니 다시 다른 말 하지 말고 나를 따르시오.[44]

이필제의 허황된 말에 최시형은 신중할 것을 타이르고 나왔지만 동학교도들은 모두 이필제의 의견을 따라 봉기할 것을 주장한다. 결국 최시형은 이필제와 함께 최제우가 순교한 3월 10일 500명의 동학도들을 모아 영해부성을 공격하여 접수한 후 부사 이정을 처단한다.[45]

그러나 최시형과 이필제는 500명으로는 관군을 상대할 수 없음을 알고 곧 해산한다. 이필제는 다시 문경으로 가서 거사를 모의하지만 8월 3일 문경 읍내에서 체포되어 1871년 12월 24일 능지처참된다.[46]

이필제의 난에 놀란 경상도 관찰사 김세호(金世鎬, 1806~1884)는 영해부 안핵사로 박제관(朴齊寬, 1834~?)을 임명하고 동학을 뿌리뽑고자 대규모 박해를 시작한다. 100명 이상의 동학교도들이 처단되고 최시형은 영월, 정선, 인제 등 경상도와 충청도 경계의 산악지대를 전전한다.[47]

4. 최시형의 교단 재건

영월, 단양 등지의 산골에 숨어든 최시형은 정선접주 유시헌(劉時憲)의 집에 숨어 지내며 또다시 교단 재건에 몰입한다. 1872년 음력 10월 16일에는 갈래산 적조암으로 들어가 49일 기도를 한다. 그 후 1880년대까지 단양, 정선, 익산 공주 등지에서 여덟 차례 49일 기도를 진행하면서 조직을 정비하고 지도자들을 양성한다.[48]

1875년부터는 수운 51회 「탄신향례식」을 거행하고 8월에는 제사에 고기 등의 제물을 쓰지 않고 맑은 물(청수) 한 그릇만 놓고 제사를 지내도록 하는 등 제례를 정비하기 시작한다.[49] 최제우의 탄신일, 수형일의 기제사, 대도승통일인 4월 5일의 제사 등을 직접 주관하면서 교회력을 만들고 「설법제(設法祭)」, 「구성제(九星祭)」, 「인등제(引燈祭)」 등을 시작한다.[50]

1879년 11월에는 한 교도의 집에 도적간행소(道跡刊行所)를 설치하고 동학의 역사를 정리하여 『도원기서(道源記書)』를 편찬하고 1880년 5월에는 인제 갑둔리에 각판소를 설치하고 『동경대전(東經大全)』 100권을 간행한다.[51] 1881년에는 단양의 여규덕이라는 교도의 집에 간행소를 마련하고 『용담유사(龍潭遺詞)』를 간행함으로써 교단의 역사와 경전 간행을 완성한다. 이 시기에 『수운행록』, 『도원기서』 등 동학의 역사를 다룬 책들도 출간한다.

교회의 제례와 경전, 역사를 완성함으로써 그때까지만 해도 구설과 구전으로만 전파되던 동학이 경전과 공식적인 교회사를 갖추게 되었다.

최시형은 이어서 교회의 제도를 정비한다. 1884년 10월에는 교

단의 직제인 육임제(六任制)를 시
행한다. 육임의 기능은 다음과
같다.

해월 최시형

1. 교장(敎長, 자질이 알차고
   인망이 두터운 사람)
2. 교수(敎授, 성심으로 수도
   하여 가히 교리를 전할 수
   있는 사람)
3. 도집(都執, 위풍이 있고 기
   강이 밝으며 시비선악의 한
   계를 아는 사람)
4. 집강(執綱, 시비를 밝히고 기강을 바로잡을 수 있는 사람)
5. 대정(大正, 공평성을 갖고 부지런하고 중후한 사람)
6. 중정(中正, 바른 말을 능히 할 수 있는 강직한 사람)

최시형을 비롯한 동학 2세대 지도자들은 1864년에서 1890년 사
이에 동학을 재건하는데 성공한다.

5. 교조신원운동

1866년, 최제우의 순교 2년 후인 1866년 「병인박해」가 일어나 프
랑스 신부12명이 처형 당하고 2명이 간신히 청으로 피신한다. 수천

명의 천주교도들은 외세와 협력하여 반역을 꾀했다는 죄로 추국을 당하고 8천 명이 순교한다. 천주교는 궤멸적 타격을 받는다. 조선 정부는 천주교를 뿌리뽑았다고 생각하고 박해를 멈춘다. 1872년에서 1875년 사이에 순교한 천주교도는 3명이었고 1876년에는 한 명도 없었다. 1877년에서 1879년 사이에 49명이 순교하지만 1880년을 끝으로 더 이상 천주교 순교자는 나오지 않는다.[52]

천주교에 대한 박해는 1882년「조미수호통상조약」, 1883년「조영」, 「조독」, 「조-아일랜드 수호조약」, 1884년의「조러수호통상조약」, 1886년「조불수호통상조약(朝佛修好條約)」이 체결되면서 멈춘다. 「조영수호통상조약」은 외국인 거주지역에 사는 영국상인들에게 종교의 자유를 허락한다. 그러나 가장 큰 변화는 조선과 프랑스 간의 조약이었다. 「조불수호통상조약」은 한양과 개항장에서 선교사들이 자유롭게 포교할 수 있도록 한다.[53] 그러나 프랑스 선교사들은 한양과 개항장을 벗어나 전국적으로 전교활동을 벌이기 시작한다. 조선 정부는 이를 막을 의지도, 능력도 없었다.

1885년 이후로는 서양 종교를 믿는 것이 더 이상 처벌 대상이 아니었다. 간혹 지방관들이 천주교도들을 처벌할 경우에도 중앙 조정이 이를 번복한다. 1887년에는 천주교 금지령이 철폐되고 1892년에는 한양 사대부들의 극렬한 반대에도 불구하고 명동 대성당이 세워진다.[54]

한편 동학은 1863~1864년의 박해 후 작고 고립된 공동체 형태로 분산되어 깊은 산속이나 불교사찰들을 중심으로 모여서 조용히 신앙생활을 이어가고 있었다. 조선 조정은 교주가 처형된 후 동학이 와해될 것으로 여기고 더 이상 탄압하지 않는다. 1863~1864년 동학에 대한 박해 당시에는 천주교도 박해를 당했지만 1866년에서 1871년에 이르는 병인박해 당시에는 동학교도들에 대한 박해는 없었다.

이때까지만 해도 조선 조정은 동학을 천주교만큼 심각한 위협으로 생각하지 않았다. 조선 조정은 최제우를 수도 한양이 아닌 대구에서 처형하였고 그의 수급을 한양에 효수하지도 않았다. 수운의 시신을 유족과 동학교도들에게 인도한 것도 조선 조정이 동학을 전국적인 문제가 아닌 경상도 지역에 국한된 문제로 간주하고 천주교와는 분명히 다르다는 사실을 인지하고 있었음을 보여준다.[55]

1890년대가 되면 경전 보급과 지속적인 포교활동을 통하여 동학이 호남의 양반과 평민들 사이에 급속히 퍼지면서 동학의 무게중심이 호남으로 이동하기 시작한다. 동학은 이제 깊은 산속이나 불교 사찰에 숨어서 믿는 종교에서 조령, 삼나, 보은, 공주 등 큰 고을에서도 모습을 드러내기 시작한다.

조직이 강화되고 교세가 확장되면서 동학은 본격적으로 「교조신원운동」을 벌인다. 교조신원운동은 순교한 교주의 억울함을 풀어달라는 것 뿐만 아니라 동학을 자유롭게 믿고 포교할 수 있도록 종교의 자유를 요구하는 운동이었다.

그러나 동학의 교세가 눈에 띄게 커지자 1892년 충청도 관찰사에 임명된 조병식(趙秉式, 1823~1907)은 동학을 사교로 규정하고 탄압을 시작한다. 최시형은 아직도 정부에 대응하기에는 때가 이르다고 생각하여 반응을 자제하고자 하였지만 1892년 7월 서인주(徐仁周, 일명 서장옥, 徐長玉, ?~?), 서병학(徐丙學, ?~1894), 손천민(孫天民, 1857~1900.8.29.), 손병희(孫秉熙, 1861.4.8.~1922.5.19.) 등은 경상도 상주로 최시형을 찾아가 교조신원운동과 동학을 합법화시켜 달라는 운동을 전개하는 계기로 삼을 것을 주장한다. 서인주는 1883년 최시형을 만나 원주 갈래사(葛來寺)에서 함께 수행한 바 있다. 1890년 공주에서 체포된 서인주는 진도 옆의 작은 섬으로 귀양을 가게 되었지만 최시형이 관리들에게 뇌물을 주어 석방시킨다.[56] 최시형은 처음에는 서인주와 서병학

손병희

의 제안을 거절하다가 결국 12월에 각도의 접주들에게 통문을 보내 전라도 삼례역(參禮驛)에 집결할 것을 통보한다.

10월 20일 전국 각지에서 온 동학교도들이 공주에 모여 충청관찰사 조병식에게 단자(單子)를 올린다. 또 11월 1일에는 전라도 관찰사 이경직에게도 단자를 올린다.

두려운 마음으로 엎드려 살피건대 우리 스승 용담 최 선생은 상제의 얼굴을 뵙고 명(命)을 받으사 천인합일의 도(道)로써 장차 덕을 천하에 펴고 창생을 이미 빠진 땅에서 건지고자 하시더니 불행히 사학(邪學)의 무(誣)를 입으사 지난 갑자 3월 10일에 대구에서 원사(寃死)하였으니 오호통의(嗚呼痛矣)라. 우리는 모두 최 선생 문하 훈도(薰陶)의 사람이라, 신원(伸寃) 일념이 상존(尙存)에 이 뜻을 어찌 쉽사리 해태(懈怠)하리오. 이제(夷齊)를 가리켜 탐(貪)이라 하면 오히려 가(可)하려니와 서교(西敎)로서 우리 스승을 의심하

면 우리가 비록 만 번의 주륙(誅戮)을 입을지라도 맹세코 그 청백함을 밝힌 연후에야 그칠지라.

우리가 원한을 마시며 아픔을 참은 지 30여년에 지극히 원통함을 아직 펴치 못하여 대도를 아직 창명(彰明)치 못하였음은 실로 우리의 불민불성(不敏不誠)한 탓이라. 세속이 이 이치의 여하를 알지 못하고 풍문에 따라 입에 오르내려 이단으로써 지목하나 금세(今世)에 공학(孔學)이 아니라도 도(道)된 자가 하나 둘이 아니거늘 전혀 거론치 아니하고 오직 우리 동학에 이르러 공척(攻斥)하여 배자(排刺)하기를 마지아니하여 심한즉 서학이라고까지 지칭하나 우리 스승은 동에서 낳아 동에서 배웠으니 동을 어찌서라 하며 또 하늘에 배웠고 사람에 배움이 아니어늘 어찌 하늘을 허물하여 우리 스승을 죄함이 가하리오. 열읍수재(列邑守宰)는 우리의 도를 서학 여파로 지목하여 세심히 조사하여 붙잡아 가두매 전재(錢財)를 토취(討取)하여 사자상자(死者傷者)가 끊어지지 않고 향곡호민(鄕曲豪民)의 소문을 따라 침학(侵虐)하여 집이 부서지고 재산을 빼앗김이 무처불유(無處不有)하니 오도가 유(儒)로써 이름한 자는 거개 유리(流離)하여 머물 곳이 없음이라.

비록 이단으로써 금한다 말할지라도 말로써 양묵(楊墨)을 반대하는 자는 성인의 무리라 하였으니 말로써 반대함은 오히려 옳다 하려니와 양묵을 반대하기 위해 살인탐재(殺人貪財)하는 자를 성인의 무리라 함은 일찍 듣지 못한 바라. 우리가 모두 이 성조 화육(化育)의 백성으로서 선성(先聖)의 글을 읽고 국군(國君)의 땅을 식(食)하되 오직 사학(斯學)에 뜻을 둠은 능히 사람으로 하여금 개과자신(改過自新)하여 충군효친(忠君孝親)하며 스승을 융성하게 하고 벗을 친하게 할 뿐이오 이를 버린 외에 별로 타의가 없는지라. 오등이 성심수도(誠心修道)하여 풍야기천(風夜祈天)하는 바는 오직 보국안민과 포덕천하(布德天下)의 대원(代願)뿐이라. 순상합하(巡相閤下)는 특

히 자애를 더하사 이 뜻을 천
폐(天陛)에 계문(啓聞)하여서 우
리 선사(先師)의 지원(至寃)을 풀
으시며 각읍에 발령하여서 잔
민(殘民)의 빈사(瀕死)를 구하여
주소서.[57]

조병식

삼례에 수천 명의 동학교도
들이 모이자 관찰사 이경직은
답신을 보내 동학은 조정에서
사교로 규정하였기 때문에 교
조신원은 자신이 결정할 수 없는 일이며 일단 동학교도에 대한 탄압
을 중지하라는 공문을 보낼 것을 약속한다.[58] 그러나 이경직의 약속
이 지켜지지 않고 동학에 대한 탄압이 다시 강화되자 손병희, 손천민
등은 다시금 거사할 것을 강력하게 주장한다.

1893년 초 최시형은 동학교도들에게 통문을 보내 한양의 최창한(崔
昌漢)의 집에 집결하도록 한다. 박광호, 손병희, 김연국, 손천민, 남홍
원, 임규호 등이 과거에 응시하는 선비로 변장하고 3월 25일 한양에
숨어든다. 3월 29일 박광호 등 40여 명은 경복궁 광화문 앞에서 상
소문을 올리고 사흘 밤낮으로 「규혼(叫閽: 대궐 문 앞에 가서 원통한 일을 호소하
는 것)」한다.

각 도의 유학(幼學) 신 박광호 등이 참으로 황송하여 머리를 조아리오며,

재계하고 백배를 올리며 통천릉운 조극돈륜 정성광의 명공대덕 요준순휘 우모탕경 응명입기 지화신열(統天隆運 조극돈륜 정성과의 명공대덕 요준순휘 우모탁영 응명입기 지화신열) 주상전하께 아뢰옵니다.

곤궁하면 부모를 부르고 병으로 아프면 천지에 울부짖는 것은 인지상정이요, 자연스러운 이치입니다. 이제 전하께서는 바로 신 등의 천지부모이시며, 신 등 또한 전하께서 화육(化育)하시는 적자(赤字: 갓난아이)입니다. 이제 곤궁하고 병으로 아픈 처지가 되어 분수를 넘는 죄를 헤아리지 않고, 많은 이들이 일제히 외치며 먼 길을 걸어와서 천위(天威)의 지척에서 울부짖음이 참망(僭妄: 분수에 넘고 분별이 없음)하며 공구(恐懼: 몹시 두려움)한 일임을 모르는 것이 아니오나, 이처럼 원통한 사정을 천지부모께 호소할 수 없다면 천지간에 다시 어디로 돌아가겠나이까?

예로부터 성제명왕과 현상양좌(賢相良佐: 현명한 재상, 임금을 잘 보필하는 신하)가 사문(四門)을 열고 사방의 소리를 들으며 음양을 다스리고 사시(四時)에 순응해서 안전한 태산 위에 천하를 둔 것은, 천명을 공경하고 천리에 순응하며 인륜을 밝히고 기강을 세운 것일 뿐입니다. 그런데 최근 이를 실천해서 도를 행하는 참된 유자(儒者)가 얼마 되지 않아서, 허문(虛文)으로 표장(表章: 세상에 널리 드러냄)해서 한갓 겉치레만 힘쓰고, 경전을 표절해서 부박하게 명성을 쫓는 선비들이 열에 여덟아홉이 되니, 덕성을 보존하고 학문을 말하는 선비의 풍습은 모두 사라져 버렸다고 할 만합니다. 이 일은 나라가 다스려지는 것에 관계되서 실로 작은 연고가 아니니, 저도 모르는 사이에 통한이 하늘에 사무쳐 눈물을 흘리며 통곡하는 것입니다.

그러나 다행스럽게도 천운은 순환해서 한번 가면 반드시 다시 돌아옵니다. 지난 경신년(1860) 여름 4월에 황천(皇天)이 묵묵히 보우하고 귀신이 은밀히 도와서, 경상도 경의 고학생(故學生) 신(臣) 최제우가 비로소 천명을 받아 사람들을 가르치고 포덕(布德)했습니다. 그리고 최제우는 병자년 공신 정무공(貞武公) 진립(震立)의 7세손입니다. 도를 행하고 포덕한 지 불과 3년 만에 위학(僞學: 가짜학문)이라는 이름으로 곡해당하고, 억울하게도 날조된 비방을 받아서 갑자년 3월 초 10일에 끝내 영영(嶺營: 영남의 감영)에서 정형(正刑: 사형)을 받았습니다. 아마도 당시의 광경은 천지가 참담하고 일월이 빛을 잃었을 것입니다. 만약 추호라도 부정한 죄과를 범했다면 법에 따라 마땅히 주벌해야 하니, 어찌 감히 누명을 벗으려 하겠습니까? 그러나 다른 이들에게 억울한 날조를 당해서 이 원만무하(圓滿無瑕: 완전하여 조금도 흠이 없는)한 대도(大道)가 만고에 처음 있는 횡액을 만났으니 어찌 기막히지 않겠나이까?

......

대체로 그 종지(宗旨)는 하늘을 부모처럼 섬기고, 유, 불, 선 세 교의 통일된 이치를 겸하는 것입니다. 그러므로 조금 다르다고 말한 것입니다. 그 겸하는 원인을 따져 보면, 머리를 삭발하고 치의(緇衣: 승복)를 입고서 멀리 떠나가 돌아보지 않는 것은 그 군부(君父)를 등지는 것이니, 오직 불, 선 두 교에서 자비와 수련과 같이 서로 화합하는 이치만 겸하여, 실로 공부자(孔夫子)의 광명정대한 도체(道體)에 흠결이 없게 하는 것입니다.

또한 「동학(東學)」이라고 하는 것은, 그 학명은 본래 동학이 아니었습니다. 이것이 하늘에서 나와서 동(東)에서 창시되었거늘, 당시 사람들이 서학(西學)이라고 생각해서 잘못 배척하여 여지를 남겨 두지 않았습니다. 그러므로 선사(先師) 신(臣) 최제우가 문하의 제자들에게 말하기를, 「도(道)는 비록 천도이지만 학은 동학이다. 더구나 땅이 동서로 구분되어 있으니, 서를 어떻게 동이라고 하고 동을 어떻게 서라고 하겠는가? 공자께서는 노나라에서 태어나 추나라에서 교육을 하셨으니 추로(鄒魯)의 풍습이 지금까지 전해오는 것이지만, 나는 여기에서 도를 받아서 여기에서 펼쳤으니 어찌 「서(西)」라는 이름을 붙일 수 있겠는가?」라고 하신 것이니, 이를 서학이라고 배척해서는 안 되고, 또한 동학이라고 해쳐서도 안 될 것입니다. 그런데도 영(營)마다 읍마다 이들을 속박하고 죽이고 찬배(竄配)했으니 어찌 원통하지 않겠나이까?

무릇 수심정기(守心正氣)하고 경천순인(敬天順人)해서, 각자 그 자질에 따라 성자는 성스럽게 되고 현자는 현명하게 되는 것은, 부자(夫子)의 도 또한 여기서 벗어나지 않을 것이니, 어찌 조금 다르다고 해서 이단으로 지목할 수 있겠습니까? 대체로 이 도(道)는 심화(心和)를 근본으로 삼으니, 심화하면 기화(氣和)하고, 기화하면 형화(形和)하고, 형화하면 천심이 바르게 되고 인도(人道)가 설 것입니다. 진실로 이와 같을진대, 선사(先師) 신(臣) 최제우는 옛 성인들이 아직 발명하지 못한 대도(大道)를 창시해서 어리석은 백성들이 모두 천리의 본원을 깨닫게 한 것이니, 어찌 다만 편협하게 「동학」이라고 명명할 수 있겠습니까? 실로 천하무극(天下無極)의 대도(大道)입니다.

신 등이 어찌 감히 아곡(阿曲: 거짓말로 편파적으로 왜곡함)하는 말로 천폐(天陛)에 거짓으로 아뢰어, 위로는 기망(欺罔)의 죄를 짓고 아래로는 외설의 주벌(誅罰)을 재촉하겠나이까? 부디 전하께서는 화육 중에 있는 이 적자들을 불쌍히 여기시어 신의 스승의 억울한 원한을 속히 풀어주시며, 종전에 찬배(竄配)한 교도들을 사면하시고, 덕음(德音)을 크게 공포하시어 화기(和氣)를 존영(尊迎)하시옵소서. 신 등은 참으로 황공하오나, 피눈물을 흘리며 간절히 바라는 마음을 억누르기 어렵나이다.[59]

조정은 다시 한번 동학이 해산하면 원을 들어주겠다고 한다. 박광호 등은 규혼을 그치고 해산하지만 조정은 또다시 약속을 어긴다.

최시형은 접주들에게 통문을 보내 1893년 4월 25일(음력 3월 10일) 충청도 보은에 집결할 것을 명한다. 1893년 4월 25일 보은에는 2만에 달하는 동학교도들이 운집한다. 4월 26일 보은군 관아에 「창의문」이 붙는다.

사람의 일에는 어려운 것이 세 가지 있으니, 절개를 지켜 충성을 다해서 나라를 다스리다가 죽는 것은 신하의 어려운 일이요, 힘을 다해 효도해서 부모를 섬기다가 죽는 것은 자식의 어려운 일이요, 정조를 지키고 열녀를 흠모하여 지아비를 따르다가 죽는 것은 아녀자의 어려운 일입니다......지금 왜양(倭洋)의 도적이 뱃속까지 들어와 대란이 극에 달했습니다. 참으로 오늘날 국도(國都)를 보면 마침내 이적(夷狄)들의 소굴이 되었으니, 임진년의 원수와 병인년의 치욕을 어찌 차마 입에 올릴 수 있겠습니까? 지금 우리 동방의 삼천리 국토가 금수의 발자국으로 뒤덮였으니 오백 년 종사가 장차 서직(黍稷)의 탄식(나라의 흥망을 탄식하는 표현)을 보게 될 것입니다. 인의예지와 효제충신은 지금 어디에 있습니까? 더구나 저 왜적은 오히려 회한하는 마음을 품고 화태(禍胎: 재앙의 근원)를 감춰서 바야흐로 그 독을 제멋대로 뿌리니 위기가 조석에 박두했습니다. 그런데도 이를 태연하게 보면서 편안하다고 여기고 있는, 지금의 형세가 불타는 섶 위에 누워 있는 것과 무엇이 다르겠습니까?

저희는 비록 초야의 어리석은 백성이지만, 그래도 선왕의 법을 따르고 국군(國君)의 땅을 경작해서 부모를 봉양하고 있으니, 신민의 분수에 비록 귀천은 다르나 충효가 어찌 다르겠습니까? 나라에 충성을 바치고자 하나 구구한 하정(下情)을 상달할 길이 없습니다. 엎드려 생각하건대, 합하께서는 충량(忠良)한 세가(世家: 명문거족)로서 길이 국록을 보전하시고 벼슬길의 진퇴를 근심하시니, 애군충국의 정성이 저희와 견줄 바가 아닐 것입니다. 그러나 옛말에 큰 집이 기울려고 할 때 나무 하나로는 떠받치기 어렵고, 큰 파도가 몰아치려고 할 때 갈대 하나로는 대항할 수 없다고 했습니다. 저의 수만 명은 힘을 합쳐 죽기를 맹서하고 왜양(倭洋)을 소탕해서 대보지의(大報之義)[60]를 바치고자 합니다. 부디 합하께서는 같은 뜻으로 협력해서 충의로운 사리(士吏)를 모집, 선발해서 함께 국가를 보필하시기를 간절히 바라옵니다.

계사년 3월 초 10일 묘시

동학 창의유생(倡義儒生) 등이 백배상서(百拜上書)하옵니다.[61]

창의문에는 더 이상 교조신원에 대한 내용은 없었다. 탐관오리에 대한 응징과 외세를 배격하는 내용만 있을 뿐이었다.

6. 반외세주의

3월 31일 밤 정동 장로교 선교부지 내에 있는 「기포드 학당」이라고 불린 장로교가 운영하는 학교 정문과 감리교 선교사 존스 목사(George Heber Jones, 1867.8.14.~1919.5.11.)의 숙소 정문에 괴문서가 붙는다. 기포드(Daniel L. Gifford, 1861~1900)와 존스 목사는 이 벽보들을 미국 공사 허드에게 전달하고 허드는 번역하여 미국 국무성에 보고한다.[62] 다음은 존스 목사 숙소에 붙은 벽보의 내용이다.

슬프다. 소인배들은 공경되히 이 글을 받으라. 생각건대 우리 동방은 몇천 년 동안 예의의 나라였으니 이러한 예의의 나라로 태어나 이 예의를 행하기도 여념이 없거늘 항차 다른 종교에 대해서야 더 말할 나위가 있겠는가? [서교]의 글을 보고 그 학문을 살펴본즉 저들이 소위 말하는 것은 비록 경천(敬天)이나 그 실은 패천(悖天)이요, 비록 사람을 사랑한다고 말하나 그들이 혹(惑)하는 것은 사람의 마음을 훔치는 짓이라. 천당, 지옥은 또무슨 말인가? 세상 사람들이 설혹 신선이 있다고 하나 그것을 본 사람이누구이며 저들의 말인즉 천당이 있다고 하나 누가 그것을 보았단 말인가?

슬프다! 어리석은 부맹(夫氓)들은 그 헛됨에 빠져 황탄(荒誕)을 믿고 정대(正大)를 버리며 모든 것을 사랑한다는 핑계로 조상의 제사를 버리고 터무니도 없는 의식을 행하니 성현께서 말씀하신 무부무군(無父無君)이 바로이것을 가리킴이다. 지난날 열성조의 현량(賢良)한 재신(宰臣)들은 충선(忠善)되게 보필하여 학(學)과 교(敎)를 세우고 인의를 점차 닦아 동서가 함께그 음덕을 입으니 이것이 곧 치(治)요, 이제는 이도(異道)가 횡행하여 창생을 혹무(惑誣)하니 이것이 곧 난(亂)이라. 그대는 충량보필(忠良輔弼)의 후예로 현조(賢祖)를 공궤(供饋)하였으니 오늘의 현실이 어찌 애석치 않으며, 어찌 슬프지 아니하랴. 오도(吾道)의 대원(大源)은 하늘에서 나서 하늘을 소소(昭昭)히 비추이니 감히 어찌 이 도를 벗어나 능멸할 수 있겠는가? 다스림의 도가 「왕리지문(王理至文)」 가운데 있으니 어찌 두렵지 않으며 어찌 이를 지키지 않을 수 있으랴! 슬프다! 어린 소인배들은 대도(大道)를 함께 하여 사람마다 양서(洋書)를 불태우면 지극히 적으나마 만에 하나라도 자신의 삶을 가히 살 수 있으리라.

명을 몰아내고 선왕의 법에 따르라.

백운산(白雲山) 궁을(弓乙) 선생은 이름을 밝히지 않으나 지식이 있는 사

람은 계룡산 낙사촌(樂斯村)으로 나를 찾아오라.[63]

이 벽보는 외국 선교사들이 운영하는 학교에서 공부하고 있는 조선 학생들에게 보내는 경고문이다. 기포드 선교사 숙소에 붙은 벽보는 서양 선교사들에게 보내는 경고문이었다.

서교의 두령들에게 효유하노니 그대들은 귀를 기울여 들으라! 기수(氣數)는 기울고 세도(世道)는 날로 쇠퇴하여 종묘사직은 오랑캐로 얼룩지고 있다. 상관(商館)을 세우고 전교(傳敎)하는 일은 수호 조약에 허락된 일이 아님에도 불구하고 그대들은 연이어 들어와 명색으로는 상제께 경배한다 하나 단지 기도로써 할 뿐이며, 말로는 예수를 믿는다 하나 다만 찬송가를 부르는 것으로 법을 삼으며 정심성의(正心誠意)로 가르치는 것은 전혀 없고 말을 실천하고 독행지실(篤行之實)을 보임이 거의 없다. 말로는 부모를 공경하되 살아서 부모를 공양하고 순승(順承)하는 도가 없고 죽어서는 곡하며 상례를 치르는 법이 없으니 이것이 어찌 법도를 지키는 일이라 말할 수 있겠는가?

혼인의 풍습을 보면 처음에는 짐승처럼 합쳤다가 끝내는 개가(改嫁)를 하고서도 부끄럼 없이 헤어지는 폐해가 있으니 이러고도 어찌 부부의 도리가 있다고 하겠는가? 그대들은 본시 거지의 무리로서 모임에서는 매매에 욕심을 부려 받는 돈으로는 먹고 사는 일의 사치스러움에 마음을 쏟는다. 애당초에는 영어를 익히고 한문을 가르친다고 하여 양가의 자제들을 끌어들이더니 끝내는 그대들의 종교에로 밀어 넣었다. 그대들은 학도들의 의식에 충당해야 할 돈을 쥐어짤 수밖에 없으니 어찌 이토록 비루할 수 있겠는가?

말로는 전도를 한다고 하지만 단지 유람하고 성서를 찍고 책을 파는 것을 제일의 업으로 삼으니 만약 영원한 지옥이 있다면 반드시 그대들이 먼저 떨어질 터인즉 어찌 두렵지 않은가? 이번에 감히 청래(請來)하여 밝히건대 우리의 수도(修道)한 학문으로써 모리배인 그대들과 더불어 자리를 함께 하고 말씨름을 할 수 있겠는가? 이에 알리노니 그대들은 속히 장비를 꾸려 본국으로 돌아가라! 그렇지 않으면 마땅히 우리의 충성스러운 갑주(甲胄)와 인의(仁義)의 간노(干櫓)로써 다음 달 3월 초이레에 죄를 성토하리니 이로써 그리 알지어다.[64]

1893년 4월 13일 스기무라 후카시 일본 영사는 한양의 일본인 거류민에게 통문을 보낸다.

거류인민에게 내유(內諭)함.

근년에 동학당이라고 하는 외국인 배척주의를 가진 당파 하나가 이 나라 남쪽 지역에서 흥기했다. 현재 당원 약간이 상경해서 당국에 억지로 상소하고, 또한 계속해서 다수의 당원들이 상경한다는 풍문이 있으니, 그들의 기염(氣焰)이 실제로 불처럼 일어났을 때 우리 거류인민에게 어떤 위험이 미칠지 알 수 없다. 다만 만일의 경우에는 조선 정부가 당연히 재류 외국인을 충분히 보호하겠지만, 지금 우리 인민들의 입장에서 미리 불우의 사태에 대비하는 것 또한 긴요한 일이니, 각자는 다음 조항들을 명심하라.

첫째, 동학당원의 거동에 관해 무엇이라도 탐지한 것이 있으면 신속히 본 영사관에 보고할 것.

둘째, 미리 각자가 필요한 식품 등을 준비해서 불우의 사태에 대비할 것.

셋째, 형세가 절박해졌을 때는 노약자와 부녀자를 인천으로 피난시킬 각오를 하되, 시의(時宜)에 따라 인천에 타전하여 기선(汽船)을 용산으로 회항시킬 것.

넷째, 거류민 중 장년인 자들은 우리 경찰관 및 관원들과 합동해서 방어에 진력할 것.[65]

4월 17일 한양의 일본 영사관 정문에 방이 붙는다.

일본 상려관(商旅館)에서는 읽어 보라.

태극이 처음 나뉘어져 양의(兩儀: 음양, 천지)가 자리를 잡은 이후로 사람이 그 사이에서 경계를 구획해서 군주를 두고 나라를 만드니 삼강이 정해지고 오륜이 생겼다. 그런데 세상에서 중토(中土)에 처하여 이륜(彝倫: 사람으로서 지켜야 할 도리)을 가진 종족을 사람이라고 하고, 몰지각한 부류를 이적(夷狄)이라고 한다. 그러므로 중국의 글이 원예(遠裔: 먼 후손)에까지 이어지고 성인의 교화가 절역(絶域: 해외)에까지 미치는 것이다. 천도(天道)는 지극히 공정해서 선한 사람은 비호하고 악한 사람은 벌을 내린다. 너희가 비록 중원에서 멀리 떨어진 종족이지만 천성은 대략 동일하니 어찌 이를 모르겠느냐? 이미 인도(人道)를 자처했다면, 각자 제 나라를 다스리고 제 생산을 보호해서 오래도록 구역을 지키면서 윗사람을 공양하고 아랫사람을 길러야 할 것이거늘, 무분별하게 탐람(貪婪: 탐욕스러워서 만족할 줄 모름)한 마음으로 다른 나라를 점거해서 공격을 장기로 여기고 살육을 근본으로 삼으니, 이는 참으로 무슨 마음이며 끝내 어쩌려는 것이냐? 예산 임진년의 화(禍)에서, 우리나라가 너희에게 무슨 용서할 수 없는 허물을 저질렀다고 온 나라 군대를 이끌고 와서 몸을 망치고 돌아갔으니, 우리나라의 참화를 어찌 차마 눈뜨고 볼 수 있었겠느냐? 우리는 너희에게 잊지 못할 원수가 있지만, 너희는 반대로 우리에게 무슨 아직 잊지 못한 원한이 있느냐? 너희의 잔명(殘命)은 아직까지 용서하기 어려운 죄가 있거늘, 어찌 미련하게도 순식간의 짧은 목숨으로 우리의 빈틈만 노리고 있는 것이냐? 너는 동국(東國)의 성인을 듣지 못했느냐? 서산대사의 가르침과 사명대사의 도술은 지금도 행할 수 있다. 석굴의 도는 말을 타고 열흘을 갈 길을 단축시키고, 옥호(玉壺: 옥으로 된 작은 병)의 구름은 으뜸가는 죽을 감옥도 피할 수 있지만, 우리 스승님의 덕은 광대무애(廣大无涯)해서 너를 보제(普濟: 널리 중생을 구함)의 동산에 놓아둔 것이다. 너희는 우리 말을 따르겠느냐? 아니면 우리를 해치겠느냐? 하늘이 너희를 미워하고 스승님이 경계하셨으니, 안위의 갈림길은 너희가 스스로 선택하되 나중에 후회하지 말라. 우리는 두말하지 않을 것이니 네 땅으로 속히 돌아가라.

계사년 3월 초 2일(양력 4월 17일) 자시. 조선 삼사원(三師員) 우초(羽草)[66]

7. 사대부의 동학 비판

동학이 수도 한양에 그 모습을 드러내자 전국의 사대부들은 경악한다. 동학을 하루빨리 뿌리 뽑을 것을 요구하는 상소가 빗발친다. 1893년 4월 11일(음력 2월 25일) 홍문관(弘文館)에서 응교(應敎) 신대균(申大均), 부응교(副應敎) 윤충구(尹忠求), 교리(校理) 이원긍(李源兢) 등이 연명 차자(聯名箚子)를 올려 「동학(東學)의 괴수를 참수」할 것을 청한다.[67] 같은 날 지방유생 박제삼도 상소를 올린다.

신들이 저 이른바 동학당(東學黨)의 무리들이 돌린 통문(通文) 4통과 전주 감영(全州監營)에 정소(呈訴)한 글을 보니, 모두 임금을 섬기는 오늘날의 신하로서는 차마 들을 수 없고 차마 말할 수 없는 것들이었습니다. 그 심보를 따져보고 그 하는 행동을 보면 겉으로는 이단(異端)의 학설을 빙자하면서 속으로는 반역 음모를 도모하였습니다. 선생(先生)을 신원(伸寃)하겠다고 공공연히 말하며 새로운 명목을 표방하여 내세우고, 어리석은 사람들을 위협하거나 꾀어 들여서 같은 패거리들을 불러 모았습니다. 팔도에 세력을 뻗치니, 움직였다 하면 숫자가 만 명을 헤아리게 되었으며, 마을에서 제멋대로 행동하고 감영과 고을에서 소란을 일으켰습니다. 수령은 겁을 먹고 어찌할 바를 모르고 감사는 두려워하고 위축되어 감히 누구도 어떻게 하지 못하였습니다. 회유하고 무마하기를 마치 인자한 어머니가 교활한 자식을 기르고 연약한 상전이 억세고 사나운 종을 다루듯 하면서 구차하게 그럭저럭 눈앞의 근심만 피하려 하니, 지렁이처럼 결탁하려는 계책과 올빼미처럼 드센 형세는 들판에 타오르는 불보다 더 심하였습니다. 역참(驛站)의 길목까지 연달아 미치고 여파가 성도(城都)에까지 흘러들었습니다. 먼저 저주(咀呪)와 참위(讖緯)의 내용이 담긴 부적을 사람들이 통행하는 길가에 게시하고, 나중에는 패악하고 법도에 어긋나는 말을 감히 궐문 앞에서 부르짖었습니다. 속에 품은 흉악한 계책과 술을 빚듯 키워온 역모(逆謀)는 나라의 공론(公論)을 떠보고 인심을 현혹하게 하지 않음이 없으며, 마침내 도적의 나머지 술수를 드러내어 온 나라 백성들로 하여금 전하의 백성이 될 수 없게 하려고 한 것은 지혜로운 사람이 아니라도 알 수 있습니다. 주자(朱子)가 말하기를, 「창을 부여잡고 북을 치며 떠들어대면서 호랑이를 쫓는 것보다는 잠들었을 때에 얼른 죽이는 것만 못하다」라고 하였습니다. 신의 어리석은 생각에는, 오늘날 저 무리들은 단지 잠자는 호랑이 정도가 아니라고 봅니다. 그러므로 처단하거나 성토하는 모든 조치를 잠깐이라도 늦출 수 없으니, 속히 그 괴수와 무리들을 찾아내어서 죽여야 할 자는 죽이고 효수(梟首)해야 할 자는 효수하며 회유해야 할 자는 회유해야 합니다. 지나간 일을 소급하여 추궁하지 말며 스스로 새롭게 할 길을 보여준다면, 아무리 간악한 무리라도 단련하고 연마하며 떨쳐 일어나게 하는 속에서 은근히 꺾이고 없어지게 될 것입니다.[68]

부사과(副司果) 윤긍주(尹兢周)도 상소를 올린다.

아! 요즘 동학(東學)과 예수교가 여기저기에서 번성하여 양주(楊朱), 묵가(墨家), 노장(老莊), 불가(佛家)의 무리가 백성에게 해를 끼친 정도만이 아닌데, 세상에는 맹자나 한유(韓愈) 같은 사람이 없으니, 매우 걱정됩니다. 저들이 운운하는 것은 학문이나 교리라고 논할 것이 못 되며, 잇속으로 서로 부르고 자기의 당파를 두둔하며 그 음흉한 속셈을 실현하는 것이 다른 것 같지만 본질은 같은 것입니다. 그런데 이번에 괴이한 무리들이 방자하게 궐문을 두드림에 거리낌이 없었으니, 살아있는 사람치고 누군들 통분해하지 않겠습니까? 그들이 의지하고 믿는 것은 그 무리를 불러 모으고 재주를 부려서 현혹하는 것입니다. 그러나 이것은 미친병을 앓는 어린아이가 앞뒤 없이 발악하는 것과 같은 만큼 백성의 부모로서는 제지하기 어렵지 않습니다. 속히 형조(刑曹)로 하여금 형신(刑訊)하여 실정을 알아내게 하고, 괴수로서 글에 능하여 주장한 자를 즉시 서울과 지방에 신칙하고 독촉하여 일일이 잡아다가 의리로써 타이르고 법으로써 책망하여 스스로 새롭게 하고 귀화하게 하소서…… 신이 삼가 생각건대, 근래에 정당한 학문은 크게 쇠퇴하고 선비들의 추향이 바르지 않아 불순한 교리가 횡행하게 된 것이 이렇게 심하므로, 식견이 있는 사람만 걱정하는 것이 아니라 어리석은 신도 가슴을 두드리며 계속 한숨을 내쉬게 됩니다. 대체로 근본을 바르게 하고 근원을 맑게 하는 것은 오로지 우리 전하에게 달려 있으니, 행동을 살피며 마음을 바르게 가지고 덕을 닦으며 자신이 솔선하여 인도하고 유학(儒學)을 숭상하며 학교를 일으키는 것이 오늘날의 급선무입니다.[69]

4월 13일(음력 2월 27일)에는 부사과(副司果) 이재호(李在浩), 의녕원 수봉관(懿寧園守奉官) 서홍렬(徐鴻烈) 등이 「동학의 괴수」를 죽일 것을 청하는 상소를 올리고 호남(湖南)의 유생(儒生) 김택주(金澤柱) 등도 「동학(東學)의 소수(疏首)를 엄하게 신문하고 처벌할 것」을 청한다.[70]

고종은 4월 12일(음력 2월 26일) 전교한다.

요즘 관리와 선비들이 올린 소론(疏論)을 보고는 나도 모르게 놀라고 한탄하게 된다. 괴이하고 황당한 말로 현혹시키고 선동하여서 어리석은 백성들은 그에 따라서 점점 물들어 자기의 본성을 잃어버리고 법이 두려운 줄을 전혀 모르고 있으니, 참으로 통탄할 일이다. 먼저 교화하고 나중에 형벌을 적용하는 것은 왕법(王法)에서 숭상하는 바인데, 감히 간사한 말로 방자하게 대궐 문 앞에서 부르짖어 지극히 무엄하고 거리끼는 바가 없었으니, 단지 무식하고 몰지각한 부류를 회유할 수만은 없다. 그들이 이른바 소두(疏頭)라 하는 자는 수도와 지방에 특별히 신칙하여 기일을 정하고 염탐하여 체포하게 할 것이며, 그 밖의 어리석은 자들은 깨우치고 신칙하여서 금지하도록 하여 각기 생업에 안착하게 하라. 만일 뉘우치지 않고 무리를 모아 시끄럽게 한다면 그 관리된 자만 유독 들어서 알지 못하겠는가? 만일 들어서 알면서도 수수방관한다면 이는 벌써 인도하는 책임을 상실한 것이고 또한 단속하고 막는 일을 태만히 한 것이니, 이것을 직책을 다하였다고 말할 수 있겠는가? 중앙에서는 법을 맡은 관청에서, 지방에서는 감영과 고을에서 그 지방에 따라 먼저 해당 관장(官長)을 규탄하고 일체 동일한 법조문을 적용하되 결단코 관대하게 용서하지 말라. 묘당(廟堂)에서 우선 이런 내용으로 글을 만들어 엄하게 신칙함으로써 편안하지 못한 사람들로 하여금 안정하게 하고 또한 법은 반드시 믿음이 있다는 것을 알게 하라.[71]

4월 12일 고종의 전교로 동학에 대한 탄압이 재개된다. 4월 14일 (음력 2월 28일) 의정부도 동학도를 처벌할 것을 청한다.

아! 저 일종의 간사한 무리들이 자칭 동학(東學)이라고 하면서 함부로 주문(呪文)과 부적(符籍)을 만들어 사람을 꾀고 감히 참위설(讖緯說)에 의탁하여 선동하고 현혹하니, 바로 음흉하고 요사스러우며 황당하고 괴이하며 법도에 어긋나는 말일 뿐입니다. 나라에서는 응당 금지하여야 할 것이고 법으로는 용서하지 말아야 할 것이니, 응당 직위에 구애되지 말고 논의하는 일과 법을 밝히는 조치가 있어야 할 것입니다. 참으로 그들이 사악한 괴수의 신원(伸寃)을 위해 대궐 문 앞에 와서 호소한 행적을 보면 무엄하고 거리낌이 없었으니, 더욱 지극히 통탄스럽습니다. 모조리 죽여도 아까울 것이 없으니, 징계하기에 여념이 없어야 할 것입니다. 이러한 때에 삼가 일전에 내린 특교(特敎)를 보니, 훌륭한 임금의 말씀은 형벌보다 엄한데, 소두(疏頭)만 처벌하고 그 밖의 무리들은 용서하여 주었습니다. 살리려는 생각을 미루어 스스로 새롭게 할 길을 열어 주었으니, 아무리 짐승같이 어리석은 사람이라도 응당 두려워하고 조심하면서 느끼고 깨달은 바가 있을 것입니다. 이제 만일 일체 법으로 처리한다면, 그 역시 먼저 교화하고 나중에 형벌을 적용한다는 전하의 뜻을 받드는 것이 아니니, 속히 수도와 지방에 통지하여 이른바 소두를 며칠 안으로 체포하고 엄하게 조사하여 실정을 캐내야 합니다. 그들의 괴수는 전형(典刑)을 밝혀 바로잡고, 잔당들은 특별히 잘 깨우쳐서 잘못을 깨닫고 귀화하게 하소서. 만약 가장 심하게 물들어서 끝내 깨닫지 못하는 자가 있으면, 속히 해당 법률을 시행함으로써 나라의 법을 엄하게 하고 민심을 안정시키는 것이 어떻겠습니까?[72]

고종은 5월 6일(음력 3월 21일) 전라 감사(全羅監司) 김문현(金文鉉)을 불러 다음과 같이 하교한다.

호남(湖南)은 바로 우리 조상이 일어난 고장으로서 어진(御眞)을 모신 중요한 곳이어서 다른 곳과 구별되는데, 근래에 동학(東學)의 무리들이 창궐하고 종횡한다고 하니, 백성을 안정시킬 방책과 그 무리들을 제거할 방도에 대하여 경은 잘 처리하고 훌륭한 공적을 세우도록 하라.[73]

경상 감사(慶尙監司) 이용직(李容稙)에게는 다음과 같이 하교한다.

영남(嶺南)은 본래 추로(鄒魯)의 고장이라고 불려 왔는데, 근래에는 인심이 옛날만 못하고 흉년이 거듭 들 뿐 아니라 또한 개항한 후에는 그 중요성이 다른 곳과 구별된다. 이른바 동학의 무리가 경주(慶州)에서부터 시작하여 지금은 경상 우도(慶尙右道)에 간혹 있다고 하니, 잘 단속하여 막고 진심

으로 명령을 잘 받들어 훌륭한 업적을 드러내도록 하라.[74]

5월 2일 호조참판 어윤중을 「양호도어사(兩湖都御使)」에, 5월 10일에는 「양호선무사(兩湖宣撫使)」에 임명하여 호서(충청)와 호남(전라)의 동학을 평정하게 한다. 어윤중은 5월 16일 공주영장(公州營將) 이승원, 보은군수 이중익, 순영군관 이주덕 등과 함께 보은군 속리면 장내의 동학 집합장소로 가서 동학군 지도자들을 만나 고종의 윤음을 전한다.

왕은 다음과 같이 말한다. 아! 너희들은 모두 나의 명령을 들으라. 우리 열성조(列聖朝)는 훌륭한 분들이 대를 이어나와 나라의 정사를 크게 빛내었으며 윤리를 밝혀서 사람이 지킬 규범을 세우고 유학(儒學)을 앞세우고 장려하여 나라의 풍속을 옳은 길로 인도하니 집집마다 공자(孔子)의 덕행을 본받고 가정마다 정자(程子)와 주자(朱子)의 책을 읽어 충신과 효자, 열녀들이 대를 이어 계속 나오고 사농공상(士農工商)이 각기 자기 직업에 안착하여 온 지 지금까지 500여 년이 되었다.

우매한 내가 사복(嗣服)하고 나서 밤낮 조심하며 편안하게 있을 겨를이 없이 힘을 쓰고 조심하여 가르친 것은 오직 이것뿐이었다. 그런데 세상이 타락하고 풍속이 야박해져 추향(趨向)이 각기 달라지니 허망한 무리들이 방자한 술책으로 우리의 온 세상을 속이고 현혹시키며 우리 백성을 그릇된 길로 빠뜨려 마치 술에 만취한 사람이나 땅에 죽어 넘어진 사람을 깨우칠 수 없듯이 만들었으니, 이것이 어찌 된 까닭인가?

더구나 또 너희들이 이르는바 학(學)이라는 것은 스스로는 「하늘을 공경하고 현인을 존중한다」고 하지만 너희들이 말하는 「공경한다」거나 「존중한다」는 것은 다 하늘을 무시하고 하늘을 속이는 것이다. 원칙을 어지럽히고 불순한 마음을 품었으니 어찌 하늘을 무시하는 것이 아닐 수 있으며 거짓말을 퍼뜨리고 감언이설을 늘어놓았으니 어찌 하늘을 속인 것이 아닐 수 있는가? 무리를 끌어들이고 불러 모으는 그 의도는 어디에 있는가? 돌을 쌓아 성을 만들고 깃발을 세우고 서로 호응하면서 감히「큰 의리를 제창한다〔倡義〕」고 써놓고는 혹 통문(通文)을 내기도 하고 혹은 방(榜)을 붙여 인심을 선동하니 너희들이 비록 어리석고 영리하지 못하다고 하더라도 세상의 대세와 조정에서 정한 조약을 어찌하여 듣지 못하고 감히 핑계대고 말을 꾸며내어 결국 화단을 일으키니 저축이 있는 사람은 재산을 탕진하게 하고 농사짓는 사람은 농사철을 놓치게 하였는가? 이것은 큰 의리를 제창하는 것이 아니라 바로 난을 앞장선 것이다.

너희들이 일정한 곳을 차지하고 있으면서 세력이 많은 것을 믿고 제멋대로 행동하며 심지어는 조정의 정사도 미치지 못하게 하고 명령도 시행할 수 없게 하니 예로부터 어찌 이런 일이 있었는가?

이것은 모두 나 한 사람이 너희들을 잘 인도하지 못하고 너희들을 편안하게 하지 못한 데 원인이 있으며 또한 각 고을의 원들이 너희들의 피땀을 긁어내고 너희들을 못살게 굴었기 때문이니 탐오한 아전들과 수령들은 이제 곧 징벌하리라. 내가 백성의 부모된 사람으로서 백성들이 스스로 옳지 못한 길에 빠져드는 것을 보고 불쌍히 여기며 가슴 아파하면서 어두운 데서 밝은 데로 이끌 방도를 생각하지 않을 수 있겠는가?

이에 행호군(行護軍) 어윤중(魚允中)을 선무사(宣撫使)로 임명하여 나를 대신하여 달려가게 하였으므로 이에 명령을 선포한다. 이것은 먼저 교화(敎化)하고 그 다음에 형벌(刑罰)을 주는 뜻이니 너희들은 부모의 가르침을 들은 것 같이 여기고 반드시 유연(油然)히 감응하여 서로 권고하여 해산하라. 너희들 협박을 받고 추종한 사람들로 말하면 다 양민(良民)이다. 이제 만일 괴수를 사로잡아 바치거나 그 종적을 탐지하여 신고하는 사람에 대해서는 그에 따라 후한 상을 주겠다. 각기 스스로 도망쳐 돌아온 사람도 그의 토지와 재산을 찾아서 돌려주어 생업에 편안히 종사하게 하겠으니 의심하거나 겁내지 말라.

이렇게 개유(開諭)한 이후에도 너희들이 잘못을 고치지 않고 해산하지 않는다면 나는 마땅히 큰 처분을 내릴 것이니, 어찌 너희들이 다시 이 세상에 용납될 수 있겠는가? 너희들은 즉시 허물을 고치고 스스로 나라의 법을 위반하지 말도록 하라.[75]

그러나 허연(許延), 이중창(李重昌), 서병학, 이희인(李熙人), 손병희, 조재하(趙在夏), 이근풍(李根豊) 등의 동학 지도자들은 어윤중의 회유를 받아들이지 않고 그 대신 장문의 글로 답한다.

황공하오나 살펴보시옵서서. 저희는 선왕조가 화육(化育)한 적자(赤子)요, 천지간에 기댈 데 없는 창생(蒼生)으로 도를 닦아서 윤상(倫綱: 삼강오륜)의 밝음을 알고 있습니다. 안과 밖에 화이(華夷)의 차이가 있으니, 그러므로 견양(犬羊: 개와 양처럼 하찮은 것)과 같은 왜양(倭洋)은 비록 5척(尺)의 아이라도 같이 있는 것을 부끄럽게 여기는 것입니다. 역사에 이르기를, 만이(蠻夷: 야만인, 오랑캐)로 만이를 공격하는 것은 중국의 장기라고 했습니다. 그런데 지금 조선으로 조선을 공격하는 것이 왜양의 장기가 되었으니, 통곡하며 한심하게 여길 일입니다. 합하의 명찰(明察)로 어찌 이를 통촉하지 않으시겠습니까마는, 창의해서 왜양을 격퇴하는 데 무슨 큰 죄가 있다고 오직 잡아다 가두고 싹 쓸어버리려고만 하는 것입니까? 천지귀신이 모두 굽어 살피시고, 거리의 아이들과 잔심부름하는 하인들까지도 그 곡직(曲直: 옳고 그름)을 알 것입니다. 순상(巡相: 임금의 명을 받고 사신으로 나가는 종이품(從二品) 임시 벼슬)이 우리를 크게 미워해서 이 무고한 창생들을 모두 도탄에 빠뜨렸으니 한 나라에서 태어나서 어찌 이처럼 잔인한 것입니까?

또 왜양이 우리 임금님을 위협하는 것이 망극합니다. 조정에 누구 하나 이를 수치스럽게 여기는 사람이 없으니, 군주가 욕을 당하면 신하가 죽는 의리는 어디에 있습니까? 수의(繡衣: 어사(御史)가 입던 옷)를 입은 합하께서는 산두(山斗: 태산북두. 매우 존경받는 사람)의 명망이 있고, 성왕의 명을 받들어 각 도의 선비들에게 효유하시니, 수만 선비들이 모두 마치 큰 가뭄에 비구름을 바라듯 기대하고 있습니다. 그러나 세상일은 끝이 없는데 의리를 보기 힘든 것은, 다만 강약의 형세만 보고서 왜양을 격퇴하기 어렵다고 생각하기 때문입니다. 그렇다면 천하만고에 「목숨을 버려서 의를 이룬다」는 것이 어디 있겠습니까? 저희가 비록 촌구석의 천품(賤品)이지만 어찌 왜양이 강적(强敵)임을 모르겠습니까? 하지만 열성조에서 유학을 숭상한 교화로 인해 모두가 「왜양을 격퇴하다가 죽는다면 죽는 것이 사는 것보다 낫다」라고 말하고 있으니, 이는 국가에서 경하할 일이지 우려할 일이 아닌 것입니다.

부디 합하께서는 밝게 살피시고 개도(開導: 생각을 깨우쳐주고 앞에서 인도)하셔서 이 어리석지만 충성스러운 무리가 의리의 본분을 깨닫게 하소서. 장계를 올려 천폐(天陛)에 아뢰어 우리 왕의 소간(宵旰: 소의간식(宵衣旰食)의 줄인 말로서 임금이 정사(政事)에 부지런함을 뜻함)의 근심을 없게 하시고, 회계(回啓: 신하들이 임금의 질문에 대해 심의해서 다시 아뢰는 일)해서 저희가 의리를 이룰 수 있는 길을 열어 주신다면 어찌 감히 각자 돌아가서 평안히 생업에 종사하지 않을 수 있겠습니까? 가슴을 치며 합하께 호소하오니 부디 굽어 살피옵소서. 간절히 바라는 마음을 이기기 어렵나이다.[76]

어윤중도 5월 11일(음력 3월 26일)글로 답한다.

너희가 취당(聚黨: 무리를 불러 모음)한 의도가 양이(攘夷)에 있다면, 온 나라의 공공의 의리를 갖고 어찌 독자적으로 한 깃발을 세운 것이냐? 그러나 문장(文狀)에서 위협 운운한 것은, 소문이 잘못된 것임을 이미 효유(曉諭)했다. 이러한 사연을 상세히 아뢰어 상달할 길을 마련하겠으니 너희들도 물러가서 편안히 생업에 종사할 것을 고하노라. 앞으로는 평안 무사하게 있으라.[77]

동학교도들은 결국 해산한다.

8. 고부봉기 (1894.1.10.)

1894년 2월 15일(음력 1월 10일), 전봉준이 이끄는 농민군이 고부에서 봉기한다. 고부군수 조병갑의 수탈에 대한 반항이었다. 전봉준은 제2차 동학난으로 체포된 후 심문 받는 과정에서 다음과 같이 말한다.

문(問): 네가 전라도의 동학 괴수라 하니 과연 그러한가?
공(供): 처음 창의(倡義)로써 기포(起包)하고 동학(東學) 괴수(魁首)라 할 것은 없나이다.

전봉준은 봉기한 이유를 다음과 같이 증언한다.

공(供): 그때 고부 수령이 정액(正額) 외에 가혹하게 거두어들인 것이 몇 만 냥인 고로 민심이 원통하고 한스러워 이 거사가 있었나이다.

문(問): 비록 탐관오리라 일컫더라도 명색이 반드시 있은 연후의 일이니 상세히 말하라.

공(供): 지금 그 세세한 조목을 이루 다 말할 수 없고 그 대개(大槪)를 대략 고하옵니다. 하나는 민보(民洑) 아래에 보(洑)를 쌓고 늑정(勒政 : 백성에게 굴레를 씌우는 정치)으로 민간에 전령(傳令)하여 상답(上畓)은 한 두락(斗落)에 2두(斗)의 세(稅)를 거두고 하답(下畓)은 한 두락(斗落)에 1의 세(稅)를 거두니 도합 조(租)가 700여 석이오, 진황지(陳荒地 : 버려져 거칠어진 땅)를 백성에게 갈아먹기를 허가하여 관가로 문권(文券)하여 징세를 안한다더니 추수할 때에 미치어 강제로 징수한 일이오, 하나는 부민(富民)에게 늑탈(勒奪)한 엽전이 2만 여 냥이요, 하나는 그 아비가 일찍이 태인(泰仁) 수령을 지낸 연고로 그 아비를 위하여 비각(碑閣)을 세운다고 알리고 늑렴(勒斂)한 돈이 천여 냥이요, 하나는 대동미를 민간에서 징수하기는 정백미(精白米)로 16두씩 준가(準價)로 수렴하고 상납은 추미(麤米)를 사서 이익을 모조리 먹은 일이요, 이 밖에 허다한 조건은 기억할 수 없나이다.

문(問): 지금 고한 바 중에 2만여 냥의 늑탈한 돈은 어떤 명목으로 행하였느냐?

공(供): 불효(不孝), 불목(不睦), 음행(淫行) 및 잡기(雜技) 등의 일로써 죄목을 구성하여 행함이오이다.

문(問): 이러한 일은 한 곳에서 행하였느냐, 또한 각처에서 행하였느냐?

공(供): 이러한 일은 한 곳에 그침이 아니요 수십 곳이 되옵나이다.

문(問): 수십 곳이 된다하니 그 중에 혹 이름을 아는 자가 있느냐?

공(供): 지금 성명을 기억할 수 없나이다.

문(問): 이 밖에는 고부 수령이 어떤 일을 행하였느냐?

공(供): 지금 진술한 사건이 다 민간에 탐학한 일일뿐더러 보를 쌓을 때 남의 산에서 수백 년 된 구목을 강제로 도끼로 찍어내고 보를 쌓는 일에 민정(民丁)을 1전(錢)도 주지 않고 강제로 일을 시켰나이다.

문(問): 고부 수령의 성명은 누구냐?

공(供): 조병갑(趙秉甲)입니다.

조병갑은 1892년 고부 군수로 부임하지만 1894년 1월 6일(음력 1893년 11월 30일) 익산 군수에 임명되어 고부를 떠나게 된다. 그러자 조병갑은 전라 감사 김문현(金文鉉, 1858~?)에게 고부 군수로 남아 있을 수 있도록 해 달라고 청탁을 한다. 이에 김문현은 이조를 통하여 조병갑의 유임을 청한다. 김문현은 조병갑의 후임으로 고부 군수에 임명된 이은용을 안악 군수로 전임시키지만 곧 이어 또 다른 군수가 임명된다. 1893년 음력 12월 한달 동안 12월 24일 신좌묵(申佐黙), 12월 26일 이규백(李奎白), 12월 27일 하긍일(河肯一), 12월 28일 박희성(朴喜聖), 12월 29일 강인철(康寅喆) 등이 임명된다.[78] 매관매직이 얼마나 심했는지 여실히 보여준다.

그러나 김문현과 조병갑은 이들을 모두 사임하도록 하는데 성공하고 1894년 2월 14일(음력 1월 9일) 조병갑은 고부군수로 복직한다.

이번 전라 감사 김문현(金文鉉)의 장계를 보니, 「전 고부군수(古阜郡守) 조병갑(趙秉甲)이 오랫동안 포흠(逋欠)한 많은 수를 차례로 메워 장부를 정리해야 하는데, 조세를 받는 일이 한창 벌어지고 있어서 아직 일이 제대로 진행되지 않고 있습니다. 이러한 때에 신이 다른 고을로 옮겨 가고 이 일을 새로운 사람에게 맡긴다면 잘못이 없지 않을 것입니다」 하였습니다. 도신의 장계 내용이 이와 같으니, 「장계에서 청한대로 특별히 잉임시키는 것이 어떻겠습니까?」 하였는데, 그대로 윤허한다고 판부하였다.[79]

고부군수로 복직한 조병갑은 수탈을 이어간다. 이때 전봉준의 아버지 전창혁(全彰爀, 또는 全承錄)이 조병갑의 학정에 대한 진정을 하다가 조병갑에 의해 장살된다. 이에 고을 사람들이 소를 올리지만 모두 감옥에 잡혀 들어가거나 매를 맞고 쫓겨난다.

> 문(問): 그렇다면 너희가 처음부터 관정(官庭)에 일차로 소장(訴狀)을 내지
>   도 아니하여 보았느냐?
> 공(供): 처음에는 40여 명이 등소(等訴)하다가 잡혀 감옥에 들어가고 재차
>   등소하다가 60여 명이 쫓겨났습니다.
> 문(問): 등소는 어느 때인고?
> 공(供): 처음 번은 재작년 11월이요, 두 번째는 같은 해 12월이오.[80]

조병갑이 1894년 2월 14일(음력 1월 9일) 고부로 복직한다는 소식을 들은 전봉준은 봉기한다. 전봉준은 자신이 봉기를 주도하게 된 경위를 다음과 같이 증언하고 있다.

> 문(問): 기포(起包)할 때에 네가 어찌 주모(主謀)가 되었느냐?
> 공(供): 중민(衆民)이 다 이 몸을 추대하여 주모하라 하기에 백성의 말을 의
>   거(依據)함입니다.

문(問): 중민이 너로 주모하라 할 때에 너의 집에 이르렀더냐?

공(供): 중민 수천 명이 이 몸의 집 근처에 모두 모인 고로 자연히 된 일이올시다.

문(問): 수천 명 중민이 무슨 까닭으로 너를 추대하여 주모하게 하였느냐?

전봉준

공(供): 중민이 비록 수천 명이라고 일컬으나 모두 우준(愚蠢)한 농민이요 이 몸은 문자를 거칠게나마 해득(解得)하는 연고입니다.[81]

이들은 군청을 습격하지만 조병갑은 이미 피신한 뒤였다. 전봉준과 농민들은 해산한다.

9. 제1차 동학난

고부봉기로 조병갑은 파면되고 박원명(朴源明)이 신임 군수로 부임한다. 조정은 동시에 장흥부사 이용태(李龍泰)를 안핵사로 고부에 파견하여 민란 이후의 사태를 수습케한다. 1894년 2월 15일 임명된 이용태는 고부에 부임하자마자 민란의 주모자를 색출하기 시작한다. 이용태는 최근의 민란을 동학이 주도한 것으로 간주하고 동학도들을 색출하는데 집중한다. 이에 전봉준은 무장의 손화중과 태인의 김개남 등 동학의 접주들에게 함께 다시 봉기한다.

전봉준은 훗날 취조를 받을 때 다시 한번 봉기한 이유에 대하여 다음과 같이 증언하고 있다.

> 그 뒤에 장흥부사(長興府使) 이용태(李容泰)가 안핵사(按覈使)로 본 고을에 와서 기포한 인민을 동학이라 통칭하고 이름을 열거하여 포착하며 그 가사(家舍)를 태워버리며 당사자가 도망하면 처자를 체포하여 살육을 행하는 고로 다시 기포하였나이다.[82]

4월 25일(음력 3월 20일) 동학군은 무장에서 출발하기 전 「무장현등상 동학인포고문(茂長縣謄上東學人布告文)」이라는 격문을 띄운다.

> 사람이 세상에서 가장 존귀하다 함은 오로지 인륜이 있기 때문이다. 그 중에서도 임금과 신하, 아비와 자식의 의리는 인륜 중에서 자못 큰 것이다. 임금이 어질고 신하가 곧으며 아비가 자식을 사랑하고 자식이 아비에게 효도한 연후에 비로소 집과 나라를 이루어 무한한 복락을 누리게 되는 것이다. 지금 우리 성상께서는 어질고 효성스럽고 백성에게 자애로우시며 총명하고 지혜가 있으시니 만약 아래로 현량하고 정직한 신하가 있어 힘을 더하여 그 총명을 돕는다면 요, 순의 덕화와 문제, 경제의 치세를 가히 해를 보듯이 바랄 수 있을 것이다.
>
> 그런데도 오늘의 신하된 자들은 나라에 보답할 일은 생각지 아니하고 부질없이 봉록과 지위만을 도둑질해 차지하고 성상의 총명을 가리고 온

갖 아부와 아양만을 일삼으며, 충성되이 옳은 말로 간하는 선비를 가리켜 요망한 말을 한다고 이를 물리치며 착하고 정직한 사람을 도리어 비도(匪徒)로 몰아세운다. 안으로는 나라일을 보살필 재목이 없고 밖으로는 백성을 괴롭히는 벼슬아치가 많아서 온 백성의 마음이 날로 흐트러져 집에 들어서면 생업을 즐길 마음이 내키지 않고 밖에 나가도 한 몸을 지탱할 계책이 없다.

포악한 정치는 날로 심해가고 원망하는 소리는 그치지 아니하니, 군신의 의리와 부자의 윤리와 상하의 분별이 드디어 무너지고 말았도다. 관자(管子)가 말하기를 「사유(四維: 예(禮), 의(義), 염(廉), 치(恥))가 바로 서지 못하면 나라는 멸망하고 만다」고 하였는데 지금의 형세는 오히려 옛날보다도 더욱 심하다 하겠다.

공경(公卿) 이하 방백, 수령에 이르기까지 국가의 위태로움은 생각지 아니하고 오직 일신의 비대와 가문의 윤택만을 꾀할 뿐, 벼슬아치를 뽑고 움직이는 일을 돈벌이 하는 수단으로 생각하고 과거를 치르는 마당은 마치 물건을 사고 파는 저자로 변하고 말았다. 백성에게서 걷은 세금과 물건이 국공에 들어가지 않고 도리어 세도가의 사복만 채우고 있으며, 나라에는 빚이 쌓여 있는데도 이를 갚을 생각은 하지 않고, 교만과 사치와 음란한 생활만을 일삼으면서 조금도 두려워하거나 꺼릴 줄을 모른다. 이에 이르니 온 나라가 짓밟힐 대로 짓밟혀 결단이 나고 만민은 도탄에 빠져 허덕이고 있다.

벼슬아치들의 탐학이 이러하니 어찌 백성이 궁하고 곤하지 아니하랴. 백성은 나라의 근본인데 근본이 쇠잔하면 나라는 반드시 멸망하고 말 것이다. 이러한 이치인데도 국가를 보전하고 백성을 편안(輔國安民)케 할 방책은 생각지 아니하고, 밖으로 향제(鄉第: 고향 집)를 꾸며 오직 일신의 온전만을 도모하며 헛되이 국록과 지위를 도적질하고 있으니 어찌 이것이 옳은 일이라 하겠는가?

우리들은 비록 초야에 버려진 백성이지만 임금의 땅에서 나는 곡식을 먹고 옷을 얻어 입고 사는 터, 어찌 앉아서 나라의 멸망하는 꼴을 보고만 있겠는가. 온 나라가 마음을 같이하고 억조창생이 뜻을 모아 이제 의기(義旗)를 들어 나라를 보전하고 백성을 편안케 하고자 사생을 같이하기로 맹세하고 일어섰으니, 오늘의 곽영이 비록 놀라운 일이기는 하겠으나 결코 두려워하거나 흔들리지 말고 각자의 생업에 충실할지며, 함께 태평성대를 빌어 성상의 덕화를 골고루 입게 된다면 천만다행이겠노라.[83]

4월 26일(음력 3월 21일) 전봉준의 농민군과 손화중, 김개남 등이 이끄는 동학군은 무장에서 출발하여 백산(白山)에서 2대로 나누어 부안과 태인으로 진격해 간다.

4월 27일(음력 3월 22일) 동학 농민군은 황토재에서 관군을 기습하여 승리한다. 조정은 5월 6일(음력 4월 2일) 홍계훈(洪啓薰)을 양호 초토사(兩湖招討使)에 임명하여 동학을 토벌하도록 한다. 5월 8일(음력 4월 4일) 홍계훈은 원세개의 지원을 받아 인천에서 청 북양함대의 군함「평원」에 올라 5월 10일(음력 4월 6일) 군산에 도착하여 전주로 진격한다. 동학 농민군과 관군은 장성 황령천에서 접전을 벌인다.「황령천 전투」에서 대승을 거둔 동학 농민군은 관군의 대포 3문과 서양총 1백정을 노획하고 5월 31일(음력 4월 27일) 전주에 입성한다.[84] 다음은 전봉준의 증언이다.

공(供): 장성(長城)으로 갔습니다.
문(問): 장성에서 접전하였느냐?

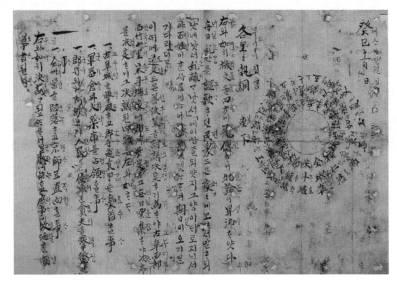

고부 양민의 「사발통문」

공(供): 경군(京軍)과 접전하였습니다.

문(問): 경군과 접전하여 누가 이기고 누가 패하였노?

공(供): 아군이 모여서 밥을 먹을 때에 경군이 대포로 사격하였기 때문에
아군 전사자가 4~50명이었기에 아군이 일제히 추격하니 경군이 패
주하거늘 대포 2좌와 여간(如干)의 탄환을 취해 왔습니다.

문(問): 그때에 양쪽 군사의 수효는 각각 얼마였노?

공(供): 경군은 700명이오 아군은 4,000여 명입니다.[85]

6월 3일(음력 4월 30일) 동학군은 「사대명의(四大名義)」를 발표한다.

하나, 사람을 죽이지 않고 재물을 상하게 하지 않는다.

둘, 충, 효를 함께 갖추어 세상을 구제하고 백성을 편안히 한다.

셋, 일본 오랑캐를 몰아내 없애고, 성인의 도리를 맑고 깨끗이 한다.

넷, 군사를 몰아 서울로 들어가 권세 있고 지위가 높은 자들을 모두 없애 버린다. 기강을 떨치고 명분을 바르게 세워 성인의 가르침을 따른다.[86]

제4장

청일전쟁과 갑오경장

* 청색의 제목은 「갑오경장」 관련 부분

제4장

청일전쟁과 갑오경장

청일전쟁

서태후와 이홍장은 전쟁을 원치 않았다. 1894년 11월 29일은 서태후의 환갑이었다. 중국의 미신에 의하면 이처럼 영험한 해에 전쟁으로 피를 보게 되면 나라에 재앙이 닥친다고 하였다. 『노스차이나헤럴드(*The North-China Herald*)』 11월 9일자 기사다.

> 올해에 일어난 일들은 청나라나 환갑잔치에 대한 불길한 징조다. 전쟁, 전염병, 콜레라, 홍수 등은 모두 하늘이 노했고 청나라의 명이 다했음을 보여주는 듯했다. 특히 음력 2월 2일 (양력 3월 8일)에는 이상한 2중 해무리가 나타났다. 이런 현상이 한두 번 나타나는 것은 있을 수 있는 일이지만 한 해에 3번이나 일어난다면 아무리 몸부림쳐봐도 패배는 분명하다.[1]

이홍장이 전쟁을 원치 않은 이유는 청이 일본을 상대로 싸울 준비가 안 되어 있었기 때문이다. 청의 최정예 북양군을 갖고 있던 이홍장이었지만 자신의 군대가 일본군의 상대가 안 된다는 사실을 누구보다 잘 알았다. 그렇다고 조선이 군사 지원을 요청하는데 응하지 않을 수도 없었다. 속방 조선의 파병 요청을 거부하는 것은 청이 종주국임을 스스로 부정하는 것과 마찬가지였다. 이홍장은 전쟁을 피하면서 조선에 대한 종주권은 유지할 수 있는 방법을 찾고자 끝까지 노력한다.

청이 전쟁준비가 안되었던 이유는 국내정치 때문이었다. 청은 통합된 근대국가를 건설하는데 태생적인 한계를 안고 있었다. 청 황실은 중국이 강력한 통합력을 갖는 것을 원치 않았다. 「소수민족」인 만주족이 「다수민족」인 한족을 다스리기 위해서는 한족의 통합을 막아야 했다. 17~18세기 청조 초기에서 중기까지는 막강한 군사력을 자랑하던 팔기군을 통해 한족을 정복하고 다스렸지만 19세기 중반 「태평천국의 난」 때에 이르면 팔기군은 오합지졸로 전락한다. 청의 정규군인 팔기군과 녹영군이 태평천국군에 궤멸당하자 청 황실은 어쩔 수 없이 증국번(曾國藩, 1811.11.26.~1872.3.12.), 좌종당(左宗棠, 1812.11.10.~1885.9.5.), 이홍장(李鴻章, 1823.2.15.~1901.11.7.)과 같은 한족 사대부들에게 각자의 고향에서 향토군을 조직하도록 명하고 이들의 도움으로 「태평천국의 난 (1851~1864)」과 「둥간의 반란(일명 니엔난,1862~1877)」 등을 간신히 진압한다.

이 과정에서 증국번은 자신의 고향 후난에서 「상군(湘軍: 후난군)」을, 이홍장은 자신의 고향 안휘에서 「회군(淮軍: 회하군)」을 일으킨다. 이 향토군들은 조정의 군대가 아닌 증국번과 이홍장의 사병이었다. [상군에 대해서는 제I권, 제2부, 제5장, 5. 「상군의 결성」, 6. 「상군의 성공요인」 참조]. 「회군」은 이홍장 사후 원세개가 물려 받아 「북양군벌」로 변질하면서 청조의 붕괴와 함께 군벌시대를 연다. 다행히 당대에는 증국번과 이홍장 등이 청조에 끝까지 충성을 하지만 청 황실의 입장에서는 반역을 꾀할 충분한 실력을 갖고 있는 이들을 끊임없이 견제해야만 했다. 특히 「신유정변」을 일으켜 권력을 잡은 후 증국번, 이홍장과 손을 잡고 청을 본격적으로 개국시키는 동시에 「양무운동」을 시작한 서태후의 입장에서는 이들의 능력과 막강한 군사력을 이용하면서도 늘 경계할 수밖에 없었다. [신유정변과 양무운동에 대해서는 제III권 제6장, 1. 「신유정변」, 3. 「양무운동」 참조].

서태후는 이홍장에게 청의 외교와 국방을 거의 전적으로 맡기면서도 그를 견제하기 위하여 소위 「청의파」라 일컫는 사대부들을 이용한다. 「청류당」으로도 불린 이들은 중국의 「위정척사파」, 즉 전형적인 중화주의자, 반외세주의자, 쇄국주의자들이었다. 1884년에는 이홍장의 반대에도 불구하고 나라를 승산 없는 「청불전쟁」에 몰아넣어 굴욕적인 패배를 안기고 양무운동의 몰락을 불러온다. 이들은 청일전쟁을 앞두고 이홍장이 친외세적이고 일본과 싸울 의지가 없다고 비판하면서 다시 부상한다.

청의파는 10년 전 청이 프랑스를 이길 수 있다고 착각했듯이 이번에는 일본을 손쉽게 이길 것을 믿어 의심치 않는다. 이는 중국인 대부분의 공통된 생각이었다. 전쟁이 발발한 직후 한 만주 상인은 외국 특파원에게 「일본! 작고 중요하지도 않은 나라다. 그런 일본을 뭉개 버리는 것은 북쪽에서 가끔 일어나는 도적떼를 제거하는 것과 마찬가지 일이다」라고 한다.[2] 청 해관 총세무 로버트 하트(Robert Hart, 1835.2.20.~1911.9.20.)는 「중국인 100명중 99명은 중국이 작은 일본을 박살 내버릴 것이라고 확신한다」고 한다.[3] 심지어는 청군이 속수무책으로 일본군에 연패하고 있던 1895년 1월 에도 『노스차이나헤럴드』는 「언론 보도를 보고 있으면 일본은 한번 손을 봐줘야 하고 중국은 일본을 얼마든지 손 봐줄 수 있다는 것이 나라의 분위기」라고

보도한다.[4]

청일 양국의 전쟁준비 상황을 가장 정확하게 파악하고 있었어야 하는 일본 주재 청 외교관들조차 중국 국내의 상황인식이 잘 못 되었음을 지적하지 않는다. 이들은 일본에 상주하면서 매일 목격하고 있는 일본의 급격한 근대화 과정이 청-일 관계에 어떤 영향을 미칠지, 극동지역의 역내 질서에 어떤 변화를 가져올지 전혀 이해하지 못한다.

극소수의 청 외교관들은 일본의 눈부신 발전과 그 함의를 분석하는 글들을 썼지만 청의 지도부는 읽지 않는다. 당시 중국처럼 폐쇄적인 세계관을 가진 사회에서는 외부세계를 소개하고 분석하는 글을 쓰는 사람들이 오히려 이상한 사람들로 치부됐다. 중국문명의 우월성에 대한 자부심에 가득 찬 청의 사대부들은 바깥 세상을 공부할 아무런 필요를 느끼지 못한다.[5]

일본의 청 외교관들은 문화활동에만 심취한다. 이들과 교류하던 일본의 「문인」들은 자신들도 중국문명의 산물임을 자부하면서 고대 중화문명을 지키는 것을 자신들의 임무로 생각할 뿐 나라에서 일어나고 있는 산업혁명의 의미와 중요성을 이해하지 못한다.

이홍장은 회군과 북양함대를 유지하고자 노력한다. 그러나 해군을 건설할 수 있는 재정은 서태후 주변의 간신들이 장악하고 있었다. 1889년 이후 서태후는 자신의 환갑잔치 준비를 위해 해군의 군비를 자금성 북쪽에 「이화원(頤和園)」이라는 새로운 궁을 조성하는데 유용한다. 영국-프랑스 연합군이 약탈하고 불태운 「원명원」을 대신할 수 있는 궁을 짓는 대역사였다. [원명원의 파괴에 대해서는 제1권, 제2부, 제5장, 3. 「베이징 함락과 원명원 약탈」 참조].

「이화원」 조감도(1888년)

이화원의 만수산(萬壽山) 불향각(佛香閣)

당시 추측으로는 이화원 보수에 12,000,000냥 가량이 사용되었다. 이는 6내지 7척의 군함을 구입할 수 있는 액수였다. 1889년 이후 청 해군의 전력증강은 없었다. [6]

그렇지 않아도 한족 사대부가 강력한 군대를 갖고 있는 것을 청 황실이 불편해하는 상황에서 이홍장이 이의를 제기할 수도 없었다. 그렇다고 전쟁 준비가 안 되었다고 시인할 수도 없었다.[7]

광서제(덕종)

청의파는 광서제(光緒帝, 청의 제11대 황제 1871.8.14.~1908.11.14.) 주변에 모여든다. 서태후와는 달리 그의 조카 광서제는 일본과 일전을 치를 용의가 있었다. 이홍장이 주도한 양무운동을 그토록 반대하던 청의파는 이번에는 패할 것이 뻔한 일본과의 전쟁을 피해보고자 하는 이홍장을 겁쟁이로 몰아붙인다. 전쟁을 할 수도, 안 할 수도 없는 진퇴양난에 빠진 이홍장의 상황을 『노스차이나헤럴드』는 다음과 같이 묘사한다.

> 수년간 그는 맘대로 할 수 있었다. 그리고 근대 함대를 건조하고 방어진을 쌓고, 군대를 조직하는데 돈을 마음껏 쏟아 부을 수 있었다. 그런데 이제 와서 그토록 상대적으로 보잘것없는 적과 싸울 준비가 되어 있다는 말을 할 수는 없었다.[8]

일본의 계속되는 도발 속에 일본에 대해 너무 유화적이라는 비판에 직면한 이홍장은 전쟁을 택할 수밖에 없었다.[9]

국제언론은 청과 일본 간에 전쟁이 임박했다는 사실조차 인지하는
데 오래 걸린다. 주요 신문들은 전쟁이 터지기 이틀 전에야 본격적
인 보도를 시작한다.[10] 그러나 극동에서 발행되는 서방 언론들은 개
전 1달 전부터 전쟁이 임박했음을 보도한다. 『노스차이나헤럴드』는
1894년 6월 29일자 신문에 「중국과 일본 사이에 전쟁이 발발하는
것은 다만 몇 일, 아니면 몇 시간 걸리느냐의 문제일 뿐이다」라고 보
도한다.

그러나 전쟁이 왜 일어나는지, 일본이 왜 전쟁을 원하는지에 대해
서는 대부분의 언론들이 제대로 분석하지 못한다. 『노스차이나헤럴
드』는 일본이 전쟁을 원하는 진짜 이유는 국내의 정치적 갈등을 외
부로 돌리기 위한 것이라고 한다. 「일본 정부는 내전보다는 외국과
의 전쟁을 원한다. 중의원 내 다수의 불만은 심각한 지경에 달하고 있
다...... 외국과의 전쟁은 그러나 인민들을 다시 통합시킬 수 있다. 최
근 몇 년간 일본의 정체(政體)에 쌓이고 있던 악감정(bad blood)을 외부로
발산할 수 있는 기회다」[11] 또 다른 기사에서는 「절망적인 상황에 처한
일본 천황의 정치인들이 그와 그의 왕조, 그의 조상들의 제국을 유지
하기 위하여 전쟁을 시작한 것」이라고 한다.[12] 러시아의 한 신문도 「일
본은 약한 정부의 전형적인 수단, 즉 외국과의 전쟁이라는 수단을 동
원한 것이다」라고 보도한다.[13]

그러나 당시 영국의 저명한 시인으로 일본인 부인과 일본에 거주하
고 있던 에드윈 아놀드 경(Sir Edwin Arnold, 1832.6.10.~1904.3.24.)은 이러한
해석을 비판한다. 「지금 일어나고 있는 투쟁에서 일본은 진보와 정
의, 세계의 발전을 대표한다는 것은 자명하다. 따라서 일부에서 보이
는 일본에 대한 편파적인 견해는 아둔한 것이고 결코 용납될 수 없다」

고 일갈한다.[14] 아놀드는 일본의 정치체제제가 겉으로는 구미식 제도들을 갖추고 있지만 실제로는 결코 민주적이지 않은 과두정임을 알고 있었다. 일본의 의회는 아무런 권한이 없는 겉치레일 뿐이었다. 야당은 목소리는 컸지만 아무런 실권이 없었다. 의회 내부의 불만이 전쟁의 원인이었다는 해석은 어불성설이었다.[15]

에드윈 아놀드

일본이 직면하고 있던 문제는 더 근본적인 것이었다. 주 미 일본 공사 다테노 고조(建野郷三, 1842.1.12.~1908.2.16.)는 미국의 국무장관 월터 그레샴(Walter Q. Gresham, 1832.3.17.~1895.5.28.)에게 「우리 국내 상황은 심각합니다. 그리고 중국과의 전쟁은 인민들의 애국심을 불러 일으키고 정부와 더 밀접하게 만듦으로써 상황을 호전시킬 수 있을 것입니다」라고 한다.[16] 고조가 말한 「심각한 상황」이란 정부와 야당 간의 갈등이 아니었다. 일본의 급격한 근대화 그 자체였다.

일본 내에는 여전히 메이지 유신에 반대하는 세력이 많았다. 과두들과 야당 간에는 공존의 틀이 마련되지 않고 있었다. 메이지 과두들은 지난 4반세기의 근대화를 통해 일본을 열강의 반열에 올려 놓았다는 것을 보여줄 수만 있다면 메이지 유신의 정통성을 확보하는 동시에 끊임없는 정쟁을 잠재울 수 있을 것이라고 생각했다. 이들이 1880년대 내내 불평등조약 재협상에 집착한 이유다. [일본의 불평등조약 재협상에 대한 논의는 제III권, 제7장, 7. 「불평등조약의 재협상」 참조].

일본은 결국 1894년 4월 청일전쟁 직전인 불평등조약을 재협상하는데 성공함으로써 국제법 상으로 구미열강과 대등한 위치에 오른다. 그러나 일본은 여전히 구미 열강의 안중에도 없었다. 1853년 개항 이후 서구열강의 상선과 군함들은 자유자재로 일본을 드나들고 있었다. 일본은 이를 제재할 능력도, 방비도 없었다. 일본의 안보는 그저 열강의 선의에 맡길 수밖에 없었다. 일본의 군사력과 안보 능력에 대한 열강의 인식을 바꿀 수 있는 가장 확실한 방법은 외국과의 전쟁에서의 승리하는 것이었다. 대내 개혁을 완수한 일본의 과두들은 이제 바깥으로 눈을 돌려 일본이 속해 있는 국제질서를 바꾸고자 한다.[17]

청일전쟁은 일본이 전쟁이라는 수단을 통해서 국제적으로 인정받는 열강으로 부상하고자 하는 국가 목표를 달성하는 수단이었다. 일본은 청일전쟁에서 승리함으로써 일본에 대한 국제사회, 특히 구미 열강의 인식을 바꾸고 열강의 반열에 오른다. 오늘날에도 일본을 동아시아를 대표하는 선진국으로 인식하는 서양인들의 인식은 청일전쟁을 통해서 형성된다. 청일전쟁은 메이지 과두들이 강력한 근대국가를 건설하는 마지막 수순이었다.[18]

청일전쟁이 한창이던 1894년 12월 『뉴욕썬(New York Sun)』은 다음과 같은 사설을 싣는다.

올해 초만 해도 미카도(御門, 천황)에 대해 알려진 것은 거의 없었지만 이제 연말이 되어서 그는 세계의 군주들 중 가장 높은 자리를 차지하게 되었다. 상황을 아는 사람이면 그가 놀랍게 계몽된 군주라는 사실을 모를 리 없다. 그는 왕정복고라는 위대한 일을 성취함으로써 봉건체제를 끝냈다. 그 다음 그는 헌법을 공표하였고 의회를 개원했다. 그는 서구문명을 도입하면서도 전통적인 관습들을 유지하였다. 그는 해군과 육군을 개혁하고 일본을 동방의 최강국으로 만들었다. 산업도 장려하였다...... 세계역사에 이런 군주는 없었다.[19]

또 다른 미국 신문은 1895년 4월 다음과 같은 기사를 싣는다.

[1892~1893년의] 시카고 박람회 이후 외국인들은 일본의 문화에 대해 어느 정도 알게 되었지만 이는 일본의 아름다운 자기, 차, 비단 등에 국한된 것이었다. 그러나 청일전쟁이 발발한 작년 이후 일본에 대한 존경심이 도처에서 느껴지고 모두가 일본이 어떻고 일본이 저떻고 하는 얘기만 들려온다...... 가장 흥미로운 것은 일본 여성복 광풍이 불고 있다는 사실이다. 수많은 미국 여성들은 전혀 어울리지 않는 일본 옷을 입고 파티에 간다. 그리고 일본의 승리에 대해서 칭송하는 것을 듣고있자면 마치 자기 나라에 대해 자랑하는 것과 같다.[20]

메이지 시대의 저명한 사상가이자 문인인 오카쿠라 텐신(岡倉天心, 1863.2.14.~1913.9.2.)은 외국인들이 일본이 평화롭게 살아갈 때는 야만적이라고 하더니 전쟁에서 이기니까 외국인들이 모두 일본을 문명국이라고 칭송한다며 비꼰다.[21]

청일전쟁은 중국 제국사의 분수령이었다. 청군이 일본군에 연전연패하면서 전 세계는 오랫동안 주변국들을 호령하던 대청제국이 얼마나 허약한지 본다. 청의 무력함이 드러나면서 생겨난 힘의 공백을 파고 든 것은 과거 그 어느 때보다 더 약탈적인 형태의 제국주의였다. 전쟁에 패한 청은 속방이었던 조선의 독립을 인정하고 타이완과 펑후 제도를 일본에 할양하였을 뿐만 아니라 1898년에는 칭따오를 독일에게, 뤼순(旅順, 여순)을 러시아에게 조차하고 1896년에서 1900년 사이에는 수도 베이징으로 가는 길목인 톈진에 일본, 독일, 러시아, 오스트리아-헝가리, 이탈리아, 벨기에 조차지를 내준다.

청일전쟁은 중국인들에게는 상상을 초월하는 충격이었다. 대청제국이 일본에 패했다는 사실은 도저히 받아들이기 힘들었다. 그처럼 작고 그토록 경멸하던 일본에게 완패하면서 중국인들은 비로소 근대화의 필요성을 절감한다. 중국이 청일전쟁 직후부터 일본과 구미에 유학생들을 대거 파견하기 시작하는 이유다.

양계초(梁啓超, 1873.2.23.~1929.1.19.)와 같은 중국의 젊은 개화파 지식인들은 청일전쟁을 통하여 입헌제의 힘을 본다. 메이지 일본은 1889년 헌법을 도입하여 일본인들에게 나라의 운명과 개인의 운명을 동일시하는 「국민」으로서의 정체성을 부여한다. 그리고 그로부터 불과 5년 후 청을 상대로한 전쟁에서 승리한다. 청일전쟁을 계기로 중국에서도 입헌주의 운동이 불붙기 시작하면서 2000년 동안 지속하던 왕조 체제는 종말을 고한다.[22]

갑오경장

일본은 조선 조정이 동학난을 진압하기 위해 청에 파병을 요청할 것이라는 정보를 입수하는 즉시 대규모 군대를 조선에 파병한다. 그러나 청을 조선에서 축출하는 것 외에는 뚜렷한 정책적 목표가 없었다. 조선이 다른 열강의 영향권에 들어가는 것을 막아야 했지만 과연 어떻게 막을 것인지에 대한 구체적인 안은 없었다. 조선이 자체적인 개혁을 통해서 독립을 유지하도록 돕는 것 만으로 충분할 것인가? 일본이 조선을 준보호령으로 만들어서 직접 개혁을 주도할 것인가? 아니면 일본이 조선을 점령하고 직접 통치할 것인가?[23]

결국 핵심은 조선이 과연 자력으로 필요한 개혁을 추진하고 완수할 수 있는가였다. 일본이 조선을 보호령으로 만들거나 직접 통치를 하지 않으면서도 조선에 외세가 개입하는 것을 막을 수 있는 유일한 방법은 조선이 근본적인 개혁을 통하여 독립국가로 자립하는 길뿐이었다. 그러나 1870년대부터 조선 내정의 난맥상을 지근거리에서 목격하고 경험한 일본의 지도층은 조선이 자력으로 개혁을 추진하는 것은 불가능하다고 본다. 무츠 일본 외무대신은 적극적인 개입 정책을 채택한다.

이럴 때일수록 그 수단은 확실하고 신속해야만 했다. 왜냐하면 조선과 같은 나라는 그 스스로가 쌓아온 잘못을 깨닫지 못할 뿐 아니라, 그들 스스로가 고칠 필요를 느끼지 못하기 때문에 이러한 나라에 대하여 다른 나라가 그 잘못을 고칠 것을 권장하는 것은 세차게 흐르는 홍수의 물살을 허약한 제방으로 막으려는 것과 같아서 한쪽을 막으면 다른 쪽이 범람하듯이, 모처럼 우리나라가 종용한 개혁안이 그 기본정신이 꿋꿋함에도 불구하고, 그것을 실행했을 때의 형상이 때때로 변하게 될지도 모르기 때문이었다.[24]

일본은 청과의 전쟁을 시작하는 동시에 조선의 내정 개혁을 강제로 추진하기 위하여 조선 조정을 무력으로 제압하기로 결정한다. 주조선 일본 공사 오토리는 7월 23일 일본군 대대병력을 이끌고 경복궁으로 침입하여 고종을 인질로 삼고 흥선 대원군을 새 정부의 수반으로 앉힌 다음 「갑오경장」을 시작한다. 1894년 7월 27일 개혁을 추진하기 위한 새로운 기구인 「군국기무처(軍國機務處)」가 설치되면서부터 1896년 2월까지 지속된 갑오경장은 효율적이고 깨끗한 정부를 만드는 것이 목적이었다. 연고주의, 매관매직, 중복되는 관직들을 제거하고 관직에 따라 책임과 봉급을 정확히 규정하고, 국가예산을 편성하고, 세금, 군대, 사법부, 교육제도를 개혁하고 국가의 도로망 등 기간산업도 근대화시키는 것이 목적이었다. 가장 중요한 개혁 과제 중에는 과거제도의 폐지도 포함되어 있었다. 과거의 폐지는 양반만 관직에 나갈 수 있었던 신분제도의 철폐를 의미했다. 이로써 조선 창업부터 권력을 독점했던 극소수 양반계급의 권력 기반은 하루아침에 무너진다.[25]

1894년 7월 28일자 『뉴욕타임즈(The New York Times)』는 「일본은 조선의 내정 개혁이 일본이 만족할 만한 수준으로 보장될 때까지 조선의 왕을 인질로 잡고 있겠다고 공표했다」고 보도한다.[26] 청의 해관총세무 하트(Robert Hart)는 일본이 「노련한 방식으로 왕의 목구멍으로 독립과 개혁을 쑤셔 집어넣고 있다」고 하면서 구미 열강들은 「일본의 방법에는 반대하지만 그 목적에는 동의한다」고 한다.[27]

그러나 갑오경장은 실패한다. 일본이 개혁정부의 지도자로 내세운 흥선 대원군은 군국기무처가 쏟아내는 개혁안들을 모두 거부한다. 대원군은 일본을 포함한 모든 외세를 근본적으로 불신하는 극단적인 보수주의자, 쇄국주의자였다. 그럼에도 불구하고 일부 개화파들과 조선 주재 일본 외교관들이 「적의 적은 친구」라는 억지논리 하에 대원군을 개혁정부의 수장으로 앉힌 것이 패착이었다.

대원군의 궁극적인 목표는 민비를 폐서인시키고 고종을 폐위 시킨 후 장손 이준용을 왕위에 앉히는 것이었다. 그러나 일본과 군국기무처를 주도하던 개화파가 민비 폐서인에 극력 반대하고 개혁에 반대하는 대원군의 측근들을 제거하기 시작하자 대원군은 일본과 개혁정부를 상대로 암약하기 시작한다.

1894년 9월초 「평양전투」를 앞두고 대원군은 밀사를 보내 청군과 접촉한다. 동시에 삼남지방에 「초모사(招募使)」를 파견하여 사대부가문과 동학지도부를 접촉하여 「의병」을 일으키도록 한다. 임진왜란 때 명군이 평양에서 일본군을 격퇴하고 남쪽에서 의병이 일어나면서 결국 왜군을 조선에서 축출하는데 성공하였듯이 이번에는 평양의 청군과 삼남지방의 동학군의 협공으로 일본군을 조선에서 축출시킨다는 계획이었다. 대원군은 「성환전투」와 「풍도해전」에서 일본군이 대승했음에도 불구하고 여전히 청군이 궁극적으로 일본군을 격퇴할 것으로 생각했다.

그러나 대원군의 전략은 일본군이 9월 15일 벌어진 평양전투에서 일방적인 승리를 거두고 청을 조선반도에서 완전히 축출함으로써 물거품이 되어버린다. 뿐만 아니라 대원군이 청군과 내통했다는 사실은 일본군이 평양의 청군 진중에서 대원군의 친서를 노획하면서 밝혀진다.

반면 청일전쟁이 평양에서 압록강으로, 그리고 중국 본토로 확산되는 와중에도 삼남의 동학군은 다시 봉기한다. 전주에서 패퇴한 후 정부를 자극하지 않고 조용히 포교활동에 전념할 것을 주장한 최시형의 「북접」과 무장투쟁을 계속할 것을 주장하는 전봉준의 「남접」사이의 갈등으로 잠시 소강상태에 들어갔던 동학난은 대원군의 적극적인 개입으로 다시 일어난다.

특히 1891년에서 1893년까지 3년 가까이 운현궁의 문객으로 머물면서 대원군을 추종하게 된 전봉준은 적극 호응한다. 1894년 당시 대원군은 정부의 수반이었다. 그가 「왜구가 범궐하여 화가 종사에 미치고 명(命)은 조석에 달렸다」는 고종의 「밀지」를 「초모사」들을 파견하여 보내자 전봉준은 다시 거병한다.[28] 제2차 동학난이 제1차 동학난과 달리 적극적인 반일의 기치를 올린 것도 대원군의 영향이었다.

일본은 조선 내정 개혁이 지지부진할 뿐만 아니라 동학난마저 본격적으로 재발하자 메이지 과두의 한 명으로 외무대신을 역임하였고 1876년 「강화도조약」 당시부터 조선과 깊은 인연을 맺어온 이노우에 가오루(井上馨, 1836.1.16.~1915.9.1.)를 주 조선 공사로 파견한다. 1894년 10월 26일 한양에 부임한 이노우에는 다시 봉기한 동학난을 일본군 3개 중대를 투입하여 진압한 후 11월 초 대원군에게 평양성에서 발견한 문서를 보여주고 이준용이 동학과 접촉을 시도하였음을 시인하게 한 후 정계에서 은퇴시킨다.

대원군의 후임으로 조선의 개혁을 추진할 인물로는 박영효를 발탁한다. 갑신정변후 10년에 걸친 일본 망명생활을 통하여 개혁의 청사진을 마련한 박영효는 1894년 12월 17일 내무대신에 임명되어 이노우에의 강력한 지원 하에 고종-민비와 화해하면서 제2차 갑오경장을 추진한다. 고종은 이노우에와 박영효의 주도하에 1895년 1월 종묘와 사직단에 나가 「홍범 14조」를 선포하면서 개혁의 고삐를 당긴다. 4월 4월에는 「내무아문훈시」를 반포하여 조선의 일상을 개혁할 청사진을 공개한다.

그러나 박영효도 이내 이노우에와 갈등하기 시작한다. 박영효는 일본의 도움 없이도 개혁을 추진할 수 있는 권력기반을 마련하기 위해 노력하기 시작한다. 이 과정에서 박영효는 일본과 마찰하기 시작했을 뿐만 아니라 고종과 민비와의 관계도 틀어진다.

1895년 5월 24일 일어난 「삼국간섭」은 일본과 친일개화파가 주도한 갑오경장에 결정타를 가한다. 러시아, 독일, 프랑스가 개입하여 「시모노세키 조약」을 통하여 일본이 할양 받은 랴오둥반도를 반환하도록 강제한 「삼국간섭」은 고종과 민비, 민씨 척족에게 일본이 생각보다 강하지 않다는 것을 보여준다. 민비는 곧바로 「삼국간섭」을 주도한 러시아의 공사 베베르(Carl Friedrich Theodor von Waeber, 1841.6.17.~1910.1.8.)와 손을 잡으며 일본을 견제하기 시작한다.

박영효는 마지막 수단으로 경복궁의 호위병을 일본 장교들이 훈련시킨 「훈련대(訓鍊隊)」로 교체하고 정권을 장악하려 하지만 오히려 고종과 민비의 역습을 받는다. 1895년 7월 6일 고종은 박영효를 반역으로 체포하라는 교지를 내린다. 박영효는 7월 7일 다시 한번 일본 망명길에 오른다.

제2차 갑오경장마저 실패로 돌아가자 이노우에는 친일개화파를 통한 개혁을 포기하고 고종과 민비, 민씨 척족과 협력하기 시작한다. 민비가 내정에 간섭하는 것을 금했던 영을 해제시키고 일본 정부로부터 300만엔에 달하는 거액의 차관을 들여와 고종과 민비에게 제공할 것을 약속한다. 그러나 갑오경장이 실패하였음을 깨달은 일본 정부의 반대로 차관은 무산된다. 낙담한 이노우에는 조선 내정 개혁의 당찬 포부를 안고 주 조선 일본 공사로 부임한지 만 1년 만인 1895년 10월 일본으로 귀국한다.

이노우에의 후임으로 부임한 미우라 고로(三浦 梧樓, 1847.1.1.~1926.1.28.) 공사는 10월 26일 「을미사변」을 일으켜 반일과 반개혁, 「민씨정권」의 상징인 민비를 시해한다. 일본이 주도권을 다시 잡는 듯했지만 이도 잠시, 고종이 친러파의 주선으로 「아관파천」을 단행함으로써 민비 시해 이후 제3차 갑오경장을 주도하던 김홍집과 어윤중은 폭도들에게 살해당하고 조선 내정 개혁을 시도한 갑오경장은 실패로 막을 내린다.

1. 동학난과 일본 공사관

일본이 조선에 파병할 것을 가장 먼저 건의한 것은 한양 주재 일본 공사관원들이었다. 동학난이 일기 시작할 당시 주 조선 일본 공사는 오토리 게이스케(大鳥圭介, 1833.4.14.~1911.6.15.)였다. 그러나 오토리가 5월 4일 일본으로 일시 귀국하자 서기관 스기무라 후카시(杉村濬, 1848.3.20.~1906.5.20.)가 대리공사를 맡는다. 초대 인천 부총영사로 부임한 스기무라는 일본 공사관에서 계속 근무하면서 일등서기관까지 진급한다. 공사들은 수 없이 바뀌었지만 스기무라는 계속 조선에 근무함으로써 일본에서 가장 신뢰하는 조선통이 된다.[29]

스기무라는 동학난을 긴장속에 주시하고 있었다. 다음은 스기무라의 일기다.

민영익은 군대를 보내 동학난을 분쇄할 것을 주장하였으나 많은 대신들은 이들이 현지의 탐관오리의 학정에 봉기한 착한 백성들이라면서 강제 진압에 반대한다. 그 대신 잘 타이를 것을 주장한다. 민영익은 조정에 의존할 수 없다고 생각하고 비밀리에 원세개와 의논하기 시작했다. 원세개는 조선이 너무 약해서 반란을 진압할 가능성이 없다고 생각했고 조선군이 패하고 폭도가 한양에까지 들어오면 외국과의 관계가 복잡해질 것을 걱정하여 하루 빨리 진압되기를 바랬다. (이는 내가 원세개로부터 직접 들은 얘기다). 그는 또한 큰 공을 세우고 싶어 했다. 그래서 한때는 손수 중국인 경찰과 상인들을 이끌고 난을 평정하러 갈 생각도 했다...... 그는 조선군을 돕고자 청의 전함들을 빌려주었다. 5월 9일, 홍계훈의 조선 병사 800명은 청의 전함 한 척과 두 척의 조선 배에 올라 군산항으로 향했다. 이 당시 청의 군함에는 청의 군사들도 승선해 있다는 소문이 돌았지만...... 확인할 방법이 없었다.

5월 22일, 스기무라는 만일 조선이 청에게 군사 지원을 요청할 경우 일본도 군대를 보내 조선에서 대등한 군사력을 유지할 것을 본국 정부에 건의한다.[30]

만일 지나병(支那兵: 중국군)이 들어온다면 조선의 장래 형세에 어떤 변화를 초래할지 예측하기 어렵습니다. 따라서 우리도 당장 우리 관민을 보호하고 일청 양국의 균형을 유지하기 위해 민란이 진정돼서 청병이 철군할 때까지 공사관 호위 명분으로 구약(舊約)에 의거해서 군대를 보낼지, 아니면 청병이 들어오더라도 우리 정부는 별도로 파병 논의를 하지 않을 것인지, 이는 매우 시기상조인 것 같지만 반드시 미리 결정해 둘 필요가 있

습니다.[31]

상황은 점점 더 악화된다.

한양에서 출발한 조선군은 동학군에게 패했다. 소문에 의하면 조선군의
절반은 교전이 시작되기도 전에 도망쳤다고 한다. 그러자 5월 23일 400
명의 추가 병력을 조선 배에 태워 보냈다. 그러나 이들이 진압에 성공하
리라고 생각하는 사람은 아무도 없었다. 그저 모두가 청나라에 의존할 뿐
이었다. 그러나 나는 조선의 외무대신에게 내부의 반란을 진압하기 위하
여 외국 군대에 의존하는 것은 안 좋다고 하였다. 나의 말은 고종과 조정
대신 거의 모두에게 전해졌고 일부 대신 몇 명의 경우를 제외하고는 내
견해에 동의하는 듯했다.[32]

후쿠자와 유키치는 5월 30일자 『지지신보(時事新報)』 사설에서 만일
조선 정부가 동학난을 평정하지 못한다면 조선은 무정부상태로 전락
할 것이고 이는 서구열강이나 청에게 군대를 파견할 빌미를 제공할
것이라고 경고한다. 그리고 조선은 결국 독립을 유지할 수 없게 될
것이고 이는 일본의 위신에 중대한 해를 끼칠 것이라면서 이러한 사
태를 방지하기 위해서는 청이 조선에 파병할 경우 일본도 군대를 보
내 조선에 거주하는 일본인들을 보호하고 동학난을 평정할 것을 주
장한다.[33]

5월 31일 전주가 동학군에 함락된다. 그러자 조선 조정은 청에 원
병을 요청하기로 한다. 스기무라의 일기다.

오토리 게이스케 주 조선 일본 공사   스기무라 후카시(杉村濬)

그러나 31일 전주가 함락되었다는 소식을 들은 조선 조정은 놀란 나머지 청의 도움을 청하기로 결정하였다. 그리고 6월 1일, 원세개에게 공식적인 원병 요청을 한다. (그러나 반대 의견들 때문에 원병을 요청하는 편지를 보내는 것이 지연되어 6월 3일에나 보내졌다고 들었다).[34]

2. 원세개와 이홍장의 오판

스기무라는 6월 2일과 3일 원세개에게 일본 공사관의 서기생 겸 중국어 통역 데에호(鄭永邦)를 보내 청이 조선 정부로부터 파병요청을 받았는지 묻는다. 원세개는 「공문은 아직 접수하지 않았지만, 쌍방의 논의가 이미 내정됐으니 공문을 접수하는 대로 출병할 준비를 하고 있다」고 답한다. 스기무라는 6월 3일 원세개를 직접 만나 장시간 대화를 나눈다.

원씨 말의 대체적인 뜻은, 「현재 동양의 평화를 유지하고자 한다면, 조선의 내란이 치성(熾盛)하기 전에 진압하는 것이 매우 큰 급무이다. 동학당의 난은 정부와 지방관 등의 학정에 원인이 있으니 정부를 징계하는 유일한 침폄(針砭: 쇠로 만든 침과 돌로 만든 침. 교훈, 경계)이기는 하나, 만약 이를 방관해서 흘러가는 대로 방임할 경우 정부의 힘으로 진압하지 못하고 오히려 난도(亂徒)들 때문에 전복되는 지경에 이를 것이다. 그 경우 반드시 외국의 간섭을 초래해서 조선은 끝내 각국이 다투는 지역이 될 것이다. 그러므로 내 의견은, 조선 정부의 시정(施政) 여하를 불고하고 어쨌든 난민(亂民)을 진압해서 외국 간섭의 화단을 근절해야 한다는 것이다」라는 것 같았지만, 그는 이처럼 공평한 논의를 펴는 이면에 하나의 야심을 품고 있었다. 근년에 조선에서 일본이 심하게 경쟁하지 않는 것을 보고는 내심 일본을 업신여겨서, 이 기회를 틈타 원병을 보내서 청한 종속관계를 분명히 하고 자기의 공명을 세우려는 데 그 의도가 있음은 외면에서 추측할 수 있었다. 그때 내가 조금 희롱하는 표정으로, 「그것은 실로 곤란하다. 귀국이 정말로 출병한다면, 우리나라도 출병하지 않을 수 없을 것이다」라고 말하자, 원씨는 갑자기 안색을 바꾸더니 「무엇 때문에 출병하는가?」라고 물었다. 나는 「우리 공사관과 인민을 보호하기 위해서다」라고 답했다. 원씨는 거듭 「우리나라가 원병을 보내서 난민을 진압하여 외국인에게 추호도 위해가 미치지 않게 할 것이니, 귀국은 출병할 필요가 없다」라고 말했다. 나는 「조선 정부는 스스로 그 난민을 진압할 수 없어서 외국에서 원병을 빌릴 정도이다. 따라서 우리나라는 편안히 그 보호에 의지하고 있을 수 없고, 또 조선 안에서 귀국의 보호에 기댈 이유도 없으니,

원세개(袁世凱) 중화민국 총통 원세개(1915년) 중화제국(中華帝國) 홍헌제(洪憲帝) 원세개(1915년)

우리나라는 우리 군대를 이끌고 스스로 지키는 것이 당연하다」라고 답했다. 그러자 원씨가 「귀국이 만약 군대를 불러들인다면, 다른 나라도 군대를 불러들일 것이다. 이는 진실로 화란(禍亂)의 단서이다. 게다가 외국 군대가 경성에 진입하는 것은 국왕이 매우 좋아하지 않는다」라고 꽤 진지하게 말했다. 나는 그 말을 부정해서, 「내가 앞에 한 말은 하나의 공상을 서술한 것에 불과하니 부디 염두에 두지 말라」라고 하고 화제를 돌렸다.[35]

원세개는 스기무라와의 대화를 통해 청이 동학난을 평정하기 위하여 조선에 파병하더라도 일본은 조선의 일본 공사관과 영사관, 일본인 거주민들을 보호하기 위하여 대대 병력 정도만 보낼 것이라고 이홍장에게 보고한다.[36]

경병(京兵)은 패하고 무기는 빼앗겨서 한(韓)의 각 군대가 모두 간담이 서늘해졌습니다. 최근에 한성과 평양 군사 2천 명을 보내서 각각 나눠서 비도(匪徒)를 막고 초멸(剿滅)할 것을 상의했는데, 왕은 병력이 부족하니 추가 파병할 수도 없고 신뢰할 수도 없다고 하면서 중국에서 군대를 보내 대신 초멸해 줄 것을 요청했습니다. 조선이 중국의 보호에 귀화하고 그 내란을 스스로 끝내지 못해서 중국이 대신 평정해 줄 것을 구하고 있으니, 상국의 체면에 억지로 물리칠 수 없습니다. 그래서 얼마 전에 「만약 반드시 중국군대가 필요하다면 정부에서 문서를 갖춰 오라. 즉시 대신 타전해서 대헌(大憲)에게 처리해 달라고 청할 것이다」라고 했습니다.

...... (중략) ......

그 공문이 오기를 기다렸다가 부디 총서(叢書)에게 전달해 주시고, 주일(駐日) 왕성사(汪星使: 왕사신, 즉 왕봉조)에게 타전해서 조약에 따라 일본(倭)의 외부(外部)에 공문을 보내 조선의 요청을 고지하게 하십시오. 「을유년(1885)년 약조(톈진조약)」에 중국과 일본이 파병할 때는 단지 사전에 공문을 보내서 알린다고만 했고, 애초에 중국이 파병하면 일본도 파병한다는 문장은 없었습니다.

일본은 다사(多事)를 좋아해서, 공사관 보호를 구실로 100여 명의 군대를 조발(調發)하여 한성에 보내는데 불과할 것입니다. 그렇지만 비도(匪徒: 동학군)는 아직도 한성과 멀리 떨어져 있기 때문에 일본 군대가 들어오면 오히려 소동이 일어날 것입니다. 따라서 조선의 외서(外署)는 응당 이를 막을 것이요, 각 양원(洋員: 서양 외교관)들도 일본이 먼저 스스로 소요를 일으키는 것을 원치 않을 것입니다. 얼마 전에 일본의 역원(譯員) 데에호(鄭永邦)가 명령을 받고 제게 와서 비도의 실정에 관해 문의했습니다. 그리고 말하기를, 「비도가 소동을 부린 지 오래돼서 상무(商務)에 크게 손해를 끼치고 있으니 여러 가지로 우려된다. 한인(韓人)은 필시 이를 종식시킬 능력이 없으니, 시간이 지날수록 처리하기 어려울 것이다. 귀 정부는 어째서 조선을 대신해서 속히 평정하지 않는가?」라고 했습니다. 저는 「조선 조정에서도 그런 요청이 있었다. 우리 정부는 조선이 전투에 익숙해져서 스스로 강해지기를 바라기 때문에 아직 조사해서 승인하지 않은 것이다」라고 답했습니다. 그리고 을유년 약조에 따라 만약 우리가 파병한다면 어느 기관에서 통보해야 하는지 질문했습니다. 데에호는 「총서에서 통보해도 괜찮고 북양(北洋)에서 통보해도 괜찮다. 우리 정부는 필시 다른 의견이 없을 것이다」라고 답했습니다.[37]

원세개는 스기무라의 분석대로 공을 세우고 조선에 대한 종주권을 확인할 수 있는 기회로 생각하고 청의 파병을 적극 종용한다. 일본도 마치 청의 파병을 원하고 개입할 의사도 없는 듯이 이홍장에게 보고한다.

주 일 청국 공사 왕봉조(汪鳳藻, 1851.10.16~1918, 재임: 1892~1894)는 일본 정부와 의회 간의 갈등 때문에 일본이 국론통일이 어렵고 따라서 조선에 적극 개입하지 못할 것이라고 보고한다. 왕봉조는 일본 의회에서 정쟁이 끊이지 않는 낯선 광경을 목격하고 이러한 결론을 내린다. 실제로 모든 정당들은 국익에 위반되는 한이 있어도 경쟁적으로 정부를 비난하는 일에 골몰하고 있었다. 총리대신 이토 히로부미는 헌법을 제정한지 5년이 지났음에도 의회는 여전히 「길 잃은 양들처럼」 헤매고 있다며 격분한다. 이러한 분열상을 목격한 청 외교관들은 외국과의 전쟁이 발발할 경우 일본 국민이 얼마나 일치단결할 것인지 전혀 감지하지 못하고 있었다.[38]

더구나 청의 외교관들은 물론 일본 사람들 대부분도 청의 군사력이 일본의 군사력보다 우월하다고 생각하고 있었다. 일본 외무성 차관

이토 히로부미(伊藤博文)　　　　　　　무츠 무네미츠(陸奥宗光)

하야시 타다스(林董, 1850.4.11.~1913.7.20.)는 「청일전쟁 이전에는 일본 사람들이 청의 후진성을 비웃고 그들을 깔보는 말들을 하였지만 실제로는 청을 매우 두려워했다」고 한다.[39]

무츠 일본 외무대신은 회고록에 당시 일본 정치에 대한 몰이해가 원세개와 왕봉조로 하여금 이홍장에게 보다 적극적으로 파병을 하게 되었다고 술회하고 있다.

원세개는 메이지 17년(1884년, 갑신정변이 일어난 해) 이래, 일본 세력이 조선에서 점점 미약해져 간다고 보았다. 더욱이 메이지 23년(1890년) 헌법 실시 후, 일본 정부와 의회 사이에는 언제나 알력이 있다는 상황을 알고는, 우리 정부가 타국에 대해 군대를 파견할 수 있을 것 같은 대결단을 내리기에는 불가능하다고 여겨, 이 기회에 조선에서 청국의 세력을 확대시키려는 뜻을 세우고 있었다. 우리나라 주재 청국 공사인 왕봉조도 우리나라

아리스가와노미야 다루히토 친왕(有栖川宮熾仁親王)   가와카미 소로쿠(川上操六)

에서 관과 민 사이의 쟁집(爭執)이 날로 더해가면서 극한 상황으로 치닫는 것을 보고, 일본은 도저히 다른 나라에 대해서 신경을 쓸 여유가 없다고 함부로 판단하여, 그들은 각각의 소견을 청국 정부에 통고하니, 두 사람의 의견은 서로가 기약함도 없이 딱 들어맞았던 것이다. 이것이 청국 정부가 처음부터 양국의 형세를 오인하게 되는 요인이 되었다.[40]

6월 2일, 무츠 무네미츠 일본 외무대신은 스기무라로부터 조선 조정이 동학군의 기세에 당황하여 원세개에게 지원군 파병을 요청했다는 보고를 받는다. 당시 이토 내각은 부패 스캔들과 불평등조약 개정 문제 등으로 야당의 거센 공격에 직면해 있었다. 중의원 해산과 총선을 고려하고 있던 이토는 강력한 대외정책을 요구하는 의회의 요구를 들어줌으로써 정치적 위기를 돌파하기로 한다.

이토의 사저에서 소집된 특별 내각회의에서 무츠는 청과 일본 간의 군사적 균형을 유지하기 위하여 「상당한 군사력」을 조선에 파견하겠다고 통보한다. 내각은 만장일치로 무츠의 제안에 동의한다. 내각은 총참모장 아리스가와노미야 다루히토 친왕(有栖川宮熾仁親王, 1835. 3.17.~1895.1.15.)과 부참모장 가와카미 소로쿠(川上 操六, 1848.12.6.~1899.5.11.)를 불러 조선의 일본 공사관, 영사관, 그리고 20,000명에 달하는 일본인 거주민들을 보호한다는 명목 하에 군사를 파견할 것을 명한다.[41] 이토는 곧바로 중의원을 해산하고 「고쿄(皇居, 황거)」로 가서 천황의 재가를 받는다. 메이지는 조선에서 반란이 일어나 일본 거주민을 보호하기 위하여 군사를 파견한다는 짧은 칙령을 반포한다.[42]

일본주재 서양 외교관들은 조선 파병문제를 국내정치에 이용하려는 일본 정부의 의도를 쉽게 간파한다. 주 일본 영국 대리공사 패짓(Ralph Spencer Paget, 1864.11.26.~1940.5.11.)은 「적극적이고 공격적인 조선 정책은 국내적으로 매우 인기가 있을 것이며 그런 점에서 이미 충분이 효력을 발휘하였다」고 본국에 보고한다.[43]

그러나 조선 파병을 결정한 것은 국내 정치적으로 이용가치가 있었기 때문만은 아니었다. 이토 내각이 파병을 결정한 것은 임오군란과 갑신정변 때의 실수를 반복하지 않기 위해서였다. 1882년 임오군란 당시 일본 정부는 혼성 여단을 조선에 파견할 계획이었으나 먼저 파병한 청에 선수를 빼앗겼다. 만일 일본이 먼저 군대를 보낼 수 있었다면 일본이 대원군을 축출하고 군란을 평정할 수 있었다. 1884년 갑신정변 때도 만일 일본이 청보다 우세한 병력을 파견하였다면 친일개화파 정권을 지켜낼 수 있었다.[44] 이러한 실패를 반복하지 않고 동학난을 일본에게 유리한 국면으로 전환시키기 위해서는 대군을 신속하게 파견하는 것이 관건이었다. 이토는 훗날 영국 영사 새토우(Sir Ernest Mason Satow, 1843.6.30.~1929.8.26.)에게 일본이 청보다 많은 군사를 보낸 이유는 「과거에 중국보다 군사의 숫자가 적음으로 인해서 겪었던 불리함」 때문이라고 얘기한다.[45]

6월 2일 무츠는 스기무라에게 내각이 파병을 결정하였음을 알린다. 6월 3일 스기무라는 무츠에게 6월 2일과 3일 원세개와 만나 나눈 대화 내용을 전하는 전문을 보낸다.[46]

3. 고종의 청군 파병 요청 (1894.6.3.)

6월 3일 고종은 민씨 척족과 원세개의 종용에 따라 동학난을 진압하기 위한 군대를 보내줄 것을 청 조정에 공식 요청하기로 결정한다. 민씨 척족의 입장에서는 선택의 여지가 없었다. 동학군은 민씨 척족을 학정과 부패의 원흉으로 간주하였고 민씨 척족의 숙적인 흥선대원군과 내통하고 있다는 소문이 돌았다.[47] 무츠 무네미츠 일본 외무대신은 회고록에 조선이 청에게 파병요청을 하게 되는 경위를 다음과 같이 기술하고 있다.

당시 조선왕조의 정황을 돌아본다면, 세상은 왕비의 일족인 민씨들이 전횡하는 시대였고, 그러한 와중에서도 붕당상쟁(朋黨相爭)이 계속하여 극렬하게 일어나고 있었다. 특히 민씨 일파의 대표자인 민영준(閔泳駿, 후에 민영휘로 개명)은 왕실 외척이라는 신분을 이용하여 세도의 핵심이 되어, 그권력이 하늘 닿는 줄 모를 정도로 컸음에도 불구하고, 동학당의 난이 일어나 관군이 계속 패하자, 내외로부터의 공격이 한 몸에 집중되어 곤란한 지경에 처하게 되었다. 이에 활로를 찾기 위해 미봉책으로 청나라 사신인 원세개와 결탁하여, 청국 군대 출병을 청하기에 이르렀던 것이다.

소문에 의하면, 당시 조선 대신들 안에서는 특히 국왕까지도 청국 군대의 조선 출병은 일본의 출병까지도 가져오는 상황을 몰고오기 때문에 청국에게 구원을 청하는 것은 상당히 위험한 방책이라 하여 민영준의 결의를 비난하기도 했다고는 하나, 몇몇이 앞으로 나아가 스스로 모든 책임을 통감하면서, 이러한 정략은 난국 타개에 전혀 도움이 안 된다고 용기 있게 건의하는 자는 하나도 없었던 것 같다. 이러한 상황에서 민영준은 마침내 국왕에게 청국의 신하로 자칭토록 하여, 출병을 구걸하도록 종용하기에 이르렀던 것이다.[48]

원세개와 왕봉조 등의 보고를 받은 이홍장은 조선이 파병을 요청하여 청이 파병한다는 사실을 일본에 미리 알리기만 한다면 일본도 반대하지 않을 것이라고 생각한다. 이홍장은 원세개에게 고종으로 하여금 청에 원군을 파병해 줄 것을 공식적으로 요청하도록 할 것을 지시한다. 조선 조정은 6월 3일 참의교섭통상사무 성기운(成崎運)을 원세개에게 보내 공식적으로 청의 출병을 요청한다.

조선 의정부 좌의정 조(趙)가 조회함.

폐방(弊邦)의 전라도 소관 태인, 고부 등의 현은 백성의 습속이 흉한(兇悍: 흉하고 사나움)하고 성정이 험휼(險譎: 음험하고 속임이 많음)해서 평소 통치하기 어렵다고 하는 곳입니다. 최근 몇 달 동안에 부곶(附串)의 동학교비(東學敎匪) 1만여 명이 모여서 현읍 십여 곳을 공격해서 함락하고, 이제 또 북쪽으로 몰려가 전주 성치(省治: 감영)를 함락했습니다. 전에 연군(練軍: 훈련된 군사)을 파견해서 초무(剿撫)했지만, 이 비도들이 끝끝내 목숨을 걸고 항전해서 연군이 패하고 많은 대포를 잃었습니다. 이 흉완(兇頑: 흉악하고 완고한)한 자들이 오래 요란을 일으킬 듯하니 크게 우려됩니다. 더구나 지금 한성까지의 거리가 겨우 4백 몇 십 리에 불과하니, 다시 북쪽으로 달아나게 내버려 둔다면 아마도 기보(畿輔: 수도 근방, 경기도)에 소동이 생겨서 적지 않은 손실이 있을 것입니다. 그런데 폐방의 갓 조련한 각 군대의 현재 숫자가 간신히 도회(都會)를 호위할 수 있을 정도요, 또 전진(戰陣)을 아직 경험하지 못해서 흉구(兇寇: 흉한 도적)를 진제(殄除: 멸하다)하는 데 쓰기 어렵습니다. 혹시라도 이들이 오래 불어난다면 중조(中朝)에 더욱 많은 근심을 끼칠 것입니다. 조사해 보니 폐방의 임오년과 갑신년 두 차례 내란에서 모두 중조의 병사들이 대신 감정(勘定: 헤아려 정함)해 준 것에 도움을 받았습니다. 이에 전례를 원용하려고 하니 부디 귀 총리께서는 신속히 북양대신에게 전보를 보내서, 몇 개 부대를 파견해서 속히 대신 초멸해줄 것을 청하시기 바랍니다. 그리고 폐방의 병사와 장수들이 뒤를 따르고 군무를 익히게 해서 이로써 장래 한위(捍衛: 방어)의 계책을 삼는다면, 사나운 비도들이 꺾여서 사라진 이후에 즉시 철병을 청할 것이니, 감히 유방(留防: 파병)을 요청해서 천병(天兵)을 외국에서 오랫동안 수고롭게 하지 않을 것입니다. 아울러 귀 총리께서는 속히 원조할 방도를 계획해서 이 급박한 상황을 구제해 주시기를 간절히 바랍니다.

이상과 같이 흠명주차조선총리교섭통상사의(欽命駐箚朝鮮總理交涉通商事宜) 이품함(二品銜) 정임(正任) 절강온처해관병비도(浙江溫處海關兵備道) 원(袁)에게 조회함.

광서 20년 5월 초2일(1894년 6월 3일)[49]

원세개는 이홍장에게 이를 보고하는 동시에 일본 대리공사 스기무라에게도 알린다.

6월 4일 원은 그의 비서를 보내와 조선 정부로부터 청의 군대를 보내 달라는 공식 요청서를 받았음을 알려주었다. 따라서 나는 우리 정부에 전보를 보내 「원세개는 그 서기관을 보내서, 원병 요청 건과 관련해서 조선 정부가 지난밤에 공문을 보내왔다고 통고했습니다. 저는 그 서기관을 통해 원씨에게 「귀국이 조선에 출병하는 것과 관련해서, 톈진조약에 따라 적절한 절차를 취할 것을 귀국 정부에 상신하기를 바란다」는 뜻을 전달했습니다. 제 짐작대로라면 원병의 수는 대략 1,500명으로, 웨이하이웨이(威海衛, 위해위)에서 직파 돼서 올 것입니다. 따라서 우리 정부도 바로 출병해야 합니다」고 했다.[49] 다음날 나는 내 비서 테씨(테이 에이호)를 원세개에게 보냈다. 원세개는 청이 1,200명의 군사를 산해관에서 출병시킬 것이라고 했다. 나는 도쿄에 전보를 보낸 후 초조하게 답을 기다렸다. 6일 밤 11시 30분 답이 왔다. 「오토리가 전함을 타고 300명의 수병과 20명의 경찰을 경호 병력으로 조선으로 향할 것. 그러나 아직 조선으로 수병들이 떠났다는 사실을 공개하지 말 것」 따라서 나는 이것을 비밀로 하였다.[51]

같은 날 주 베이징 일본 대리공사 고무라 주타로(小村壽太郎, 1855.10.26. ~1911.11.26.)는 본국 정부에 전보로 청의 군사 1,500명이 조선으로 파병될 것임을 알린다.[52]

청은 이미 5월 초부터 즈리(直隸, 직례), 산둥과 만주의 군사들을 동원하기 시작한 바 있다. 일본과의 전쟁을 위해서가 아니라 동학난으로 악화되고 있던 조선 상황에 대한 일종의 무력 시위였다. 따라서

조선이 청에 파병을 요청하자
청 조정은 곧바로 섭지초(葉志超,
1838~1901) 장군 휘하의 2,500
명을 우선 한양에서 남쪽으로
70km 떨어진 아산에 파병하
기로 하고 군사들을 톈진의 다
쿠커우포대(大沽口炮台)에 집결시
킨다.[53]

6월 4일 저녁 주 한양 청 공
관에서 공식 만찬이 열리고 있
을 때 1,500명의 청군이 중국

고무라 주타로 주 청 일본 대리공사

에서 출발하였다는 전보가 도착한다. 그 자리에 있던 호러스 알렌
(Horace Allen) 미국 공사는 「일본 사람들이 좋아하는 모습이 하도 노골
적이어서 중국 측은 다음에 어떤 일이 벌어질지 깨닫기 시작하면서
갑자기 의기소침해졌다」고 증언하고 있다.[54] 청 측은 일본과의 정면
대결을 피할 수 없게 되었음을 알았고 환호하는 일본 측은 조선의 상
황을 자신들이 장악하게 될 것이라는 것을 알았기 때문이다.

일본은 곧바로 전시체제에 돌입한다. 6월 5일, 최초로 전시 최고
군 통수기관인 「대본영(大本營)」을 설치하고 제5사단에 동원령을 내리
는 한편 「NYK해운(日本郵船株式会社, 일본우선주식회사)」의 수송선들을 징발한
다.[55] 6월 6일, 육군성과 해군성은 언론에 전쟁 준비에 관한 일체의
보도를 금하는 영을 내린다.[56]

6월 5일 조선에서는 원세개가 월터 힐리에(Sir Walter Caine Hillier, 1849
~1927.11.9, 재임: 1889~1896) 주 조선 영국 총영사를 만난다. 힐리에가 동학

월터 힐리에 주 조선 영국 총영사　　　　　　왕봉조(汪鳳藻) 주 일본 청 공사(재임: 1892~1894)

난에 대해 우려를 표명하자 원세개는 지도자 몇 명의 목만 치면 동학
은 고분고분해질 것이라며 「가난한 백성들이고 모두 겁쟁이」이기 때
문에 숫자는 문제가 안 된다고 한다.

　　그 사람들에게 당신이 무서워하지 않는다는 것만 보여주면 그들은 사라
　　질 것이요. 아무 문제도 없을 것이오. 이 도시는 내가 책임지겠소. 내 휘
　　하에는 1,000명의 군이 있는데 조선의 어떤 군중도 잠시라도 버틸 수 없
　　을 것이오.

그러나 힐리에는 원세개에게 일본을 주시해야 한다며 일본은 「한바
탕 싸움이 일어나는 것을 고대하고 있을 것」이라고 경고한다.[57]

4. 청의 파병통보 (1894.6.7.)

6월 7일, 이홍장은 주 일 전권공사 왕봉조를 통해 청이 조선국왕의 요청에 따라 병력 2,000명을 남양만에 보낸다고 일본 정부에 통보한다.[58] 조선이 동학난을 진압하는데 도움을 요청하여 파병하는 것이며 이는 속방을 보호하기 위한 전통적인 조치의 일환이라고 한다.

대청국 흠명출사대신(大淸國欽命出使大臣) 왕봉조가 대일본 외무 대신 무츠 무네미츠께 조회합니다. 본 대신이 북양 대신 이홍장의 전보 지시를 바로 받아보니 그 안에, 광서 11년(1885) 을유에 맺은 청-일 두 나라의 강화조약 안에, 「이후 조선에 무슨 일이 생기면 청나라는 조선에 군대를 보낸다. 그 전에 반드시 먼저 일본에게 조회하고, 조선이 평정되는 즉시 군대를 철수한다」라고 되어 있습니다.

지금 조선에서 보낸 전보를 받아보니, 「동학 패거리가 전라도에서 난을 일으켜 여러 고을을 파괴했습니다. 그 형세는 북쪽으로 전주를 침범할 것 같습니다. 저희 나라는 군대를 보내 죄인들을 잡아 다스리려고 했으나 조사를 하지도 못했습니다. 만일 시일이 오래되어 더욱 널리 퍼진다면, 이는 바로 상국(上國)에서 우려하는 일이 될 것입니다. 또 광서 8년 임오년(1882)과 광서 10년 갑신년(1884)의 일을 생각해 보건대, 저희 나라 땅에서 도적들의 위험이 있었을 때, 황제께 의뢰하자 대신 소탕해 주었습니다. 감히 이러한 전례에 따라 급히 천자의 군대를 일으켜서 하루바삐 동쪽으로 보내주시기를 요청합니다. 변란을 철저히 평정하고 즉시 개선하신다면 천자의 군대를 오래도록 수고롭게 하는 것은 아닐 것입니다」라고 했습니다.

본 대신(이홍장)이 조선에서 보내온 군대를 요청하는 급한 전보를 자세히 살펴보니, 그 일의 형세가 매우 다급함을 알 수 있었습니다. 우리 조정은 본래 작은 나라를 사랑하는 어진 마음이 매우 두터워서 번복(藩服)을 가만히 두고 보기에는 어렵습니다. 즉시 황제를 뵙고 아뢰니 명령하시기를, 「직례제독(直隸提督) 섭지초는 정예병을 선발하여 거느리고 조선의 충청도로 달려가서 속히 재앙과 난리를 평정하여 속번(屬藩) 조선에 위급함을 알리는 봉화가 올려지는 일이 없도록 하라. 또 그 나라에 머물러 있는 각국의 관리와 상인들도 믿는 데가 있어 두려워하지 않게 하라. 또 섭지초는 그 우두머리를 사로잡아 따르는 자들을 해산시킨 후 하루빨리 군대를 철수시키도록 하라」했습니다.

내리신 글을 공손히 적어 급히 귀 대신(왕봉조)에게 통지하니, 청일화약(淸日和約)을 참작해 보고 일본 외무성에도 조회(照會)해 주시기를 아울러 바랍니다」라고 했습니다. 이에 본 대신이 조회합니다. 광서 20년(1894) 갑오 5월 3일(음력).[59]

무츠 일본 외무대신은 그 날로 왕봉조에게 답신을 보내 「일본 정부는 조선이 청의 속방임을 인정한 적이 없다」고 한다.

대일본제국 외무경 무츠 무네미츠는 대청 흠차 대신 왕봉조께 조회에 대해 답장합니다. 귀 대신의 조회를 받아보니, 「귀국은 메이지 18년(1885) 을유 4월 18일에 청일조약에 따라 조선에 군대를 보낸다」라고 했습니다. 본 대신이 이 일을 꼼꼼히 살펴 보건대, 귀국이 비록 조선을 가리켜 「번복(藩服)」이라고 언급했지만, 그러나 예로부터 조선은 스스로 귀국의 「속국(屬國)」이라고 한 적이 없으니, 이 일을 자세히 살펴 주시기를 요청합니

다. 메이지 27년(1894) 갑오 6월 7일(양력)⁶⁰

무츠는 동시에 주 베이징 대리공사 고무라 주타로로 하여금 일본도 「톈진조약」에 의거하여 조선에 파병한다는 사실을 청 총리아문에 통보하도록 지시한다.⁶¹

대일본제국 흠명 서리 출사대신(大日本帝國欽命署理出使大臣) 고무라 주타로는 대청국총리각국사무아문(大淸國總理各國事務衙門)의 경친왕(慶親王) 및 각 대신들께 조회합니다. 우리 일본 조정이 본 사신에게 지시하기를 「메이지 18년(1885) 을유 4월 18일에 일본이 귀국과 맺은 조약에서, 「만일 두 나라가 파병하여 조선에 가게 된다면 피차 서로에게 조회하기로 한다」라고 했습니다. 근래 조선에서 내란이 크게 일어났으니, 우리나라로서는 파병하지 않을 수 없게 되었습니다. 이 때문에 이미 장수들에게 군대를 출동하도록 명령을 내렸으니, 이 일을 중국 총리아문에 알리도록 하십시오」라고 했습니다. 이에 조회합니다. 메이지 27년(1894) 6월 7일(양력)

총리아문은 곧바로 회신을 보낸다.

대청국총리각국사무아문(大淸國總理各國事務衙門)의 경친왕(慶親王) 등이 대일본제국 흠명 서리 출사대신(大日本帝國欽命署理出使大臣) 고무라 주타로에게 회답합니다. 귀 조회를 받아보니 「귀 정부는 조선의 내란으로 인하여 파병해 보낸다」라고 했습니다. 무릇 우리 청나라는 조선이 거듭 요청했기 때문에 파병하여 그 나라의 내란을 철저히 평정하려는 것이고, 또 번복(藩服)을 어루만져 편안케 했던 관례를 살펴 따른 것입니다. 도적의 기운이 철저히 평정된 뒤에는 군대를 철수하려고 합니다. 인천, 부산 두 지역의 경우, 이것은 전체적인 통상을 위해 특별히 군함을 파견하여 탄압한 것이지 별다른 중요한 의도가 있는 것은 아닙니다.

그런데 귀국의 파병은 단지 공사, 영사 및 각 관리와 통상사무를 보호하기 위한 것에 불과하니, 귀국은 특별히 많은 군대를 파견할 일이 아닙니다. 또 조선은 귀국에게 군대를 요청한 적도 없으니, 귀국의 군대가 그 나라의 땅 깊숙이 들어가서 그 나라 백성들을 놀라게 해서는 안 될 것입니다. 만약에 우리 군대가 당당하게 전진하다가 귀국의 군대와 서로 만나게 되면, 말과 글이 통하지 않고 군율이 서로 달라 더러 예기치 못한 일이 발생할까 걱정됩니다. 귀 공사의 조회에 답장하니, 귀 공사께서는 우리들의 변변치 못한 뜻이나마 굽어 살피셔서, 다만 사단이 커지는 것에서 벗어날 수 있도록 귀국 정부에 전보로 아뢰어 주시기를 요청합니다. 광서 20년(1894) 갑오 5월 6일(음력).[62]

같은 날, 주 톈진 일본 영사 아라카와 미노지(荒川巳次, 1857.11.22.~1949.10.1.)는 이홍장에게 같은 내용을 통보한다.[63] 이에 대해 이홍장은 현재 한양, 부산, 제물포 등은 조용하며 외국인들의 생명이나 재산은 아무런 위험에 처해 있지 않다면서 청의 군사들은 조선 내부에 반란군을 진압하려고 보내는 것일 뿐 한양이나 개항장들에는 진주하지 않을 것이라고 한다. 그러면서 일본 측에서도 소수의 병력만 보내고 내부에는 들어가지 않도록 하여 청군과 일본군 간의 충돌이 없도록 할 것을 종용한다.[64]

스기무라는 이학규(李鶴圭, 1852.1.8.~?) 외무아문 참의를 만나 외무독판(外務督辦) 조병직(趙秉稷, 1833~1901)에게 일본도 파병을 결정하였음을 알리도록 한다. 스기무라의 일기다.

> 6월 7일, 우리의 외무대신이 청 정부에 이를 알렸고 나도 일본이 톈진조
> 약에 따라 파병한다는 사실을 조선 정부에 알리라는 훈령을 받았다. 그러
> 나 병력의 숫자는 비밀로 하라고 하였다. 이것이 내가 받은 전문 훈령이
> 었다. (그러나 나는 전보를 받고 300명의 수병 이외의 병력을 파병할 것
> 이라는 감이 왔다.)[65]

가드너(Christopher T. Gardner) 주 조선 영국 총영사 대리는 원세개가 6
월 7일 자신과의 대화에서 조선 정부의 실정으로 일본이 조선에 개입
할 가능성이 있다는 얘기를 하였음을 본국에 보고한다. 원세개에 의
하면 일본이 개입하면 청이 이에 맞대응 할 것이고 그러면 일본은 러
시아에 도움을 요청하게 될 것이고 러시아가 일본을 지원할 경우 영
국이 중국을 지지하게 될 것이라고 한다. 그렇게만 되면 「난리법석」
이 나겠지만 상황이 그렇게 전개될 가능성은 낮다고 한다. 왜냐하면
일본이 함부로 중국을 자극하지 않을 것이고 그 이유는 일본이 재정
적으로 매우 어려운 상황이고 식량을 중국에 의지하고 있기 때문이
라고 한다.

원세개는 또한 일본 공사 오토리가 청과 일본 간에 우호적인 관계
를 유지하는 것이 얼마나 중요한지 잘 알고 있다면서 그 이유는 「싸
움이 나면 이득을 볼 것은 러시아 밖에 없기 때문」이라고 한다. 「청이
여기에 군대를 보냈다고 해서 일본이나 러시아가 자신들도 군대를 보
낼 권리가 있음을 주장할 우려는 없다」고 한다. 「나는 일본과 아주 좋
은 관계를 유지하고 있다. 조선은 청군에게 도움을 요청했지만 러시

아나 일본에게는 파병을 요청하지 않았고」원세개는 청이 조선에 군대를 보내는 것은 양국 간의 고대로부터 내려오는 관계에 입각하여 「우방으로서 하는 일」인 반면 「러시아와 일본군이 진주하는 것은 전쟁행위다」라고 한다.[66] 원세개는 상황을 오판하고 있었다.

5. 청군의 아산 진주 (1894.6.9.)

6월 7일 다쿠커우포대에서 섭지초와 섭사성(攝士成)의 지휘하에 출발한 2500명의 청군은 3척의 수송선에 승선하여 8일 아산만에 도착한다. 수송선은 북양함대의 전함 「진원(鎭遠)」, 장갑순양함 「평원(平遠)」, 방호순양함 「치원(致遠)」, 순양함 「양위(揚威)」, 순양함 「초용(超勇)」, 방호순양함 「광병(廣丙)」, 포함 「조강(操江, 짜오칭)」 등의 호위를 받는다. 청군은 9일 아산에 진주한다.[67] 조선 조정에서는 이중하(李重夏)를 영접사로 임명하여 청군을 맞이하도록 한다.[68]

6월 8일 외무독판 조병직은 외무아문 참의 이학규를 스기무라에게 보내 일본이 군대를 파견하는 저의를 파악하고자 한다. 스기무라는 조병직을 찾아가 일본의 의도는 방어적이며 1885년의 톈진협약에 따르는 것이라고 한다. 조병직은 동학난이 진정 되었으며 한양에는 아무런 소요도 일지 않고 있다면서 일본이 군대를 파견할 이유가 없다고 항의한다. 그는 일본이 군대를 파견함으로써 생기는 소요는 결국 일본에게 불리하게 작용할 것이라면서 일본이 즉시 파병을 중단할 것을 요구한다. 스기무라는 자신에게는 그럴 수 있는 권한이 없으며 조병직이 직접 일본 정부에 이 문제를 제기해야 할 것이라고 한

다.[69]

　6월 9일 무츠는 왕봉조에게 청군의 조선파병을 통보하는 청의 공문을 잘 받았다면서 다시 한번 일본은 조선이 청의 속방임을 인정한 적이 없다고 한다. 그러면서 일본도 톈진협약에 따라 조선에 출병을 결정하였으며 고무라 주타로 주 청 일본 대리공사에게도 총리아문에 이 사실을 통보하도록 하였음을 알린다. 무츠는 조선에 출병하는 일본군이 철저한 기강을 유지함으로써 아무런 문제가 발생하지 않도록 하라는 명령을 오토리 공사와 일본군 사령관에게 내렸다는 사실을 알리면서 청도 조선에 파병하는 군대에 대해 같은 조치를 취할 것을 종용한다.[70]

　같은 날, 총리아문은 주 청 일본 대리공사 고무라에게 일본의 파병 통지를 잘 받았음을 확인하면서 청은 조선의 요청으로 속방을 보호하는 전통에 따라 파병함을 다시 한번 강조한다. 반면 일본이 파병하는 이유가 일본의 공사관, 영사관, 일본 상인등을 보호하기 위한 조치이기 때문에 많은 수의 군사를 보낼 필요는 없으며 조선이 일본의 도움을 요청하지 않았기 때문에 일본의 군사가 조선의 내륙에까지 진주하여 조선 사람들을 놀라게 할 필요가 없다고 한다. 그러면서 「서로 언어와 군사문화가 다른 양국 군사들이 만났을 때 예기치 않은 사고가 발생할 수 있기에」 일본 정부에 이러한 우려를 전달해 줄 것을 요청한다.[71]

　6월 9일 인천에 상륙한 오토리 게이스케 공사는 인천의 일본 영사관에 머문다. 조선 조정은 외무참리(外務參理) 민상호(閔商鎬)를 보내 오토리를 만나 일본의 철군을 종용하도록 하지만 밤이 깊어서야 인천에 도착한 민상호는 오토리를 만나지 못한다.[72]

다음날 오토리는 일본 경찰의 호위하에 한양으로 향한다. 6월 10일 오후 7시 30분 해병 420명과 순사 20명이 2문의 야포를 끌고 한양에 들어간다.[73] 오토리가 마포에 이르렀을 때 조선 조정은 참판 이용직(李容稙)을 보내 오토리에게 군대를 철수하도록 종용한다. 그러나 오토리는 「우리는 일본 황제의 명령을 받고 왔다. 우리는 황제의 명령이 아니면 군대를 철수할 수 없다」고 한다.[74] 곧이어 일본군 여단병력이 한양에 진주한다.[75] 한양에 진주한 일본군은 공관 근처의 일본인 주택과 상점 등에 배치된다.

6월 10일 청군의 섭지초 제독은 전주성 안에 고시문(告示文)을 붙인다.

흠명제독직례전성군문총통산해관노대고북구회련마보수뢰각영액도혼파도로(欽命提督直隷省軍門總統山海關盧臺古北口淮練馬步水雷各營額圖渾巴圖魯) 섭지초가 깨우치도록 타이른다. 살펴 보건대 본 군문은 북양대신 이홍장의 전계(電啓)를 받았다. 그 내용에, 「총리조선교섭통상사의 겸 전군익장(全軍翼長) 원세개가 전보로 보낸 조선 정부의 공문 내용에 따르자면, 「전라도 관할 각 현에서 도둑떼들이 변란을 일으켜 고을 십여 곳을 공격하여 함락시키고, 또 북쪽으로는 전주를 함락시켰습니다. 삼가 북양대신 이홍장에게 조선을 구원할 방안으로 황제께서 장수들에게 군대를 출동시키도록 명령을 내려 대신 평정하는 주청을 해 줄 것을 전보로 말해주십시오」라고 했습니다. 이에 대황제께서는 번복(藩服)을 생각하시어 요청한 것을 굽어 살펴 주셨습니다」라고 했다.

본 군문은 이러한 명령을 받고 도둑떼의 소탕을 독려하고자 이미 밤을 새워 바다를 건너왔다. 전부터 거느린 각 영은 경험이 많은 군사들이기 때문에 한번 북을 쳐서 적들을 평정하는 것은 어렵지 않다. 다만 위협을 받은 백성들이 시세에 쫓기어 내키지 않는데도 적들을 따라다니다가 함께 죽임을 당하게 되어, 좋은 풀과 가라지를 구분하지 못할까 염려된다. 진정 마음속 깊이 차마 한꺼번에 토벌하지 못하고 너희 백성들을 깨우치도록 하니, 이를 우러러 받들어서 여러 고을의 백성들은 잘 알기 바란다.

너희 위협받은 선량한 백성들이 즉시 해산하도록 노력하거나, 혹 군영으로 와서 스스로 투항하면, 본 군문은 관대하게 처리하고 결코 깊이 캐묻지 않기로 결정했다. 너희 무지하고 어리석은 백성들은 잘못하여 적에게 이용당했을 뿐 진정으로 난리를 일으킨 것은 아니다. 선량한 백성들이 만약 무기를 버리고 죄를 뉘우쳐 투항해 온다면 반드시 또한 특별한 은혜를 베풀어 스스로 새로워질 수 있는 길을 열어 줄 것이다. 그러나 만약 끝내 어리석게 고집을 피우며 잘못을 뉘우치지 않고 관군에게 맞서 반항한다면 본 군문은 오직 극형으로 소탕하여 천토(天討)를 펼칠 것이다.

이에 너희들과 약속한다. 서로 진을 쳤을 때 무릇 무기를 버리고 투항하여 정성을 보이는 자는 결코 죽이지 않을 것이다. 무기를 들고 저항하는 사람은 총이나 대포에 죽임을 당하지 않더라도, 반드시 사로잡아 목을 자른 다음 여러 사람들에게 보일 것이다.

너희들은 마땅히 자신들의 목숨을 생각하여 도적의 우두머리에게 어리석게 붙지 말라. 위엄을 갖추고 특별히 위와 같이 타이르니 모두 알아듣도록 하라.

광서 20년(1894) 5월 7일(음)

6월 11일, 홍계훈이 지휘하는 관군이 전주성을 수복한다.

친군 장위영 정령관 양호초토사(親軍壯衛營正領官兩湖招討使) 신(臣) 홍계훈은 삼가 치계(馳啓)하오니 살피시기 바랍니다. 이달 3일 적의 무리 수천 명이 북문을 열고 쏟아져 나와 달려올 때 그 괴수 김순명(金順明)과 동장사(童壯士) 이복용(李福用)을 우선 잡아다 참하였고 동당 500여 명을 사살하였으며 총검 500여 자루를 거두었고 남은 무리는 사방으로 흩어졌고 도망하여 숨은 적은 각처의 백성들이 차례로 붙잡는 것을 기다려 잡히는 대로 참하였다는 것은 이미 치계한 바 있거니와, 적도는 그 뒤부터 예기가 꺾여 비록 호소홍(呼訴狀)이 있기는 하나 연이어 귀화를 구걸하니 그 속을 헤아릴 수도 없고 믿을 수도 없습니다. 또 도당은 많고 성첩(城堞: 성위에 낮게 쌓은 담)도 후완(厚完) 하여 가볍게 대적할 수도 없고 하여 각별히 생각하고 있을 즈음에, 적도가 동북 두 문으로 떼를 지어 도망하는 자가 있다고 하여 그날 사시(巳時) 경에 사다리 300여 개를 만들어 성밖에 매달아 세우고 병정들에게 일제히 성을 넘어 들어가 남문을 열게 하였습니다. 그리고 신은 대관·교장·군관을 거느리고 즉시 입성하여 성을 수복한 뒤 한편으로는 공격하고 또 한편으로는 도망자를 추격하였습니다. 적도가 동북문을 통해 머리를 싸매고 사방으로 흩어졌는데 모두 총에 맞아 부상한 자들이었습니다. 그래서 일일이 사로잡아 조금도 빠져나가지 못하게 하라는 뜻을 열읍에 명하였고 또 몇 대의 병정을 파송하여 추격 초멸할 작정이오며 장성(長城)의 월평(月坪) 땅에서 잃었던 「걸리버」포 일좌(一坐)·탄환 및 각 읍에서 빼앗긴 군기·총(銃)·쟁(鎗) 1,000여 자루와 「불량기포(佛粮機: 임진왜란 후 명에서 들여온 포)」대포 23좌·연환 10두·화약 천여 근, 그밖에 궁전(弓箭)·잡주(甲冑)·도부(刀斧) 등속도 모두 환수하였습니다. 그리고 금방 전라감사 신(臣) 김학진(金鶴鎭) 행도처(行到處)에 이문(移文)하여 그날로 영부로 돌아오게 하였으며 또 전주판관 신(臣) 민영승(閔泳昇)이 머무는 곳에 관칙(關

飭)하여 즉시 돌아오게 하였는데 순변사신(巡邊使臣) 이원회(李元會)는 아직 도착하지 않았습니다. 그리고 청국 군대가 지금 전진하고 있다 하는데, 양호(兩湖)에서 지공할 일을 생각하매 궁색함이 많을 듯하여 심히 걱정입니다. 현재 성을 수복하였고 순변사가 거느린 기영(箕營) 병정들이 내일이면 전주에 도착할 것인즉, 청군을 전진시키는 일만은 다시 처분이 있었으면 하오며 이에 우선 치계합니다. 이 일을 삼가 갖추어 계문(啓聞)합니다.

광서 20년 5월 8일[76]

조선 정부는 조선에 거주하는 외국인들에 대한 위협은 사라졌다면 원세개와 오토리에게 군대를 철수해 줄 것을 요청한다.[77]

6. 일본군의 인천 진주 (1894.6.13.)

6월 11일, 오토리는 본국 정부에 전주의 동학군이 흩어졌음을 전하고 원세개와 철군에 대한 협의를 시작한다. 같은 날 제5사단의 제9혼성 여단이 오시마 요시마사(大島義昌, 1850.8.15.~1926.4.10.) 지휘하에 우지나를 출발하여 인천으로 향한다.[78] 총 8,000명으로 구성된 선발대는 12일 제물포에 도착하여 13일 한양에 진주한다. 나머지 병력은 6월 27일까지 4단계에 거쳐 제물포로 수송된다.[79]

무츠 일본 외무대신은 6월 12일 주 청 일본 대리공사 고무라 주타로에게 보낸 전문에서 전쟁을 피할 수 없다면서 「이러한 상황에서는 철저하게 살피고 전쟁이 날 경우 우리가 유용하게 핑계로 삼을 수 있는 것이 있다면 보고하라」고 명한다.[80] 고무라는 같은 날 청의 총리 아문에 일본은 조선을 청의 속방으로 인정한 적이 없으며 일본군은 톈진협약에 따른 것이며 군사를 몇 명 파견할 것인지는 일본 정부가 알아서 판단할 것이며 조선 내에 일본군의 움직임에 대한 여하한 제약도 있을 수 없지만 필요 없는 곳에는 보내지 않을 것이라고 한다.[81]

6월 8일자 『아사히신문(朝日新聞)』은 러시아도 군대를 파견하였고 군함들을 조선으로 보냈다고 보고한다.[82] 아사히의 편집진은 구미 열강이 일본과 청의 군사력을 비교하면서 일본이 얼마나 근대화에 성공했는지 알았으면 좋겠다고 보도한다.[83]

6월 13일 일본군의 전위부대가 한양에 도착하자 주 조선 프랑스 대리공사 르페브르(G. Lefevre)는 오토리 일본 공사에게 남쪽의 동학난도 평정이 된 것 같고 수도 한양도 아무런 소요가 없는데 일본군이 진주하는 이유를 따졌다. 오토리는 일본 거주민들의 안전 때문이라고 둘러댄다. 그러나 제물포에 상륙하는 일본군 숫자가 10,000명을 돌파하자 르페브르는 다시 한번 오토리에게 왜 일본인 거주민을 보호하는 데 이토록 대군이 필요한지 따진다. 그러자 오토리는 청이 조선을 속방이라고 칭하면서 군대를 보내 동학난을 진압하는 것이라는 설명을 듣고 「이러한 주장에 항의하고 동시에 청 정부로 하여금 조선을 독립국으로 공식적으로 인정하도록 협상을 하기 위한 것」이라고 한다.[84]

오토리는 한양이 임오군란이나 갑신정변 때와 같은 상황으로 생각하고 급히 귀임한다. 그러나 일단 한양에 도착하고 보니 청의 군사도 없었고 모든 것은 평화로웠다. 일본의 공사관과 일본 거주민들을 보호하는데는 1개 대대면 충분했다. 그는 정부에 더 많은 군대를 보내는 것은 오히려 상황을 악화시킬 것이며 청, 러시아, 그 밖의 열강의

의심만 사고 그들로 하여금 군대를 보내도록 하는 결과를 가져올 수 있다고 보고한다.[85]

6월 13일 오토리와 원세개는 협상을 시작하여 6월 15일 일본은 인천에 250, 청군은 아산에 400명만 남겨놓고 철군하기로 합의한다. 스기무라 등 다른 일본 공사관 직원들은 철군에 반대하였고 군도 반대한다.[86] 무츠 외무대신 역시 「상황은 어느 쪽이 우세한 군사력을 갖고 있느냐에 따라 결정될 것이다」면서 철군을 반대한다.[87] 이토 내각도 동학난이 잠잠해 진 것은 한시적인 것이며 언제 다시 반란이 재발될지 모른다면서 그럴 경우 청이 그 기회를 악용할 수 있다며 철군을 거부한다.[88]

전쟁이 발발하기 1달 전부터 일본 언론은 일본과 청의 전쟁준비에 대한 보도를 쏟아낸다. 6월 중순이 되면 인천 항은 열강의 군함으로 가득 찬다. 6월 13일에는 일본 군함과 수송선 9척, 청 군함 4척, 러시아, 영국, 미국, 프랑스 군함 각 1척씩 닻을 내린다. 6월 15일에는 8척의 일본군 수송선이 도착하여 6,000명의 중무장한 군대가 상륙한다.[89] 오토리는 무관 와타나베를 제물포에 보내 일본군이 제물포에 머물 것을 제안하지만 이치노에 소령은 다음날 한양에 진주한다.[90] 6월 중순에는 10척의 일본 군함이 조선 근해를 정찰하고 있었다.[91]

6월 15일, 일본 총리대신 이토 히로부미는 청과 함께 동학난을 진압한 후 조선의 내정 개혁을 추진할 것을 청 측에 제안하는 안을 낸다. 외무대신 무츠는 청이 거절할 경우 일본이 단독으로라도 조선의 개혁을 추진할 것을 추가로 제안한다. 내각은 이토와 무츠의 안을 채택하고 메이지에게 보내 재가해 줄 것을 요청한다. 메이지는 망설인다. 특히 청이 조선의 개혁에 동참을 거절할 경우 일본이 단독으로라도 추진한다는 부분에 대해서 불편해 한다. 메이지가 최고참 시종을 보내 이 부분에 대해 질의한다. 무츠는 직접 도쿄로 가서 설명한다. 메이지는 결국 안을 재가한다.[92]

6월 16일, 일본 군함 2척이 3천의 병력을 싣고 제물포에 도착한다. 육군 소장 오시마 요시마사가 지휘하는 혼성여단이었다. 일본은 한양으로 들어와 일본 공사관 근처에 야영한다. 군함 7척, 포함 2척, 체신선(遞信船) 1척은 제물포에 정박한다. 무기를 실은 수송선 5척도 정박한다.[93]

7. 일-청 공동 조선 내정 개혁안 (1894.6.16.)

6월 16일 『더저팬위클리메일(The Japan Weekly Mail)』은 「인민들의 어쩔줄 모르는 에너지가 외국과의 전쟁에서 분출구를 찾고 있다」고 보도한다. 일주일 후 같은 신문은 「도쿄의 모든 신문들은 이번 기회를 국가의 명예에 먹칠한 1884년[갑신정변]의 치명적인 실수를 만회할 수 있는 계기로 삼을 것을 정부에 주문하고 있다」고 보도한다.

야당도 마찬가지였다. 야당인 「리켄가이신토(입헌개혁당)」의 당수 오쿠마 시게노부(大隈 重信, 1838.3.11.~1922.1.10.)는 「은자의 나라(hermit king-dom)를 처음 열어 근대 문명의 이기를 경험할 수 있게 해준 것도 일본이고 조선을 독립국으로 전 세계에 소개한 것도 일본이다」면서 따라서 「이 작은 왕국을 문명의 길로 인도하여 번영하면서 국력을 키울 수 있도록 안내하는 것이 일본의 의무다. 일본의 의무는 조선의 진보를 늦추고 독립을 훼손하는 그 어떤 열강도 용납하지 않는 것이다」

라고 한다.[94] 다시 말해서 중국을 조선에서 축출할 때가 온 것이다.

오쿠마는 조선에 파병한 일본군의 규모가 조선에 거주하는 일본인들을 보호하기 위한 것 치고는 너무 크다는 데는 동의한다. 그러면서 「현재 주어진 이 절호의 기회를 슬기롭게 이용한다면 일본 정부가 과거의 모든 잘못을 시정하고 조선뿐만 아니라 전 세계가 우리 제국을 존경하고 무서워하게 할 수 있다」고 한다.[95]

조선 조정은 일본군의 진주를 막기 위해 6월 중순 조선의 외교사절들에게 동학난이 평정되었음을 공식적으로 통보한다. 고종은 개인적으로 러시아 공사관의 케르베르그(Paul de Kehrberg)에게 일본군의 지속적인 증강으로 매우 심난 하다고 말한다.[96]

6월 16일 무츠는 주 일본 청국 공사 왕봉조와 주 청 일본 대리공사 고무라 주타로를 통하여 청의 총리아문에 일본과 청이 함께 동학난을 진압하고 일본과 청, 조선의 우호관계를 위협하는 유사한 변란이 일어나지 않도록 그 근원을 일본과 청이 함께 제거할 것을 제안한다.[97]

6월 16일 도쿄 주재 청 공사와 장시간 대담하면서, 나는 조선의 평화 및 질서를 유지하기 위해 일본 정부가 청 정부와 협력해서 취할 방안으로서 다음 세 가지 조건을 제의했다.

첫째, 반적(叛賊)을 진압하고 질서를 회복할 것.

둘째, 행정 및 재정 개혁을 위해 양국이 공동위원을 임명할 것.

셋째, 자위(自衛)를 위해 유효한 군대를 편제하게 할 것.[98]

다음날, 무츠는 전날의 대화 내용을 공식 문건으로 정리하여 왕봉조에게 보낸다.

어제 귀 대신과 조선에 관한 일로 만나 이야기를 했습니다. 지금 귀국과 우리나라가 동학 패거리의 난을 진압해 사태가 이미 평정되었습니다. 이제는 조선을 대신하여 급히 내정(內政)을 고치고 정비해야 합니다. 두 나라가 각각 몇 명의 대신을 선발하여 조선에 가도록 해서 각 폐단을 잘 살피되, 국고의 출납 항목, 높고 낮은 관리의 선발과 등용, 내란 진압을 위한 군사정원 등의 일을 정돈해 조선을 진흥시켜야 합니다. 청컨대 귀 대신은 귀 조정에 보고하여 시행될 수 있기를 바랍니다.[99]

그러나 무츠는 청이 결코 이러한 제안에 동의하지 않을 것을 안다. 따라서 그는 6월 18일 오토리 공사에게 다음과 같은 훈령을 보낸다.

조선과 관련한 우리의 제의에 대해 청 정부는 동의할 기미가 없다. 그렇다면 일본 정부는 스스로 만족하고, 공중(公衆)의 감정을 만족시키는 결과를 얻기 전까지 현재의 위치에서 물러서선 안 된다. 따라서 이 기회를 이용해서 경성-부산 전선의 양여, 내지에서 일본인 소유 상품에 대한 불법 과세의 폐지, 방곡령의 완전 폐지를 조선 정부에 요구해야 한다. 만약 청 정부와의 협의가 만족스러운 결과를 낳지 못할 경우, 이러한 목적을 달성하기 위해 적당한 조처를 취할 것을 추후에 훈령할 예정이다. 이를 충분히 고려해서 그 준비를 하기 바란다.[100]

6월 21일 무츠의 예상대로 청 조정은 왕봉조를 통해 일본의 제안을 거부한다.[101]

지난 번 귀하의 조회를 받아보고, 전보로 총리아문을 거쳐 다시 황제께 아뢰었습니다. 그러자 전보로 회답하시기를,「조선의 내란은 이미 평정 되었으므로 우리나라는 군대를 또다시 외국 땅에서 고생시킬 수 없다. 조 선에서의 후환을 예방한다는 한 가지 사항에 관해서는 그 뜻은 매우 좋 다. 다만 내정을 정돈하는 일은 마땅히 조선 정부가 스스로 처리케 하고 우리 중국은 간여하지 않을 것이다」라고 했습니다. 귀국의 경우는 이미 조선을 자주국으로 인정했으면서도, 어찌 그 내정에 간여하시려고 합니 까? 이런 생각은 따져보지 않아도 명백합니다. 또 피차 군대 철수에 관 한 사항은 광서 11년(1885) 을유 청일화약에서 정한 조목에 있으니, 마땅 히 조사하여 판단할 일이지 다시 논의할 일은 아닌 듯합니다. 이 일은 이 미 귀 대신에게 만나서 말씀드렸으니, 이것으로 잘 살펴 헤아리시는 것 이 좋을 듯합니다.[102]

무츠는 다음날 6월 22일 답한다.

오늘 귀 대신께서 보내온 문서 안에는「귀국의 지시에 따라, 저희 나라가 귀국과 회동하여 조선을 대신하여 변란을 평정하고 잘 다스리자고 요청 한 사항 등을 모두 허락하지 않는다」라고 했습니다. 저희 나라는 갑자기 뜻이 맞는 친구를 잃었으니 어찌 한스럽고 안타깝지 않겠습니까?

무릇 조선에서는 항시 음로를 쌓아 재앙과 난리를 빚어내니 저희 나라 에 피해가 큽니다. 또 그들은 자주의 힘이 매우 약해 중요한 임무를 감당 하기에도 부족합니다. 그들이 저희 나라와 관련된 것은 비단 통상 한 가 지뿐만이 아닙니다. 저희 나라와 영토가 서로 인접해 있고, 또 먼 나라(러 시아)의 간섭이 있을 경우, 저희 나라는 앉아서 보고만 있기가 매우 어렵 습니다.

또 귀국과 우리 두 나라가 날이 갈수록 무너지는 조선을 내버려두고 도와주지 않는다면, 우방의 친선에도 어긋날 뿐만 아니라 저희 나라의 영광스러운 명예에도 방해가 됩니다. 이 때문에 좋은 법을 대신 세워주어 태평한 형세를 온전히 보전하기로 결정했습니다. 마땅히 살피고 판단할 일들을 지난번 문서에 자세히 말씀드렸습니다.

또 이 일은 시일이 지날수록 변란이 더욱 염려되니, 지금 두 나라가 군대를 철수하기 전에 규모를 정해야 합니다. 그래서 조선이 일의 실마리를 잡아 잘 판별하고 처리하게 하여, 각 관에 차례가 있고 각 법규가 문란하지 않도록 해야 합니다. 이것은 비단 톈진협약에 부합할 뿐만 아니라 또한 의리에도 합당합니다. 만일 귀국이 우리의 정성스러운 마음을 굽어살피지 않으시고 처음부터 끝까지 모두 거절하신다면, 우리나라는 결코 군대를 철수하지 않을 것입니다. 잘 살펴 헤아리시기 바랍니다.[103]

이홍장은 6월 27일 「청의 군대가 진격해오자 폭도들은 뿔뿔이 흩어졌다. 중국은 이제 철군하려고 하지만 일본은 청과 함께 곧바로 철군하는 것을 거부하고 그 대신 공동으로 조선을 점령하고 조선의 재정을 맡고 개혁을 추진하자고 한다. 이는 중국이 받아들일 수 없는 일들이다」[104] 라고 일본측 제안에 답한다.

청일전쟁이 끝난 후 일본의 외무대신 무츠 무네미츠는 전쟁을 다음과 같이 합리화시킨다.

조선의 만성적인 불안정 상태는 일본 정부의 지도부로 하여금 조선은 독립국가로서의 책임을 다 하는데 필요한 기본적인 요소들을 결여하고 있다고 결론을 내릴 수밖에 없게 하였고… 일본의 국익은 조선과 밀접하게 연결되어 있으며 이들은 너무 중요하고 광범위해서 우리로서는 조선의 개탄할 상태를 모른척하는 것은 이웃 국가로서의 도리를 다 하는 것이 아닌 동시에 우리의 안보적 이익을 저버리는 것이다.[105]

일본 주재 청 공사 왕봉조는 6월 21일 히트로보에게 조선 문제는 더 이상 동학문제가 아님을 인정하면서 이제 모든 것은 청과 일본 간의 협상에 달렸다고 한다. 「지금까지 우리 청군은 난이 일어난 곳 근처에만 진주하였다. 반면에 일본군은 제물포와 서울을 점령하였다. 우리 정부가 새로 보내는 군대는 한양으로 보내질 것이다.」[106]

주 청 영국 대리공사 겸 주 조선 영국 공사 오코너(Sir Nicholas Roderick O'Conor, 1843.6.3.~1908.3.19.)는 일본이 조선에 파병한 이유가 조선의 독립을 저해하는 것을 막기 위한 것이라는 주 청 일본 공사 고무라의 주장을 받아들이지 않는다. 그는 일본의 행동이 「청이나 중국과 우호적인 관계를 위해서라기 보다 오히려 위기를 조장하기 위한 계산된 움직임」이라고 하면서 「청 정부가 일본이 증기선들을 구매하고, 국제시장에서 살 수 있는 모든 카디프 석탄들을 사들이고, 중국 해안의 해도들을 구하려고 사방으로 다니는 것을 제대로 알게 되면 지금까지 평온한 태도를 유지해 온 것을 더 이상 유지하지 못하고 결국 조선의 수도에 파병을 하게 될 것」이며 그렇게 될 경우 「두 나라의 군대들 간의 충돌 가능성이 매우 높아지고 그렇게 되면 전쟁까지는 아주 쉽게 갈 수 있다」고 한다.[107]

고무라는 일본 정부의 목표는 청과 일본이 함께 조선의 독립을 보장하고 「조선이 반란과 소요를 겪고 있는 시점에 러시아의 야심찬

계획에 넘어가지 않고 독립을
유지할 수 있도록 청과 일본이
함께 노력하는 것」이라고 답
한다.[108]

6월 22일 일본 정부는 내각
회의를 열어 단독으로 조선 내
정 개혁을 추진한다는 정책을
확정한다. 무츠는 23일 오토
리에게 다시 훈령을 보낸다.

오코너 주 청 영국 대리공사 겸 주 조선공사

청 정부와의 담판이 원활치 않
으니 설령 동학당을 진압했더라도, 또 일청의 충돌을 피할 수 없더라도
단순히 청 군대가 물러간다는 것만으로 우리 군대를 조선에서 철수 할 수
없다. 우리 정부는 청 정부에 제의한 것과 같이 단독으로 그 조치를 행하
지 않을 수 없다. 상세한 훈령은 가토 마스오(加藤增雄, 1853.2.~1922.11.) 서기
관이 휴대하고 있으니 그의 도착을 기다리라.[109]

8. 러시아의 중재

상황이 전쟁으로 치닫기 시작하자 이홍장은 러시아에 중재를 요
청한다. 러시아 역시 조선의 정황을 면밀히 주시하고 있었다. 주
일본 러시아 공사 히트로보(Mikhail Aleksandrovich Khitrova. Hitrovo로도 표기.
1837.2.1.~1896.6.30.)는 1894년 2월 21일 본국에 전문을 보내 조선에서

민란이 일어났으며 소문에 의하면 흥선 대원군이 주모자이고 일본이 무기를 제공하고 있다는 내용을 보고한다.[110] 그러면서 그는 「조선이라는 뜨거운 문제」가 생길 때마다 「가장 심각하고 예측할 수 없는 복잡한」 상황이 발생한다고 한다.

주 청 러시아 공사 카시니 백작(Arturo Paul Nicholas Cassini, Marquis de Capuzzuchi de Bologna, Count de Cassini, 1836~1919)은 3월 10일 러시아의 외무상 기르스(Nikolay de Girs 또는 Giers, 1820.5.21.~1895.1.26.)에게 조선에서 동학난이 본격화되면 청과 일본의 개입은 불가피할 것이라고 보고 하면서 그렇지 않아도 이홍장이 원세개의 제안에 따라 파병을 준비하고 있다고 한다. 따라서 동아시아 각국에 주재하는 러시아 외교관들과 연해주의 러시아 관리들은 조선의 사태를 주시하면서 러시아에게 불리한 상황이 발생하지 않도록 방심하지 말 것을 주문한다.[111]

베베르 주 조선 러시아 공사는 5월까지만 해도 동학난을 조선 내부 문제로 간주했다. 그러나 6월 1일에는 상황이 점점 더 심각해지면서 청이 개입할 가능성이 커지고 있다고 본국에 보고하면서 러시아 정부가 조선에 전함을 보내 상황을 예의주시할 것을 권고한다. 차르 알렉산드르 3세(1845.3.10.~1894.11.1. 재위: 1881~1894)는 베베르의 보고서를 밑줄을 치면서 관심 깊게 읽는다.[112]

주 일본 러시아 공사 히트로보는 6월 7일 무츠 무네미츠와 만나 장시간 대화를 나누며 일본의 의중을 파악하고자 한다. 무츠는 청과 일본은 파병하는 이유가 다르다고 한다. 청은 동학난을 진압하러 가지만 일본은 조선에 거주하면서 무역에 종사하는 20,000명에 가까운 일본인들과 공사관, 영사관을 보호하기 위해서라고 한다. 일본이 군사를 몇 명이나 파견하는지 히트로보가 묻자 무츠는 직답을 피하면

주 일 청국 공사 왕봉조(汪鳳藻)　　　주 청 러시아 공사 카시니 백작　　　니콜라이 기르스 러시아 외상

서 톈진협약은 청과 일본이 조선에 보낼 수 있는 군사 숫자를 명시하지 않고 있다고만 답한다.[113]

무츠는 히트로보에게 동학에 대해서 자세하게 설명한다. 조선에는 15세의 「정도령」이 나타나 이씨 왕조를 무너뜨릴 것이라는 오래된 전설이 있다면서 동학은 이러한 전설과도 연관이 있다고 한다. 그러면서 종교적인 색채가 있지만 기본적으로는 외세의 침투에 대한 반항이라고 한다. 무츠는 「아시아의 국가들에서는 모든 것이 시작과 끝이 전혀 다르다」면서 「내 경험에서 하는 얘기다. 25년 전만해도 나도 외국인을 일본에 받아들인다는 것에 반대하여 봉기한 사람들 중 하나였다. 그런데 당신이 보시다시피 이제 여기 이러고 있지 않나」라고 한다.[114]

무츠는 청과 일본 군대가 조선에서 충돌할 위험이 있음을 인정한다.

일본군의 임무는 공사관 및 거류민 보호에 한정되지만, 원래 일본인은 진심으로 동학도들에게 동정심을 갖고 있기 때문에 그들이 청군에게 탄압받는 것을 묵시하기 어렵다. 조선인에 대한 일본인의 반감 또한 큰데, 최

근 김옥균 암살 사건으로 인해 한층 더 선동되는 경향이 있으며, 특히 김옥균은 생전에 일본인들 사이에서 인기를 얻어서 이미 전설적인 영웅이 되었다. 도쿄에 떠도는 풍문에 따르면, 김옥균의 근친, 특히 그 동생은 동학비도 중에서 중요한 역할을 하고 있다고 한다. 무지한 일본 대중들 중에는 김옥균의 망령이 나타나서 동학

미하일 히트로보 주 일 러시아 공사

비도의 대장이 되었다고 믿는 이들도 적지 않다. 이러한 사정으로 판단해 볼 때, 현재 조선에 있는 일청 양국 군대가 아주 사소한 우발적 사건을 계기로 매우 격렬한 정면충돌을 일으킬 가능성이 없다고 장담할 수 없다. 나도 이러한 종류의 위험이 있음을 인정해서, 주 일 청 공사에게 조선 주둔군 지휘관을 엄하게 계칙해서 경솔한 충돌을 예방하라고 경고를 주었다.[115]

무츠는 청군이 동학난을 평정하는데 만족하지 않고 조선에 계속 머물면서 모든 것을 좌지우지하려고 할 것이라면서 「이런 상황에서 우리가 조선에 파병을 하지 않고 중국이 하는 일을 보고만 있을 수 있겠나?」라고 히트로보에게 되묻는다.[116]

주 청 러시아 공사 카시니는 6월초에 병가를 내면서 주 조선 러시

아 공사 베베르에게 자신이 자리를 비운 사이에 베이징의 공관을 맡아줄 것을 부탁한다. 그는 귀국 길에 톈진에 들러 이홍장을 만나 러시아-청 간의 전보협약에 대한 논의를 하겠다고 한다.[117]

카시니의 부탁을 수락한 베베르는 한양을 떠나 베이징으로 가는 길에 톈진에 들러 카시니보다 며칠 먼저 이홍장을 만난다. 6월 8일 이홍장을 만난 베베르는 청이 조선에 군대를 파견할 권한이 없으며 그럴 경우 안 좋은 결과만 가져올 것이라고 경고한다. 그러자 이홍장은 베베르에게 청-일 간의 중재를 부탁한다.[118] 베베르는 러시아의 영향력을 키울 수 있는 좋은 기회라고 생각하고 기꺼이 응한다. 같은날 러시아 외무성의 아시아국장에 갓 부임한 캡니스트 백작(Count Dmitrii A. Kapnist)은 베베르에게 포함(砲艦)「코리츠(Koryeets)」를 조선으로 보낼 것임을 알린다.[119]

6월 20일 이홍장을 만난 카시니는 청이 조선에 군대를 파견한 것은 러시아의 입장에서 볼 때 잘못된 일이라고 한다. 그리고 이제 반란이 수그러들어 조선 정부가 스스로 사태를 해결할 수 있게 되었으니 청과 일본이 동시에 조선에서 철군할 것을 종용한다.

그렇지 않아도 청은 전쟁 준비가 되어 있지 않은 반면 일본은 청과의 일전을 오히려 원하고 있음을 깨닫기 시작한 이홍장은 청과 일본이 동시에 철군할 수 있도록 러시아가 중재해 줄 것을 청 조정의 이름으로 부탁한다. 이홍장은 영국이 이미 중재에 나서겠다고 하였지만 이 사안에 있어서만큼은 직접적인 이해관계가 있는 러시아에게 「우선권」이 있기 때문에 러시아에게 중재를 부탁하는 것이라고 한다.[120] 영국은 그때까지 청-일 간의 분쟁을 중재하겠다고 한 적이 없었지만 이홍장은 러시아로 하여금 보다 적극적으로 중재에 나서도록 하기 위해서 마치 영국이 먼저 중재를 제의한 것처럼 말한다.

다음날인 6월 21일 카시니는 이홍장이 답방하자 러시아와 조선은 국경을 접하고 있는 이웃이며 러시아는 일본이 조선 내정에 개입하는 것을 방관할 수 없다고 한다. 그러면서 러시아와 청이 협력할 수 있기를 바란다고 한다. 이홍장은 카시니와의 면담 내용을 총리아문에 보고한다.

얼마 전에 카시니 공사를 회배(回拜: 답방)할 때, 「일본이 중무장한 군대를 끼고서 논의하는 것은 실로 조선의 내정에 간섭하려고 침탈의 계책을 행하는 것이니, 중국은 결코 윤허하지 않는다」라고 하자, 카시니 공사는 「러시아와 조선은 근린이니 또한 결단코 일본이 제멋대로 간섭하는 것을 용납지 않는다」라고 하고, 또 「중국에 부임한 이래로 이 안건이 러시아에 미치는 관계가 매우 중하니, 부디 피차가 동심역지(同心力持: 마음을 합쳐 힘을 다해 지킴)하기를 바란다」라고 했습니다. 카시니는 톈진에 며칠 더 남아서 본국의 회전(回電)을 기다리고 있습니다.[121]

원래 톈진에 잠시만 들를 예정이었던 카시니는 이홍장의 중재 요청을 받아들여 체류 기간을 연장한다. 카시니는 6월 22일 기르스 외상에게 전문을 보내 러시아가 「매우 불편한」 전쟁을 미연에 방지할 수 있을 뿐만 아니라 조선과 극동에서 아무런 비용도 치르지 않고 러시아의 영향력을 확대할 수 있는 좋은 기회라면서 청의 중재 요청을 받아들일 것을 종용한다.

톈진 가는 길에 이홍장을 방문하였습니다. 이 자리에서 이홍장은 청 정부

의 이름으로 러시아의 중재를 요청한다고 언급하였습니다. 본인은 이 제
안을 수락하면 러시아는 조선은 물론이고 극동의 모든 지역에서 영향력
을 크게 진작할 것이라고 생각합니다. 이홍장은 더 나아가 영국이 중재를
제의했으나 자신은 러시아가 가장 합당하다고 생각한다면서 조속한 답
변을 기다린다고 강조하였습니다.[122]

러시아 정부는 곧바로 움직인다. 외무상 기르스는 6월 22일 차르
알렉산드르 3세에게 보고서를 올린다.

러시아가 일본에 철군을 요청하면 청도 곧 철군하겠다고 하면서 청이 우
리의 중재를 요청하였습니다. 카시니는 우리가 중재하면 극동에서 영향
력을 증가시키고 영국의 개입을 저지할 수 있다고 판단하는데 이에 동의
합니다. 일본 주재 공사에게 이 문제로 훈령하는 것이 시급하다고 사료
됩니다.[123]

알렉산드르 3세도 동의한다. 6월 23일, 기르스는 톈진의 카시니
와 도쿄의 히트로보에게 훈령을 보낸다. 히트로보에게는 모든 수단
을 동원하여 일본이 청과 동시에 조선으로부터 철수하도록 일본 정
부를 설득하라고 한다.[124]
훈령을 받은 카시니는 곧바로 이홍장을 또 만난다. 이홍장은 일본
이 청과 함께 조선 내정 개혁을 공동으로 추진하자는 제안을 해 왔다
는 사실을 언급한다. 그러면서 청은 오직 러시아의 중재만을 기대하
고 있다고 한다.[125]
같은 날 저녁 주 조선 러시아 임시 대리대사 드미트레브스키(Dmi-

trevskii)는 주 조선 일본 공사 오
토리를 만나 일본이 하루속
히 철군할 것을 종용한다. 오
토리는 정부로부터 훈령을 기
다리고 있다고 답한다. 그러면
서 청은 속방을 도우려고 출병
하였지만 일본은 오로지 일본
공사관과 일본 거주민을 보호
하기 위해서 군대를 보냈다고
한다. 드미트레브스키는 오토
리의 말을 본국에 전달하겠다

차르 알렉산드르 3세

면서 현재 상황에서는 러시아는 파병을 고려하고 있지는 않다고 한
다.[126]

청이 러시아의 중재를 요청하였듯이, 조선 조정은 미국에게 중재
를 요청할 것을 고려한다. 그러나 다른 열강들이 불쾌해할 것을 염려
해 6월 24일 한양에 있는 「모든 백인 대표들(Caucasian Representatives)」에
게 통리아문 독판 조병직 명의로 일본군의 철군을 중재해 줄 것을 요
청하는 공문을 보낸다.[127]

국왕전하의 명으로 외국사절들에게 현재 이 나라에서 벌어지고 있는 사
태에 대해 알림으로써 조선과 조약을 체결한 국가들에 전달하고자 합니
다. 현재 두 나라, 즉 청과 일본의 군사들이 조선 땅을 점거하고 있습니다.
하나는 난을 평정하는 것을 돕기 위하여 우리의 초청으로 왔으나 또 다른
하나는 초청도 없이 조선 정부의 항의에도 불구하고 왔습니다. 저에게 전

달된 것은 자국 거류민들의 보호를 위해서라고 합니다.

이제 두가지 이유 모두 사라졌습니다. 청의 상부에서는 일본군이 철군한다는 것을 전제로 이제 조선 영토에서 군사들을 철수하고자 합니다. 그러나 일본은 청의 군대가 철군할 때까지 철군을 거부하면서 동시 철군은 고려조차 하지 않고 있습니다. 내부적으로 평정이 회복된 평화시에 이처럼 큰 군대가 진주하고, 기병대와 포병 부대가 상륙하여 포대를 설치하고 전략적 요충에 보초들을 세우는 것은 다른 나라에도 위험한 선례일 뿐만 아니라 국왕전하 영토의 평화와 안녕에 대한 위협입니다.

따라서 저는 외국 대표들과 그들의 정부에 일본과 조선 사이에 전쟁이 발발하지도 않은 이때에 그토록 많은 중무장한 일본군이 조선 영토에 진주한 것은 만국공법에 어긋나는 일임을 알립니다. 저는 국왕전하의 명으로 외국 대표들이 이 상황을 정확히 파악하고 조약에 따라 도움을 줌으로써 현 상황이 우호적으로 해결될 수 있도록 도와줄 것을 요청합니다.[128]

주 조선 열강사절들은 본국 정부들의 개입 없이 한양에 주재하고 있는 자신들만 나서는 것은 별다른 효과가 없을 것임을 알면서도 조선 정부의 요청을 받아들인다. 그러나 일본에만 철군 요구를 하는 것은 오히려 역효과를 가져올 것으로 생각하여 조선 영토에 외국군대가 주둔하는 것은 조선에 상주하는 외국인들의 안전을 위협하고 있다는 이유를 들어 원세개와 오토리에게 동시에 철군을 요구한다. 이 문서는 영국, 러시아, 미국, 프랑스 공사들의 공동명의로 보내진다. 독일 공사는 본국 정부의 허락을 받을 때까지 서명할 수 없다고 하여 제외된다.[129]

오토리는 6월 25일, 원세개는 6월 26일, 각기 자신들이 그러한 결정을 내릴 수 있는 권한이 없다면서 본국 정부에 전달하겠다고 한다. 오토리는 자신도 조선에서 평화를 유지하고 모든 나라들과 선린우호 관계를 유지하는 것을 원한다는 말을 곁들인다.[130]

한편 기르스의 훈령을 받은 히트로보는 답신을 보내면서 우선 이홍장이 러시아의 중재를 부탁한 것이 진정에서 우러나온 것인지 의문을 던진다. 동시에 영국이 중재를 자원했다는 이홍장의 말을 액면 그대로 받아들이지 않는다. 그러면서 영국은 상황을 예의주시하고 있으며 만일 러시아가 청의 편을 드는 듯한 모습을 보이면 얼른 일본 편을 들 것이라고 한다.[131]

6월 25일에는 훈령에 따라 무츠 일본 외무대신을 만나 청-일 간의 조정을 제안한다. 그리고 두 번에 걸친 전문을 통해 무츠와의 대화 내용과 자신의 견해를 본국에 자세히 보고한다. 히트로보는 먼저 무츠에게 다음과 같이 러시아의 입장을 설명한다.

청 정부가 현재 형세와 관련해서 러시아의 알선을 청했으므로, 러시아 정부의 훈령에 따라 지금 면회를 요구한 것이다. 일청 양국의 군대는 현재 조선에서 개전 의사를 갖고 서로 대치하고 있다. 이러한 상황에서 러시아 정부는 가능한 한 개전에 이르지 않게 한다는 목적에 따라 일본 정부에 제안하는 것을 그 의무라고 느낀다. 청 정부가 이미 러시아 정부에 통고한 바에 따르면, 청의 출병은 전적으로 조선 정부에서 폭동 진정을 의뢰한 것에 따른 것이다. 그런데 일본도 대부대를 보내서, 이제 폭동이 진정 되었음에도 불구하고 조선 사건에 관해 3개조의 제안을 내놓고 그 군대를 철수시키려고 하지 않는다고 했다.

무츠는 조선의 독립을 보장하기 위해서는 청의 「근거 없고 자의적인 종주권 주장」을 제어해야 한다면서도 일본 정부도 전쟁을 원하지는 않는다고 한다. 일본이 조선에 파병을 한 이유도 청의 호전성을 제어함으로써 평화로운 해결책을 모색하기 위한 것이라고 한다. 무츠는 청이 조선의 개혁을 함께 추진하자는 안을 거부하였기 때문에 일본은 조선과 단독으로라도 개혁을 모색할 수밖에 없게 되었다고 한다. 그러면서 「청이 어떤 행동을 취해도 일본이 먼저 전쟁을 시작하는 일은 없을 것이다」라고 한다.

무츠는 청 정부가 협상할 의지가 있는 듯한 모습을 보이지만 사실은 조선에 군사를 증파할 수 있는 시간을 벌고자 하는 것이라고 한다. 청이 철군할 듯한 자세를 취하면서 일본군이 철수를 하면 새 군사를 보내 아직 완전히 평정되지 않은 동학난 평정에 나서려고 하는 것이라고 한다. 동학군은 청과 일본군이 진주하니까 흩어졌지만 양국 군이 철수하고 나면 다시 봉기할 것이라면서 청은 계속해서 군대를 증파하고 있는 반면 일본은 추가 병력을 보내지 않고 있다고 한다.

이에 히트로보는 「이 말은 액면 그대로 받아들일 수 없다. 다른 정보통에 의하면 일본은 계속해서 군대를 보내고 있다」고 한다. 히토로보는 청-일 양국 군이 모두 조선에서 철수해야 한다고 거듭 종용하지만 무츠는 계속해서 그렇게 할 수 없다고 한다. 그러면서 조선에 파병한 군사의 숫자가 얼마인지 묻자 「무츠는 질문을 계속 회피하면서 병부성에서 외무성에 정확한 숫자를 알려주지 않아서 자신도 잘 모른다고 둘러댔다」고 보고한다.

히트로보가 「만약 청이 철병할 경우 일본 정부도 철병하는 데 동의하는가? 과연 그렇다면 이를 일본 외무대신의 낙언(諾言: 승낙)으로 본국 정부에 보고해도 괜찮겠는가?」라고 단도직입적으로 묻자 무츠는 다음과 같이 답한다.

그 제의에는 대체로 이의가 없으나 지금과 같이 양국이 서로 대치하고 있고, 서로 시기하는 마음을 갖고 있는 때에 이것을 해결하려는 것은 매우 어려운 일이다. 그리고 이런 사정은 일청 양국뿐만이 아니라, 구미 강국들 사이에서도 때때로 이와 같이 피하기 어려운 일들이 일어났던 적이 한두 번이 아니다. 더욱이 청국은 지금까지 음흉한 수단으로 조선의 내정에 간섭하여 표리부동한 술책을 쓰면서 늘 일한 양국을 기만했던 일이 너무 많았기에, 지금 우리 정부가 쉽게 청국의 언행을 믿을 수 없다고 하는 것을 전혀 근거 없는 시기라고만 할 것은 아니다. 그러므로 만약 청국 정부가 조선이 내정 개혁을 완결할 때까지 일청 양국이 서로 기다리는 것에 대해 동의하든지, 아니면 청국이 어떤 이유에서라도 조선의 개혁에 관해 일본과 협조할 마음이 없으면, 일본 정부가 독자적으로 실행함에 청국 정부가 직접 또는 간접으로라도 이것을 방해하지 않을 것이라든지, 이들 두 조건 중 어느 하나만이라도 보증을 한 후에 군대를 철수하자고 하면 일본 정부도 또한 군대를 철수할 것이다.

무츠는 그러면서 다음 두가지를 「확언」한다.

첫째, 일본 정부는 조선의 독립과 평화를 확립하려는 희망 외에는 결코 다른 뜻은 없다. 둘째, 장차 청국 정부의 어떠한 거동이 있더라도 일본 정부는 공격적인 전쟁을 도발하지 않을 것이며, 만약에 불행하게도 그 후 일청 양국 사이에 전쟁을 하지 않으면 안 될 경우가 있다 하더라도 일본

은 방어적인 위치에 있을 것이다.[132]

히트로보는 보고서에 청-일 간의 갈등이 평화롭게 해결될 가능성은 없어 보인다고 한다. 그러면서 일본은 청이 동원할 수 있는 막대한 자원을 제대로 고려하고 있지 않다고 한다. 일본이 전쟁을 할 준비가 더 잘 되어 있는 것이 사실이고 따라서 일단 전쟁이 시작되면 일본이 초반에는 유리하겠지만 전쟁이 길어지면 일본은 재정적으로, 경제적으로 힘이 다하여 결국 외부의 중재를 요청하게 될 것이라고 예측한다.[133]

히트로보는 다음과 같이 보고서를 끝맺는다.

> 제 개인적 견해로는, 현 내각은 일본에서 첨예화되고 있는 조선 문제에 지나치게 깊이 개입했으므로 어떤 적당한 구실로든지, 아니면 표면적으로라도 성공을 거두지 못하면 양보는 어려울 것입니다. 그렇지만 전쟁을 바라는 자는 없기 때문에 외국의 조정이 아니더라도 전쟁은 피할 수 있을 것입니다. 이와 동시에 각 방면에서의 시사에 따르면, 열강 가운데 몇몇 나라는 우리가 극동에서 분주히 활동하는 것을 좋아하는 경향이 강한 것 같습니다. 시국의 발전 가능성을 고려하여 저는 이 건을 강조하며, 또 우리의 권고를 문서로 제시할지, 아니면 단순히 구두로 시사하는데 그칠지 훈령을 바랍니다.[134]

러시아 외무상 기르스는 카시니와 베베르의 보고를 받고는 러시아가 중재에 나서면 청, 일 양국이 조선에서 동시에 철병할 가능성이 높다고 생각했다. 그러나 히트로보의 보고서에 의하면 일본은 철병할 의도가 전혀 없었다. 오히려 청이 받아들일 수 없는 조건들을 내세우면서 상황을 더 악화시키려는 의도가 다분해 보였다.

조선, 청, 일본 주재 공사들로부터 서로 상충되는 「복잡하고 불명확한」 보고를 받은 기르스는 6월 28일 차르 알렉산드르 3세에게 「조선 조정이 청과 일본의 군대를 철수하기를 바란다」는 조선 정부의 주장을 지지하는 것 외에는 별도의 행동을 취하지 않는 것이 좋겠다고 상주한다.[135]

기르스는 6월 29일에는 카프니스트 아시아 국장과 함께 주 러 일본 공사 니시 도쿠지로(西德二郞, 1847.9.4.~1912.3.13.)를 만나 나눈 대화 내용을 알렉산드르 3세에게 보고한다. 니시는 일본 정부의 공식입장을 전달하면서 일본이 철군하기 위해서는 청이 일본과 공동으로 조선의 내정 개혁을 추진하는 것에 합의하든지 아니면 조선 내정을 개혁하려는 일본의 시도에 청이 간섭하지 않는다는 약속을 해야한다고 한다. 카프니스트는 니시에게 러시아 역시 조선의 독립과 안정을 원하지만 청-일 양국군이 조선을 점령하고 있는 상황에서는 불가능하다면서 우선 청-일 양국이 철군한 후 외교적 교섭을 진행해야 한다는 러시아의 입장을 전달한다.[136]

기르스는 도쿄의 히트로보에게 훈령을 보내 러시아가 일본과 청 사이에 공식적으로 나서는 것은 양국 정부의 동의를 받아야 하는 것이기에 일단 보류한 채 양국의 철병을 요구하는 조선 정부의 입장을 지지할 것을 지시한다. 그러면서 「만약 일본 정부가 청과의 동시 철병을 곤란하게 만든다면 중대한 책임을 져야 할 것」이라고 덧붙이도록 한다.[137]

이 전보는 6월 29일 저녁 히트로보에게 전달된다. 그 다음날 무츠는 천황궁에서 개최된 회의에 참석하느라 오후 5시에나 히트로보를 만날 수 있었다. 히트로보는 기르스로부터 받은 훈령 내용을 무츠에게 전한다. 무츠는 내각과 상의한 후 답하겠다고 한다. 이에 히트로보는 사전에 준비한 공문을 전달한다. 러시아의 입장을 글로 전달하면 일본 정부도 보다 심각하게 받아들이고 이에 대한 공식적인 답변을 해야했기 때문이다.

조선 정부는 내란이 이미 진정됐다는 뜻을 공식적으로 그 나라에 주차하는 각국 사신들에게 통고하고, 또 청 및 일본 군대를 철수시키는 일에 관해 사신들의 도움을 청했습니다. 따라서 본관의 군주이신 황제 폐하의 정부는, 본관에게 명하여 일본제국 정부에 조선의 청구를 수용할 것을 권고하고, 또 일본이 청 정부와 동시에 조선에 있는 군대를 철수하는 일과 관련해서 고장을 일으킬 경우 중대한 책임을 지게 될 것을 충고하게 하셨습니다. 이상 진술한 내용을 외무대신 각하에게 전하며, 아울러 거듭 경의를 표합니다.[138]

히트로보의 문서가 일본 측에 전달되고 일본이 공식적인 답을 하기 전까지 히트로보는 여러 차례 무츠를 만나 긴 대화를 갖는다. 무츠는 조선 정부가 외국 정부에 개입을 요청했다는 소식을 접하지 못했다고 우긴다. 만일 동학난이 평정된 것이 사실이라면 일본군이 조선에 남아 있을 이유가 없지만 이것이 사실이 아님을 증명할 수 있는 정보도 갖고 있다고 한다. 그러면서 다시 한번 일본이 조선에 파병한 것은 청과 일본이 1882년에 맺은 톈진협약에 따른 것임을 강조하면서 파

병하게 된 원인은 아직 해소되지 않은 상태라고 한다.[139]

무츠는 주 청국 겸 주 조선 영국공사 오코너(O'Conor)도 청과 일본 간의 갈등이 평화적으로 해결되기를 바란다면서 영국 역시 청과 일본 간에 중재를 시도하고 있음을 숨기지 않는다. 그러나 무츠는 이러한 시도는 일본군이 철수하기 전에는 조선의 내정 개혁에 대한 아무런 협의도 할 수 없다는 청 조정의 완고한 입장 때문에 실패하였다고 한다. 무츠가 청이 진실성이 없다며 끊임없이 불평을 늘어놓자 이홍장의 의도가 불순하다고 여겼던 히트로보는 점차 일본의 의도가 더 불순하다고 생각하기 시작한다.

히트로보는 기르스 외무상에게 무츠와의 대화 내용을 다음과 같이 보고한다.

일반적인 인상은, 말로 일본인을 신복(信服)시키려는 것은 거의 쓸모가 없습니다. 저들은 자부심에 완전히 도취되어 있기 때문에 청으로부터 반드시 받게 될 실질적인 교훈이 아니면 각성하지 못할 것입니다. 일본인이 일시적인 성공을 거두더라도 결국에는 청이 승리할 것입니다. 일본인은 도전받지 않으면 스스로 전쟁을 개시하지 않겠다고 약속했으므로, 청인(淸人)은 전쟁을 준비하기에 충분한 시간을 가질 것입니다. 그렇지만 어떤 경우라도 이 문제의 평화적 결말이 바람직하다고 생각하신다면, 그 해결법은 제 견해에 따르면, 베이징이나 도쿄가 아니라 경성에 있으니, 조선 정부로 하여금 청, 일본, 러시아의 삼국연합위원회를 조직해서 그 감독하에 내정 개혁을 시행함과 동시에 일본군의 철수를 제의하게 해야 합니다. 그렇게 된다면 일본은 모든 구실을 잃을 것입니다.[140]

한편 무츠는 히트로보와 헤어진 즉시 이토 히로부미 총리대신을 사저로 찾아가 히트로보가 건넨 공문을 보여준다. 이토는 「한 번 읽고 나서 깊이 생각하는 듯하더니 조용히 입을 열어, 우리가 지금에 와서 어떻게 러시아의 권고에 따라 조선에서 우리 군대를 철수할 수 있느냐?」라고 한다.[141] 히트로보의 진단처럼 일본의 국내 정세는 철군을 불가능하게 만들고 있었다.

그날 밤 무츠는 니시 주 러 공사에게 전문을 보내 「러시아의 권고에 대해 어떻게 회답할 것인가는 아직 각의를 거치지는 않았으나 나와 이토 총리는 오늘 러시아의 권고대로 우리 군대를 조선에서 철수할 시기가 지금은 아니라는 의견을 갖고 있다」고 한다.[142]

그러나 무츠는 러시아가 강력하고 노골적으로 철군을 요구하는 것에 당황한다. 그는 히트로보가 준 문건을 왕봉조 주 일 청국 공사에게 보여준다. 문건을 읽은 왕 공사는 잠시 생각에 잠긴다. 그리고는 현 상황에서 청, 일 어느 쪽이든 러시아 정부의 명령에 의해 조선에서 철군하는 것은 불가능하다고 한다. 무츠는 자신도 그러한 입장이며 이 문제는 청-일 양국간에 해결해야 하는 문제일 뿐이라고 한다.[143]

무츠는 히트로보가 전달한 러시아의 문서를 주 영 일본 공사 아오키 슈조(青木周蔵, 1844.3.3.~1914.2.16.)에게도 전문으로 보낸다. 그는 러시아가 영국에 접근하는 것에 대비하여 거꾸로 영국을 이용하여 러시아를 제어할 필요가 생길 수도 있다고 한다. 그러면서 일본은 다른 열강이 조선을 좌지우지 못하게 하는 것이 생존이 걸린 문제이며 이를 위해 청과 합리적인 상호이해에 도달하고자 노력하고 있지만 일본은 이제 청에게 제안했던 조선 내정 개혁안을 「청과 상관없이」 조선 조정에 직접 전달하였음을 알리도록 한다.[144]

히트로보는 총리대신 이토 히로부미와도 만나 「가장 친밀하고 솔직한 대화」를 나눴다고 한다.

> 일본이 조선 문제와 관련해서 청과의 평화로운 해결책을 거부하는 것은 얼마나 위험한 일인지 상당히 자세하게 설명하였습니다. 저는 특히 재정적인 측면을 강조하였습니다. 이토 백작도 바로 이 점이 가장 걱정스럽다고 인정하였습니다. 그가 청을 믿을 수 없다고, 저의가 무엇인지 모르겠다고 하는데 대해서는 약간 농담 투로 「지금 톈진에서 또 다른 러시아 공사가 당신이 말하는 것과 정 반대의 얘기를 지금 듣고 있고 그 상대는 바로 당신의 친구 이홍장일 겁니다」라고 답하였습니다.[145]

히트로보는 자신과 이토의 대화 중 특히 흥미로웠던 것이 조선에서 전개되고 있는 상황을 보면 이 「엄청난 야심」을 품고 있는 이 정치가의 역할이 크다는 것을 느꼈다는 점이라고 한다. 히트로보는 자신이 이미 1년 반 전에 쓴 보고서에 이토와 같은 사람이 정부를 이끌게 되면 「매우 적극적인 정책(policy of adventures)」을 추구하게 될 것이라고 하였다고 한다. 그러나 이토는 조선의 내정을 장악할 의도는 추호도 없으며 유일한 목표는 중국으로부터 조선의 실질적인 독립을 지키는 것이라면서 「내란이 일어나도 청의 개입이 필요하지 않도록 조선 조정이 필요한 개혁을 추진한다는 보장만 받는다면」 청과 동시에 철군을 한 준비가 되어있다고 하였다고 보고 한다.[146]

7월 1일 주 청 러시아 공사 카시니는 상황이 심각해졌다고 보고한다. 일본은 조선의 내정을 장악하고 중국과 전쟁하면 이길 자신이 있다고 생각하고 있다고 한다. 이홍장에 의하면 일본은 고종에게 한양의 청국 공관을 폐쇄하고 일본이 조선을 보호국으로 삼겠다는 최후통첩을 했다. 또 다른 전보에서 카시니는 이홍장이 조선 내정 개혁의 필요성을 인정하였고 청, 일본, 러시아가 한양이나 톈진에서 협약을 맺어 조선의 내정 개혁을 추진하는 안에 동의하였다고 한다.[147] 다시 말해서 청은 청-일 간의 전쟁을 방지해주는 대가로 러시아도 조선 내정 개혁에 참여할 수 있도록 하였다는 것이다. 그리고 청-일 양국군이 철수하는 대로 조선의 내정 개혁은 곧 시작할 것이라고 하였다고 한다.[148]

카시니는 일본은 물론 러시아의 개입을 원치 않을 것이고 영국과 독일 역시 러시아가 개입하는 것을 반대하겠지만 러시아가 개입할 수만 있다면 막대한 이익을 얻을 수 있을 것이라고 한다. 따라서 러시아가 개입하게 되면 조선에 대한 청의 영향력을 견제할 수 있기 때문에 일본에게도 이득이 될 것이라는 식으로 일본 측을 설득해보도록 히트르보에 명할 것을 제안한다. 그렇게만 된다면 러시아는 다른 열강들이 조선의 주권을 침해하려는 여하한 시도도 무력화시킬 수 있을 것이라고 한다.[149]

외무상 기르스는 조선의 상황이 점차 악화되어가고 있음은 인정하였지만 러시아가 개입하는 것이 유리한 것인지에 대해서는 회의적이었다. 기르스는 주 러시아 프랑스 공사 몽테벨로 백작(Count Gustave Louis Lannes de Montebello)과의 대화에서 러시아 정부는 조선 문제에 직접 개입하는 대신 중국과 일본 사이에 중재를 계속하는 것에 주안점을 두고 있다면서 일본은 청이 절대로 받아들일 수 없는 조건하에 철군하겠다고 함으로써 화해를 불가능하게 하고 있다고 한다.[150]

히트로보에게 보낸 전보에서 기르스는 「조선의 내정 개혁은 개입을 하기 위한 핑계에 불과한 것으로 생각한다」고 한다. 그러나 일본과 중국이 전쟁을 하는 것은 결코 바람직하지 않기 때문에 양국이 조선으로부터 철군한 후에 문제를 외교적으로 풀어가는 것이 보다 바람직하다는 사실을 일본 정부에 계속 주지시킬 것을 지시한다.[151]

7월 2일, 위의 전보가 도착하기 전 무츠는 히트로보가 6월 30일 구두와 문서로 전달한 내용에 대한 일본 정부의 공식 답변을 전달한다. 프랑스어로 작성된 답변은 무츠가 초안을 하고 일본 내각과 메이지가 재가한 내용이었다.

러시아 특명전권공사가 보내온 공문은 그 내용이 아주 중요하므로, 우리 제국 정부는 신중히 검토하였습니다. 그런데 그 공문 중 조선 정부가 이미 조선내의 내란이 진정되었다고 조선 주재 각국 공사들에게 통고했다고는 하지만, 우리 제국 정부가 최근 접수한 보고에 의하면 이번 조선의 사변을 일으킨 근본 원인이 아직 제거되고 있지 않을 뿐만 아니라, 현재 일본이 군대를 파견하게 됐던 내란조차 여전히 수습되고 있지 않은 상태입니다. 처음 우리 제국 정부가 조선에 군대를 파견했던 것은 참으로 현실적 상황에서 부득이했던 것으로 결코 영토 침략의 뜻이 있었던 것은 아니었습니다. 그러므로 만약 조선의 내란이 완전히 평온해져 장차 어떠한 걱정도 없어지게 된다면 우리 군대를 조선에서 철수함이 당연함을 러시아 특명전권공사에게 확실하게 언급하는 바입니다. 여기에 우리 제국 정부는 덧붙여서 러시아 정부의 우의어린 권고에 대해 뜨거운 사의를 표함과 동시에, 다행히 양국 정부간에 현존하고 있는 신의와 교의로써 확실한 우리의 뜻을 전하는 바이니, 러시아 정부도 충분히 믿어주기를 희망합니다.[152]

히트로보는 즉각적인 반응을 보이지 않는다. 그러나 러시아의 제안을 거부한 것에 대한 부담을 느낀 무츠는 주 러시아 일본 공사 니시에게 훈령을 보내 러시아 정부가 어떻게 반응하는지, 그리고 히트로보에게 어떤 훈령을 보내는지 알아보라고 한다.[153]

불가사의하게 히트로보는 일본 정부의 답변을 본국에 곧장 보고하지 않고 나흘 후에나 전보를 보낸다. 니시가 7월 6일 아시아국장 캡니스트를 찾았을 때 캡니스트는 아직도 일본 정부의 답신 내용을 모르고 있었고 따라서 니시가 직접 설명해야 했다.[154] 니시를 통해 일본 정부의 답변을 들은 캡니스트는 일본과 청국 간의 「위험한 충돌」을 막기 위한 아무런 조치가 포함되어 있지 않기에 일본 정부의 답변이 「별로 만족스럽지 않다」고 한다.

니시는 일본 정부의 의도는 「매우 객관적」인 것이며 따라서 러시아가 일본의 의도를 의심하는 것은 「합리적이지 못하다」면서 일본군이 철군하는 것이 불가능한 상황에서 러시아가 계속해서 같은 충고를 일본에게 하는 것은 「심각한 결과를 초래할 것」이라고 한다. 캡니스트는 기르스 외무상에게 보고하겠다고 하면서 러시아 정부의 입장을 정리한 후 히트로보에게 훈령을 보내기 전 먼저 니시에게 알리겠다고 한다. 니시는 무츠에게 「저는 이들이 더 이상 간섭하지 못하도록 최선을 다하고 있습니다」라고 보고한다.[155]

카시니는 기르스 외무상에게 보낸 7월 7일자 전문에 이홍장이 러시아의 중재에 도움이 된다면 조선에 파견된 청군을 철수시키겠다는 의사를 밝혔다고 한다. 그리고 청 정부로 하여금 계속 기다리게 하는 것은 불가능하다고 하면서 일본군을 조선으로부터 철수시키기 위해서 러시아가 끝까지 밀어붙일 것인지, 그리고 러시아의 중재가 실패하여 청과 일본이 전쟁을 시작하게 될 경우 청에 대한 러시아의 입장은 무엇이 되는지 알려줄 것을 요청한다.

카시니는 히트로보를 통해서 들은 일본 정부의 답변을 보고 일본 정부가 「공손하게 그러나 단호하게」 러시아 정부의 충고를 거부하였으며 일본 정부가 추가 병력을 조선에 파견하였다는 소식을 들었다고 한다. 따라서 일본이 러시아에 계속 확언하였음에도 불구하고 일본의 행동을 보면 일본이 러시아와 청의 간섭을 무시하고 조선 문제를 단독으로 처리하기로 결정하였음을 알 수 있다고 한다. 이제 러시아는 일본이 조선에 대한 「배타적 영향력」을 구축하거나 노골적으로 점령하는 것을 받아들일 수 있을 것인지 결정해야되는 시점에 도달했다고 한다. 그러면서 「일본 정책의 끝없는 야심」을 볼 때, 그리고 다른 정치적인 이유를 고려할 때 일본은 러시아의 「바람직하지 않는 이웃」이 될 것이 분명하다고 한다.[156]

그러나 기르스는 카시니에게 일본으로 하여금 조선에서 철군하게 하는 시도는 「우호적인 조언(friendly advice)」에 불과하다는 사실을 상기시킨다. 그리고 이홍장이 러시아에게 중재를 부탁할 정도로 신뢰하는 것은 고무적이지만 러시아로서는 조선의 내정 개혁에 직접 개입하는 것은 불편한 일이라고 한다. 왜냐하면 「이홍장의 의도는 러시아를 골치아픈 조선의 문제에 끌어들여 도움을 받으려고 하는 것이기 때문」이라고 한다. 따라서 청 측에는 평화를 원하는 청의 의도를 일본 측에 전달할 수 있도록 러시아 정부가 지속적으로 노력할 것이라고만 말할 것을 지시한다.[157]

기르스는 카시니와 주고받은 전보의 내용을 차르 알렉산드르 3세에게 보고하면서 러시아가 청에 대한 러시아의 우호적인 감정을 강조한 것은 청이 영국의 도움을 요청하는 것을 방지하기 위해서였다고 설명한다.[158]

7월 9일 카시니에게 보낸 전보에서 기르스는 일본 정부가 히트로보에게 한 답변의 내용을 전하면서 러시아 정부는 청과 일본 양국이 모두 철군하고 문제를 외교적으로 해결하는 것을 바라고 있다는 것을 다시 한 번 강조한다.[159] 기르스의 전문 내용을 전달받은 이홍장은 러시아가 일본에 대해 군사적인 압력을 가하는 것도 거부하고 조선 내정 개혁에 개입하는 것도 거부한 것을 확인하고 실망한다. 그는 주청 러시아 공사관의 이바노비치(Aleksandr Ivanovich) 이등 서기관에게 러시아가 개입 초반에 갖고 있었던 것보다 강경한 입장에서 후퇴한 것이라고 불평한다.[160] 기르스는 7월 10일 카시니에게 전문을 보내 러시아가 일본에 제안한 것은 「우호적인 조언」에 불과하였음을 다시 한번 강조한다.

한편 주 청 영국공사 오코너는 기르스가 카시니에게 보낸 훈령의 내용을 「믿을 만한 정보통」을 통해 들었다면서 러시아가 이홍장에게 제공한 것은 「동정과 우호적인 관심」이었을 뿐 조선 문제에 직접 개입해 달라는 이홍장의 요청은 거절한 것이라고 본국 정부에 보고한다.[161]

러시아 정부는 일본에 공식적으로 답한다.

러시아 황제 폐하는 일본 황제 폐하 정부의 선언 중에서, 조선에 대해 침략의 뜻이 없고, 또 그 나라의 내란이 완전히 평정되어 내란이 재발될 위협이 없게 되면 바로 그 군대를 조선에서 철수한다는 뜻을 인정하며 크게 만족합니다. 다만 그렇다면 일청 양국 정부는 속히 협의를 하여 평화적 국면을 하루 속히 이루게 되기를 희망합니다. 동시에 러시아 황제 폐하의 정부는 조선국이 이웃나라인 까닭에 조선국의 사변을 방관할 수 없는 것이며, 오늘날의 경우도 전적으로 일청 양국의 갈등을 예방하려는 희망에서 나온 것임을 이해하기 바랍니다.[162]

히트로보는 이러한 내용을 7월 13일 무츠에게 전한다. 그러나 무츠는 러시아의 입장을 액면 그대로 받아들이지 않는다. 무츠는 회고록에 러시아 정부의 공식적인 답변에 대한 자신의 반응을 다음과 같이 적고 있다.

이러한 러시아 정부의 공문도 일반적인 외교문서의 형식으로 극히 평범한 것이었으나, 일본 정부의 선언 가운데 조선에 대한 침략의 뜻이 없고 또한 조선의 내란이 완전히 평정되고 변란의 재발 가능성이 없게 되면 즉시 군대를 철수시킨다는 의사를 인정하여 크게 만족한다고 함은, 일본 정부로 하여금 명확하게 밝혔던 범주 밖으로는 나가지 못하게 한다는 의미를 내포하고 있었던 것이다. 한편으로는 러시아 정부도 조선의 이웃나라임으로 조선의 변란을 방관할 수 없다고 하여, 암암리에 조선 국내의 일에 대해 언제나 참견할 수 있다는 자신들의 입장을 확고하게 표현하고 있는 듯했다. 그러나 그들의 속마음은 확실하게 알 수 없는 것이었고, 그런 복잡한 상황은 차치하고, 어쨌든 나는 러시아 정부가 일단 내놓았던 것을 잠시나마 철회하였다는 데 잠시 안도의 숨을 쉴 수 있었던 것이다.[163]

9. 영국의 중재

영국은 조선의 상황 자체에 대해 관심을 갖기보다는 러시아에게 조선 문제에 개입하는 계기가 제공되는 것을 더 걱정한다. 6월 12일 대화에서 영국 외상에 갖 임명된 킴벌리 백작(John Wodehouse, 1st Earl of Kimberley, 1826.1.7.~1902.4.8.)은 주 영국 일본 공사 아오키 슈조(青木周蔵, 1844.3.3.~1914.2.16.)와 만나 일본이 청과 조선 문제에 대하여 합의에 도달함으로써 「직접 또는 간접적으로 러시아의 침공에 대한 예방조치」가 이루어진다면 영국 정부는 이를 환영할 것이라고 한다. 영국의 입장에서는 다른 복잡한 문제가 생기기 전에 청과 일본이 전쟁을 하지 않고 조선에서 철군하는 것을 바란다는 것을 분명히 한다.[164]

6월 28일 주 청국 대리공사 겸 주조선 공사 오코너는 총리아문은 영국의 도움을 고마워하는 입장이었지만 이홍장은 러시아에게 중재를 요청했다고 보고한다. 그러면서 만일 러시아가 일본으로 하여금 철군하도록 압력을 행사하여 성공한다면 중국으로부터 「무엇인가 대가를 받아낼 것」이라고 한다.[165]

같은 날 영국 외상 킴벌리는 아오키 주 영 일본 공사에게 이홍장이 러시아의 중재를 요청함으로써 러시아가 조선 문제에 개입할 수 있는 기회를 제공하였고 이는 「심각한 결과」를 초래할 수 있다고 한다. 그러면서 일본이 만일 고집을 부리면서 양보하지 않아 청과 일본 간에 전쟁이 발발할 경우 「조선은 물론 동아시아 전체에 많은 문제들을 야기할 것이고 일본의 국익에 결코 도움이 되지 않을 것」임을 경고한다. 영국은 러시아가 조선의 문제에 개입하게 됨으로써 발생하는 문제들에 대하여 결코 방관하지 않을 것이라고 한다.

당시 주 일 영국 공사관은 휴 프레이저(Hugh Fraser, 1837.2.22.~1894.6.4.) 공사의 순직 후 3등 서기관 패짓(Ralph Spencer Paget, 1864.11.26.~1940.5.11.)이 대리공사를 맡고 있었다. 패짓은 오코너 주 청, 주 조선 영국 공사의 제안에 따라 무츠를 만나 「조선의 종주권 문제를 건드리지 않고」 조선의 독립을 보장하고 내란을 막는다면 조선

킴벌리 영국 외상

내정을 공동으로 추진하자는 일본의 제안을 받아들일 수 있다는 청의 입장을 전달한다. 이에 대하여 무츠는 청의 입장은 「자가당착」이라며 청의 입장을 이해할 수 있게 설명할 수 있다면 얼마든지 동의할 수도 있다고 한다.

무츠는 6월 30일 패짓과의 대화 내용을 아오키에게 전하면서 자신과 총리대신 이토 히로부미는 「러시아의 명령을 결코 따르지 않겠다」는 각오를 킴벌리에게 전달하라고 한다.[166]

7월 3일 오코너는 러시아가 일본에게 조선의 요구대로 철군을 하지 않을 경우 매우 심각한 책임을 져야할 것이라고 경고한 사실을 주청 일본 대리공사 고무라 주타로로부터 전해 들었음을 킴벌리에게 보고한다. 그러면서 일본 정부는 「조선 문제에 있어서 러시아의 압력에 결코 굴복하지 않을 것」이고 철군하지 않기로 결정하였음을 고무라가 털어 놓았다고 한다.

오코너는 자신이 청의 총리아문에 사적으로, 그리고 비밀리에, 그러나 매우 강한 어조로 「외세의 개입과 그것이 수반할 모든 문제를 미연에 방지하기 위해서」 즉시 일본과의 협상을 재개할 것을 종용하였다고 보고한다. 오코너는 러시아가 일본에 강한 어조로 철군을 요구한 다음에는 조선이 중재를 요청했던 다른 열강들에게도 접근함으로써 청을 돕는다는 강한 인상을 남기면서 청으로부터 많은 것을 얻게 될 것이라고 예측한다. 후속 전문에서 오코너는 조선 문제를 청과 일본, 러시아가 협의하게 방치하면 안되고 영국을 포함한 열강 5개국이 공동으로 개입해야 할 것이라고 한다.[167]

킴벌리는 주 일 대리공사 패젯에게도 일본 정부에 즉시 협상을 재개하도록 종용하게 한다. 그리고 만일 청과 협상을 재개하지 않을 경우 러시아가 다른 유럽 열강들을 이끌고 공동으로 개입하려고 할 것이라고 경고하도록 한다. 킴벌리는 청-일간 협상이 조선의 속방지위 문제 때문에 결렬되었음을 지적하면서 패젯으로 하여금 일본 정부가 그 문제를 더 이상 거론하지 않도록 종용하게 한다. 청은 「종주권이나 조공문제보다 실질적으로 훨씬 더 중요한 문제에 있어서 양보할 준비가 되어 있기 때문」이라고 전하도록 한다. 킴벌리는 조선의 독립은 조선에 대한 청이나 일본의 영향력을 오히려 약화시킬 것이고 따라서 「다른 열강들이 조선 문제에 개입할 수 있는 기회만 열어주는 결과를 가져올 것」이라고 한다.[168]

7월 4일 무츠는 아오키에게 영국이 청과 일본 간에 중재자로 나설 용의가 있는지 묻도록 한다. 그러면서 오코너에게는 이미 일본이 최대한 양보할 수 있는 것이 무엇인지 이미 통보하였다고 한다.[169]

같은 날 오코너는 청 조정이 자신과 만나 협상 조건을 논할 의지가 있음을 전달해 왔음을 고무라에게 알린다. 그러나 7월 7일 일시 귀국한 왕봉조 주 일 청국 공사가 고무라에게 영국 공사의 제안에 따라 청과 협상할 준비가 되어 있지 않냐고 묻자 고무라는 이제는 청이 협상안을 제안할 차례라고 반박한다.[170]

7월 6일, 아오키는 영국의 외무 부차관보 버티(Francis Bertie)에게 러시아가 「일본이 원하는 통상조약을 체결함으로써 불평등조약 재협상의 물꼬를 틀 수 있도록 해 주는 대가로」 청-일 간의 양보를 받아내려고 하였다고 알린다. 버티는 청과 일본 양국에 러시아와 손을 잡는 것에 대해 영국 정부가 경고할 것을 제안한다.[171]

버티의 제안에 따라 킴벌리는 7월 7일 오코너에게 청 정부에게 러시아와 단독으로 합의하는 것에 대해 경고하도록 하고 만일 청이 영국을 제외한 채 러시아와 단독으로, 또는 러시아, 일본과 함께 합의를 도출할 경우 영국은 어떤 조치라도 취할 준비가 되어 있음을 전하도록 한다.[172] 패젯 역시 같은 내용을 일본 정부에 전달한다.[173]

7월 9일 오코너는 총리아문에 일본과 직접 협상을 통해 조선 문제를 해결할 것을 강력하게 종용한다. 청의 관리들은 자신들도 일본과의 협상을 원하지만 일본이 먼저 철군을 하지 않는 이상 진정성 있는 협상은 불가능하다고 한다. 이에 오코너는 청으로서는 일본군이 조선의 수도 한양을 장악하고 있는 상황에서 일본과 협상을 하는 것은 협상이 시작하기도 전에 모든 것을 양보하는 것으로 보일 수 있다고 생각하는 것 같다고 킴벌리에게 보고한다.

오코너는 계속해서 청과 일본 간의 중재 역할을 한다. 그는 고무라의 허락 하에 일본이 조선에서 거주하는 일본인들에게 중국인들과 똑 같은 정치적, 상업적 권리를 요구하는 것은 조선이 청의 속방임을 저해하지 않는 한도 내에서의 권리를 뜻한다고 설명한다. 그러나 청은 이마저 거부한다. 이 역시 일본군이 한양을 점거한 상태에서 양보하는 모습을 보여서는 안된다고 생각했기 때문이다. 오코너는 계속해서 청에게 너무 늦기 전에 일본과 합의를 볼 것을 종용한다. 그러면서 만일 청과 일본, 러시아 3국이 조선 문제에 대해 합의를 한다면 이는 오직 러시아에게만 이로운 일이라고 한다. 영국 정부는 7월 9일 오코너의 제안대로 영국, 독일, 프랑스, 미국, 러시아 등 5개국 간의 공동 개입을 제안한다.

오코너는 주 청 미국 대리공사 덴비(Charles Denby Jr., 1861.11.14.~1938.2.15.)에게 미국 정부의 협조를 요청하고 이홍장은 톈진의 미국 영사 리드(Sheridan P. H. Read)를 통해서, 그리고 주 미 영국 대사 펀스포트(Julian Pauncefote)는 미국무장관 그레샴에게 각각 협조를 요청한다.[174] 그러나 미 대통령 클리블랜드(Grover Cleveland)는 미국 정부가 이미 7월 7일에도 청과 평화로운 해결책을 찾을 것을 일본 정부에 강력하게 종용한 바 있기에 또 다시 개입하는 것은 곤란하다면서 공동 개입을 거부한다.[175]

프랑스 정부 역시 조선 문제에 개입하고 싶은 뜻이 전혀 없었다. 당시 주 조선 프랑스 영사는 한양을 떠나 프랑스에 수개월간 머물고 있었다. 따라서 프랑스는 조선의 상황에 대해 아무런 정보도 없었다. 더구나 프랑스는 조선 문제는 러시아와 영국이 관심을 갖는 문제라고 생각했다. 프랑스 정부는 이미 일본과 청에 평화로운 해결을 제안했다면서 5개국 간섭에 참여하는 것을 거절한다.[176]

독일 역시 베이징과 도쿄의 공관장들에게 다른 나라 공관들과 힘을 합쳐 청과 일본이 평화로운 해결책을 모색하도록 종용하겠다는 것

이외에는 더 이상 개입하기를
거부한다. 특히 독일의 입장에
서는 조선 문제에 가장 직접적
인 이해가 걸린 영국과 러시아
사이에 끼는 것이 불편했다.[177]

러시아는 당연히 영국이 추
진하는 5개국 공동 간섭을 가
장 싫어했다. 카시니는 청으
로부터 직접 중재 요청을 받
은 러시아가 중재 역할을 포기
하는 것은 큰 실책이 될 것이

차알스 덴비 주 청 미국 공사

라고 한다. 그러면서 히트로보로 하여금 도쿄에 있는 외교사절들과
함께 공동으로 일본 정부에 평화로운 해결책을 모색할 것을 종용하
도록 할 것을 기르스 외무상에게 제안한다.[178] 차르 알렉산드르 3세
(1845.3.10.~1894.11.1. 재위: 1881~1894)는 영국의 제안에 불쾌해 한다. 그는
주 영 러시아 공사가 보낸 보고서 여백에 「영국이 이 문제를 장악해
서 주도하기를 원한다는 것은 뻔하다」라고 쓴다.[179]

영국이 주도한 5국 간섭은 불발한다. 한편, 열강의 간섭 가능성은
일본을 다급하게 만든다. 고무라는 청의 군대가 조선을 개혁하려는
일본의 노력을 방해하고 있다면서 청이 즉시 철군할 것을 요구하는
최후통첩을 보낼 것을 무츠 외상에게 종용한다. 고무라는 더 이상 지
체할 경우 유럽의 단합된 개입을 불러올 수 있고 또한 청이 전쟁 준비
를 할 수 있는 시간을 제공할 수 있다고 경고한다.[180]

7월 12일 오코너 주 청 영국 대리공사 겸 주 조선 공사는 총리아문

의 대신들과 4시간에 걸친 회의를 한다. 그는 상황이 전쟁으로 치닫고 있으며 열강들의 개입 가능성도 커지고 있다고 경고한다. 청은 전쟁준비가 되어 있지 않다는 사실을 지적하며 외세의 개입 역시 청에게는 불리할 뿐임을 지적하면서 속히 일본과 합의를 도출할 것을 강력히 권한다. 그러나 「황제 본인도 일본이 우선 철군할 것을 요구하고 있었고 일본 정부가 밑으로부터 여론의 압력을 받고 있었다면 청은 위로부터 황제와 그의 측근들의 압력을 받고 있었고 결과는 똑 같았다」면서 「이는 모두 허사였다」고 오코너는 보고한다.[181]

한편 주 톈진 영국 영사 브리스토우(Henry B. Bristow)는 이홍장을 만나 조선에 주둔하고 있는 청군의 숫자를 묻자 이홍장은 조선의 청 병력은 2,500명에 불과한 반면 일본군은 10,000명이 넘는 다고 한다. 그러면서 흥분된 어조로 이는 일본이 무서워서가 아니라 더 이상 병력을 보내지 말아달라는 러시아의 요청 때문이라고 한다.

브리스토우는 카시니 러시아 공사의 충고가 옳다고 하면서 영국 공사도 같은 제안을 했을 것이라고 한다. 일본이 러시아 대신 영국의 개입을 통해서 문제를 해결하려고 한다고 이홍장이 말하자 브리스토우는 「러시아든 어느 나라든 청에게 너무 불리하지만 않은 합의안을 가져온다면」 영국 정부는 환영할 것이라고 답한다. 그러면서 이홍장에게 「러시아는 이미 고정된 정책이 있고 거기에서 절대로 벗어나지 않는다」고 한다. 「콘스탄티노플, 인도, 아시아 동쪽에 부동항, 이는 모두 러시아가 원하는 것으로 이러한 사실을 외면해서는 안될 것」이라고 충고한다.[182]

7월 12일 주 일 러시아 공사 히트로보는 본국 정부의 훈령에 따라 일본 정부에 모든 제안을 다 해봤지만 소용이 없었다고 보고한다. 그날 무츠는 히트로보에게 일본이 조선 정부와 협상에 성공하였다고 자랑하였다고 한다. 히트로보는 일본이 외국의 개입을 어떻게 해서든 저지하려고 하고 조선 정부의 합의하에 내정 개혁이 완성될 때까지 군대를 유지하고자 한다고 한다. 그는 일본의 계획을 저지하기 위해서는 다국적 위원회를 결성하든지 일본, 청, 러시아 간의 합의를 도출해야할 것이라고 한다.[183]

러시아의 아시아국장 캡니스트는 니시 주 러 일본 공사에게 일본이 「사안을 너무 밀어부친다」고 하면서 상황이 개선되지 않으면 「모든 열강들이 각자 전쟁에 반대할 것이다」고 한다.[184] 그러나 다음날 니시는 무츠가 보내온 전보를 갖고 온다. 청과 일본이 공동으로 조선의 내정을 개혁하자는 일본의 제안을 청이 거부함으로써 일부러 문제를 일으키고 있다고 비난하는 내용이 담겨 있었다. 무츠는 청의 이러한 행동이 가져올 결과에 대해 책임질 수 없다고 한다.[185]

7월 12일 같은날 무츠는 베이징의 고무라 대리공사로 하여금 청이 일본의 제안을 받아들이지 않는다면 심각한 결과를 초래할 것이라고 총리아문에 통보할 것을 명한다.[186] 7월 14일 고무라가 무츠의 훈령대로 총리아문에 통보하자 영국 공사 오코너는 외무상 킴벌리에게 전문을 보내 「이제 열강들이 개입하지 않는다면 청이 다급하게 러시아에 매달릴 가능성이 높아졌습니다」라고 한다.[187]

한편 조선으로 돌아온 베베르는 7월 16일 오토리 공사를 만나 자신이 7월 9일 톈진에서 이홍장을 만났을 때 이홍장도 조선 내정 개혁의 필요성에 대해 동의하였다고 한다. 그러면서 주 청 일본 공사 고무라와 이홍장이 만나서 얘기를 나누면 평화로운 해결책이 나올 수 있을 지도 모른다고 한다. 조선 정부에 개혁을 너무 강요하는 것은 바람직스럽지 않은 결과를 가져올 수도 있을 것이라고 경고한다. 그러나 오토리는 청과 협상을 재개하는 것이 쉽지 않다는 것을 설명하는 동시에 조선에 압력을 넣는 것은 필요하다고 한다.[188]

베베르는 7월 18일 자신의 모든 중재 노력이 실패하였다고 보고한다. 일본 군사들은 한양을 점거하였다면서 평상시와 달리 다급한 어조로 이제 조선의 왕과 백성이 원하는 것은 러시아의 보호뿐이라는 전문을 보낸다. 그러면서 「더 이상 망설일 경우 우리의 위상이 손상을 입을 것」이라고 한다.[189]

기르스 외상은 베베르의 보고에 불쾌감을 나타낸다. 그는 「정부는 망설인 적이 없다」고 보고서 여백에 적는다. 러시아 정부는 「상식적인 한도 내에서」 활발하게 움직였고 다른 열강들과도 계속 협력하고 있다고 한다. 그리고 조선의 군사점령이 끝날 때까지 이러한 노력을 지속할 것이라고 한다.[190] 히트로보에게 일본이 조선으로부터 요구하는 것이 무엇인지 알아보라고 한다.

거의 동시에 주 일본 영국 대리공사 패젯은 무츠가 7월 14일 보낸 서신이 청-일 간의 협상이 결렬된 것을 뜻하는지 청 조정을 대신하여 문의한다. 일본이 유화적인 확약을 줄 경우 협상을 재개할 수 있다는 청의 입장도 전한다.

그러나 무츠는 패젯에게 현 상황은 청이 일본의 제안을 거부함으로써 불거진 것이라고 한다. 청이 공식적인 통로를 통하여 새로운 협상안을 보내올 경우 고려는 하겠지만 조선의 개혁이 이미 많이 진전된 상황에서 청과 일본이 공동으로 조선개혁을 추진하자는 원래의 안으로 되돌아가기에는 이미 늦었다고 한다.[191]

한편 총리아문은 조선 사태에 대한 책임을 이홍장에게 전가한다. 오코너 주 청 겸 주조선 영국 공사는 7월 15일 콕번(Henry Cockburn) 부참사를 톈진에 보내 이홍장을 만나게 한다. 이홍장과 2시간에 걸친 대화를 통해 코크번은 일본과 평화로운 해결책을 모색하지 않는 것은 어리석은 일이며 러시아에 의존하는 것도 위험하다고 경고한다. 이홍장은 일본이 러시아의 심기를 건드렸기 때문에 일본이 조선을 점령하는 것을 러시아가 방관하지 않을 것이라고 한다. 그리고 1885년 러시아와 청이 조선 문제에 대해 합의한 바가 있기 때문에 러시아가 중국의 이해를 해치는 일은 결코 하지 않을 것이라고 한다. 그러면서 일본이 감히 러시아와 싸울 수 없을 것이고 만일 싸우더라도 이는 중국의 입장에서는 결코 불리한 일이 아니라고 한다.

이홍장은 러시아를 개입시키는 것에는 위험이 따른다는 것을 인정하면서도 우선은 일본의 위협이 훨씬 더 심각하다고 한다. 청이 일본의 요구를 듣지 않을 경우 발생할 일들에 대해 책임지지 못한다는 일본 측의 입장을 전해들은 자신은 물론 광서제와 총리아문도 격노했다고 한다. 이홍장은 청이 러시아를 걱정할 이유가 전혀 없다고 수차례 반복한다.[192]

7월 21일 킴벌리는 일본 정부에 전문을 보내 일본은 청이 조선 내정 개혁에 참여하는 것을 거절함으로써 톈진협약의 정신을 위반하고 있으며 일본의 과도한 요구가 전쟁으로 이어질 경우 이는 모두 일본의 책임이라고 경고한다. 한편 오코너는 이홍장과 총리아문도 입장을 바꾸도록 계속해서 압력을 넣는다. 청은 일본이 조선에서 청과 동등한 교역권을 가져야 한다는 요구는 거절하면서도 「다른 나라들」과 대등한 정치적, 경제적 권리를 행사하는 것에는 동의한다고 한다.

청은 일본보다는 유연한 입장을 보이기 시작했지만 때는 이미 늦었다.[193]

청-일 어느 측도 군사를 철수할 의향이 없다고 결론을 내린 영국은 일단 추가 협상을 위한 시간을 벌기 위해서 조선에 진주한 청군과 일본군이 서로 멀리 떨어진 곳에 주둔할 것을 제안한다. 조선을 청과 일본이 분할 점령하는 안이었다.[194]

청이 일본과 함께 조선을 공동 점령하는 것에 합의할 의향이 있음을 영국으로부터 전해들은 무츠는 그러한 합의를 하기에는 이미 때가 늦었다고 한다. 그러면서도 고무라에게 영국 외교관들을 만나 청이 실제로 그러한 제안을 하였는지, 그리고 했다면 구체적으로 어떤 형태의 군사점령이 될 것인지 알아보도록 한다.[195]

러시아가 볼 때 조선에 진주한 청군과 일본군을 지리적으로 떨어뜨려 놓는 것은 이미 수도 한양을 점령하고 있는 일본에게 유리한 제안이었다. 킴벌리의 제안은 「일본에 유리한 현재의 군사균형을 합법화시키는 결과」를 가져올 것이라고 한다.[196] 이에 러시아는 열강의 압력을 증가시켜서 일본이 조선에서 철군을 거부하는 사태에 대비해야 한다고 한다. 카프니스트의 비망록에는 러시아 정부의 입장이 다음과 같이 정리되어 있다.

현재 거론되고 있는 논의는 두 부분으로 축약된다. 1) 영국 외상 킴벌리의 제안으로 청-일 양국 군대는 서로 일정 거리를 두고 주둔할 것. 2) 외교를 통한 조선 문제의 평화적 해결. 그러나 1)은 현재 일본이 한양을 점령하고 있기에 일본에 유리한 제안이다. 2)는 일본이 계속 회피하는 태도를 취해 성사될 가능성은 희박하다. 따라서 러시아는 다음과 같은 조치를 취해야 한다. 1) 우리의 한양 공관에 소수 병력을 파병하고 외부와 안전한 교통수단, 그리고 조선 정부와의 통신도 확보할 것. 2) 영흥만(Port Lazarve)을 일시 점령한다. 청-일 양국이 철병하면 우리도 곧 철수한다. 특히 영국과 합의한다면 우리의 행동은 안전할 것이다.[197]

카시니는 본국 정부로부터 톈진에 머물지 말고 베이징으로 복귀하라는 명령을 받는다. 톈진에 들러 이홍장을 만났던 베베르는 곧바로 한양으로 돌아간다. 그러나 카시니는 계속 톈진에 머문다. 청의 조선 정책은 이홍장이 주도한다고 생각하였기 때문이다. 그는 7월 21일에도 청이 러시아의 중재를 원하고 있고 영국이나 다른 열강의 중재는 거부할 것임을 자신에게 확인했다는 전문을 본국에 보낸다.

7월 22일 히트로보는 기르스의 19일자 훈령에 따라 다시 한번 무츠를 만난다. 히트로보는 일본이 조선으로부터 무엇을 요구하는지 알아보라는 훈령을 받았다고 한다.[198] 무츠는 일본이 조선에 제시한 개혁안들은 비밀이 아니라면서 즉시 히트로보에게 문서로 보내주겠다고 한다. 무츠는 일본이 조선에 요구하는 사항들은 조선의 독립을 침해하는 것들이 아니고 따라서 대등한 주권국가인 조선과 일본 간에 맺은 조약들에도 위배되지 않는다고 한다.[199] 7월 23일, 무츠는 오토리가 조선 정부에 제시한 내정 개혁안의 영문 번역본을 히트로보에게 보낸다.[200]

한편, 일본군이 한양에 진주하면서 일본군 폭력 사건들이 발생한다. 미국 공사 실(John M. B. Sill, 1894.4.30.~1898.9.13.)은 일본 군인들이 대체적으로 질서 있고 평화적이라고 한다.[201] 그러나 영국 대리공사 가드너(Gardner)는 일본군들이 극도로 무례하다고 한다. 가드너와 그의 비서 폭스(Harry H. Fox)는 일본군 야영장 옆을 지나다가 일본 군인들에게 구타당하고 50m가량 끌려간다. 같은 날 오후 그와 그의 부인은 집에 돌아가는 길에 다시 한번 일본군에게 구타당하고 그의 부인이 타고 있던 가마는 밀쳐져서 길가의 구덩이에 빠진다.[202]

한양에 진주한 일본군 사령관 오시마 소장은 외국인이 일본군에 의해서 폭행을 당한 일은 없었다면서 가드너의 신고를 무시한다.[203] 그러나 가드너가 폭행당했다는 사실은 그와 동행 중 역시 일본군으로부터 폭행을 당한 조선해관장 브라운(Sir John McLeavy Brown, 1835.11.27.~ 1926.4.6.)이 증언한다.[204]

오토리는 한양 주재 영국 총영사가 일본을 매우 곤란하게 만들고 있다고 불평하자 무츠는 가드너에게 결코 영국을 적대적으로 대하지 말 것을 명한다. 영국은 일본과의 불평등조약 개정 문제에 협조해왔으며 청-일 간의 갈등으로 러시아의 간섭이 시작된 이후로 줄곧 일본에 매우 우호적인 입장을 취해왔다고 한다. 일본의 목표는 청과 조선을 다루는 것이며 따라서 다른 열강들, 그 중에서도 특히 영국과는 좋은 관계를 유지해야 한다고 한다. 「이를 명심하고 한양 주재 외교관들과 긴밀한 관계를 더욱 강화시킬 것」을 명한다.[205]

영국과 미국의 해병이 한양에 진주하자 무츠는 오토리에게 한양 주재 영국, 미국 외교관들과 협의하여 일본군과 충돌이 없도록 하라고 지시한다. 그러면서 오시마에게도 같은 명령이 전달하면서 「모든 것이 부드럽게 진행되도록 그와 협력하여 최선을 다할 것」을 명한다.[206]

10. 청의 주전파 (1894.6.25.~7.6.)

청이 조선 조정의 파병 요청을 받고 2,000~3,000명 정도의 병력을 조선에 보내자 일본은 8,000명의 병력을 진주시킨다. 그러나 이홍장은 병력을 추가로 파견하지 않는다. 속방을 보호한다는 명분을 지키기 위해서 파병을 결정하였지만 일본에게 전쟁을 시작할 핑계를 제공할 만큼 큰 병력은 보내지 않으려는 의도였다.

반면 전통적인 「화이관(華夷觀)」에 매몰되어 있던 청 조정내의 「청의파」들은 일본이 근대화를 통해 얼마나 막강한 군사력을 보유하게 되었는지 모르고 있었다. 이들은 이홍장이 조선에 추가 병력 투입을 망설이는 이유가 겁쟁이 때문이라고 생각한다. 당시 청 최고의 학자이자 군기대신인 옹동화(翁同龢, 1830.5.19.~1904.7.4.)가 대표적이다. 1856년 과거에 장원을 하고 동치제와 광서제의 스승이었던 옹동화는 1884년 청불전쟁 당시에도 강력한 주전론자였다. 그는 1894년 6월 25일자 일기에 다음과 같이 쓴다.

5월 22일(양력 6월 25일), 고려에 반란민이 생겨서 천주(泉州, 전주를 오기)를 점거하므로 국왕이 상주하여 군대를 청하다. 우리는 1,500명, 일본은 700명을 입경(入境)시키다. 회동해서 철병을 논의하는 도중에 일본이 추가로 5천 명을 그 수도에 들여보내다. 그 정치를 변화시키고 병졸을 훈련하고자 하는데, 그것이 중화의 속국임을 인정치 않아서 조정에서 누차 이상(李相, 이홍장)에게 군대를 증원할 것을 명했지만, 겨우 3천 명의 군대로 인천, 아산 일대에 주둔하면서 지회(遲徊, 결단을 내리지 못하고 머뭇거림)하여 전진하지 않으니, 아아! 패할 것이다.[207]

같은날 군기처는 이홍장에게 황제의 조서를 전한다.

군기대신 옹동화(翁同龢)

군기대신이 북양대신 이(李)에게 밀기(密寄: 조서를 비밀리에 전달)함. 광서 20년 5월 20일에 상유(上諭)를 받았는데 그 내용이 다음과 같았다.

이홍장이 보낸 여러 차례 전신(電信)은 모두 총리각국사무아문을 경유해서 받아 보셨다. 현재 일본이 군대로 협의(脅議: 위협해선 논함: 조선의 내정 개혁을 강요하는 것을 지칭)하며 조선을 부추겨서 자주(自主)를 하게 하니, 조선은 겁을 먹고 당황해서 우롱(愚弄)을 당하고 있다. 현재 정형을 살펴 보건대, 말로만 다투는 것으로는 이미 일을 해결할 수 없게 되었다. 전에 이홍장이 병대(兵隊)를 많이 파견하기를 원치 않았던 것은 원래 흔단(釁端)이 우리에게서 시작되어 수습하기 어려울 것을 우려한 것이나 지금 왜(倭)가 이미 많은 군대를 한성에 보냈으니 상황이 매우 급박하다. 만약 협의(脅議)가 이뤄진다면 주도권이 저들에게 있어서 다시 구원하려고 해도 늦을 것이다. 현재 사기(事機)가 매우 중대하니 어떻게 시기에 알맞게 조처해야겠는가? 이홍장은 몸소 중임을 맡아서 왜(倭), 한(韓)의 사정을 잘 알고 있으니, 그에게 처리방법을 적절히 계획해서 신속히 상주하게 하라. 전에 비도(匪徒)를 토벌하기 위해 파견한 군대는 이제 어떻게 배치해야 하는가? 다른 곳으로 옮겨 주둔시켜서 긴급한 상황에 대비할 수 있도록 함께 상세히 헤아려서 처리하게 하라. 러시아 공사 카시니가 톈진에 체류하면서 상의했는데, 결국 그 나라는 우리가 수습하는 것을 도울 계획인가? 아니면 따로 기회를 엿볼 음모를 꾸미고 있는가? 이홍장은 마땅히 은미한 점을 깊이 살펴서 그 술수에 빠지지 말아야 할 것이다. 이러한 사유로 400리에 밀유(密諭)해서 알려라.[208]

광서제의 상유를 받은 후에도 이홍장은 군대를 추가로 파견하는 대신 러시아의 중재를 통해 사태를 수습해보고자 노력한다. 그러자 7월 1일(음력 5월 28일) 다시 한번 광서제가 상유를 내린다.

예전에 연이어 이홍장에게 상유를 내려서 군대의 추가 파견을 작량(酌量)하고 아울러 처리방법을 타당하게 계획하게 했는데, 모두 아직까지 복주(覆奏: 받은 공문을 검토해서 그 결과를 군주에게 상주함)하지 않았다. 현재 왜(倭)의 기염(氣焰)이 점점 더 치성(熾盛)해서 조선이 그 협박을 받고 있으니 상황이 매우 위급하다. 타국의 권고도 한갓 빈말로 가탁할 뿐이니 장차 결렬될 형세이다. 이홍장은 해군을 감독하고 조련한지 이미 몇 년이 되었고 왜(倭), 한(韓)의 사정을 깊이 헤아리고 있으니, 어떻게 사전에 도모해야 하는지 깊이 계획해서 조처하라. 혹시라도 한국이 끝내 핍박을 받아서 다른 마음을 먹는다면 그 죄를 성토하지 않을 수 없다. 그때 왜병(倭兵)이 일어나서 대항할 것도 예상해야 하리라. 우리의 전수(戰守)하는 군대 및 군량, 군화(軍火: 무기와 탄약)를 반드시 하나하나 준비해서 확실히 쥐고 있어야 비로소 그때 가서 여러가지 제약을 당하여 사기(事機)를 그르치지 않을 것이다. 이홍장은 병사(兵事)에 노련하고 오랫동안 노력하였으니, 그로 하여금 바로 상세히 계획하고 신속히 복주(覆奏)해서 근념(勤念)을 위로케 하라.[209]

광세제는 7월 6일에는 총리해군사무아문에 호부와 함께 북양함대의 추가 조선 파병에 필요한 예산을 심의하도록 명한다.

11. 일본군의 한양 진주 (1894.6.24.)

6월 23일 야마가타 아리토모(山縣有朋, 1838.6.14.~1922.2.1.)는 청과 일본 간의 전쟁은 불가피하다고 한다. 조선을 청으로부터 독립시키는 것만으로는 이제 더 이상 일본의 국익을 보호할 수 없고 조선이 원하든 원하지 않든 조선의 개혁을 추진하는 것만이 일본의 국익을 지키는 길이라고 한다.[210]

같은 날, 일본 대본영은 오시마 소장의 혼성 제9여단으로 하여금 한양으로 진입을 명하는 동시에 노즈 미치츠라(野津道貫, 1841.12.17. ~1908.10.18.) 중장의 제5사단에 조선 출병을 명한다. 오시마는 인천에 진주해있던 보병 제11연대를 한양으로 보낸다. 11연대는 6월 24일 인천을 출발하여 아현리에 도달한다. 제5사단은 같은 날 8척의 수송선에 올라 히로시마 우지나(宇品)항에서 출항하여 도고 헤이하치로(東鄉平八郎, 1848.1.27.~1934.5.30.)의 순양함 「나니와(浪速)」의 호위 아래 27일 인천에 도착하여 28일 상륙을 마친다.[211]

이로써 일본은 한양과 인천에 보병 6개 대대, 기병 1개 중대, 포병 2개 중대, 공병 1개 중대 등 5천에 달하는 병력과 대포 12문을 포진시킨다.[212] 일본군은 한양 시내에서 무력시위를 시작한다. 남산에 6문의 포를 설치하고 시가 행진을 하고 종로와 도성문에 일본군 보초를 세운다. 일본 공사관은 한양의 일본인들을 보호하기 위한 조치라고 둘러대지만 실제로는 청이 갑자기 병사를 움직이지 못하게 막고 고종이 청의 진중으로 피신할 가능성을 미연에 차단하기 위한 조치였다. 일본은 1882년의 임오군란과 1884년 갑신정변 때의 실수를 반복하지 않고자 한다.[213]

외국 언론은 일본이 6,000명에 달하는 병력을 조선에 진주시켰다는 보도를 하면서 조선에 거주하는 일본 외교관들과 거주민들을 보호하기 위해 왜 그토록 많은 병력이 왜 필요한지 이해할 수 없다고 한다. 『노스차이나헤럴드』는 사설에서 일본 정부가 병력을 수송하기 위하여 수송선과 석탄을 확보하는데 드는 비용 특히, 석탄 수출을 금지함으로써 발생하는 경제적 비용을 생각할 때 그처럼 대규모 파병은 「시위 치고는 매우 비싼 시위(a very expensive demonstration)」라고 한다.

12. 오토리의 조선 내정 개혁안 (1894.6.26.)

일본군이 한양을 점령하자 오토리는 곧바로 스기무라 서기관을 통리아문독판 조병직에게 보내 고종 알현을 청하고 6월 26일로 날을 받는다. 6월 26일 오토리는 스기무라와 통역관 고쿠분 쇼타로와 함께 창덕궁에서 고종에게 내정 개혁의 중요성을 역설한 후 미리 준비한 글을 봉정한다.

사신 오토리 게이스케가 삼가 아룁니다.

대군주 폐하께서는 성덕이 날마다 드높아서 억조의 백성이 교화에 무젖고 방치(邦治)가 더욱 융성해서 환우(寰宇: 천하)가 송축을 올리니 지극히 흠앙(欽仰)하는 마음을 이길 수 없습니다. 일찍이 남도의 백성들이 무지하게도 교화에 복종하지 않고 감히 유사(有司: 관리)에게 항거해서 한때 도량(跳梁: 함부로 날뜀)했습니다. 이에 왕사(王師)를 보내서 크게 달벌(撻伐: 토벌)했으나, 다시 이들을 박멸하기가 쉽지 않을 것을 우려해서 마침내 이웃나라의 도움을 빌리는 조치를 취했습니다.

우리 정부는 이 소식을 듣고 사태가 다소 심각하다고 생각했습니다. 이에 천황폐하의 유지를 받들어 본 사신으로 하여금 병사들을 이끌고 궐하(闕下)로 귀임해서 사관(使館)과 상민(商民)을 스스로 호위하게 했습니다. 아울러 귀국은 휴척(休戚: 안락과 근심: 양자의 관계가 밀접해서 안락과 근심을 공유한다는 뜻)이 관계되는 나라임을 생각하시어 만약 요청이 있으면 한 손을 내어 도와줌으로써 우의(友誼)를 끝까지 돈독히 할 것을 명했습니다.

본 사신이 명을 가지고 경성에 왔을 때, 마침 완성(完城: 전주성)을 수복하고 잔당이 달아나 숨었다는 말을 들었습니다. 이에 군대가 돌아오고 오래지 않아 사후처리가 궤도에 올랐으니, 이는 모두 성덕(盛德)을 입은 것이라, 실로 내외가 모두 경하하며 송축하고 있습니다. 다만, 우리 일본과 귀국은 동양 한쪽에 함께 위치하고 강역(疆域)이 인접하니, 참으로 보거순치(輔車脣齒)의 관계일 뿐만이 아닙니다. 더구나 강신수목(講信修睦)해서 사신과 폐백의 왕래를 예로부터 지금까지 소홀히 하지 않았으니, 사책(史冊)을 살펴보면 뚜렷이 계고(稽考)할 수 있습니다.

이제 여러 나라들의 대세를 관찰해 보건대 정치, 교민(教民), 입법, 이재(理財), 권농(勸農), 장상(獎商)이 모두 스스로 부강을 이루려는 것이요, 장기를 펼치고 능한 것을 전공해서 우내(宇內)를 웅시(雄視)하려고 할 뿐입니다. 그렇다면 성법(成法)만 고집스럽게 지켜 변통달권(變通達權)해서 시야를 넓힐 것을 생각하지 않고, 힘껏 세력을 다투어서 자주(自主)를 하지 않는다면, 어떻게 상지(相持: 상호 대립, 견제와 상호 의존)해서 나라들이 둘러서서 지켜보는 가운데 개립(介立: 우뚝 홀로 섬)할 수 있겠습니까?

그러므로 또 본 사신에게 명하기를, 귀 조정의 대신과 회동해서 그 방도를 강명(講明)하고 귀 정부에 권고해서 힘껏 부강의 실정(實政)을 거행하게 한 것입니다. 그렇게 된다면 휴척상관(休戚相關)의 우의(友誼)가 시종여일(始終如一)할 것이요, 보거상의(輔車相依)의 국면을 보논할 수 있을 것입니다. 엎드려 바라옵건대, 폐하의 성감(聖鑑: 제왕의 감별과 판단)으로 유지(諭旨)를 내리셔서 판리교섭대신(辦理交涉大臣) 또는 전위대신(專委大臣: 전임대신)에게 본 사신과 회동할 것을 명하여 제가 이 말을 모두 다 전할 수 있게 하십시오.

그리하여 우리 정부의 인의(隣誼)를 돈독히 생각하는 지극한 뜻을 저버리지 않으신다면, 대국(大局)에 큰 다행일 것입니다. 사신 게이스케는 몹시 앙망(仰望)하고 병식(屛息: 두려워서 숨을 죽임)하는 마음을 이길 수 없습니다. 폐하의 홍복(洪福)이 무강(無彊)하시기를 기원합니다. 삼가 아룁니다.[214]

13. 속방문제 (1894.6.28.)

6월 27일 원세개는 이홍장에게 귀국을 허가해 줄 것을 요청하지만 이홍장은 20일간 지연시킨다. 같은 날 가토 마스오를 통하여 인편으로 오토리에게 전한 글에서 무츠는 「오늘날의 형세로는 일의 진행상 개전을 피할 수 없다. 따라서 우리가 허물을 지지 않는 한에 있어서 어떠한 수단을 취해서라도 개전의 구실을 만들 것」을 명한다.[215] 오토리는 6월 28일 무츠에게 다음과 같은 글을 보낸다.

　어제 27일 가토 서기관이 인천에 도착해서 오늘 오전에 입경했으므로 훈령의 취지를 상세히 알았습니다. 아울러 지금까지 왕복전신으로 의미가 충분히 서로 통하지 않는 부분이 있었음도 판명됐습니다. 그러나 이곳의 형세는 조금씩 전신 및 기밀 서신 등을 통해 말씀드렸던 것처럼, 이 정부는 일반적으로 단지 무사 평온만을 원하고 밤낮으로 일청 양국 군대의 철수를 바라고 있습니다. 그리고 그 목적을 달성하기 위한 수단으로 처음에는 오로지 원세개에게 의뢰하다가 신속한 결과를 보지 못하자, 다시 방향을 바꿔서 각국 공사에게 주선을 의뢰하거나, 혹은 전신으로 이홍장에게 의뢰하는 등 가능한 모든 수단을 다하고 있는 것으로 보입니다. 또 원세개는 현재 자주 큰소리를 지껄이거나, 혹은 위조한 전신을 보내서 조선 조정의 관리들을 공갈하고, 일본 정부의 이번 행동은 전부 조선을 병합하려는 야심을 포장한 것이라든지, 또는 내치에 간섭하는 단서를 열려는데 있다든지 하면서 자기 멋대로 무리한 논리를 지어내 조선 관리들에게 말하기 때문에, 안 그래도 일본을 혐오하고 지나(支那)에 의뢰심이 깊은 조선 조정의 노인들은 철두철미 지나에서 떨어져서는 안 되며, 설령 일병(日兵)이 한때 수가 많더라도 최후의 승리자는 반드시 지나가 될 것으로 확신하고 있습니다. 그 밖에 조금 시세를 아는 사람이라도 일단은 양쪽을 관망하면서 그 승패를 보고 거취를 결정하려는 양상이니, 이른바 일본당(日本黨)이라고 지칭되면서 음으로 양으로 운동하는 자들은 현재 세력이 없는 김가진, 유길준, 조희연, 안경수 등 10여명에 불과합니다.

　이러한 상황이므로 이번 기회에 반드시 지나와 한번 충돌을 일으켜서 그것을 쳐부수기 전까지는 내정 개혁의 목적을 충분히 관철할 수 없다고 생각했습니다. 하지만 일청 양국 군대의 충돌은 쉽게 초래하기 어렵기 때문에 내정 개혁을 먼저 내세워서, 만약 이로 인해 일-청의 충돌을 촉진한다면 다행이라고 생각하고 계속 알현을 독촉했더니 26일 오후 3시에 국왕 전하가 본관을 알현하시겠다는 뜻을 내무독판을 통해 통지했습니다. 따라서 이 기회를 이용해서 내정 개혁의 단서를 열고, 조만간 가토 서기관이 도착한 다음에 정부에 개혁안을 제출해야겠다고 생각했습니다. 별지 갑호(甲號)의 사본과 같이 내치개량(內治改良)의 필요를 설명하고, 또 위원을 정해서 본 공사와 협의하기를 바란다는 뜻을 어전에 아뢰고, 동시에 상주문(즉, 별지 갑호)을 봉정했습니다. 따라서 개혁안을 준비하는 대로 외무독판 또는 전하가 특별 임명한 개혁조사위원에게 제출해서 협의할 수 있을 것으로 생각됩니다.

단, 예전부터 은밀히 개혁파를 교사해서 우리가 밖에서 독촉하는 것과 동시에 안에서 일어나서 개혁을 촉진할 수 있는 준비를 해 두었지만, 앞에서 말씀드린 것처럼 개혁파의 세력이 매우 미약하니 그들이 과연 내응을 잘 할 수 있을지 매우 의심스럽습니다. 만일 우리가 개혁안을 제출할 때, 저들이 청사(淸使)의 후원을 믿고 거절해서 받아들이지 않는다거나 또는 겉으로만 응하면서 그 실행을 주저하는 등의 상황이 생길 경우에는, 본관은 조리(條理)가 허락하는 한 난폭한 수단을 사용해서라도 반드시 실행을 시키려고 생각하고 있으니 그 점은 알고 계시기 바랍니다.

또 장차 청 정부의 행동이 강경할 것인지, 유연할 것인지는 대단히 애매해서 분명치 않습니다. 지난 22일에 출병한 청병 약 500명은 24일에 아산에 도착했지만 이 분대는 보충을 위해 파견된 것 같습니다. 그 나머지 병대(兵隊)는 출발 준비의 보고를 받기 전에는 실제로 도한(渡韓)할지 알 수 없으며, 또 청군대의 입경설(入京說)도 완전히 사라졌습니다. 그렇다면 청 정부는 우리와 간과(干戈)를 겨루는 것이 좋은 방책이 아님을 깨닫고, 평화수단을 통해 양국 철병의 공을 세우려고 진력하고 있는 것으로 추측됩니다. 단, 지난 23일과 25일 양일에 원세개가 별지 을호(乙號)와 같은 공문을 보내서 「현재 전라도의 민란이 이미 평정됐다는 보고가 있더라도, 거괴(巨魁)와 여당(餘黨)의 행방이 밝혀지지 않았으니 아직 충분히 평정됐다고 보기 어렵다. 이는 다른 나라에게 군대를 주둔할 구실을 주는 것이니, 청한(淸韓)이 함께 군대를 파견해서 초토(剿討)의 실공(實功)을 세워야 한다」라고 독촉했는데, 조선 정부는 그 답변에 당혹스러워하면서 마치 울며 겨자 먹기로 원씨에게 간절히 출병 중지를 부탁하고 있다고 들었습니다. 앞에서 말씀드린 것처럼 일청 양국 군대는 각각 20여 리 떨어진 먼 지역에서 주둔하고 있으며 그 목적도 같지 않으니, 며칠이 지나도 양국 군대가 충돌할 기회는 없을 것입니다. 그런데 우리 군대는 조금씩 증가해서 저들의 2, 3배가 되었으니 우리에게 속전이 이로움은 물론이요, 내치 개혁의 목적을 달성하는 데도 속전이 이익이 될 것입니다. 따라서 지난 26일 제11호를 통해 이러한 내용을 전보로 보고했던 것입니다. 그런데 금일 가토 서기관이 도착해서 귀 대신 각하의 뜻도 충분히 이해했습니다. 따라서 앞의 단서를 좇아 문제를 독립 속방과 내정 개혁의 두 가지로 구별해서, 다음 순서에 따라 이를 결행하려고 생각하고 있습니다.[216]

6월 28일 오토리는 조병직에게 무츠 외무대신이 자신에게 보내온 전문과 함께 왕봉조 주 일 청국 공사가 일본 정부에 전달한 공문 사본을 보여준다.[217]

서간으로 말씀드립니다. 다름이 아니라 이번에 우리나라 외무대신의 훈령을 받았는데, 그 내용이 다음과 같습니다.

「아력(我曆) 금년 6월 7일에 도쿄 주재 청국흠차출사(淸國欽差出使) 왕(汪)씨의 조회를 받았는데, 그 글에 또 「파병해서 원조함은 바로 우리 조정이 속방(屬邦)을 보호하는 구례(舊例)에 따른 것」이라는 말이 있었다. 그런데 우리나라 정부는 처음부터 조선을 자주독립의 방국(邦國)으로 인정했고, 현재 메이지 9년 2월 26일에 체결한 양국의 수호조규 제1관에도 「조선은 자주지방(自主之方)으로서 일본과 평등지권(平等之權)을 보유한다」라는 문자가 분명히 기재되어 있다. 그런데 이 청국흠차의 조회는 완전히 이와 반대되니 실로 뜻밖이라고 생각한다. 이는 일본과 조선 두 나라의 교제에 지대한 관계를 미치는 문제이므로, 조선 정부도 직접 「보호속방(保護屬邦)」의 네 글자를 인정하는지 급히 조선 정부에 의견을 확인해야 한다.」

그 청국흠차의 조회 사본을 첨부해서 이에 조회하니 내일, 즉 아력(我曆) 이번 달 29일까지 무언가 회신을 보내시기 바랍니다. 이 때문에 조회합니다. 경구(敬具).[218]

당황한 조선 조정은 격론을 벌이지만 결론을 내리지 못한다. 한편 오토리가 조선이 청의 속방인지 여부를 명확히 할 것을 독판교섭통상사무(외무장관) 조병직에게 요구하였다는 소식을 들은 원세개는 곧바로 이홍장에게 전문을 보낸다.

만약 조선 정부가 종속관계를 인정한다면 필연적으로 일한관계가 단절될 것이며 일본 군대 「2만」이 경성에 진입할 것입니다. 이 때문에 조선 군신들이 몹시 두려워해서 이심(貳心)을 품고 있습니다. 속히 선후책을 훈령하시기 바랍니다.[219]

이홍장은 다음날인 6월 29일 회신한다.

조선이 중국에 속한 지 이미 천여 년이 되었다. 각국이 모두 알고 있으니,
이는 바로 조선이 서양 각국과 입약(立約)할 때도 성명한 것이다. 힘껏 국
왕을 권면해서 견지하게 하라. 만약 일본을 두려워해서 중국의 속방이 아
니라고 인정하고 제멋대로 문거(文據)를 낸다면, 중국은 반드시 군대를 일
으켜서 문죄할 것이다. 홍(鴻), 유신(宥申).[220]

29일이 지나도 조선 조정에서 답이 없자 오토리는 30일 오전 스기
무라를 통해 답신을 독촉한다. 30일 조병직은 결국 답신을 보낸다.

대조선독판교섭통상사무 조(趙)가 조복(照覆)함.
아력(我曆) 이번 달 25일에 보내신 조회문을 접수했습니다. 그 내용에,
「속방(屬邦) 여부를 핵탈(核奪: 자세히 조사해서 결정함)해서 확실히 조복하라」
고 했습니다. 병자수호조규(강화도조약) 제1관에 「조선은 자주지방(自主之
邦)으로 일본과 평등지권(平等之權)을 보유한다」라는 한 구절이 기재되어
있습니다. 우리나라는 입약한 이래로 양국의 모든 교제와 교섭사건(交涉事
件)을 자주평등지권(自主平等之權)에 따라 처리해 왔습니다. 이번에 중국에
청원한 것 또한 우리나라의 자유지권리(自由之權利)이니, 조일조약에는 추
호도 위반이나 장애가 없습니다. 우리나라는 오로지 조선과 일본이 정립
한 조약을 준수해서 성실히 거행해야 한다는 것만 알 뿐이요, 또 우리나
라의 내치와 외교가 예전부터 자주에서 연유한 것은 중국 또한 본디 알
고 있는 바입니다. 중국 왕(汪) 대신의 조회의 경정(逕庭: 매우 심한 차이) 여
부는 당연히 우리나라와 관계가 없습니다. 우리나라와 귀국의 교제지도

(交際之道)는 단지 양국의 조규에 따라 처리하는 것이 타당할 것입니다. 이에 문서를 갖추어 조복하니, 귀 공사는 살펴보기 바랍니다. 아울러 이를 귀국 외부대신(外部大臣)에게도 전달하십시오.

이상과 같이 대일본특명전권공사 오토리에게 조회함. 갑오 5월 27일[221]

이 문건은 통리아문주사 유길준과 법률고문 그레이트하우스(Clarence Ridgley Greathouse, 1846~1899)가 기안하고 원세개가 승인했다고 한다. 사실이라면 원세개는 사태의 심각성을 깨닫고 이홍장의 훈령에도 불구하고 조선이 중국의 속방임을 공식적으로 부정하는 내용을 일본 측에 전달하도록 허락한 것이다. 원세개 역시 뒤늦게나마 일본과의 전쟁은 승산이 없음을 깨닫고 어떻게 해서든지 개전을 막아보려고 노력하였음을 보여준다. 그러나 이로써 조선 정부는 처음으로 공식문건을 통해 조선이 청의 속방임을 부인한다.

『노스차이나헤럴드』는 6월 29일 사설에서 「일본이 일부러 중국과 전쟁을 일으키려는 것이 아니라면 조선에서 벌이는 무력시위가 무엇 때문인지 이해하기 어렵다. 일본은 조선에 파병한 육군과 해군 병력을 급격히 증강하고 있는데 지금까지 제시한 유일한 이유는 조선에 있는 일본 거주민들을 보호해야 한다는 것이라고 한다. 그러나 아무도 일본 거주민들을 위협하고 있지 않다.」 사설은 「일본은 중국을 전쟁으로 내몰고 있다」고 결론 짓는다.[222]

이 신문은 청일전쟁 내내 중국 편을 들었고 일본이 전쟁을 시작했음을 분명히 했다. 그러면서도 청의 조선정책에 대해서는 비판적이었다.

조선 사람들에게는 조선이 일본의 영향력 아래 있는 것이 훨씬 더 좋다는 것은 의문의 여지가 없다. 조선을 다녀온 모든 여행자와 작가들은 조선 사람들이 용납할 수 없는 폭정과 억압속에서 신음하고 고생하고 있음을 증언하지만 중국은 이러한 폭정과 억압을 줄이려는 노력을 전혀 하지 않고 있다. 반면 일본은 개혁을 하려는 적극적인 의지를 갖고 있다.[223]

14. 무츠의 조선 내정 개혁안 (1894.7.3.)

7월 3일, 오토리는 조병직을 다시 만나 무츠가 보내온 조선 내정 개혁안에 따라 조선의 행정과 재정, 법, 군사, 교육 개혁을 추진할 것을 제안한다.

첫째, 중앙정부 및 지방제도를 개혁하고, 아울러 문지(門地)에 구애받지 말고 인재를 발탁할 것.
둘째, 재정을 정리하고 국내의 자원을 개발할 것.
셋째, 법률을 정돈하고 사법제도를 개정해서 재판의 공정을 기할 것.
넷째, 국내 민란을 진정시키고, 치안을 유지하는 데 필요한 군비를 갖출 것.
다섯째, 교육제도를 확립할 것.[224]

아울러 조선의 내정 개혁을 제안하는 이유를 밝힌다.

대체로 귀국은 최근 10여 년의 경험으로 볼 때, 병변(兵變)과 민란(民亂)이 여러 차례 일어나서 국내가 평온하지 않으며, 그 영향이 이웃나라에까지 미쳐서 간혹 외국 군대를 초래하는 불행을 보는 것은 우리 양국이 모두 우려하는 바입니다. 필경 귀국은 그 독립을 유지하는 원소(原素) 가운데 국내의 안녕을 유지하는 병비(兵備)가 결핍되어 있으니, 그 결과가 이 지경에 이르렀다고 판단하지 않을 수 없습니다. 우리 제국은 귀국과 일위대수(一葦帶水: 조각배로 건널 수 있을 만큼 좁은 강)의 간격으로 인접해 있고 따라서 정치 및 무역상 관계가 얕지 않으니, 귀국의 변란은 우리 제국의 이익에 실로 적지 않은 영향을 미칩니다.

그렇다면 우리 제국이 오늘날 귀국의 곤란한 상태를 보고 그대로 간과할 수 없음은 물론입니다. 왜냐하면, 우리 제국이 지금 귀국의 곤란을 진(秦)나라가 월(越)나라 보듯이 한다면(서로 아무런 관계가 없듯이 한다면), 비단 지난 몇 년 간의 우의를 저버리는 것일 뿐만 아니라, 그로 인해 우리 제국의 안녕을 해치고 이익을 손상시킬까 두렵기 때문입니다. 그러므로 지난번에 제국 정부는 도쿄에서 귀국의 선후방안(先後方案) 몇 개 조항을 획책(劃策)해서, 이를 우리나라와 대략 동등한 지위에 있는 청 흠차대신에게 제의해서 그 나라 정부의 협조를 요구했는데, 청 정부는 굳이 불응하고 냉담하게 우리의 제의를 물리쳤습니다.

그러나 우리 정부는 경솔하게 당초의 목적을 바꾸지 않고, 어디까지나 그 취지에 따라 귀국 정부에 권고해서 독립국에 적당한 정치를 확립하게 하고자 합니다. 이에 따라 본 공사에게 훈령해서 개혁방안 5개조를 제출하게 했으니, 귀 정부의 제공(諸公)은 우내(宇內)의 형세를 널리 관찰하고 국가 백 년의 장계(長計)를 생각해서 우리 정부의 호의를 헛되이 하는 일이 없기를 깊이 바랍니다.[225]

오토리는 조선 정부와 일본 공사관과의 협조 하에 고관들로 구성된 개혁추진위원회를 발족시킬 것을 요구한다. 새로운 정부 조직이 마련되면 일본 고문들을 조선 각 부처의 수장으로 임명할 것도 요구한다.[226]

조선 조정은 개혁이 시급함을 인정하면서도 외세의 개입 없이 개혁을 추진하기를 원한다고 한다. 조병직은 오토리에게 「조선 백성들은 당신들이 강요하는 것이라면 어떤 개혁도 받아들이지 않을 것」이라면서 「당신들의 자문은 구하겠지만 그 안들이 우리에게 좋으면 받아들이고 아닐 경우에는 거부할 수 있는 자유를 원한다. 그리고 새 정부 구성을 하기 위해서 일본인들에게만 의지하는 것은 다른 열강들을 기분 나쁘게 하기 때문에 할 수 없다」고 한다.[227] 조선 조정은 일본이 군대를 철수하는 대로 개혁을 추진하겠다고 하지만 일본은 이 말을 곧이듣질 않는다.[228]

고종은 7월 4일 한직을 전전하던 김홍집을 총리교섭통상사무에 임명한다. 개화파를 정부 최고위직에 임명함으로써 일본의 압력을 조금이라도 누그러뜨려 보려는 계산이었다. 그러나 일본의 요구를 거절할 방법은 없었다. 7월 5일 원세개는 이미 상황을 파악하고 조선을 빠져나갈 방안을 강구하면서 이홍장에게 귀국을 허락해 줄 것을 요청한다.[229]

다급해진 조선 조정은 7월 7일 주차천진독리통상사무(奏箚天津督理通商事務) 서상교를 통해 이홍장의 개입을 호소한다.

김홍집 외무 총리는 내정 개혁을 비난한다. 중당(中堂: 이홍장)께서 이 문제를 처리해 주시면 매우 감사하겠다. 단, 오토리의 재촉이 날마다 급해져서 사세가 매우 위태로우니 민심이 동요하고 도성이 거의 텅 비었다. 속히 이를 처리해서 급박한 상황을 해결할 사람은 오직 중당 뿐이다. 그런데 오토리가 말하기를, 관원 몇 명을 은밀히 보내서 5개조를 상의하자고 했다. 이미 며칠을 지연한 까닭에 일본 참찬 스기무라의 독촉이 매우 심했으므로 부득이 내무당상 몇 명을 보내서 그 자세한 사정을 물어보게 했지만, 사실 이는 시일을 끌려는 계책이다. 반드시 해결 방법을 마련해 주기를 바라는 간절한 마음을 중당께 말씀드리고 회답이 있으면 즉시 보고하라. 각국 공사에게 조회를 보내서 철병을 간청한 것은 별반 실효가 없다. 이제 다시 조회해야 할지 여부를 해관도(海關道: 천진해관도 성선회(盛宣懷))에게 물어보고 바로 그 조복(照覆)을 보고하라.[230]

주 청 프랑스 공사 제라르(Auguste Gerard)는 7월 4일 본국에 보내는 전문에서 극동의 평화를 위협하는 것은 동학난이 아니라 「이 황해의 모로코」에 있는 「서로를 증오하는 두 정부와 두 종족, 즉 중국과 일본 간의 패권 투쟁이다」라고 보고한다. 그는 6월 초 이홍장이 고종을 돕기 위해서 군대를 조선에 파견한 것은 톈진협약 11조를 위반한 것이었다고 설명한다. 「그는 이토 백작이 자신에 대해 호의적이고 일본 의회의 난맥상이 청이 마음대로 해도 좋다는 백지수표로 여겼다」면서 「그러나 그는 그 반대로 일본의 열정적이고 전폭적인 민족주의의 폭발을 가져옴으로써 이토 백작은 물론 일본 야당의 지도자들도 1884년 사태와 1885년 협약(톈진협약)에 대해 복수할 수 있는 좋은 기회로 여기고 있다」고 진단한다. 일본은 청에 대한 증오심에 불타 적극적으로 군사개입을 함으로서 「군사동원력과 화력면에서 1866년 프로이센이 오스트리아를 상대로 승리할 수 있게 하였던 우세를 보였다」

고 한다.[231]

조선에서 우위를 차지하고
있음을 알고 청에게 굴욕을 안
기고 싶은 욕구가 「끓어오르
는」 일본은 군대를 철수하는
조건으로 「맹수와 같은 조건」
을 내 건다. 「일본은 보상을 원
할 뿐만 아니라 톈진협약을 개
정하여 조선에 대한 청의 종주
권을 완전히 제거하고, 한양에
서 정치적으로 활동하는 외국

오규스트 제라르(Auguste Gerard)

인들(특히 미국인들)을 추방하고, 현재 청이 장악하고 있는 조선 해관과 전
보를 일본에 넘기고, 청과 일본이 공동으로 재정, 행정 위원회를 구성
하여 앞으로 다른 난들이 일어나지 않도록 필요한 개혁을 연구하는
위원회를 구성할 것을 요구한다.」 제라르는 일본이 조선에서 청의 영
향력을 제거하고 그 자리를 대신하려고 할 뿐만 아니라 일본이 「조선
사람들의 친구이며 권문세가, 즉 조선의 여왕과 청에 의해서 보호받
는 양반귀족들의 적을 자임하고 있다」고 한다.[232]

15. 남산 노인정 회의 (1894.7.10.)

7월 4일 경친왕은 조선의 개혁을 위하여 협력하자는 일본의 제안을
거절한다. 그리고 오코너 주 청 영국 대리공사 겸 주 조선 영국 공사

의 중재 제의도 거절하면서 일본이 조선에서 철군할 것을 요구한다.

조선 조정과 고종은 이홍장의 개입만 마냥 기다리고 있을 수 없었다. 고종은 7월 7일 밤 조병직을 일본 공사관에 보내 독판내무부사 신정희(申正熙, 1833~1895), 협판 내무부사 김종한(金宗漢, 1844~1932)과 조인승(曹寅承, 1842~1896) 등 세명을 내정 개혁조사위원에 임명하였음을 통보하고 오토리가 제시한 정부 조직 안을 검토하기로 하였음을 알린다.[233]

7월 10일 오후 6시, 오토리는 남산 기슭의 노인정에서 신정희, 김종한, 조인승 등과 만난다. 그토록 외진 장소를 택한 것은 조선 조정이 일본 공사의 주도로 내정 개혁을 논의한다는 사실을 숨기기 위해서였다. 오토리는 조선 대신들에게 「내정 개혁 방안 강목(內政改革方案綱目)」을 제시한다. 제1부는 7월 3일에 제시한 5개조 개혁안의 구체적인 항목들을 열거하고 제2부는 추가로 27개 개혁안을 「갑: 3일 이내에 의정해서 10일 이내에 실행해야 할 것」 7개 항목, 「을: 6개월 이내에 실시해야 할 것」 9개 항목, 「병: 2년 이내에 실행해야 할 것」 9개 항목 등으로 명기한다.

7월 10일, 오토리는 대폭 확대된 개혁안을 마련한다. 광범위한 개혁안은 3단계로 추진하기로 한다.

1) 정부조직 개편, 도로망 확장, 철로와 전보망 확장 등은 3일안에 논의하고 10일 안에 개혁에 착수.

2) 화폐제도를 개혁하고 재정과 해관을 6개월 안에 개혁.

3) 법조, 경찰, 군, 교육은 2년 안에 개편 완성.[234]

조선 조정은 오토리의 안을 수용하고 이를 이행하기 위한 위원회도 구성하지만 오토리는 조선 정부가 개혁할 의지가 없을 뿐만 아니라 조정 내에서 친청파가 점점 강해지고 있기 때문에 제대로 된 개혁이 이루어지기는 어려울 것이라고 한다.[235]

오토리는 7월 10일 남산정 회의에 가기 전 본국 정부에 다음과 같은 보고를 올린다.

......이 정부의 속사정을 정탐한 결과, 국왕은 상당히 개혁에 기울어져 있지만, 이홍장의 내의(內意)를 담은 전신이 텐진에서 계속 도착하고 원세개도 그것에 부화해서 공갈을 하고 있기 때문에 수구, 즉 사대파의 기염(氣焰)이 한층 더 강해졌으니, 저들은 겉으로는 우리에게 개혁을 하겠다고 하지만 그 실행은 도저히 가망이 없습니다. 저들의 속셈은 잠깐 우리의 예봉을 피해서 우리의 권고에 응하는 것처럼 안색을 꾸며서 시일을 보내다가, 그 사이에 이홍장과 각국 공사들에게 의뢰해서 우리의 주둔병을 철수시키려는 고안이라고 짐작됩니다. 따라서 우리가 평범한 수단으로 이에 맞선다면 반드시 저들의 술책에 빠질 것이 염려되니, 지금 과감한 조치를 써서 후환을 남기지 않는 것이 대단히 긴요하다고 생각됩니다. 그러므로 조선 정부가 결단코 우리의 권고를 거절하거나, 혹은 시일을 끌면서 가부의 확답을 하지 않거나, 혹은 표면상으로는 우리 권고를 수용하면서 실행하지 않을 경우에는 모두 우리의 권고를 거절하는 것으로 간주해서, 본관은 아래 기록하는 2개 조항 중에 반드시 하나를 택해서 직접 또는 간접적으로 개혁을 반드시 행사도록 독촉할 것입니다.

(갑) 조선 정부가 명시적으로 또는 묵시적으로 거절할 경우, 우리는 「조선 정부는 내정이 정돈되지 않은 까닭에 자주 내란을 유발하고, 혹은 외국의 원조를 초래해서 실로 우리나라에 위험을 끼친다. 우리나라는 정치 및 무역에서 조선과의 관계가 매우 깊기 때문에 자위를 위해 조선 내정의 개혁을 촉구하여 변란의 근원을 끊지 않을 수 없다」라는 것을 구실로 삼아 병위(兵威)로 저들을 압박해서 반드시 실행할 것을 독촉해야 함. 단, 병위로 저들을 압박하는 수단은, 우리 호위병을 파견해서 한성의 성문을 경비하고 또 왕궁의 문을 지켜서 저들이 승복할 때까지 강력히 요구해야 함.

(을) 조선 정부가 명시적으로 또는 묵시적으로 우리 권고를 거절할 경우, 우리는 우선 공문으로, 「조선 정부의 거절은 동양의 대국(大局, 상황)을 전혀 돌아보지 않고, 우리나라와 제휴해서 함께 부강을 도모할 의사가 없음을 드러낸 것이니, 우리나라는 유감이지만 본국의 이익을 보호하는 수단을 취하지 않을 수 없다」라는 결의를 전하고 그와 동시에 다음을 요구해야 함.

1. 일조조약(日朝條約) 중에, 「조선은 자주지방(自主之邦, 독립국)으로서 일본과 평등지권(平等之權)을 보유한다」라는 주의를 확장해서, 종래 청한 간에 존재한 종속관계를 모두 혁제(革除: 모두 폐기해서 제거)하게 할 것.

2. 최혜국조관에 의거해서 지나(支那, 중국) 정부 및 인민에게 허여(許與)한 권리, 특전(그 중에서도 조선 내에서 조선 인민을 재판하는 권리와 전선 가설 등)을 우리도 요구할 것.

이상 2개조의 실행을 보증할 때까지 우리 병사를 파견해서 한성 및 왕국의 문들을 지켜야 함.

......

이상 갑, 을 2개안은 모두 다소 예외적인 것이지만, 지금 이러한 예외의 조처를 행하지 않는다면 좋은 결과를 거둘 가망이 없습니다......[236]

일본 정부는 쿠데타를 일으켜 조선 정부에 개혁을 강요해야 한다는 오토리와 스기무라, 우치다 등의 방안을 적극적으로 지지하지 않는다. 다른 열강들을 자극할 가능성이 있다고 보았기 때문이다. 더 중요한 것은 쿠데타를 일으킬 경우 일본의 조선 정책은 근본적인 모순에 빠지기 때문이었다. 일본이 조선의 독립을 지켜주고자 한다면서 조선의 조정을 무력을 장악한다는 것을 어떻게 정당화시킬 수 있겠는가?

16. 일본의 전쟁 준비

그러나 영국, 미국, 러시아가 청을 지지하거나 개입하지 않을 것이 점차 확실해지면서 이토는 청과의 전쟁을 결심한다. 7월 11일 무츠는 오토리에게 영국이 시도한 중재가 실패하였다고 결론을 내리면서 일본 내각은 청을 상대로 어떤 정책을 채택할 것인가 숙의 중이라고 한다.[237] 7월 12일 무츠는 다시 전문을 보내 영국 중재의 실패로 이제 「결단의 순간」이 왔다면서 세계 여론의 비판을 최소화하는 범위 내에서 적극적으로 밀고 나갈 것을 명령한다.[238]

지금은 과감한 조처를 시행할 필요가 있다. 따라서 각하는 충분히 유의해서 세상의 비난을 초래하지 않을 만한 구실을 택해서 그것으로 실제 운동을 시작하라.[239]

고종의 이름으로 요청할 경우 군사를 동원해도 좋다고도 한다. 그러면서 개혁안은 조선을 개혁하려는 의도 뿐만 아니라 「중국을 자극하기 위해서」라고 명시한다.

7월 13일 오토리는 고종에게 3일 안에 모든 개혁안을 수용하라는 최후통첩을 보낸다.[240] 같은 날 무츠 일본 외상은 오토리에게 「일-청의 충돌을 서두르는 것이 오늘날의 급무이다. 이를 단행하기 위해서라면 어떤 수단이라도 동원하라. 일체의 책임은 내가 직접 질 것이니 공사는 조금도 속으로 고려할 필요가 없다」라는 훈령을 인편으로 전달한다.[241] 7월 14일에는 주 청 일본 공사 고무라를 통해 청 정부는 「상황을 어렵게 만드는 경향이 있다」면서 일본 정부는 이제 「앞으로 일어날 어떤 상황에 대해서도 책임질 수 없다」고 청 정부에 전할 것을 지시한다.[242]

한편 일본에서는 과두들이 하나, 둘씩 청과의 전쟁을 종용하기 시작한다. 7월 12일 마츠카타 마사요시(松方正義, 1835.3.23.~1924.7.2.)는 이토를 내방하여 전날 내각회의에서도 청과의 개전을 결정하지 못했다는 사실에 우려를 표명한다. 마츠카타는 청의 오만함이 하루가 다르게 심해지고 있다면서 조선에서 온갖 악행을 저지르고 있다고 비난한다. 그는 일본 정부가 이처럼 좋은 기회를 놓쳐서는 안 된다고 이토에게 전쟁을 종용한다. 이토는 아직 선전포고를 하기에는 명분이 부족하다고 하지만 마츠카타는 일본의 국민이, 심지어는 야당도 전쟁을 지지하고 있다고 한다. 그러면서 만일 하루 이틀 안에 전쟁을 선포하지 않으면 성난 군중을 달랠 길이 없을 것이며 그렇게 되면 오히려 외세가 개입할 유혹을 제공할 수도 있다고 한다. 그리고 조선에서 일본 군대를 철수한다는 것은 일본의 국격을 떨어뜨리는 일이 될 것이며 그렇게 되면 국민들의 일체감은 허물어질 것이라고 한다. 끝으로 마츠카타는 이토가 자신의 충고를 무시할 경우 그를 다시는 보지 않겠다고 한다.[243]

이토는 마츠카타의 충고를 염두에 두겠다고 약속하지만 당시 아무런 관직이 없던 마츠카타와는 달리 총리인 이토는 여러 가지 사항을 고려할 수밖에 없었다. 천황과 유달리 가까웠던 이토는 메이지가 개전을 원치 않는다는 사실을 잘 알고 있었다. 메이지는 일본이 청과 전쟁을 시작할 경우 구미 열강이 개입할 빌미를 제공하는 것을 걱정하고 있었다.[244]

그러나 일본의 전쟁준비는 신속하게 진행된다. 6월 마지막 주, 일본의 현들은 군사를 징집할 수 있도록 허가해 달라는 공동 탄원서를 올린다.[245] 7월 초에는 천황의 칙령으로 군사용으로 전용될 수 있는 물품들의 매매를 제한할 수 있는 권한을 정부에 부여한다.[246] 7월 3주째가 되면 일본 언론은 조선 문제를 제외한 다른 주제는 거의 다루지 않는다. 『더저팬위클리 메일(The Japan Weekly Mail)』은 「이제 전쟁은 불가피한 것으로 보인다」고 보도한다.[247] 일주일 후에는 일본 신문들이 「마치 전쟁이 이미 시작한 것처럼 기사를 쓴다」고 한다.[248]

17. 청의 추가 파병 결정 (1894.7.16.)

이홍장에 대한 청의파들의 공세는 계속된다. 광서제, 군기처가 모두 강경책을 주문하자 조정의 언관들도 일제히 이홍장을 탄핵하는 상소를 올린다. 강남도감찰어사(江南道監察御史) 장중흔(張仲炘)은 7월 12일 올린 상소에 「신은 생각건대 승패를 논하지 말고, 조선은 결코 버릴 수 없으며 일본은 결코 화친할 수 없으니, 오직 있는 힘껏 저들과 싸워서 반드시 이길 것을 기약해야 합니다」라고 일본과의 개전을 종용한다.[249]

이홍장은 어쩔 수 없이 조선에 추가 파병을 결정한다. 그 대신 새로 보내는 군사는 평양으로 보내기로 한다. 혹시 사태가 평화롭게 해결되어 아산에 주둔 중인 섭지초 장군의 부대를 철수하게 되더라도 조선에 대한 영향력을 유지하기 위한 포석이었다. 아산의 청군이 철수한 후에도 일본군이 철수 하지 않을 경우에는 1895년 봄 평양의 병력으로 대공세를 취하여 일본군을 조선에서 축출하면 된다고 생각한다.[250]

강경파의 견제에 시달리면서도 이홍장은 서구열강들에게 계속 중재를 부탁한다. 그러나 이홍장은 서구열강이 청의 편에 서서 일본과의 분쟁에 개입할 여지를 과대 평가한다. 청의 해관 총세무 하트(Robert Hart)는 「총리아문이 외국이 개입할 것이라고 너무 과신하고 있다」고 한다.[251] 반면 서구열강이 청의 부패한 체제를 얼마나 혐오하고 있는지를 이홍장도, 청 조정도 과소평가하고 있었다.[252]

7월 17일에는 이과급사중(吏科給事中) 여련원(余聯元)도 강경책을 종용하는 상소를 올린다.

일본인은 사사건건 서양을 모방해서, 오랫동안 뜻을 두어 조선을 엿본 것이 비단 하루 이틀이 아닙니다. 북양대신 이홍장은 노성(老成)하고 평소 중한 명망이 있는 대신이지만, 쇄약(鎖鑰: 자물쇠. 방어)의 중임을 맡아서 만에 하나 무장 충돌이 발생한다면 확실히 장악할 수 있겠습니까? 지금의 계책으로는, 일본이 조선에 온 힘을 쏟아서 나라 안이 무방비인 틈을 이용하여 마치 손한(孫韓)이 위(魏)나라를 공격해서 조(趙)나라를 구원한 것처럼 중병(重兵)으로 도쿄를 습격하는 것이 상책이요, 연해 요충지에 부대를 주둔시키고 수비해서 일본인이 들어올 길을 없애고 우리는 자유롭게 배치해서 조선을 호위하는 것이 중책이요, 일본인들과 조선에서 대치하다가 어쩔 수 없이 전쟁에 나가서 반드시 이길 것을 장담할 수 없는 전쟁에서 요행을 바라는 것이 하책입니다. 눈 앞에 닥쳐서 중, 하 두 가지 방책을 논한다면 모두 우리 힘으로는 어쩔 수 없을 것이니, 형세가 필시 급벽해서 전쟁에 이를 것입니다. 이홍장은 군사를 선발하고 무기를 구입한 지 몇 해가 되었고, 소비한 탕항(帑項: 국고의 재물) 또한 헤아릴 수가 없습니다. 지금 조정에서는 그를 크게 신뢰하는데 그는 자기 책임을 남에게 전가하고 있습니다. 신은 모르겠습니다. 이홍장이 황상을 대했던 것을 자문(自問)한다면, 그 감분(感奮)은 당연히 어떠해야 하며, 그 보효(報效: 은혜를 갚고자 힘을 다함)는 또 어떠해야 합니까?[253]

한편, 파병을 주도했던 자신의 판단이 얼마나 잘못된 것이었는지를 깨달은 원세개는 7월 19일 베이징으로 가는 러시아 무관의 중국인 하인으로 변장하여 인천에서 순양함 「양위」에 올라 조선을 탈출한다.[254]

7월 20일 오토리는 독판교섭통상사무 조병직에게 두 가지 문건을 보낸다. 첫 번째는 조선이 청과 체결한 통상장정들을 폐기할 것을 요구하는 내용이었다.

> 서간으로 말씀드립니다. 다름이 아니라, 종래 귀국과 청 사이에 성립한 「중국조선상민수륙무역장정(中國朝鮮商民水陸貿易章程)」, 「중강통상장정(中江通商章程)」, 「길림장정(吉林章程)」은 모두 귀국을 청의 번봉(藩封) 또는 속방(屬邦)으로 간주해서 청의 군주권으로 제정한 것으로 인정되는데, 이를 과거와 현재에 귀국이 스스로 내치와 외교를 주재하는 실정에 비춰 보면 완전히 사실과 다릅니다. 따라서 우리 정부는 지금까지 이들 각 장정을 모두 공문(空文: 내용이 없는 문서)에 속하는 것으로 간주해서 굳이 그 내용에 개입하려고 하지 않았던 것입니다. 그런데 이번에 청 정부가 「보호속방(保護屬邦)」을 칭하면서 군대를 귀국에 보냄에 이르러 비로소 이들 장정이 공문이 아니라고 판단했습니다. 생각건대, 이들 장정이 과연 공문이 아니라 실제로 현재 시행되는 것이라면, 귀국의 자주독립 권리를 완전히 침해하고, 따라서 「일조수호조규(日朝修好條規)」에 기재된, 「조선은 자주지방으로서 일본과 평등지권(平等之權)을 보유한다」라는 구절을 무시하는 것이라고 확실히 인정됩니다. 그러므로 귀 정부는 귀국의 자주 권리를 보호하고, 또 우리나라에 대한 조약 준수의 의무로서 급히 청 정부에 이들 각 장정의 폐기를 선언하고, 아울러 그 내용을 우리 정부에도 통지하기 바랍니다. 이상 조회로 통지합니다. 경구(敬具).[255]

두 번째 문건은 「속방을 보호한다(保護屬邦)」는 이유로 조선에 진주한 청군을 곧바로 철군시키라는 내용이었다.

서간으로 말씀드립니다. 다름이 아니라, 귀 조선은 본래 자주국으로서 어 떤 방국에도 기속(屬屬)되지 않음은 일조수호조규(日朝修好條規) 제1관에 명 백히 기재되어 있으며, 또한 귀력(貴曆) 금년 5월 27일 귀 곡서 공문 제16 호 및 아력(我曆) 금년 7월 2일 본서 공문 제66호로 그 의의를 더욱 분명 히 한 것은 귀 정부에서도 잘 아시는 바입니다. 그런데 금년 6월 초순에 청 정부가 군대를 파견했을 때, 우리 정부에 통지한 공문 가운데「우리 조 정이 속방을 보호하는 구례(我朝保護屬邦舊例)」라고 했고, 또 청 섭(聶) 군문 (軍門: 섭사성 제독)이 아산에서 전주까지 각 지방에 고시한 글에,「끝내 우 리 중국 조정이 속국을 애휼(愛恤)해서 차마 좌시하며 구원하지 않을 수 없 었다」라거나, 간혹「보호속방」등의 문자를 쓴 것은 분명히 귀국의 독립 을 무시하고 자주의 권리를 해친 것으로 인정됩니다. 이상 청 정부의 통 지는, 본서(本署) 2년 제59호 공문에 첨부해서 귀 독판에게 회시했으니 이 미 상세히 살펴보셨을 것입니다. 섭 군문의 고시는 바로 별지 갑호(甲號)와 같습니다. 본 공사는 그 사실을 확인하기 위해 예전에 청의 총리 원(袁) 씨에게 문의했는데, 아력 7월 1일에 청의 총리에게서 별지 을호(乙號)와 같이 틀림없는 사실이라고 회답이 왔습니다. 따라서 귀 정부가 이처럼 바 르지 못한 명분으로 파견된 청군대를 영구히 귀경내(境內)에 주둔시키는 것은 귀국의 자주독립의 권리를 침해하고, 따라서「일조조약(日朝條約)」에 기재된,「조선은 자주지방으로서 일본과 평등지권을 보유한다」라는 구 절을 무시하는 것입니다. 따라서 속히 청군대를 국경 밖으로 내보내서 귀 정부가 조약 준수의 의무를 완수하기를 희망하는 바입니다. 이 청군대 를 내보내는 것은 물론 긴급한 일이므로 신속히 결행하기를 바랍니다. 또 이에 관해 귀 정부가 결의한 내용을 모레, 즉 아력(我曆: 우리 달력) 이번 달 22일까지 회답하기 바랍니다. 만일 귀 정부의 회답이 지연될 경우 본 공

사는 스스로 경의하는 바가 있을 것입니다. 이상 조회로 통지합니다.[256]

조선 조정은 당황하여 원세개가 탈출한 후 조선에서 청을 대표하는 당소의 대리교섭통상사의(代理交涉通商事宜)와 상의한다. 당소의는 곧바로 이홍장에게 전문을 보내 대응 방법을 묻지만 당시 경성-의주를 연결하는 전신이 불통이었기 때문에 이홍장은 22일까지 답신을 보내지 못한다. 이에 조선 조정은 어쩔 수 없이 세번이나 초고를 수정한 끝에 7월 22일 오토리에게 회신한다.

대조선독판교섭통상사무 조(趙)가 조회함.
아력 이번 달 18일, 즉 귀력 7월 20일에 보내신 공문을 접수하고 살펴보았습니다. 우리나라가 자주 지방으로서 귀국과 평등지권을 보유하는 사실은 이미 「조일조약」에 기재되어 있고, 우리나라의 내치, 외교가 예로부터 자주에 연유한 것 또한 중국이 본래 알고 있습니다. 이러한 각 사항을 아력 금년 5월 27일에 이미 조복(照覆)했습니다. 이번에 섭 군문이 고시한 사항은 본 독판이 들은 바 없고, 귀 공사가 이미 원총리에게 조회해서 진위를 문의했다고 하니 계속 원 총리에게 변론(辨論)해야 할 것입니다. 청군이 경내에 오래 머물고 있는 것은 우리나라가 도움을 요청해서 온 것이요, 남도(南道)의 비도(匪徒)가 조금 평정된 뒤에 이미 누차 철병을 요청했는데도 아직 물러가지 않은 것은 귀국 군대가 아직 머물고 있는 것과 마찬가지입니다. 이제 다시 당(唐) 대판(代辦)에게 중국 정부에 신속히 퇴병할 것을 청하게 했습니다. 이상과 같은 사유로 귀 공사에게 조복하니 부디 살펴보기 바랍니다.

이상과 같이 대일본특명전권공사 오토리에게 조회함.

갑오 6월 20일.[257]

예상했던 대로 궁색한 변명을 받은 오토리는 군사를 움직이기 시작하는 한편 7월 23일 새벽 독판교섭통상사무 조병직에게 군사행동을 암시하는 통첩을 보낸다.

서간으로 말씀드립니다. 다름이 아니라, 귀력 금년 6월 20일 귀 조회 제18호를 통해 말씀하신 내용은 잘 알았습니다. 생각건대, 청 정부의 통지에서, 「우리 조정이 속방을 보호하는 구례」등의 말을 쓴 일에 관해서는, 지난번에 본 공사가 공식적으로 조회해서 귀 정부에서도 이미 잘 알고 있을 것입니다. 섭(葉) 군문(軍門)의 고시에 관해서는, 아산에서 전주까지 각지에 게시했으니 이 또한 귀국 정부에서 당연히 잘 알고 있으리라 생각합니다. 그런데 지금 귀 독판은 「우리나라와 관계가 없다」라거나 「들은 바 없다」라는 등의 말로 그 책임을 모면하려고 하니, 이는 귀국이 스스로 그 자주독립의 권리를 훼손하고, 아울러 일조조약의, 「조선은 자주지방으로 일본과 평등지권을 보유한다」라는 구절을 무시하는 것입니다. 본 공사는 여기에 절대 동의할 수 없습니다. 따라서 차제에 귀국 정부로 하여금 조약 명문을 준수시키기 위해 만족스러운 회답을 요구하는 것은 우리 정부가 당연히 해야 할 일이라고 확신합니다. 이상에 대해 급히 회답을 보내시기 바랍니다. 또한 귀 정부로부터 만족스러운 회답을 받지 못할 경우, 시의에 따라 우리 권리를 보호하기 위해 병력을 사용하는 일도 있을 수 있으니 미리 알고 있으시기 바랍니다. 이상 조회로 통지합니다. 경구(敬具).[258]

18. 일본의 경복궁 점령과 대원군의 재집권 (1894.7.23.)

7월 23일 새벽, 일본군 보병 연대는 경복궁을 침입하여 조선 경비병들을 쉽게 제압한다. 궁궐을 장악한 일본군은 민씨 척족들이 궁으로 들어오는 것을 막고 역쿠데타를 방지하기 위해서 주요 관리들의 거처를 감시한다. 오전 8시 10분 오토리는 무츠에게 전보를 보내 경복궁을 장악했음을 알린다. 그러나 모든 것이 순조롭게 진행되는 듯하던 계획에 차질이 생긴다. 개혁을 추진할 새 정부의 수반으로 앉히려던 흥선 대원군이 없었다.[259]

1) 대원군 대 민씨 척족

일본의 입장에서 가장 어려운 문제는 조선을 강제로 개혁시키려는 계획에 동조할 조선의 지도자를 찾는 일이었다. 민영준(민영휘)이 이끌고 있는 친청 민씨 척족이 일본이 주도하는 개혁에 협력할 가능성은 없었다. 조선에 남아 있는 개화파들 중에서 나서는 사람도 없었다. 1884년 갑신정변파의 처참한 운명을 목격하였을 뿐만 아니라 오토리가 무츠에게 보고하였듯이 개혁정부를 이끌 수 있을 만큼 강력한 지도자도 없었다.[260] 유일한 대안은 흥선대원군이었다.

1885년 10월 3일 바오딩에서 3년간 억류 생활 끝에 귀국한 대원군은 곧바로 운현궁에 갇혀 고종과 민비, 민씨 척족의 철저한 감시하에 생활한다. 그러나 그 와중에도 권력을 되찾기 위해 끊임없이 암약한다. 1886년 8월에는 원세개가 고종을 폐위시키고 대원군의 장손 이준용을 왕위에 앉히려는 음모가 있었지만 이홍장의 개입으로 무산된다.

1887년부터는 한양의 일본 공사관 요원들과 교류하기 시작하고 일본에 망명중인 김옥균, 박영효 등과 서신을 주고받는 한편 김가진, 안경수 등 동경주재 조선 공사관원들과 비밀리에 연락을 주고받는다. 이때 박영효는 대원군과의 교신에서 「장래에 함께 국사를 도모합시다」라고 하고 이에 대해 대원군은 동의의 표시로 붉은 색깔의 중국식 명함을 박영효에게 전달한다.[261] 1891년 6월에는 대원군이 박영효와 김옥균에게 일본인 200명을 모집하여 인천으로 들어와 소요를 일으키면 소요를 진압한다는 명목으로 청의 북양함대를 출동시켜 민씨 척족을 제거하고 자신과 김옥균, 박영효가 권력을 잡을 것을 제안한다. 박영효는 1891년 9월 이후 대원군과의 교신을 끊는다.[262]

민비와 민씨 척족은 자신들을 상대로 끊임없이 암약하는 대원군을 암살하기로 한다. 1892년 봄 자객이 운현궁의 대원군 침실까지 침투하지만 암살에는 실패한다. 그 다음에는 운현궁 거실에 폭탄을 장치하지만 역시 대원군을 암살하는데는 실패한다.[263] 그러나 민비와 민씨 척족의 폭정이 계속되면서 기울어져가는 조선을 살릴 수 있는 정치력과 판단력, 과단성을 갖고 있는 인물은 대원군 밖에 없다는 공감대가 조선 사람들은 물론 조선에 주재하는 외국인들 사이에도 형성되고 있었다. 허드 미국 공사는 본국에 보내는 보고서에 대원군에 대해 다음과 같이 분석한다.

정부는 빚을 갚고 관리들에게 봉급을 줄 돈은 없는데도 불구하고 궁중의 예식들과 불필요한 사치품들에 거금을 탕진합니다. 불만이 사회에 팽배해 있고 얼마가지 않아서 무슨 일이 일어날 것만 같은 불안감에 사로 잡혀 있습니다. 여왕(민중전)이 우두머리인 민씨 집안은 왕국의 모든 권력과 부를 완전히 장악하고 있으며 원한의 대상입니다. 만일 진정으로 실력을 갖춘 지도자가 나타난다면 그 주변을 혁명을 원하는 세력이 곧바로 모여들 것입니다. 현재로서는 강력한 의지와 정신력의 소유자인 대원군을 제외하고 그런 역할을 담당할 인물은 없는 것 같습니다. 다만 나이가 많이 들고 몸이 쇠약한 것이 그를 힘들게 합니다. 그러나 그는 강한 성품을 가진 인물입니다. 최근에 일어난 그에 대한 암살시도는 시도는 비록 (정부는) 그런 사실이 없다고 자주, 그리고 강하게 부인하고 있지만 저는 실제로 일어났다고 생각합니다. 그리고 이를 사주한 것으로 그가 의심할 수 밖에 없는 민비와 민비파 인물들에 대한 그의 적대감은 더욱 강렬해 질 수 밖에 없을 것입니다. 그가 요즈음 외국인에 대해 어떤 생각을 가지고 있는지는 알 수 없습니다. 수 많은 사람을 학살한 마지막 천주교 박해가 일어나던 기간에 그는 섭정직을 맡고 있었다는 사실을 기억하실 겁니다. 그러나 시대는 변하였습니다. 조선은 이제 개방되었고 열강과 조약도 체결하였습니다. 그는 과거와 같이 마음대로 외국인들을 진멸시키는 것은 가망이 없는 일이며 오히려 그들과 친하게 지내면서 그들로부터 얻어낼 수 있는 모든 이익을 얻어내야 한다는 점을 깨달을 정도로 똑똑한 인물일 가능성도 있습니다. 그러나 반면 많은 사람들이 그를 전형적인, 즉 애국적이고 고집스럽게 자기 나라에 충성하는 조선 사람이라고 생각하고 있고 따라서 그는 하나도 변하지 않았을수도 있습니다. 그는 현재 퇴거하여 살고 있습니다.[264]

한양 주재 일본 공사관원들도 같은 의견이었다. 조선의 개혁을 막으면서 청에 기대어 권력을 유지하는 민비와 민씨 척족을 숙청하고 정권을 장악하여 개혁을 주도할 수 있는 인물은 대원군 밖에 없었다. 특히 스기무라는 대원군이 일본 공사관과 가깝게 교제하는 것도 그가 쇄국적인 사고를 버렸기 때문이라고 생각한다.

> 대체로 대원군은 선천적인 한토(漢土: 중국) 숭배자이자 양이가(攘夷家: 서양을 배척하는 사람)라서 일본을 달갑게 여기지 않는 인물이었으나, 근년에 마침내 세계의 형세를 깨닫고 일본, 청, 조선의 삼국동맹으로 동양의 형세를 유지할 필요가 있음을 설파하며 일본인을 우대했다. 이 때문에 우리의 전후(前後) 공사와 관원들은 모두 대원군과 교제가 있었고, 특히 나는 오래 재근(在勤)했기 때문에 한층 더 깊이 교제했다.[265]

2) 일본의 대원군 설득

일본 외무성은 오토리의 제안에 따라 처음에는 대원군과 민영익이 공동으로 개혁을 주도하게 하는 방안을 고려한다. 당시 민영익은 홍콩에서 HSBC은행에 예치한 고종의 비자금을 관리하면서 호화 생활을 영위하고 있었다. [민영익의 홍콩 생활에 대한 논의는 제III권, 제8장, 4. 「청의 조선통치」, 5) 「미국 공사관 개설과 영약삼단」 중 「홍콩의 민영익」 참조]. 무츠는 7월 14일 주 홍콩 영사 나카가와 츠네지로오(中川恒次郎)를 통하여 민영익을 접촉하도록 한다. 나카가와는 7월 15일 회신에서 「모든 노력을 기울여」 설득하였지만 민영익은 한양의 민영준과 긴밀히 연락하고 있으며 대원군을 무서워하기 때문에 그와 대적하고 싶지 않다고 했다면서 민

영익으로 하여금 대원군과 손잡고 민씨 척족들에 맞서게 하는 것은 어려울 것이라고 한다.[266]

김가진, 안경수, 유길준 등 개화파 관료들도 대원군을 추천하자[267] 스기무라는 6월 말 사람을 보내 대원군의 의중을 떠 본다. 그러나 대원군은 애매한 입장을 취하면서 확답을 하지 않는다. 오토리 공사도 대원군에게 사람을 보내 개혁정부의 수반이 되어줄 것을 요청하였으나 7월 20일 되도록 대원군은 아무런 답을 하지 않는다.

7월 21일 한양의 일본 공사관에서는 스기무라 후카시 서기관, 후쿠시마 야스마사(福島安正, 1852.10.27.~1919.2.19.) 혼성여단 참모장, 모토노 이치로(本野一郎, 1862.3.23.~1918.9.17.) 외무성 참사관, 오기하라 히데지로(荻原秀次郎) 공사관 경비대장, 호즈미 도라쿠로(穗積寅九郎) 일본인 거류지 총대(總代), 무츠가 파견한 오카모토 류노스케(岡本柳之助, 1852.8.14.~1912.5.14.) 등이 회의를 열어 어떻게 해서든지 대원군을 설득할 것을 결의하지만 묘안이 없어 난감함 상황이었다.[268]

때마침 7월 22일 밤, 대원군의 청지기 정익환(鄭益煥)이 일본 공사관을 찾는다. 정익환은 오토리에게 대원군이 청에 구금되어 있을 때 그를 모셨고 귀국 후에 고종의 명으로 감옥에 투옥되어 있는 심복 정운붕(鄭雲鵬)이면 대원군을 설득할 수 있을 것이라고 한다.[269] 오토리는 곧바로 고쿠분 쇼타로(國分象太郎) 서기관을 일본 경비병들과 함께 한양의 우포청으로 보낸다. 이들은 조선 포졸들의 별다른 저항없이 정운붕을 면회한다. 그러나 정운붕은 국왕의 윤허 없이 탈옥하기를 거부한다. 고쿠분은 대원군이 다시 권력을 잡도록 설득할 수만 있다면 민생을 구제하고 대의를 실현할 수 있다면서 정운붕을 설득한다. 정운붕은 결국 일본군의 도움으로 감옥을 탈출하여 일본 공사관으로 간

다.[270]

일본 공사관에 도착한 정운붕은 오카모토 류노스케와 스즈키 준켄(鈴木順見), 마에마 교사쿠(前間恭作) 등 두 명의 통역관, 그리고 오기하라 히데지로(荻原秀次郞) 공사관 경비대장이 이끄는 보병 2개 중대와 순사 10명의 호위 하에 새벽 2시에 운현궁에 도착한다.

오카모토와 정운붕은 대원군의 사랑채로 들어간다. 대원군은 아들 이재면, 손자 이준용과 함께 이들을 맞이한다. 오카모토와 정운붕은 대원군이 나서주기를 간청한다. 그러나 아무리 설득해도 대원군은 움직이지 않는다. 밖에서 기다리던 오기하라 히데지로는 참지 못하고 대원군을 강제로 납치하자고 하지만 오카모토는 반대한다. 이에 오기하라는 공사관으로 전령을 보내 스기무라의 의견을 묻기로 한다.[271]

오기히라가 보낸 전령은 새벽 4시에 일본 공사관에 도착한다. 이때는 이미 일본군이 경복궁을 급습하여 점거한 후였다. 스기무라는 고쿠분과 함께 군사들의 호위 하에 운현궁으로 달려가 대원군을 만나 설득한다. 다음은 스기무라의 일기다.

나는 여러가지 이유를 들어 대원군에게 입궐을 권했지만 들으려 하지 않고 다만 왕비의 안부를 물었다. 나는 궁궐 안의 많은 사람들이 뒤쪽 담을 넘어 피신했으며 왕비 역시 그들과 함께 춘천으로 피신했을 가능성이 있다고 대답했다. 그러자 대원군의 표정이 밝아졌으며 때마침 응접실로 들어오는 오카모토를 가리키며 영웅호걸과 같은 무사라고 말했다. 아마도 대원군은 만약 대원군이 나서지 않는다면 자신은 할복하여 공사관에 사죄하지 않으면 안 된다고 했던 오가모토의 말에 놀랐던 것 같다. 나는 거듭「오늘 아침 일에 대해서는 많은 설명을 필요로 하지 않는다. 우리 정부는 오로지 동양의 평화를 유지하기 위해 귀국의 내정 개혁을 권고했지만 민씨 정부는 개혁을 실시할 기색을 조금도 보이지 않을 뿐만 아니라 사실상 이를 거절했기 때문에 결국 오늘의 상황이 벌어지게 된 것이다. 지금 내외의 모든 사람은 오로지 저하의 한 몸에 기대를 걸고 있다. 우리나라는 저하가 나서서 이 막중한 임무를 맡음으로써 조선을 중흥시키고 동양의 평화를 유지하기를 바라고 있다. 저하가 이 막중한 대임을 거절한다면 조선의 종묘사직의 안위 여하도 어떻게 될지 알 수 없으며 우리 역시 다른 방법을 강구할 수밖에 없다. 바라건대 저하는 깊이 헤아려 주시기 바란다」라고 끈질기게 설득했다.

오카모토와 정운붕 두 사람도 나와 함께 정말로 천재일우의 기회를 맞이했으니 주저할 것이 없다고 권고하였다. 그러자 대원군은 안색을 바꾸며 「귀국이 일으킨 이번 사건이 진짜로 의거라면 귀하는 귀국의 천황을 대신하여 일이 성사된 후 조선의 땅을 한치도 요구하지 않겠다는 것을 약속할 수 있겠는가」라고 질문했다. 이에 대해 「저는 한 서기관의 신분에 불과하므로 천황을 대신해서 어떤 약속을 할 수는 없습니다. 저는 현재 오토리공사의 사신으로 왔습니다. 잘 아시는 바와 같이 오토리 공사가 일본 정부의 대표자라면 저는 오토리공사를 대신하는 범위 안에서 약속을 할 수 있겠습니다」라고 대답했다. 대원군은 「그러면 오토리공사를 대신해서 우리나라의 땅을 한치도 요구하지 않겠다는 약속을 해주기 바란다」고 하며 옆에 있는 사람에게 종이와 붓을 가져오도록 했다. 나는 「일본 정부의 이번 거사는 진심에서 나온 것이므로 일이 성공한 후 결코 조선의 땅을 한치도 요구하지 않겠음」이라고 쓰고, 이 글 끝부분에 나의 직위와 성명을 적어 대원군에게 건네 주었다. 대원군은 한 번 읽어 본 다음 「그렇다면 나는 귀관의 뜻을 받아들여 나설 것이다. 다만, 나는 신하의 신분이므로 왕명이 없이는 입궐할 수 없다. 궁중에서 칙사가 오도록 해 주면 좋겠다」라고 했다. 이에 나는 급히 호즈미 도라쿠로(穗積寅九郎)를 조희연(趙羲淵)의 집으로 보내 그로 하여금 궁중의 상황을 살펴 조처하도록 하였다.[272]

대원군의 입궐을 명하는 교지는 유길준과 안경수(安駉壽)가 작성한다. 고종의 교지를 받은 대원군은 7월 23일 오전 11시 경복궁에 입궐한다.

3) 대원군의 민씨 척족 숙청

한편 일본군이 경복궁으로 침입해 들어오자 고종은 조병직을 일본 공사관에 보내 오토리 공사를 불러오도록 한다. 오토리는 11시에나 광화문을 통해 입궐한다. 대원군은 대궐의 내관을 기다리다가 오토리가 입궐할 때쯤 영추문을 통해 입궐한다. 당시 상황을 오토리는 보고서에 다음과 같이 기록하고 있다.

이보다 앞서 대궐 안에서는 민가(閔家) 일족이 우리 병사의 침입에 놀라서 차례대로 뒷문으로 달아났고, 민가의 아류들도 그 뒤를 따랐습니다. 궁중의 소요가 점차 극에 달하자 대군주 폐하는 특별히 외무독판을 우리 공사관에 파견해서 본관에게 속히 참내(參內: 입궐)하라는 왕명을 전했습니다. 따라서 본관은 바로 입궐해야 했지만, 일본인과 조선인 모두 가마꾼이 부족해서 쉽지 않았습니다. 결국 11시경이 되어서야 간신히 공사관을 나서서 참내했는데, 그때 대원군도 참내했습니다. 오랜만의 부자 대면은 만열감읍(滿悅感泣)의 모습이었으니, 대원군이 노해서 국왕의 실정을 꾸짖고 폐하는 실제로 사죄하는 등 한때는 뜻밖의 장면이 연출되기도 했습니다. 나중에 대원군이 정당(正堂)에 나와서 본관에게 대군주께서는 오늘 귀 공사를 인견하실 계획이었으나, 다소 소란스러워 혼잡하므로 자신이 대신 진알(進謁)을 받겠다고 하고, 또 자신이 대군주의 명에 따라 이제부터 정무를 통할할 것이니 조선 내정 개혁과 관련한 일은 조만간 귀 공사와 자세히 협의하겠다고 말했습니다. 본관은 먼저 대군주 폐하의 무양(無恙)하심을 축하하고 다음으로 대원군 집정을 축하한다는 말을 아뢴 후 물러났습니다.[273]

오토리는 한양 주재 서방 외교관들에게 보낸 통지문에서 일본 병사들이 경복궁 뒤편에 있는 산에 오르기 위해서 궁 옆을 지날 때 궁을 지키던 조선 경비병들이 발포를 하였기에 일본군은 자기방어를 위해 어쩔 수 없이 궁으로 들어갔다고 한다.[274] 이에 대하여 르페브르 주 조선 프랑스 공사는 자신이 받은 정보와 「완벽한 모순」이라고 한다. 당시 내무협판 르장드르(Charles William Le Gendre, 이선득(李善得), 1830.8.26.~1899.9.1.)의 집은 궁 바로 옆에 있었다. 그는 새벽 4시 30분에 고종을 알현하러 가려고 하였지만 그가 입궐하는데 사용하던 문은 열려 있었고 일본군이 이미 보초를 서고 있었다고 한다. 이는 첫 총성이 울리기 30분 전이었다고 한다. 따라서 르페브르는 당시 한양에 있는 사람 중에서 일본군이 치밀한 사전 계획에 따라 궁을 점거하였다는 사실을 모르는 사람은 없다고 한다. 혹여 조선 군이 먼저 발포를 했다 하더라도 이는 일본군이 이미 궁궐에 침입했기 때문이었을 것이라고 한다.

23일 오후 고종은 외교사절단을 궁으로 초대한다. 고종을 알현하는 시간은 짧았다. 고종은 각 외교사절에게 본국 정부에 부탁하여 자신을 곤경에서 구출해 주도록 요청할 것을 부탁한다. 르페브르는「궁을 점거한 것은 청과 일본 간의 전쟁이 시작되었다는 신호가 될 것이다」고 하면서「한양 근교에 진을 치고 있던 일본 군대는 갑자기 진을 떠나 남쪽으로 향하였다. 이는 분명 아산 근처에 진을 치고 있는 청군과 교전하러 가는 것일 것이다」라고 한다.[275]

7월 24일 고종은 국정전반에 대한 모든 결정권을 대원군에게 위임하는 교지를 내린다.

> 지금의 모든 서무(庶務)는 긴중한 문제가 생기면 먼저 대원군(大院君) 앞에 나아가 질정을 받으라.[276]

이어서 군권 역시 대원군에게 이양하는 교지도 내린다.

> 각국의 사례를 보면 군무(軍務)는 다 친왕(親王)의 관할로 되어 있으니, 본국(本國)의 해군(海軍)과 육군(陸軍)의 사무를 대원군 앞에 나아가 질정하여 결재를 받으라.[277]

일본의 도움으로 권력을 잡은 대원군은 곧바로 민씨 척족을 숙청한다. 7월 24일 고종은 다음과 같은 전교를 내린다.

> 백성을 학대하는 것은 곧 나라를 저버리는 것이다. 백성들이 살아갈 수 없는데 어떻게 나라 구실을 하겠는가? 한 세상에 떠들썩하게 소문이 나

서 그 죄상을 가리기 어렵다. 좌찬성(左贊成) 민영준(閔泳駿)은 오로지 취렴(聚斂)을 일삼아 자신을 살찌우는 것으로 원망을 샀는데 이것은 심상하게 여겨 놓아 둘 수 없으니, 원악도(遠惡島)에 안치하라. 전(前) 통제사(統制使) 민형식(閔炯植)은 탐욕스럽고 사나워 못하는 짓이 없어 그 여독이 이웃 경내까지 두루 미쳤으니 원악도에 안치하라. 전 총제사(總制使) 민응식(閔應植)은 군영(軍營)을 창설하면서 고친 것이 많고 세금을 거두며 물의를 일으켰으니 절도(絶島)에 정배(定配)하라. 전전(前前) 개성 유수(開城留守) 김세기(金世基)는 잔학한 짓을 하여 백성들이 소요를 일으켰는데 요행히 처벌을 피하여 염방(廉防)을 허물어뜨렸으니 원악지(遠惡地)에 정배하라. 경주 부윤(慶州府尹) 민치헌(閔致憲)은 여러 번 수령을 지내면서 분에 넘치는 짓을 하고 욕심이 끝이 없어 만족할 줄 몰랐으니 원지(遠地)에 정배하라. 이것은 내가 백성을 위하는 것이고 또한 세신(世臣)을 보전하려는 고심에서 나온 것이다. 모두 즉시 거행하도록 하라.[278]

민씨 정권 하에서 고위 관직을 역임한 영의정 김병시, 좌의정 조병세, 우의정 정범조는 물론 독판내무부사 민영환과 민영소, 경기감사 홍순성, 수원유수 조병직, 초토사 홍계훈 등도 모두 파직된다.[279] 반면 대원군의 추종자 또는 개화파로 지목되어 구금되었던 이도재(李道宰), 신기선(申箕善), 윤웅렬(尹雄烈) 등은 석방된다.[280]

같은 날 대원군은 민비를 폐서인하기로 하고 교지 초고를 작성하여 이원긍 편에 오토리에게 보내 협의하도록 한다.[281] 오토리가 즉답을 못하고 얼버무리자 대원군은 이준용을 두세 차례나 보내 오토리를 설득한다. 오토리는 스기무라와 모토노 이치로 등과 상의하지만 이들은 모두 극렬히 반대한다. 민비를 폐서인시키려는 대원군의 계

획은 결국 김가진, 안경수, 조희연 등에게 전해지고 이들은 이 사실을 고종과 민비에게 알린다.[282]

7월 25일 사임한 김병시의 후임으로 김홍집이 임명된다. 같은 날 오토리 공사는 대원군과 조병직 외무독판과 만나 조선과 청 간의 무역장정 폐기와 청군 철수문제를 논의한다.[283] 대원군과 조병직은 망설였지만 결국 오토리의 강압에 청 대리교섭통상사의 당소의에게 조병직 명의로 다음과 같이 통고한다.

> 아직 조복(照覆: 답하다)하지 못했는데, 그 뒤로 오늘 일본 공사가 또 이 안건을 제기하고 온갖 책언(責言: 비난하는 말)을 하며 3개 조약 전부를 폐기하게 했습니다. 이제 회답조회 초록 1통을 옮겨 적어서 드리니, 부디 귀 대판께서는 베이징 총리아문에 전품(傳稟)하기 바랍니다. 이상과 같이 청 대판조선교섭통상사의(代辦朝鮮交涉通商事宜) 당(唐)에게 조회함.[284]

대원군과 조병직은 여전히 일본보다는 청이 두려웠다. 따라서 당소의에게 보내는 통지문에도 청과의 조약들을 폐기하게 된 것이 일본의 압력이었음을 노골적으로 적고 있다. 이를 읽은 오토리가 강력하게 수정을 요구하였지만 통리아문은 거절한다. 그러나 당소의는 조선 조정의 조회를 받고도 아무런 답이나 통고도 없이 그날로 조선을 빠져나가 청으로 돌아간다.

영국 군함을 타고 츠푸로 탈출한 청의 인천주찰이사관(仁川駐札理事官) 류영경(劉永慶)은 7월 26일 「왜병이 21일(양력 7월 23일) 왕궁을 포위하고 국왕을 구금함. 중국[華]의 전보국과 공사관의 관원들은 모두 달아남」

이라는 전보를 이홍장에게 보낸다. 이로써 청 조정은 일본군이 경복궁을 무력으로 점거하였다는 소식을 처음 전해듣는다.[285] 청은 조선의 종주국으로서의 역할을 다 하든지 아니면 속방에 대한 종주권을 포기해야 했다.[286] 일본의 경복궁 점거는 청에 대한 선전포고나 마찬가지였다.

사태가 급변하기 시작하자 청군 수송선을 호위하던 함대의 사령관 방백겸(方伯謙, 1853~1894)은 7월 25일 병력수송선 「애인(愛仁)」과 「비경(飛鯨)」을 급히 톈진으로 돌려보내는 한편 훈련함 「위원(威遠)」을 웨이하이웨이로 보내 정여창 제독에게 상황을 알리게 한다. 한편 자신은 순양함 「제원(濟遠)」, 어뢰정 「광을(廣乙)」과 함께 아산만에 남아 청군 1,200명과 12문의 야포를 싣고 톈진을 떠난 마지막 수송선 「가오슝(高雄, Kowshing)」을 기다리기로 한다.[287]

19. 풍도해전 (1894.7.25.)

경복궁을 점령하기 하루 전인 7월 22일 일본은 이홍장이 드디어 대규모 지원병력을 조선에 파견하기로 결정했다는 소식을 접한다. 광서제를 포함한 주전파들의 압력이 거세었을 뿐만 아니라 조선이 청의 속방이라는 명분을 유지하기 위해서는 일본이 조선을 아무런 저항 없이 점령하는 것을 좌시할 수 없었고 아산에 진주한 청군의 섭지초 장군도 지원군을 요청하고 있었다.[288]

이홍장은 우선 2,500명의 병력을 아산에 추가로 파병한다. 7월 22일, 8척의 수송선이 순양함 「제원」과 포함 「광을」의 호위 하에 톈진의 다쿠커우포대에서 출항한다. 그 중 2척은 7월 23일 밤 아산만에 도착한다. 같은 날 일본군이 경복궁을 무력으로 점거하였다는 소식이 전해진다.

일본 대본영은 청이 조선 파병을 완료하기 전 바다에서 승부를 결정짓는 것이 유리하다고 판단하고 해군의 주력을 조선 근해에 배치하기로 한다. 「야예마(八重山)」, 「오시마(大島)」 등이 조선 근해를 정찰하고 있었지만 이 전력으로는 청의 추가 파병을 막을 수 없을 뿐만 아니라 교전시에는 이미 조선에 진주한 제9여단을 지원하기에도 역부족이라고 판단했기 때문이다.

7월 23일, 이토 스케유키(伊東祐亨, 1843.6.9.~1914.1.16.) 연합함대 사령장관(連合艦隊司令長官)의 지휘하에 15척의 전함과 7척의 어뢰정이 나가사키현 사세보(佐世保)에서 출항하여 군산으로 향한다. 아직 항구가 건설되기 전이었지만 군산은 전략적 요충일 뿐만 아니라 일본과 해저케이블로 연결되어 있었기에 청일전쟁 내내 일본 해군의 임시 기지 역할을 톡톡히 한다.[289]

츠보이 고조(坪井航三, 1843.4.6.~1898.2.1.) 휘하의 「제1유격대(第1遊擊隊)」는 7월 25일 새벽 4시 30분경 상공경도(Baker Island)에 도착한다. 만나기로 되어 있던 「야예마」와 「오시마」가 안 보이자 두 전함이 미리 풍도로 향한 것으로 생각하고 츠보이의 제1유격대도 풍도(楓島, 豊島)로 향한다. 풍도에 접근하던 제1유격대는 6시 30분 경 서남쪽을 향해 항해하고 있는 전함 두 척을 발견한다. 청의 순양함 「제원」과 어뢰정 「광을」이었다. 츠보이는 이들이 청군 수송선의 호위함임을 즉각 알아차린다. 츠보이는 곧바로 유격대에게 전투태세를 갖추게 하고 청의 전

함에 다가간다.[290]

「제원」의 함장 방백겸 역시 일본 전함들을 발견하는 즉시 전투태세를 갖추는 한편 속도를 높여 서쪽의 열린 바다로 향한다. 이를 본 일본 전함들은 15노트로 속도를 높여 청의 전함들과 평행으로 항진하기 시작한다. 츠보이 제독은 청의 전함들이 열린 바다로 나가는 것을 막고자 하였으나 여의치 않자 서쪽으로 방향을 틀어 청 전함들에 접근한다. 7시 45분 3km 였던 「요시노(吉野)」와 「제원」의 거리가 점점 좁혀 지기 시작한다. 7시 52분 일본 순양함 「나니와」가 「제원」에 사격을 시작한다. 「요시노」와 「아키츠시마(秋津洲)」도 곧이어 사격을 개시한다.[291]

「나니와」와 「요시노」는 「제원」을 공격하는데 집중하는 한편 「아키츠시마」는 「제원」의 뒤 1km 정도 떨어져 있던 「광을」을 공격한다. 청의 전함들도 반격을 하지만 전세는 처음부터 일본 측으로 기운다. 「요시노」와 「나니와」의 포탄은 「제원」의 사령탑을 명중시켜 방향타를 파손시킨다. 그 다음 포탄들은 바베트(barbette) 함포들을 부순다. 배의 중간 부분에 화재가 발생하자 청의 기관포병들이 당황하여 우왕좌왕한다. 그러자 권총을 꺼내 든 청 장교들이 병사들을 원위치로 돌아가게 한다. 「제원」은 결국 방향타를 급히 수리하는데 성공하면서 넓은 바다로 탈출한다.[292]

어뢰정 「광을」 역시 전투 초반부터 직격탄을 맞는다. 「아키츠시마」의 포탄은 「광을」의 흘수선(吃水線, waterline) 밑의 보일러실에 명중한다. 「광을」의 함장 임국상(林國祥)은 침수하기 시작한 배를 일부러 「비칭(beaching: 일부러 배를 뭍으로 올림)」하도록 명령한다. 뭍에 배를 올린 직후 배는 폭발한다. 미처 탈출하지 못한 37명의 수병이 전사한다. 임국상

함장과 71명의 수병들은 아산의 섭 장군 부대와 합류를 시도하지만 실패하고 7월 말 영국 전함「아처(Archer)」와「포포이즈(Porpoise)」호에 의해 구출되어 츠푸로 귀환한다.[293]

일본 해군의 제1유격대가「광을」를 격침시키는데는 15분도 안 걸렸다. 그리고는 곧바로「제원」을 뒤쫓기 시작한다. 일본 전함들은「제원」보다 빨랐다. 8시 10분「요시노」와「나니와」는「제원」을 따라잡는다. 방백겸 함장은 더 이상 싸우는 것이 무의미하다고 결론을 내리고 항복을 하려고 한다. 바로 그때「요시노」의 척후병들이 연기를 뿜으며 항해하는 배 두척을 발견한다. 아산의 섭 장군에게 보낼 지원병을 싣고 다쿠커우 포대에서 출발한 수송선「가오슝」과 웨이하이웨이에서 편지와 명령장들을 싣고 출항한 포함「조강」이었다.「조강」은 일본 전함들을 발견하고 선수를 돌린다. 그러나「가오슝」은 계속해서 아산만으로 향한다.[294] 츠보이 제독은「제원」추격을 멈추고 새로 발견한 두 배에 접근한다. 자신에게 주어진 임무는 청의 지원병이 아산에 도착하는 것을 막는 일이었기 때문이다.[295]

「가오슝」은 풍도에서 일어난 전투에 대해 모르고 있었다. 8시 30분에는 일본 해군으로부터 도망 중인「제원」을 만나지만 무슨 이유에서인지「제원」의 함장 방백겸은「가오슝」에게 방금 일어난 해전에 대해 아무런 얘기도 해주지 않고 지나친다.「가오슝」도「제원」을 일본 전함으로 오인한다. 따라서 3척의 일본 전함이 나타났을 때도「가오슝」의 걸스워디(Thomas Ryder Galsworthy, 1865~1923) 함장은 전혀 놀라지 않는다. 걸스워디는 일본 전함들이 가오슝의 뒤를 따르고 있던 북양함대의「조광」으로 착각한다. 그러나 전함들이 일본 해군임을 알게 된 후에도 걸스워디는 당황하지 않는다.「가오슝」은 런던의「인도차이나 증기 선박회사(Indochina Steam Navigation Company)」로부터 임차한 영국 상선이었기 때문이다.[296]

9시 15분「요시노」와「나니와」가「가오슝」을 포위한다.「나니와」는 공포를 2발 발사하면서 걸스워디에게 정풍완행(頂風緩行, heave to), 즉 속도를 늦추고 엔진을 끌 것을 명령한다. 걸스워디는 최악의 경우에 다쿠커우포대로 회항을 해야할 뿐 별다른 문제가 없을 것으로 생각하고 일본군이 배에 올라 수색하는데 동의한다.

「가오슝」에는 64명의 승무원, 1,100명의 청군, 장비, 보급품, 그리고 청군의 고문으로 일하고 있던 독일의 포병장교 하네켄 소령(Constantin von Hanneken, 1854~1925) 등이 승선해 있었다. 예상대로 아산으로 파병되는 청병들이 승선하고 있음을 확인한「나니와」의 함장 도고 헤이하치로는 배를 압류하겠다고 한다.[297]

그러자 청의 병사들이 항복을 거부하면서「가오슝」을 장악하고 서양 선원들이 일본군의 명을 따르는 것을 막는다. 몇 시간 동안 협상이 계속되지만 청군은 일본군의 명령을 따르라는 승무원들의 충고도, 서양인 승무원들은 풀어주라는 요구도 거부한다. 하네켄 소령(Constantin von Hanneken)의 중재가 실패로 돌아가면서 도고는 국제법 조항들을 찾아본 후 추가 청의 지원군이 도착하기 전에 배를 격침시키기로 결정한다.[298] (10년 후 러일전쟁 당시 쓰시마 해전에서 일본 함대의 총사령관으로 러시아의 발틱함대를 궤멸시키는 바로 그 도고였다.)

13시 10분,「가오슝」에서 불과 150m 떨어져 있던「나니와」는 어뢰를 발사하는 동시에 함포사격을 가한다. 어뢰는「가오슝」밑으로 지나가면서 빗나갔지만 함포의 포탄은 엔진실을 맞춘다. 흘수선 아래에 구멍이 난 가오슝은 석탄 창고가 폭발하면서 석탄 먼지 속에 가린다. 수영에 능한 서양인 승무원들은 침몰하는 배에서 바다로 뛰어 내린다. 그러나 수영을 못하는 대부분의 청병들은 구조정들을 내리고 바다로 뛰어들지만 구조정에 타기 위해서 서로 싸우기 시작하고 먼저 구조정에 오른 병사들은 미처 타지 못한 병사들에게 총격을 가한다. 「나니와」는 계속해서 「가오슝」에 포격을 가하고 「나니와」의 기관총은 바다에 빠진 청병들에게 사격을 가한다.[299]

13시 47분 「가오슝」이 침몰한다. 사격을 중지한 일본군은 유럽인들만 구조한다. 일본군이 구조한 것은 걸스워디 선장과 부함장, 필리핀인 갑판장 한 명 뿐이었다. 하네켄은 침몰하는 배에서 뛰어내려 기적적으로 청군과 일본군의 기총사격을 모두 피하여 4시간 동안 헤엄쳐서 1.5 해리 떨어져 있는 섬에 도달한다. 147명의 청군 병사들도 이 섬으로 헤엄쳐 온다. 이들은 모두 독일의 포함 「일티스(Iltis)」와 영국의 순양함 「포르포이즈(Porpoise)」에 의해 구조되어 옌타이(煙臺: 연태, 일명 츠푸, 芝罘)로 귀환한다. 44명의 중국 병사들은 침몰한 배의 닻에 매달려 있다가 다음날 프랑스 포함 「리옹(Lion)」에 의해 구출된다.[300] 영국 선장과 필리핀 갑판장은 순양함 「야에야마(八重山)」로 옮겨져 일본으로 간다. 그들은 곧 석방된다. 「가오슝」에 승선했던 인원 중 40명만 살고 나머지 1,128명은 죽는다. 사망자 중에는 5명의 유럽인들도 포함되어 있었다.[301] 승선하고 있던 청군들은 대부분 익사한다. 당시 군사전문가들은 이때 전사한 군사들이 청의 최정예였다고 한다.[302]

「가오슝」이 격침되고 있던 때 「요시노」와 「아키츠시마」는 나머지 두 척의 청 전함을 쫓는다. 추격전은 9시 50분까지 계속된다. 두 척의 일본 순양함은 청의 전함들이 향하던 웨이하이웨이를 향하여 전속력으로 항진한다. 속도가 느린 「조강」은 11시 37분 「아키츠시마」

이토 스케유키 일본 연합함대 사령장관

츠보이 고조 일본 해군 제1유격대 사령관

에 항복한다. 11시 40분 부터는 「요시노」만 「제원」을 쫓는다. 12시 5분 「요시노」는 제원에 2.5km까지 접근하여 사격을 시작한다. 이때 제원의 함장 방백겸은 샨샨췌이 해역(Shanshantsui Bar)으로 들어간다. 이 해역은 암초가 많고 해도도 없는 지역이었다. 「요시노」는 결국 추격을 포기한다. 일본의 최신 예함을 위험에 빠뜨릴 수는 없

도고 헤이하치로

었다. 12시 43분 「요시노」는 다시 조선으로 선수를 돌린다. 「제원」은 7월 26일 아침 웨이하이웨이에 도착하여 2주 간의 수리를 받는다.

풍도해전도. 고바야시 기요치카(小林清親) 작

「제원」은 16명이 전사하고 25명이 부상당한다.[303]

해전이 종결된 후 「요시노」와 「아키츠시마」는 항복한 「조강」과 82명의 포로와 함께 상공경도(Baker Island) 근해에 집결한다. 그곳에는 「나니와」, 그리고 제물포에서 갓 도착한 「야예마」와 「오시마」가 모두 집결한다. 츠보이 제독은 「야에야마」, 「오시마」, 그리고 「아키츠시마」와 「조강」을 군산에 있는 이토 사령장관 휘하의 주력군에 보낸다. 나머지 전함들은 제물포로 향하여 이튿날 오시마 장군의 육군을 지원하기 위해 파견된 제2유격대의 전함들과 합류한다.[304]

러시아 전문가는 당시 상황을 보도하면서 「승선하고 있던 두 명의 장군을 포함한 수많은 청군 장교들 중에 상선에 탄 채 막강한 군함을 상대로 교전을 시도하는 것이 얼마나 어처구니없는 일이라는 사실조차 이해하는 자가 단 한 명도 없을 정도로 아무런 군대경험이 없었다는 것은 실로 애처로운 일이다」라고 한다.[305] 일본군은 바다에 빠진 서양인들은 구출하려고 노력하였지만 익사하는 중국인들에게는 총격을 가했다. 서양 언론은 일본군의 이러한 행태를 신랄하게 비판한

다. 일본은 이때 홍보전의 중
요성을 절감한다.

『더저팬위클리메일』은 「중
국인들은 형편없이 싸웠다」
고 한다. 뿐만 아니라 청군의
무기도 심각한 문제를 노정한
다. 청군이 발사한 포탄 한 발
은 일본 군함에 명중하였지만
폭발하지 않는다.[306]

청 조정이 풍도해전 소식을
들은 것은 7월 27일이었다. 옹
동화는 일기에 다음과 같이 쓴다.

프랑스 잡지 『르프티주르날』에 실린 가오슝호 격침 관련
삽화 「조선에서 일어난 일」

> 6월 25일(양력 7월 27일). 처음에는 추정(樞廷)이 오늘 반드시 선전포고를 하
> 고 각국에 통보할 것으로 생각했는데, 경저(慶邸)를 뵙고 들은 말씀은 그
> 렇지 않았다. 또 북양이 보낸 몇 통의 전보를 보고 조금 완만하다고 생
> 각했다. 이어서 돌아와 추야(推野: 총리아문대신 장음환)의 서신을 받고서야
> 비로소 왜군이 아산에서 우리 선단을 습격해서, 병기를 적재한 영국 상
> 선 1척이 격침되고, 「제원」은 그래도 돌아왔지만 「광을」은 폭발한 사실
> 을 알았다.[307]

격침된 「가오슝」의 소유주는 홍콩의 영국회사 「자딘매테슨(Jardine,
Matheson and Co.)」이었다. 자딘매터슨은 일본 정부의 보상을 요구한다.
영국의 언론은 적극적으로 자딘매터슨 편을 든다. 그러나 영국 정부는 일본 측이 아무런 잘못이 없었다는 결론을 내린다. 당시 청과 일본 사이에는 이미 전쟁이 시작된 상태였고 「가오슝」은 군사를 수송하고 있으면서도 항복하라는 일본 측의 명령을 따르지 않았기 때문에 일본군이 「가오슝」을 격침시킨 것은 정당했다고 한다. 영국 언론도 더 이상 이 사건을 거론하지 않는다.[308]

20. 제1차 갑오경장 (1894.7.27.)

풍도해전에서 승리한 일본은 조선의 내정 개혁에 본격 착수한다. 우선 이틀간 대원군을 설득한 끝에 쿠데타 나흘만인 7월 27일 「군국기무처」가 신설된다. 영의정 김홍집이 군국기무처회의 총재관(總裁官)에 임명되고 독판내무부사 박정양, 강화부유수 김윤식, 협판내무부사 김종한, 장위영사 조희연, 대호군(大護軍) 이윤용, 협판교섭통상사무 김가진, 우포도대장 안경수, 참의내무부사 이원긍, 김학우, 창의교섭통상사무 유길준 등이 회의원(會議員)에 임명된다.[309]

군국기무처는 조선왕조 역사상 유례가 없는 정책입안 기구로써 새로운 법안을 토의하고 공포할 수 있는 권한을 가졌을 뿐만 아니라 인사, 행정, 세금과 재정, 학교, 군대, 산업과 상업에 관한 모든 개혁을 추진할 수 있는 막강한 권한을 갖는다. 회의원들은 매일 국정개혁을 논하고 결의 사항은 즉시 재가를 받아 실행하도록 한다. 모든 결정은 형식적으로는 대원군에게도 제출해야 되지만 왕의 재가만 있으면 추진할 수 있도록 한다.[310]

일본은 개화파 인사들이 군국기무처를 장악하기를 바랬다. 비록

1884년의 갑신정변이 실패하면서 급진 개화파는 전멸되다 시피했지만 정변에는 직접 가담하지 않았으면서도 개화와 개혁의 중요성을 절감하고 있는 온건 개화파들이 여전히 정부에 남아있었다. 이들은 대부분 중간급 관료로서 근대 학교, 농업시험장, 근대식 조폐국 등을 추진하면서 조용히 개화를 추진하면서 1860년대와 1870년대 청의 양무 운동파처럼 근본적인 정치개혁보다는 기술과 교육 개혁에 주안점을 두고 있었다. 해외 유학생으로, 또는 도쿄, 워싱턴 등 재외 공관에서 외교관으로 근무하면서 근대화의 중요성을 깨닫고 돌아오는 이들의 숫자는 늘고 있었다.[311]

군국기무처의 관리 중 가장 중요한 개화파 인물은 김홍집(1842~1896)이었다. 1884년 갑신정변 당시 정변파가 그를 한성부윤으로 임명했었음에도 불구하고 정변 실패 이후로도 민씨 정권 하에서 정부의 중요 직책을 맡고 있었다. 점진적인 개혁을 지지하는 김홍집이야말로 일본이 찾는 그런 인물이었다. 김윤식과 어윤중 역시 일본이 중시하는 온건 개화파 인물들이었다.[312]

가장 급진적인 개혁주의자는 유길준이었다. 1885년 미국에서 귀국한 그는 7년 간의 가택연금 기간 동안 『서유견문』을 집필하여 1895년 출간한다. 그는 스승 후쿠자와 유키치처럼 서양의 관습을 피상적으로 따라하는 것은 중요치 않고 진정한 문명개화를 이루기 위해서는 서양문명의 원리를 이해하고 받아들여야 한다고 주장하면서 입헌군주제와 자유시장경제를 주창한다.[313]

7월 28~29일 밤 자정을 조금 넘어 히트로보와 다른 열강의 대표들은 고종이 대원군에게 「나라의 행정과 개혁에 대한 전권을 맡겼으며 대원군은 개혁에 관련된 모든 사안들을 일본의 외무대신과 상의할 것」이라는 무츠 일본 외무대신 명의의 공문을 받는다. 무츠는 공동으로 조선의 내정 개혁을 추진하자는 일본의 거듭된 제안을 청이 모두 거부하였고 이제 조선 정부의 재구성을 통하여 「국왕의 의지와 대원군의 노력」으로 필요한 개혁이 이루어질 수 있다는 희망을 갖게 되었다고 한다.

한편 조선의 독립과 조선 거주 일본인들에게도 중국인들과 대등한 경제적, 정치적 지위를 부여하는 문제는 일본이 조선과 직접 해결할 것이라고 선언한다. 청이 외국의 자문을 구하는 척한 것은 오직 전쟁 준비를 위한 시간을 벌기 위한 속임수에 불과하고 청의 군사들이 이미 적대적인 의도를 가지고 조선에 진주하였고 청의 전함들이 아산만에서 일본 전함에 발포 한 이상 일본 정부는 열강들의 중재로 청에게 제안했던 것들을 모두 취하한다고 한다. 청의 「고집(obstinacy)」으로 평화로운 해결책을 찾고자한 열강들의 노력이 수포로 돌아간 반면 일본 정부의 의도는 평화로운 것이며 때가 되면 「상황에 맞고 일본제국의 명예와 존엄에 걸맞은 평화협상안」을 고려할 것이라고 한다.[314] 무츠는 일본이 조선에서 성취하는 모든 것을 청이 「무조건적으로」 받아들일 때만 협상할 것이라는 점을 분명히 한다.[315]

7월 28일 무츠 외상은 오토리에게 다음과 같은 영문 전문을 보낸다.

귀하의 성공에 만족하오. 이를 계기로 가능한 한 최단 시일 안에 조선 정부 내에서 가장 급진적인 인사개혁을 단행하고 대원군이 적어도 1년간 유지할 수 있도록 그에게 모든 도움을 제공 하시오. 가능하다면 대원군을 설득하여 조선 정부에 유능한 일본인을 임용하도록 하시오. 이 사람들은 일본 정부 안팎에 있는 인사들 중에서 선발하거나 혹은 원한다면 우리가 지명하여 파견할 것이오. 귀하는 조선 정부가 이미 기용된 서양인들을 함부로 해고하지 않도록 신경을 써야 할 것이오. 만일 대원군이 호위를 원한다면 귀하는 그에게 충분한 호위병을 국왕의 요청형식으로 제공하시오. 또한 만일 그가 금전적 원조를 요구한다면 귀하는 일본 정부가 그에게 상당한 액수를 비밀리에 제공할 용의가 있다고 말하시오. 귀하는 이 목적을 위해 인천에 있는 예금구좌에서 8만엔을 지출할 수 있소. 그렇지만 귀하는 이 돈이 조선 정부에 제공하는 이자 없는 대부금이라는 사실을 미리 인식시켜야 할 것이오.[316]

7월 27일에 신설된 군국기무처는 7월 30일 첫 개혁안을 채택하여 고종의 윤허를 받아 공표한다.

우선 정부 부처를 궁내부와 의정부 등 2부로 간소화시킨다. 궁내부는 과거 왕실과 궁궐, 종친과 종묘가 장악하고 있던 재정권을 박탈하여 의정부 산하 탁지부에 이관한다. 다시 말해 과거 왕실과 정부의 재정이 별도로 운영되던 것을 일원화하여 정부에 모든 재정권을 준다.

궁내부(宮內府), 승선원(承宣院), 【상서(尙瑞), 기주(記注), 품질(品秩), 검사(檢查)이다.】 경연청(經筵廳), 【홍문(弘文), 예문(藝文)이다.】 규장각(奎章閣), 【교서(校書), 도화(圖畵), 사자(寫字)이다.】 통례원(通禮院), 【외사(外事), 내사(內事)이다.】 장악원(掌樂院) 내수사(內需司), 【용동궁(龍洞宮), 어의궁(於義宮), 명례궁(明禮宮), 수진궁(壽進宮), 장흥고(長興庫)이다.】 사옹원(司饔院), 【빙고(冰庫), 예빈(禮賓)이다.】 상의원(尙衣院), 【제용(濟用)이다.】 내의원(內醫院), 【전의(典醫)이다.】 시강원(侍講院), 【익위(翊衛), 강서(講書), 위종(衛從)이다.】 내시사(內侍司), 【상

궁(向宮), 액정(掖庭), 전설(典設)이다.】 태복시(太僕寺) 전각사(殿閣司), 【선공(繕工)이다.】 회계사(會計司), 이 밖에, 종백부(宗伯府), 【종묘(宗廟), 사직(社稷), 영희전(永禧殿), 경모궁(景慕宮), 장생전(長生殿), 각 능(陵), 원(園), 궁(宮), 묘(廟), 묘(墓), 봉상(奉常), 전생(典牲)이다.】 종친부(宗親府), 【돈녕(敦寧), 의빈(儀賓)이다.】 이상 각사(各司)에 종전에 들어오던 돈과 곡식은 탁지부(度支部)에서 전적으로 관할하고, 일체의 지출은 균역청(均役廳)과 탁지부에서 배정한다.[317]

그 다음 의정부로 하여금 「백관(百官)을 통솔하여 모든 정무를 처리하고 나라를 운영」하도록 하고 산하에 내무아문(內務衙門), 외무아문(外務衙門), 탁지아문(度支衙門), 법무아문(法務衙門), 학무아문(學務衙門), 공무아문(工務衙門), 군무아문(軍務衙門), 농상아문(農商衙門), 등 8개 「아문」을 둔다. 그리고 각 아문의 역할을 명확히 규정하고 각 아문 산하의 부처의 명칭과 역할, 관료의 숫자까지 명시한다.[318] 이로써 의정부와 육조를 기본으로 하는 조선의 관료제도는 폐지되고 메이지 일본의 제도를 본 딴 근대관료제도가 도입된다.

같은 날 군국기무처는 조선의 대외관계, 신분제, 가족제도 등에 대한 가히 혁명적인 개혁안을 기안하여 고종의 재가를 받는다.

1. 이제부터는 국내외의 공문서 및 사문서에 개국기년(開國紀年)을 쓴다.

2. 청국(淸國)과의 조약을 개정(改正)하고 각국에 특명전권공사(特命全權公使)를 다시 파견한다.

3. 문벌(門閥), 양반(兩班)과 상인(常人)들의 등급을 없애고 귀천(貴賤)에 관계없이 인재를 선발하여 등용한다.

4. 문관과 무관의 높고 낮은 구별을 폐지하고 단지 품계(品階)만 따르며 서

로 만나는 절차를 따로 정한다.

5. 죄인 본인 외에 친족에게 연좌(緣坐) 형률을 일체 시행하지 않는다.

6. 처와 첩(妾)에게 모두 아들이 없을 경우에만 양자(養子)를 세우도록 그 전 규정을 거듭 밝힌다.

7. 남녀 간의 조혼(早婚)을 속히 엄금하며 남자는 20살, 여자는 16살 이상 이라야 비로소 혼인을 허락한다.

8. 과부(寡婦)가 재가(再嫁)하는 것은 귀천을 막론하고 자신의 의사대로 하게 한다.

9. 공노비(公奴婢)와 사노비(私奴婢)에 관한 법을 일체 폐지하고 사람을 사고파는 일을 금지한다.

10. 비록 평민이라도 나라에 이롭고 백성에게 편리한 의견을 제기할 것이 있으면 군국기무처(軍國機務處)에 글을 올려 회의에 붙인다.

11. 관청의 조례(皂隸)들은 참작하여 더 두거나 줄인다.

12. 조정 관리의 의복 제도는 임금을 뵐 때의 차림은 사모(紗帽)와 장복(章 服), 【깃이 둥글고 소매가 좁다.】 품대(品帶)와 화자(靴子)로 하고 한가히 지낼 때의 사복(私服)은 칠립(漆笠), 탑호(褡護), 실띠로 하며 사인(士人)과 서인의 의복 제도는 칠립, 두루마기, 실띠로 하고 군사의 의복 제도는 근래의 규례를 따르되 장수와 군사의 차이를 두지 않는다.[319]

그 이후 군국기무처는 무서운 속도로 새로운 개혁안들을 내 놓는 다. 8월 말이 되면 정부 조직을 개편하는 16개의 법안이 새로 공표되 고 106개의 결의안을 통해서 서양 명사(名詞)들을 한글로 표기하는 법 에서부터 일본군 부사관들이 복무하는 근위병의 설치에 이르기까지 수 많은 개혁안들을 통과시킨다. 「갑오경장」이었다.

21. 성환전투 (1894.7.28.~29.)

7월 23일 오토리 공사가 일본군을 이끌고 경복궁에 침입해 고종을 인질로 잡고 정국을 장악하자 일본군 제9혼성여단장 오시마 요시마사(大島義昌, 1850.9.20.~1926.4.10.) 장군은 곧바로 아산의 청군을 공격할 준비를 한다. 7월 24일, 오시마는 조선 정부가 하루 이틀 내에 일본 정부에 청군을 축출해 줄 것을 공식적으로 요청할 것이라는 정보를 받는다. 오시마는 7월 25일 새벽 병력 4천과 대포 4문을 이끌고 아산으로 향한다.[320]

청군은 성환에 3,000명, 천안에는 섭지초 장군의 지휘부와 나머지 1,000명이 포진해 있었다. 주력은 아산의 동쪽과 동북쪽 한양으로 향하는 길목에 포진해 있었다.[321] 일본군의 공격을 예상한 청군은 3주에 걸쳐 진지를 구축하고 참호를 파고 주변의 논에 물을 댄다.[322]

아산으로 향하던 오시마는 7월 25일 9시 45분 풍도해전 보고를 받고 아산으로 가는 길을 재촉한다. 청군과 일본군 간에 이미 교전이 일어난 이상 청병을 축출해달라는 조선 조정의 요청을 기다릴 필요가 없어졌기 때문이다.

7월 26일 주 청 러시아 공사 카시니는 일본군과 청군이 조선을 공동으로 임시 점령하고 양측 간에 중립지대를 설치하는 안에 합의하였다고 보고한다. 그 대신 청은 일본군이 한양에서 철군할 것을 요구하였고 청군도 조선의 수도를 점령하지 않을 것을 약속했다고 한다. 청의 제안에 대해 차르 알렉산드르 3세(1845.3.10.~1894.11.1. 재위: 1881~1894)와 기르스 러시아 외무상은 「매우 합리적인 것」이라고 한다.[323]

주 청국 겸 주 조선 공사 오코너 역시 청의 제안에 만족을 표시한다. 그러면서 일본이 한양에서 철군하는 대신 부산을 임시로 점령하면 청은 평양을 임시로 점령하겠다는 제안을 하였다고 한다. 같은 날 또 다른 전문에서 오코너는 일본군이 경복궁을 점거하고 고종을 포로로 잡았다는 정보를 청도 받았다고 하면서 「제 소견으로는 평화를 지킬 수 있는 유일한 길은 영국과 러시아가 공동으로 일본이든 청이든 조선에 추가 파병을 막는 것 밖에 없다」고 한다. 그러면서 일본에게는 한양에서 철군하고 청과 공동으로 조선을 점령하는 것에 합의하는데 4일의 시간을 줄 것을 제안한다.[324] 같은 날 주 일 영국대리공사 패젯은 조선을 청과 일본이 공동으로 임시 점령하도록 하는 킴벌리의 안을 무츠에게 전달한다.

7월 27일 주 일 러시아 공사 히트로보는 영국 정부가 러시아 정부에게 함께 조선에 진주한 일본군과 청군 사이에 중립지대를 설정하는 문제를 공동으로 추진할 것을 제안해 왔다면서 일본 외무차관 하야시에게 이에 대한 일본의 입장을 묻는다. 하야시는 무츠 외상과 상의 후 답변을 주겠다고 한다. 그러나 히트로보는 본국에 보낸 보고서에 일본이 오코너의 타협안을 받아들일 경우 그것은 청이 조선의 종주국임을 인정하는 것이기 때문에 일본으로서는 받아들일 수 없다고 하야시가 자신에게 구두로 얘기했다고 한다.[325]

7월 27일 아침, 일본군은 성환의 청군을 공격하기 시작한다. 오시마는 우선 소규모 병력으로 하여금 청군 진지를 정면에서 공격하는 한편 주력부대는 청군 측면으로 돌아 후방을 공격하게 한다. 전투는 안성강을 가운데 놓고 벌어진다. 일본군은 도강하는데 성공하며 청군의 측면을 기습 공격한다.[326] 청군은 격렬하게 저항하지만 결국 성환을 내준다.

일본군은 대량의 무기를 탈취하고 아산으로 퇴각하는 청군을 쫓는다.[327] 일본군이 너무나 손쉽게 성환의 청군 진지를 돌파하자 아산에 있던 청의 군사들은 일본군이 도착하기도 전에 모두 도주한다. 성환 전투에서 청군은 500명이 전사하고 모든 중화기를 잃는다. 일본군의 피해는 전사 34명, 부상 54명이었다.[328]

7월 30일 아산에 입성한 일본군은 일주일 내에 청군의 잔존병들을 모두 소탕한다. 섭지초 장군은 더 이상 저항하지 않고 천안을 버리고 남은 군사를 이끌고 일본군을 피하여 한양 동쪽을 멀찌감치 우회하여 평양으로 향한다. 청군은 26일 간의 고된 행군 끝에 평양에 도착한다.[329] 이로써 평양과 아산에 병력을 집결시켜 한양을 포위, 압박하려던 청의 전략은 무위로 돌아가고 조선 반도의 남부는 완전히 일본군의 수중에 들어간다.[330]

일본군이 너무나 손쉽게 승리하자 언론들은 모두 어리둥절해 한다. 『더저팬위클리메일』의 한 기자는 「중국인들은 역시 36계에 능하다. 그들은 줄행랑 치면서도 제복들을 벗어 던지고 조선사람들 옷을 입고서는 각자가 가장 안전하다고 생각하는 곳으로 달아났다. 그들이 어느 방향으로 달아났는지는 그들이 벗어 던진 제복들이 정확히 알려준다. 청군의 부사령관도 이 같은 방법을 택하는 유혹을 벗어 뿌리치지 못한 듯, 그의 제복은 진중에 남아 있었다.」[331]

청군의 전통은 생포한 포로들을 죽이는 것이었다. 군인이든 적군에 협조하던 민간인이든 포로로 잡으면 그 자리에서 처형해 버렸다.

[태평천국의 난 당시 이홍장의 군대가 포로들을 무차별 학살하는 것은 제1권, 제5장, 7. 「상승

「성환전투」. 미즈노 도시카타가(水野年方) 작

군의 역할」 참조. 청군은 자신들도 일본군 포로로 잡히면 처형될 것으로 알고 어떻게든 도망쳤다.

22. 조선 공동점령안 (1894.7.28.)

주 청 일본 대리공사 고무라는 7월 28일 본국에 전문을 보내 조선을 일본과 청이 공동으로 조선을 점령하는 안을 오코너가 강력하게 밀고 있다면서 청 정부도 이것이 전략적으로나 외교적으로 유리한 안으로 생각하고 있다고 한다.[332] 같은 날 주 러 청국 공사 허경징(許景澄, 1845.10.22.~1900.7.28.)은 러시아와 영국이 공동으로 제안한 청-일군의 분리안을 청 조정이 받아들인다고 공식적으로 통보한다.[333]

같은 날 이홍장은 영국 정부에 알리기를 프랑스, 독일, 이탈리아 대표들이 공동으로 청-일 양국군의 분리안을 일본에 종용하고 일본이 거부할 경우 「열강들은 조치를 취할 준비가 되어 있다」고 통보하기로 주 청 러시아 공사 카시니가 약속하였다고 한다. 주 영 청국 공사 공조원(龔照瑗, 1836.~1897.7.20.)과 그의 비서 매카트니(Sir Samuel Halliday Macartney 1833~1906)를 통해 이 소식을 들은 영국측은 당황한다. 영국 외무성 차관 샌더슨(Thomas Henry Sanderson, 1841.1.11.~1923.3.21.)은 매카트니에게 외국 대표들이 「협박을 할 수 있는 권한이 자신들에게 있다고 생각하지 않을 것」이라고 한다.[334]

일본이 청-일 양국군을 지리적으로 분리시키는 안을 거부할 경우 열강들이 모종의 조치를 취할 것이라는 카시니의 말이 신빙성이 있는지 공조원이 묻자 영국외상 킴벌리는 우선 자신은 일본 정부에 그러한 경고를 보낼 의도가 전혀 없다고 한다. 그러면서 「우리는 일반론적으로 일본 정부에게 일본과 중국간에 전쟁이 일어날 경우 발생할 심각한 결과에 대해 경고하여 왔다. 그러나 일본이 러시아 공사가 제안한 것을 받아들이지 않는다고 우리가 조치를 취한다는 것은 전혀 별개의 문제다」라고 답한다. 그는 거듭 영국은 청과 일본에 우호적인 충고(friendly advice)를 할 뿐이라고 하면서 「러시아 정부 역시 영국과 같은 입장일 것」이라고 한다.[335]

킴벌리의 예측은 정확했다. 카시니가 일본이 청-일 군사 분리안을 거절하면 열강들이 「조치를 취할 준비」가 되어있다고 이홍장에게 말한 것이 사실인지 주 러시아 영국 대사 라셀스(Lascelles)가 공식적으로 문의하자 러시아의 아시아국장 캡니스트는 화들짝 놀란다. 카시니가 본국에 보내온 보고서에는 그런 내용이 들어 있지 않았을 뿐만 아니라 그랬다면 그것은 훈령에 반하는 것이라고 한다. 캡니스트는 「청국 대표가 이홍장의 전문에 그러한 내용을 임의로 집어넣어 영국 정부에 압력을 넣으려고 했던지 아니면 보다 가능성이 높은 것은 그가 전문

허경징 주 러 청국 공사   공조원 주 영 청국 공사

내용을 잘못 이해한 것일 것」이라고 라셀스에게 말한다.[336]

오코너가 카시니 본인에게 공조원의 질의 내용을 알려주자 카시니는 그런 말을 하지 않았다면서 곧바로 이홍장에게 사람을 보내 그런 말을 한 일이 없다고 통보한다. 이에 이홍장은 오해가 있었다면서 자신이 공조원에게 보낸 전문에는 러시아 정부가 일본에 대해 보다 강력한 조치를 취해야 할 것이라고 말했을 뿐이라고 한다.[337]

23. 선전포고 (1894.8.1.)

1894년 8월 1일, 풍도해전 엿새 후, 일본은 메이지의 칙어를 통해 청에 선전포고 한다.

짐은 청국에 대해 전쟁을 선포하니 모든 신하들은 위로는 짐의 뜻을 받들며, 아래로 백성들의 뜻을 모아 싸우고 지키는데 최선을 다하여 나라의 영광을 드높이되 만국공법(국제법)을 어기지 말라. 짐은 학문을 숭상하고 전쟁을 방지하여 백성들에게 평화와 행복을 누리게 하는 것을 중시했다. 짐은 제위에 오른 후 30년 간 외국과 원만한 관계를 유지하기 위해 노력했으며, 그 뜻을 대신들에게 알려 여러 해 동안 많은 나라와 친밀한 외교관계를 맺어왔다.

최근에 조선 문제와 관련하여 청국이 여러 번 신의를 저버리고 정의롭지 못하게 하니 이는 짐도 전혀 생각하지 못했던 것이다. 조선은 독립국으로서 여러 나라와 조약을 맺고 통상하는 것은 우리 일본이 이끌어준 것이다. 그런데 청국은 속국이라 하며 내정을 간섭하다가 조선에 환란(동학난)이 일어나자 속국을 보호한다는 명분으로 군대를 보냈다.

짐은 1885년 맺은 톈진조약에 따라 우리 군사를 보내 불상사를 막고, 조선을 환란에서 구하여 동양의 평화를 보존하고자 협조를 요청하였으나 청국이 갖가지 이유로 이를 거절했다. 일본은 조선에 대해 정치를 개혁하여 안으로는 백성을 편안하게 하고, 밖으로는 우호친선을 증진하도록 권고하자 조선 정부는 이를 수용했다. 그러나 청국은 은밀히 이를 방해하고 조선의 내란을 진압한다는 명분 하에 군대를 동원하여 바다와 육지에서 전쟁을 준비하고 증원군을 보냈다. 강한 힘만 믿고 허약한 나라를 힘으로 누르며 오만하고 무례하여 우리 군함에 대포를 쏘기에 이르렀다.

조선의 독립국 지위는 일본이 지지하고 있고, 또 조선과 여러 나라 간 조약에 의해 인정되고 있다. 청국의 행동은 조선의 지위를 훼손할 뿐 아니라 조선과 각국이 맺은 조약을 위반하는 것이고, 우리의 권리에 대한 도전이며 동양 평화를 깨뜨리는 것으로 청국의 욕심과 음흉한 책략이 드러났다. 우리나라가 정당한 목적으로 군대를 동원하는 것이 부득이 하니 충성스럽고 용맹한 백성들은 각자 책임을 다하여 신속히 평화를 회복하고 국가의 영광을 빛내기를 진정으로 바라노라.[338]

이는 물론 억지였다. 청이 군사를 증파한 것은 일본의 대규모 파병에 대한 대응이었고 일본 군함이 청군의 수송선에 대한 발포로 첫 전투가 벌어졌다.[339]

청도 같은 날 선전포고를 한다.

조선이 우리의 속국이 된 지 200여 년이 되었으며, 해마다 정성껏 조공을 바쳐온 사실은 세상이 모두 알고 있다. 최근 10여 년 사이에 조선에 내란이 자주 일어나 늘 위태롭기에 매번 군사를 파견하여 안정시키고, 사신도 보내 한성에 머물며 보호하게 하였다.

금년 4월에 떼를 지어 다니며 약탈과 살인을 일삼는 무리들이 다시 일어나(동학난) 형세가 흉흉하고 사태가 위급하자 구원병을 보내 달라고 요청하여 이홍장에게 군대를 동원하여 사태를 안정시키라고 명령하였다. 이에 우리 군사가 충청도 아산에 이르자 약탈과 살인을 일삼던 무리들이 물결같이 흩어졌다.

그런데 왜인이 사전에 허락도 없이 군사를 일으켜 갑자기 한성에 돌입하고, 1만여 군사를 더 보내 조선을 억압하며 내정을 개혁하라는 등 위협이 극심했다. 지난 몇 년 사이에 우리가 조선을 잘 다독여 스스로 내정을 처리할 수 있도록 하자 일본이 그동안 조선과 조약을 체결하면서 조선에 군사를 주둔시킨다든지 무리하게 정치제도를 개혁하자는 내용은 없었다. 세계 각국은 일본이 군사를 일으킨 것에 대해 시비하며 하루속히

조선에서 병력을 철수하여 사리에 맞게 처신하라고 조언하고 있다. 일본
은 이런 충고를 듣지 않고 오히려 군사를 더 보내 조선 백성과 우리 상인
들을 놀라게 했다.

이에 우리가 병력을 동원하여 조선을 보호하자 일본 선박이 아산 앞바
다에서 대포를 발사하여 우리 군함을 공격해 파손시켰다. 그 간사스럽고
교활한 움직임은 실로 생각하지 못했던 바다.

저들이 약조를 어기고 국제법도 무시한 채 제멋대로 행동하여 세계의
여론이 일고 있으니 그 책임은 일본에게 있다. 이를 천하에 널리 알리니
우리가 이 일을 처리함에 있어 우리의 의사대로 사람으로서 해야 할 도리
를 다했지만, 왜인이 맹세를 어기고 불화를 야기하여 무리함이 극심하다.

이를 용서할 수 없어 이홍장에게 명을 내려 장수를 징발하며 대군을 보
내 왜군을 신속히 물리치고 조선 백성을 도탄에서 구하고자 한다. 장수들
과 대신들은 단단히 경계하여 왜인의 병선을 만나는 대로 쳐부숴라. 한걸
음이라도 물러서면 죄를 면치 못할 것이니 이대로 각 군을 지휘하라.[340]

청 조정에서 거의 유일하게 전쟁에 반대한 것은 서태후의 측근으
로 총리아문을 맡고 있던 경친왕(慶親王) 애신각라 혁광(愛新覺羅 奕劻, 아
이신기오로 이쾅, 1838.11.16~1917.1.28)이었다. 「나머지 대신들은 일본이 감히
중국을 배신하는 것에 분노를 참지 못하면서 황제에게 즉시 선전포
고를 함으로써 중국이 세계의 비웃음을 사지 않도록 하자는 결정을
내렸다.」[341] 선전포고 조칙에는 「왜인(倭人)」이란 말이 6번이나 반복된
다. 그리고 영어 번역본에는 「모욕적인 뜻」이라고 친절한 설명까지
곁들인다.[342]

광서제의 조칙이 발표 때까지 만해도 일본의 언론은 중국을 「신진(淸

人, 청인)」 또는 「시나진(支那人, 지나인)」으로 불렀다. 그러나 조칙 후에는 「찬찬보즈(ちゃんちゃん坊主, 짱꼴라)」, 「돈병(豚兵, 돼지군)」, 「돈미(豚尾, 돼지꼬리)」 등으로 부르기 시작한다.[343]

1894년 7월 28일자 『런던 스펙테이터(Spectator)』지는 중국이나 일본 같은 아시아 나라에는 「애국심」이란 것은 없다고 비하하는 기사가 실린다. 그러자 『더저팬위클리메일』은 사설에서 「각계각층의 일본 사람들이 정당이나 정파와 상관없이 이번 전쟁에 관해서는 완벽한 공감대를 형성하고 있는 것은 놀랍다」면서 일본에 대한 서양인들의 무지를 질타한다.[344] 『펄멀가제트(PallMall Gazette)』는 나라에 대한 사랑보다 지역 연고와 한족과 만주족 간의 분열이 더 강한 중국과 달리 일본은 강한 통합성, 애국심, 자긍심, 그리고 국가적 소명에 대한 확고한 신념이 있다」고 보도한다.[345]

일본이 청에 대한 선전포고를 하자 일본 국민은 축제 분위기에 빠진다. 『더저팬위클리메일』은 일본 사람들은 선전포고를 「기쁨과 열정」과 「전쟁 광풍」으로 맞이하였다고 보도한다.[346] 야당들은 모두 정부에 대한 적극 지지로 선회한다. 「일본국민은 중국과의 문제로 인해 깊이 동요하고 있다. 고하를 막론하고 국민 모두의 관심은 온통 이 문제에 쏠려 있다. 상황이 심각해지면서 군대에 자원하는 청원(petition)들이 지방으로부터 중앙 참모부에 쏟아져 들어오고 있다.」[347]

후쿠자와 유키치는 이번 전쟁으로 중국 사람들은 고집불통의 만주 통치자들이 거부한 문명개화를 비로소 할 수 있게 될 것이라며 청이 조선에 개입하는 것은 문명개화가 확산되는 것을 막는 있을 수 없는 일이며 전쟁은 비단 두 나라 사이의 전쟁이 아니라 「세계 문명을 위한 전쟁」이라고 한다.[348]

훗날 기독교 사상가로, 평화주의자로 명성을 떨치는 우치무라 간조(内村鑑三, 1861.3.26.~1930.3.28.)는 「조선 전쟁의 정당성(Justification of the Corean War)」이라는 영문 글을 발표한다. 그는 청과 일본 간의 전쟁이 정의로운 전쟁임을 확신한다고 한다.

조선 전쟁은 서양에서 이미 오랫동안 그래 왔듯이 진보가 동방의 법이 될 것인지, 아니면 한 때 페르시아 제국이, 그 다음엔 카르타고가, 또 다시 스페인이, 그리고 드디어(세계역사의 마지막이 되기를 우리는 바래지만) 중국의 만주 제국처럼 시대에 역행하는 것이 동양의 발목을 영원히 잡을 것인지를 정할 것이다. 일본의 승리는 지구의 이쪽 편에 살고 있는 600,000,000 영혼들에게 자유로운 정부, 종교의 자유, 교육의 자유, 교역의 자유를 제공할 것이다... 일본은 동방에서 진보의 투사 그의 숙적, 중국, 저 진보를 증오하는 구제불능의 중국 말고는 누가 일본의 승리를 원하지 않으랴![349]

주 일 러시아 공사 히트로보는 「전체적으로 기백이 살아나고 동시에 일본 전체의 애국심이 폭발적으로 분출하였다」고 묘사한다. 심지어는 정부에 가장 반대하던 야당들도 「언론 전체의 일치된 찬양」에 동참하면서 국민들에게 「모든 정파 간의 반대와 차이를 잊어버리고 어려운 상황을 겪고 있는 정부를 모두 지지할 것, 정부가 요구하는 그 어떤 것도 거절하지 않고 정부가 하는 일이나 정부 요인들의 능력에 대한 일체의 비판을 중지할 것」을 종용하였다고 한다. 의회와 내각 사이의 극렬한 불협화음은 모두 잊혀지고 대외적인 갈등은 대내적인 평화를 가져왔다고 한다.[350]

반면 중국에서는 전쟁에 대한 일반 대중의 지지는 찾아볼 수 없었다. 청의 일반 백성들에게 조선 문제는 아무런 관심이 없었고 청국인들은 일본의 국력에 대해서는 아무것도 몰랐다. 청국인들은 그저 일본은 약하고 청은 막강하다는 믿음만 갖고 있었다. 일본에서와 같은 통합된 전쟁준비와 노력도 없었다. 산발적인 분노의 표출이나 간첩들에 대한 풍문과 공포만이 횡횡했다.[351]

일본과는 대조적으로 중국에서는 애국심이 전혀 발현되지 않자 외국인들은 실망한다.[352] 북양함대의 미국인 고문은 「어떻게 보면 중국이 아니라 이홍장이 전쟁을 하였고 대부분의 중국인들은 전쟁이 일어났는지조차 모르는 것 같다」고 한다.[353] 그러면서 중국인들은 「대의를 위해 자신을 바치는 일이 없다. 그저 그들의 주인의 이해관계나 자신의 이해관계만 추종할 뿐이다」라며 비판한다.[354]

24. 청군 대 일본군

전쟁이 시작되자 유럽과 미국 언론은 중국이 당연히 이길 것으로 예측했다. 7월 24일자 런던의 『타임즈(Times)』는 영토, 인구 등을 고려할 때 중국이 승리하는 것은 시간문제라고 단정짓는다. 영국해군의 「조선(造船) 총감(Chief Constructor)」을 역임하고 일본으로부터 「욱일장」 훈장을 받은 에드워드 리드(Sir Edward James Reed, 1830.9.20.~1906.11.30.)는 『더펄멀가제트(The Pall Mall Gazette)』 신문과의 인터뷰에서 철갑선들이 부족한 일본 해군은 청 해군의 상대가 안 될 것이라고 한다.[355]

러시아 외무성이 발간하는 『주르날드상페테르스부르그(Journal de

St-Petersbourg)』는 사설에서 「중국인들이 인류 역사에서 우월한 역할을 할 수 있었던 것은 그들의 특성, 즉 단호함과 끈기 때문이었다」면서 청이 약한 것은 인정하지만 「우리는 농업, 산업, 상업, 육군, 해군 등 중국의 군사적, 경제적 잠재력이 얼마나 중요한 역할을 하게 될지 믿는다」고 한다.[356]

그러나 중국, 일본, 조선을 다 다녀본 『더펄멀가제트』의 기자 한 명은 7월 28일자 기사에서 「사람들은 대부분 시간이 지나면 결국 중국이 일본을 밟아버릴 것」이라고 하지만 「나는 소위 「왜놈(Japs)」들이 전쟁 초기에 엄청나게 바보 같은 전략적 실수를 저지르지 않는 한 모든 것을 다 휩쓸 것이라고 생각한다. 중국의 함대와 수송선들은 모두 탈취되거나 격침되고 아마 육군도 같은 운명을 겪게 될 것이다」라고 한다.[357]

1) 청의 정규군

청군은 「팔기군(八旗軍)」, 「녹영군(綠營軍)」, 「용병(勇兵)」, 그리고 「상승군(常勝軍)」처럼 외국인이 훈련시킨 군 등으로 나뉘어져 있었다. 팔기군은 또 다시 「만주팔기」, 「몽골팔기」, 「무슬림팔기」, 「한족팔기」 등으로 나뉘어져 있었다. 한족은 「몽골팔기」, 「무슬림팔기」에 속하는 경우도 있었지만 대부분 「녹영군」 소속이었다.

17세기 팔기군은 세계 최강의 군대였다. 누르하치, 청태종, 도르곤 등이 대륙을 정복하고 대청제국을 건설할 수 있었던 것도 팔기군 때문이었다. 그러나 19세기에 이르면 팔기군은 모든 전투력을 상실한다. 팔기군 신분은 세습되었다. 봉급이 다른 군대보다 높은 것은 물론 일반 민법의 적용도 안 받았고 같은 죄를 짓더라도 한족보다 처벌 강도도 약했다. 팔기군 출신은 과거도 별도로 보았고, 승진 속도도 훨씬 빨랐다. 「친왕(親王)」등의 고위직, 황군의 최정예군은 만주팔기군 출신만이 임명되었다.[358]

「녹영군」은 명나라때부터 있었던 한족으로만 구성된 군으로 중국 전역에 배치되어 있었다. 그러나 청대 후기에 오면 독립적인 작은 부대로 나뉘어 전투 대신 경찰 업무를 맡으면서 전투 훈련을 받지 않는다. 「향토군」이나 「용병」들은 지역별로 조직된 예비군이었지만 유사시에는 아무 곳에나 파병될 수 있었다. 이들은 태평천국의 난 당시 차알스 고든(Charles Gordon) 등이 훈련시키고 지휘하였던 「상승군(Ever Victorious Army)」의 후예들이었지만 외국인 장교들이 떠난 후로는 서양식 훈련을 받지 못한다.

숫자로 보면 녹영군이 가장 많았고 그 다음이 팔기군이었다. 향토군이나 용병들은 전체의 10%를 차지했다. 그러나 이 숫자는 모두 추산에 불과하다. 청 조정은 병력에 대한 정확한 통계를 갖고 있지 않았다.[359]

청군에는 병참부도 없었다. 군사들은 전쟁터에서 식량과 보급품을 손수 조달해야 했다. 병사들이 필요한 것들을 민간인들로부터 약탈하는 것을 당연한 것으로 여긴 이유다. 청군이 진주하는 곳의 민간인들은 공포에 떨었다. 오랫동안 중국에서 의사로 활동했던 로버트 콜트만(Robert Coltman, Jr.)은 「전시에는 농민들은 군사들의 먹이였다. 군사들은 식량을 어떻게 해서든 찾아야만 했다」고 증언하고 있다.[360]

프랑스의 『르주르날데데바폴리티크에리테레(Le Journal des debat ploli-

tiques et litteraires, 정치와 문학 토론 저널)』은 청군을 다음과 같이 묘사한다.「중국 군사들은 있지만 중국군은 없다. 그 대신 지역 숫자만큼 군대도 많다.」독일 언론은 각 지역군은 지역 총독 개인이 조직한 군대이기 때문에 통합 지휘체계가 없음을 지적한다.

　　각 지역의 총독은 자신이 노력을 경주해서 만든 것을 당연히 계속 갖고 있고 싶어 하지만 이웃 성이 준비가 부족하여 도움을 요청할 경우 자신이 책임 지고 있는 성을 위험에 노출시킨 채 휘하의 군사를 이웃 성을 돕는 데 투입할 가능성은 거의 없다. 이는 전 지휘계통에 적용되는 얘기다. 이러한 명령체계는 진취성과 추진력을 억누르고 공격적인 자세보다는 방어적인 자세를 부추긴다. 이 제도로 인하여 통합된 전투는 불가능하다.[361]

　　이 기사는 청군의 또 다른 결점을 정확히 지적하고 있다. 청의 군율을 규정한 『대청율례편람(大淸律例便覽)』에 의하면 정벌에 나서는 장교들은 정해진 날에 출정해야 하며 사전에 허가를 받은 대로만 군대를 이동해야 했다. 만일 이를 조금이라도 어길 경우에는 귀양을 가거나 때로는 죽을 만큼 곤장을 맞아야 했다. 일단 전투가 시작된 후 후퇴하면 참수되었다. 조정으로부터 받은 무기를 파괴하는 것 역시 장형으로 다스렸다. 통신수단이 발전하지 않은 시대에 이러한 규율들은 전투에 임하는 장수들이 필요에 따라 전술을 바꾸는 것을 불가능하게 하였다. 후퇴는 불가능했고 적군 수중에 떨어지는 것을 막기 위해서라도 무기들을 파괴하는 것은 금지되었다.[362]

　　이러한 율례들은 중국군이 기술적인 열세에 있는 적들을 상대로 장기전을 펼 수 있는 상황을 전제로 만들어진 것들이었다. 중국군의 전통적인 전략은 장수들로 하여금 사전 계획에 따라 전투에 임하고 이 길 때까지 한곳에 머무르게 하는 것이었다. 또한 적군의 전략, 전술이 예측 가능하고 유연하지 않다는 것을 전제로 할 때만 효과를 발휘할 수 있었다. 이러한 전략은 과거 북방 유목민족을 상대로는 통할 수도 있었으나 훨씬 진보된 무기와 통신체계를 갖춘 근대군을 상대로는 오히려 족쇄가 된다. 청일전쟁 중 청군이 일본군에게 연전연패한 이유다.[363]

가장 큰 문제는 청 병사들이었다. 한 독일 신문은 「좋은 철은 못을 만드는데 사용하지 않고 좋은 남자는 군인으로 만들지 않는다(好鐵不打釘, 好男不當兵)」는 중국의 격언을 소개하면서[364] 「중국에서 군인이란 직업은 다른 어떤 직업보다도 낮은 대접을 받는다」는 사실을 지적한다. 1892년 뉴욕의 『월드(*World*)』지는 청 해관의 총세무 하트(Robert Hart)를 인터뷰한다. 인터뷰 진행자가 자신이 목격한 중국군의 행진 광경에 놀라면서 「군인들이 실제로 활과 화살, 그리고 가장 골동품 같은 총으로 무장하고 있었습니다」라고 하자 하트가 다음과 같이 답한다.

대부분의 사람들은 깜짝 놀랍니다. 믿기 어렵겠지만 한편으로는 최고의 해군 함정들을 보유하고 있으면서도 청의 육군은 아직도 많은 면에서 3백년 전의 군대 그대로, 다시 말해서 무장한 훈련받지 않은 무리(armed undisciplined horde)에 불과합니다. 아직도 그들이 이 무기력함에서 깨어날 조짐은 보이지 않습니다.[365]

2년후 전쟁이 임박했을 때도 상황은 변하지 않았다. 한 외국인은 조선으로 파병되는 청군들의 행렬을 다음과 같이 묘사한다.

앞에는 그들의 대장이 창검을 장착한 장총을 들고 자신의 중요성을 한껏 의식하면서 걸어간다. 그 다음에는 짐을 가득 실은 베이징식 작은 수레가 한번도 그렇게 빨리 달리는 것을 본적이 없는 빠른 속도로 지나간다. 수레 뒤에는 덮개도 없이 30정 가량의 흙탕물이 튀고 녹슨 오래된 장총들이 대충 실려 있다. 그 다음에는 농부들이 사용하는 마차에 화약통들을 싣고, 화약통들 위에는 시골에서 갓 징집된 신참이 만족한 표정으로 담뱃대를 물고 앉았다. 이것이 소위 「용사」들의 행진의 모습이다.[366]

1894년 당시 영국의 외무차관이었으며 훗날 인도 총독을 역임하게 되는 쿠르존 경(George Nathaniel Curzon, 1st Marquess Curzon of Kedleston, 1859.1.11.~1925.3.20.)은 청군을 다음과 같이 묘사한다.

기강이란 것은 중국인들에게는 없다. 훈련되지 않은 병사에게 아무리 좋은 무기를 쥐어 주더라도 멍청이(nincompoops) 지도자들을 따르게 하거나, 이해하지 못하는 적군의 전술을 이길 수 있는 방법은 없다. 그들은 행진이나 접전에 대한 아무런 개념도 없고 총검술과 사격 훈련이 무엇인지도 모른다. 징집할 때 유일한 시험은 양쪽 끝에 무거운 돌을 매달은 쇠막대기를 머리 위로 들어올리는 것뿐이다. 훈련은 체조시범 같고 일반적인 무기는 술로 장식한 작살과 창, 도끼, 삼지창, 활과 화살, 그리고 넘치는 깃발과 징이다. 유럽으로부터 중고로 구입한 수명이 다한 장총을 병사들에게 나눠주지만 이 총들과 탄약들은 너무 오래되어서 아무짝에도 쓸모가 없다. 대부분의 병사들이 소지하고 있는 무기는 고대의 화승총인데 가장 흔한 종류는 사용하는데 두 사람이 필요한 「징갈(jingal, 천보총, 千步銃)」이다. 그러나 이러한 한계, 부족함도 장교들의 놀라운 무능에 비하면 아

무엇도 아니다.[367]

전쟁이 시작된 후『뉴욕타임즈』는 청군에 대해 다음과 같이 기술한다.

중국 병사들은 벌써 조선에 무거운 부담이 되고 있다. 그들이 가는 곳 마다 약탈과 폭력이 난무한다. 「호남부당병(好男不當兵)」이란 말이 있듯이 외국인에 의해서 훈련된 몇 천의 병사를 제외하고 나머지 「용사」들은 무법자들의 떼거리다. 그들은 무자비하다.」[368]

영국의 정보국에 의하면 청은 엄청난 양의 무기를 수입하였음에도 불구하고 「중국군 대부분은 오늘날까지도 거의 원시적인 화승총으로 무장하고 있다.」[369] 일본의 참모부는 청군의 3/5만이 장총 비슷한 것으로 무장하였고 나머지는 작살과, 창, 아니면 장검으로 무장하고 있다고 보고한다.[370]

2) 이홍장의 북양군

그나마 이홍장은 북양군으로만 일본을 상대해야 했다. 청일전쟁은 엄밀히 말하면 이홍장-일본 전쟁, 또는 북양군-일본 전쟁이었다. 이홍장은 태평천국의 난을 평정하기 위해 후난(湖南)에서 「상군(湘軍)」을 일으킨 증국번의 명령과 지도하에 고향 안후이(安徽)성에서 「회군(淮軍)」을 일으킨다. [「상군」의 결성에 대한 자세한 논의는 제I권, 제2부, 제5장 1. 「제1차 아편

전쟁」, 2.「제2차 아편전쟁」, 4.「태평천국의 난과 후난학파」, 5.「상군의 결성」, 6.「상군의 성공요인」 8.「동치중흥의 실패」 참조]. 이홍장은 태평천국의 난이 평정된 후에도 회군을 해산하지 않는다. 회군의 재정은 이홍장이 전적으로 부담한다. 황실은 한족인 증국번, 이홍장 등의 향토군이 강해지는 것을 극도로 경계하였다. 다른 한편 이홍장이 나이가 들수록 회군에 대한 관리 감독은 소홀해질 수밖에 없었다. 결과는 회군 전투력의 쇠락이었다.[371]

회군(안휘군)은 즈리(직례), 샨동(산동), 펑티엔(봉천)에 도합 40개 연대, 20,000명의 병력을 갖추고 있었다. 이 병력은 어느 정도 전투력을 갖췄다. 추가로 20개 연대가 있었지만 경비에나 쓸 수 있을 뿐 전쟁에 투입할 전투력을 갖추지 못했다. 그의 휘하에 있던 나머지 병력은 청의 정규군인 녹영군이었다. 녹영군 역시 아무런 전투력을 갖추지 못했다. [회군에 대해서는 제1권, 제2부, 제5장 「아편전쟁과 태평천국의 난, 동치중흥」 중 6.「상군의 성공요인」, 7.「상승군의 역할」 참조]. 일본의 50,000 육군을 상대하기 위해서 이홍장은 20~30개 연대가 추가로 필요했다. 이러한 군대를 일으키기 위해서는 2백만에서 3백만 냥이 필요했다.

청일전쟁 당시 이홍장은 섭지초(葉志超, 예즈차오, 1838~1901) 장군이 지휘하는 즈리(直隸, 직례)의 향토군도 휘하에 두고 있었다. 그러나 만주에 주둔하고 있던 팔기군은 지휘할 수 없었다. 만주 팔기군은 청일전쟁 중 실제로 전투에 참가한 청군의 3/5을 차지했다. 이홍장은 수도 베이징을 포함하고 있는 즈리총독이었지만 베이징 방어를 맡은 황군도 그의 지휘를 받지 않았다.[372]

청의 해군도 북양함대, 남양함대, 복건, 광동 함대 등으로 나뉘어 있었다. 근대식 군함을 보유한 것은 이홍장 휘하의 북양함대가 유일했다. 중국의 무기를 생산하는 기기창, 해군사관학교는 모두 특정 지역의 소속이었고 전쟁 중에도 다른 지역의 군대를 도울 의무가 없었다. [청의 기기창들에 대한 자세한 논의는 제III권, 제6장 「청의 자강운동」, 6. 「병기창의 건설」참조]. 그러나 북양함대의 포와 포탄들조차도 규격화되어 있지 않았다. 현지에서 제조된 총포탄은 외국에서 수입한 총포에 맞지 않았다. 보급체계는 주먹구구였다. 북양함대는 포탄들을 제대로 보급받지 못하고 있었다. 함대 소속 외국인들은 이러한 문제점을 전쟁 발발 오래 전부터 제기하였지만 아무 소용이 없었다.[373]

북양함대의 지휘부에는 해군 출신이 한 명도 없었다. 중국은 명나라 초기 정화(鄭和, 1371~1433)의 함대가 해체된 후 해군이 없었다. 정여창 제독은 기병대 출신으로 배에 대해서는 아무것도 몰랐다. 「가오슝호」 격침당시 기적적으로 목숨을 건진 하네켄은 기지를 건설하는 공병 출신이었다. 그가 정여창과 함께 공동 제독으로 임명된 것은 패전할 경우 정여창이 참수당하는 것을 막기 위한 방편에 불과했다.

북양함대에서 해군에 대해 가장 많은 지식과 경험을 갖고 있었던 것은 영국 해군 소위 출신으로 청 해관총사무 하트 밑에서 일하다가 하네켄의 고문 겸 비서로 일하고 있던 타일러(William Ferdinand Tyler)였다.[374] 타일러가 볼 때 북양함대의 문제는 불명확한 동기와 목표였다.

하나된 목적의식이 있어야 할 곳에 그 대신 기괴하게 무질서한 유성기어 장치(epicycle)와 같은 이질성만 있었다. 함대는 물론 관련된 모든 것들, 이홍장에서 기기창 본부장에 이르기까지 이 장치 속에 있는 톱니바퀴들은 통합된 의도 없이 각자의 목적을 위해 회전하고 있을 뿐이다. 다양한 단체들은 서로에게 불편을 가장 덜 끼치는 이해관계의 작동을 통하여 필요할 때는 얽혔다가 필요 없으면 떨어진다. 효율성의 관점에서 본다면 질서

잡힌 체제의 정반대 효과를 냈다. 그러나 기괴한 질서를 갖춘 이 무질서는 평화시에는 부패의 윤활유 또는 연고주의에 의해서 부드럽게 작동한다.[375]

정여창 제독

그러나 막상 전쟁이 일어나면 이홍장의 육군과 해군은 「중세의 전사들이 상대방에 겁을 주기 위해서 썼던 무서운 마스크」에 불과했다. 「총안(銃眼, em-brasure)은 모두 대포 모양으로 그림을 그려 놓은 나무 판대기들로 만들어진 베이징 성곽의 가짜 성벽처럼 없는 것이 있는 것처럼 보이게 하는 중국의 전통적인 전술의 일환일 뿐이었다」라고 한다.[376]

이홍장의 북양함대에서 복무하였고 「황해해전」과 「웨이하이웨이 전투」에 참전했던 윌리엄 타일러(William Ferdinand Tyler)에 의하면

총독의 작전은 허세였을 뿐 진정한 방어가 아니었다. 그의 육군과 해군은 중세 아시아의 군인들이 적군에 겁을 주기 위해서 썼던 무서운 가면과 같았다. 그는 실전에서는 승산이 없다는 것을 잘 알았다. 그러나 그는 이 허세를 끝까지 가져간 나머지 더 이상 물러서는 것이 불가능해 졌다. 그리고 서태후는 이홍장을 계속 밀어부쳤다. 일본은 포커 용어를 빌리자면 일본의 「블러프를 콜(calling the bluff)」 하였다.[377]

어떤 사람들은 이홍장의 군대를 「거대한 환상의 체제(elaborate system of make-believe)」라고 하였다.[378]

3) 북양함대

청의 북양함대는 세계 10대 해군이라고 했다. 전쟁이 임박하자 유럽의 신문들은 양측의 해군력을 비교하는 기사들을 싣기 시작한다. 북양함대와 일본 해군이 모두 첨단 전함들을 보유하고 있었기에 어느 쪽이 승리할 것인지에 대해서는 의견이 엇갈렸지만 9월 중순의 첫 해전 이전까지만 해도 중국 해군이 우세한 것으로 점치는 경우가 많았다.[379]

1894년 5월, 이홍장은 중국 북부 해안 방어 순시를 한다. 3년마다 한번 3주에 걸친 정기적인 순시였다. 이홍장은 웨이하이웨이 북양함대 기지에 외국인 시찰단을 초청한다. 서양인들은 이홍장이 72세의 나이에도 불구하고 여전히 정력이 넘치는 것에 놀라고 그의 함대의 훈련 광경에 감명받는다. 당시 참관했던 서양기자는 「해군 장교들은 외부의 도움 없이 자신들만의 힘으로 해군을 운영할 수 있음을 전 세계에 각인시켰다... 수병들의 기강은 일류였으며 함선들의 정결한 상태, 멋, 장비와 군사들은 최고였다」 「시범작전은 놀라울 정도의 정확성을 갖고 이루어졌으며 대포와 속사포들은 정확했으며...... 어뢰시범 역시 최고 수준이었다」 그러면서 뤼순, 다롄, 웨이하이웨 등의 「강력한 진지와 조선소, 기기창, 무기창, 부두, 창고, 대학, 병원 등등」에 대하여 감탄한다. 그는 이홍장이 「그만이 갖고 있는 사람과 사물에 대한 지식으로 적재적소에 사람을 배치하였다」고 한다.[380] 이때 동학난이 발발하였다는 소식이 전해지면서 이홍장은 순시를 중단하고 급히 톈진으로 돌아간다.[381]

그러나 부정적인 분석들도 나온다. 1893년 청의 병부는 1887년~1890년 사이 북양함대의 회계가 부정확하고, 불완전하고, 과장되었다고 비판한다.[382] 한 신문은 북양함대 내의 「지독한 연고주의」와 개혁을 하지 않고 현상에 만족하는 중국인들 특유의 경향을 비판한다.[383]또 다른 신문은 해군들 사이의 보편화된 도박문화를 비판한다.[384]

개전 직전 북양함대의 한 장교는 함대의 자랑인 두 척의 철갑 전함을 영국의 유명 작가 헨리 노만(Sir Henry Norman)에게 보여준다. 노만이 속사포를 보자고 하여 중국 장교가 속사포 덮개를 걷자 포신 속은 「젓가락과 밥, 짠지 등으로 더럽혀져 있었다」. 노만은 중국 관리 두 명이 무기 배달 문제로 다투다가 무기를 서로 수백 마일 떨어져 있는 무기창에 반씩 나누도록 하는 것을 목격한다. 그 결과 어느 무기창도 작동하는 포를 갖지 못하게 될 것이 분명했다. 유럽의 유명한 제조업자가 뤼순에 화약 대신 코코아 가루를 배달시키고 그 유럽 회사와 중국인들이 차액을 나눠서 착복하는 모습도 보고한다.[385]

『노스차이나헤럴드』도 불길한 내용을 보도한다.

그들의 배들은 단 한 차례의 전투 밖에 치를 수 없다. 왜냐하면 예비 석탄이나 탄약, 그 밖의 보급품도 없다. 장교와 수병들은 수준급이고 싸울 준비도 되어 있지만 이처럼 보급이 안되어 있는 상황에서 철저하게 조직화되고 잘 보급된 일본의 해군과 싸우게 하는 것은 불공평하다.[386]

엄청난 액수가 배와 기지와 해군본부를 만드는데 사용되었다. 그런데 해군본부에는 석탄이 없고 기지에는 탄약이 없다. 군부대의 병력은 봉급명세서에 있는 인원의 반도 안되고 전함들은 전투할 생각은 전혀 없는 사람들이 지휘하고 적의 배를 보는 순간 갑판 밑으로 숨을 궁리만 하는 사람들이다. 지금까지 그나마 쓸모 있는 장교들은 해외에서 교육을 받았거나 국내의 해군사관학교와 훈련선에서 외국인의 감독하에 교육받은 자들 뿐이다.[387]

그러나 이는 소수의견일 뿐이었다. 유럽인들은 여전히 중국이 승리할 것을 확신하고 있었다. 중국이 훨씬 더 「큰 나라」였기 때문이다.[388] 첫 해전이 벌어지기 전 로이터 통신은 전직 청 해군 제독 윌리엄 랭 함장(William M. Lang)을 인터뷰한다. 랭은 「일본과 비교했을 때 중국의 해군은 대등하다. 아마 일본이 좀 더 바지런하고 사기가 높겠지만 그 외에는 두 나라의 해군력은 비슷하다」고 한다. 그는 특히 북양함대의 정여창(丁汝昌) 제독을 칭찬하면서 「결국 일본은 완패할 것이 분명하다」고 한다.[389]

오쿠마 시게노부의 『호치신문(報知新聞)』은 양측 해군의 장교들의 수준은 비슷하지만 청의 수병들은 아편에 중독된 게으른 자들로 무기도 제대로 다룰 줄 모른다고 한다.[390] 그러나 일본 해군의 장교들은 결코 낙관하지 않는다. 그들은 청군이 수적으로나 질적으로 일본 해군보다 우위에 있다고 생각한다. 청의 해군은 일본보다 2배나 많은 전함을 소유하고 있었고 그 중 두 척의 최신예 전함들은 일본이 보유하고 있던 어떤 전함보다 월등한 무기와 강한 철갑을 갖고 있었고 또한 청의 해군기지들은 해전이 일어날 지역으로부터 훨씬 가까웠다.[391]

4) 일본군

　한 독일 신문에 실린 일본 육군 관련 기사는 다음과 같이 시작한다. 「30년전 일본이 깊은 고립에서 깨어나 서구 문명에 자신을 접목시켰을 때부터 첫 과제는 육군의 재편이었다. 그 결과는 실로 경이롭다.」 결론은 다음과 같이 맺는다. 「일본 육군은 실제로는 유럽의 군대이며 그 어느 육군 사단도, 작고 준비가 안된 듯한 기병을 제외하고는 유럽 대륙의 어느 마을의 길거리를 행진한다면 처음에는 동양 군대인지도 사람들이 모를 것이다.」 그러나 그럼에도 불구하고 이 신문은 만일 전쟁이 오래 지속되면 수적으로 우세한 중국이 이길 것으로 예측한다.[392]

　런던의 『타임즈』는 일본이 자체 제작하고 생산한 무라타총(村田銃)이 유럽의 최고 장총들과 성능면에서 대등하다면서 포병을 칭송한다. 또한 일본군은 「용감하고, 규율이 잡혔고, 인내할 줄 알고, 열정적이어서 비록 중국군이 유럽의 장교들에 의해서 훈련된 훌륭한 군인들이라 하더라도 지금 현재로는 일본군에 200년은 뒤졌다. 그리고 전쟁의 승리란 꼭 강한자가 이기는 것은 아니지만… 군인을 판단할 수 있는 모든 자료를 볼 때 조선에서 일본은 손쉽게 중국을 이길 수 있을 것이다」라고 한다.[393]

　『르주르날데데바폴리티크에리테레』는 「도적떼 정신」 밖에 없는 청군에 비해 일본군은 「기강을 갖추고 있다」고 한다.[394] 영국의 정보국은 일본군은 「잘 무장되었고 조직되었으며 일할 준비가 되었다」면서 일본의 승리를 예측한다.[395]

　일본은 1872년부터 징집을 시작한다. 군복무기간은 3년이었고 4

무라타 장총

청일전쟁 당시 무라타총을 사용하는 일본군

년의 예비군 기간이 있었다. 병사들에게는 일률적으로 무라타 단발 후장식 장총이 보급되었다. 포병과 군장 역시 모두 규격화되었다. 육군은 6개 사단으로 편성되었다. 야전 사령관들은 정확한 임무가 주어졌지만 임무를 수행하기 위해 어떤 전술을 사용할지는 본인들에게 맡긴다.[396]

1894년 7월 30일 『르주르
날데데바폴리티크에리테레』
는 청군과 일본군을 비교하는
긴 기사를 싣는다. 기자의 결
론은 「두 군대 사이에는 결정
적인 차이가 있고 모든 장점은
후자(일본) 측이 갖고 있다. 지난
25년 동안 그들(일본)은 승리하
려는 놀라운 정신과 지향점과
지도력에 있어서 완벽한 일치
를 이룸으로써 누구도 부정할

무라타 장총을 발명한 무라타 츠네요시

수 없는 단합성으로 무장한 실로 균일한 육군을 창설하였다.」 기자는
일본의 근대화 방법도 칭찬한다. 「일본인들은 조금씩 외국인 고문들
이나 기술에서 벗어 나고자 하는 자신들의 의도를 숨기지 않는다.」
그럼에도 불구하고 기자는 일본이 궁극적으로 전쟁에서 승리할 것을
점치지 못한다. 그는 그저 누가 이길지는 시간이 지나면 알게될 것이
라고 결론을 낸다.[397]

일본 해군은 요코스카, 쿠레, 사세보 등 세개의 기지를 갖고 있었
고 각 기지에는 소 함대가 하나씩 주둔하고 있었다. 나가사키에는 훌
륭한 조선소가 있었다. 전쟁 중 해군은 4척으로 구성된 소 함대로 재
편성된다. 일본 해군은 영국 해군을 모델로 하였고 전략은 마한(Alfred
Thayer Mahan, 1840.9.27.~1914.12.1.)의 전략을 따랐다. 마한제독의 저술은
다른 어떤 언어보다도 일본어로 많이 번역된다.[398] 일본의 해군 참모
대학에서 6년간 가르친 존 잉글스(John Ingles) 대위는 인터뷰에서 「일

본 장교들은 지상전을 치르는데 있어서도 제해권을 갖고 있는 것이 얼마나 유리하다는 점에 특히 주목한다. 그들은 미국의 해군 사학자 마한 제독의 훌륭한 제자들이다」라고 한다. 그리고 「근대화되었고 잘 무장된 일본의 육군은 동아시아 국가들 사이의 전쟁에서 완전히 새로운 변수다」라고 결론 내린다.[399]

일본은 개전부터 100,000군을 동원한다. 『노스차이나헤럴드』는 7월 20일 기사에서 「일본이 군대를 동원하면서 보여준 능력, 철저함, 그리고 그들의 완벽한 준비는 보는 사람들의 감탄을 자아내기에 충분하다. 이는 중국과는 극적으로 대조되는 바다」[400]라고 보도한다. 전쟁을 수행하는데 있어서 철도의 중요성과 빠른 부대배치 능력이 승리를 좌우한다는 사실은 이미 1856~1856년의 크림전쟁을 통해서, 그리고 특히 1870~1871년의 프랑스-프로이센 전쟁이 여실히 증명하였다. 일본은 프랑스-프로이센 전쟁과 이 전쟁에서 승리한 프로이센군을 깊이 연구하고 따른다. [일본이 프로이센 군을 따라 추진한 군사개혁에 대한 논의는 제III권, 제7장 일본의 부국강병, 6. 「군사개혁」 참조].

일본의 전략은 우선 제해권을 장악함으로써 자유자재로 군사들을 대륙으로 수송할 수 있도록 하는 것이었다. 그 다음은 육군이 조선에 진주함으로써 청을 축출하는 것이었다. 조선을 점령한 다음에는 웨이하이웨이의 청 해군기지를 탈취함으로써 베이징으로 가는 해로를 장악하고 그 다음에는 베이징이 위치하고 있는 즈리(直隸)를 공격하는 것이었다. 이 전략이 불가능해지면 우선 청을 조선으로부터 축출하는데 만족한다. 그러나 만일 일이 잘못되어 청이 제해권을 잡게 된다면 일본은 청이 일본 본토를 침공하지 못하도록 해안 방위에 치중한

다. 이것이 일본의 전략이었다.[401]

육군은 전쟁 시작 1주일 만에 전략을 확정한다. 병력을 제1, 2군으로 나누어 야마가타 아리토모가 제1군을 이끌고 조선에 상륙한 후 만주로 북진한다. 오야마 이와오(大山巖, 1842.10.10.~1916.12.10.)가 지휘하는 제2군은 랴오둥반도의 뤼순 해군기지를 점령한 후 북진한다. 만주에서 합류한 1, 2군은 산둥 반도의 웨이하이웨이의 청 해군기지를 공격한다.[402]

전쟁 초기에는 해군력이 결정적이었다. 청이나 일본이나 조선에 군대를 속히 진주시키는 것은 바다를 통해서만 가능했다. 중국은 비록 육로로 조선과 연결되어 있었지만 유일한 철도는 이홍장의 본거지인 톈진에서 해안가로, 그리고 산하이관을 연결하는 것이 전부였다.[403] 그러나 산하이관에서 조선 국경까지는 먼 거리가 남았다. 중국은 만리장성 밖에는 철도가 없었다. 만주와 조선의 도로는 형편없었다.[404]

일본 대본영은 일찌감치 대규모 병력을 빠르게 이동시키는 능력이 얼마나 중요한지 알았다. 평시에 일본에서 제일 큰 민간해운 회사들을 지원함으로써 전시에 군이 그 배들을 수용할 수 있게 한다. 전쟁 중 「일본우선주식회사(日本郵船株式會社)」는 수송선 90척을 군에 제공한다.[405] 반면 청의 상선들은 일본의 1/3에 불과했다.[406] 일본은 결국 충분한 병력 수송능력을 확보할 수 있었으나 청은 실패한다. 이는 전세에 결정적인 영향을 미친다.

일본과 청의 육군을 비교해 볼 때 제해권은 결정적이었다. 일본이 제해권을 잡지 못하면 막강한 육군 병력을 안전하게 대륙으로 수송할 수 없었다. 반면 청은 제해권을 잃게 되더라도 극심한 만주의 겨울과 육군 병력이 결국 장기 소모전을 통해 일본군을 격퇴할 수 있을 것이라고 믿었다. 대부분의 중국인들은 시간이 중국편이고 최악의 경우에도 소모전을 통하여 궁극적으로 일본을 격퇴할 수 있을 것이라고 믿었다.[407]

「풍도해전」 직후에 상페테르부르그의 신문 『노보에 브레미아(Novoe vremia)』는 일본과 중국 모두 후진적인 아시아 국가들로 치부한다. 「일본인들은 비록 가끔 노력은 해 보지만 자신들을 부흥시킬 수 없다. 중국인들은 결코 자신들을 부흥시킬 수 없을 뿐만 아니라 그러길 원하지도 않는다.」[408] 일본군이 풍도해전에서 승리할 수 있었던 것도 「일본 해군의 능력」 보다는 「청 해군의 무능」 덕분이었다고 한다.

그러나 8월말이 되면 일본군에 대한 평가가 급변하기 시작한다. 『주르날드상페테르스부르그』는 8월 17일 기사에서 「일본의 해군력은 함정이나 장교, 장비 등 모든 면에서 유럽의 해군과 비교하여도 전혀 손색이 없다. 천황의 육군은 극동에서 유일하게 유럽의 방식을 따라 창설되었다」[409] 라고 쓴다. 9월 1일자 기사는 일본을 입에 침이 마르도록 칭찬한다. 「전 세계는 일본이 우리 유럽 사회의 진보를 배우기 위해서 얼마나 노력하였는지 잘 안다. 덜 알려진 것은 우리와 많은 공통점을 갖고 있으면서도 우리보다 훨씬 오래된 실로 놀라운 고유 문명에 우리의 문명이 이식되었다는 사실이다. 일본이 어찌 그토록 빠른 속도로 자신들을 서구문명과 대등한 수준으로 끌어올릴 수 있었는지, 그리고 역사에 전례가 없는 경이로운 진보를 이룰 수 있었는지 설명할 수 있는 유일한 방법이다.」[410]

25. 청의 선전전

상하이의 『더노스차이나헤럴드(The North-China Herald)』의 기자는 성환전투에서 청군이 영웅적으로 싸웠으나 중과부적으로 패했다고 보도한다.

3,500명의 청군은 10,000명의 일본군을 상대로 며칠에 걸친 치열한 전투 끝에 아산에서 퇴각했다. 처음에는 일본군이 격퇴당하고 많은 피해를 본 반면 청군의 피해는 거의 없었다. 7월 29일 청군은 퇴각하면서 진중에 300명의 경비병들만 남기고 간다. 이들은 새벽에 일본군의 공격을 받고 생포된다. 경비병들은 모두 처형되었다. 일본군은 500명이 전사했으며 청군의 진중에는 무거운 짐들 외에는 아무것도 남은 것이 없었다. 일본군은 포로들을 모두 죽였고 주변의 중국인 민간인들도 모두 죽였다.[411]

이 보도는 물론 허구였다.[412] 이 기사는 영국인 기자가 청군의 지휘관인 섭지초의 공식보고에 기초하여 썼다. 청 조정에 전해진 섭지초의 보고를 접한 군기대신 옹동화는 자신의 일기에 다음과 같이 썼다.

6월 28일(양력 7월 30일), 흐림. 이른 아침에 서북풍이 불어 구름에 쌓인 태양이 드러났다가 금방 또 숨었다. 이날 상(上)께서는 양전(兩殿)께 나아가 예를 행하셨다. 일이 없으면 본래 입조(入朝)하지 않아도 괜찮다. 그래서 소식을 알아보려고 월화문(月華門)에 가서 경왕(慶王)을 찾았는데 이미 가고 없었다. 결국 나와서 황주관(黃酒館)으로 가 고양(高陽: 이홍조)에게 속을 터놓고 이야기했다. 장초야(張樵野)도 와서 같이 이야기했다. 사초(巳初: 오전 9시경)에 헤어졌다. 잠시 후 고양이 굳이 와서는, 아산에서 승전보가 왔다고 알려 주었다. 오후에 나금헌(那琴軒: 내각학사 나동(那桐))이 왔다. 유군실(兪君實), 초야(樵野)가 앞뒤로 서신을 보내서 알리기를, 「23일(양력 7월 25일)에 아군(牙軍)이 왜(倭)와 격렬한 전투를 벌여서 왜군 1천 여 명을 죽이고, 우리 군대는 100여 명을 잃었다. 하지만 왜 병사가 5천 명을 증원하고, 또 평양이 이미 저들의 차지가 되었으니 득실과 승부의 결과는 아직 비교할 수 없다」라고 했다.

29일(양력 7월 31일). 날씨가 맑아서 기분이 상쾌하다. 새벽에 입조 하다가 건청문(乾淸門) 밖에서 경저(慶邸)를 뵙고 선 채로 몇 마디 대화를 나눴는데, 평양은 아직 잃지 않았고, 어제는 와전이었다고 한다. 위(衛), 마(馬), 좌(左) 3명이 모두 의주(義州)에 도착했다. 24일에 아산에서 전투가 있었는데, 승부를 알 수 없다. 소식이 불통이기 때문이다.

7월 초1일(양력 8월 1일). 밤에 초야(樵野)의 서신을 받았다. 북양이 전보를 보냈는데, 영국 화륜선을 고임(雇賃)해서 인천을 탐지한다고 했다. 25일과 26일에 아군(牙軍)이 승리를 거둬서 적군 2천여 명을 죽이고 한성 80리 지점까지 진격해서 주둔한다고 하니 매우 기쁜 일이다.[413]

섭지초의 허위보고를 받고 안도한 청 조정은 7월 31일 주 청 일본 대리공사 고무라 주타로에게 국교단절을 통고하고 8월 1일 「선전상유(宣戰上諭)」를 공포함으로써 일본에 선전포고를 한다.[414]

서태후는 8월 3일 칙령을 내려 섭지초와 그의 군사들에게 후한 상을 내린다.

이홍장의 전보를 보니 즈리(直隷, 직례)제독 섭지초(葉志超)의 군대가 아산 등지에서 6월 25일(양력 7월 27일), 26일(양력 7월 28일)에 왜인과 접전하여 왜인 1,000여 명을 죽였다고 하니 그 용맹이 실로 가상하다. 그 군사들에게 은자 1만 량을 상으로 내리니 군의 사기를 드높여라.[415]

외국 언론은 청의 전황보고가 모두 거짓임을 깨닫기 시작한다. 8월 6일 『더펄멀가제트』는

동방으로부터 완벽한 헛소문의 바벨(a perfect Babel of rumours)이 들려온다...... 처음에는 일본이 해전에서 승리하였다고 하더니 그 다음에는 일본군이 지상전에서 패배하여 2,000명이 전사했다고 한다. 그런데 이제는 공식적으로 청군이 아산에서 완전히 격파된 것이었고 비공식적으로는 청군의 전함 3척이 포획되었다고 한다...... 만일 육지나 바다에서 전투에 이기지 못하면 종이 위에서는 이길 수 있으며 이 모든 것을 서방에 알려라...... 우리가 확실하게 믿을 수 있는 것은 아산 근처에서 전투가 벌어졌고 사람들이 죽었다는 사실 뿐이다.[416]

그러나 이로부터 한 달 후에도 『더노스차이나헤럴드』는 청 측이 꾸며낸 가짜 승전보들을 보도하고 있었다.[417] 광서제는 8월 26일에도 섭지초에게 큰 상을 내린다.

섭지초의 군사가 승전한 공으로 황태후의 은혜를 받들어 은자 2만 량을 상으로 내려 군의 사기를 높이도록 하고, 또 전보를 보니 공주로 가려고 할 때 왜병 2만 명이 불의의 습격을 해 왔다고 한다. 이들과 여섯 시간 동

안 맞서 싸워 왜병 1,700여 명이 죽고 우리 군사 300명이 부상당했다고 한다. 전략을 세워 수많은 적군을 물리치고 한강을 건너 평양에 진을 쳤으니 장수를 보내 일본군을 공격하도록 하며, 전사한 장수와 병졸을 구별하여 한편으론 질책하고, 한편으로는 포상하도록 하였다.

원래 섭지초의 군사 수가 적은데 별안간 몇 배나 되는 적군을 만나 약한 군대로 고립되어 싸우다 이번에 한 번 실수하였으니 공과가 동일하다. 패한 죄는 특별히 용서하고, 또한 싸움에 패한 병사들은 더위를 무릅쓰고 있는 힘을 다하여 충성을 바쳤으니 기특하다. 가장 심하게 다친 자를 가려 상금을 내리게 하고, 섭지초는 이미 평양으로 들어가 대군과 합류했다하니 급히 장수들을 거느리고 큰 공을 세워 크게 바라는 뜻을 이루라.[418]

이홍장의 전보를 보니 섭지초가 전보를 보내 6월 25일(양력 7월 27일)에 성환 지방에서 접전하여 왜병을 무수히 무찌르고 청주와 충주, 김화 등지를 지나다 여러 차례 왜병을 만나 일일이 물리치고 방금 평양에 주둔했는데, 힘써 싸운 자와 패한 자를 가려 상벌을 해달라고 요청해 왔다.

이번에 섭지초가 적은 병력으로 대병과 맞서 싸워 6월 27일(양력 7월 29일) 이후로 쳐서 죽인 것이 5,000여 명이 되니, 있는 힘을 다해 싸운 충성스러운 뜻에 대해 마땅히 큰 상을 내릴 것이다. 산서 대동 진총병 섭사성(聶士成)은 강용파도로(强勇巴图魯, 창용빠투루)라는 명호를 내리고, 제독 강자강(江自康, 장즈캉)은 황마갑을 내려주고, 그 밖의 장수 30여 명은 그 다음가는 상을 주며, 그 밖에 전사한 장수나 병사에게는 위로금을 내린다.

제독 섭지초는 힘써 적군을 물리치고도 스스로 죄를 청하니 애처로운 마음이 들어 용서하고, 다시 백옥령관 한 개와 칼 한 자루, 총 한 쌍, 불 끄는 낫 한자루를 상으로 내리니 속히 각 군을 거느리고 군사의 사기가 좋을 때 개전하여 큰 공을 세우고 큰 상을 받도록 하라.[419]

나중에 실상을 파악한 조정은 섭 장군을 참수하려고 하지만 그는 「돈
과 연줄」을 이용하여 참형은 면한다.[420]

청의 전황 발표가 모두 허구임을 깨달은 『더노스차이나헤럴드』는
9월 7일 다음과 같이 쓴다.

> 1884~1885년에 일어난 청불전쟁 중 상하이의 중국 매체들은 프랑스군
> 사령관 쿠르베 제독이 전사했다고 37회 보도했고 이들의 통계에 의하면
> 전사한 프랑스군의 숫자는 1,600,000명에 달했다. 「왜놈과 돼지꼬리의
> 전쟁」이 시작된 후 이들이 쏟아내는 가짜 뉴스는 그저 경이로울 뿐이다.
> 아, 「거짓말쟁이」라는 단어가 영어에서만큼 중국어에서도 강한 의미를
> 갖고 있기만 했다면. 다른 이유가 아니라 그저 중국인에게 「너는 거짓말
> 쟁이야!」라고 말해주고 싶기 때문이다.[421]

전쟁 중에 정보를 제한적으로 공개하거나 일부러 가짜 정보를 흘
리는 것은 흔히 있는 일이다. 그러나 청의 정책은 근본적으로 달랐
다. 개전 초기부터 청 조정의 정책은 가짜 전쟁뉴스를 퍼뜨리는 것이
었다. 청 관리들이나 장수들은 도저히 숨길 수 없는 정보까지도 일단
거짓으로 전한다. 청 정부는 전쟁 내내 모든 전투에서 청군이 승리였
다고 발표한다.[422]

중국에서는 전통적으로 전쟁에서 패한 장수는 아무리 충성스럽고
용맹스럽게 싸웠더라도 참형에 처하는 것을 당연하게 여겼다. 패장
은 황제가 베이징으로 불러 형부(刑部)에서 취조를 한 후 곧바로 저자
거리에서 모여든 군중 앞에서 참수하는 것이 관례였다. 청일전쟁이
시작되자 만주족 황실의 입장에서는 패전의 책임을 한족 장수한테 물

어서 참수하는 것이 황실의 정통성을 유지하는데도 도움이 된다고 생각했다. 전황이 나빠질수록 전장의 장수들은 실제 상황을 절대 보고하지 않는다. 결과적으로 조정은 전황을 제대로 파악할 방법이 없었다. 청일전쟁 중에도 전선이 점차 베이징 근처로 좁혀 들어오고 청군의 보고가 모두 거짓임이 외국인들의 목격담을 통해 밝혀지면서 비로소 실제 상황을 파악할 수 있게 된다.[423]

그러나 전선에서 보내오는 승전보들이 모두 거짓이라는 것이 밝혀진 후에도 청 조정은 직접 거짓 전황들을 발표한다. 이 때문에 청의 한족 사대부들은 처음부터 끝까지 청이 일본에게 얼마나 처참하게 패했는지 몰랐다. 전쟁이 끝날 때까지 청의 사대부들이 조정에 올린 수많은 상소들은 전황을 전혀 모르는 어처구니없는 제안만 담고 있었다. 그러나 청 황실의 입장에서는 한족의 반란을 막기 위해서라도 국내 여론을 조작해야 했으며 그러기 위해서는 거짓 승전보를 계속 내보내야만 했다.[424]

아산전투에서의 패배 후 광서제는 이홍장의 「황마괘(黃馬褂)」를 박탈한다. 황마괘는 황제가 내리는 최고의 명예였다. 황색은 황실과 황군만이 입을 수 있는 색깔이었다. 이홍장이 입던 황마괘는 1864년 이홍장이 태평천국의 난을 평정한 공으로 1864년 동치제가 내린 것이었다. 『뉴욕타임즈』는 황마괘를 박탈당한 직후 이홍장이 군대를 사열하는 장면을 보도하면서 「황매괘를 입지 않고 있다는 사실은 수많은 얘깃거리가 되었다」고 한다.[425] 이홍장으로서는 굴욕이었다. 이홍장이 청조의 희생양이 되어가고 있다는 징조였다.

반면 연전 연승하던 일본은 가짜 뉴스를 보도할 필요가 없었다. 일본은 정기적으로 전황을 공개했다. 일본 측 사상자 숫자는 믿기 어려울 정도로 적었지만 나머지 정보는 최소한 청 측이 내놓는 것보다는 신뢰할 수 있었다. 그리고 일본은 정보를 정기적으로 제공하였기에 서양 언론은 일본측 정보를 보도하였다.

「가오슝」의 격침 후 일본은 미국과 유럽 언론을 상대로 본격적인 홍보전을 전개한다. 한 기사는 일본이 「어두움과 야만을 상대로 십자군 전쟁을 벌이면서 기독교에 의해서 빛을 받은 일본이 그 빛을 퍼뜨리고 있다는 점을 강조하면서」 「유럽의 언론을 휘어잡으려 한다」고 쓴다.[426] 일본의 가장 중요한 목표는 일본도 열강으로 부상하였음을 보여주는 것이었다. 따라서 서방세계를 향한 여론전은 실제 전장에서의 전투 못지 않게 중요하였다. 그런 점에서 청측의 노골적인 거짓 정보와 보도들은 일본에게 유리하게 작용한다.

청의 거짓말은 역풍을 불러온다. 1894년 겨울 전세가 완전히 기울어진 후에도 청의 장수들은 아직도 가짜 승전보를 계속 올린다. 전쟁이 진행될수록 이러한 왜곡은 외국인들이 볼 때 점차 도를 넘는 것이 되어 갔다. 이제 외국인들의 눈에 청은 잘못을 반성하기보다는 거짓말로 모든 것을 덮기로 작심한 듯했다. 거짓 정보는 너무나 노골적이었기에 청 정부가 갖고 있던 일말의 신뢰성마저 무너진다. 이는 전쟁이 끝난 후 심각한 후유증을 가져온다. 청의 거짓말에 대한 역겨움과 청의 굴욕적인 패배는 청일전쟁 후 구미 열강의 노골적인 중국 침탈 정책을 촉발시킨 요인 중 하나였다.[427]

26. 북양함대의 제해권 포기

북양함대의 정여창 제독이 풍도해전 소식을 들은 것은 7월 26일 6시, 파손된 「지원」이 웨이하이웨이에 입항했을 때였다. 아직 「가오슝」의 격침에 대한 보고는 받지 못한 상황이었지만 일본 해군이 「광을(廣乙)」을 격침시키고 「제원」을 공격하여 파손시킨 것은 분명 전쟁행위였다.

정여창은 그 날로 이홍장에게도 알리지 않은 채 11척의 전함과 7척의 어뢰정을 이끌고 웨이하이웨이를 나서 조선 근해로 향한다. 다음날 조선 연안에 도착한 청 함대는 일본 함대를 수색했으나 찾지 못한다. 악천후까지 겹치자 청 함대는 7월 28일 웨이하이웨이로 되돌아간다. 북양 함대는 8월 3일까지 매일 조선 연안을 순찰하지만 일본 함대가 정박해 있던 군산까지 남하하지는 않는다. 이때까지도 정여창은 일본 해군이 제물포를 기지로 삼을 것으로 생각했을 뿐 군산을 사용하고 있다는 사실을 몰랐다.

한편, 정여창이 웨이하이웨이를 비운 사이 청과 일본은 선전포고를 하고 8월 1일 「군기처(판리군기사무처, 辦理軍機事務處)」의 첫 회의가 열리면서 청은 공식적으로 전시체제에 돌입한다. 군기처의 첫 결정은 북양함대를 조선연해로 파견하여 청의 육군과 협력하도록 하는 것이었다. 이미 성환전투에서 패한 청군에게 이는 아무런 소용이 없는 명령이었지만 8월 초까지 청에는 조선의 전황에 대해 알고 있는 사람이 없었다.

이홍장 역시 성환전투의 패배 보고는 접하지 못하고 있던 상황이었으나 그는 군기처의 명령을 거부하고 북양함대로 하여금 발해만 어

귀(북즈리, 북직례)의 뤼순과 웨이하이웨이의 방어에 집중하도록 한다. 이 명령으로 인하여 8월 3일 조선 연안을 순찰하고 돌아온 정여창은 산둥반도와 압록강 어귀를 잇는 선 이남에서 작전을 못하게 된다. 이로써 북양함대는 기지를 떠나지 못하고 제대로 된 전투 한번 못하고 일본에게 제해권을 고스란히 넘긴다.[428]

북양함대가 건재한 이상 일본은 군사를 수송하는데 조심할 수밖에 없었다. 일본의 가장 큰 취약점은 수송선으로 병력을 이동시켜야 한다는 점이었다. 수송선에 탄 병력이 청 해군을 만나면 꼼짝없이 당할 수밖에 없기 때문이다. 청의 입장에서는 수송중인 일본 육군을 해상에서 섬멸하는 것이 가장 효과적이고 합리적인 전략이었다. 이를 걱정한 일본은 우선 청의 해군기지로부터 가장 먼 원산과 부산에 병력을 상륙시킨다. 그러나 제대로 된 길도 없는 원산과 부산에서 한양까지 진군하는 것은 고행이었다. 결국 8월 말, 일본 육군은 질병과 탈진하는 병사들과 시간을 고려할 때 청 해군의 공격위험이 있더라도 차라리 인천에 군대를 상륙시키는 것이 낫겠다는 결론을 내린다.[429]

이홍장은 해상으로 수송중인 일본의 병력을 공격하지 않음으로써 절호의 기회를 놓친다. 압록강과 웨이하이웨이를 잇는 선 동쪽으로 북양함대 함선들이 나가는 것을 금지함으로써 청 해군이 조선 근해에 접근하는 것을 원천적으로 차단한다.

이는 결정적인 전략적 실수였다. 이홍장은 패하지 않는 것이 목표였다. 북양함대를 훗날 일본과 싸우는데 사용하기 위해서 아끼는 것이었다. 특히 자신이 보유하고 있는 가장 큰 두 척의 전함을 중국 연안을 방어하는데 사용하고 또 청군을 수송하는데 사용하려고 아낀다. 결국 전쟁은 시종일관 일본의 주도하에 이루어졌다. 모든 주요전투의 시간과 장소는 일본이 정했다. 청은 늘 일본군의 선제 공격에 반응해야 했다. 이홍장의 전략 역시 중국의 모든 장수들이 전통적으로 채택한 전략, 즉 소모전을 통해서 결국 인구와 영토의 압도적인 우위로 장기전에서 승리하는 것이었다. 특히 전쟁을 오래 끎으로써 전쟁 비용을 끌어올리고 겨울이 되면 일본이 버티지 못하고 결국 협상을 시작할 것이라는 계산이었다.[430] 중국 내의 영국언론도 일본육군이 「조선에서 동절기 전투에는 견디지 못할 것」이라고 한다.[431]

전술적으로 이해하기 힘든 이홍장의 결정은 청 조정 내의 권력투쟁 때문이었다. 이홍장은 북양함대가 심각한 피해를 입을 경우 자신의 영향력도 심대한 타격을 입는다는 것을 잘 알고 있었다. 그가 군기처의 명령을 어긴 것은 북양함대가 자신의 명령만을 따른다는 것을 보일 필요가 있다고 생각했기 때문이다. 군기처와 조정의 명령을 무조건 따르는 모습을 보일 경우 정부와 군기처에 포진하고 있던 수많은 정적들이 북양함대를 빼앗으려 할 것임을 알고 있었기 때문이다.[432]

이홍장이 군기처의 영을 어기자 모든 비난과 압력은 정여창 제독에게 가해진다. 이홍장의 정적들은 정여창이 게으르다고 비판을 하면서 북양함대 지휘권을 빼앗으려 한다. 이홍장이 너무나 막강하였기 때문에 그에게 충성하는 정여창을 해임시키고 그 대신 다른 사람에게 지휘권을 맡겨 이홍장으로부터 북양함대를 빼앗으려는 의도였다. 이홍장은 정여창과 북양함대를 지킬 수는 있었지만 더 이상 군기처의 영을 어길 수는 없었다. 이홍장은 9월 초, 평양에 지원군을 파병하기로 결정한다.[433]

이홍장은 우선 즈리(直隸, 직례)에 주둔하고 있던 4,500명의 병력을 평양에 추가 투입하기로 한다. 그 중 절반은 9월 12일 5척의 전세 수송선에 실어 다롄(大連, 대련)으로 가서 9월 14일 2,000명의 추가병력과 합류한다. 정여창은 북양함대의 주력을 보내 일본 해군과 일전을 벌여 수송선들을 중간에 공격하지 못하도록 할 계획이었다. 그러나 적이 나타났다는 잘못된 정보로 인하여 이 계획은 어긋난다. 9월 12일 북양함대 전체가 산둥반도 연안을 순찰하면서 일본 함대가 나타나기를 기다린다. 그러나 결국 아무것도 발견하지 못한 정여창은 함대를 이끌고 9월 15일 뤼순으로 돌아간다.[434]

27. 대원군의 암약 (1894.8.4~17.)

군국기무처의 모든 결정은 다수결로 이루어지는 것이 원칙이었다.

오토리는 군국기무처를 「일본파」, 즉 친일개화파가 장악하고 있다면서 이토와 무츠를 안심시킨다. 그러나 군국기무처의 인적 구성은 오토리가 인지하고 있는 것 보다 훨씬 복잡하였다. 김홍집, 김윤식, 어윤중, 김가진, 조희연, 안경수, 김학우, 유길준 등의 개화파 뿐만 아니라 민씨 척족을 지지하는 인사들, 대원군파 인사들, 그리고 중립적인 인사들도 다수 포함되어 있었다. 개화파가 개혁안들을 준비하지만 이를 통과시키는 것은 보다 어려운 문제였다.[435]

8월 4일 대원군은 오토리 공사에게 군국기무처가 통과시키고 있는 급진 개혁안들에 대한 불만을 토로한다.[436] 서양식, 일본식 개혁을 극도로 싫어한 대원군은 군국기무처가 쏟아내는 개혁안들을 모두 반대하고 단 하나도 재가하지 않는다. 스기무라는 대원군이 「권력을 장악하고 적을 숙청하는 것에만 관심이 있고 개혁정책에 대해서는 필요성을 느끼지 못한다」고 보고한다.[437]

대원군의 궁극적인 목적은 민비를 폐서인하고 고종을 폐위시킨 다음 손자 이준용을 왕위에 앉히고 자신은 섭정으로 권력을 장악하는 것이었다. 이를 위해 대원군은 우선 이준용을 중용한다. 실질적인 권력을 장악함과 동시에 고종을 대신할 수 있는 지도자로 부각시키기 위해였다. 7월 24일에는 이준용을 중궁전 별입시(中宮殿 別入侍)에 임명하여 민비의 동향을 감시할 수 있게 한다.[438] 8월 15일에는 종정경(宗政卿)에 임명하여 왕실을 장악하게 하고 통위영사(統衛營使)에 임명하여[439] 수도권의 병권을 장악함과 동시에 내무아문 서리 대신(內務衙門署理大臣)에 임명함으로써[440] 전국 지방관 임명권과 한양의 경찰권을 장악하게 한다.[441]

개혁에 반대하는 대원군이 권력을 장악하기 위해 움직이자 일본의 지원 하에 군국기무처를 주도하던 유길준, 김학우, 김가진, 안경수, 조희연 등 친일개화파들은 대원군과 이준용을 견제하기 시작한다. 이들은 대원군이 고종과 민비를 폐위하고 이준용을 왕위에 앉히려는 계획이 있음이 밝혀진 뒤로는 국왕 내외를 비호한다. 8월 1일과 17일 친일개화파는 이준용을 군국기무처 의원에 임명하는 안을 부결시킨다. 8월 18일에는 내무아문대신서리인 이준용의 권한을 약화시키기 위해 내무대신의 지방관 임용권을 박탈하는 의안을 통과시킨다.[442] 개혁안들은 대원군을 우회하여 고종의 재가를 받아 통과시킨다.

그러자 대원군은 군국기무처 내에 파벌을 조장하기 시작한다. 유길준, 박정양, 이원긍과 가깝게 지내는 한편 개혁에 가장 적극적이었던 이윤용, 안경수, 김가진, 권영진 등을 압박한다. 이들은 고종과 민비에 더욱 의지하게 된다. 대원군과 급진 개혁파 사이에 끼인 김홍집, 김윤식, 어윤중 등 점진주의자들은 중립을 유지하려 하지만 8월 중순이 되면 대원군파에 들어간다.[443]

그러나 자신의 계획이 일본과 친일개화파의 반대로 무산될 위기에 처하자 대원군은 파벌을 조장하는데 그치지 않고 자신을 재집권시킨 일본을 상대로 암약하기 시작한다.

1) 러시아의 개입 요청

8월 1일 청과 일본의 선전포고로 청일전쟁이 시작되자 대원군은 바로 다음날인 8월 2일 주 조선 러시아 공사 베베르(Karl I. Waeber)를 찾아가 러시아 정부가 청-일 간의 중재를 통해 전쟁을 종식시켜 줄 것을 요청한다.[444] 오토리는 대원군이 러시아 측과 손을 잡으려는 상황을 즉시 파악하고 무츠 외상에게 보고한다. 무츠는 3일 답신을 보낸다.

귀하의 8월 2일부 기밀 제144호를 잘 받았소. 대원군과 러시아 공사 간의 대담에 관하여, 조선 측이 주저하는 태도는 일본을 곤혹스러운 처지에 몰아넣으며 외국의 간섭을 초래할 수 있으므로 이러한 의사표시는 강하게 질책해야 합니다. 현재의 전쟁은 일본이 중국으로부터 조선의 독립을 확보하기 위해 벌인 전쟁으로서 조선은 일본의 동맹국이기 때문에 청국에 대항하여 전쟁에 참여하지 않을 수 없고, 강화(講和)를 통해 전쟁목적이 달성될 때까지 계속 그렇게 남아 있어야 한다는 점을 조선 정부에 철저히 인식시키지 않으면 안 됩니다.[445]

9월 21일 군국기무처는 대원군의 측근인 이태용(李泰容)과 이원긍을 군국기무처에서 축출하는 의안을 통과시킨다.[446]

2) 청군과의 내통

8월 16일 대원군은 평양에 진주한 청군에 이용호(李容鎬), 김종한(金宗漢), 임인수(林仁洙), 정인구(鄭寅九), 김형목(金炯穆) 등 5명을 밀사로 보낸다. 이들은 8월 21일 평양에 도착하여 청의 장수 위여귀(衛汝貴, ?~1895)를 만난다. 이들은 청에 군사원조를 요청하는 대원군의 친서와 함께, 고종과 고종의 친형이자 궁내부대신인 이재면, 총리대신 김홍집 등의 친서를 전달한다.[447] 8월 28일에는 평양감사 민병석(閔丙奭)에게 청의 장수에게 전달해 달라면서 다음과 같은 내용이 담긴 편지를 보낸다.

지금 종사의 안위가 일시에 위급 해져서 날마다 천사(天師, 청군)의 동원(東援: 동쪽을 도와줌)만을 기다리고 있습니다. 요즈음 듣건대 대부대가 연이어 출정하였다고 하니 이는 참으로 [조선이] 다시 소생할 때입니다. 엎드려 바라옵건대 상국(上國)은 많은 원병을 보내시어 우리의 종사(宗社)와 전궁(殿宮)을 보호해 주시고 또 간당(奸黨)과 일본에 붙어 매국하는 무리들을 일소하시어 하루속히 초미지급(焦眉之急)에서 벗어나게 해 주시기를 피눈물로 기원하고 또 기원합니다.[448]

이 편지들은 9월 23일 평양전투에서 승리한 일본군에 의해 노획된다. 제1군 사령관 야마가타 아리토모는 이 서신들을 9월 27일 히로시마의 대본영에 송부한다.[449]

3) 동학군과의 내통

대원군은 삼남의 사대부들과 동학군과도 접촉한다. 임진왜란 당시 북쪽에서는 명군이 쳐 내려오고 남쪽에서는 사대부들과 승려들이 의병을 일으켜 왜군을 격퇴한 전례를 따른 것이다. 대원군이 호서의 사대부들과 동학을 적극 동원하여 제2차 동학란을 일으키게 한 사실은 당시 대원군 측과 동학군 사이에 연락책을 맡았던 이병휘(李秉輝)란 인물이 이러한 내용을 투서한 후 자수하여 심문 받는 과정에서의 드러난다.

9월 26일(음력 8월 27일) 한성관성장(漢城管城將) 이병휘가 경무사(경무청장) 이윤용(李允用)에게 편지 한 통을 투서한다. 투서는 대원군의 손자 이준용이 충청도 선무사(宣撫使: 재해나 병란이 일어난 지역에 민심을 무마하기 위해 국왕이 임시로 파견한 관리) 박동진(朴東鎭)에게 보내는 편지로 「동도(東徒: 동학도) 수십만 명을 조속히 단속하여 즉시 올라오라」는 내용이 포함되어 있었다.

투서를 받은 경무사 이윤용은 이완용의 이복 서형이었다. 그는 원래 흥선대원군의 서녀사위로 대원군의 측근이었으나 「안기영 역모사건」을 고종과 민비에게 고변함으로써 대원군과 적이 된다. [안기영 역모 사건에 대한 자세한 논의는 제II권, 제10장, 2. 대원군의 반격: 「안기영 역모사건」과 「임오군란」참조]. 제1차 갑오경장 당시에는 김가진, 안경수, 조희연 등과 함께 친일개화파에 가담하여 개혁을 추진하면서 8월 20일(음력 7월 20일) 경무사에 임명된다.[450] 이윤용이 이병휘를 체포하는 대신 도피시키자 대노한 대원군은 이윤용을 9월 28일(음력 8월29일) 경무사직에서 파면시킨다.[451]

10월 1일 이병휘는 법무아문에 자수한다. 그가 심문을 받으면서 진술한 바에 따르면 그는 대원군과 이준용이 동학군과 연락할 때 연락책을 맡았다. 당시 내무협판이었던 이준용은 심복 내무주사(內務主事) 정인덕을 통하여 동학교도 박동진으로 하여금 호서지방의 동학군을 동원하고 있었다.[452]

이병휘의 증언에 의하면 이준용은 청일전쟁 개전을 전후로 사태가 불리하게 돌아가자 대원군파였던 의정부도헌(議政府都憲) 이태용과 승지 박준양에게 대원군과 자신이 친일개화파와 일본의 반대로 군국기무처에서 밀려나고 있는 상황에 대처하는 방법을 논의한다.

근래에 이준용이 이태용과 박준양에게 물으니, 박준양이 말하기를 「관직을 쉬고 외국에 출유(出遊)하여, 명망을 대득(大得)한 연후 귀래(歸來)하면, 10년은 소비될 터인데, 주상은 이미 쇠로하고 세자는 대덕(大德)이 별무하므로, 이때 외국의 명망과 이조(李朝)의 물정이 자연 이에 돌아올 것이다. 이것이 수고하지 않고 얻는 것이다」라고 말했다. 이태용은 말하기를, 「대사는 때를 놓쳐서는 안된다. 이제 물망이 모두 노대감(대원군)에게 속하고, 하물며 동학이란 위로 국태공(대원군)의 말을 받들어 창기한 자들이다. 만약 기십만의 무리를 휘동케 하여 권토중래한다면, 진실로 이를 가리켜 「사람이 무리를 지면 하늘도 이긴다」는 것이다. 일병은 움직이기 어려우니 또한 어찌할 수 없다. 그러니 일병을 만집(挽執: 붙들어 말림)하여 움직일 수 없도록 하고, 동야(同夜)에 여럿을 최촉(催促: 재촉) 하여 상래한다면, 가히 손바닥을 뒤집는 것과 같다」고 하였다. 이준용이 두 사람의 꾀를 갖고 대원군에게 물었는데, 이태용의 꾀를 채택했다. 그리하여 박동진과 박세강(朴世綱)으로 하여금 기십만 인을 규합하여, 바야흐로 상래하려고 하였다.[453]

정교의 『대한계년사』는 대원군과 이준용이 동학과 모의한 상황을 다음과 같이 묘사한다.

통위사(統衛使) 이준용(李埈鎔. 대원군의 손자)은 동학 무리가 벌떼처럼 일어나고 인심이 흉흉해진 때를 틈타 군무참의(軍務參議) 박준양(朴準陽: 박제순(朴齊純)의 조카이다), 전 참판 이태용(李泰容), 내무 주사(內務主事) 정인덕(鄭寅德: 이준용이 자기 멋대로 임명한 사람이다) 등과 은밀히 의논하고, 내무 주사 박세강(朴世綱: 역시 이준용이 자기 멋대로 임명한 사람이다), 전 도사(都事) 박동진(朴東鎭)

등을 보내어 동학 무리와 함께 모의하여 한양을 습격토록 했다.

만약 한양 백성들이 놀라 동요하고 임금님의 가마가 난리를 피해 궁궐을 옮기면, 이준용이 한편으로는 그 부하 군대로 대군주와 왕태자를 시해하고, 다른 한편으로는 그 수하의 흉악한 무리들을 지휘하여 정권을 잡고 있는 고위 관리인 김홍집, 조희연, 김가진, 김학우, 안경수, 유길준, 이윤용 등을 살해하여 정부를 뒤엎고 임금 자리를 찬탈하려고 한 것이다.[454]

대원군은 충청도에 이건영(李健永, 전 승지), 박동진, 박세강 등을 초모사(招募使)로 보내 동학접주들을 접촉하도록 하고 임기준(任箕準)과 서장옥(徐璋玉, ?~1900)을 전라도의 전봉준, 김개남, 송희옥 등에게 밀파한다.[455] 경상도에는 평양의 청군에게 밀파했던 이용호를, 충청도에는 전 규장각교리(奎章閣校理) 송정섭(宋廷燮)을 밀파하여 양반 가문들로 하여금 의병을 일으키도록 설득한다.[456] 이 밀사들은 대원군이 썼을 것으로 추정되는 「국왕」의 밀지를 갖고 내려간다.

「그대들은 선왕조(先王朝)부터 화중(化中: 교화된, 중화를 받아들인)한 유민(遺民: 후예)이니 선왕의 은덕을 잊어서는 안 된다. 지금에 이르러 조정에 상존하여 있는 자는 모두 저들에게 붙어서, 대궐에는 한 사람도 상의할 자가 없는 까닭에 완전히 독좌(獨坐)하고 있으니, 앙천호곡(仰天號哭: 하늘을 우러러 통곡)할 뿐이다. 바야흐로 이제 왜구가 범궐하여 화가 종사에 미치고 명(命)은 조석에 달렸다. 사기(事機: 사태)가 이에 이르러, 너희들이 만약 올라오지 않는다면 화환이 박두하였으니, 이를 어찌할 것인가」 대내(大內: 임금이 거처하는 곳)로부터 위와 같은 밀교가 있어, 소모사 이건영을 보내니, 그쪽에 도착하면 문의하라. 그리고 이 이야기가 왜에게 누설되면 화가 옥체에

미칠 터이니, 신신 비밀을 유지하라.[457]

이병휘가 9월 12일(음력 8월 13일) 정인덕으로부터 받아 9월 15일(음력 8월 16일) 천안의 박동진에게 전한 편지에는 「동도 기만 명을 거느리고 속속상래하라」는 내용이 들어 있었고 그 다음날인 9월 16일(음력 8월 17일) 박동진이 정인덕에게 보낸 답장에는 「이제 바야흐로 30만명의 군사를 이끌고 8월 25~26(양력 9월 24~25일)간에 올라가겠으니 한양의 일을 자세히 알려 달라. 만약 일병(日兵)이 내려온다면, 저항하기 곤란하니, 서둘러 연락해주기 바란다」는 내용이 들어있었다. 또한 「이태(李台(이태용)), 박령(朴令(박준양))과 상의하여 일을 처리하라」는 내용과 「석정(石후, 이준용의 호)과 상의하여, 일병이 움직이고 움직이지 않음을 자세히 탐지하라」는 내용도 들어 있었다.[458]

이준용은 박동진의 편지에 대한 답신을 임진수(林璡洙)라는 사람을 통해 박동진에게 전한다. 이병휘에 따르면 그 편지에는 다음과 같은 내용이 들어 있었다.

이제 일병이 움직이려 하나, 대원군이 이를 저지하고 있으며, 의원(議院: 군국기무처)은 이를 찬성하고 있다. 만약에 일병이 내려간다면 각처의 동도는 일시 파산하였다가, 한 달 여를 기다려 청병이 출래하면 다시 모여 협력하여 내외에서 협공한다면, 가히 일병을 무찌를 수 있을 것이며, 조정을 가히 깨끗이 할 수 있을 것이다. 그런 다음 따로 병국(秉國: 국가정권을 장악하다)의 인물을 세워 안민(安民)의 계책으로 삼을 것.[459]

「병국」, 즉 정권을 장악한다는 것은 이준용을 왕위에 앉히는 것을 뜻했다.

한편으로는 경기도 근처에 머물게 하고, 한편으로는 경성에 유입시켜 종
로에서 도회(都會)케 한 다음, 만인소청(萬人疏廳)을 설치하고, 이미 지어두
었던 문자를 정부에 투서하는 한편 각 공사관에게 조회한다. 이는 한두
사람의 일이 아니고 10만인의 일이며, 또 외국에 해가 되는 일도 아닌 즉,
외국이 무슨 말이 있으랴. 총위영(總衛營), 용호영(龍虎營), 총어영(總禦營), 호
분위(虎賁衛)를 수파하여 궁궐을 파수하고, 대중을 휘몰아 들어가서 주상
을 상황으로 존봉 한 다음, 중전과 세자를 폐하고, 준용을 맞이하여 보좌
에 앉히고, 개화당을 진륙(盡戮: 도륙하다)한다면, 바야흐로 이것이 자주지
정(自主之政)이다. 사신을 밀파시켜 청병에 고하여 일본을 막는다면, 이는
자주지정이 아니다.[460]

이병휘가 「앞으로 일병이 선동하면 어찌하겠는가?」라고 묻자 정인덕
은 「이를 사방으로 분산시켜, 청병이 월간 출래하기를 기다려, 합력하
여 협공한다면 일병을 척퇴할 것이므로, 방해될 것은 없다」고 한다.[461]

28. 일본의 조선 정책

풍도해전(7.25.)과 성환전투(7. 28~29.)에서 승리한 일본은 승전 이후의
조선 정책을 구체적으로 논의하기 시작한다. 이토 내각에서 조선 내
정 개혁의 당위성과 조선 독립의 중요성에 대해 이견을 제시하는 각
료는 없었다. 문제는 이 두가지 목표를 어떻게 동시에 달성하는가였

다. 조선이 자체적인 힘으로 개혁을 완수하고 독립을 유지할 가능성은 없었다. 반면 일본의 대군이 조선반도에 출병하고 전쟁 초기부터 거듭 승전보가 전해지면서 일본이 조선 정부를 압박하고 조선에서 보다 적극적인 역할을 할 수 있는 여지는 점점 더 커진다.

일본은 국제여론에 촉각을 곤두세운다. 무츠 외무대신은 주 조선 일본 공사 오토리 게이스케와 조선에 진주한 일본의 육, 해군 사령관들에게 동일한 훈령을 보내 군사적 어려움을 야기하거나 경제적 손해를 입더라도 조선의 독립을 침해하는 행위를 일절 해서는 안된다고 한다. 때로는 조선 조정에 요구해야 하는 것들이 있겠지만 이 역시 조선이 독립국으로서 체면을 잃지 않는 범위내에서 해야 한다고 강조한다. 그리고 조선은 일본의 적국이 아니며 군사작전 등에 필요한 물자들은 그것을 제공하는 사람들이 만족할 값을 치러 어떤 경우에도 일본군이 조선을 약탈한다는 인상을 남겨서는 안된다고 한다.[462]

8월 4일, 초대 주 조선 영사 우치다 사다츠치(内田定槌, 1865.2.12.~1942.6.2.)는 무츠 외무대신에게 조선과 보호조약을 체결함으로써 일본이 보다 직접적으로 조선 내정 개혁에 간여 할 것을 종용한다.[463] 그러나 무츠는 오히려 오토리가 7월 23일 경복궁에 침입해서 조선군을 무장 해제시킨 것이 마음에 걸렸다. 8월 7일 무츠는 이토 총리대신에게 편지를 보낸다.

일본이 조선에 파병을 한 것은 조선의 독립을 침해하기 위해서가 아니라 실정을 개혁하기 위해서였습니다. 이는 최고위급 회의들을 통해서 결정되었고 다른 나라 정부들에게도 이러한 목표를 명확히 설명하였습니다. 그러나 7월 23일 편의주의적 발상으로 조선군을 무장해제 시켰고 조선 경찰의 힘도 제한시켰습니다. 이는 실질적으로 조선의 독립을 훼손한 것입니다. 만일 이 상황이 오래 지속된다면 우리는 다른 열강, 특히 러시아의 의심을 사게 될 것입니다. 이는 개입을 불러올 수도 있습니다. 따라서 우리는 조선이 우리의 동맹국임을 명확히 천명해야 하고 조선군의 무장을 회복시켜야 합니다. 우리는 일본 장교들을 보내 그들을 훈련하고 지도하여 독립을 위해 준비하도록 도와야 합니다. 그럼으로써 조선 사람들에 대한 우리의 의도가 공평무사해 보이는 동시에 다른 열강들이 보기에 우리의 행동이 납득할 수 있는 것이어야 할 것입니다. 물론 우리는 현재 지나(중국)와 전쟁 중이기 때문에 평시와 똑같이 할 수는 없습니다. 그러나 조선의 자존심을 지켜주고 조선사람들의 지지를 받는 것은 시급한 문제입니다. 이를 추밀원(枢密院)에서 결정해 주시면 저는 오토리 공사에게 지시하겠습니다.[464]

일본의 내각은 8일 무츠의 제안을 받아들여 9일 조선의 군대와 경찰을 재무장시키도록 한다.[465]

8월 17일, 무츠는 이토에게 제출한 긴 문건에서 내각이 조선정책을 「그날 그날」 해결하고 있으며 「일본 정부는 조선의 내정 개혁과 독립을 위하여 전쟁을 시작하였고 현재 청과 싸우고 있고 일본이 이길지 청이 이길지 아직 불확실한 상황이지만 조선 정책의 기본원칙을 도출함으로써 외교적, 군사적 정책을 거기에 맞출 수 있을 것이다」라고 한다. 그러면서 4가지 안을 제출한다.[466]

1. 조선의 독립과 내정 개혁의 필요성을 선포한 후 일본 정부는 조선인들이 자신들의 손으로 자신들의 미래를 개척하도록 내버려 둔다.

2. 조선을 명목적으로는 독립국으로 인정하지만 일본 정부는 직, 간접적
    으로, 장기적 또는 영구적으로 조선의 독립을 지원하면서 조선이 다른
    나라들에게 굴욕을 당하는 것을 막는다.
3. 조선이 독립을 유지할 힘이 없다고 판단할 경우 일본이 단독으로 조선
    의 독립을 보장하는 것은 어리석은 짓이며 일본과 청은 공동으로 조선
    의 주권에 대한 책임을 져야 한다.
4. 만일 세 번째 안이 적합하지 않다면 열강들이 유럽에서 벨기에와 스
    위스의 중립을 보장하듯이 조선의 중립을 모든 열강들이 보장하도록
    해야 한다.[467]

무츠는 이 네 가지 방안은 이미 여러 차례 논의되어 왔었지만 각 방
안이 결정적인 단점들도 있음을 지적한다. 불간섭정책의 단점은 민
씨 척족이 청의 도움으로 다시 권력을 잡게 될 가능성이 높고 개혁은
실패할 것이며 그렇게 되면 일본은 또 한번 청과 전쟁을 해야 될 것
이라고 한다. 조선을 일본의 보호령으로 만든다는 두 번째 안은 러시
아와 청은 물론 다른 열강들의 개입도 불러올 수 있고, 그럴 경우 「일
본이 과연 조선의 독립을 자력으로 지킬 수 있을 것인가?」 하는 문제
가 생긴다고 한다. 청과 일본이 조선의 독립을 공동으로 보장하는 세
번째 안은 「영국이 일전에 제안했던 안」이었지만 이는 또 조선이 청
의 속방인지 여부와 개혁의 폭과 속도에 대한 이견에 휩싸여 조선의
내정 개혁이 좌초할 위험이 있다고 하면서 조선에 대한 청과 일본의
이해관계는 항상 상충되는 것임도 지적한다. 국제사회의 중립보장은
일본이 얻는 것이 아무것도 없어서 일본 내의 반대여론에 직면하게
될 것이라고 한다.[468]

전쟁이 아직도 진행 중이고 일본이 조선 내정에 간섭하는 것에 대해 구미 열강의 반응이 어떨지 모르는 상황에서 일본 내각은 조선 정책을 결정하지 못한 채 막연하게 조선을 보호령으로 만드는 것을 대강의 정책 방향으로 하되 상황을 봐서 보다 명확한 장기 정책을 결정하기로 한다.[469] 무츠는 회고록에 다음과 같이 쓴다.

어쨌든 내가 이번에 제의했던 안건에 대해 내각 동료들의 의논도 결국은 정식적인 정부의견을 결정하지는 못했다. 이리하여 나는 당분간 네 개의 대안 중, 우선 두 번째 안을 정부의 안으로 잠정 설정해두고 다른 날 다시 각료회의를 열어 확정하자고 결의하였다. 나는 정부 당국의 책임자로서 이러한 불확실한 정부안을 실행하는 것이 매우 곤란하다고 생각했지만, 그렇다고 먼저부터 말해온 사정에 맞추어 강제로 이것을 확정할 수도 없었다. 따라서 어쨌든 각료회의에서 협의된 결과에 순종하여 앞으로의 사태를 임기응변적인 방식으로 처리할 수밖에 없다고 생각되어 우선 그 뜻을 오토리 공사에게 훈령하였다.[470]

분명한 것은 무츠가 내각에게 경고했듯이 「이처럼 대군을 파병하고 막대한 군비를 쏟아 부은 후 아무런 실질적인 결과가 없으면 과연 일본제국 정부가 여론의 공격을 견딜 수 있을까?」였다.[471]

메이지는 8월 20일 추밀원장 사이온지 긴모치(西園寺公望, 1849.12.7.~1940.11.24)를 고종에게 보낸다. 사이온지가 지참한 메이지의 친서에는 조선에서 벌어지고 있는 상황에 대한 우려와 고종이 지혜로운 해결책을 발견하고 조선의 번영을 위한 기초를 놓을 것으로 믿는다는 내용이 담겨있었다. 예물로는 장검과 한 쌍의 자개병을 보낸다. 고종은 답신에서 메이지가 조선과 일본의 우호관계를 강화시켜준 것과 조선의 독립을 지키기 위해서 일본군을 파견해 준 것에 대해 감사를 표한다.[472]

같은 날 오토리 공사는 조선 정부와 「잠정합동조관」에 서명한다.

1) 조선 정부는 일본 정부의 권고에 따라 그 내정을 개혁하는 것이 급무임을 인식하고 각 조항에 따라 이것을 이행할 것을 보증한다는 취지를 약속할 것.

2) 경부 및 경인 사이에 건설할 철도는 조선 정부의 재정이 아직 여유가 없으므로, 일본 정부 또는 일본에 있는 회사로써 시기를 보아 이것을 기공시킬 것을 희망한다는 사실을 약속할 것.

3) 일본 정부가 이미 가설한 경부 및 경인 간의 군용전선은 적절한 시기를 택하여 조관을 설정하고, 그 조관에 따른 효력이 오래도록 유의할 수 있도록 규정할 것.

4) 양국 간의 관계를 긴밀히 하고, 무역을 장려하기 위해 조선 정부는 전라도에 하나의 통상항 개항을 약속할 것.

5) 본년 7월 23일 왕궁 근처에서 양국 군대가 우연하게 충돌했던 사건은 피차간에 이의를 제기하지 말 것.

6) 일본 정부는 처음부터 조선을 도와 그 자주독립의 대업을 성취시키려고 희망해왔으므로 장차 그 목적을 달성하기 위해 양국 정부는 각각 위원을 파견하고 협의하여 시행할 것.[473]

조선은 일본인 고문들을 고용하고 일본이 조선을 「보호」한다는 조항들을 모두 삭제하였지만 이 합의로 조선에 대한 일본의 경제적, 정치적 영향력은 대폭 확대된다. 공식적인 「보호령」은 아니었지만 실질적으로는 보호령이었다. 「잠정합동조관」을 근거로 일본은 조선의 내정에 더 깊이 간여하기 시작한다.[474]

8월 26일에는 조선의 김윤식 외무독판과 오토리 주 조선 일본공사가 「조일동맹조약」을 맺는다. 조약은 세개의 짧은 조문으로 되어 있었다.

> 제1조: 이 조약의 목표는 청의 군사를 조선 영토로부터 축출함으로써 조선의 독립을 보다 강력한 기반 위에 유지하고 일본과 조선 각국의 이해를 도모하는 것이다.
> 제2조: 일본은 청을 상대로 공수 양면의 전쟁작전을 수행할 것이며 조선은 일본군의 이동과 보급에 가능한 모든 편의를 제공한다.
> 제3조: 이 조약은 청과의 강화조약이 맺어지면 효력이 정지된다.[475]

「동맹조약」의 주된 목적은 전쟁 중 조선이 갑자기 청의 편을 듦으로써 외교적 정치적 타격을 안겨주는 것을 미연에 방지하는 것이었다.

29. 박영효의 귀국 (1894.8.23.)

박영효는 1894년 8월 23일 5명의 측근과 2명의 일본 경찰 호위 하에 부산에 도착, 9월 12일 오전 육로로 한양을 향해 출발한다.[476] 근 10년 만의 귀국이었다. 박영효의 귀국은 무츠 일본 외무대신의 적극적인 주선으로 성사된다. 무츠는 7월 28일 오토리 주조선 공사에게 조선 측에서 박영효를 초청하여 귀국시키는 형식을 갖추도록 지시한다.[477] 이에 오토리는 대원군에게 박영효를 공식적으로 초청해 줄 것을 제안한다. 대원군은 박영효가 일본에 망명 중에도 꾸준히 비밀리에 교신하고 있었다. 친일개화파가 청에 억류된 대원군의 석방과 귀국을 강력하게 주장하였을 뿐만 아니라 [제II권(개정판), 제11장, 3. 「김옥균의 독립사상」, 710p 참조]. 대원군은 민비와 민씨 척족에 대항하기 위하여 친일개화파들과의 협력도 염두에 두고 있었다. 대원군은 공식적으로 박영효에게 초청장을 보낸다.[478]

8월 23일 귀국한 박영효는 대원군의 손자 이준용의 빈객으로 공덕리(孔德理, 현 마포구 염리동)에 있는 대원군의 별장에서 머문다. 9월 1일까지 대원군의 별장에 머물면서 박영효는 이준용과 많은 대화를 나눈다. 이준용은 박영효를 대원군 편으로 끌어들이려고 회유와 협박을 하지만 박영효는 결국 화를 내면서 대원군의 별장을 떠나 한양 도성으로 들어온다.[479] 도성에서는 일본 공사관에 머문 것으로 추정된다.

그는 일본 정부의 주선으로 9월 3일과 4일 고종을 알현하고 「사죄상언(謝罪上言, 일명 甲午上言)」을 올린다.

죽을 죄를 지은 신 박영효(朴泳孝)는 원통하고 절박한 사유에 대하여 아룁니다. 신은 대대로 녹(祿)을 타 먹는 가문의 후손으로서 신의 부자형제 때에 이르러서는 특별한 총애를 받아서 모두 영광을 누리게 되었는데 신의 부자는 특별한 은덕에 감격하였으나 보답할 바를 알지 못하였습니다. 신의 아버지 박원양(朴元陽)은 신의 형제들을 늘 경계하기를 「나라의 은덕에 보답하려면 위험과 어려움을 피하지 말아야 한다」고 하였습니다. 신은 나이 어리고 식견이 얕아 그 말을 듣고도 그 뜻을 이해하지 못한 채 다만

성은(聖恩)에 만 분의 일이나마 보답할 생각을 하였으나, 사리에 맞는가 거슬리는가를 가리지는 못하였습니다.

갑신년(1884) 겨울에 이르러 시국 형편이 날로 어려워지고 나라의 정세가 점점 위태로워지는 것을 보고는 걱정스럽고 삼가는 심정을 금할 수 없어서 바로잡을 방도를 찾으려고 하였으나, 충성을 다하기도 전에 누명을 뒤집어써서 위로는 임금에게 걱정을 끼치고 아래로는 집안에 화를 미치게 하였으며 부모형제는 거의 다 죽고 이 한 몸 떠돌아다니다가 다른 나라에 도망쳤습니다. 신이 지은 죄는 한 시각이라도 하늘 땅 사이에서 목숨을 부지할 수 없는 것이지만 신이 한평생 마음속에 다짐한 것은 푸른 하늘에 물을 수 있습니다. 만일 한 번 드러내지 않고 개천과 수렁 속에서 스스로 목을 맨다면 애매한 누명은 천 년 후에도 씻을 수 없을 것입니다. 이 때문에 부끄러움을 무릅쓰고 보잘것없는 몸이 떠돌아다닌 지도 거의 12년이라는 오랜 세월 가까이 됩니다.

삼가 듣건대, 요즘 전하의 정사와 교화가 개혁되어 허물을 벗겨준다고 하기에, 신은 기쁨을 금할 수 없고 뒤이어 감격의 눈물을 흘리면서 고국에 돌아가서 죽는 것이 바로 오늘이라고 생각하였습니다. 아울러 신의 이번 걸음은 단지 전하의 얼굴을 다시 우러러보고 구구한 심정을 다 하소연하려는 것이 첫째였고, 부모형제의 해골이나 수습하여 장사 지내는 것이 둘째였습니다. 이 소원만 성취한다면 설사 개천과 수렁에 물러가서 죽는다 해도 한 될 것이 없겠습니다. 신이 이미 임금에게 죄를 짓고 부모에게 화를 끼쳤으니 그저 천지간에 있는 하나의 곤궁한 사람일 뿐입니다.

일본에서 나그네살이 하는 11년 동안 잠을 자도 편치 않고 음식을 먹어도 달지 않았습니다. 처자를 두지도 않았고 음악을 즐기는 데 참여하지도 않은 채 밤낮으로 근심과 황송함에 싸여 오직 우리 성상께서 해량하여

주시기를 바랄 뿐이었습니다.

　이번에 와서 성밖에 엎드려 있은 지가 벌써 여러 날이 지났으나 구중궁궐 속에 보잘것없는 정성이 미치지 못하고 있습니다. 삼가 머리를 땅에 박고 엎드려 강음(江陰)에서 대명(待命)하니 천지 같은 부모의 심정으로 신의 괴로운 마음을 하감(下鑑)하시고, 신에게 결코 딴 생각이 없음을 살피시어 법 맡은 관청으로 하여금 도망하고 명령을 어긴 죄를 의논하게 하신다면, 도끼로 찍고 끓는 가마에 집어넣는 형벌이라도 달게 받겠습니다. 어쩔 줄을 몰라서 아뢸 바를 모르겠습니다.[480]

고종은 양력 9월 3일(음력 8월 4일) 다음과 같은 전교를 내린다.

　지난날 박영효(朴泳孝)의 문제는 그 형적(形迹)을 논한다면 누구인들 죽여야 한다고 말하지 않겠느냐마는 그의 마음을 살펴보면 사실 용서할 만한 점이 있다. 이제 원정(原情)을 보니 10년 동안 떠돌아다니면서도 오히려 나라를 그리워하는 마음을 잊지 않았다. 그의 죄명을 특별히 말소하여 조정의 관대한 뜻을 보일 것이다.[481]

　그러자 9월 4일(음력 8월 5일) 영중추원사(領中樞院事) 심순택(沈舜澤), 총리대신(總理大臣) 김홍집(金弘集), 판중추원사(判中樞院事) 김병시(金炳始), 조병세(趙秉世), 정범조(鄭範朝) 등이 극구 반대하는 연명상소를 올린다.

　신 등은 방금 내린 전교를 보고서야 비로소 죄인 박영효(朴泳孝)의 죄명을 말소하라고 명한 것을 알았습니다. 신 등은 서로 돌아보면서 깜짝 놀라서 더없이 걱정스럽고 통탄한 마음을 금할 수 없습니다. 아! 이 죄인은 죄가 더없이 큰데도 10년이라는 오랜 세월을 도망쳐 요행히 법망을 빠져나갔으며 방자하게 한 장의 억울함을 호소하는 글을 감히 대궐에다 올렸으니, 기탄함이 없는 것이 어찌 이 지경까지 이를 수 있단 말입니까?

이번에 내린 큰 성인의 특별한 처분에 대하여 비록 신 등의 얕은 소견으로는 감히 헤아릴 수 없지만, 국법이 더없이 엄하고 여론이 더욱 비등하는 데야 어찌하겠습니까? 어리석은 생각이 복받쳐 감히 같은 목소리로 하소연하니 성명께서는 빨리 이미 내리신 명을 중지하시고, 이에 적용하지 못한 형률을 적용함으로써 나라의 법을 바로잡으소서.[482]

그러나 고종은 「이번 처분은 사실 생명을 귀중히 여기는 일이니, 노성(老成)한 사람으로서는 응당 해량하여야 할 것이다」라면서 박영효를 사면한다.[483] 그러자 미국과 러시아의 공사도 공동명의로 일본 공사관에 항의서를 보낸다. 박영효는 상황이 여의치 않자 일단 제물포로 돌아간다.

30. 일본 제1군 (1894.9.1.)

1894년 7월에서 초가을까지는 큰 전투 없이 탐색전 성격의 작은 전투만 산발적으로 벌어졌다. 청일전쟁의 4대 전투 중 첫 두 전투인 「평양전투」와 「황해해전」은 9월 15~17일 사흘간 벌어진다.

평양은 조선에서 일본을 축출하려는 청의 전략적 거점이었다. 반면 청군이 평양을 사수하지 못한다면 청일전쟁은 중국 본토로 확산될 수밖에 없었다.[484] 조선을 지키기 위해, 그리고 전선이 중국 본토로 이동하는 것을 막기 위해서 청군은 평양을 사수해야 했다.

한편 「풍도해전」과 「성환전투」에서 승리를 거둔 일본군 대본영은 조선에서 청군을 축출하고 중국 본토를 공격하기 위하여 평양전투를 준비한다. 1894년 9월 1일 가츠라 타로(桂太郞, 1848.1.4.~1913.10.10.) 휘하의 제5사단(제9연대와 10연대), 노즈 미치츠라(野津道貫, 1841.12.17.~1908.10.18.) 휘하의 제3사단(제5연대와 6연대) 등으로 편성된 35,000명에 달하는 병력을 갖춘 제1군이 편성된다. 총 사령관에는 야마가타 아리토모(山縣有朋, 1838.8.3.~1922.2.1.) 원수가 임명된다.

당시 56세의 야마가타는 메이지 유신을 이끈 「메이지 과두(Meiji Oligarch)」의 일인이자 일본군의 창설자였다. 1873년 징병제 도입에서부터 프로이센 육군을 모델로 한 군개혁, 참모부의 설치, 일본 경찰의 창설을 주도했고 1889~1891년 총리대신을 역임하면서는 「교육칙어」의 선포를 주도했다. 그러나 야마가타는 제1군 사령관으로 임명된 것이 「내 인생의 가장 행복한 순간」이라고 말한다.[485]

일본군이 평양으로 진격할 수 있는 경로는 제물포, 부산, 원산, 대동강 어귀 등 넷이었다. 대본영의 목표는 겨울이 오기전 청군을 조선반도에서 축출하는 것이었다. 따라서 부산에 병력을 상륙시켜 평양을 향해 북진하는 안은 제외된다. 일본 해군의 입장에서는 산둥반도의 웨이하이웨이와 랴오둥반도의 뤼순에 기지를 둔 북양함대의 공격으로부터 가장 안전한 부산에 육군을 상륙시키는 것이 바람직했다. 그러나 육군으로서는 부산에서 평양까지 무려 650km를 행군하는 것은 도로망이 전무하다시피 한 조선에서 너무나 많은 시간을 지체하는 작전이었다.

대본영은 병력 대부분을 제물포를 통해서, 나머지는 원산을 통해

야마가타 아리토모 일본 제1군 사령관

가츠라 타로 일본군 제5사단장

서 투입하기로 한다. 원산에서 평양까지 군대가 이용할 수 있는 도로 역시 거의 전무하였지만 거리가 160km에 불과했기 때문이다. 대동강 어귀에 군대를 상륙시키는 안도 검토하였지만 북양함대의 공격을 받을 수 있었기에 이는 최후의 수단으로 남겨둔다. 평양은 성환전투를 치른 후 남쪽에서부터 진격해 올라오는 오시마의 제9

노즈 미치츠라 일본군 제3사단장

연대, 제물포와 원산에 상륙하는 제1군 등이 세 방향에서 공격하기로 한다. 고도의 용병술을 요하는 작전이었다.

한편 이토 스케유키 연합함대 사령장관은 풍도해전, 성환전투 이후 북양함대가 호시탐탐 반격할 기회를 노리고 있을 것이라고 생각했다. 그러나 8월 3일 이후 북양함대가 아무런 움직임을 보이지 않자 오히려 일본 해군이 놀란다. 이토 사령장관은 이 역시 정여창 제독의 작전이라고 생각하고 어떻게든 청을 자극하여 북양함대와 일전을 벌이고자 한다. 8월 9일, 일본 해군의 주력인 「마츠시마(松島)」, 「이츠크시마(厳島)」, 「하시다테(橋立)」, 「치요다(千代田)」, 「요시노」, 「나니와」, 「다카치호(高千穂)」, 「아키츠시마」, 「후조」, 「히에이(比叡)」, 「콘고(金剛)」, 「다카오(高雄)」, 그리고 6척의 어뢰정이 군산을 떠나 8월 10일 웨이하이웨이에 도착한다.

그러나 이때 마침 정여창 제독은 북양함대를 이끌고 뤼순으로 향하고 있었다. 일본 함대는 웨이하이웨이의 해안 기지에 함포사격을 가한다. 청의 포대 역시 일본 함대에 포격을 가한다. 전투는 3시간 동안 이어지면서 일본 함대는 100발이 넘는 포탄을 쏘지만 양측은 아무런 피해를 입지 않는다. 일본 함대는 웨이하이웨이 기지의 거포들과 싸우다 함대가 피해를 입을 경우 정작 북양함대를 상대할 수 없게 되기에 충분히 먼 거리에서 포격을 가한다. 다음날 일본 함대는 아무런 성과 없이 군산으로 회항한다.[486]

이토 사령장관은 비록 청의 북양함대에 결정타를 입히겠다는 당초의 목적을 달성하는 데는 실패하지만 북양함대가 전투에 소극적이고 따라서 일본군의 수송선을 공격할 가능성이 높지 않다는 사실을 확인한다. 대본영은 해군이 북양함대를 상대로 제해권을 완전히 장악하지 못한 상황임에도 불구하고 더 이상 지체하지 않고 제1군의 주력을 조선에 전개하기로 결정하고 30척의 수송선을 동원하여 병력

수송을 시작한다.

30척의 수송선으로 동시에 수송할 수 있는 병력은 10,000명에서 최대 15,000명에 불과했다. 따라서 한번에 1개 여단과 장비, 보조부대 등을 수송하여 총 3단계에 걸쳐 1군을 조선에 전개하기로 한다.[487] 수송선들은 호위함 없이 히로시마를 출발하여 군산 해안에 접근한 후 제물포로 출발할 때부터 해군 전함들의 호위를 받기로 한다. 시모노세키에서 제물포까지 거리의 2/3지점에 있는 군산은 북양함대의 공격으로부터 일본군 수송선들을 보호할 수 있는 이상적인 지점에 있었다.

7월 말에서 8월초에 걸쳐 제5사단의 제10여단이 우선 13척의 수송선에 나눠 타고 부산으로 향한다. 수송선단은 부산에 정박한 채 웨이하이웨이 전투 결과를 기다리다가 함대의 호위 하에 출항하여 8월 21일 제물포에 도착한다. 제10여단은 4일에 걸쳐 제물포에 상륙을 끝내고 곧바로 평양으로 진격한다. 오시마 장군의 제9여단은 이미 8월 7일 개성을 지나 평양으로 진격 중이었다.[488]

제10여단을 제물포로 수송한 수송선들이 히로시마로 회항하자 제3사단 제5여단의 8,000명의 병력도 곧바로 출항한다. 제5여단은 원산으로 향한다. 히로시마에서 원산으로 가는 항로는 청의 함대의 공격을 받을 염려가 없었기에 수송선들은 호위함 없이 바다를 건너 8월 26일부터 말일까지 순차적으로 원산에 도착한다. 원산에 투입된 8,000명 군사 중 3,500은 원산에 진지를 구축하고 통신망을 지키는 임무를 맡는다. 나머지 4,500은 평양으로 진격한다.[489]

제1군 중 조선에 마지막으로 투입된 병력은 제3사단과 압록강 도강을 지원하기 위한 제6기계 여단이었다. 총 12,000명의 병력은 보급품, 4,000명의 짐꾼들과 함께 9월 10일 36척의 수송선에 올라 히로시마에서 출항한다. 이 수송선단에는 야마가타 아리토모 원수와 합참의장 가바야마 스케노리(樺山資紀, 1837.12.9.~1922.2.8.) 사령장관이 승선해 있었다.[490] 목포 근해에서부터 일본 해군 전체의 호위를 받으면서 제물포에 도착한 병력과 장비는 이틀에 걸쳐 상륙하여 곧바로 평양으로 향한다.

제9여단과 제5여단이 이미 평양 근교까지 진격한 상태에서도 청의 북양함대가 움직이지 않자 이토 연합함대 사령장관은 야마가타 원수와 상의 후 일부 병력을 대동강 어귀에 상륙시키기로 결정한다. 9월 13일 이토는 제6기계여단의 7,000명의 병력을 수송선단에 싣고 제물포를 출항하여 9월 14일 아침 대동강 어귀에 도착한다. 이토는 동시에 「요시노」와 「나니와」 등 두 척의 순양함을 웨이하이웨이로 보내 북양함대를 정찰하도록 한다. 만에 하나 북양함대가 공격해 올 것을 우려해서다. 그러나 일본 순양함들은 북향함대의 아무런 움직임도 발견하지 못하고 돌아온다. 제 6여단은 진남포에 상륙하여 곧바로 평양으로 진격한다.[491] 이로써 일본은 놀랍게 빠른 속도로 총 30,000명에 이르는 병력을 제물포, 원산, 진남포를 통하여 조선에 전개한다.

31. 일본 대본영 설치 (1894.9.15.)

메이지는 개전에 반대하는 입장이었지만 곧 적극적으로 총사령관의 역할을 수행하기 시작한다. 정치와 군사에 관한 한 천황이 최고 결정권을 갖고 있었기에 메이지의 결정이 늘 필요했다. 청일전쟁 중 메이지가 직접 참여한 회의는 90차례에 달했다. 모든 회의에는 군부는 물론 이토 히로부미도 천황의 명령에 따라 참석하였다. 이토의 역할은 전쟁을 승리로 이끄는 것뿐만 아니라 다른 나라들이 전쟁에 개입하는 것을 막는 것이었다.[492]

9월 1일, 총참모장 다루히토 친왕은 메이지를 알현하고 천황이 조선에서 싸우는 군과 보다 긴밀히 연락하기 위해서 히로시마로 대본영을 옮길 것을 제안한다. 이 제안은 원래 이토 히로부미가 한 것이었다. 이토는 조선과 제일 가까운 시모노세키를 선호했지만 군부는 제5사단 본부가 있는 히로시마를 선호했다. 뿐만 아니라 히로시마는 도쿄에서 출발하는 철도의 서쪽 종점이었고 히로시마의 항구인 우지나(宇品)는 조선으로 출병하는 군대의 출발점이었다. 다만 이토의 입장에서는 대본영을 히로시마로 옮길 경우 전방과의 교신은 원활해지지만 도쿄에 상주하는 외교사절들과의 긴밀한 협상을 어렵게 한다는 것이 단점이었다.[493]

9월 8일, 메이지는 대본영을 히로시마로 옮길 것을 명한다. 메이지도 시종, 주치의, 비서진 등과 함께 히로시마로 간다. 이토도 메이지와 동행한다. 9월 13일 심바시역(新橋駅)에서 출발하는 열차를 타기 위해 역으로 가는 메이지의 마차가 지나가는 길에는 군인, 학생, 민간인들이 도열해서 「반자이(만세)」를 연호한다. 메이지의 기차가 지나가는 마을마다 주민 전체가 철길 양측에 나와 천황에게 인사한다. 메이지는 나고야에서 밤을 지내고 다음날 아침 고베로 출발한다. 고베에는 많은 중국인들이 살고 있어서 삼엄한 경호를 펼쳤지만 메이지는 개의치 않고 시내를 다닌다.[494]

메이지는 9월 15일 저녁때 히로시마에 도착하여 천황의 숙소로 지정된 단순한 이층 목조건물에 여장을 푼다. 2층에는 사무실과 욕실, 탈의실 등이 있었다. 2층의 나머지 공간과 1층 전체에는 그의 참모들의 숙소와 전략회의실들이 있었다. 천황의 방에는 탁자와 의자가 있었고 의자 뒤에는 금색 병풍과 두 개의 상이 있었다. 상 하나에는 천황의 칼과 보석이, 그리고 다른 상에는 천황의 옥새가 있었다. 천황은 같은 방에서 사무도 보고 식사도 하고 잠도 잔다. 아침에 메이지가 세면하고 있는 동안 그의 시종들은 침상을 치우고 책상과 의자를 갖다 놓는다. 그 외에는 아무런 가구나 장식도 없었다. 벽에는 싸구려 벽시계 하나만 걸려 있었다.[495]

시종이 편한 의자와 난로를 갖다 놓겠다고 하자 메이지는 전방의 군사들에게도 그런 것이 있냐고 하면서 거절한다. 건물을 확장할 것을 건의하자 메이지는 「전선에서 고생하고 있는 장교들과 병사들을 생각하면 어떻게 이것을 불편하다고 할 수 있느냐?」라고 하면서 거절한다.[496] 메이지가 히로시마에 도착한 날 평양전투가 벌어진다.

32. 평양전투 (1894.9.15.)

평양성 동쪽과 남쪽으로 흐르는 대동강변을 따라서는 절벽과 거대한 성벽이 있었고 평양성의 북쪽은 산이 가로막고 있었다. 청은 전투가 일어나기 2달전부터 병력을 배치하기 시작한다. 8,000명은 대동강을 따라 배로 수송하고 5,000명은 만주로부터 진격해 들어온다. 전투 직전까지 13,000명의 병력을 평양성에 집결시킨 청군은 27개 진지를 구축한다.[497] 반면 9월 14일 평양에서 전투를 개시할 당시 평

평양성

양까지 진격해 온 일본군 병력은 16,000명 정도에 불과했다. 청군은 일본군의 진격 속도에 놀랐지만 강력한 진지를 구축하고 충분한 화력을 갖추고 있었다.[498] 상황은 청군에 절대적으로 유리해 보였다.

그러나 실상은 겉보기와 달랐다. 9월 11일자 『더펄멀가제트』는 다음과 같은 기사를 싣는다.

다수의 정보원에 의하면 조선 북부의 청군은 비참한 상황에 있다고 한다. 장군들은 형편없이 무능하고, 하급장교들은 불만에 차 좌절하고 있으며 일반 병사들은 지치고 의기소침해 있다고 한다. 그나마 도로라고 있던 것들은 모두 홍수에 휩쓸려 내려가 만주에서 평양까지 보급품을 실어 나르는 것은 불가능하다. 총, 탄약, 식량은 모두 길이 막혀 길위에서 썩고 있고 전방에서는 식량이 떨어지고 있다.[499]

평양은 청군 장수 4명이 지키고 있었다. 그러나 이들은 각자의 군사를 지휘하고 있을 뿐 서로 협력하는 일은 거의 없었다. 각자 지킬 지역을 형식적으로 나누기는 했지만 일단 전투가 시작된 후에는 오히려 효율적인 전투를 방해하는 요소가 된다. 전략이라고는 평양사수에 실패할 경우 압록강으로 후퇴하여 방어선을 다시 구축하는 것이 전부였다. 청군은 형편없는 지휘관과 병참체계에 시달렸을 뿐만 아니라 근거 없는 낙관론에 기대고 있었다. 평양이 무너지면 압록강 방어선도 쉽게 돌파될 것이고 그렇게 되면 일본군이 중국 본토로 진격할 수 있다는 가능성은 염두에 두지도 않는다.[500]

평양의 지형상 남쪽이나 동쪽으로부터 공격하는 것은 어려웠다. 북쪽에서 공격하는 것은 상대적으로 쉬웠지만 그 대신 대동강의 우안(right bank)에 상륙할 수 있어야했다. 이는 위험부담이 큰 전략이었다. 도강을 하는 중 청군이 공격한다면 일본군은 궤멸될 수 있었다. 그러나 성공만 한다면 평양을 함락할 수 있는 확실한 전략이었다.

9월 15일에서 16일 사이 16,000명의 일본군이 3갈래로 평양성을 공격한다. 15일 새벽 4시 반 공격을 개시한 것은 원산으로부터 진격해 온 제5여단이었다. 제5여단은 성의 동쪽에 있는 청군 진지를 포격하기 시작한다. 북쪽과 북서쪽에서 진격하는 일본 주력군의 공격으로부터 청군의 주의를 분산시키기 위해서였다. 곧이어 제9여단이 평양의 남서쪽에서 공격을 개시하고 마지막으로 제6여단 병력이 대동강 어귀로부터 공격해 들어온다. 한편 노즈 미치츠라 중장과 오시마 요시마사 중장 휘하의 병력은 북쪽으로부터 성을 공격한다.[501]

남서쪽에서 공격을 시작한 제9여단은 청군의 진지를 돌파하는 주 전투에 참가하는 대신 퇴각하는 청군을 섬멸하는데 주력한다. 전투는 치열했다. 청의 기병대는 계속해서 일본군을 공격한다. 미리 준비했던 불을 지르면서 계속해서 화공도 전개한다. 그러나 청군의 결정적 실수는 대동강을 도강하는 일본군을 공격하는 대신 성곽 뒤에서 일본군이 공격해 오기를 기다린 것이었다.

사실 일본군의 병참체계에도 심각한 문제가 있었다. 대동강 도강이 가장 중요한 작전이었음에도 불구하고 도강을 위한 부교를 준비하지 않았기에 일본군은 대동강변에 있던 나룻배들을 이용해야 했다. 병참부대는 인력이 부족하여 조선인 인부들을 고용하지만 그들은 기회만 있으면 도망친다. 그럼에도 불구하고 제9여단은 8시경 대동강 우안을 건너 대동강 어귀로부터 진격해 오던 제6여단과 합류한다.

외곽의 청군 진지들이 차례로 일본군 수중에 떨어지면서 14시 30분경에는 청군이 모두 평양성 안으로 후퇴한다. 그러자 오시마 장군 지휘하에 54문의 야포와 「츠쿠시」, 「초카이」, 「마야」, 「반조」 등의 함포가 평양성을 향하여 불을 뿜기 시작한다. 청군은 항복을 고려하다가 밤의 어두움을 틈타 평양성을 빠져나와 안주(安州)로 도주한다. 다음날 아침 일본군은 쉽게 평양성을 점령한다.[502]

평양전투 역시 일본군의 완승이었다.[503] 청군은 2,000명이 전사하고 700명이 포로로 잡힌다. 일본군은 162명이 전사하고, 438명이

평양전투 삽화. 요한 쉔베르그(Johann Schönberg) 작

부상당하고 33명이 실종된다. 일본군은 청군이 보유하고 있던 대포거의 전부와 엄청난 양의 보급품을 노획한다.

당시 많은 전문가들은 청군의 정예부대가 평양에서 궤멸되었다고 주장한다. 반면 이홍장이 최정예군은 나중을 위해서 아끼고 있다고 주장하는 사람들도 있었다. 그러나 비록 청이 평양전투에 최정예군을 투입하지 않았다고 하더라도 청군은 이 전투에서 막대한 양의 최첨단 무기와 장비를 잃는다. 『더저팬위클리메일』기자는 청군이 제대로 싸우지도 않았다고 보도한다.

저항을 했다면 별로 많이 하지 않은 것 같다. 청군이 8월 4일 평양에 입성하였고 따라서 준비할 수 있는 많은 시간이 있었다는 점에서 더욱 놀랍다.[504]

평양전투. 미즈노 도시타카(水野年方) 작

영국의 포병부대장 모리스 대령(Colonel J.F. Maurice)은 「야마가타 원수
는 눈부신 전투를 전개하였다. 그의 전술은 서양의 장군들도 자랑스
러워 했을 것이다」라고 한다.[505] 『더저팬위클리메일』의 칼럼은 「일본
군에게는 이제 국경까지의 길이 열렸다」고 한다.[506]

『더노스차이나헤럴드』의 한 기사는 청군을 구성하고 있는 다양한
종족들 간의 갈등에 주목한다. 무슬림 장수 좌보귀(左寶貴, 1837~1894) 휘
하의 군사들은 용맹하게 싸웠고 좌장군 본인도 전사한다. 반면 「만주
족 군사들은 아무런 쓸모가 없음을 보여줬다. 지린의 만주족 군사
들(팔기군)은 자신들을 그토록 오랫동안 떠받들어주었던 왕조를 지키는
것 보다 아편 담뱃대를 채울 것을 찾는 것에 훨씬 더 집중한다. 이들
은 마치 왕조가 처음부터 특별히 자신들만을 위해서 존재했다고 착각
하고 있는 듯했다.」[507] 기자는 이어서 만주족 장군 지휘하의 팔기군은
싸우는 대신 「하나도 다치지 않고 후퇴」하였다고 한다.[508]

만주 팔기군이 청을 지키기 위해서 싸우지 않는다면 한족도 싸울

이유가 없었다. 청일전쟁 내내 한족부대의 전투력이 형편없다는 사실은 수많은 외신 기사들을 통하여 지속적으로 보도된다. 『뉴욕타임즈』 기사다.

어쩌면 한족의 입장에서는 일본 못지않게 싫은 만주족 황실을 위해서 싸우는 것이 싫었을 수도 있다. 확실한 것은 청 조정이 일본군에 비해 형편 없는 무기와 장비, 병참을 제공했다는 사실이다... 중국 병사들과 만주 병사들은 자주 서로를 공격하면서 많은 싸움으로 피를 흘렸다.[509]

개전 이전부터 청군이 일본군보다 훨씬 유리한 입장에서 싸운다는 인식이 팽배해 있었던 상황에서 일본군의 일방적인 승리는 유럽 언론에게는 충격이었다. 러시아의 신문들은 청군이 패배한 이유를 심층 분석한 기사들을 계속 싣는다. 훈련 부족과 규율 부족, 지위 고하를 막론하고 비겁한 장교와 병사들, 만연한 명령 불복종, 탈영, 부패, 위치이탈 등 청군의 행태에 대한 수많은 분석들이 쏟아진다. 무엇보다 충격적인 것은 청군이 귀중한 장비들을 파괴하지 않고 도주함으로써 일본 측이 모두 포획하도록 한 것이었다. 청군은 평양전투에서 35문의 야포, 수백 정의 탄창 장총과 수백 정의 후장장총, 2000개의 천막, 1,700필의 말을 버리고 도주한다. 청군이 버리고 간 탄창 장총은 일본군의 무라타 장총보다 성능이 우수했다.[510]
무기와 탄약을 버리고 도망치기,[511] 현지의 민간인들을 약탈하고 학대하기,[512] 포로들을 고문하고 불구로 만들기,[513] 그리고 도망 칠때에는 민간인의 옷으로 변장하기 등등[514] 청군이 평양전투에서 보인 행태는 그 이후의 모든 전투에서 반복된다. 반면 청이 대량의 무기와 장비, 식량을 버리고 도망감으로써 일본군은 병참문제를 상대적으로 쉽게 해결할 수 있었다.

『뉴욕타임즈』는 다음과 같이 보도한다.

> 퇴각하는 청군의 퇴각로는 너무나 쉽게 알아볼 수 있다. 장총, 장검, 탄약 등 그들이 급히 퇴각하면서 버리고 간 것들이 도처에서 발견된다. 패잔병들은 강도떼로 변했다. 마을들은 약탈당하고 불태워졌다. 농가들은 부서지고 모든 곡식들은 불태워졌다. 저항하던 조선사람들은 창으로 무자비하게 학살당했다. 시신들은 모두 창에 찔려 있었다.[515]

가난한 조선의 농부들은 청 패잔병들에게 나누어 줄 식량이 없었다. 따라서 저항하다 죽지 않으면 굶어 죽었다. 러시아의 한 신문(Moskovskiye Vedomosti)은 「조선 사람들은 일본의 침공보다 청군들을 훨씬 더 무서워한다」라고 쓴다.[516]

그러나 청의 병사들도 절박했다. 청군은 약탈을 하든지 굶어 죽어야 했다. 병참도 없었고 봉급이나 수당을 받는 것도 없었기 때문이다. 청의 병사들이 식량을 마련하는 유일한 방법은 약탈이었고 보수를 챙길 수 있는 유일 한 방법 역시 전리품을 약탈하는 것이었다.

청군이 만주에서 패주할 때 스코틀랜드 장로교 선교사 존 로스(John Ross, 1842~1915) 목사는 「청군이 지나간 농촌은 모든 식물은 다 뽑히고 마치 메뚜기 떼가 지나간 평원과 같았다」고 했다.[517] 청은 여전히 봉건적인 전쟁을 치르고 있었다. 중국군은 늘 이렇게 전쟁을 해왔다. 그러나 청일전쟁은 근대전을 치를 수 있는 부강한 나라 출신의 외신 기자들이 모든 것을 목격하고 기록하고 있었다. 이들은 중국의 전통적인 전쟁방식을 보고 경악한다. 반면 성공적인 근대화를 통해서 상대적으로 부강해진 일본은 근대전을 전개한다. 일본군은 병참을 갖고 왔고 부족한 것은 현지 조선인들에게 정가를 지불하고 샀다. 서양인들은 이 뚜렷한 대비에 놀란다.[518]

33. 황해해전 (1894.9.17.)

평양전투 바로 다음날 청일전쟁의 두 번째 대규모 전투가 벌어진다. 9월 15일 일본 함대가 산둥 근처에 출현하였다는 잘못된 정보를 받고 출동했다가 뤼순으로 복귀한 북양함대는 그 다음 날 평양 지원군 수송선단을 호위하여 출발할 예정이었다. 그러나 출항 직전, 평양전투 소식이 들어온다. 보고는 오류투성이였지만 청군이 패했다는 사실은 분명했다. 평양에 지원군을 보내는 것이 무의미해지자 정여창 제독은 그 다음 방어선이 될 압록강으로 병사들을 수송하기로 한다.[519]

9월 16일 새벽 1시, 5척의 수송선이 「정원(定遠)」, 「진원(鎭遠)」 등 두 척의 전함과 해안경비 전함 「평원(平遠)」, 순양함 「경원(經遠)」, 「래원(来遠)」, 「지원(靖遠)」, 소형 순양함 「양위」, 「초용」, 「광갑(廣甲)」, 어뢰정 「광병(廣丙)」, 「복룡(福龍)」 등의 호위 하에 출항한다. 함대는 14시경 압록강 어귀에 도달한다. 수송선 5척은 「평원」, 「광병」과 어뢰정들의 호위 하에 어귀로부터 12~13해리 거슬러 올라가 닻을 내린다. 상륙작전은 17일 새벽에 끝난다.

북양함대의 나머지 전함들은 압록강 어귀의 남서쪽 7~8해리 되는 위치에 머문다. 17일 9시 20분, 함대는 1시간 반에 걸친 기동훈련 끝에 닻을 내린다. 11시 28분, 청 해군의 감시병들이 서남쪽에서 연기를 뿜으며 지나고 있는 함선들을 발견한다. 일본 함대였다.[520]

한편, 제1군이 평양을 공격하고 있을 때 이토 스케유키 사령장관이 지휘하는 일본의 연합함대는 압록강 어귀 82해리 남동쪽 장산곶에 머물고 있었다. 9월 15일, 이토는 웨이하이웨이에 정찰 보냈던 순양함으로부터 북양함대가 웨이하이웨이에 없다는 보고를 받는다. 이는 북양함대가 뤼순에 있다는 것을 뜻했다. 동시에 청군이 톈진의 다쿠커우포대(大沽口炮台)에 집결하고 있다는 보고도 받는다. 청이 조선에 대규모 상륙작전을 계획하고 있다는 의미였다.

이토는 함대를 끌고 발해만과 압록강 어귀로 청의 함대를 찾아 나선다. 16일 17시, 일본 함대는 하이타이완(海帶湾, 해대만)을 향하여 다루다오(大鹿島: 대록도) 북서쪽으로 항진한다. 적을 발견하지 못한 함대는 다시 북서쪽으로 항로를 바꾼다. 2시간 후인 11시 23분, 「요시노」의 감시병들이 드디어 청의 함대를 발견한다.[521]

청의 함대는 5분 후인 11시 28분 일본 함대를 발견한다. 정여창은 닻을 내리고 정박중이던 함대에 즉시 전투태세 명령을 내린다. 닻을 올린 함대는 정오쯤 전투대오를 갖춘다.

두 함대는 하이양다오(海洋島, 해양도)와 장즈다오(獐子島, 장자도) 근처에서 맞닥뜨린다. 이 섬들은 압록강 어귀와 뤼순항 중간지점에 위치해 있었다. 9월 17일 정오 경 「황해해전(압록강전투, 해양도해전, 대동구해전, 대고산중해전)」이 벌어진다.[522]

전함의 숫자로 볼 때 청과 일본 해군의 전력은 비슷했다. 그러나 내용상으로는 많이 달랐다. 북양함대의 군함들은 모두 1887년 이전에 건조된 반면 일본의 군함들은 모두 1890년 이후에 건조되었다. 청 해군의 주력인 「정원」과 「진원」 등 두 전함(battleship)은 각각 7,340톤에 달하는 철갑선들이었다. 1894년 당시 최신형은 아니었고 상대적으로 느리기는 했지만 두터운 철갑과 막강한 화력을 자랑했다. 반면 일본은 전함(battleship)을 보유하고 있지 않았다. 일본의 주력은 순양함(cruiser)들이었다. 사령장관 이토 스케유키의 기함인 순양함 「마츠시마」는 4,277톤에 불과했다.[523]

일본 해군의 주포는 152~12mm 속사포였다. 그러나 일본군의 가장 강한 함포도 청의 전함의 철갑을 뚫기에는 역부족이었다. 반면 청의 전함들은 200mm 이상의 대형 포를 장착하고 있다. 따라서 장거리 해전에서는 청군이 우세하였지만 중거리, 또는 단거리 해전에서는 속도가 빠른 배와 속사포로 무장한 일본군이 유리했다.[524]

해전에는 양측에서 각각 10척의 가장 강한 화력을 보유한 함정들이 투입된다. 청 측은 2척의 전함, 5~6척의 순양함, 3척의 해안경비정을, 일본 측은 5~6척의 순양함, 3척의 해안 경비정, 그리고 1척의 소형 포함을 투입한다.[525]

이토 스케유키와 정여창 두 제독은 각자가 지휘하는 함대의 강점을 최대한 이용하고자 한다. 정여창은 청 전함들의 거포들을 이용하기로 한다. 이를 위해 가운데 전함들을 배치하고 진의 양쪽 끝에는 가장 약한 전함을 배치하는 횡진(橫陣)을 친다. 전투 중에 모든 함정들은 중앙 전함의 움직임을 따라야 했고 횡대를 유지하는 것이 어려워질 경우 2척씩 짝을 지어 선수(船首)가 적군을 향하게 하는 대열을 유지하도록 한다. 청의 전함들의 함포들은 대부분 선수에 위치에 있었기 때문이다. 이는 전투 초반에 일본 함대에 결정적인 타격을 가하는 전략이었지만 속도가 빠른 일본 전함들은 충분히 피할 수 있는 전략이었다. 정여창의 함대 10척은 서남쪽으로 6노트의 속도로 항진하기 시작한다.

11시 23분, 적군을 발견했을 당시 일본 함대는 북동쪽으로 9~10노트의 속력으로 항진하고 있었다. 「요시노」, 「다카치호」, 「아키츠시마」, 「나니와」로 구성된 「제1유격대」가 앞서서 가고 있었고 1.5 해리 뒤에 「마츠시마」, 「치요다」, 「이츠쿠시마」, 「하시다테」, 「후조」, 「히에이」로 구성된 본대가, 그리고 후방에 「사이쿄마루(西京丸)」, 「아카기(赤城)」가 따르고 있었다.

일본 함대가 북양함대를 발견했을 당시 청의 전함들은 일본 함대로부터 21.5해리 떨어져 있었다. 츠보이 제독은 제1유격대 함정들의 속도를 6노트로 줄여 함대의 주력이 따라잡아 합류할 수 있도록 한다. 이토 사령장관은 함대를 30도 우현으로 돌리고 12시 3분에 전투태세를 명한다. 일본 함대는 일렬 종대대형을 갖추고 가장 앞에는 빠른 속도로 자유자재로 다닐 수 있는 제1유격대를 배치한다. 제1유격대에게는 청 함대 우측면 끝의 가장 약한 배들을 공격하도록 한다. 「사이쿄마루」와 「아카기」는 편대에서 벗어나 본대의 후방에 위치하여 함대를 후방 공격으로부터 보호하도록 한다. 제1유격대와 본대가 합류한 일본 함대는 북서쪽으로 10노트의 속도로 항진한다.

한편 횡진을 친 북양함대의 대오 가장 오른편에 있던 「초용」과 「양위」, 그리고 좌익대의 「광갑」과 「치원」은 횡렬대오를 미처 갖추지 못하고 약간 뒤처지면서 함대의 대오는 초생달 형태가 된다. 정여창 제독은 군함들로 하여금 방향을 바꿔 비록 기함이 적에게 노출되어도 다른 배들이 일본 함대에 사격할 수 있도록 대형을 다시 갖추려 한다. 그러나 신호가 헷갈리고 속도가 달라지면서 진은 비대칭적 쐐

기형태가 되어버린다.

일본 군함들은 우월한 속력을 이용하여 청 함대 우측 전함의 전면을 가로 지르며 측면의 함포들을 이용하여 집중 공격하기로한다. 청횡대의 우측 전함들을 공격한 후 뒤로 돌아가 공격하면서 북양함대가 180도 회전을 하도록 유도함으로써 대열을 흐트러뜨리는 것이 목표였다. 이 작전이 성공하면 일본의 주력 군함들이 공격하기로 한다. 일본 군함들의 우월한 속도를 이용하여 화력의 열세를 만회하는 작전이었다.

두 함대는 서로를 향해 마주보고 항진한다. 12시 30분 함대 간의 거리는 14.5해리로 좁혀지고 1분마다 480m씩 좁혀지고 있었다. 일본 함대의 선두에서 항진하던 제1유격대는 북쪽으로 30도 방향을 틀어서 청 함대의 우측으로 향한다. 20분 후 청의 기함인 「정원」과 일본 함대 중 가장 앞서가는 전함 간의 거리는 5.4km로 좁혀진다. 「정원」은 사격을 개시한다.[526]

그러나 「정원」의 첫 사격은 불운의 징조였다. 발사 당시 정여창 제독은 철갑으로 두른 사령탑에 있지 않고 주포인 305mm 함포 바로 위쪽에 있는 열린 갑판에 있었다. 겁을 먹은 수병이 일본 함대가 사정거리에 들어오기도 전에 미리 함포사격을 시작하자 정여창 제독이 올라가 있던 열린 갑판이 무너져 내린다. 다리가 부러진 정여창 제독은 쇼크로 일시적으로 전투를 지휘할 수 없게 된다. 제독이 선실로 옮겨져 치료를 받는 동안 류보섬(劉步蟾, 1852~1895) 함장이 전투를 지휘한다. 정여창은 다행히 부상이 심하지 않아 다시 전투에 복귀하지만 그는 해전 내내 서 있지 못한다.[527]

청의 전함들은 츠보이 고조의 제1유격대의 순양함들, 특히 「요시노」에 화력을 집중한다. 일본의 제1유격대는 즉시 속력을 14~15노트로 올려 청 전함들의 사정거리에서 벗어난다. 12시 55분 청의 횡대대오 오른편 군함들과의 거리가 3km 로 좁혀지자 츠보이 제독 휘하의 순양함 함포들이 일제히 불을 뿜기 시작한다. 첫 목표는 「초용」과 「양위」 등 작은 순양함들이었다. 일본 전함의 3번째 포탄이 청의 전함에 명중하지만 일본의 「다카치호」와 「아키츠시마」 등도 피격당한다.

13시 「초용」에 화재가 발생하여 배가 우현으로 기울기 시작하더니 침몰하기 시작한다. 「양위」 역시 수차례 포탄을 맞고 13시 10분 불길에 휩싸인다. 일본의 제1유격대의 전함들은 계속해서 두 전함에 사격을 가하면서 북양함대 오른쪽 날개를 돌아간다. 13시 10분 「초용」과 「양위」와의 거리를 1.5km로 줄인 일본 제1유격대는 청의 순양함 「경원」도 공격하기 시작한다. 13시 15분 「경원」이 청 함대 대오를 이탈한다. 이토 사령장관의 주력 전함들도 「초용」에 사격을 가한다. 「초용」은 서쪽으로 34~40분 도주하다가 낮은 바다에 침몰한다. 「양위」는 북동쪽으로 돌다가 도주하던 순양함 「지원」과 충돌한 후 14시 30분 암초에 걸린다.

13시 20분, 일본 제1유격대 순양함들은 좌현으로 180도 돌아 다시 전투에 뛰어든다. 츠보이의 유격대는 북양함대의 주력을 놓친다. 그러나 그때 병력 수송선을 호위하기 위해 압록강을 거슬러 올라갔던 「평원」과 「광병」이 압록강 어귀를 빠져나와 지나간다. 청의 전함들은 일본의 함대를 피하여 동남쪽으로 향한다. 츠보이의 순양함들은 사격을 시작한다. 그러나 두 함대 간의 거리는 3Km가 넘었기 때문에 청의 전함들은 일본 함포들의 사정거리 바깥에 있었고 따라서 「정원」과 「광병」은 별다른 피해를 입지 않는다. 츠보이의 제1유격대는 다시 북양함대의 주력과 일본 함대의 주력이 전투를 벌이는 격전지로 향한다.

이토의 주력 역시 제1유격대가 북양함대를 발견하고 교전을 시작한 직후부터 청의 함대를 공격하기 시작한다. 그러나 교전 시작후 불과 3분만에 청의 함포사격에 기함 「마츠시마」의 320mm 포대가 파손되어 30분간 사용불능이 된다. 일본 함대의 주력은 11노트의 속력으로 달려 청의 함대를 상대로 정자전법(丁字戰法, 「Crossing the T」)을 구사한다. 13시 10분~13시 15분 청 함대의 오른쪽 날개를 돌아가면서 이미 피격당한 「초용」과 「양위」는 물론 「경원」과 「래원」에 포격을 가한다. 이토의 함대는 다시 남쪽으로 돌아 청 함대의 후방을 또 한번 공격한다.

한편 속도가 느린 「히에이」는 함대의 다른 전함을 따라 11노트를 유지할 수 없게 되자 청 함대의 우편을 도는 대신 곧바로 청의 중앙대를 향해 돌진하여 「정원」과 「진원」 사이를 돌파하여 청 함대의 후방에서 나머지 일본 함대와 합류하고자 한다. 이는 매우 위험한 전술이었다. 「히에이」는 「정원」과 「진원」 사이를 돌파하는데는 성공하지만 이 과정에서 막대한 피해를 입는다. 이토는 「히에이」에게 전장에서 떠날 것을 명한다. 14시 불길에 휩싸인 「히에이」는 전장을 떠나 남서쪽으로 향한다.[528]

「히에이」가 청의 진을 돌파하자 청 함대의 대오는 무너진다. 청의 전함들은 우현으로 돌아 후방에서 공격해오는 일본 함대와 맞서고자 한다. 전함 「정원」은 180도 회전에 성공하나 「정원」을 따르던 순양함들은 90도 밖에 안돈다. 청의 함대는 둘로 나눠진다. 「진원」과 「래원」, 「지원」, 「경원」은 츠보이의 제1유격대와 전투를 벌였고 전함

「정원」과 「진원」은 이토의 본대와 전투를 벌인다. 「평원」, 「광병」 등 두 척의 어뢰정도 있었지만 별다른 역할을 하지 못한다.

14시 30분, 두 번째 회전에 성공한 일본 제1유격대는 다시 전장으로 복귀한다. 「아카기」가 공격을 받고 있는 것을 본 츠보이는 「아카기」를 도우려고 가다가 대오에서 벗어나 북쪽으로 향하던 청의 순양함 4척과 맞닥뜨린다. 「래원」은 갑판이 화염에 휩싸인 상태였고 「경원」은 대오의 뒤쪽에서 「래원」을 엄호하고 있었다. 따라서 「지원」과 「진원」만이 츠보이의 제1유격대와 전투를 할 수 있는 상태였다.

일본 함대는 우선 「지원」을 공격한다. 「지원」의 장교와 수병들은 용맹하게 싸운다. 그러나 일본 편대의 집중포화를 받은 「지원」은 전투 개시 25~30분 만에 무력화된다. 15시 25분, 배의 후면에 큰 폭발이 일어나며 「지원」은 5분만에 침몰한다. 「지원」의 모든 장교와 수병은 배와 운명을 같이한다.

15시 55분, 「정원」이 홀로 일본 제1유격대와 맞선다. 중과부적이었지만 역시 1시간 넘게 용맹하게 싸운다. 일본의 순양함들은 「정원」을 2.5km의 거리를 두고 에워싸고 돌면서 집중포화를 가한다. 16시 48분, 「정원」은 전복된 후 폭발하면서 역시 승무원 거의 전원과 함께 침몰한다.[529]

츠보이의 제1유격대가 청의 순양함들과 격전을 벌이는 동안 이토 사령장관의 본대는 북양함대의 최정예 전함 「정원」, 「진원」과 전투를 벌인다. 적군의 우측을 돌아 후방으로부터 공격하는데 성공한 이토의 함대는 전장을 떠나는 청의 순양함 「지원」을 공격하다가 14시 30분 청의 해안경비선 「평원」을 만난다. 「평원」은 「마츠시마」와 「치요

황해해전에 참전한 일본 연합함대 전함들

일본 제1유격대

요시노(吉野)

다케치호(高千穂)

나니와(浪速)

아키츠시마(秋津洲)

본함대

일본 연합함대 기함 마츠시마(松島)

치요다(千代田)

이츠쿠시마(嚴島)

하시다테(橋立)

히에이(比叡)

후조(扶桑)

기타

아카기(赤城)

사이쿄마루(西京丸)

황해해전에 참전한 청의 북양함대 전함들

북양함대 기함 정원(定遠)

진원(鎭遠)

초용(超勇)

경원(経遠)

광갑(廣甲)

제원(済遠)

평원(平遠)

광병(広丙)

복룡(福龍)

다」와 짧지만 격렬한 포격전을 벌인다. 14시 34분 「평원」의 260mm 포탄이 「마츠시마」의 바베트(Barbette)를 맞추지만 관통하지 못한다. 「평원」도 곧 피격되면서 방향을 바꿔 전장에서 이탈한다.

15시경 이토의 본대는 청의 전함들과 맞닥뜨린다. 「진원」과 「정원」은 선수를 일본 함대를 향하게 한다. 반면 일본 함대는 청의 함대를 일렬종대로 에워싸고 돌고자 한다. 청의 전함들은 수많은 일본 포탄을 맞아 계속해서 화재가 일어나는 한편 장갑으로 보호되지 않은 부분들은 파괴된다. 그러나 청 전함들의 가장 중요한 부위들은 모두 두꺼운 장갑으로 보호되어 있었기에 전력에는 차질이 생기지 않는다. 외국인 장교들의 주도하에 청 수병들은 기강을 유지하면서 수 없이 발생하는 화재들을 모두 진압한다.

15시 26분, 일본 함대의 기함 「마츠시마」가 거의 동시에 두 발의 직격탄을 맞는다. 「진원」의 함포였다. 포탄은 둘 다 「마츠시마」의 120mm 함포 앞부분을 명중시킨다. 첫 번째 포탄은 「마츠시마」의 장갑을 뚫고 지나가 폭발하지 않은 채 반대편 바다에 떨어진다. 그러나 두 번째 포탄은 명중과 동시에 폭발하면서 이동식 화약고에 불이 붙는다. 순식간에 수병의 1/5이 전사한다. 불은 간신히 잡히지만 「마츠시마」는 큰 피해를 입고 전투대오에서 이탈한다. 이토 사령장관은 「마츠시마」에서 「하시다테」로 기함을 옮긴다.[530]

「마츠시마」가 피격 당하면서 청의 전함들은 잠시 숨을 돌릴 수 있게 된다. 그 사이 청의 전함들은 함상의 화재를 진압하고 필요한 수리를 한다.

16시 10분, 일본 함대의 공격이 재개된다. 「정원」과 「진원」도 전투 준비가 되어 있었다. 치열한 전투가 벌어진다. 일본의 군함들은 다시

황해해전. 고바야시 기요치카(小林淸親) 작

금 청의 두 전함들을 맴돌면서 끊임없이 공격하지만 청의 전함들은 수많은 포탄을 맞으면서도 끄떡없이 버틴다. 그러나 청군의 함포사격의 횟수가 줄어들기 시작한다. 피격을 당해서가 아니라 포탄이 동이 나기 시작했기 때문이다. 17시, 이토 사령장관은 제1유격대도 불러 공격을 배가하지만 여전히 일본의 중(中)화기로는 청 전함들의 장갑을 뚫지 못한다.

17시 45분 이토는 공격 중지를 명한다. 정여창 역시 전투 중지를 명한다. 두 척의 전함들은 여전히 건재했지만 포탄이 함포 당 4~5발밖에 남지 않았기 때문이다. 청의 전함 두 척은 북서쪽으로 향하여 북양함대의 나머지 함정들과 합류한다.

두 함대는 한 동안 평행으로 항진한다. 북양함대가 해안선에 더 가깝게 일본 함대의 북쪽에서 항진하고 있었다. 그러나 어둠이 내리면서 두 함대는 서로 떨어진다. 정여창 제독은 함대를 이끌고 뤼순으로 향한다. 뤼순이 파손된 전함들을 수리하는데 좋은 시설을 갖추고 있

일본 연합함대의 집중 공격을 받는 북양함대의 「정원」과 「진원」

었을 뿐만 아니라 웨이하이웨이보다 80해리나 더 가까웠다.

청의 북양함대는 9월 18일 정오쯤 뤼순항에 입항한다. 한편, 청의 병력을 압록강 어귀까지 수송한 수송선들은 일본 함대를 피해 압록 강변에 계속 머물다가 황해해전이 끝난 나흘 뒤인 9월 22일 톈진의 다쿠커우포대(大沽口炮台)로 무사히 귀환한다.

이토 제독은 해전 후 청의 함대가 웨이하이웨이로 귀항할 것으로 예상한다. 어둠이 내리자 청 어뢰정들의 공격을 피하여 넓은 바다로 함대를 이끌고 나간 이토는 파손된 「마츠시마」, 「히에이」, 「사이쿄 마루」 등을 일본으로 돌려보낸 후 나머지 함대를 이끌고 웨이하이웨 이로 향한다.

9월 18일 새벽 웨이하이웨이에 도착한 일본 함대는 인근을 수색하면서 뤼순으로 가는 길목을 지킨다. 그러나 몇 시간의 수색에도 청의 함대를 발견하지 못하자 다시 북서쪽으로 기수를 돌려 해전이 벌어졌던 지점으로 돌아간다. 그곳에서 암초에 걸려 있는 청의 소형 순양함 「양웨이」를 「치요다」가 어뢰를 발사하여 파괴한다. 9월 19일 정오쯤 장산곶에 도착한 일본 함대는 석탄을 보충하고 다시 전투준비를 한다.

이토는 북양함대가 뤼순으로 간 것을 확인하기 위하여 9월 22일 「나니와」와 「아키츠시마」 등 두 척의 순양함을 랴오둥 방면으로 보낸다. 청의 함대가 뤼순항에 입항해 있음을 확인하고 돌아오던 일본 순양함들은 9월 17일 밤부터 암초에 걸려 있는 청의 소형 순양함 「광갑」을 발견한다. 뤼순으로부터 구원병이 올 것을 기다리던 「광갑」의 수병들은 일본 순양함들이 나타나자 배를 폭파시켜 버린다.[531]

황해해전으로 북양함대는 2척의 중형 순양함과 3척의 소형 순양함을 잃고 718명이 전사하고 124명이 부상당한다. 나머지 전함들은 모두 3~4주 수리 후 복귀한다. 일본은 군함 4척이 심각한 피해를 입지만 격침된 것은 없었고 모두 4~6주의 수리 후 다시 복귀한다. 일본 해군은 90명이 전사하고, 208명이 부상 당한다. 부상병 중 34명은 나중에 병원에서 죽는다.

황해해전의 가장 중요한 결과는 파손되거나 격침된 전함의 숫자나 전사자의 숫자보다 일본이 제해권을 완전히 장악하게 되었다는 사실이다. 청의 두 전함 「정원」과 「진원」은 여전히 건재했다. 황해해전에서도 보았듯이 이 두 척의 전함만으로도 일본의 함대를 충분히 상대할 수 있었다. 문제는 사기였다. 황해해전 이후 북양함대의 장교와 수병들의 사기는 땅에 떨어진다. 정여창 제독마저 사기를 상실한 듯 했다. 청의 북양함대는 황해해전 이후로 일본 연합함대와의 맞대결 을 극구 피한다.[532]

영국 해군의 사령장관 발라르드(G.A. Ballard)에 의하면 북양함대의 횡 진은 처음부터 잘못되었다. 횡진은 보통 가장 약한 배들을 가운데 배 치하고 가장 강한 배들을 양측면에 배치함으로써 작은 배들이 공격 당하는 것을 방지하는 진이다. 그러나 정여창은 가장 약한 화력을 보 유한 함정들을 양측면에 배치함으로써 일단 전투가 시작되자 일본 전 함들이 횡진의 오른쪽 날개를 우회하여 끝에 있는 배들을 측면 함포 들을 사용하여 맹렬히 공격 하는 것을 막지 못한다. 왼쪽 날개의 전함 두 척 역시 곧바로 진용을 이탈하여 도주하기 시작한다. 동시에 일본 함포들은 북양함대 기함의 앞 돛대를 맞춰 쓰러뜨림으로써 신호 깃 발을 통한 청 함대 간의 교신을 불가능하게 만든다.

미국 해군이 작성한 보고서에 의하면 전투는 치열했지만 「양측 함 대에 가장 심각한 피해를 입힌 것은 화재였다.」[533]

상하이의 『더차이나가제트(The China Gazette)』소속 옌타이 특파원은 「청이 용맹하게 싸운 것은 확실하다. 그러나 전투 내내 놀라운 전술 을 계속해서 보인 일본에는 상대가 안되었다...... 불쌍한 청군은 이성 을 잃고 정신없이 포를 발사하였지만 그들의 장교들은 서투른 항해술 로 수병들을 적의 먹이감으로 만들었다. 반면 일본이 발사한 모든 포 탄은 명중하였다.」[534] 『더저팬위클리메일』의 기자에 의하면 「일본 전 함들은 전투진용을 시종일관 유지하였지만 청군은 곧바로 아무런 전술적 지휘도 없이 싸워야 했다.」[535] 한 유럽 외교관은 「일본이 해전에서 승리한 것은 일본 수병들의 실력과 용맹 때문이었지 그들이 타고 있던 전함 때문이 아니었다」고 한다.[536]

뿐만 아니라 청측의 포탄들은 불량품들이었다. 일본군은 전투가 시작된지 얼마 안되어 청측의 일부 포탄들은 화약 대신 시멘트로 채워져 있다는 사실을 알게 된다. 어떤 포탄들은 도자기로 채워져 있기도 하였고 구경이 틀려서 발포를 할 수 없는 경우도 있었다. 물론 이러한 사실들은 대부분 전투가 끝난 후에야 알려졌다. 전투 중 일본 해군은 오히려 청의 전투력을 과대평가한다. 이토 사령장관이 도주하는 청의 전함들을 추격하지 않았던 이유다. 당시 이토 제독은 알 길이 없었지만 청 측은 포탄이 거의 다 떨어진 상태로 두 거대한 전함의 함포는 더 이상 발사할 수 없는 상황이었다.[537] 청 해관 총세무사 하트에 의하면 전투 전야에 청은 주력 화기인 독일제 크럽(Krupp)포들에 사용하는 포탄이 없었고 암스트롱 장총에 사용할 화약도 없었다.[538]

평양전투에 이은 황해해전의 승리는 외국 언론사들을 감탄하게 만든다. 서방의 언론들도 처음으로 전쟁 소식을 1면에 대서특필하기 시작한다. 아무도 전세가 이렇게 빨리 일본 측으로 기울 것을 예측하지 못했기 때문이다. 러시아의 한 신문은 9월 20일자 기사에서 일본이 「눈부신 승리」를 거뒀다고 한다.[539] 런던의 『타임즈』는 일본이 「문명세계가 생각하고 이룬 가장 훌륭한 것들을 자기 것으로 만드는 전례를 찾아보기 힘든 능력을 갖고 있다」면서 「전례를 찾아보기 힘든 또 한가지는 그렇게 배운 아이디어들을 실천에 옮길 줄 안다는 사실이다」라고 보도한다.[540]

모스크바의 일간지 『모스코브시키 브데모스티(Moskovskiye Vedomosti)』는 10월 10일자 기사에서 일본의 승리는 이미 정해진 것이라고 하면서 「전쟁이 발발하기 전 청과 일본 군대의 상태를 잘 알고 있던 우리의 독자들은 「욱일제국」의 승리가 하나도 놀랍지 않고 당연한 것으로 생각할 것이다..... 동방에는 새 군사강국이 나타났다」고 한다.[541]

한편 청 조정이 받은 황해해전 보고서는 청 함대가 「수적으로 우세한 왜인의 함대와 싸워 적의 함선 3척을 격침시키고 나머지도 모두 심각한 피해를 입혔지만 우리 배도 4척을 잃었다」고 한다.[542] 이홍장에게 올라온 또 다른 보고서는 황해해전을 「서양의 해전사에서도 찾아 보기 힘들 정도로 치열한 전투」로 묘사한다.

> 양 측의 배들은 큰 피해를 입었지만 특히 적군의 배들이 더 큰 피해를 입었습니다. 적이 먼저 퇴각하기 시작하였고 따라서 승리는 우리의 것이라고 보아도 무리가 없을 것입니다. 우리의 후방이 교란되지만 않았어도 우리는 완벽한 승리를 거둘 수 있었을 것입니다.

이 보고서는 용맹하게 싸운 자들에게 후한 상을 내릴 것을 추천한다.[543]

중국에서 발행되는 신문들은 일본 측의 전황보고를 믿지 않는다. 일본 측이 배가 한 칙도 격침되지 않았다는 것을 믿을 수 없었기 때문이다. 대부분 청 측 함정 3~4척이 격침된 반면 일본의 함정들은 거의 모두가 심각한 피해를 입었다고 주장한다. 9월 20일 해전에 참전했던 청의 외국인 군사고문들이 톈진으로 귀환한다. 이로써 청의 전함

4척이 격침되었다는 사실이 확실하게 밝혀진다. 그러나 이들조차도 일본의 전함이 한 척도 격침되지 않았다는 사실은 부정한다.

광서제는 북양함대의 최 고위 외국인 고문이었던 프로이센 군 출신 하네켄(Constantin von Hanneken) 소령을 소환한다. 청 황제가 외국인 고문을 친견하는 것은 전례가 없는 일이었다. 하네켄은 프로이센의 공병 출신으로 뤼순항과 웨이하이웨이의 해군 기지 건설을 주도하였다. 광서제는 풍도해전 당시에도 「가오슝」호에 승선해 있었고 황해해전 당시에도 현장에 있었던 그로부터 전황을 직접 듣고 싶어 했다.[544] 청의 황제가 자신의 신하들은 아무도 믿을 수 없어서 외국인에게 전황을 물어봐야 했다는 사실은 당시 청 최고위층이 접하는 정보의 질이 얼마나 형편없었는지 적나라하게 보여준다.

34. 중국 본토 공략작전

황해해전 이후 전구(戰區, theater of war)는 만주로 옮겨간다. 성환전투와 평양전투의 목표가 청을 조선반도로부터 축출하는 것이었다면 황해해전 이후 일본의 목표는 청의 수도 베이징으로 진격할 수 있는 해로와 육로를 확보하는 것이었다. 이를 위해서는 랴오둥반도 끝에 위치한 청 해군기지 뤼순 공략이 최우선이었다. 16년에 걸쳐 구축된 뤼순의 해군기지는 홍콩보다 월등한 것으로 정평이 나 있었다. 뤼순이 함락되면 청은 파괴된 전함들을 수리할 수 없게 되고 따라서 일본이 황해, 특히 중국의 수도 베이징으로 가는 길목인 발해만의 제해권을 잡을 수 있었다. 발해만의 또 다른 청 요충은 산둥반도의 웨이하이

웨이 해군기지였다. 만일 뤼순과 웨이하이웨이가 함락된다면 전쟁은 끝난 것이나 마찬가지였다.

1894년 9월 초, 런던의 『타임즈』는 청일전쟁의 전략구도를 다음과 같이 설명한다.

> 다쿠커우(大沽口), 톈진, 그리고 베이징으로 가는 발해만 입구는 뤼순과 웨이하이웨이 사이에 오면 110마일로 좁혀진다. 이 항구들은 자연이 지정해준 중국 북동해안의 전략적 요충이다. 발해만을 들어가는 적군은 측면과 후방에 이 두 항구를 염두에 두어야 한다... 뤼순과 웨이하이웨이의 전략적 가치는 온전히 청 해군의 전투력에 달렸다.

기사는 「역사를 보면 피신할 수 있는 요새가 가까운 곳에 있으면 소극적으로 방어만 하는 경우가 많다」고 경고한다. 그리고 뤼순의 최신 방어진이 대부분 바다를 향해 있음을 지적하면서 「늘 그렇듯이 후방의 육지를 향한 방어망은 상대적으로 약한 것 같다. 그러나 역사의 교훈은 적은 그쪽으로 공격해 온다는 것이다.」 따라서 뤼순을 지키기 위해서는 무엇보다도 중요한 것이 바다로부터 공격해 오는 일본 해군이 아니라 일본 육군이 상륙하여 뤼순의 후방으로 공격해 들어오는 것을 막는 것임을 지적한다. 기사는 「뤼순항의 동쪽에 대규모 군대를 상륙시키는 고난도 작전을 방해하려는 시도를 안 한다는 것은 거의 상상할 수 없는 일이다」는 말로 끝맺는다.[545]

일본군은 세 갈래로 베이징을 향해 진격하는 전략을 짠다. 제1군의 일부는 만주에서 랴오둥반도로 진격하고 제2군은 바다를 통해 랴오둥반도에 상륙하여 반도를 따라 남하하여 뤼순을 공략하고 제1군의 나머지 병력은 청황실의 고향인 션양(瀋陽, 심양)으로 진격하기로 한다. 뤼순을 함락시키면 제1군은 만주에서 전투를 계속하면서 베이징으로 향하고 제2군은 북양함대의 기항인 웨이하이웨이를 공격한다. 이 작전들이 모두 성공하면 청의 해군은 궤멸되고 베이징은 독 안에 든 쥐가 된다. 육군은 히로시마에서 제3군도 편성하고 있었다. 제3군은 톈진의 다쿠커우포대(大沽口炮台)에 상륙하여 하이허강(海河)을 따라 베이징으로 진격하는 것이 목표였다.[546]

한편 청의 광서제는 9월 17일 이홍장의 황마괘(黃馬褂)를 박탈한다는 칙령을 내린다. 이홍장이 일반 관리였다면 처형되었을 것이 분명하다. 그러나 아무리 패전을 거듭하고 있다 하여도 회군과 북양함대는 청의 정예군이었다. 청조를 지키기 위해서는 이홍장이 필요했다. 사태의 심각성을 인식한 서태후는 환갑잔치를 취소하고 환갑잔치용으로 비축해뒀던 비용 중 300만 냥을 병부에 보내 전쟁비용에 보태도록 한다.[547] 그러나 청의 전략은 여전히 일본군이 압록강을 건널 수 없을 것이라는 전제에 기반하고 있었다.[548]

일본군이 파죽지세로 청군을 격파하자 걱정하기 시작한 것은 오히려 일본 외무성이었다. 이토 총리대신과 무츠 외무대신 등은 군부가 청 조정을 무너뜨리는 것을 목표로 삼는데 대한 심각한 우려를 표명한다. 베이징 함락을 목표로 삼는 것은 구미 열강들의 개입을 불러올 것이 분명했다. 따라서 이토 등은 군부에 보다 제한적인 전쟁 목표 설정을 주문한다.

두 차례의 전투에서 대승을 거둔 일본은 청의 홍보전을 무력화시키기 위해서 외국인 기자들을 종군기자로 받기로 한다. 반면 외국 기자들이 청군을 따라다닐 수는 없었다. 『페킹앤드톈진타임즈(The Peking and Tientsin Times)』는 「아무도 청군을 따라가는 외국인의 안전을 보장할 수 없다」고 한다. 실제로 일본 제2군의 종군기자와 그의 통역이 청군에 포로로 잡혀서 죽는 일이 발생한다.[549]

평양전투에 이어 황해해전에서도 일본이 청군을 대파하자 영국 해군의 장교로 일본 해군 고문을 6년간 역임한 존 잉글스(John Ingles)는 10월 6일자 『더저팬위클리메일』 인터뷰에서 「천황의 군대는 이제 극동의 균형을 완전히 바꾸는 요인이다. 일본은 극동의 국가 중 가장 근대적인 방식에 따라 훈련된 나라이기 때문이다」라고 한다.[550] 런던 『스펙테이터(Spectator)』는 11월 24일 기사에서 다음과 같이 말한다.

일본인들은 마치 백인인양 대해야 한다. 일본은 더 이상 강제할 수도 협박할 수도 없다. 왜냐하면 어떤 열강도 유럽에서 전쟁하는 것 못지 않는

비용을 지불할 준비가 되어 있지 않는 한 일본과 전쟁하지 않으려고 할 것이기 때문이다.[551]

서양의 언론들이 이때까지도 몰랐던 것은 일본의 암호 해독가들이 1894년 6월 청의 암호체계를 완전히 해독하게 되었고 따라서 개전 이전에 이미 이홍장과 그 휘하의 군 지휘관들 사이의 모든 교신을 읽고 있었다는 사실이다. 월등한 전략, 무기체계, 장비, 보급체계, 수송체계, 훈련체계, 사기, 준비, 홍보, 더구나 적군의 암호까지 깨뜨린 일본이 연전연승하는 것은 당연한 일이었다.[552]

35. 일본 제2군 (1894.9.22.)

청의 북양함대는 황해해전으로 전력이 약화된 것은 사실이었지만 여전히 두 척의 전함을 포함하여 6~7척의 군함을 보유하고 있었다. 더구나 남양함대까지 가세할 경우 청 해군은 11~12척의 군함을 동원할 수 있었다. 이는 황해해전 당시와 비등한 전력이었다. 따라서 일본군은 황해해전 승리의 여세를 몰아 곧바로 다음 전투를 준비한다. 관건은 북양함대가 다시 전투태세를 갖추기 전 랴오둥반도와 뤼순항을 함락시키는 것이었다. 일본 대본영은 황해해전 닷새 후인 9월 22일 제2군 동원령을 내린다.

제2군은 제1, 2여단으로 구성된 제1사단과 제6사단의 제12여단(야포 여단, 기병대, 공병대 포함) 등 총 26,000~27,000명의 병력으로 편성된다. 해안포대 6개 대대와 보조부대도 포함된다. 사령관에는 오야마

이와오 원수가 임명된다.

제12여단 병력은 시모노세키와 마주 보는 모지(門司)에 집결하여 9월 26~28일에 걸쳐 13척의 수송선에 올라 9월 30일 제물포에 도착한다. 제1사단은 히로시마에 집결하여 10월 15일 3척의 수송선에 올라 우지나를 출발하여 시모노세키에 잠시 들린 후 10월 19일 대동강 어귀의 진남포에 도착

오야마 이와오(大山巖)

한다. 제2군의 나머지 병력도 10월 16~17일 사이에 34척의 수송선에 올라 우지나를 출발하여 일본 함대의 호위 속에 조선으로 향한다.[553]

제1사단 병력이 진남포로 향하고 있을 때 일본 연합함대의 전함들은 압록강 어귀 서쪽 청의 해안선을 탐색하며 적당한 상륙지점을 찾고 있었다. 그러나 이 해안선은 다롄까지 수심이 낮은 진흙 밭이 대부분이었고 자연항도 없어 군사를 상륙시키기에는 적당치 않았다. 일본은 두 군데를 고려한다. 하나는 뤼순으로부터 136km 떨어진 랴오둥반도 남난의 화옌커우, 또 다른 곳은 뤼순으로부터 48km 떨어진 피츠웨(피커우, 皮口)였다. 일본의 대본영은 결국 피츠웨에 병력을 상륙시키기로 한다.[554] 10월 23일, 제1여단 병력을 실은 수송선 12척이 진남포를 출발하여 일본 해군의 호위 하에 다음날 저녁 해질 무

렵에 피츠웨에 도달하여 청군이 있는지 정탐 후 새벽부터 상륙작전이 시작된다.

상륙작전은 최악의 여건 속에서 진행된다. 해안의 암초로 인하여 수송선들은 해안으로부터 10km 바깥까지 밖에 접근할 수 없었다. 그나마 진흙 바닥이어서 작은 배로도 병력을 해안까지 수송하는 것이 어려웠다. 결국 병사들은 마지막 수백 미터를 무릎까지 빠지는 진흙 속을 행진해야 했다. 공병대가 해안에서 1km 밖까지 부교를 놓았지만 별 도움이 되지 않았다.

제1여단 병력은 10월 25일 저녁, 대포와 보급품은 10월 29일에야 상륙이 끝난다. 제물포로 돌아갔던 수송선들은 10월 30일 제12여단 병력을 싣고 온다. 상륙작전은 11월 4일까지 계속되어 어려운 여건에도 불구하고 아무런 병력 손실 없이 진행된다.[555]

앞서 상륙한 제1사단은 곧바로 뤼순으로 진격한다. 10월 27일, 전위부대가 피츠웨에 도착하여 전투 없이 점거한다. 11월 2일, 본대가 도착한 후 첫 두 대대가 청군이 지키고 있는 진저우(금주)까지 진격한다. 그 다음날 제1사단의 나머지 병력도 도착한다.[556]

36. 압록강 전투 (1894.10.24.)

평양전투에서 패한 청군은 압록강을 사수하기로 한다. 청은 송경(宋慶, 1820~1902) 장군의 26,000(49개 대대) 병력을 지우리엔청(九連城)과 안동(安東)에 집결시킨다. 청군은 지우리엔청에서 압록강 북쪽 강변을 따라 남쪽으로 안동에 이르는 11km, 북쪽으로 후산(虎山)에 이르는 16km

압록강전투 중 부교에서의 전투를 묘사한 「日淸九連城激戰船橋之図」. 신사이 도시미쓰(福島年光) 작

에 걸쳐 거대한 진지를 구축한다. 당시 74세였던 송경은 30년전 이홍장을 도와 태평천국의 난과 니엔난을 평정하면서 이름을 떨친 바 있다. 1880년부터는 이홍장 휘하에서 만주 방어를 책임졌고 1882년에는 뤼순 주둔군을 지휘하였다. 평양전투 직후 이홍장은 그에게 만주의 청군 지휘를 맡긴다.[557]

야마가타 아리토모 원수가 지휘하는 일본군 제1군은 평양전투의 승리의 여세를 몰아 공세를 이어간다. 제6여단에 길어진 보급선 보호를 맡기고 제1군의 나머지 병력은 짧은 휴식 끝에 북진한다. 10월 5일 안주를 점령한 일본군은 이틀 후에는 정주, 그리고 10월 20일에는 의주 부근에 도달한다.

압록강을 사이에 두고 대치 중이던 청-일 양군 간의 전투는 10월 24일 일본군의 선공으로 시작된다. 야마가타는 나폴레옹의 전법을 채택하여 전면공세를 취하는 척하면서 청군을 유인한 후 주력에게는 청군의 측면인 후산을 치도록 한다. 이 전법이 성공하기 위해서는 병력이 압록강을 건너야 했다. 평양에서 대동강을 건너면서 어려움을

겪었던 터라 일본군은 이번에는 도강 준비를 철저히 하여 10월 24일 밤 의주에 부교를 놓아 주력이 압록강을 건너도록 한다.

다음 날, 청군의 측면과 전면에 대한 공세가 동시에 시작된다. 일본군은 저항하는 청군을 격퇴하고 압록강 도강을 시작하여 다음날 모두 강을 건넌다.[558] 도강 중 일본군은 지우리엔청(九連城) 청군들의 공격을 받지만 쉽게 격퇴하고 역공을 시작하여 10월 26일에는 지우리엔청과 안동(단동)을 함락한다. 일본군이 지우리엔청의 성벽을 넘어 들어갔을 때 요새는 비어 있었다. 이 전투에서 일본군은 34명이 전사하고 111명이 부상 당한 반면 청은 500명 이상의 사상자를 낸다.[559]

청군이 벽돌로 쌓은 지우리엔청의 견고한 성벽 뒤에서 결사적으로 싸웠다면 일본군에 엄청난 피해를 입힐 수 있었지만 청군은 요새를 방어하는 척 총을 산발적으로 발사하면서 밤에 조용히 빠져나간다.[560] 안동 역시 마찬가지였다. 청군은 평양전투에서와 같이 막대한 양의 무기와 쌀을 남겨둔 채 퇴각함으로써 일본군의 병참부대 역할을 한다.

37. 전쟁포로와 부상병

전투가 거듭되면서 서양 언론은 청군이 일본군 포로를 다루는 방법에 대해서 경악한다. 당시 대부분의 서구 국가들은 1864년 8월 22일에 발효된 「제네바 협약」에 조인하였으며 따라서 전쟁포로를 보호할 의무가 있었다. 그러나 청은 여전히 포로들을 고문하고 죽이는 것을 당연하게 여겼다. 청군이 포로들을 참수한 이유는 적군의 머리 숫자

대로 보수를 받았기 때문이다.

뿐만 아니라 청군은 포로를 관리할 방법이 없었다. 군량도 보급이 안되고 의료 지원도 못 받는 처지에 포로들을 수용하고 보호할 방법이 없었다. 처형은 손쉽게 포로 문제를 해결하는 방법이었다. 물론 포로들의 배를 가르고, 코나 귀 등을 자르고, 간을 빼내는 등 수 없이 자행된 청군의 잔인한 행위는 변명의 여지가 없었다. 청일전쟁을 통해 드러나기 시작한 전쟁포로들에 대한 청군의 만행은 서양인들로 하여금 중국을 더욱 경멸하게 만든다.[561]

청의 잔인한 고문은 국제적인 뉴스가 된다. 11월 말 청이 중국에 거주하고 있던 일본 민간인 두 명을 고문하고 죽인 사건이 터진다. 청일전쟁이 발발하자 중국에 머물고 있던 많은 일본인들은 미국 영사관의 중재를 통해서 안전하게 귀국할 수 있었다. 일본에 거주하는 중국인의 경우에도 주 일 미국 공사관에서 이러한 편의를 제공하였다. 그러던 중 상하이에 거주하던 일본인 2명이 청의 경찰을 피하여 미 영사관으로 피신하면서 보호를 요청한다. 청은 이들이 스파이이며 그들이 소지하고 있던 문서들이 이를 증명한다면서 이들을 청 측에 넘길 것을 요구한다. 저니간(Jernigan) 주 상하이 미국 총영사는 이를 미 국무장관 그레샴에게 보고 하였고 그레샴은 국제법에 따라 청 측에 일본인들을 넘기도록 한다. 그 대신 미국은 청 측으로부터 일본인들을 고문하거나 사형시키지 않겠다는 약속을 받아낸다.

그러나 청 측은 일본인들을 인계 받은 즉시 이들을 가혹하게 고문한 후 죽인다. 쇠사슬 위에 무릎을 꿇게 한 후 그 위에 올라서기, 손톱 뽑기, 혀 짓이기기, 손목에 채운 수갑이 뼈에 닿을 때까지 손목에 뜨거운 물 붓기, 성기 짓이기기, 숨이 넘어가기 전에 목을 자르기 등

등의 고문사실이 밝혀진다.[562] 중국은 국제적으로 야만을 상징하게 된다.

전황에 대한 청 조정 거짓발표가 계속되면서 중국에 대한 외국 언론의 시각은 점점 더 부정적으로 되어간다. 펑티엔(봉천) 사단의 사령관 좌보귀 장군의 평양전투 보고서에 의하면 「이 달(9월) 17일(양력 10월 11일) 청군은 평양의 일본군을 공격하여 많은 수를 사살하고 평양 남서쪽 11마일에 있는 군청 소재지 중화(中和)까지 밀어냈다. 일본군은 중화에서 다시 한번 저항하였지만 다시 수많은 사상자를 내고 다음날 남서쪽으로 패주한다. 중화는 현재 청군의 수중에 있다.」[563] 이는 다른 모든 전황보고와 전혀 달랐을 뿐만 아니라 좌보귀 장군은 평양전투 중 전사하였고 따라서 이 보고서를 작성할 수 없었다는 사실마저 밝혀진다.[564]

청 측이 제공하는 정보 대신 일본 측이 제공하는 정보를 이용한 언론들은 상황을 보다 정확하게 보도한다. 『더펄멀가제트』는 「청군은 완패하였다」고 보도한다.[565] 전쟁이 계속되면서 점점 많은 수의 언론사들은 중국 측 정보원을 사용하는 것을 중지하고 일본 정부의 공식적인 전쟁 속보를 인용한다. 이 과정에서 일본은 정확성과 효율성으로 명성이 자자하게 된 반면 중국에 대한 서구인들의 인상은 더욱 악화되기만 한다.

일본 정부는 평양전투를 서양열강에 대한 홍보전에 적극 활용한다. 「가오슝」 격침 때 물에 빠진 청의 병사들을 구출하지 않았다는 혹독한 비판을 받았던 일본이기에 이번에는 일본군이 얼마나 인도주의적인지를 보이기 위해 노력한다. 일본군은 600명의 청군 포로를 도쿄로 이송한다. 병들거나 부상당한 111명에게는 최고 수준의 의료서비스를 제공한다. 이는 적군은 고사하고 아군에 대해서도 아무런 의료 행위를 하지 않는 청군의 야만성을 간접적으로 부각시키기 위해서였다. 『더저팬위클리메일』 기자는 다음과 같은 기사를 쓴다.

내가 다른 무엇보다 천 배 이상 관심을 갖고 지켜본 것은 중국인 포로들과 부상자들이 어떤 대우를 받았는지다. 왜냐하면 나는 이에 대하여 나의 존경심을 어떻게 표현해야 좋을지 모르기 때문이다...... 나는 포로로 잡힌 장교와 대화를 나눌 수 있었다. 그는 일본의 친절함을 도저히 이해할 수 없다고 하였다...... 나는 부상당한 중국 병사들이 있는 병원으로 갔다. 그들은 일본인과 똑같은 치료를 받고 있었다...... 일본이 세계 문명국들의 하나임을 부정할 여지가 없다.[566]

그러나 평양전투 이후에 벌어진 전투에서 포로로 잡힌 청 병사들이 일본군으로부터 어떤 대우를 받았는지에 대해서는 별다른 보도가 없었다. 전쟁 내내 포로수용소에 대한 보도도 하나도 없다. 전황에 대한 보도에는 적군이 「섬멸되었다」는 표현이 자주 등장한다. 당시 한 군사전문가에 의하면 「청군은 흔히 무기도 없이, 마치 민간인으로 보이고자 제복들을 찢어 던진 듯 옷은 반쯤만 걸친 채 등에 총을 맞아 죽거나 부상한 경우들이 많았다.」[567] 당시 일본 병사들의 일기를 보면 일본군인들은 포로를 생포하는데 관심이 없었다. 일본군은 만주로 진격해 들어갈수록 그렇지 않아도 줄어들기 시작한 보급에 더 많은 부담만 되었기 때문이다.[568]

1895년 3월 9일, 외국특파원들은 티엔촹타이(천장태) 전투가 끝난지 1시간 후에 전장에 도착한다. 개항장인 잉컹우(영구)로부터 멀지 않은 만주 해안에 위치하고 있었기 때문이다. 그런데 특파원들은 200~300명 되는 청군의 전사자 중 단 한 명의 생존자도 발견하지 못한다. 그 중 20~30명은 총상 이외에도 목이 잘렸거나 총검에 찔린 상태였다. 이는 일본군이 그들을 치료를 해주는 대신 죽여 버렸음을 보여준다. 일본은 청과 달리 제네바 협약 당사국이었다.[569] 또한 일본 군인들이 중국 민간인들을 학살한다는 보고도 간간히 들어왔다. 평양전투 이후로는 더 이상 일본이 청의 포로들을 일본으로 데려가 치료했다는 보도는 나오지 않는다.

전쟁 내내 일본 적십자에 대한 긍정적인 보도도 끊이지 않았다. 일본은 1877년 적십자를 설립한 반면 청은 전쟁 막바지에야 적십자를 설립한다. 9월 15일 『페킹앤톈진타임즈(*The Peking and Tientsin Times*)』는 「우리는 적십자사와 정부의 넉넉한 지원을 받는 일본의 응급차들은 모두 최상급 수준이란 것을 잘 안다... 우리는 다만 중국 군인들에 대해서도 유사한 대우가 가능해지기를 손 꼽아 기다릴 뿐이다. 많은 외국인들은 부상자들을 돌볼 수 있는 여하한 합리적인 방법이 있다면 기꺼이 기부할 것이다」.[570] 외국인들이 적십자를 설립하고자 하자 톈진의 타오타이(道台)는 「우리는 부상당한 중국인들을 살리고 싶지 않다」며 쫓아 버렸다고 한다.[571] 그럼에도 불구하고 외국인들은 뉴좡, 톈진, 옌타이 등지에 적십자를 설립한다.[572]

『노스차이나헤럴드(*The North-China Herald*)』의 기자는 청의 고위관리들과 장교들이 부상당한 청 병사들을 대하는 것에 경악한다.

이 불쌍하고 가련한 자들이 겪어야만 되는 형언할 수 없는 고통은 자국민들을 이처럼 냉정한 무관심으로 일관하는 정부에 대한 깊디깊은 혐오감을 불러 일으킨다. 문명화된 정부라면 당연히 해야 될 일들을 유럽의 자선단체들이 이토록 잘 해준다는 것은 그나마 다행이다. 그러나 그토록 자존심 강한 척하고 오만하기 이를 데 없는 관리들이 자신들이 직접 도울 생각은 없이 이토록 철저하게 부끄러운 줄 모르고 외국의 자선에만 의존하는 모습을 볼 때 구역질나게 경멸스러운 생각이 드는 것은 어쩔 수 없다.[573]

11월에는 『페킹앤톈진타임즈』기자가 청군을 「일본군에 학살당하거나 쫓기며 굶주리고 기강이라고는 없는 폭도」라고 묘사한다. 기자는 이어서 왜 청 정부는 전쟁이 발발한 이후 3개월이 지나도 이러한 문제를 해결하려고 하지 않는지 묻는다. 「병참부와 군의부를 조직해서 군사들이 전투 중에 최소한 먹을 것이라도 있고 봉급이라도 받을 수 있게 해주고 전투 중에 부상을 당하면 죽도록 내버려두지 않아도 되었을 것」이라며 비판한다. 그는 지휘관들이 「아무런 전문적인 훈련을 받은 것이 없고」「중국인들은 그저 수적인 우위로 승리할 줄 알았다」면서 「이런 학살이 언제까지 계속될 수는 없다」고 한다.[574]

38. 제2차 동학봉기 (1894.9.~12.)

제1차 동학봉기가 정부군의 전주성 탈환으로 끝난 이후 동학군은 흩어진다. 최시형을 따르는 「북접」의 동학교도들은 온건한 활동으로 정부를 더 이상 자극하지 않으려고 한다. 반면 제1차 동학봉기를 주도하였고 대원군을 추종하는 전봉준이 이끄는 「남접」은 계속해서 무장 투쟁을 이어간다. 그러나 최시형을 따르면서도 무장봉기에 적극 참여한 세력도 있던 반면 최시형도, 전봉준도 따르지 않으면서 혼란을 틈타 「동학」의 이름으로 농가들을 습격하여 약탈하는 무장폭도들도 있었다. 최시형은 이에 대하여 「금석지전(金石之典)」을 포고한다.

무릇 우리 교는 남북 어느 포를 막론하고 모두 용담 연원이니 도를 지키고 스승을 존숭할 따름이다. 지금 남북의 각 포가 의거를 빙자하여 평민들을 침탈하고 교인을 상해하여 기강이 없음이 극에 이르렀으니, 만일 이를 일찌감치 단절시키지 않으면 좋고 나쁨을 가릴 수 없고 옥석마저 모두 불타게 될 것이다. 오직 팔도의 각 포 교우들은 이 글을 본 후 뜻을 분발하고 마음을 고치기를 바라노라. 각기 속한 포의 두령의 지위와 단속에 따라, 조금도 교의 규범을 어기지 말고 한마음으로 힘을 합쳐 스승님의 원(寃)을 펴고자 기도하라.[575]

그러나 대원군이 전봉준, 김개남 등에게 밀파하였던 초모사 임기준은 7월 29일 공주에서 대규모 집회를 열고 8월 2일 공주 감영을 점령한다. 이는 일본군의 동학군 정탐보고에도 나타난다.

임기준(任箕準)은 공주에 있으며 충청감사 박제순(朴齊純)을 강박하여 공주가 거의 그의 수중에 들어간 것 같다고 한다. 그래서 말하기를 올해 10월 초순 대원군이 그의 심복인 박준양(朴準陽) 즉, 감사 박제순의 종형제(從兄弟)를 공주로 파견한 뒤부터 그 감사가 약간 동학에 마음을 기울인 혐의가 있다고 한다.[576]

9월 11일에는 천안에서 일본인 6명이 동학도들에 의해 살해되는 사건이 일어난다. 오토리 공사는 9월 26일 전문으로 무츠 외무대신에게 이 사건을 보고한다.

이달 중순 충청도 천안군에서 일본인 6명이 동학당에게 살해되었다는 풍문이 어디서부터인지 전해졌습니다. 그 후 우리 영사관 근처에 붙여 놓은 동학당의 방(榜)에 이달 12일 (음력 8월 12일, 즉 양력 9월 11일에 해당함) 천안군에서 일본인 6명을 처음으로 주살하였다는 글귀가 있었습니다. 곧 외무아문에 연락하여 그 사실을 확인해보니, 같은 달 20일 외무아문으로부터 천안군수의 첩보 사본이라 하면서 별지 갑호(甲號)를 보내왔습니다. 이에 따라 처음으로 피살된 사실이 틀림없다는 것을 알게 되었습니다.

그래서 다음 날 우치다(內田) 영사에게 훈달(訓達)해서 그 피해자의 성명과 피살상황을 조사하고 아울러 가해자 수색을 지방관에게 독촉하기 위해 순사 3명을 파견하였습니다. 그리고 통역으로 사이토(齋藤) 어학생(語學生)을 파견하였으나 이들이 천안에 도착했을 때도 아직 동학당의 기세가 등등해서 지방 관리가 겁을 먹고 감히 조사·협력할 생각을 하지 못했습니다. 겨우 피해자가 일본인이라는 것을 확인만 하고, 곧 영사관으로 되돌아 왔습니다.

따라서 이렇게 된 이상 조선 정부와 담판하여 엄중히 조사하도록 할 생각입니다. 하지만 지금과 같이 정부가 힘이 없고 게다가 모호한 방면으로부터 몰래 그 무리와 연락을 취하고 있는 듯한 혐의도 있어서 도저히 좋은 결과를 얻어낼 가망이 없습니다. 그래서 우리나라 후비대(後備隊)가 도착하는 것을 기다려 병사 약간 명과 순사를 파견하여 군대의 힘을 빌어 우리 손으로 조사하는 것 외에 다른 방법이 없는 것으로 생각됩니다. 따

라서 이와 같은 사정을 상신하는 바입니다.[577]

무로타 요시아(室田義文)

실제로 9월 말부터 삼남의 동학군이 다시 움직이기 시작했다는 보고들이 일본 공사관 들어오기 시작한다. 9월 22일 주 부산 일본 총영사 무로타 요시아(室田義文, 1847.10.27.~1938.9.5.)는 다음과 같은 보고를 올린다.

충청도 하담(河潭)·가령(可興) 근방에 동학당이 발호하고, 일본 군대의 짐을 운반해 주는 놈은 모두 죽여야 한다고 협박하므로 지방민은 이것이 두려워 우리에게 고용되려는 사람이 없습니다. 그곳 병참부에서 매일 필요로 하는 인부는 100명인데 모집에 응해 오는 사람은 겨우 4, 5명에 불과합니다.

그래서 병참부에서는 그 근방의 동학당 두령을 간곡히 설득했답니다. 그랬더니 그 곳에서 10여 리 떨어진 데이호인이라는 곳에 더 높은 두령이 있어 그 사람의 명령을 들어보지 않고서는 어떻게도 처리할 수 없다는 것이어서, 우리 병참부가 그 곤란한 사정을 급보해 왔습니다.

그러므로 당항(當港) 병참감(兵站監)은 드디어 강제징발의 수단을 취하도록 전령을 내렸습니다. 위의 일은 실로 부득이한 사정인 것입니다. 이 일에 관해서 어제 전보로 요청한 대로 충청도 감사와 그 밖의 지방관 등이 이들 완고한 인민을 설유(說諭: 말로 잘 타이름) 또는 징계하여 앞으로는 이와 같은 무례한 일을 저지르지 않도록 처리할 것을, 귀관께서 해당기관에 요청해 주시기를 바라면서 위와 같이 보고 드립니다.

9월 24일 오토리 공사는 조선 조정에 동학군이 각 성내로 잠입하였다는 소문이 있다면서 엄중히 경계할 것을 요구하는 전문을 보낸다.

삼가 아룁니다. 충청·전라·경상 등 각 도 내에는 각 지방의 동학당들이 다시 치열하다는 소문이 있고, 또 요즈음에는 그 동비(東匪)들이 성 내로 잠입하였다는 말이 있습니다. 서한을 받는 대로 바로 성 내를 엄하게 경비하도록 하십시오. 지금부터 귀국인 중에 큰 총이나 작은 총들을 가지고 외부에서 성 내로 들어오는 사람이 있으면 일률적으로 엄하게 금지하여 주십시오. 이것은 매우 긴요한 일입니다. 그리고 이 일에 대해서는 이미 오늘 스기무라(杉村) 서기관을 파견하여 귀 대신과 모든 것을 상의하도록 하였지만 다시 이 서한으로 아뢰니, 귀 대신께서는 정확히 파악하여 속히 이행하시기 바랍니다. 삼가 이만 줄이옵고 태형(台兄)의 다복하심을 빕니다.[578]

9월 28일에는 부산 총영사 무로타 요시야가 서상철(徐相轍)이라는 안동 선비의 격문(檄)을 입수하여 오토리 공사에게 보낸다.

호서충의(湖西忠義) 서상철(徐相轍) 등은 특히 대의로써 우리 동토(東土)의 뜻 있는 군자 및 우리 호적에 올라있는 모든 사람들에게 포고합니다. 산에 올라가서 고함을 지르면 사면이 모두 호응하는데, 그것은 소리가 높거나 커서 그런 것이 아니라 그 소리를 들은 사람이 많기 때문입니다. 그러므로 집집마다 전달하여 일깨워 주시고, 또 모두 한 몸이 되어 돌려가면서 살펴보시기 바랍니다.

지금 임금께서는 누란(累卵: 매우 위태로운 형세)의 위기에 놓여 있는데, 안일하게 앉아서 돌아보지 않으며 신하된 자로서 한 하늘 아래 같이 살 수 없는 원수를 두고도 아무 각성이 없이 다만 피할 줄만 알고 모두가 자기의 사사로운 일만을 꾀하여, 변란이 일어난 지 한 달이 지났으나 아직까지도 소문 한 번 내지 못하고 조용하기만 하니, 이것이 어찌 우리 열성조가 500년 동안 아름답게 길러온 의리라고 하겠습니까? 이 삼천리강토에서 관을 쓰고 허리띠를 두르고 사는 마을에 혈기를 가진 사람이 한 사람도 없단 말입니까?

옛날 임진란이 일어나던 해에 어가가 파천하여 임금과 백성이 진흙길에 빠져 죽음에 이르지 않은 사람은 백성 중 한 사람도 없었습니다. 지금 생각하면 위로는 관리, 신사, 아래로는 필부에 이르기까지 그때 사망하신 분들의 자손이 많을 것입니다. 그러나 종묘와 사직에 오르내리는 영령들께서 밝게 살펴보셨고, 또 만일 중국이 원정하여 다시 수복하지 않았더라면 결국 그들에게 짓밟혔을 것입니다.

그러므로 저 일본은 우리의 백년 원수입니다. 그런 까닭에 지사들은 지금까지 남쪽을 돌아보며 이를 갈고 있어 그 중얼거리는 소리가 종종 끊이지 않고 있습니다. 이와 같이 아무 일 없는 평일에도 이런 마음이 있는데, 어수선한 유사시에 어찌 이런 마음이 없겠습니까? 조약을 들어 말하더라도 그것은 우리나라가 당연히 우리나라의 일을 한 것인데, 어찌 그들이 정해야만 하는 것입니까? 그리고 우리 임금을 위협하고 백관을 핍박한 것과 호위병을 쫓아내고 무기고를 약탈한 것은 신민들도 너무나 슬퍼하여 차마 말할 수가 없으니 임진란 때보다 더 심한 일입니다.

머리를 깎아 오랑캐의 옷을 입히는 것과 음낭을 베어내고 사람 가죽을 상납케 한 것은 그들의 마음속에 달게 여겨온 것으로서 온 나라가 다 들어본 일입니다. 그 뿐 아니라 일본 병사들은 방방곡곡 어느 곳이든 없는 곳이 없으므로 비록 10개의 좋은 명산이 있다 하더라도 어찌 도피할 수가 있겠습니까? 그러므로 우리 동토(東土)의 임금과 백성들을 하나도 빠짐없이 다 죽이고야 말 것이니 이것은 나아가도 죽고 물러나도 죽게 되는 것입니다. 그렇다면 어찌 손을 묶어두고 앉아서 죽음을 기다릴 수 있겠습니까?

그리고 천하의 대세를 논해 보더라도 대청국(大淸國)은 100년 동안 중화를 지배한 종주국으로 우리 종사(宗社)가 섬기는 나라입니다. 그러므로 그들을 배반하는 것은 상서롭지 못한 일이니, 의리에 있어 어찌 밝다고 하겠습니까?

일본은 자주독립이란 말로 우리를 달래기도 하고 위협도 하고 있습니다. 니시무라(西村彦一)의 서한만 보더라도 상국(上國)을 능욕하여 국교(國交)를 해치고 이간질을 하고 있지만, 소위 조정에 있는 신하들은 한결같이 지각없이 일본인을 대궐로 불러들여 자신들은 죽지도 않고 공연히 임금에게 욕만 보이고 있으니, 이와 같은 무리들은 개나 돼지도 먹지 않을 것이므로 입에 오르내릴 것도 없습니다.

서양의 여러 나라 중에는 러시아와 영국, 미국 등이 가장 크지만 일본은 함부로 자국이 더 높은 위치에 있다고 생각하여 공사(公使)를 멸시하거나, 혹은 영국 병사를 문죄(問罪)하는 일까지 있었고 지난해에는 러시아의 태자(太子)를 구타하여 [니콜라이 황태자 저격 사건 얘기인 듯] 각국이 화해를 권하는 일이 있었으므로, 일본을 후원하는 나라가 없다는 것을 알 수 있을 것입니다. 그리고 청나라 병사 10만 명이 현재 인천항에 포진하여 있고 또 소사(素沙)에서 전투를 치루고 있으니, 이것은 일대 쾌거입니다.

그런데 우리 임금께서 어찌 청나라를 도와 일본을 토벌하려고 하지 않겠습니까? 그들의 억제를 받고 있기 때문에 뜻대로 하지 못하고 있을 뿐입니다. 그러나 일본인들의 성품은 매우 조급하여 언제나 두려워하는 마음을 갖고 있기 때문에, 그들이 전진할 때는 비록 용감하지만 후퇴할 때는 반드시 속히 물러가므로, 만일 그 기세가 한번 꺾이면 파죽지세로 후퇴할 것임을 기대할 수 있을 것입니다.

　　그리고 일본의 총과 대포가 비록 편리하기는 하나 탄환이 날아가는 거리는 50보 미만이며 발사 횟수도 3, 4차에 불과하고 손에 열기가 생길 만하면 더 쏠 수가 없게 되니, 한번 발사해서 100여 보를 날아가며 끊임없이 연발로 나가는 우리 조총보다도 못합니다. 세상에 험악한 사람들은 혹 일본의 세력을 과장하여 인심을 현혹하고 혹은 새벽에 떠오르는 해에 비유하여 두 마음을 품기까지 하니, 이런 사람은 매우 지혜롭지 못한 사람입니다.

　　그리고 우리나라의 국운은 803년을 누릴 수 있다는 「순(順)」자(字)의 참서(讖筮: 부적)가 있어, 이 백억조(百億兆)나 된 백성들이 복수심을 갖고 의거를 하는 날에는 어찌 한 사람이 100명을 당하고 10명이 1만 명을 대적하지 못하겠습니까? 저 원수들이 멸망할 날은 이 한번의 의거에 있으니 이 격문이 도착하는 날, 팔도에 충의가 있는 사람들은 이번 달 25일 일제히 안동부의 명륜당으로 오시어 적도(賊徒)를 토벌할 기일을 약속해 주시면 매우 다행으로 생각하겠습니다.

　　이 격문이 도착하는 즉시 1본(本)을 등사하여 경내 백성들이 돌려가면서 보게 하고 원본은 그날 밤에 바로 가장 가까운 읍으로 전달하고 그 읍에서 다시 다른 읍으로 전달하여, 이와 같이 하면 듣지 못하고 알지 못한 사람이 없을 것입니다. 그러나 만일 중간에서 지체하는 읍이 있으면 이는 불충불의한 사람의 짓이라고 생각됩니다. 그 수효를 미루어보면 자연히 알게 되니, 기어이 죽이고야 말 것인바 모두 이 말을 명심하여 어기지 마시기 바랍니다. 그리고 지금 부자(父子)가 있으면 아들이 나오고 형제의 경우에는 아우가 나오셔서, 충의에 분발하고 노력을 아끼지 않을 사람은 어떠한 일도 구애받지 말고 제각기 창검을 갖고 대기하시기 바랍니다.[579]

10월 1일에는 부산 총영사 무로타로부터 일본군 공병대가 동학군과 문경에서 첫 전투를 벌였다는 보고가 들어온다.

고토(後藤) 공병 소위가 공병 25명·일본인 인부 12명을 인솔하고 용궁(龍宮)에서 문경으로 가는 도중, 9월 28일 오전 9시쯤 문경에서 동쪽 50리의 석문(石門)이라는 곳에서 동학당을 만나 전투를 하였다. 적은 약 600명, 지세가 험준하여 방어하기 쉬운 요해지(要害地)에 웅거하여 매우 굳게 방어하고 있었다. 그럼에도 불구하고 우리는 좌우에 척후병을 보내고 중앙의 우묵한 길로 진격, 300m 되는 곳에서 발포하였다. 적도 맹렬히 발포해 왔으나 끝내 병기를 버리고 사방으로 흩어져 그 행방을 알 수 없었다. 그러나 아마 예천(醴泉)과 소야(蘇野, 갈평(葛平)에서 40리 북쪽에 있다)로 도망쳤을 것이다. 우리 병사의 사상자는 없다. 적은 사망자 2명, 부상자는 다수인 모양이다. 적이 병영으로 썼던 가옥 11동은 모두 태워버렸다. 시체 중에는 대장(隊長) 급으로 보이는 훌륭한 군장을 착용한 자가 있었다. 그 자가 쓰러지는 바람에 전 병력이 붕괴한 것으로 보인다. 노획한 물품은 화승총 103정·도검 4자루·창 3자루·말 2필·한전(韓錢) 9관문여(貫文餘)이다.

일본군 장교가 살해되는 사건도 일어난다. 오토리 주 조선 공사는

10월 5일 무츠 외무대신에게 전문을 보내 동학군 토벌책을 세울 것을 종용한다.

삼가 아룁니다. 전날에 경상도의 태안, 안동 등지에서 동학비도들이 사건을 일으켜 우리 사관(士官)을 살해하였다는 1건에 대하여는 이미 서한을 보냈고, 그 후 대면하였을 때 귀 대신께 그 실정을 조사하여 처리해 줄 방안을 간청하였습니다. 그리고 어제 다시 부산에 주재하고 있는 무로타(室田) 총영사의 보고에 의하면, 비도들은 각지에 만연하여 안동 비괴(匪魁) 서상철(徐相轍)과 같은 사람은 격문을 배포하고 당인(黨人)을 모아 더욱 흉험한 기세를 키워가고 있으나, 각 지방관들은 이를 탄압하지 못하고 있다고 합니다.

그리고 일전에 전보로 아뢰었던 대로 동래부백(東萊府伯)이 비괴 2명을 만나 그들이 떠날 때 관마(官馬)와 전문(錢文)을 준 사실은 확실한 것 같습니다. 또 경상감사는 병력을 파견하여 비도를 탄압하라는 명령을 받들기 어렵다고 하면서 계속 주저하여 파병을 하지 않고 있다가 겨우 교졸(校卒)을 파견하였다고 합니다.

이와 같은 사태는 각 지방의 양민들에게 해가 될 뿐만 아니라, 그 재앙은 우리나라의 관민에게까지 미치고 있습니다. 그러므로 특히 비괴가 배포한 격문을 초록하여 드리오니 다시 생각하시어 미리 토벌책을 세우시기 바랍니다.

이와 같은 일을 근거로 하여 귀 대신께서는 소요가 일어난 각 지방의 실정을 확실하게 살피시고 속히 법을 시행하여 그들을 소탕해서 인심을 안정시켜주시기 바랍니다. 이 일이 이뤄지기를 간절히 바랍니다. 그럼 이만 줄이옵고 태형(台兄)의 다복하심을 빕니다. 격문 1통도 붙입니다.[580]

문암, 양산, 금산, 안동, 하동, 전주, 충주, 논산, 진안 등지에서 동학군이 잇달아 봉기하자 10월 17일 오후 3시 33분, 오토리 공사는 일본 대본영 육군참모에게 동학군을 토벌하기 위한 추가 병력 파병을 요청하는 공문을 보낸다.

지난 14일 귀전보(貴電報)의 취지에 따라 이토(伊藤) 병참감(兵站監)과 교섭하여 동학당 진압을 위하여 오늘 2개의 소대를 파견하기로 하였다. 그러나 요즘 전라도에 창의군(倡義軍)이라 칭하고 일본인 소탕을 주로 하는 군대가 일어나 충청도의 동학당과 연합해서 경성으로 올라온다고 하는 보고를 접해, 이 정부는 상당히 두려워하고 있다. 그래서 2개 소대로는 매우 불충분하다고 생각했다. 또한 지난번 귀전(貴電)의 취지에 따라 제1군 사령관에게 증병을 청구하였는바, 평양 이남의 수비는 관계없다는 회답을 받았다.[581]

39. 이노우에의 조선 파견 (1894.10.26.)

갑오경장의 가장 근본적인 문제는 너무 많은 것을 정치적 혼란 속에서 추진하였다는 사실이다. 개혁안을 만들고 국왕의 재가를 받고 새 법과 규정들을 반포하는 것은 상대적으로 쉬운 일이었다. 문제는 그것들이 실제로 입안되고 받아들여지는가였다. 한양의 하급 관리들이나 지방의 관리들은 쉽게 바뀌지 않았다. 주 조선 미국 공사 실(Sill)은 한양 바깥에는 개혁이 아무런 영향을 미치지 못하고 있다고 한다. 지방관들은 고종의 포고령들을 모두 무시하고 있고 고종은 인질로 잡

혀 있다고 한다.[582]

전쟁은 문제를 악화시켰다. 일본군이 부산과 인천에 대군을 상륙시키고 청군은 북쪽에서 대군을 파병하여 평양에 집결시키고 있었다. 나라 전체가 청이 장악한 북쪽과 일본이 장악한 남쪽으로 갈라진 전쟁터가 된다. 보수적인 관료들과 사대부들은 왕실의 권위가 무너질 것을 걱정하여 개혁에 반대하는 상소를 올리기 시작한다.[583]

오토리는 자신이 밀어붙이고 있는 개혁안들이 온갖 장애물에 걸리고 있음을 자인한다. 9월 21일 무츠에게 보낸 전문에서 오토리는 「대원군을 믿을 수 없습니다. 그는 권력에만 관심 있고 유교적 체제에만 관심이 있습니다. 다른 자들은 사재의 축적에만 관심 있는 기회주의자들입니다」라고 한다.

오토리는 대원군과 민씨 척족 간의 권력투쟁이 심해지는 것에 우려를 표한다. 대원군의 25살짜리 손주 이준용이 「진보적인 젊은이이고 일본에 대해 우호적」이었는지 알았지만 그 역시 변하였고 오직 자신이 옥좌에 앉고 싶어서 민중전을 축출하는 일에만 관심이 있다고 한다. 그리고 이를 위해서 「러시아와 영국 공사들과 음모를 꾸미고 있다」고 한다. 한편 박영효는 조선 조정을 개혁하려는 「음모」를 꾸미기 위해서 일본 공사관에 와서 일본의 도움을 요청했지만 스기무라 영사가 거절하자 그 이후로는 일본 사람들과의 연락을 끊었다고 한다.[584]

9월 30일 무츠는 오토리에게 「당신의 말을 듣지 않는 사람들에게는 폭력을 사용하는 것이 어떨지 생각해 봅니다」고 한다. 「멀리 떨어져서 보는 것보다는 낫지만 조선 정부가 유럽이나 미국 외교관들에게 도움을 청할 생각이 들지 않도록 해야 할 것」이라고 한다. 오토리는 10월 1일 답신에서 강제력을 동원하는 제안을 거부하고 「한 쪽으로는 개화파를 지원하고 다른 한편으로는 대원군의 전제주의를 억제하면서도 그를 지원하여 여러 파당들이 같이 일할 수 있도록 노력하겠다」고 한다.[585]

일본에서는 조선의 개혁이 지지부진한 것에 대한 비판 여론이 비등한다. 일본 언론은 일본이 생명과 재산을 써 가면서 조선의 독립을 위해 싸우는데도 조선인들은 일본의 지도를 거부하고 고집스럽게 게으름과 후진성을 떨치고 일어날 줄 모른다고 불평한다. 후쿠자와 유키치는 『지지신보』를 통하여 조선은 「문명」이 무엇인지 모르는 「야만국」이며 오직 협박을 통해 고집을 꺾을 수 있다고 한다. 후쿠자와가 비난한 것은 대원군이었다. 그러나 일본인들 대부분은 조선사람들이 자력으로는 개혁을 할 수 없다고 생각한다.[586]

조선의 개혁이 지지부진한 책임은 오토리에게 전가된다. 일본의 중요 정치인도 아니었고 조선 문제 전문가도 아닌 그는 청에 대한 전문성과 베이징과의 연줄 때문에 주 조선 공사에 임명된 인물이다. 조선의 일본군 사령부도 오토리는 늙었고 결단력이 없다고 비판한다. 반면 오토리는 일본이 조선 내정에 더 이상 깊숙이 개입하면 조선 조정으로 하여금 청 편을 들게 하거나 러시아의 개입을 불러올 것이라고 걱정했다.[587] 무츠는 오토리를 옹호하였지만 오토리를 해임시키라는 압력은 점차 커지고 있었다. 그러나 오토리가 보다 강력하게 개혁을 밀어 붙였어도 사분오열되어 권력 투쟁만 일삼는 조선의 지도층을 단결시켜 개혁을 추진하도록 할 방법은 없었다.[588]

조선을 방문한 외무성의 사이온지(西園寺公望, 1849.12.7.~1940.11.24.)와 수

에마츠 겐초(末松謙澄, 1855.9.30.~1920.10.5.)는 귀국 후 오토리가 임무수행에 부족하다는 보고를 한다. 한편 일본군이 모든 전투에서 승리하자 무츠와 이토는 열강의 개입을 걱정하기 시작한다. 열강의 개입이 있을 경우 조선의 일본 대표는 자신의 판단에 따라 급변하는 상황에 대응할 수 있는 강력한 인물이어야 했다.[589] 일본은 외교관이 아니라 총독이 필요했다.

10월이 되면서 대원군을 수반으로 개혁을 추진하는 것은 불가능하다는 것이 자명해진다. 10월 초 대원군의 사주를 받은 관리가 군국기무처 의원들을 탄핵하라는 상소를 올린다. 그들이 일본 군대를 조선에 끌어들여 나라를 어려움에 빠뜨렸다는 이유였다. 탄핵 상소의 대상인 의원들은 사표를 제출한다. 오토리는「고종은 아직 수리를 하지 않은 상태이고 상소를 올린 자는 체포되었습니다. 저는 지금 의원들을 복직시키려고 노력하고 있습니다」라고 무츠에게 보고한다.[590] 군국기무처의 친일개화파 의원들은 10월 21일 고종과 민비를 폐위시키고자 한 대원군과 이준용의 음모를 조사하는 의안을 통과시킨다.[591]

여기에 동학 마저 다시 봉기할 조짐을 보이자 무츠는 이토에게 오토리 대신「최고의 평판을 갖고 있고 검증된 인물」을 조선에 파견해야 한다면서 이노우에 가오루를 추천한다. 이노우에는「조슈 5걸」의 일원으로 이토 히로부미 등과 함께 23세의 나이에 영국으로 밀항을 한 이후 메이지유신 성공에 혁혁한 공을 세운「메이지 과두(Meiji Oligarch)」의 일원이었다. 메이지 정부 초기부터 일본 외교를 이끈 대표적인 외교통이었던 그는 조선과의 인연 역시 깊었다. 1876년「강화도 조약」때 구로다 기요타카와 함께 조약을 협상하였고 김기수, 김홍집 등 조선의 제1, 2차 수신사가 일본을 방문했을 때 그들의 일정을

챙겼다. 김기수와 김홍집에게
끊임없이 조선의 개혁과 자강
을 종용한 것도 그였다. 1884
년 갑신정변의 사후 처리의 책
임 역시 이노우에의 몫이었다.

이노우에 가오루(井上馨)

그런 이노우에였기에 이토
는 그에게 「독판변리대사」라
는 특별 지위를 부여하여 2~3
개월 조선에 다녀올 것을 권한
다. 그러나 이노우에는 자신이
특별한 지위를 부여받아 조선
에 부임할 경우 구미 열강들이 의심의 눈초리를 보낼 것이라면서 전
임자 오토리와 마찬가지로 전권 공사의 자격으로 가겠다고 자청한
다. 뿐만 아니라 이노우에는 일본이 조선에서 시도하는 개혁은 「최
고의 노련함과 세심한 관리도 필요하겠지만 한동안은 지속적인 감독
과 좋은 기회를 잡으려는 끊임없는 탐색이 필요할 것」이라면서 이러
한 것은 일반 전권 공사가 하는 일이라고 한다.[592] 오토리는 10월 11
일 소환된다. 처음에는 해임된 것에 대해 불만을 표시하였지만 결국
이노우에를 자신의 자리에 임명한다는 전문을 받고 10월 19일 조선
을 떠난다.

10월 15일자 『더저팬위클리메일』은 일본이 조선에서 직면하고 있
는 상황을 다음과 같이 묘사한다.

지난 14년 동안 조선의 애국지사들은 몇 차례 개혁에 대한 의지를 행동

으로 옮겼다. 그러나 그들의 방법은 너무나도 조선 특유의 배신과 잔인함을 동반하였기에 개혁의 실패는 항상 오명을 남겼다. 그럼에도 불구하고 조선 사람 중에 진정으로 개혁을 갈망하는 사람들은 이처럼 오명과 오점을 남긴 사람들뿐이다. 일본이 개혁을 성공시키기 위해서는 바로 이들과 협조해야 하지만 동시에 그들에게 당했던 사람들 입장에서는 그들과 연관된 개혁들은 곧바로 강한 반감을 일으킬 수밖에 없다.[593]

이노우에는 10월 26일 한양에 도착한다.[594] 무츠는 런던, 베를린, 상트페테르부르크 등의 일본 공사들에게 「조선의 개혁을 위해서는 출중한 능력과 경험을 겸비한 인물의 도덕적 협력(moral cooperation)이 필요하다. 더욱이 조선에는 우리 군의 최고위층들이 모두 가 있기 때문에 공사도 최고위급 인물이어야 한다」고 인사 교체를 설명하면서 임지의 정부가 혹시 물으면 이런 식으로 대답하라고 훈령을 보낸다.[595]

이노우에는 10월 29일 영국 영사 힐리에(Hillier)와 만나서 「나는 단도직입적인 성격을 가진 사람입니다. 조선에 대한 우리의 정책은 오랜 동안 변치 않았습니다. 그것은 조선의 독립을 유지하는 것입니다」라고 한다. 그는 1876년 강화도 조약을 협상할 당시 구로다 사절단의 부단장으로 조선과 협상하던 경험, 1884년 갑신정변, 그리고 그 이후 청과 협력을 시도했던 때, 사태의 악화, 전쟁, 그리고 조선 정부 내의 파벌주의 등에 대해서 얘기한 후 다음과 같이 자신의 임무를 요약한다.

조선은 병자입니다. 문제는 병을 어떻게 진단하고 약을 줘서 몸의 건강을

회복하게 하느냐입니다. 환자는 약의 맛을 싫어하는 경우가 많지만 환자의 회복을 위해서일 뿐입니다.[596]

주 조선 미국 공사 실(Sill)은 「오토리는 국왕내외를 무시하고 모욕을 주면서 권력을 잡자마자 곧바로 특유의 이중거래를 시작한 대원군에 너무 의지한 것이 잘못이었다」고 한다. 그는 이노우에에 대해서는 「전임자와는 매우 다른 방식을 따를 것 같이 보인다」고 한다.[597]

조선에 부임한 이노우에는 세 가지 기본적인 정책을 채택한다. 세 가지란 첫째, 동학의 진압, 둘째, 대원군과 민비의 정계 은퇴, 셋째, 박영효를 중심으로 하는 조선 내정 개혁 추진 등이었다.

40. 제2차 동학봉기 진압 (1894.11.~12.)

무츠 일본 외무대신은 1894년 10월 31일 이노우에 공사에게 전문을 보낸다. 그 전날인 10월 30일 동학난 진압을 위하여 일본이 파병하는 6개 중대 중 3개 중대가 이미 우지나에서 출항하였고 나머지 병력도 다음 수송선으로 조선에 건너갈 예정이라면서 「이 군대가 도착하게 되면 말할 것도 없이 관용과 엄격함을 마땅히 하여 하루라도 빨리 비도(匪徒)를 제압하고 소란이 진정되도록 충분한 배려있으시기 바랍니다」라고 한다. 무츠가 제2차 동학난의 진압을 서두른 이유는 러시아 때문이었다.

다만 이번에 방심마시고 주의하셔야 할 것은 러시아의 거동 여하에 있습니다. 아시다시피 당초 러시아 정부는 이번 사건에 관하여 우리나라가 영토침략의 목적을 갖고 있는 게 아니냐는 의심을 품고 있었던 것으로 보이며 지난 7월중 우리나라에 주재하고 있는 러시아 공사로부터 공식적인 서면으로 일본이 조선에 대해 요구하는 양여(讓與)가 적어도 조선이 독립국으로서 각국과 체결한 조약에 위반하는 일이 있을 때에는 이것을 유효로 인정하지 않겠다는 취지를 전해왔습니다......

따라서 동학당의 소란이 조선의 남부 즉 전라, 경상, 충청 등 여러 도에만 그치는 동안은 러시아 정부가 간섭할 두려움이 없을 것으로 생각되지만, 만약에 난이 함경도 등으로 만연함에 따라 러시아 국경에 가까워지는 일이 생긴다면 그때부터는 러시아에게 출병의 좋은 구실을 줄 것입니다. 또한 그럴 때 만약 우리 군대가 공공연히 비도의 진압에 종사하는 일이 있다면 혹 러시아군과 의외의 충돌을 야기 시키는 일이 생길지도 모릅니다. 설령 그 극단점에 이르지 않는다 하여도 귀찮은 교섭을 야기할 우려가 절대로 없다고는 말하기 어렵습니다.

따라서 이번에 우리가 가장 주의해야 할 것은 소란을 빨리 진압 평정하여 그 여파가 북부에 미치지 않게 하는 한 가지 일이 있을 뿐입니다. 그렇지만 만약 불행하게도 어느 정도 북부 특히 러시아 국경 근방에 만연할 경우, 우리는 간접적인 원조를 하는데 그치고 표면으로는 조선 군대만으로 정토(征討)의 임무를 맡게 하는 수밖에 없습니다. 그렇지만 조선군으로 하여금 단독으로 비도 진압의 효과를 거두게 한다는 것은 이제까지의 실제 체험에 비추어 심히 안전성이 없으므로, 요는 사변이 북부로 옮기지 않도록 어디까지나 미연에 방지하는 수밖에 없습니다. 이 방면에는 원래 빈틈이 없으시겠지만 양해를 바라는 뜻에서 말씀 올립니다. 경구(敬具).[598]

11월 8일, 총리대신 김홍집, 외무대신 김윤식, 탁지대신 어윤중 등은 이노우에게 조선 정부의 이름으로 동학의 토벌을 요청한다.[599]

귀하도 잘 아시는 바와 같이 호남, 호서 양도의 동학당이 창궐하기 시작하였습니다. 그들은 지방관을 살상하고 양민의 재산을 약탈하고 있습니다. 상황이 자못 절박합니다. 우리의 병력은 미약하여 이들을 능히 토멸할 수 없기 때문에 동학당을 진압하는데 귀하의 도움을 바라는 바입니다.[600]

이노우에게 동학난 진압을 부탁한 김윤식은 동학군이 점령하고 있는 공주의 충청 감사 박제순에게 일본군이 곧 올 것을 알린다.

대저 비도(匪徒)들이 무리를 모아서 허장성세를 삼고 있으나 기실은 맹랑하여 어떤 일도 이루지 못할 것입니다. 훈련과 규율이 부족한 도적들은 오합지중(烏合之衆)이나 다름 없으니 이들이 숫자가 많다고 하나 어찌 두렵겠습니까. 그들 중 몇몇이 양창(洋槍: 서양식 총)을 훔쳐서 소지하고 있다고 하나 그들은 이 총을 익숙하게 사용할 줄 모릅니다. 설령 그들이 그 사용법을 안다고 하더라도 그들에게는 탄약이 없습니다. 그러므로 그들이 지니고 있는 양창은 토총(土銃)보다도 못합니다. 시대에 뒤진 토총이 어찌 양창을 대적할 수 있겠습니까. 고로 일본인 한 명이 비도 수천 명을 대적하며 경병(京兵) 열 명이 비도 수백 명을 대적할 수 있습니다. 이는 다름아니라 토벌군의 기계(器械)가 좋고 비도의 무기가 좋지 못하기 때문입니다. 요컨대, 일본 병사 한 명은 비도 수천 명을 당해 낼 수 있고 일본 병사 열 명은 비도 수만 명을 당해 낼 수 있다는 얘기입니다.[601]

이노우에는 곧바로 일본군을 출동시킨다. 인천에 도착하여 있던 일본군 3개 중대는 11월 10일 세 갈래로 남하하기 시작한다. 다음은 일본군 후비보병(後備步兵) 독립(獨立) 제19대대장 미나미 고시로(南小四郎)의 보고서다.

11월 10일 인천에서 받은 훈령대로 제2중대는 서로(西路) 즉, 공주가도(公州街道)를, 본부와 제3중대는 중로(中路) 즉, 청주가도(淸州街道)를, 제1중대는 동로(東路) 즉, 우리 병참선(兵站線)을 따라 전진할 예정으로 11월 12일 용산 창사(廠舍)를 출발하였다. 서로분진대(西路分進隊)가 진위(振威)에, 중로분진대(中路分進隊)가 양지(陽智)에, 동로분진대(東路分進隊)가 장호원(長湖院)에 이를 때까지 적에 대한 정황을 들은 바 없다. 각지가 모두 평온한 것 같았다. 이러했기 때문에 각 분진대(分進隊)는 따로 지대(枝隊)를 내보내지 않았다.

11월 15일부터 각 분진대는 각처에 지대를 내보내 적의 정황을 수색하였다(각 부대의 숙박지는 별표에 있다). 중로분진대가 지명(至明) 전투 후 적도(賊徒)의 정황을 수색해 보았더니, 그 태반이 노성(魯城)·은진(恩津) 지방으로 퇴각한 것 같았다. 그 당시 공주(公州) 전방에는 수만의 적도가 집합해 있다는 보고가 있었으므로, 적도의 근거지가 대개 노성 부근이라고 알아차렸으며 지명의 적도들도 그 근거지로부터 분리되어 북진한 것 같다.

이러했으므로 중로분진대는 서로(西路)의 여러 부대와 함께 협격(挾擊)하려고 문의(文義)로부터 연기(燕岐)로 전진하려 하였다. 연기 부근에 거의 당도하니, 또 그 뒤쪽 증약(增若) 부근에 수만의 적도가 있었으며 그들이 청주로 전진하여 우리 지대(枝隊)가 패배하였다고 하였다. 이와 같은 지대로부터의 보고가 있었으므로 공주 전면에 있는 적도를 협격하려던 목적을 달성할 수 없었다.

이에 따라 다시 훈령으로 지시된 도로를 전진하여 옥천(沃川)에 이르렀다. 옥천에서의 영동(永同)· 황간(黃澗) 부근의 적도를 수색해 보았으나 아주 평온하였다. 그러므로 노성(魯城) 부근의 적도를 초멸(剿滅) 하고자, 1개 지대(枝隊)로 하여금 중로(中路)를 전진하게 하고 본대는 노성을 향해 전진하였다. 이로써 서로(西路)와 중로(中路)의 분진대(分進隊)가 합류하게 되었다. 적도를 전라도 서남부로 몰아붙이기 위해 동로분진대(東路分進隊)와 함께 서남을 향해 전진하라는 훈령이 있었으므로 서로분진대(西路分進隊)와 중로분진대(中路分進隊)는 분리시키지 않았다. 나주에 이르니 그 부근에 적도의 거괴(巨魁)가 잠복해 있었고, 그 잔당은 해남, 강진, 장흥, 보성 부근에 남아서 흉폭함이 이를 데 없다 하였다. 이에 따라 여러 부대를 각처로 나누어 나가게 하여 동학당을 초멸하기에 이르렀다.

미나미의 보고서는 당시 진압이 어려웠던 이유로 특히 동학도와 일반 「난민(亂民)」을 정확히 분별하기 힘들었다는 점을 강조한다.

동학당은 일종의 난민(亂民)으로서 대개는 양민과 혼합해 있어, 그 중에서 동학당을 판별해 내는 것이 정토군으로서는 제일 곤란한 점이었다. 그리고 그들은 도처에서 기포(起包)하여 그 무리를 모으고 군대에 저항하므로, 한 번 싸워 이를 격파하면 즉시 흩어져 인민이 되고 혹은 현감, 군수, 부사 등에게 다그쳐 동학당이 아니라는 증서를 요구한다. 그럴 때는 지방 장관이 양민과 악한 자의 차별 없이 그들의 요청대로 증서를 내준다. 그러하므로 동학당이 되어 정토군(征討軍)에게 저항했던 자도 양민을 가장하게 되었다. 이런 일로 현감, 군수, 부사 등에게 힐문하면 그 대답이 애매

모호해서 종잡을 수 없다. 갑(甲)이라는 곳에서 물어보면 을(乙)이라는 곳의 인민은 모두 동학도라고 하지만, 을(乙)이라는 곳에서 물어보면 갑(甲)이라는 곳의 인민이 모두 동학당이라고 한다. 이들을 그냥 내버려두면 다시 일어날 후환이 생길 지도 모르므로, 할 수 없이 며칠간 한 곳에 머무르게 되었다. 지방 관리는 단순히 그 사람 수만 채우고 있을 뿐, 동학도의 세력이 왕성할 때는 그들이 하라는 대로 하고 군대가 가면 군대를 편드는 것 같이 주선하고, 그리고 군대가 떠나려고 하면 또 다시 동학도에게 공략당할 것을 겁내 한사코 군대를 멈추어 두기를 바란다. 이러므로 작전수행이 몹시 늦어졌다.[602]

일본군 3개 중대는 결국 동학도들을 장흥에서의 전투를 끝으로 완전히 진압한다.

훈령과 같이 적도를 전라도 서남부로 몰아 쫓았는데, 그들은 장흥 부근 전투 후 흩어져서 그 소재를 알 길이 없었다. 그래서 지방인민을 장려하여 그들 소재 수색에 힘쓰도록 했다. 그러나 지방인민(민병이라 부르는 사람들)은 군대의 위세를 빌리지 않고는 수색해서 포박할 수 없었으므로 할 수 없이 군대를 서남 각지에 분둔(分屯)시켜서 비도(匪徒)를 뒤쫓아 잡게 했다. 이렇게 하여 민병이 잡은 적도를 지방관으로 하여금 처형하게 한 인원은 다음과 같다. 해남 부근 250명, 강진 부근 320명, 장흥 부근 300명, 라주 부근 230명, 기타 함평현·무안현·영암현·광주부·능주부·담양현·순창현·운봉현·장성현·영광·무장 각지에서도 모두 30~50명 정도씩 잔도(殘徒)를 처형하였다. 이러한 현실을 감안하면 이제 다시 일어날 걱정은 없을 것 같다.[603]

전봉준 휘하의 동학군은 12월 4~7일 우금치전투에서 패한다. 전봉준은 12월 27일 밤 순창에서 유생 한신현(韓信賢)이 이끄는 민병에 의해 생포된다. 같은 날 고종은 순무영(巡撫營)을 폐지하는 조칙을 내림으로써 동학난 진압작전을 공식적으로 종결한다.[604]

「남도(南道)의 비적(匪賊)들이 차례로 평정되어가니 순무영(巡撫營)을 없애고 토벌에 나갔던 장수와 군사들은 모두 군무아문(軍務衙門)에서 절제(節制)하여 나머지 비적들을 수일 내로 없애거나 붙잡게 하라」하였다.

또 조칙을 내리기를, 「호서(湖西)와 호남(湖南)에 군사를 출동시킨 지 벌써 여러 달이 지났고, 또 같이 토벌한 일본(日本) 군사들이 추운 계절에 한지(寒地)에 있으니 그 노고를 생각하면 편안히 잠들 수 없다. 특별히 군무참의(軍務參議)를 파견하여 일본 병관(兵官), 군사들과 각진(各陣)의 선봉 부대, 중앙과 지방의 장수들과 군사들이 있는 곳에 빨리 가서 위문하고 호궤(犒饋)하고 오게 하라」하였다.

또 조칙을 내리기를, 「일체 사형죄에 대하여 능지 처참(凌遲處斬) 등의 형률(刑律)을 이제부터 폐지하고 법무아문(法務衙門)에서 형벌하는 것에는 교수형(絞首刑)만 적용하고 군율(軍律)에 의하여 형벌하는 것에는 총살만 적용하라」하였다.[605]

41. 대원군의 실각

이노우에가 동학난의 진압과 동시에 추진한 것은 대원군을 조선 정계에서 퇴출시키는 일이었다. 그러나 대원군은 이노우에의 부임 후

에도 개혁을 저지하고 손자 이준용을 왕위에 앉히려는 암약을 계속한
다. 대원군은 이노우에가 한양에 도착한지 사흘 후인 10월 29일 그를
만나 「반역자」 박영효를 일본 공사관이 비호하고 있다고 비난하면서
박영효를 지원하지 말 것을 요구한다. 그리고는 다음 같이 개혁에 반
대하는 의견을 표한다.

> 나는 완고한 사람입니다. 세인(世人)은 나를 완고의 장본인이라고 합니다.
> 그러나 나는 개화가 필요하다는 것을 충분히 알고 있습니다. 예컨대 철
> 도와 광산을 개발하는 것들은 모두 내가 바라는 바입니다. 그러므로 이
> 런 일에 대해 이미 계획을 세워왔습니다. 그러나 일이란 급하게 서둘러
> 서는 안됩니다. 일을 너무 급하게 서둘다 보면 민심이 얼마나 교란되는
> 지 모릅니다. 그러므로 나는 개화를 점차로 추진하기를 바라는 것입니
> 다. 그러나 현재 진행되고 있는 일들은 이렇지 않은 것이 많습니다. 6월
> 21일(음력) 이래 기무소(機務所)와 의정부 등에서 벌여온 일들을 살펴 보건
> 대, 일본이 20~30년 간에 걸쳐 이룩한 사업을 곧바로 조선에 시행하려
> 는 것 같습니다. 그러므로 이미 백일이 지났지만 된 일은 아무것도 없습
> 니다. 단지 의복의 소매폭을 좁혔고 경무청을 설치한 것뿐입니다. 순검
> (巡檢)의 복제를 변경한 것 따위도 좋은 일이긴 하지만 백성의 이목을 놀
> 라게 만들어 민심을 동요시켰습니다. 나는 순검 복제 같은 것은 점차로
> 변경해 나갔더라면 더 좋았을 것이라고 생각합니다.[606]

10월 31일에는 자객을 보내 군국기무처 의원 겸 법무아문 협판 김
학우(金鶴羽, 1862~1894)를 암살한다.

10월, 도적이 김학우를 암살했다. 김학우는 관북 사람인데, 시골의 천한 신분임에도 불구하고 개화에 민감하게 달려들어 시배(時輩)들이 그의 재주에 감복했다. 수개월 사이에 법무 협판에 발탁되었다. 이에 이르러 김학우는 빈객을 초대하여 놓고 야음(夜飮)을 하였다. 술에 취했을 즈음 상복을 입은 한 사람이 당에 올라와, 「여기가 김협판 댁이요?」하고 물었다 김학우「맞다!」하니, 또 묻기를, 「누가 주인이오?」하고 물으니 학우가 대답하기를, 「내가 주인 김학우다!」대답했다. 상복 입은 사람은 계속 절을 올리는 시늉을 하고 있는데 등불 그림자 밑에서 홀연 한 사람이 뛰어 올라오는 듯하더니, 학우의 머리는 이미 나뒹굴고 칼은 옆 사람 어깨에까지 미처 촌상(寸傷)을 당했다. 술을 마시던 여러 사람들이 놀라 나자빠지고 조금 지나서 찾으니 이미 달아난 다음이었다.…… 그런데 전동석(田東錫) 사건이 터지자 비로소 김학우를 죽인 자가 전동석이라는 것을 알게 되었다. 그는 공칭(公稱)에서 시배들을 모두 죽이려 하다가 단지 김학우만을 죽이고 그 나머지는 죽이지 못했다고 하였다. 이 사건의 출처가 대원군이 시킨 것이라 지목은 하였으나 사실 여부는 끝내 자세히 밝혀지지 않았다.[607]

11월 8일 이노우에는 김홍집 총리대신, 김윤식 외무대신, 어윤중 탁지대신을 자신의 공관으로 초청하여 대원군, 고종, 김홍집 등이 평양의 청군 장수에게 보낸 밀서들을 보여주면서 대원군을 퇴출시킬 계획을 얘기한다. 일본군이 평양전투에서 노획한 바로 그 밀서들이었다. 김홍집, 김윤식, 어윤중은 동의한다. 이러한 내용은 이노우에가 11월 24일 무쓰 외무대신에게 보낸 편지에 상세히 기술되어 있다.

제가 이미 먼저 보낸 글에서 언급하였듯이 여왕(민비), 대원군, 이준용은 조선의 내정 개혁을 집행하는데 장애물들입니다. 이 장애물들의 영향력을 제어하지 않고 개혁을 시작하는 것은 아무런 소용이 없습니다. 따라서 저는 이곳에 도착하는 즉시 우선적으로 이 장애물들을 제어하기 위해 노력했습니다. 대원군과 이준용, 그리고 이들을 추종하는 무리들은 자신들이 우리(일본)에 대해 음모를 획책하고 있다고 말하는 사람들은 중상모략가들이며 자신들과 일본을 이간질하는 무리들이라고 강변하였습니다. 그러면서 개화파로 하여금 일본에 더 이상 의존하지 않도록 협박하였으면서도 다양한 방법으로 자신들의 음모를 감추었습니다.

그러나 저는 경으로부터 대원군과 그의 추종자들이 평양의 청군 장수들에게 보낸 편지를 입수하면서 이들의 진정한 의도를 알게 되었고 사실들을 밝혀 내기 시작했습니다. 그 편지들 중에는 고종이 청 측에 자신의 진정한 희망과 바램을 전달하고자 하는 것도 포함되어 있습니다. 또한 이준용이 부하들을 시켜 동학 지도자들에게 보내 그들을 자극하려 한 비밀 편지도 11월 8일 저희 수중에 떨어졌습니다.

이러한 증거들로 무장한 저희는 공식적으로 김홍집, 김윤식, 어윤중을 공식적으로 비판하면서 그들이 뻔뻔하게 모든 문제를 일본의 손에 맡기고 조선 정부가 일본 정부에게 동학을 진압해 달라고 하였고 우리와 동맹을 맺어 청군을 공격했음에도 불구하고 국구라고 하면서 조정대신들이 모두 존경하고 두려워해 마지않는 대원군과 그의 애손이 청의 장군들과 동학과 음모를 꾸며 우리 군대를 조선에서부터 몰아내려는 음모를 꾸몄습니다. 일본은 더 이상 조선에 편의를 제공할 수 없다고 우리는 선언했습니다. 그리고 우리는 조선을 지원하고 독립을 유지하는데 도움을 주는 것이 아무런 소용이 없음을 깨달았다고 하였습니다. 세명은 이 말을 듣고는 얼굴이 창백해졌습니다.[608]

이노우에는 같은 날 오카모토 류노스케를 대원군에게 보낸다. 대원군을 만난 오카모토는 이노우에의 지시에 따라 다음과 같이 말한다.

우리가 저하를 믿었기에 우리는 모든 노력을 기울여서 저하께서 국정에 참여하실 수 있도록 하였습니다. 이노우에 공사가 증거물을 보여줄 때까지 저는 저하께서 어떤 음모를 꾸미고 계셨는지 전혀 알지 못하였습니다. 저는 대원군과 그의 애손이 일본을 상대로 음모를 꾸밀 줄은 꿈에도 몰랐습니다. 저는 아니 놀랄 수 없습니다. 우리는 우리의 적이라는 사실이 드러난 이상 저하와 저하의 추종자들을 용서할 수 없습니다.[609]

11월 11일 고종은 김홍집을 일본 공사관에 보내 청군에 밀서를 보낸 것에 대해 사과한다. 11월 13일에는 대원군이 직접 일본 공사관을 찾아 사과하고 「다시는 국정에 개입하지 않겠다고 맹세」한다.[610] 이준용 역시 13일 일본 공사관을 방문하여 자신이 「시골(田舍) 사람들」과 「부주의 한」 접촉을 했음을 시인함으로써 동학과의 접촉을 인정하고 사과한다.[611]

11월 22일, 고종은 전교를 내려 「태공(太公: 흥선대원군)의 뜻을 받들었으니 금년 6월 22일에 내린, 「모든 사무와 군사 업무를 태공께 나가 아뢰도록 하라」고 한 전교를 다시 거두어들이라」고 한다.[612] 이로써 대원군은 다시 한번 정계에서 퇴출 당한다.

이노우에는 민비가 국정에 간여하는 것도 금지한다. 11월 24일 무츠 외무대신에게 보낸 전문에서는 민비 문제를 다음과 같이 논한다.

민비도 대원군과 마찬가지로 내정 개혁의 장애물입니다. 우리가 대원군의 폭정만 제어하고 민비가 정부를 장악하는 것을 막지 않는다면 우리는 그저 한쪽이 다른 쪽을 억압하는데 도움을 줄 뿐입니다. 따라서 저는 「동종요법(同種療法)」을 사용하기로 했습니다. 다시 말씀드려 저희는 대원군이 국정에 개입하는 것을 제어하는 한편 동시에 그를 이용하여 궁중에서 민비의 행동을 제어하게 함으로써 실의에 빠지지 않게 하려고 합니다. 이러한 장애물들을 제거하는데 성공하고 내정 개혁으로 가는 길을 연 후에는 서로 끊임없이 싸우고 있는 개화파와 보수파가 상대방에 대한 증오심을 접고 내정 개혁에 동참함으로써 조선의 독립을 공고히 하는 것을 목표로 하는데 동참하도록 해야 합니다.[613]

42. 진저우와 다롄 전투 (1894.11.6.~7.)

일본 제2군의 목표는 뤼순을 함락시키고 그곳에 정박해 있는 북양함대를 궤멸시키는 것이었다. 뤼순은 랴오둥반도 남쪽 끝에 위치해 있었고 요새인 진저우(金州, 금주)가 길목을 지키고 있었다. 뤼순에서 서쪽으로 불과 20km 지점에는 역시 요새화된 다롄 항이 있었다. 뤼순을 함락하기 위해서는 우선 진저우와 다롄을 공략해야 했다.

진저우는 벽돌로 쌓은 성곽으로 둘러싸여 있었다. 이러한 성곽은 별다른 방어선 역할을 하지 못하였지만 그 옆의 타오샹 언덕에는 근대식 요새가 건설되어 있었다. 진저우에는 청군 1,200명과 포대가 있었다. 추가로 1,500명이 언덕위에 대포들과 함께 포진해 있었다. 그러나 청군의 사령관은 아무런 전쟁 경험도, 싸울 의지도 없는 인물이었다.[614]

　11월 6일 새벽, 일본군 제1사단은 1시간에 걸친 포격전 이후 진저우성으로 돌격한다. 청군은 별다른 저항 없이 도주한다. 일본군은 17명의 사상자를, 청은 100~200명의 사상자를 낸다.

　다음날, 일본군은 진저우에서 다롄으로 진격한다. 다롄 역시 별다른 전투 없이 일본군 수중에 떨어진다. 다롄을 수비하는 청군이 진저우가 함락되었다는 소식을 듣고 모두 뤼순항으로 후퇴하였기 때문이다. 일본군은 청군이 버리고 간 대량의 식량, 무기, 탄약 등을 노획한다. 이로써 난공불락의 요새이자 전략적 요충인 다롄이 일본군 수중에 떨어지면서 일본군은 만주에서 싸우는 군사들의 지원군과 보급품을 다롄을 통하여 안정적으로 보급할 수 있게 된다.[615]

　11월 6일, 제1사단이 다롄 공략을 시작하자 이토 사령장관은 제12연대의 수송선들을 보호하기 위한 소수의 군함들만 남겨 놓은 채 본대를 이끌고 다롄만으로 향한다. 이튿날 새벽 1시에 다롄항에 도착한 일본 함대는 증기선들을 보내 항구 입구의 기뢰들을 제거한 후 작은 전함들을 보내 항구의 청군 시설들을 포격한다. 그러나 청의 포들이 반격을 하지 않자 9시에 일본 연합함대의 본대가 입항한다. 이미 다롄 요새 위에는 일장기가 펄럭이고 있었다. 일본군은 바로 다음날부터 다롄항을 통해서 보급품을 실어나르기 시작한다.[616]

43. 북양함대 웨이하이웨이로 (1894.11.7.)

황해해전에서 패한 직후 북양함대는 뤼순항으로 피한다. 일본군 제2군이 피츠웨에 상륙할 때쯤에는 파손된 전함들 수리가 대부분 끝나서 거의 모든 배가 작전수행이 가능해진다. 그러나 피츠웨에 일본군이 상륙했다는 보고를 받은 이홍장은 뤼순항이 북양함대를 보호하기에는 역부족이라고 생각했다. 전쟁이 이미 거의 끝나가고 있다고 판단한 이홍장은 북양함대가 평화협상과정에서 중요한 협상카드가 될 것으로 예상하고 함대가 더 이상의 피해를 입어서는 안 된다고 생각했다. 뿐만 아니라 이홍장은 북양함대가 피해를 보게 되면 북양함대에 대한 자신의 「소유권」이 약해질 것을 걱정한다. 이홍장은 결국 북양함대가 일본군과 일전을 벌이면서 뤼순을 사수하기 보다 산둥 반도의 웨이하이웨이로 피하게 한다.[617]

정여창 역시 북양함대가 뤼순항에 머무는 것은 위험하다고 생각한다. 청군의 사기는 땅에 떨어졌고 뤼순항을 수비하는 청군의 사령관들은 자신과 가족들의 피난길만 걱정하고 있었다. 따라서 정여창 역시 보급품도 있고 수리도 가능하고 특히 탄약을 재충전할 수 있는 웨

이하이웨이로 가서 다음 전투를 준비해야 한다고 생각한다.[618]

청의 군기처는 일본 제2군의 피츠웨 상륙으로 긴장하지만 북양함대가 일본군의 상륙을 저지할 것으로 기대한다. 그러나 북양함대가 일본군의 상륙을 저지하지 않자 11월 3일 북양함대로 하여금 일본군을 포격하도록 광서제 명의의 명령을 이홍장에게 하달한다. 이홍장은 황제의 명령을 취소하도록 군기처를 설득하는 한편 하네켄과 오정방(伍廷芳, 1842.7.30.~1922.6.23.)등을 톈진으로 보내 북양함대의 상황을 파악하고 정여창 제독과 협의하여 보고하도록 한다.[619]

피츠웨의 상륙작전을 엄호하고 있던 일본의 연합함대는 뤼순의 북양함대를 봉쇄하거나 감시하지 못한다. 이 틈을 타 북양함대는 11월 7일 뤼순항을 떠나 11월 11일 톈진의 다쿠커우포대(大沽口炮台)에 도착한다. 하네켄과 오정방 역시 이때 톈진에 도착하여 정여창을 만난다. 하네켄은 북양함대가 일본군을 공격할 준비가 되어 있지 않고 따라서 다시 전력을 완전히 회복할 때까지 웨이하이웨이로 가는 것이 좋겠다는 결론을 내린다. 이에 광서제의 명은 취소되고 북양함대는 11월 12일 톈진을 떠나 이틀 후 웨이하이웨이에 도착한다.[620]

일본군은 11월 8일 북양함대가 뤼순항을 빠져나갔다는 사실을 알게 된다. 충격적인 소식이었다. 일본은 북양함대 함정들의 파손정도가 심각하여 최소한 11월 말까지는 수리해야 될 것으로 예상했다. 이토 사령장관의 오판이었다. 일본 연합 함대는 북양함대가 뤼순항을 빠져나가게 함으로써 일본은 전쟁을 조기에 종결지을 수 있는 절호의 기회를 놓친다.[621]

이토 사령장관은 실수를 만회하고자 11월 16일 함대를 이끌고 웨이하이웨이로 가서 북양함대와 결전을 벌이고자 한다. 그러나 정여창 제독은 이홍장의 명령대로 함대를 항구안에 피신시킨 채 응전하지 않는다. 11월 18일, 이토의 함대는 뤼순항 공세에 합류하기 위하여 뤼순으로 되돌아간다.

11월 19일 북양함대의 전함 「진원」은 정찰 차 웨이하이웨이 항구를 떠났다가 돌아가는 길에 항구 입구에서 암초에 걸리면서 엔진실이 있는 배의 후면이 10m 가량 찢긴다. 이로써 청 함대의 주력인 두 전함(battleship) 중 하나인 「진원」은 무용지물이 된다.

44. 뤼순전투 (1894.11.21.)

다롄의 함락으로 북양함대의 모항이자 중국 동북부 최강의 요새인 뤼순으로 가는 길은 활짝 열린다. 뤼순항은 랴오둥반도의 남서쪽 끝에 위치해 있었다. 항구는 작지만 수심이 깊고 전함 두 척을 동시에 수리할 수 있는 대형 드라이도크와 대부분의 시설이 모여 있는 동항(東港)과 더 넓지만 수심이 낮고 따라서 작은 배들의 정박지로 사용하는 서항(西港)으로 나뉘어 있었다. 만의 입구는 서쪽연안에 위치한 길이 4.5km의 라우후웨이(老虎尾, 노호미, Tiger Tail Peninsula) 반도가 지키고 있었다. 항구의 입구는 길이 130m, 너비 270~300m였다. 부동항인 뤼순항은 일 년 내내 큰 전함들도 자유롭게 드나들 수 있었다. 뤼순항의 유일한 약점은 간만의 차이였다. 간조때는 수위가 9m까지 줄어들어 큰 배들이 항구에 드나들기 어려웠다.[622]

동항의 북쪽에는 뤼순시가 위치해 있었다. 1894년 당시 인구는 15,000명이었다. 항구는 높은 언덕에 둘러싸여 자연스러운 요새를 형성했다. 청군은 도시를 둘러싼 고지 위에 더 강력한 인공요새들을 건설한다. 서쪽 고지에는 라오티에샨(老鐵山) 요새, 북쪽에는 이츠샨(Itzushan) 요새와 안츠샨(Antzushan) 요새, 왕타이 요새 등이 있었고, 동쪽으로는 쵸푸샨(Chofushan, Erhling), 치환샨(Chihuanshan) 니리우샨(Niriushan) 등의 요새가 버티고 있었다. 이 요새들은 1,600~1,700명의 군사와 1,200명의 예비병력이 지키고 있었다.

진저우에서 뤼순으로 가는 길목은 얼룽(Ehrlung)과 라오리차이(Laolit-sai)요새가 지키고 있었다. 이 요새들에는 2,000명의 병력과 2,500명의 예비병력이 지키고 있었다. 추가로 항구에는 900명의 병력이 배치되어 있었다. 육상 요새들은 50문의 대포와 75~88mm 야포로 무장하고 있었다. 이 포대들은 10,000명의 병력이 운영하고 있었다.[623]

바다쪽으로는 추가로 11개의 요새와 해안 포대가 지키고 있었다. 이 요새들은 240~120mm포 41문으로 무장하고 있었고 4,000명의 병력이 지키고 있었다. 항구의 입구는 각각 58개와 20개의 기뢰가

여순항와 라우후웨이(老虎尾: 호랑이 꼬리) 반도

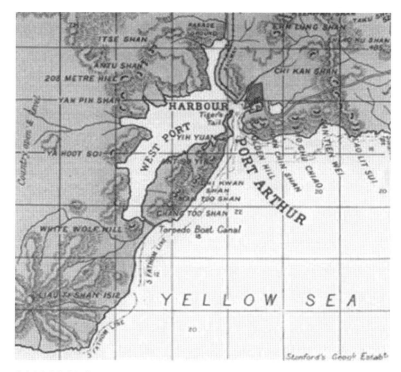

청일전쟁 당시 뤼순 지도

있었다.[624] 그러나 13,600명, 27개 대대로 구성된 병력의 사령관들은 모두 무능하고 겁 많은 자들이었다.[625]

11월 13일, 일본군 제12여단이 다롄의 제1사단과 합류한다. 나흘 후 일본군은 2개의 대오를 짜서 뤼순으로 진격한다. 제1사단과 제12여단의 24연대는 진저우에서 뤼순으로 가는 대로로 베이즈리(北直隸)만을 따라 행군하여 뤼순의 북쪽에 도달한다. 제14연대와 제12여단은 반도의 남쪽 해안길을 따라 동쪽으로부터 뤼순에 접근한다.[626]

일본군은 처음에는 아무런 저항을 받지 않는다. 그러나 11월 18일, 일본 기병정탐대가 투청쯔(土城子)에서 청군에 포위되지만 일본군 보병

대대의 도움으로 간신히 포위망을 뚫고 후퇴한다. 이 전투에서 일본군은 12명이 전사하고 32명이 부상 당한다.[627]

그러나 험난한 지형과 투청쯔 전투에서의 패배에도 불구하고 일본군의 대오는 빠른 속도로 진군하여 11월 20일 뤼순에 도착한다. 제1사단의 제2, 제3연대는 사단 포병부대와 제2군 포병연대의 엄호 하에 뤼순 북쪽 도로의 서쪽에 포진한다. 목표는 이츠(Etse)와 난츠(Nantse) 요새였다. 제12연대는 동쪽에 포진하고 제24연대는 슝슈산(Shungshusan), 초푸산(Chofushan, Erhlung), 치후안산(Chihuanshan)을, 제14연대는 얼룽(Urlung)과 라오이차이(Laoolitsai)의 동쪽에 포진하여 청군 병사들이 베이즈리만 해안도로를 따라 퇴각하는 것을 막는다.[628]

공격은 11월 21일 아침에 개시된다. 포격전 후 제3연대의 병력이 공격을 시작하여 1시간 만에 이츠(Etse)와 난츠(Nantse) 요새를 함락시킨다. 그리고 8시에는 왕타이(Wangtai) 요새를 점령한다. 동시에 제1연대는 청군을 서쪽에서 공격하면서 이츠와(Etse) 난츠(Nantse)요새에서 퇴각하는 청군을 공격한다.

제24연대는 9시 45분에 초푸산(Chofushan) 요새에 대한 공격을 개시한다. 청군은 격렬히 저항하지만 일본군은 수많은 사상자를 내면서도 11시 30분에 요새를 함락시키고 곧바로 치훈안산(Chihunashan)과 니리우산(Niriushan) 요새들도 모두 1시간 내에 함락시킨다.

제14연대의 병력은 마지막 두 개의 요새들을 함락시킨 후 언덕을 내려가면서 공격을 계속하여 뤼순 시내로부터 1km 떨어진 청군 연병장에 도착한다. 공격을 잠시 멈춘 제14연대는 제2연대와 합류하여 14시 화약고를 지키던 청군을 격퇴하고 뤼순 시가지에 진입한다. 제3연대의 병력도 동시에 송슈산(Shungshusan)요새를 함락시킨다. 이로써

뤼순항을 에워싼 산과 언덕에서 항구를 지키던 청군의 요새는 모두 일본군 수중에 떨어진다.[629]

11월 20일부터 뤼순항 입구를 봉쇄하고 있던 일본 연합함대는 전투 초반에는 참여하지 않는다. 요새들을 공격하는 육군을 엄호하기 위해서 해안선에 너무 가까이 갈 경우 청 해안포대의 사정거리 내에 들 수 있었고 동시에 북양함대가 갑자기 나타나는 경우에도 대비해야 했기 때문이다. 일본 함대의 주력은 11월 21일에도 아침부터 라오츠산(Laotshan)반도의 남서쪽을 순찰하고 있었다. 10시경 통보함「야에야마」가 웨이하이웨이의 북양함대의 동향을 정찰하고 돌아온다. 북양함대가 모두 웨이하이웨이에 정박 중이며 따라서 뤼순항에 갑자기 나타날 가능성이 없음을 확인한 이토 사령장관은「하시다테」와「치요다」를 피죤(Pigeon)만으로 보내 이츠(Etse)와 난츠(Nantse)요새로부터 퇴각하는 청군에 함포사격을 가할 것을 명한다.[630]

뤼순항이 함락되자 수많은 청군 병사들이 항구로 쏟아져 내려와 갖가지 소형 함정에 올라 항구를 빠져나가고자 한다. 달아나는 청군들이 탄 소형 함정들은 대부분 산둥반도의 여러 항구에 무사히 도착한다. 해안포대의 사정거리 내에 들기를 꺼려한 일본 군함들은 도망병을 가득 채운 소형 배들은 건드리지 않는다.

제2군이 뤼순은 함락시키지만 라오츠 고지(Laotse Hill)와 라우후미반도, 환칭 고지(Huanching Hills)는 여전히 청군이 지키고 있었다. 특히 청군은 항구 어귀의 요새들을 지키면서 항구로 드나드는 배들을 위협하고 있었다. 이토는 어뢰정들을 항구의 입구로 보낸다. 날씨도 일본군 편이어서 오후부터 짙은 안개가 항구를 뒤덮는다. 시계가 급격히 떨어지면서 10척의 일본 어뢰정들이 항구로 들어간다. 곧바로 청의

통보함 「야에야마(八重山)」

작은 증기선 두 척이 일본 군함들의 공격을 받아 하나는 격침되고 다른 하나는 뭍으로 올라간다.

일본 어뢰정들은 안개속에서 환칭 고지(Huanching Hill) 근처 500m까지 접근하는데 성공하여 속사포들을 쏘기 시작한다. 일본의 속사포는 청측에 실질적인 피해를 입히지는 못한다. 그러나 이 기습에 청군들, 특히 포병들이 놀라서 위치를 이탈하여 도망친다. 이에 어뢰정들은 모두 안전하게 항구로 들어가 부두와 부둣가 건물들에 사격을 가하기 시작한다. 청군은 모두 달아난다. 16시 30분 요새들은 아무런 전투도 없이 제2연대 수중에 떨어진다.

11월 22일에는 라우후웨이 반도의 요새와 포대들이 항복한다. 그러나 대부분의 청군 병력은 그 전날 배로 도망친지 오래였다. 11월 22일 저녁, 뤼순항과 뤼순을 둘러싸고 있는 모든 요새와 군사시설은 일본군의 수중에 떨어진다. 일본 전함 「야에야마」, 「아카기」, 「줴카이」, 「마야」, 「오시마」등은 뤼순항에 입항한다. 11월 23일, 항구의 기뢰를 모두 제거한 후 일본 함대의 본대도 뤼순항에 입항한다.[631]

일본 해군은 비록 북양함대를 궤멸시킨다는 목표는 달성하지 못하지만 뤼순항을 차지함으로써 출중한 해군기지를 얻는 동시에 황해의 제해권을 장악한다. 또한 막대한 양의 무기, 탄약, 보급품, 석탄과 북양함대의 군함 4척도 노획한다.

일본의 제2군 제4여단의 2개 연대병력은 4천에 달하는 청군과 진저우 근처에서 전투를 벌인다. 치열한 전투 끝에 청군은 500명의 사상자를 내고 후퇴한다. 일본군의 사상자는 전사 9명, 부상 48명이었다.

뤼순 공략중 전사한 일본군은 총 19명, 부상은 250명이었다. 진저우와 투청쯔 전투의 사상자를 더하면 총 66명 전사, 8명 실종 그리고 353명 부상이었다. 반면 청군은 뤼순 함락작전 중 1,000명이 전사하고 100명이 포로가 된다. 진저우 전투에서는 500명이 전사하고 그 다음날에는 뤼순(旅順, 여순)을 탈출하던 청군 280명이 사살된다. 청군은 11월 6~24일 랴오둥반도에서 벌어진 전투에서 4,000~4,500명이 전사하거나 부상당하고 500~600명이 포로로 잡힌다. 뤼순 함락작전 시작 당시 16,000명에 달하던 청군 병력 중 질서 있게 후퇴하여 전투력을 상실하지 않은 병력은 2~3,000명에 불과했다. 나머지는 죽거나 포로로 잡히거나 탈영한다.[632]

45. 뤼순 대학살 (1894.11.21.~24.)

전황이 일본에게 일방적으로 유리하게 돌아가고 있던 때 뤼순 대학살 소식이 전해진다. 11월 18일 일본군 제2연대 병력이 뤼순 시가지에 진주하면서 투청쯔 전투에서 청군의 포로로 잡혔던 일본 병사들

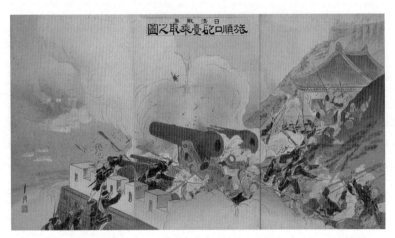

뤼순전투. 오가타 게코(尾形月耕) 작

의 시신을 발견한다. 일본 병사들은 모두 잔인하게 고문당하고 목이
잘려 있었다. 격분한 일본군은 청군포로는 물론 민간인까지 2,000여
명을 무참히 학살한다. 일본군 사령부는 저녁이 되어서야 간신히 질
서를 잡는다. [633]

　학살을 목격한 런던의 『타임즈』 특파원 토마스 코웬(Thomas Cowen)은
11월 29일 히로시마에 도착하여 다음날 무츠 무네미츠 일본 외무대
신을 인터뷰 한다. 코웬은 일본군의 만행을 자세히 묘사함으로써 무
츠를 놀라게 한다. 코웬은 이 상황을 바로잡기 위해서 일본이 무슨 조
치를 취할 것인지 묻는다. 무츠는 이것이 사실이라면 결코 용납될 수
없는 일이지만 제2군 사령관인 오야마 장군의 말을 듣기 전에는 답을
할 수 없다고 한다. 그는 기강이 잡힌 일본군이 이런 일을 저질렀다
는 것이 상상하기 힘들다고 하면서도 만일 그런 일이 실제로 일어났
다면 무슨 이유가 있었을 것이고 만일 그 원인을 알 수 있다면 그 행
위도 어느 정도 이해할 수 있을 것이라고 한다. [634]

그날 밤 무츠는 주 청 일본 공사 하야시 타다스에게 전보를 보낸다.

오늘 저는 뤼순에서 돌아온 런던의 『타임즈』 특파원을 만났습니다. 그는 일본군인들이 승전 후 경악스러운 행태를 보였다고 합니다. 이미 포박된 포로들을 살해했고 민간인들, 심지어는 여자들도 죽였다고 합니다. 유럽과 미국의 기자들 뿐만 아니라 영국을 포함한 여러 나라 함대들의 장교들도 이 상황을 목격하였다고 합니다.[635]

무츠는 하야시에게 추가 정보를 입수하여 보고할 것을 지시한다.

뤼순 대학살에 대한 코웬의 첫 보도는 12월 3일자 런던의 『타임즈』지에 실린다. 서두에는 일본 측의 공식 입장을 실었다. 청군들이 군복을 벗어 던지고 민간인의 옷으로 갈아 입고 폭탄 등 무기들을 옷 속에 감추었다고 한다. 민간인 저격수들도 집안에서 일본군을 향해 총을 쏘면서 전투에 참여하였다고 한다. 일본군은 그들을 제거해야만 했다. 더욱이 청군에게 잡힌 일본군 포로들이 산채로 불에 태워지고 손과 발이 잘린 것을 보고 일본군이 분노했다고 한다.[636]

코웬은 그 다음 자신이 목격한 것을 쓴다. 일본군이 뤼순을 함락한 후부터 일본군에 저항하는 사람은 아무도 없었다. 그러나 시내의 거의 모든 남성 거주민들은 학살되었고 여성과 어린이 희생자들도 있었다. 일본 군인들은 나흘 동안 도시 전체를 약탈했다. 수많은 청군포로들이 포박된 채 나체 상태에서 칼에 찔렸다고 한다. 내장을 끄집어내고 손발이 잘린 경우도 있었다. 수많은 시신들은 불에 타 있었다.[637]

뉴욕 『월드(World)』지의 특파원 제임스 크릴만(James Creelman)도 뤼순 대학살을 보도한다.

일본군은 11월 21일 뤼순시에 진입하여 거의 전 주민을 냉혹하게 학살하였다. 아무런 방어능력도 없고 무기도 없던 주민들은 자신들의 집 안에서 도살당하였고 그들의 시신은 말할 수 없이 참혹하게 훼손당했다. 사흘간 고삐 풀린 살인의 잔혹상이 계속되었다. 시 전체가 경악할 만행으로 약탈당했다. 이는 일본 문명의 첫 오점이다. 이번 경우에는 일본이 다시 야만으로 되돌아갔다. 상황 때문에 만행이 불가피했다는 모든 핑계는 거짓말이다. 문명 세계는 자세한 내용을 알게되면 경악할 것이다. 외국인 특파원들은 이 참상을 목격하고는 모두 함께 일본군 진영을 떠났다.[638]

코웬, 크릴만, 그리고 『노스아메리칸리뷰(North American Review)』의 프레드릭 빌리에(Frederic Villiers) 등의 기자들이 보도한 뤼순 학살은 참혹했다. 기자들은 이구동성으로 일본군은 아무런 저항도 하지 않는 사람들을 포함하여 눈에 띄는 대로 모두 죽였음을 증언하고 있다. 무릎을 꿇은 채 살려달라고 애원하는 노인들은 총검으로 찌르고 목을 잘랐다. 산속으로 도망 친 여자와 아이들도 끝까지 쫓아가 쏴죽였다. 개, 고양이, 나귀 등 움직이는 것은 모두 쏴 죽였다.

코웬은 중국인이 집안에서 밖에 있는 일본군에게 사격을 가한 경우는 단 한 건도 없었다고 한다. 그럼에도 불구하고 일본 군인들은 모든 집을 다 처참하게 약탈했다. 길거리는 시체로 가득 찼고 피가 강물처럼 흘렀다고 한다. 외국인 기자들에 의하면 시신 중에는 군인처럼 보이는 사람은 단 하나도 없었고 무기를 소지하고 있는 경우도 없었다.[639]

일본군은 소수의 중국인들은 살려뒀다. 시신들을 묻는데 필요했기 때문이다. 그들은 「이 사람은 말을 잘 듣는다. 죽이지 말 것」, 「이

사람은 죽이지 말 것. XX 부대의 명으로」 등의 문구가 적힌 하얀 팻말을 목에 걸고 있었다.[640]

일본군의 짐꾼들도 적극적으로 학살에 참여한다. 학살이 일어났다는 사실 자체를 부인할 수 없게 되자 일본은 술취한 짐꾼들이 한 일이라고 주장한다. 한편 오야마 장군은 약탈이 있었다는 사실조차 공식적으로 부인한다.[641]

제임스 크릴만 기자

이러한 보도들이 외국 언론에 나오기 시작하자 일본 정부의 첫 반응은 일본에 유리한 보도들을 내보내는 것이었다. 로이터스 기자에게는 뇌물을 주어서 일본군에 우호적인 보도들을 내보내도록 한다. 『워싱턴포스트(Washington Post)』와 같은 신문에게는 노골적으로 직접 돈을 주면서 일본에 유리한 보도들을 내도록 하였다.[642]

일본 언론에 대한 군의 검열도 이때부터 시작된다. 「보도는 가급적 충성심, 용기, 정의로움과 관련된 사실들을 기록할 것이며 적에 대한 적개심을 북돋아야 한다」고 명시한다. 만일 이러한 규정을 어기면 처벌받을 것이라고 한다.[643]

일본 언론은 일본군의 행태를 정당화시키고자 한다. 청군들이 야비하게 군복을 벗고 민간인 복장을 한 채 끝까지 저항했다고 한다. 그들은 민간인들 사이에 섞인 「미친 개」처럼 위험한 존재였고 따라

뤼순 대학살 삽화. 파이어만(J. C. Fireman) 작

서 일본군은 「그들에게 물리기 전에 그들을 죽일 수밖에 없었다」고 한다. 청군에 포로로 잡힌 일본군들에 대한 청군의 만행을 반복적으로 거론하면서 일본군이 청군을 증오할 수 밖에 없었던 이유를 설명하고자 한다.[644]

그러면서 일본 언론은 영국도 인도에서 훨씬 더 잔혹한 학살을 저질렀다고 한다. 뉴질랜드에서는 마오리족들을 학살했고 터기의 불가리아인 부대가 아르메니아족을 학살한 것은 동아시아의 그 어떤 학살보다 잔혹했다고 한다. 미국 텍사스에서 흑인이 교육을 받고 싶어 했다는 이유로 린치(lynch)당한 예도 들었다. 그러나 일본의 언론들은 이 모든 경우들을 잘못된 인종차별주의 때문에 일어난 것이라고 비판하기보다 오히려 일본인이나 미국인 같은 문명인들은 중국인이나 흑인

같은 야만인들을 학살할 수 있다는 식의 논리를 전개한다.[645]

공식적으로는 355명의 중국인 포로가 잘 대접받고 있으며 곧 도쿄에 도착할 것이라는 보도도 있었지만 실제로 포로는 없었다. 『요로즈 조호』는 12월 4일자 보도를 통해 왜 청군 포로 숫자가 이토록 적은지를 자문하고 자답하기를 만일 일본 육군과 해군이 포로를 잡으려고 했다면 얼마든지 잡을 수 있었지만 많은 수의 포로들은 골칫거리이기 때문에 제2군은 무장을 했거나 일본군에 저항할 것처럼 보이는 모든 중국인들을 다 죽여버렸다고 포로가 적은 이유를 설명한다.[646]

당시 미국의 상원은 「미일수호조약」의 비준을 앞두고 있었다. 12월 14일 주 미 일본 공사 구리노 신이치로는 무츠 외무대신에 전보를 보내 「미 국무장관이 뤼순에서 중국인들이 학살당했다는 소문이 사실이라면 상원에서 수호조약을 비준하는데 많은 어려움이 있을 것이라고 합니다」라고 한다. 이에 무츠는 곧바로 회신하여 「뤼순 사건에 대한 보도는 과장된 것이 사실이지만 불필요한 살상이 일어났던 것도 사실이다. 그러나 우리 군대가 다른 곳에서 보인 행태를 고려한다면 뭔가 자극하는 일이 있었다고 생각한다」고 한다. 미국 상원은 조약 심의를 계속 미룬다. 일부 상원의원들은 일본이 중국에서 보인 행태를 지적하면서 치외법권 조항을 삭제하는 것에 반대한다. 결국 격론 끝에 미 상원은 1895년 2월에야 새로운 「미일수호통상조약」을 비준한다.[647]

46. 만주의 전황 (1894.11.~1895.1.)

북양함대가 황해해전에서 일본 해군에 패한 후 만주 팔기군의 이
크탕아(依克唐阿, 1834~1899)와 섭지초, 섭사성(聶士成 1836~1900) 등 청군의
장수들은 모두 펑황청(鳳凰城, 봉황성)으로 후퇴한다. 이크탕아는 헤이룽
장성(흑룡강성)의 만주 팔기군으로 이홍장의 지휘를 받지 않았다. 이들
은 일본군이 공격해오자 10월 30일 펑황청을 불태우고 퇴각한다.[648]

압록강을 건넌 야마가타의 목표는 랴오둥반도와 뤼순(旅順, 여순) 공략
을 위해 벌어질 상륙작전을 지원하는 것이었다. 청군이 요하를 다음
방어선으로 설정할 것을 예상한 야마가타는 청군에게 방어선을 구축
할 시간을 주지 않기 위하여 쉬지 않고 진격할 것을 명한다.[649]

그러나 야마가타 휘하의 제1군의 보급로는 길어질 대로 길어진 상
태였다. 그는 계속해서 진격할 것인지 아니면 겨울을 맞이하여 공세
를 멈출 것인지 결정을 내려야 했다. 대본영은 봄까지 공세를 멈추
고 방어선을 구축하는 것이 좋겠다고 한다. 그러나 제2군이 뤼순을
함락시키는 전공을 올린 상황에서 야마가타는 제1군이 만주에서 지
체되는 것은 군사들의 사기에도 큰 영향을 미칠 것이라고 생각한다.
더구나 상급 장교들은 모두 더 깊이 청의 영토로 진격해 들어가기를
원했다.[650]

야마가타는 11월 13일 대본영에 세 가지 작전계획을 올리면서 그
중 하나를 정해줄 것을 요청한다. 첫 번째는 산하이관 부근에 상륙하
여 베이징에 진격하기 위한 기지를 구축하는 것, 두 번째는 제1군을
랴오둥반도에 집결시켜 부동항에 보급기지를 구축하는 것, 그리고 세
번째는 북쪽으로 진격하여 펑티엔(봉천, 심양)을 공격하는 것이었다.[651]

대본영은 야마가타의 세 가지 안을 모두 거부한다. 그러나 야마가타는 11월 25일 제3사단으로 하여금 전략적 요충인 하이청을 공격하도록 명한다. 이토 히로부미는 대본영의 영을 거부한 야마가타에 격노한다. 11월 29일에는 천황을 설득하여 야마가타를 일본으로 소환하는 칙령을 내리도록 한다. 공식적인 이유는 야마가타가 건강이 악화되어 천황이 이를 걱정한 나머지 소환하는 것이었지만 사실은 야마가타가 일본으로 와서 천황에게 직접 전황을 설명하도록 하기 위해서였다.[652] 천황의 칙령이 도착했을 때는 야마가타의 제1군이 이미 하이청을 점령한 후였다. 그러나 여기서 일본군은 청군의 강력한 저항에 직면한다.

10월 29일, 일본군 제5사단은 아무런 저항 없이 평황성에 입성한다. 청군은 이미 퇴각한 뒤였다. 청군의 일부는 모티엔링(摩天嶺, 마천령)으로 가서 이크탕아 장군의 10,000명의 군과 합류하고자 한다. 일본군의 노즈 미치츠라 중장은 이를 막기 위해 제10여단을 모티엔링으로 보낸다.[653]

11월 2일자 『더노스차이나헤럴드』는 청군이 전한 전황을 싣는다.

10월 24일 일본군 40,000명이 지우리엔청을 공격해 왔을 때 청군의 병력은 5,000명 정도에 불과했습니다. 그러나 일본군은 도시를 함락시키는데 이틀이나 걸렸습니다. 청군은 퇴각하면서 20대가 넘는 크럽대포와 호치키스포를 모두 갖고 퇴각했으며 남은 것은 오래전 중국인 또는 조선인 약탈자들로부터 도시를 지키기 위하여 준비해둔 100년 이상 된 장총 30여정 정도였습니다.[654]

11월 9일자 『더노스차이나헤럴드』는 「이 극동의 군사들은 유럽의 군대는 모르는 비법을 갖고 있는 것 같다. 유럽의 장군들은 양측의 20,000명에 달하는 병력이 전투를 벌여 최대 200명의 사상자만 낼 수 있다면 무척 기쁠 것이다」고 비꼰다.[655]

가츠라 장군 휘하의 제5여단은 안동에서 다후산(大狐山)방면으로 진격하여 6,000명의 청군을 추격한다. 가츠라는 청군이 다후산(大狐山)을 떠나 뤼순의 청군을 지원하러 가는 것으로 생각했다. 다후산(大狐山)을 함락시킨 가츠라는 곧바로 퇴각하는 청군을 쫓아 다양강을 따라가다가 18일 슈옌(岫岩)을 함락시킨다. 2주간 제5여단을 슈옌에 모두 집결시킨 가츠라는 12월 10일 슈무청(Xiumuzheng)으로 진격하여 이틀만에 마을을 함락시킨다. 다음날 제5여단은 하이청(海城, 해성)으로 진격하여 5,000명의 수비 병력을 격퇴시키고 13일 마을을 함락시킨다. 이로써 요하 계곡의 길은 일본 제1군이 장악한다.[656]

11월 25일, 노즈 미치츠라 중장이 예상했던 대로 일본군 제10 여단은 차오호커우(草河口, 초하구) 부근에서 청군의 공격을 받는다. 격렬한 전투 끝에 청군이 랴오양(遼陽) 방면으로 퇴각하기 시작한다. 일본군은 추격을 계속하여 11월 30일 다시 한번 청군을 격퇴한다.[657]

12월 5일, 거듭된 전투에서 탈진한 일본군은 평황청으로 돌아와 모처럼 휴식을 취한다. 보급로 문제로 일본군은 평황청 이북에 군사를 진주시키는 것을 포기한다. 이로써 모티엔링의 청군은 이크탕아의 군사와 합류할 수 있게 된다. 약 10,000명의 병력을 보강한 이크탕아 장군은 평황청을 탈환하기 위하여 12월 초 군사를 3개 대오로 나누어 공격한다. 그러나 일본군은 12월 9일 이크탕아 장군이 직접 지휘하는 청군의 첫 번째 대오를 격퇴하고 14일에는 두 번째 대오도 격퇴한다. 청군은 막대한 피해를 입고 흩어진다. 일본군은 제5사단은 펑황청에 소수 병력만 남겨놓고 서쪽으로 향한다.[658]

일본군의 진격 속도에 청의 송경 장군은 놀란다. 하이청의 함락으로 요하를 방어선으로 일본의 진격을 저지하려던 송경 장군의 전략에 차질이 생긴다. 더구나 뤼순의 함락으로 일본 대본영은 야마기 장군 휘하의 제2군 제1사단을 지원군으로 보내기로 한다. 뤼순과 다롄, 진저우에는 제12연대 병력만 남겨놓는다. 11월 26일 노기 장군의 제1여단은 진저우를 출발하여 북상한다. 제1사단의 나머지 병력도 곧 합류한다. 12월 중순, 제1여단은 아무런 저항 없이 푸저우청(復州城, 복주성)을 접수하고 카이핑(開平, 개평)으로 진격한다.

송경 장군은 하이청(海城, 해성)을 어떻게 해서든 탈환하기로 한다.[659] 청군은 5차례에 걸쳐서 하이청을 탈활하고자 공세를 취한다.[660] 12월 18일 저녁, 뉴촹에 주둔하던 청군 10,000명은 하이청 탈환 작전에 나선다. 그러나 일본군 방어선을 공격하기도 전에 일본군 제5여단의 공격을 받고 500명의 사상자를 내고 후퇴한다. 일본군은 440명의 사상자를 낸다.

12월 19일 새벽에는 제3사단의 병력이 하이청을 출발하여 뉴촹으로 향하는 청군을 공격한다. 길에는 30cm 이상의 눈이 쌓여 진군을 방해한다. 일본군은 잘 싸웠지만 청군의 저항도 만만치 않았다. 일본군은 전투와 추위에 지치기 시작했다. 가쓰라 타로는 군사들을 하이청으로 즉시 돌아오도록 명하였지만 지친 군사들은 다음날 아침에야 하이청으로 간신히 돌아올 수 있었다.[661]

1월 10일에는 일본군 제1여단이 청군 5,000명이 수비하는 카이핑(개평)을 공격하여 함락시킨다. 이 전투에서 청군은 1,200명의 사상자를 낸 반면 일본군은 46명이 전사하고 263명이 부상 당한다. 잉커우에서 출발한 청의 지원군 10,000명은 하이청 전투에서 패하여 후퇴하는 청군들을 만나자 당황하여 흩어진다. 일본군도 기진하여 하이청(海城, 해성)-카이핑 간의 전보선을 구축하여 제1군과 제2군의 연락망을 만든 후 진격을 중지한다.[662]

뤼순의 함락으로 인하여 청의 사령부도 교체된다. 광서제는 이홍장을 해임하고 청군의 지휘권을 경친왕 혁광이 주도하는 군기처에 넘긴다. 군기처는 수도 베이징이 위치한 즈리를 방어하기 위해서 산하이관에 50,000명의 군사를 집결시키고 베이징에도 55,000의 병력을 배치한다. 이 군사들의 사령관에는 양광총독과 양강총독을 역임하면서 양무운동을 적극 추진하던 유곤일(劉坤一, 1830.1.21.~1902.10.27.)을 임명한다. 즈리의 지방군 80,000명까지 포함한 막강한 군사력이었다. 그러나 이 군대는 만주에서 35,000명의 병력으로 일본군과 싸우던 송경 장군에게는 아무런 도움이 되지 않는다.[663]

1월 17일, 송경 장군은 20,000명의 병력으로 다시 한번 하이청(海城, 해성) 탈환을 시도한다. 그러나 일본군 제5여단은 또 다시 청군을 격퇴한다. 청군의 사상자는 300명이었던 반면 일본군은 3명이 전사하고 38명이 부상하는데 그친다. 1월 22일, 청군은 다시 한번 공세를 취한다. 그러나 청군은 120명의 사상자를 내고 후퇴한다. 일본군은 단 한 명의 사상자도 없었다. 송경 장군은 2월 16일에도 다시 한번 공격한다. 전투는 21일까지 계속되지만 청군은 결국 1,500명의 사상자를 내고 후퇴한다. 일본군은 300명의 사상자를 낸다.

일본군은 전투보다 동상으로 더 큰 피해를 본다. 만주는 매서운 겨

송경(宋慶) 장군　　　　　　　　유곤일(劉坤一)

울로 접어들고 있었지만 일본군은 여전히 여름 제복을 입고 있었다. 겨울 보급품이 미처 도달하지 못하고 있었기 때문이다. 말발굽도 얼음으로부터 아무런 보호가 없었다. 그러나 진군은 계속된다.[664]

47. 1차 강화협상 (1894.11.26.~30.)

뤼순 함락 후 청은 종전협상을 시도한다.[665] 열강들의 개입을 유도하여 일본과의 전쟁을 종결시키려는 시도들이 모두 실패로 돌아가자 이홍장은 광서제의 재가를 받아 구스타브 데트링(Gustav Detring, 德璀琳, 1842~1913.1.4.)을 자신의 특사로 일본에 보낸다.

독일 출신으로 영국 국적을 소유한 데트링은 로버트 하트 밑에서 톈진해관 총세무사를 맡고 있었다. 데트링은 11월 26일 자신의 비서

테일러(Charles Henry Brewitt Taylor, 1857~1938)와 런던의 『타임즈』 기자 미치
(Alexander Michie), 중국인 작가 한 명, 중국인 하인 2명과 함께 고베에
도착한다. 그는 이홍장이 이토 히로부미에게 보내는 공문 1통과 친
서 1통을 지참한다.

우리 대청제국은 지금까지의 전례에 따라 각국과 교제할 때에는 언제나
화평을 추구해 왔습니다. 현재 귀국과는 조그마한 소란이 일고 있는데,
이는 방패와 창으로써 옥과 비단을 바꾸려 하는 것과 마찬가지로, 이렇
게 되면 양국의 백성을 도탄에 빠지게 함을 면치 못할 것입니다. 이에 지
금 바다와 육지에서의 전쟁을 잠시 종식시키기 위해 피차간에 상의해야
할 필요가 있으므로 이러한 본 대신의 유지를 받들어 지금까지 여러해 동
안 중국에서 외교적 업무를 담당해오던 충실하고 믿을 만한 데트링에게,
이홍장이 앞으로 해야 할 일들에 대해 자세히 일러주고, 그에게 명하여
신속히 일본에 건너가 일을 처리하도록 할 것입니다. 더불어 그는 수시
로 회의 진행 상황을 이홍장에게 신속히 전문으로 보고하여 들려주게 될
것입니다. 이에 준하여 데트링을 두품대신(頭品大臣)에 명하고, 즉시 동경
에 건너가서 우리의 뜻을 알린 다음 어떻게 하든 양측의 의견을 조정하
여 예전과 같이 우리들의 평안을 회복할 수 있도록 귀 총리대신이 데트링
과 협의하여 주시길 바라며, 부디 이 통보에 대해 좋은 결과가 돌아오길
원하는 바입니다. 재삼 청컨대 부디 이번 일이 잘 실행될 수 있도록 돌보
아 주시길 바랍니다.[666]

이홍장이 이토에게 보내는 개인 서신에는 1885년 톈진조약 협상 때
만났던 얘기를 하면서 「비록 많은 시간 동안 만나지는 못했어도 저는

언제나 현 총리 백작대신을 생각하며 과거의 정들었던 일을 잊지 않고 마음 속에 새겨 두고 있습니다. 이에 만감이 교차하는 바입니다」라고 한다.[667]

데트링은 효고현(兵庫県) 지사 슈후 고헤이(周布 公平, 1851.1.7.~1921.2.15)에게 자신이 일본에 온 목적을 이토 총리대신에게 전달해 줄 것을 부탁한다. 당시 이토는 대본영이 있는 히로시마에 있었다. 슈후의 전문을 받은 이토는 데트링을 고베에서 기다리도록 하는 한편 「데트링과 그의 일행, 배의 승무원들을 철저하게 감시하고 그들이 무슨 자격으로 왔는지 확인해 볼 것」을 명한다. 슈후는 데트링에게 이홍장의 서한이 공문인지 개인적인 편지인지 물어보면서 데트링이 청 정부내에서 어떤 지위에 있는지, 그리고 동행자들 중에 같은 임무를 띠고 온 사람이 있는지 등을 묻는다. 이에 데트링은 이홍장의 친서가 곧 공문이며 자신은 청 황제의 명으로 공적인 임무를 띠고 일본에 왔으며 동행자들은 모두 개인 자격으로 왔다고 한다.[668]

데트링이 일본에 도착하여 연락을 취하고 있다는 이토의 전문을 받은 무츠는 11월 27일 회신하면서 이토나 일본 정부의 대표가 데트링을 만나거나 그가 지참하고 온 이홍장의 편지를 받는 것은 부적절하다고 한다. 그러면서 사전에 공식 통보를 해 온 후 「공식적으로 전권을 위임 받은 전권대사」를 제외한 그 누구를 통해서도 청 정부와 교신을 하면 안 된다고 한다. 「만일 데트링이 우리측으로부터 여하 한 긍정적인 신호를 받고 중국으로 돌아가게 될 경우 앞으로의 협상에 자신이나 로버트 하트가 전권대사로 임명될 가능성이 있다」면서 청이 외국인을 협상 전권대사에 임명하는 것은 무조건 거절해야 한다고 한다. 다른 열강들에게 직접 개입할 수 있는 여지를 만들어 줄 수

있기 때문이라고 한다.[669]

무츠는 다음날도 이토에게 전문을 보내 주 일본 독일 공사 구트
슈미트(Felix Friedrich Wilhelm Eduard Heinrich Freiherr von Gutschmid, 1843.10.10.
~1905.10.17.)가 자신을 찾아와 데트링으로부터 협상을 위해 일본에 왔
다는 전문을 받았다면서 「간접적으로 넌지시 데트링을 받아줄 것을
제안」했다고 한다. 무츠는 이것이 「데트링을 받아줄 경우 외부로부
터의 간섭이 시작될 것이라는 저의 우려가 현실화 될 수 있음을 보여
준다」고 한다.[670]

무츠의 충고대로 이토는 데트링을 만나는 것을 거절한다. 11월 28
일 저녁 슈후는 데트링에게 이토의 결정을 알린다. 데트링이 청 정부
의 공인된 대표가 아니기 때문이라고 한다.[671]

데트링은 최후 수단으로 이홍장의 서신을 우편으로 보내면서 첨부
한 11월 28일자 서신에 그날 밤 고베를 떠나지만 자신이 승선할 여객
선은 11월 29일 정오 또는 11월 30일까지 효고로부터 약 6km 떨어
진 츠루시마(鶴島) 등대 북쪽에 정박해 있을 것이라면서 그때까지 답신
을 받기를 바란다고 한다.[672] 데트링은 그날 저녁에도 다시 한번 이토
에게 전문을 보내 청 정부가 미국에게 중재를 부탁하였기에 즉시 귀국
하라는 전보를 받았다면서 먼저 전문에서 얘기한 시점까지 회신을 기
대한다고 한다.[673] 이토도 일본 정부도 아무런 답변을 보내지 않는다.

48. 2차 강화협상 (1894.12.21.~1895.2.4.)

청 조정은 다급해진다. 11월 중순 주 중 미국 공사 덴비는 총리아문

이 「어떤 대가를 치르더라도 평화」를 원한다고 한다.

> 위대한 제국이 이처럼 일본 총검이 스치자마자 무너지는 모습을 보는 것
> 은 애처롭다. 이들과 얘기하는 것도 애처롭다. 일본 사람들이 중국의 황
> 제를 죽일 것인지, 그를 체포할 것인지, 자신들의 가족들을 모두 피신시
> 켜야 할지, 일본이 중국 전체를 점령할 것인지 등등에 대하여.[674]

청의 대신들 중에는 수도를 내륙으로 옮길 것을 제안하는 사람도 있
었다.

그럼에도 불구하고 정전협상에 반대하는 강경파들도 여전히 남아
있었다. 특히 톈진에는 고위 청 관료들뿐 아니라 외국인들 중에도
「전쟁이 계속됨으로 인해서 엄청난 이득을 보고 따라서 중국이 어떤
불행을 당하더라도 손해볼 것이 전혀 없는 자들」이 있었다. 전쟁지지
자들의 반대를 극복하고 청 정부로 하여금 정전교섭단을 파견하도록
하기까지 덴비는 많은 노력과 시간을 들여야 했다.[675]

12월 21일 청 조정은 공식협상단을 일본에 파견하기로 결정한다.
협상단장은 주 미국 공사를 역임한 총리아문 대신 겸 호부좌시랑(戶部
左侍郞) 장음환(張蔭桓, 1837~1900)이었다. 또 한사람은 호남순무(湖南巡撫) 소
우렴(邵友濂, 1840~1901)으로 청일전쟁 개전 당시 타이완순무(台灣巡撫)를 역
임한 인물이다. 무츠는 장음환이 주 워싱턴 청 공사로 있을 당시인
1888~1890년 주 워싱턴 일본 공사관에 근무하였기에 서로를 잘 아
는 사이였다. 그러나 무츠는 장음환이 중국말밖에 할 줄 모르고 청 정
부 내에서도 아무런 영향력이 없는 인물이라고 주 일 영국 공사 트렌
치(Power Henry Le Poer Trench, 1841.5.11.~1899.4.30.)에게 혹평한다.[676]

장음환(張蔭桓)　　　　　　　　　　주 일 미국 공사 에드윈 던

무츠가 주 일 미국 공사 던(Edwin Dun, 1848.7.19.~1931.5.15.)에게 청이 미국을 통해 정전협상을 시작하는 것이 좋다고 하자 베이징과 도쿄 주재 미국 공사들이 일제히 움직이기 시작한다. 그러나 청의 관료들이 전시외교에 대해 너무 무지하였기에 덴비는 중재인 보다는 자문을 해주기에 바빴다. 그는 보고서에서 「이 사람들의 무지와 무능은 상상을 초월한다. 「국제법」이란 책은 이들에게는 봉인된 책이나 마찬가지다」라고 한다.[677]

그러나 덴비가 일본에까지 청 협상단을 따라갈 수는 없었다. 따라서 청 정부는 별도로 미국 시민을 고문으로 공식 고용하기로 하고 주 러시아 미국 공사와 국무장관을 역임하고 무츠와도 개인적인 친분이 있는 존 포스터(John W. Foster)를 고용한다. 포스터를 친구로 생각했던 무츠는 포스터의 임명을 반긴다.[678]

청의 협상단이 1월 초 일본에 도착할 때까지 일본에 먼저 가 있으

라는 총리아문의 명을 받은 포스터는 개인비서를 대동하고 1895년 1월 21일 요코하마에 도착한다. 포스터가 요코하마에 도착하자 장음환의 전보가 그를 기다리고 있었다. 몸이 아파서 일본에 갈 수가 없으니 일본의 협상조건을 알아낸 후 상하이로 와 달라는 내용이었다.

존 포스터 청 총리아문 고문

포스터는 일본의 하야시 차관과 만난 후 상하이로 가기 위하여 고베로 향한다. 고베에서 그는 장음환의 또 다른 전보를 받는다. 상하이로 가는 대신 고베에서 청의 협상단을 기다리라는 내용이었다. 포스터는 청의 협상단을 기다리는 동안 일본 외무성의 법률 고문 데니슨(Henry Willard Denison, 1846.5.11.~1914.7.3.)을 만난다. 포스터는 데니슨과의 장시간 대화를 통해 자신은 이번 협상을 비관적으로 보고 있다고 말한다. 부인에게 보낸 편지에도 「일본 사람들은 성공적인 전쟁에 매우 고무되어 있고 과거 중국이 자신들을 모욕적으로 다루었던 것을 생생하게 기억하면서 어떻게든 중국에게 모욕을 주려고 하고 있다」고 한다.[679]

장음환과 소우렴은 1월 30일 캐나다 여객선 「엠프레스오브차이나 (Empress of China)」 편으로 고베에 도착한다. 일본 관리들이 청의 전권대사가 승선하고 있음을 직접 확인한 뒤에나 배에 청의 국기를 계양할 수 있게 한다.[680] 청의 협상단은 40명이나 되었지만 전권대사들의 직위가 이토나 무츠에 비하여 형편없이 낮았기에 일본 신문들은 중국이 진심으로 평화협상을 원하는지 반문한다.[681]

중국 사신들은 우지나로 향하는 일본 증기선 「오와리마루」에 오르기 전 포스터와 조찬을 한다. 청의 사절단이 부두에서 포스터를 만나기 위해 호텔로 향하는 동안 모여든 군중들은 야유를 보내지만 경찰이 곧 해산시킨다.

주 청 미국 공사 덴비는 강화조약을 협상하러 가는 전권대사들에게는 충분한 협상권한을 주어야 한다는 점을 누차 강조하였고 청 조정이 이를 지킬 것을 약속한다는 전제하에 중재 역할을 맡는 것에 동의한다. 그러나 총리아문은 끝내 덴비가 준비한 전권위임장을 비롯한 평화협상 문서들을 무시한다. 결국 장음환과 소우렴에게는 협상전권이 주어지지 않았다. 일본 정부는 이토와 무츠가 독자적인 결정을 내리고 협상을 종결 짓고 서명할 수 있는 권한을 부여하였지만 청의 대표단은 광서제가 메이지 천황에게 장음환과 소우렴을 협상전권대사에 임명한다는 광서제의 서한만을 지참하였다. 총리아문 대신들이 이를 덴비에게 보여주자 덴비는 이 서류가 국제관례에 준하지 않으며 일본이 까다롭게 굴고자 마음을 먹으면 거절할 수도 있다고 경고한다.[682]

포스터는 청의 협상단과 함께 일본 증기선에 올라 우지나로 향한다. 31일 우지나에 도착한 일행은 곧바로 일본군의 호위하에 육로로 히로시마로 향한다. 청의 협상단은 히로시마 시내의 두 여관에 숙소가 마련되었고 포스터와 그의 비서 헨더슨은 교외의 단독주택에 숙소가 마련된다. 그날 밤 포스터가 협상단을 방문하자 그들은 다음날 협상이 잡혔다고 알려준다. 그러면서 일본 측이 청 협상단이 본국 정부와 전보를 주고받을 때 사용하는 암호를 일본 측에 알리지 않는 한 협상 중에 베이징과 암호화된 전보를 주고받는 것을 금지하겠다고 했다고 한다. 다음날 아침 포스터는 데니슨을 만나 협상단에게 본국과 암호화된 전보를 주고받는 것을 금하는 것은 외교관례에 어긋나는 일이라고 항의하자 데니슨은 이는 전쟁 초기 베이징의 일본 대리공사가 본국과 암호화된 전문을 주고받는 것을 청 정부가 금지했던 것에 대한 보복이라고 설명한다. 포스터는 그것은 전혀 다른 상황이었다고 항의하지만 소용이 없었다.[683]

회담은 그날 2월 1일 열린다. 24년전 비스마르크가 프로이센-프랑스 전쟁 후 베르사이유 강화 조약 당시 시작한 관행에 따라 협상 언어는 승전국의 언어를 쓰기로 한다. 그러나 일단 그 원칙이 정해지고 일어로 회의가 시작되자 이토와 무츠는 영어를 사용하기 시작한다. 청 측에서는 오정방(伍廷芳, 1842.7.30.~1922.6.23.)이 통역으로 나선다.

첫 협상의 목적은 신임장을 교환하는 것이었다. 이토가 광서제의 임명장을 검토하는 동안 무츠는 자신과 이토의 신임장을 청 측에 넘긴다. 그러나 이토는 광서제의 임명장을 검토한 후 이는 임명장일 뿐 전권을 부여하는 신임장이 아니라고 한다. 이토는 청의 협상단이 전권을 받아오지 않았다는 핑계로 협상을 거부하면서 곧바로 일본을 떠날 것을 요구한다. 청의 협상단이 청 황제의 재가 없이는 일본을 떠날 수 없다고 하자 이토는 「베이징에 전문을 보내도 좋다... 그러나 여기서 베이징으로부터 답이 올 때까지 기다려야 할 필요가 없다. 이제 여기서 떠나는 것 밖에는 할 일이 없다」고 한다.[684]

청 협상단이 방에서 나가기 시작하자 이토는 오정방에 잠시 남으라고 한 다음 청이 제대로 된 신임장을 갖춘 전권대사를 보냄으로써 진실성을 보인다면 일본은 기쁜 마음으로 청과 협상하겠다는 말을 이홍장에게 직접 전해 달라고 한다. 그러면서 「베이징 사람들 특유의 관습이 많이 있다는 것은 잘 안다. 그러나 그것들은 다른 나라들에는 적용할 수 없다. 나는 진심으로 중국이 이번 기회를 이용하여 고래의 관습들을

오정방(伍廷芳) 통역. 훗날 주 미 중국 대사, 중화민국 외교부장 역임.

고치고 새로운 제도를 도입하기를 바란다」고 한다.

그러면서 이토는 이 말은 협상단에게 하는 말이 아니라 톈진 때부터 오랜 친구인 오에게 전하는 말이라고 한다. 이에 오정방이 장이나 소의 지위가 너무 낮아서 그러는 거냐는 질문에 이토는 그렇지 않다면서 전권을 위임받은 사람이면 누구나 환영한다고 한다. 그러나 물론 협상을 위해서는 협상단의 지위가 높을수록 좋은 것은 사실이라고 덧붙인다. 그러면서 공친왕이나 이홍장 같은 사람이 전권대사에 임명되지만 일본까지 오는 것이 불편하다면 자신은 중국으로 갈 준비가 되어 있다고 한다. 오정방이 상하이에도 올 수 있겠냐고 하자 이토는 아니라고 한다. 홍콩도 아니라고 한다. 오정방이 참고할 수 있도록 이토가 갈 의향이 있는 지역을 묻자 이토는 「뤼순이면 가능할 것 같다」고 하면서도 「이번 협상은 이제 끝났고 다음 아기는 아직 태어

나지 않았습니다! 따라서 아직 이름을 지어줄 수는 없는 법이죠!」라면서 미소를 지으면서 말한다.[685]

2월 4일 청의 협상단이 나가사키로 향하기 전 데니슨이 포스터를 예방한다. 데니슨은 일본이 진심으로 평화를 원하지만 협상단의 지위가 너무 낮아 청의 의도를 의심한다고 하였다. 그러면서 청이 공친왕이나 이홍장과 같은 사람에게 전권을 위임하여 보낸다면 일본이 받을 것이고 전보도 자유롭게 사용할 수 있게 할 것이라고 한다.[686]

이토와 무츠가 청의 협상단의 전권위임 여부를 문제 삼아 정전협상을 거부한 근본적인 이유는 그 때 일본군의 웨이하이웨이 공략이 진행 중이었기 때문이다. 이토와 무츠는 일본군이 웨이하이웨이마저 함락시키고 북양함대를 완전히 궤멸시킨다면 일본 측의 협상력이 더욱 강해질 것이라고 생각했다.

나가사키에서 중국으로 갈 배를 기다리는 중 장음환은 청의 협상단이 제대로 된 전권위임장을 받아오지 못한 이유는 청의 황제가 준 임명장이 제대로 된 신임장이 아니라고 감히 말할 수 있는 사람이 아무도 없었기 때문이라고 포스트에게 털어놓는다.[687]

귀국한 장음환과 소우렴은 해임된다. 그리고 이토의 제안대로 이홍장이 전권대사에 임명된다.

49. 제2차 갑오경장

제2차 동학난을 진압하는 한편 대원군과 민비를 국정에서 손을 떼게 한 이노우에는 11월 20일 「공사가 아니라 조선 정부 고문의 자격으로」 경복궁 「함화당」에서 대신들이 입시한 가운데 고종에게 조선 내정 개혁안 20개 조목을 제출한다.

함화당(咸和堂)에 나아가 각 아문(衙門)의 대신(大臣)들을 불러 보았고, 이어 일본 공사(日本公使) 이노우에 가오루[井上馨]를 접견하였다. 청대(請對)와 폐견(陛見)이 있었기 때문이다. 이때에 일본 공사가 개혁안 20개 조목을 제출하였다. 그 내용은

1. 정권(政權)은 모두 한곳에서 나오게 하여야 한다.
2. 대군주(大君主)에게는 정무를 직접 결재할 권한이 있고 또 법령을 지킬 의무가 있다.
3. 왕실의 사무는 나라의 정사와 분리시켜야 한다.
4. 왕실의 조직을 정해야 한다.
5. 의정부(議政府)와 각 아문(衙門)의 직무와 권한을 정해야 한다.
6. 조세는 탁지아문(度支衙門)에서 통일하게 하고 또 백성들에게 부과하는 조세는 일정한 비율로 하는 외에는 어떤 명목과 방법을 물론하고 징수하지 않는다.
7. 왕실과 각 아문의 비용을 미리 정해야 한다.
8. 군사에 관한 정무를 정해야 한다.
9. 모든 일에서 허식을 없애고 사치한 폐단을 바로잡아야 한다.
10. 형률(刑律)을 제정하여야 한다.
11. 경찰권은 한곳에서 행사하여야 한다.
12. 관리의 복무 규율을 세워 이를 엄격히 집행하여야 한다.
13. 지방관(地方官)의 권한을 제한하여 이것을 중앙 정부에서 장악하여

야 한다.

14. 관리를 등용하고 파면하는 규정을 만들어 개인의 의사로 등용하거나 파면시키지 못하게 하여야 한다.

15. 권세를 다투거나 또는 남을 시기하거나 이간시키는 나쁜 폐단을 철저히 없애고 정치상 복수하는 관념을 가지지 않게 하여야 한다.

16. 공무아문(工務衙門)은 아직 필요하다고 인식하지 않는다.

17. 군국기무소(軍國機務所)의 기구와 권한을 개정하여야 한다.

18. 노련한 고문관(顧問官)을 각 아문에 초빙하여 써야 한다.

19. 유학생을 일본에 파견하여야 한다.

20. 국시(國是)를 일정하게 하는 것이 필요하다.

등이었는데, 임금이 좋게 받아들였다.[688]

이노우에는 오후 내내 고종과 조정 대신들에게 개혁안들을 설명하지만 「해가 질때까지 절반도 설명하지 못했다」 면서 그 다음날인 21일에도 다시 입궐한다. 이노우에가 개혁안들을 설명하는 동안 민중전과 고종은 옆의 방에서 같이 듣도록 한다.[689]

1) 박영효와 서광범의 사면 (1894.12.9.)

이노우에는 자신의 내정 개혁안을 추진하기 위하여 박영효와 서광범 등 갑신정변을 주도했던 친일개화파를 내세운다. 이노우에는 갑신정변 당시 박영효와 김옥균 등 친일개화파를 지지하지 않았다. 친일개화파가 일본에 망명한 후에도 그들을 냉대하였다. 한편 고종과 민비는 청일전쟁이 발발하기 직전까지도 김옥균과 박영효를 반역의 수괴로 간주하여 끊임없이 암살을 시도하고 있었다. 그럼에도 불구하고 이노우에는 박영효를 통하여 조선의 내정 개혁을 이루고자 한다.[690] 고종과 민비, 박영효가 과거의 원한을 극복하고 나라를 위해서 합심하여 일할 것을 기대한다. 일본이 메이지 유신을 단행하는 과정에서 과거의 정적과 원수들이 국익과 공동의 목표 앞에서 화해하고 힘을 합치는 모습을 많이 보아왔던 그다.

11월 30일, 이노우에는 김홍집 총리대신과 김윤식 외무대신에게 박영효와 서광범을 사면해주고 중용할 것을 요청한다.

삼가 아룁니다. 수년 이래 일본으로 이주한 귀국인(貴國人) 박영효 이하 그와 일을 같이 했던 모든 사람들 및 미국으로 이주한 서광범 이하 그와 일을 같이 했던 모든 사람들을 지난번에 귀국(貴國)이 각자 소환한 바 박씨 같은 분은 벌써 환국하여 지난날의 죄를 사면 받았고 서광범도 귀국 도중 현재 일본에 잠시 체류하고 있습니다. 이러한 등등의 사연은 일찍이 면담과 서한을 통하여 귀(貴) 두 대신께서도 잘 알고 계실 것입니다.

그런데 목하 박씨는 겨우 사면이 되었으나 그 품계에 있어서는 예전과 같은 자리에 되돌리라는 하명을 아직 받지 못하고 있고, 그와 일을 같이 했던 이규완(李圭完)·유혁로(柳赫魯)·정난교(鄭蘭教) 등 모든 사람들도 아직 그 죄를 사면 받지 못하고 있습니다. 그리고 들리는 바에 의하면, 감옥에 갇혀 있는 그들의 친족들도 석방되지 않고 있고, 또 서광범의 일은 현재 해결되지 않고 있다 하니 귀 정부의 소식을 들려주시는 것이 어떠하겠습니까?

조용히 생각해 볼 때, 박씨와 서씨 및 모든 사람들은 지난 갑신년에 내정이혁(內政釐革) 을 꾀하다가 불행히 중도에서 실패하고 말았습니다만, 그분들의 뜻을 살펴보면 세도를 부리며 정권을 장악하고 있는 척신들의 폐단을 일소하여 그 정권을 왕실로 돌아가게 하고 아울러 국가독립의 기초를 공고히 하려고 하였습니다. 그리고 그 분들의 행동거지를 말하더라도 비록 평온한 국면을 유지하지는 못했지만 국가를 생각하는 간절한 뜻을 돌이켜 볼 때, 차라리 가상하다고 말할 수 있을지언정 큰 죄가 있다고는 생각하지 않습니다.

그러므로 금년 7월에 귀 정부에서 구습을 일소하고 새로운 기풍을 진작할 정치를 시행하여, 박영효·서광범 이하의 모든 사람들과 능력이 있어 그 잘못을 용서하여 기용할 수 있는 사람이라면 모두 소환을 하겠다고 하였습니다. 이것은 참으로 아름다운 일입니다. 그러므로 누가 귀국을 위하여 경사스러운 일로 생각하지 않았겠습니까.

그러나 그 후 귀 정부에서는 이 두 사람을 어디에 쓰려는지 아무런 소문도 없었고 또 요즘 추세를 보면, 사면을 해줄 듯 하면서도 사면을 해주지 않으므로 필시 이 두 사람을 유배하지나 않았나 하는 생각을 갖게 하여 모든 사람들이 그지없이 한심해 하고 있는 중입니다. 이런 일을 어찌 생각이나 하였겠습니까? 그러나 지금 귀국의 정치는 공무에 전력하여 중흥의 대업을 이룩할 때이므로 이런 일까지 돌아볼 수가 없다니 매우 서글픕니다.

그러므로 본사(本使)는 귀 두 대신께 간청한 후, 그 사유를 구비하여 대군주폐하 앞에서 은지(恩旨)를 내려주시도록 아뢰겠습니다. 그리하여 갑신년에 죄를 지었던 박영효·서광범 그리고 그와 같이 일했던 모든 사람들에게 특사의 은전을 일률적으로 시행하여 그들로 하여금 본래의 품계와 직위를 되찾게 하고, 또 기용할 만한 재능이 있는 사람들도 그 재질을 헤아려서 알맞은 일을 맡긴 다음 그들로 하여금 있는 힘을 다하게 하여 중흥의 대업을 돕게 한다면 어찌 아름다운 일이 아니겠습니까.

그렇게만 된다면 본사도 귀국을 위하여 경하해 마지않을 것입니다. 이에 특별히 흉금을 털어놓고 감히 귀 두 대신에게 아뢰오니 명백하게 살펴주시면 다행으로 생각하겠습니다. 삼가 이만 줄이며 많은 복을 누리시기 빕니다.[691]

12월 1일 박영효 등을 사면하기에는 아직 이르다는 답이 김홍집과 김윤식 명의로 온다.

삼가 회답을 드립니다. 어제 귀함(貴函)을 받고 「박영효, 서광범 및 일을 함께 했던 모든 사람들의 죄를 사면하여 그들을 기용해야 한다」고 하신 말씀 잘 알았습니다. 이번 일로 살펴 볼 때, 이 일에 대해서는 누차 면담을 하였고 또 서한을 보내주시어 귀 공사의 간절한 뜻을 잘 알았으므로 우리 대군주 폐하께 아뢰었으나, 이번에 받은 유지(諭旨)에, 「지금은 인심이 안정되지 않고 있으므로 이런 사람들을 갑자기 사면할 수 없다」는 성상의 뜻이 있었습니다. 이것은 신중한 마음에서 나온 것이며, 고의로 그 윤음을 기다려 귀 공사의 호의를 거절한 것이 아닙니다. 이에 회답 드리오니 귀 백작 공사의 넓은 이해를 바랍니다. 삼가 회답을 드리며 귀하의 만복을 기원합니다.[692]

12월 8일 이노우에는 고종이 자신을 폐위 시키고자 하는 각종 음모에 대해 하소연하는 얘기를 듣고는 고종이 자신의 충고를 받아들이고 민비가 정치에서 손을 뗀다면 고종과 민비, 세자를 지지할 것을 약속한다. 그리고는 「박영효에 대한 그들의 의구심을 해소시킨 다음」 박영효를 다시 정부에서 받아들이도록 설득 한다.

12월 9일 고종은 갑신정변의 주모자들과 그들의 가족들에 대한 사면령을 내린다.

> 전교 : 고상신(故相臣) 홍순목(洪淳穆) 고판서(故判書) 박원양(朴元陽) 고참판(故參判) 서상익(徐相翊) 등을 모두 관작(官爵)에 복귀시킨다.
>
> 전교 : 전금릉위(前錦陵尉) 박영효에게 직첩(職牒)을 다시 내린다. 그의 죄를 사면하여 서용(敍用)한다.
>
> 전교 : 이제 겨우 처분을 내렸으나 동일시하는 입장에서 달리 처리할 수는 없으므로 그 사건이 갑신년에 해당되는 죄인들은 죄명을 모두 제거해 주고 멀리 유배된 사람들도 모두 방면하여 조정의 관대한 뜻을 보인다.[693]

이노우에는 고종이 박영효 등을 사면시켰음을 무츠 외무대신에게 알리면서 일본의 설득으로 미국 망명생활을 청산하고 일본에 건너와 있던 서광범이 12월 13일 인천에 도착하여 그 다음날인 14일 한양에 도착했다는 사실도 전한다. 그러면서 동학군을 토벌하던 일본군이 옥천에서 김옥균의 부인과 딸을 찾았다는 사실과 이들을 한양으로 호송하여 박영효, 서광범 등과 같이 있도록 하였다는 사실도 전한다.

그 후 3일이 지나 12월 13일 서광범 일행이 인천에 도착하고 다음날인 14일 입경하였는데, 이날 우연히 김옥균의 처와 딸이 충청도 옥천에서 호송되어 경성에 도착하였습니다. 당초에 김옥균의 처와 딸에 대해서는 금년 봄 이래 누차 이들을 찾아내려 힘썼지만 혹은 생존해 있다고도 하고 혹은 살해되었다고도 해서 그 설이 한결같지 않았는데, 이번 동학당을 토벌하는 일본 군대가 옥천 근방에서 수괴를 수색하던 중 뜻밖에도 위의 모녀 2인을 찾아냈으므로 일본 군대에 소속되어 있는 조선 통변(通辯) 박윤영(朴允榮)으로 하여금 그 보호를 담당하게 하여 경성으로 호송, 현재 박, 서 두 사람과 같이 살고 있습니다. 이 두 사람은 옥천에서 극히 불쌍한 모습으로 살아왔으며 경성에 도착하기까지는 김옥균이 살해된 사실마저 확실히 알지 못했다는 것입니다.[694]

복작(復爵)된 박영효는 전례에 따라 저택을 하사받고 서광범은 갑신정변 당시의 관직인 첨지중추원사(僉知中樞院事)를 다시 제수 받는다.

2) 군국기무처 폐지와 내각제 출범 (1894.12.17.)

12월 17일 제1차 갑오경장을 주도하던 군국기무처가 폐지되고 근대식 내각이 설치된다. 박영효는 내무대신에, 서광범은 법무대신에 임명된다. 「제2차 갑오경장」의 시작이었다.

이노우에는 12월 20일 새로 출범하는 내각에 대한 보고 전문을 무츠 외무대신에게 보낸다.

금년 7월 사변 후 이 나라 정부는 오로지 개혁당으로서 조직되었는바, 대원군의 전횡이 점점 증대됨에 따라 차례로 경질되어 반은 수구파를 혼

성(混成)하였습니다. 그렇지만,
본관이 부임한 후 이 나라 총
리, 외무, 탁지, 제대신(諸大臣)
과 협의를 거듭한 끝에 국왕
전하께서도 박영효, 서광범
등을 영입하여 각료로 삼으려
는 생각을 하셨습니다. 그래서
지난 17일에 별기(別記)의 인명
과 같이 신내각이 조직되고 동
시에 「공문식정전시사조례(公
文式正殿視事條例)」 및 병권통일

서광범

(兵權統一) 등에 관하여 수통의 칙령을 발표하였습니다. 따라서 별지의 내
각원 인명 「공문식정전시사조례」를 첨부하여 이 점 말씀드립니다.

총리대신 김홍집(舊), 내무대신 박영효, 외무대신 김윤식(舊), 탁지대신 어
윤중(舊), 학무대신 박정양(舊), 군무대신 조희연, 법무대신 서광범, 공무대
신 신기선, 농상대신 엄세영[695]

　새 내각의 출범으로 이노우에는 자신이 조선의 상황을 장악한 것
으로 생각한다. 특히 박영효가 국왕 내외와 친밀한 관계를 형성하게
되면서 박영효를 통한 개혁정책 추진에 자신감을 얻는다. 이노우에
는 「박영효가 왕, 왕비와 밀접한 관계를 형성하였다는 것은 비록 대
원군이 비밀리에 고종에 영향을 끼치려 하고 있다지만 더 이상 부정
할 수 없는 사실이다. 국왕 내외는 박영효에 의지하고 있으며 궁에서

일어나는 모든 일들은 나에게 모두 보고되고 있다」고 무츠 외무대신에게 보고한다.[696]

12월 21일 이노우에는 노무라 야스시(野村靖) 내무대신의 비서관에게 전문을 보낸다.

내정 개혁에 관하여 종묘에 맹세하는 일은 드디어 내일 거행하기로 결정되었다. 이 의식에는 국왕은 물론 왕비와 대원군도 참례할 예정이며 국왕과 왕비 모두 우리에게 매우 의뢰하는 마음이 생겼다. 왕비는 이미 우리 수중의 사람이 되었다. 또 박영효와 국왕·왕비 간에 극히 친밀감을 가지고 상대하도록 만들었다. 대원군은 여전히 노회한 언행을 고치지 않아 조금도 믿을 수 없다. 따라서 드디어 내정 개혁 실시의 발걸음을 내딛고 있다.[697]

국제 상황도 일본에 유리했다. 12월 23일 무츠는 이노우에에게 「우리가 조선의 독립을 침해하지 않는 한 러시아도 일본에 대해 우호적이다...... 물론 공은 이를 잘 인식하고 있고 이미 조심하고 있다는 것을 우리는 잘 알고 있지만 우리의 조선정책이 그 어떤 다른 열강, 특히 러시아의 의심을 사지 않도록 하는 것이 핵심입니다」라고 한다. 이에 이노우에는 12월 25일 답신에서 「여기 러시아의 태도도 답을 회피하는 것에서 우리가 추진하는 것에 대한 존경으로 바뀌었습니다...... 나는 솔직하게 나의 유일한 목표는 조선의 독립이라고 말하고 이를 위해서는 왕과 왕비와 어느 정도 개입하는 것이 필요하다고 생각합니다」라고 한다.[698]

이노우에는 10월 조선에 부임한 직후부터 조선 조정 각 부처에 일

김홍집

박영효

김윤식

어윤중

박정양

신기선

본인 고문을 임명할 것을 김홍집에게 제안한다. 조선 정부 요소요
소에 일본인 고문을 배치시켜 조선 정국을 장악하고 개혁을 추진하
는 안은 일본 공사관의 우치다 사다츠시(内田定槌, 1865.2.12.~1942.6.2.)를
비롯한 주 조선 일본 공사관 직원들이 주장해 왔다. 고문을 조선 정
부의 각 부처에 배치한다면 개혁을 추진할 수 있는 반면 조선의 내
정에 간섭하지 않는다는 명분을 유지할 수 있다고 생각했기 때문이
다. 우치다는 고문의 임명은 전적으로 일본 공사가 임명하고 조선 조

정은 일절 개입할 수 없게 함
으로써 일본 정부의 목표를 방
해 없이 추진할 수 있을 것이
라고 했다. 이는 결국 조선을
일본의 보호령으로 만드는 결
정적인 단계였다.[699] 조선 조정
은 물론 반대한다.

호시 토루

김홍집 역시 이 제안을 받아
들이려고 하지 않았으나 몇 주
간에 걸친 지속적인 압력으로
조선은 일본 공사관의 경찰관
다케시 가츠조라를 조선 경무국 고문으로 임명한다. 그 후 궁내부,
재무, 내무, 법무, 병무, 경무국, 우정국에 총 8명의 일본인 고문이
임명된다. 이들은 일본 공사관 직원들이었거나 일본에서 고위 관직
을 역임한 자들이었다. 일본의 야당인 지유토(자유당)의 호시 토루(星亨,
1850.5.19.~1901.6.1.)와 같은 유명 정치인도 있었다. 이들은 메이지 정부
에서 고용한 외국인 고문들처럼 고액의 연봉을 받았고 막강한 권한
이 주어졌다. 1895년 4월의 정부 개혁안에 의하면 각 부처는 새로운
법규를 입안할 때 우선 일본인 고문들의 사전 심사와 허가를 받아야
됐다. 그리고 고문들은 내각회의에 참석하여 발언할 수 있는 권한도
주어졌다.[700]

3) 홍범 14조 (1895.1.7.)

12월 22일 거행하기로 했던 「태묘참예서약(太廟參詣誓約)」은 고종 내외가 감기가 들어 연기된다.[701] 1895년 1월 7일, 고종은 주 조선 일본 공사 이노우에 가오루(井上馨)와 내무대신 박영효(朴泳孝)의 권고에 따라, 대원군·왕세자·종친 및 군신(群臣)을 거느리고 종묘에 나아가 「독립서고문(獨立誓告文)」과 더불어 「홍범 14조」를 선포한다. 1월 11일에는 왕명으로 홍범 14조의 내용들을 법령으로 만들기 시작한다. 1월 14일에는 사직단에 행차하여 「홍범 14조」를 순한글체·순한문체·국한문 혼용체로 작성하여 선포한다. 홍범14조 반포 행사는 메이지의 「오개조서문 반포식」의 형식과 논리를 그대로 따른다. [「오개조서문」에 대한 논의는 제II권, 제1장, 19.「판적봉환과 폐번치현」참조].

세차 개국 503년 12월 12일에 조선시왕은 감소고우(敢昭告于: 감히 밝게 아뢰옵니다).

황조 열성의 신령께 전하노니 소자 짐이 어려서부터 역대 조상님들의 지대한 기업을 받들어 지킨 지 지금까지 31년, 항상 하늘을 두렵게 섬겨 왔습니다. 역대 조상님들께서 도와주신 덕에 여러 번 어려운 일을 만났으나 선대로부터 물려받은 사업을 그치지 아니했으니 이 어찌 소자 짐이 천심을 받들어 된 것이라 하겠습니까? 역대 조상님들의 신령이 권유하고 붙드신 까닭입니다.

우리 조상께서 국가 기업을 날로 더 번창하게 하시고 우리 뒷사람을 도우시어 503년을 지내고 짐의 대에 이르러 시운이 변하고, 문화와 문물이 열려 이웃 나라가 이끌어주었습니다. 조정의 의견이 합쳐져 자주독립의 기초를 세워 우리 국가를 영원히 굳게 지키자고 합니다. 짐 소자 감히 하늘이 주는 좋은 기회를 따라 역대 조상님들로부터 물려받은 사업을 보존할 것이며, 더욱 분발하여 선인의 공덕을 빛내도록 노력하겠습니다.

지금 이후로는 다른 나라에 의존하지 않고, 나라의 기운이 융성하며 신민이 복되고 영화로운 삶을 누려서 자주 독립의 기초를 완전하게 하고자 합니다. 과거의 관습에 구애받지 않고 편안한 방법에 빠지지 않으면서 역대 조상님들의 뒤를 잇고, 세상 형편을 살펴 내정을 고치고 폐단을 바로잡기 위해 짐 소자가 홍범 14조를 들어 하늘에 계신 우리 조상님들의 신령께 맹서하여 알립니다. 역대 조상님들이 주신 큰 공에 힘입어 감히 어기지 말고 능히 공을 세우게 하여 주시기를 바라나이다. 관심을 가지고 자세히 지켜봐 주시옵소서.

1. 청에 의존(依附)하는 생각을 버리고 자주 독립의 기초를 세운다.
2. 왕실 전범(典範)을 제정하여 왕위 계승의 법칙과 종친과 외척과의 구별을 명확히 한다.
3. 임금은 각 대신과 의논하여 정사를 행하고, 종실, 외척의 내정 간섭을 용납치 않는다.
4. 왕실 사무와 국정 사무를 나누어 서로 혼동하지 않는다.
5. 의정부 및 각 아문(衙門)의 직무, 권한을 명백히 규정한다.
6. 납세는 법으로 정하고 함부로 세금을 징수하지 않는다.
7. 조세의 징수와 경비 지출은 모두 탁지아문(度支衙門)의 관할에 속한다.
8. 왕실의 경비는 솔선하여 절약하고 이로써 각 아문과 지방관의 모범이 되게 한다.
9. 왕실과 관부(官府)의 1년 회계를 예정하여 재정의 기초를 확립한다.

10. 지방 제도를 개정하여 지방 관리의 직권을 제한한다.

11. 총명한 젊은이들을 파견하여 외국의 학술, 기예를 견습시킨다.

12. 장교를 교육하고 징병을 실시하여 군제의 근본을 확립한다.

13. 민법, 형법을 제정하여 인민의 생명과 재산을 보전한다.

14. 문별을 가리지 않고 널리 인재를 등용한다.[702]

청에 「의존」하지 않고 「자주 독립」을 추구하겠다는 제1조는 조선 국왕이 중국의 속방이 아님을 공개적으로 천명한 역사상 최초의 선언이었다. 「왕위 계승의 법칙」에 대한 「전범」을 제정한다는 제2조 역시 왕위 계승에 대한 청의 「책봉」을 받지 않겠다는 선언이었다. 「종실」과 「외척」의 「내정 간섭」을 배제하는 제3조는 대원군과 민비의 정치 개입을 배제하겠다는 선언이었다.

홍범 14조는 종묘와 사직에 나아가 「중화질서」 내지는 「화이질서」를 수호하겠다는 전통적인 왕실 전례를 이용하여 「중화질서」를 거부하고 「만국공법」, 즉 근대 국제법에 입각한 「독립」과 「자주」를 근간으로 하는 근대국가로서의 정체성을 새롭게 천명하는 계기였다.

갑오경장을 밀어 부치던 친일개화파 인사들은 전통적인 유교전례를 일체 거부하고 폐지하기를 원했으나 이노우에 가오루는 오히려 전통적인 전례를 이용하여 한편으로는 체제의 연속성을 보장하는 한편 근대 서구의 개념들인 독립과 자주를 조선의 사대부와 평민들이 이해할 수 있는 방식으로 소개하고자 한다. 동시에 이노우에와 박영효는 이를 통하여 조선이 지금까지는 독립국이 아니었음을 조선의 지배 계층과 평민들에게 인식시킨다.[703]

4) 「내무아문 제1호 훈령」과 「교육입국조서」

내무대신 박영효는 1895년 1월 30일 「내무아문 제1호 훈령」을 발표한다.

지난 12월 12일(양력 1월 7일) 우리 성상폐하께서 우리 나라의 자주독립의 기업으로서 종묘에 나아가 서고(誓告: 임금이 중요한 국사를 종묘에 고함)하였으며, 그 다음날에는 대사(사직)에 나아갔고, 동시에 신민에 포고하는 윤음(綸音)을 내리셨다. 이는 우리 대조선 대군주폐하의 신민은 성의(聖意)를 존봉(尊奉: 존경하여 받듦)하여도 가하다. 대저 우리 대조선국은 본래 당당한 자주 독립국이었으나 중간에 청국의 간섭을 받아 국체를 손상하고 국권을 상처내게 하고 우리 성상폐하가 우내(宇內: 전 세계)의 형세를 고찰하여 확연(廓然) 건단(乾斷: 군주의 결단)을 흔들며 중흥의 공업(功業)을 기도하여 독력(獨力)의 홍기(洪基: 큰 사업의 기초)를 확건(確健)하고 청국에 의부(依附: 의지하고 따름)하는 구습을 할단(割斷: 베어서 끊음)하셨다. 국가의 경복과 신민의 영광이 이보다 더 큰 것이 없으며 국시(國是) 이에 따라 또한 일정하게 된다. 그런데 불량무뢰(不良無賴)의 도당, 국가의 대의를 망각하고 또한 청국을 사모하고 무한의 와언(訛言: 잘못 전해진 말)을 만들어 인심을 선동하고 국시를 동요케 하니 이는 우리 성상폐하에 대한 불충불경의 신민이라 할 수 있다. 이와 같은 부류는 붙잡아 불역(不逆)의 국적(國賊: 나라의 적)으로 처벌해야 되므로 오직 우리 조선국 대소민인(大小民人)은 우리 성상폐하의 홍공(洪功: 큰 공로)을 흠송(欽頌)하고 심의(深意)를 극체(克體)하여 자주독립의 새사업을 공수(共守)하여 와언 선동을 하는 국적(國賊)이 있을 때에는 공공(共攻: 함께 공격)할 것을 발망(跋望)함.[704]

1895년 2월 2일에는 고종이 「교육입국조서」를 발표한다.

짐이 생각하건대, 조종(祖宗)께서 업(業)을 시작하시고 통(統)을 이으사 이제 504년이 지났도다. 이는 실로 우리 열조(列朝)의 교화와 덕택이 인심에 젖고 우리 신민이 능히 그 충애를 다한 데 있도다. 그러므로 짐이 한량없이 큰 이 역사를 이어 나가고자 밤낮으로 걱정하는 바는 오직 조종의 유훈을 받들려는 것이니, 너희들 신민은 짐의 마음을 본받을 지어다.

너희들 신민의 조선(祖先)은 곧 우리 조종이 보유한 어진 신민이었고, 너희들 신민은 또한 조선(祖先)의 충애를 잘 이었으니 곧 짐이 보유하는 어진 신민이로다. 짐과 너희들 신민이 힘을 같이하여 조종의 큰 터를 힘쓰지 아니하면 나라가 공고하기를 바라기 심히 어렵도다.

우내(宇內)의 형세를 살펴 보건대 부강하여 독립하여 웅시(雄視)하는 모든 나라는 모두 다 그 인민의 지식이 개명하였도다. 이 지식의 개명은 곧 교육의 선미(善美)로 이룩된 것이니, 교육은 실로 국가를 보존하는 근본이라 하리로다. 그러므로 짐은 군사(君師)의 자리에 있어 교육의 책임을 지노라. 또 교육은 그 길이 있는 것이니 헛된 이름과 실제 소용을 먼저 분별하여야 하리로다. 독서나 습자(習字)로 옛 사람의 찌꺼기를 줍기에 몰두하여 시세(時勢)의 대국에 눈 어둔 자는, 비록 그 문장이 고금을 능가할지라도 쓸데없는 서생에 지나지 못하리로다.

이제 짐이 교육의 강령(綱領)을 보이노니 헛이름을 물리치고 실용을 취할지어다. 곧, 덕을 기를지니, 오륜의 행실을 닦아 속강(俗綱)을 문란하게 하지 말고, 풍교를 세워 인세의 질서를 유지하며, 사회의 행복을 증진시킬지어다. 다음은 몸을 기를지니, 근로와 역행(力行)을 주로 하며, 게으름과 평안함을 탐하지 말고, 괴롭고 어려운 일을 피하지 말며, 너희의 근육을 굳게 하고 뼈를 튼튼히 하여 강장하고 병 없는 낙을 누려받을지어다. 다음은, 지(知)를 기를지니 사물의 이치를 끝까지 추궁함으로써 지를 닦고 성(性)을 이룩하고, 아름답고 미운 것과 옳고 그른 것과, 길고 짧은 데서 나와 남의 구역을 세우지 말고, 정밀히 연구하고 널리 통하기를 힘쓸지어다. 그리고 한 몸의 사(私)를 꾀하지 말고, 공중의 이익을 도모할지어다.

이 세 가지는 교육의 강기(綱紀)이니라. 짐은 정부에 명하여 학교를 널리 세우고 인재를 양성하여 너희들 신민의 학식으로써 국가 중흥의 대공(大功)을 세우게 하려 하노니, 너희들 신민은 충군하고 위국하는 마음으로 너희의 덕과 몸과 지를 기를지어다. 왕실의 안전이 너희들 신민의 교육에 있고, 국가의 부강도 또한 신민의 교육에 있도다. 너희들 신민이 선미(善美)한 경지에 다다르지 못하면 어찌 짐의 다스림을 이루었다 할 수 있으며, 정부가 어찌 감히 그 책임을 다하였다 할 수 있고, 또한 너희들 신민이 어찌 교육의 길에 마음을 다하고 힘을 다하였다 하리요. 아비는 이것으로써 그 아들을 고무하고, 형은 이것으로써 아우를 권면하며, 벗은 이것으로써 벗의 도움의 도를 행하고 분발하여 멎지 말지어다.

나라의 분한(憤恨)을 대적할 이 오직 너희들 신민이요, 국가의 모욕을 막을 이 오직 너희들 신민이니, 이것은 다 너희들 신민의 본분이로다. 학식의 등급으로 그 공효(功效)의 고하를 아뢰되, 이러한 일로 상을 좇다가 사소한 결단(缺端)이 있더라도, 너희들 신민은 또한 이것이 너희들의 교육이 밝지 못한 탓이라고 말할지어다. 상하가 마음을 같이 하기를 힘쓸지어다. 너희들 신민의 마음이 곧 짐의 마음이니 힘쓸지어다. 진실로 이와 같을진대 짐은 조종의 덕광(德光)을 사방에 날릴 것이요, 너희들 신민 또한 너희들 선조의 어진 자식과 착한 손자가 될 것이니, 힘쓸지어다.[705]

50. 일본 정부 차관 (1885.1.)

이노우에는 제2차 갑오경장을 시작하는 동시에 가장 시급한 문제인 재정 문제에 집중하기 시작한다. 개혁을 위해서는 돈이 필요했다.

재정난에 대해서는 다액분(多額分)의 돈 건을 지급으로 결정하는 것이 가장 필요하다. 한 번에 다액이 필요치 않고 1개년 간 여러 차례로 나누어서 의당 일본은행(日本銀行)이나 정금은행(正金銀行)의 이름으로 이 나라 정부에 대부해 주시기 바람. 이들 건에 대하여 자세한 것은 외무대신의 의견을 지급(至急)으로 문의하셔서 회답하여 주기 바람.[706]

이노우에는 무츠에게 보낸 1월 8일자 전문에 다음과 같이 얘기하고 있다.

저는 명목적으로는 조선의 독립을 확립하는데 성공하였습니다. 그러나 실질적인 독립을 도모하기 위해서는 돈이 없이는 한 발자국도 움직일 수 없습니다. 과거에는 4개의 독립된 단위로 나누어져 있었던 육군은 모두 병부(War Department)를 중심으로 재조직되었습니다. 이제 병부 산하의 새 조직들을 만들고 인력과 물자를 모두 보강해야 합니다. 불필요한 인력을 내보내고 보다 좋은 사람들을 뽑아야 합니다. 이를 위해서는 지난 5개월간 지불하지 못한 월급을 주어야 하지만 돈이 없이는 할 수가 없습니다. 이를 위해 필요한 300,000엔과 5,000,000엔을 조달하기 위해서는...... 조선 정부의 공채를 발행하는 것도 어려울 것이고 은행가들로 하여금 투자를 하도록 하는 것도 어려울 것입니다. 이런 상황에서는 일본 정부가 국방비에서 5,000,000엔의 차관을 제공하는 것이 좋을 것 같습니다. 저는 이를 강력하게 추천합니다. 의회에서는 사후에 추인을 받으면 충분할 것으로 생각합니다.[707]

그러나 이에 대하여 무츠는 1월 10일자 전문에서 확답을 주지 못한다.

조선 차관문제는 현재 주요 은행들과 협의 중이며 성공할 가능성이 없지 않습니다. 총리대신과 대장성 대신 역시 노력하고 있습니다. 따라서 이러한 노력들의 결과가 나올 때까지는 경의 161호 전보 내용에 대한 정부의 결정을 말씀드릴 수 없습니다. 이상의 내용은 총리대신과 협의한 것입니다.[708]

이노우에는 1월 11일자 전문에 무츠를 강하게 질타한다.

경의 195호 전보 수신하였음. 300,000엔 문제를 조속히 해결할 것. 시부사와와 대장성장이 함께 제안을 받아들이고 곧바로 이를 이행할 것을 강하게 권고함. 그렇지 않다면 조선 정부가 올해를 넘기는 것이 불가능함. 이러한 내용을 다이이치은행(第一銀行)으로 하여금 시부사와에게 직접 전보를 보내도록 하였음. 내가 161호 전보에 보낸 내용을 즉각 내각 회의에 상정할 것. 경이 은행가들과의 협상을 하고 있는 중에도 조선의 군대는 내 제안에 따라 재편되고 있으며 이제는 조선 측이 계속해서 차관이 실현되도록 압력을 넣고 있음. 이러한 상황에서 어떻게 하면 좋을지 모르겠음. 확실한 답이 없이 내가 이곳에 더 있는다는 것은 불가능함. 은행가들과의 협상이 진행 중이라도 내가 제안한 방안을 내각이 승인한다면 곧바로 채택할 것. 돈이 어디에서 오는지는 나에게는 상관이 없음. 내가 원하는 것은 빠른 결론임. 따라서 은행가들과 협상을 하는 중에도 내각으로 하여금 나의 제안을 받아들일 것을 종용하고 가부간에 곧바로 나에게 알릴 것.[709]

무츠는 청이 보낸 정전협상 사절단을 만나러 간 히로시마에서 1월 15일 답신을 보낸다.

은행가들과의 협상은 성공할 것이 거의 확실하지만 그들이 특정 조건들을 요구하고 있기 때문에 그 구제적인 내용을 경에게 사람을 보내 알려드릴 것입니다. 도쿄에서는 의회가 개원 중이고 청의 사절단이 오는 중이며 우리 군대는 파병 중이고 총리대신과 모두 현재 너무 바빠서 잠시만 기다려주시기 바랍니다. 저는 최선을 다하고 있습니다.[710]

이노우에는 1월 16일자 전문에 현재 매우 바쁘다는 것을 알면서도 차관문제로 계속 「보채지 않을 수 없다」고 한다.

조선 정부가 저의 조치들로 활력이 생기기 시작했는데 제가 갈 데가 어디 있습니까? 저는 방금 야스다 다카시로부터 개인서신을 받는데 그 편지에 미쓰이은행, 이와사키 등에게 경과 대장상 등이 차관을 문의했고 이와사키가 거절하였다는 내용이 들어 있었습니다. 그는 이 거절이 다른 자본가들에게도 상당한 영향을 미치겠지만 그들이 확실히 거부한다면 미쓰이와 시부사와는 응할 것이라고 합니다. 또한 현재 청에 대한 적개심이 불타오르고 있는 상황에서 조선 정부가 8%이자를 보장하고 채권당 80엔으로 판다면 5,000,000엔 정도의 채권을 파는 것은 쉬울 것이라고 합니다. 이는 결국 10%의 이자라는 말이 됩니다. 이는 불합리합니다. 제가 이 자리에 있는 한 저는 양심상 조선 사람들이 이처럼 불리한 조건으로 돈을 빌리는 것을 용납할 수 없습니다.

저는 이자율이 8% 이하여야 한다는 것을 강조하고 싶습니다. 그 이유는 심지어는 청 정부나 회사들이 우리가 「무정부 상태나 마찬가지」라고 하던 시기에 조선에 제공한 차관이나 영국 총영사가 중재한 로스차일드의 차관도 이렇게 높은 이자율을 요구하지는 않았습니다. 이 정부가 실질적으로 우리의 수중에 들어 있고 우리가 조선의 개혁을 말하고 있으며 무엇보다도 그들의 독립을 도우려고 한다면서 만일 우리가 이토록 높은 이자를 요구한다면 그것이 얼마나 모순되게 보일 것인지 생각해 보십시오.

뿐만 아니라 제 목표는, 경의 목표와 마찬가지로 재정권을 우리가 장악하자는 것 아닙니까. 우리는 그들의 영국 은행가들을 간과해서는 안될 것입니다...... 만일 마지막 가장 큰 도움이 다른 데서부터 오고 그래서 모든 재정권이 그들 손안에 들어가게 된다면 우리는 어떻게 되겠습니까?......
가급적 빠른 시일 내에 이와사키, 미쓰이 은행, 쇼킨(Yokohama Specie) 은행의 대표들을 각각 한 명 이상씩 보내십시오.」[711]

무츠는 짜증이 나기 시작한다. 특히 이노우에가 개인 은행가들과 직접 연락을 취하고 있다는 사실이 기분이 나빴다. 그는 이렇게 하는 것이 「아무런 소용이 없을 뿐만 아니라 감정만 상하게 할 것이다」면서 모든 은행가들이 「공동으로 우리를 돕도록 해야 한다」고 한다. 무츠는 「만족스러운 결과가 나올 것」이라면서 「열흘 정도면 명확한 답을 받을 수 있을 것」이라고 한다. 그리고는 「저는 이 전보를 총리대신

과 협의한 후에 보냅니다」라고 경고한다.[712]

이노우에는 은행가들과 직접 연락하는 것을 중단하고 며칠 기다리다가 1월 19일 다시 한번 강한 불만을 피력하는 전보를 보낸다.

조선에서의 제 미래는 이 문제에 달려 있습니다. 그러니까 다른 문제들보다 우선 이 문제에 대해서 가부간에 얘기해 주십시오. 신문들은 이 차관이 조선 정부로 하여금 일본 자금시장에서 채권을 발행하는 방법으로 조달될 것으로 보도하고 있습니다. 그렇게 되면 그 차관은 조선의 화폐로 내게 될 것입니다. 그렇지 않습니까? 저는 다시 한번 얘기하지만 은괴 또는 동전 이외의 형태로는 받지 않을 것입니다. 조선 정부는 이번 해를 넘기는데 큰 어려움을 겪었습니다. 3개월 넘게 월급을 받지 못한 관리들과 군인들의 고생과 불만은 거의 폭동 수준에까지 이르렀습니다. 조선 정부를 이 위기에서 구하기 위해서 저는 다이이치은행의 인천지점 지점장으로 하여금 관세를 담보로 130,000엔을 빌려주도록 하였습니다.[713]

조선에 대한 차관을 둘러싼 이노우에와 무츠의 논쟁은 자칫 험악해질 수 있었다. 그러나 이노우에는 무츠가 폐결핵을 앓고 있다는 사실을 알게 된다. 무츠는 실제로 얼마 후 폐결핵으로 사망한다. 1월 31일 이노우에는 무츠에게 전보를 보내 「『더저팬위클리메일』의 기사를 보고 경이 폐에 병이 있어서 고생을 하고 있다는 얘기를 듣고 마음이 아팠습니다. 건강을 잘 돌보시길 바랍니다.」 이토 총리대신에게도 「현재 외무대신이 편찮치 않습니까?」 하고 직접 묻는다. 그러면서도 차관문제를 또 거론한다.

저는 실제로 개혁을 추진해야 합니다. 이것은 꼭 해야 할 일입니다. 그들은 나로 하여금 이것을 안 할 수 없게 하고 있습니다. 저는 경에게 차관 문제를 속히 해결해 달라고 종용해 왔습니다. 그러나 아직도 명확한 답을 주지 않고 있습니다. 속히 해 줄 수 없겠습니까? 아니라면 얘기를 해 주기 바랍니다.

이노우에는 조선의 빚이 얼마고 일본이 조선의 3~4개 도의 세출을 담보로 조선에 5,000,000내지 6,000,000엔을 빌려주고 조선의 재정부에 일본 관리를 파견하고 지방의 세금 징수팀에도 일본 관리를 파견하여 일본이 환급을 받을 수 있도록 하겠다고 한다. 20년에 걸쳐 상환하고 원금은 6,365,638엔, 이자는 9%로 하겠다고 한다.[714] 그러나 일본 정부는 이도 받아들이지 않는다.

이노우에가 차관문제에 대한 확답을 받은 것은 3월 3일 이토가 직접 보낸 전문을 통해서였다.

지난 6월 7일 동학난이 일어나 이로 인하여 우리 정부는 군대를 보내기로 하였고 갑자기 일개 여단을 한양에 보냈습니다. 그리고는 조선 개혁 문제가 발생하였고...... 그리고는 청일전쟁이 발발했습니다. 1년이 거의 지나 우리는 거의 모든 전투를 이겼고 이제 완전한 승리를 거두었습니다...... 그러나 이제 우리는 조선에 대한 정책을 명확히 수립할 필요가 있습니다. 전쟁의 결과로 2~3개 강대국이 이제 조선과 더 가까운 관계를 갖게 되었습니다. 청은 더 이상 개입할 수 없지만 영국과 러시아는 개입하기가 더 쉬워졌고 이를 막을 수 있는 것은 일본 밖에 없습니다. 우리가 실제로 조선의 독립을 보호한다면 아무 나라도 방해하지 않을 것이지만 만일 우리의 조선 정책이 실패한다면 이 대국들이 우리를 비판하기 시작할 것이고 조선 문제는 더욱 심각해질 것입니다. 경이 현직에 부임한 이후 경은 올바른 정책을 입안하였고 개혁의 원칙을 확립하였습니다. 이는 좋은 일입니다. 그러나 제가 걱정하는 한가지는 전쟁이 끝난 후 재정적인 균형을 잡기가 힘들어질 것이라는 점입니다…… 만일 개혁에 너무 돈이 많이 들어간다면 재정 상황은 악화될 것입니다. 우리는 악순환에 빠져서는 안됩니다. 물론 저는 앞으로 50년을 예측하려는 것은 아닙니다. 그러나 다른 나라들은 우리의 정책을 주시하고 있고 따라서 우리가 돈을 빌려주는데 있어서는 국제법을 따라야 하고 조건을 명확히 해야 할 것입니다. 다른 자세한 사항은 스에마츠에게 설명해 놨으니 그로부터 들으시기 바랍니다.[715]

51. 롱청 상륙작전 (1895.1.23.~24.)

뤼순은 일본에 함락되었지만 북양함대는 여전히 일본군의 보급선을 끊을 수 있는 전력을 보유하고 있었다. 11월 14일 뤼순에서 탈출한 북양함대가 피신한 산둥반도의 웨이하이웨이는 뤼순 못지않은 요새였다. 웨이하이웨이가 위치한 만의 폭은 5.5해리, 길이는 2.5해리였으며 수심도 깊었다. 만의 입구는 두 개가 있었다. 동남쪽 입구는 넓이가 3해리에 달했지만 수심이 상대적으로 얕아 큰 배들은 만조 때만 간헐적으로 사용하였다. 북서쪽의 입구는 넓이가 1해리에 불과했지만 수심이 깊었다.

두 입구 사이에는 리우공따오(劉公島, 유공도)의 요새가 버티고 있었다.

항구 입구의 서쪽 연안에서 불과 150~200m 떨어진 훙따오(泓島, 홍도)와 동남쪽 입구의 중앙에 있는 르따오(日島, 일도)에도 요새들이 있었다. 항구 내륙의 요새들은 360도 전방위 방어가 가능한 진지들이었다. 항구의 두 입구는 모두 3인치 두께의 철선으로 된 3개의 방쇄(防鎖, boom defence)가 가로막고 있었다. 청의 배가 드나 들 때 만 방쇄를 잠시 옆으로 치웠다. 항구의 두 입구에는 기뢰밭도 있었다.[716]

웨이하이웨 포대에는 57문의 중화기가 배치되어 있었다. 수비병력은 평시에는 3,700명이었지만 1894년 11월에는 6,500명으로 증강된다. 일본군의 공세가 시작되기 며칠 전에는 추가로 1,000명의 병력이 배치된다. 여기에 함대의 4,000명 수병이 있었다.[717]

일본은 북양함대를 제거하기 위해 웨이하이웨이를 봉쇄하고 내륙으로부터 항구에 정박해 있는 함대를 공격하기로 한다. 이 작전을 위해서 1894년 12월 제2사단(제3, 4연대)과 제 6사단의 제11연대가 동원된다. 6,000에 달하는 병력은 오야마 원수의 지휘 하에 12월과 1월 사이 히로시마의 주항인 우지나에 집결한다. 1895년 1월 10일, 50척의 수송선에 승선한 병력은 1월 14일 다롄에 도착한다. 나흘간 물과 식량보급을 받은 함대는 웨이하이웨이에서 67km 떨어진 산둥반도의 동쪽 끝의 룽청만(榮成灣, 영성만)을 상륙지점으로 잡는다. 상륙작전은 웨이하이웨이 서쪽 135km에 위치한 등저우(登州, 등주, 오늘의 옌타이, 웨이하이)에 대한 속임수 공격으로 시작된다.[718]

1월 17일 「요시노」, 「나니와」, 「아키츠시마」 등 세척의 순양함이 다롄만을 떠나 산둥반도로 향한다. 중간에 폭풍을 만나지만 18일 오후에 등저우에 도착해서 함포사격을 시작하여 해질 때까지 계속한

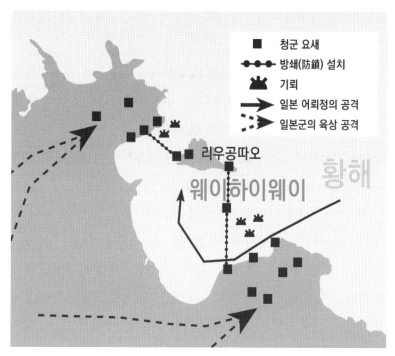

웨이하이웨이 공성전 지도

다. 청의 요새들은 별다른 피해를 입지 않지만 청군의 사령부는 혼란에 빠진다. 일본군이 웨이하이웨이를 공격할 것으로 예측하고 있었지만 등저우에 함포사격이 시작되자 청은 일본이 등저우에 상륙할 것으로 생각한다. 다음날 일본 전함들이 다시 나타나 등저우에 포격을 가하자 청군의 사령부는 4,000명의 병력을 등저우에 배치한다.

한편, 일본 순양함들은 웨이하이웨이 상륙작전을 위하여 다롄항을 출발한 함대와 합류한다.[719] 1월 19일 다롄을 출발한 19척의 수송선에는 제3연대와 공병부대가 승선한다. 16척의 전함의 호위를 받은 상륙부대는 1월 20일 6시 롱청만에 도착한다. 함대는 4척의 전함만 롱청만에 남겨 놓은 채 곧바로 웨이하이웨이로 향하여 웨이하이웨이 봉쇄작전을 펼치기 시작한다. 뤼순항에서 북양함대를 놓쳤던 실수를 반복하지 않기 위해서였다.

웨이하이웨이를 봉쇄함으로써 북양함대가 일본군의 수송선들을 위협할 수 없게 되자 1월 20일 15척의 수송선이 가벼운 호위 속에 제4연대와 오야마 원수의 참모진을 싣고 뤼순을 출발하여 1월 21일 룽청만에 도착한다. 1월 22일에는 16척의 수송선이 제11연대의 병력을 싣고 떠나 1월 23일 룽청만에 도착한다.

일본군의 상륙은 완벽한 기습이었다. 청은 아무런 준비가 되어 있지 않았다. 제일 먼저 상륙한 제3연대는 전보기지를 지키는 300명의 청군의 저항을 받았을 뿐이다. 그마저 순양함 「야예마」의 함포사격을 받자 곧바로 달아난다. 20일 오후에는 제3연대 병력 전체가 상륙을 마친다. 그리고 몇 시간 내에 교전 없이 상륙지점에서 14km 떨어진 룽청을 점령한다. 룽청을 지키던 2,000명의 청군 병력은 일본군 상륙 소식을 듣자 곧바로 달아난다. 1월 24일 오야마 원수 휘하의 일본군은 모두 룽청에 상륙한다.[720]

52. 웨이하이웨이 공략 (1895.1.20.~2.12.)

1월 23일 이토 스케유키 일본 연합함대 사령장관은 정여창 청 북양함대 사령관에게 항복을 권하는 서한을 보낸다. 서한은 영어로 작성된다. 정여창 제독의 외국인 고문들도 볼 수 있도록 하기 위해서였다.

대일본 해군 총사령관 중장 이토 스케유키는 대청국 북양해군 제독 정여창 장군에게 삼가 편지를 보냅니다.

세상의 운세가 변하여 제가 각하와 전장에서 서로 싸우게 되었으니 참으로 불행한 일입니다. 오늘의 일은 나라와 관련된 문제일 뿐, 개인적인 감정에 얽힌 싸움이 아니라는 점은 각하께서도 잘 알고 계실 것입니다. 따라서 우리 두 사람의 우정은 전과 다를 바가 없이 뜨겁다는 점을 전합니다. 그러므로 이 글이 제가 각하에게 항복을 권유하는 것이 아님을 아실 것입니다.

그런데 세상 일이라는 것이 항상 직접 그 일을 맡아보는 사람이 오히려 실정에 어둡고, 일을 당한 자의 의견이 판 밖에서 보는 자의 생각만 못한 법이라 생각됩니다. 제가 감히 성심으로 한마디 조언을 드리니 각하께서 깊이 헤아려 주시기를 바랍니다.

지금 청국 해군과 육군이 교전할 때마다 연전연패하여 낭패를 당하고 있는 것은 각하의 잘못이 아닙니다. 그것은 청국이 과거의 법과 제도만 굳게 지키고 새로운 문명을 받아들이지 않았기 때문입니다. 청국은 글로만 과거를 보아 인재를 선발하기 때문에 정권을 잡은 대신과 조정의 모든 관리들은 모두 문학에만 힘쓴 사람들입니다. 사정이 이렇다보니 과학기술이라든가 국가 운영에 필요한 실사구시의 학문을 배울 기회가 전혀 없었을 것입니다. 불과 30년 전에는 우리나라도 오늘의 청국 비슷하게 위태로웠던 형편이었음을 각하께서도 잘 알고 계실 것입니다.

이런 형편에서 일본은 과거의 제도를 모두 뜯어고치고 새로운 법을 받아들여 오늘날 부강의 기초를 이루었습니다. 귀국도 하루빨리 과거의 제도와 습속을 버리고 새로운 문물과 과학기술을 받아들여 조속한 시일 내에 변혁을 이루시기를 기대합니다. 그렇지 않으면 멸망만이 기다리고 있을 뿐입니다. 우리나라에서는 이 사실을 깨달았기 때문에 개전하기 전부터 이미 귀국이 패할 것이란 사실을 어느 정도 예상하고 있었습니다.

신하가 되어 나라의 운명이 어려움에 빠졌을 때 끝끝내 고집하며 목숨을 버리면 나라의 은혜를 갚았다고 하겠습니까? 제가 각하를 위해 감히 한 말씀 드리면 잠시 우리나라에 항복했다가 앞으로 귀국이 중흥할 때를 기다려 진충보국(盡忠報國)하는 것이 옳다고 생각합니다. 귀국의 역사 기록 중에도 잠시 수치를 참았다가 나중에 큰 뜻을 이루어 국가의 치욕을 씻고 명예를 되찾는데 공을 세운 인물들이 많습니다.

프랑스의 전 대통령 마크마옹(MacMahon)이 독일에 항복했다가 후에 본국으로 돌아가 정부를 도와서 정치를 개혁하자 프랑스 백성들이 수치로 여기지 않았을 뿐만 아니라 새 대통령으로 받들었습니다. 터키의 오스만 파샤(Osman Pasha)는 프레브나 전투에서 패하여 포로가 되었다가 얼마 후 본국에 돌아와 국방부장관에 임명되어 군사제도를 고쳐 큰 공을 세웠습니다.

각하께서 뜻을 굽혀 일본으로 오시면 우리 대황제 폐하께서 넓은 도량으로 각하를 지극히 우대하실 것입니다. 우리 황제 폐하는 신민 중에 반역을 꾀한 자도 죄를 용서하시는 분입니다. 지금 해군 중장 에노모토 다케아키(榎本武揚)와 추밀원 고문관 오토리 게이스케 등 여러 신하는 다 그 재주를 높이 평가하고 관리에 임용하여 공신이 된 사람들입니다. 더욱이 각하는 일본의 신민도 아니요, 또 명예가 세상에 널리 알려진 분이니 극진하게 예우할 것이 분명합니다.

지금 제독께서 급히 결정을 해야 할 일이 두 가지가 있습니다. 계속해서 과거의 전통과 인습과 제도에 얽매어 있다가 점점 나약해져 결국 스스로 죽음에 이를 것인가, 아니면 지금이라도 힘을 비축하여 후일에 큰 뜻을 이룰 것인가 입니다. 제가 보내는 이 편지는 우리의 우정을 생각하여 지극한 정성을 다해 드리는 것입니다. 저의 정성을 받아들여 자세한 회신을 주시면 뜻을 이룰 수 있는 방법을 알려드리겠습니다.

메이지 28년(1885) 1월 23일
이토 스케유키[721]

정여창 제독은 1월 24일 저녁 일본군이 롱청만에 상륙했다는 보고를 받는다. 곧바로 개최된 전략회의에서는 두 가지 대응 방안이 제시된다. 첫째는 북양함대가 웨이하이웨이를 나가 톈진의 다쿠커우포대(大沽口炮台) 아니면 상하이로 가는 방안이었다. 두 번째 안은 함대가 웨이하이웨이에 남아서 방어전에 참여하는 것이었다. 정여창 제독을 포함한 대부분의 청 장교들은 두 번째 안을 지지한다. 그러나 이는 웨이하이웨이를 끝까지 사수하겠다는 결의에 찬 결정이 결코 아니었다. 웨이하이웨이를 빠져나가기 위해서는 일본 해군과 결사적으로 싸워야 했지만 항구에 남는다면 아무것도 안하고 아무런 결정도 안 내려도 되었기 때문이다.[722]

웨이하이웨이의 운명은 이렇게 결정된다. 웨이하이 전투 중 청의 유일한 공세는 1월 22~23일 밤 정여창 제독의 고문이었던 타일러(Tyler) 함장의 지휘 하에 3척의 어뢰정이 항구를 나가 롱청에 정박해 있던 일본 함대에 대한 공격을 시도한 것뿐이었다. 이마저도 폭풍우를 만나 청의 어뢰정들은 서로 교신이 끊긴 채 각자 웨이하이웨이항으로 돌아온다. 청군의 다른 공세는 없었다.[723]

1월 25일, 일본군은 모두 롱청시 주위에 집결한다. 그 다음날 오

웨이하이웨이에 정박 중인 북양함대

야마 원수는 병력을 둘로 나눠 웨이하이웨이로의 진군을 시작한다. 제6사단장인 구로키 다메모토(黒木為楨, 1844.5.3.~1923.2.3.) 장군이 지휘하는 제11연대는 해안을 따라 쿠샨하오, 시카오호(Shikhaoho), 파오후아(Paohua)를 통과한다. 이 병력은 웨이하이웨이만 동쪽의 포치야스(Pochihyasu) 지역을 공격하는 것이 목표였다. 오야마 원수가 직접 지휘하는 제2사단(제3연대, 제4연대)은 서쪽으로 진군한다. 웨이하이웨이 남쪽을 공격하는 동시에 웨이하이웨이에서 츠푸로 가는 길을 점거함으로써 청군을 측면 공격하면서 동시에 시가지와 만의 서쪽 연안을 점령하는 것이 목표였다. 또한 청의 지원군이 츠푸나 등저우로부터 오는 것을 막는 임무도 맡는다.

섭씨 영하 15도의 맹 추위와 눈보라, 험난한 지형에도 일본군 제11연대는 1월 29일 파오후아에 도착하여 공격을 준비한다. 동시에 제

2사단은 창하오코츠(Changhaokoutse)에 도착하여 청군 수비대를 몰아낸 후 본격적인 전투태세를 갖춘다.[724]

일본군의 공세는 1월 30일 새벽 제11연대가 포치야스(Pochihyasu)를 공격하면서 시작된다. 청군은 처음에는 맹렬하게 싸운다. 그러나 9시 30분 일본군이 요새를 함락하자 청군은 싸울 의지를 잃는다. 다른 요새의 청군들도 당황하기 시작한다. 청군은 항구에 있는 북양함대의 함포사격의 엄호 하에 만의 해안도로를 따라 후퇴한다. 청군의 방어는 융팡링(Yungfangling)요새가 함락되면서 무너진다.[725]

당황한 청군은 해안 수비용 거포들을 그대로 둔 채 달아난다. 거포들이 일본군의 수중에 떨어질 경우 만에 정박 중인 북양함대에 치명적인 위협이 될 것을 알고 있던 정여창 제독은 300명의 수병으로 구성된 특공대를 보내 해안과 루케이췌이(Lukeitsui)요새의 포들을 파괴하도록 한다. 그러나 이 특공대는 곧바로 일본군의 공격을 받고 실패한다. 13시 일본군은 포치야스(Pochiyasu) 부근의 모든 청군 요새를 함락시키고 청의 해안수비용 거포들은 모두 일본군 수중에 떨어진다.[726]

일본군은 곧바로 해군 포병 40명을 동원하여 루케이췌이 요새의 대포들을 사용하기 시작한다. 13시 15분 일본 포병들은 만에 정박해 있는 북양함대를 포격하기 시작한다. 그러나 「정원」의 함포는 루퀘이췌이에 반격을 시작하여 2시간만에 포대의 대포 하나를 파괴하고 다른 하나도 일시적으로 사용 못하게 한다. 청군이 16시 까지 사격을 계속하면서 결국 요새를 지키던 일본군은 후퇴한다.

제11연대가 포치야스 요새를 공격하고 있을 때 제2사단은 웨이하이웨이의 남동쪽에서부터 공격하기 시작한다. 푸산(Fushan)과 포우링

청의 해안포대를 점령한 일본군. 오가타 게코(尾形月耕) 작

츠(Foulingtse)의 방어선을 돌파 당한 청군은 웨이하이웨이로 후퇴하기 시작한다. 그러나 북양함대의 함포사격으로 일본군은 추격을 중단할 수밖에 없었다. 이날 전투에서 일본군은 제1연대장 오데라 야스즈미(大田安美, 1846.3.9.~1895.2.9.) 장군을 포함한 200명이 전사한다. 청은 1,000명 이상의 사상자를 낸다.

그 다음날 오야마 원수는 제2사단으로 하여금 공격을 재개하도록 한다. 일본군은 항구에 있는 북양함대 때문에 해안선을 이용하여 공격하는 대신 서쪽에서 측면 공격을 할 수밖에 없었다. 2월 1일 라오타오커우(Laotaokou)의 청군 방비를 전투 없이 돌파한 일본군은 웨이하이웨이 시가지에 진입한다.

일본군은 이어서 만의 서쪽 연안의 요새들을 함락시킨다. 정여창 제독은 이번에는 특공대를 보내 일본군이 점령하기 전 요새의 거포들을 모두 파괴시킨다.[727]

일본군이 웨이하이웨이를 지키는 요새들을 모두 함락시킨 후에도 리우궁따오(유공도)와 황따오(황도), 르따오(일도), 그리고 항구에 정박해 있는 전함들은 여전히 청군의 수중에 있었다. 청군은 여전히 3,000명의 수병을 포함하여 5,500명에 달하는 병력을 갖고 있었고 충분한 식량과 탄약을 갖고 있었다. 그러나 청군은 전의를 완전히 상실한다.

웨이하이웨이 입구의 요새들을 점령한 일본군은 청의 대포들을 이용하여 항구에 정박해 있는 북양함대를 포격하지만 별무효과였다. 일본 함대의 함포사격 역시 항구에 피신한 채 연안 포대의 엄호를 받는 북양함대에 별다른 피해를 입히지 못한다.

이토 사령장관은 어뢰정들을 활용하기로 한다.[728] 1월 30일 밤부터 일본의 어뢰정들은 웨이하이웨이 항구에 침투를 시도한다. 그러나 방쇄(防鎖)와 폭풍우로 인하여 실패한다. 2월 4일 밤, 일본 어뢰정들은 방쇄(防鎖)를 돌파하는데 성공한다. 폭풍우로 인하여 파손된 방쇄(防鎖)을 지탱하던 부표(buoy)를 폭파하는데 성공하면서 6~7m 넓이의 간격이 생긴다. 이토 제독은 그날 밤 곧바로 공격을 명한다.

새벽 1시 4척의 포함들이 사격을 시작하여 청군의 주의를 분산시킨다. 새벽 3시 해안선을 따라 천천히 접근하던 어뢰정들은 달이 지자 항구 안으로 진입한다. 그러나 어둠속에서 연락이 두절되고 암초에 부딪치면서 후퇴한다. 일부 어뢰정은 청의 전함들에 어뢰를 발사하지만 청군에 피격당한다.

그러나 일본 어뢰정들이 그날 밤 발사한 총 10발의 어뢰 중 최소한 2개가 전함 「정원」에 명중한다. 정여창 제독은 아침이 되자 「정원」의 침몰을 막지 못할 것을 알고 배를 리우공따오(유공도)의 사주(砂洲, shoal)에 비칭(beaching: 일부러 뭍으로 올림)시키도록 한다. 「정원」은 만조에도 배의 윗부분이 수면 밖으로 나와 있었고 간조에는 배의 밑창까지 보였다.[729] 이로써 청의 두 번째 전함(battleship)도 전투력을 상실한다. 일본 해군은 어뢰정 2척 침몰, 4척 파손에 그친다.

이토는 「정원」이 침몰했다는 보고를 받지 못하고 그 다음날인 2월 5일 밤 다시 한번 5척의 어뢰정들을 투입한다. 어뢰정 23호는 270m 거리에서 순양함 「래원」에 두발의 어뢰를 발사하여 그 중 하나가 명중한다. 「래원」은 10분만에 침몰한다. 그 다음 「고타카」가 4발의 어뢰를 「래원」과 「경원」에 연달아 발사하여 그 중 한 발이 이미 침몰하고 있던 「래원」에 명중하고 또 다른 어뢰는 예인선 「파오후아」 옆의 암초를 맞추지만 강력한 폭발로 예인선이 침몰한다. 어뢰정들은 공격 후 아무런 피해 없이 항구를 빠져나온다. 한편 어뢰정 11호는 작은 순양함 「위원」을 발견하고 어뢰를 발사하여 격침시킨다.[730] 이제 전투력을 갖춘 북양함대의 군함은 4척에 불과했다.

53. 북양함대의 최후 (1895.2.12.)

2월 6일은 별다른 전투 없이 지나간다. 이토 사령장관은 어뢰정 공격의 결과 보고를 기다리는 동안 함대를 불필요하게 청의 공격에 노출시키지 않기 위해서 리우공따오와 멀리 떨어진 거리에서 웨이하이웨이 인근을 순찰만 하도록 한다.

그러나 어뢰정들의 승무원들로부터 청의 전함 4척이 격침되었다는 소식을 들은 이토 사령장관은 청군에 대규모 포격을 가하여 항복을 유도하기로 한다. 2월 7일 일본 함대가 리우공따오 앞에 나타나 청의 해안 포대에 포격을 가하기 시작한다. 청의 포대와 「평원」, 「정원」,

「지원」 등 리우꽁따오와 르따오에 정박해 있던 청 전함들도 응사하기 시작한다. 맹렬한 공방이 시작되어 르따오의 포대 중 하나는 파괴되고 요새의 건물들도 불에 탄다. 일본 측에서는 6대의 전함이 피격당하지만 피해는 심각하지 않았다.[731]

청-일 양측 간의 포격전은 뜻하지 않는 상황으로 잠시 중단된다. 일본군 함포사격의 혼란 속에, 그리고 리우꽁따오를 에워싼 자욱한 포연 속에 청의 어뢰정들이 하나, 둘 닻을 올리고 황따오 근처의 방쇄가 끊어진 부분을 통하여 도망치기 시작한다. 그러자 「진원」과 리우꽁따오의 청군 포대들이 탈주하는 청의 어뢰정들에 포격을 가한다. 어뢰정 한 척은 이내 피격 당하여 좌초하지만 나머지 12척의 어뢰정들은 탈주를 계속한다.[732]

일본의 전함들은 청의 어뢰정들이 공격에 나선 것으로 생각하고 함포사격을 중단하고 어뢰의 공격에 대비한다. 그러나 놀랍게도 청의 어뢰정들이 일본 함대를 향하여 오는 대신 츠푸를 향하기 시작한다. 이토는 탈주하는 어뢰정들을 추격할 것을 곧바로 명하지 않는다. 북양함대의 큰 전함들도 탈주를 시도할 것으로 생각하여 대비하고자 하였기 때문이다. 그러나 예상과 달리 대형 전함들은 항구에 그대로 남아있자 그는 제1유격대에게 어뢰정들을 추격하도록 명한다.

월등한 속도를 자랑하는 츠보이 제독의 제1유격대 함정들은 곧바로 청의 어뢰정들을 따라 잡고 공격하기 시작한다. 일본의 전함들은 어뢰정 10척을 차례로 격침시킨다. 2척은 빠져나가지만 츠푸에 도착하면서 「요시노」와 「다카치」의 공격을 받고 좌초한다.[733]

다음날은 일본군이 탈취한 웨이하이웨이만 동쪽의 청군 포대 대포

4문을 이용하여 북양함대를 포격한다. 만의 서쪽 연안에는 88mm 크럽 박격포 12문을 배치하고 황따오와 리우공따오의 청 포대들을 포격한다. 일본군의 포는 청의 요새에 피해를 입히기에는 너무나 소구경이었지만 사기가 꺾인 청군은 모두 위치를 이탈하고 숨는다.[734]

그럼에도 불구하고 청군의 저항이 지속되자 이토는 다시 한번 어뢰정을 이용하여 북양함대의 나머지 전함들을 격침시키기로 한다. 그러나 방쇄(防鎖)를 파괴하는 시도는 다시 실패로 돌아간다. 2월 9일 일본은 다시 육상포대와 함포를 동원하여 청군을 포격한다. 포격은 오전 8시부터 오후 2시 50분까지 지속된다. 12시 30분 두발의 육중한 포탄이 정여창 제독의 기함인 순양함 「정원」에 명중한다. 그 중 280mm 포탄 한 발은 배의 우현을 높은 각도에서 맞추면서 어뢰 저장소를 뚫고 갑판의 두꺼운 장갑을 뚫은 후 좌현의 흘수선(waterline) 아랫부분에서 폭발한다. 커다란 구멍이 뚫리고 물이 쏟아져 들어오면서 피격 50분만에 침몰한다. 「정원」이 수심이 낮은 곳에서 오랜 시간 동안 침몰하는 덕분에 청군은 6명의 사상자만 내고 모두 대피할 수 있었다. (그러나 그 전날 포격전에서 정원의 수병 40명의 사상자를 낸다.) 정여창은 마지막으로 배를 탈출한다.[735]

2월 10일과 11일 일본군은 계속해서 해안포대와 함포들을 사용하여 북양함대를 포격한다. 그러나 11일, 청은 일본의 「가츠라기」, 「텐류」, 「야마토」를 명중시키면서 큰 피해를 입힌다. 오후에는 순양함 「나니와」와 「아키츠시마」가 황따오와 리우공따오의 요새들을 포격한다.

청군 진영에서는 항복하자는 의견이 점차 강해지면서 명령 불복종과 반란이 거듭된다. 2월 8일에는 황따오 요새의 병사들이, 2월 12일에는 리우공따오의 병사들이 반란을 일으킨다. 청의 육군과 해군 병사들 간에도 전투가 벌어져 4명이 죽는다. 지원군이 올 가능성도 없고 병사들의 반란에 직면한 정여창은 결국 항복하기로 한다.

2월 12일, 정여창은 이토 사령장관이 1월 23일 보내온 서신에 대한 답신을 보낸다.

함대 총사령관 이토 스케유키 각하에게,

면직을 당하고 아직 사무를 보는 정여창은 이토 스케유키 사령관께 회답합니다. 원래 나의 뜻은 전장에서 함정과 병력이 최후의 한 사람에 이를 때까지 전투를 계속하는 것이었습니다. 그러나 결연히 싸웠지만 배가 침몰하고 부하들이 수없이 죽임을 당하는 상황에서 이제 나는 항전을 포기하고 부하의 목숨을 구하기 위해 전투 중지를 요청하기로 결심했습니다.

나의 요청이 받아들여진다는 전제 아래, 즉 중국인과 외국인 가릴 것 없이 육군과 해군에 관계된 모든 사람의 목숨이 아무런 해를 입지 않고 그들의 고향으로 돌아가도록 허용된다는 전제 하에 웨이하이웨이 항구에 있는 전함과 리우공따오 요새에 있는 포대와 무기 장비를 귀국에게 양도할 것입니다.

이 요청이 받아들여질 경우 영국 해군 함대 총사령관이 보증인이 될 것입니다. 제안을 제출하며 신속한 회신을 기대합니다.

광서 21년(1895) 1월 18일(양력 2월 12일)
북양 수사 제독 정여창[736]

정여창이 이토에게 항복할 의사가 있음을 전달하자 이토는 정여창에게 위로의 뜻과 예의로 포도주와 샴페인, 곶감을 보낸다.[737]

2월 12일 아침, 청의 포함 「천페이」가 흰색 깃발을 달고 일본 연합함대의 기함인 「마츠시마」로 다가온다. 이토 사령장관과 오야마 원수는 정여창의 공식 항복서한을 받는다. 일본 사령관들은 항복의 조건에 동의하면서 모든 청군과 외국인 장교들의 안전을 보장한다. 이토는 다시 한번 정여창에게 편지를 보낸다.

북양함대 총사령관 정여창 각하에게 답장을 보냅니다.

각하께서 살아 있는 사람들의 목숨을 구하기 위해 전투를 중지한다 하셨으니 내일 함정과 무기와 포대, 요새 모든 군수품을 인수할 준비를 마쳤습니다. 양도 작업이 모두 완료되면 우리가 별도로 함정 한 척을 준비하여 귀국의 장교와 병사들을 귀국으로 돌려보낼 것입니다.

다만 한 가지 점에 대해 의견을 피력하고자 합니다. 최근 보냈던 편지에서 삼가 제안한 바와 같이 각하 신상의 안위와 장래 귀국의 이익을 위하여 각하가 잠시 우리나라에 머무르다 훗날 양국이 강화조약을 체결한 후 돌아가시는 것이 좋겠습니다.

각하의 명예는 이미 널리 알려져 있어 항상 존경해오고 있었기 때문에 각하의 약속을 절대적으로 신뢰하고 있습니다. 영국 해군 총사령관이 이 협정의 보증인 역할을 수행하게 될 것이라는 제안은 전적으로 불필요하다고 생각합니다. 뜻하신 바를 신속히 시행할 것을 요청드립니다.

메이지 28년(1895) 2월 12일.
대일본 제국 함대 총사령관 이토 스케유키[738]

그러자 정여창이 다시 회답한다.

총사령관 이토 스케유키 각하께.

각하의 편지 내용 중 내일 무기와 포대와 군함을 다 일본으로 보내라 했는데, 시간이 너무 촉박하여 실행이 어려울 듯합니다. 음력 정월 22일(양력 2월 16일)부터 리우공따오에 있는 포대와 무기, 군함 등을 차례로 헤아려 받으시길 원합니다...... 각하가 보내준 선물에 대한 감사도 표하지 않을 수 없습니다. 하지만 양국 사이에 전쟁 상황이 지속되고 있어 이를 받아들이기 곤란합니다.[739]

정여창 제독은 그 날 청 함대의 궤멸이 자신의 책임이라는 시를 짓고 아편을 마시고 자결한다.[740] 류보섬 함장 등 4~5명의 청군 장교들 역시 정여창 제독을 따라 자결한다.[741]

정여창 제독의 자결 소식을 들은 이토 사령장관은 일본 함대로 하여금 조기를 계양토록 하고 일체의 음악 연주를 금한다. 이토는 장교들과 정여창 제독의 관을 어떻게 해야 할지 논의한다. 일본 장교들은 정 제독의 관과 다른 청 군인들의 관을 중국 정크(戎克船)에 실어 바다로 내보내 수장할 것을 제안한다. 그러나 이토는 청의 항복 조건을 협상하는 청군 장교에게 청 함대의 함선 중 가장 많은 인원을 태울 수 있는 배가 어느 것인지 묻는다. 청 장교가 병력 수송선인 「강제(康濟)」에 2,000명 정도를 태울 수 있다고 한다.[742] 그러자 이토는 다음과 같이 말한다.

그는 북양함대의 총 사령관이었다...... 그는 비록 패전한 장수였지만 일

아편을 마시고 자결하는 정여창 제독. 미즈노 도시카타(水野年方) 작

본의 아들은 제독의 관이 정크에 실려 나가는 것을 용납할 수 없다. 그
의 영혼에 대한 나의 존경의 표시로 「강제」를 압류하지 않겠다. 정 제독
의 관을 실은 다음에도 공간이 남는다면 다른 군사들을 싣고 가는 것도
막지 않겠다.

외국인 목격자는 당시 상황을 다음과 같이 묘사한다.

일본 함대는 용감했던 적장에 대해 감동적인 예를 갖추었다. 그의 관을 실
은 배가 항구를 빠져나가자 모든 함선들은 조기를 게양하고 있었고 이토
의 기함에서는 예포를 발사하였다. 웨이하이웨이에 있는 서양 전함들도
모두 조기를 게양하여 고인이 된 제독의 용맹에 대한 경의를 표했다.[743]

항복문서는 2월 14일 「마츠시마」 선상에서 양측이 조인된다. 일본
군은 2월 17일 리우공따오, 황따오, 르따오, 그리고 웨이하이웨이에
정박해 있던 청의 전함들을 모두 접수한다. 셀 수 없이 많은 해안 포,

이토 사령장관에게 항복하는 청군. 미기타 도시히데(右田 年英) 작

무기, 식량은 물론 파손된 전함 「진원」, 작은 해안 전함 「평원」, 순양함 「지원」, 어뢰정 「광평」, 포함 「진통」, 「진희」, 「진남」, 「진북」, 「진충」, 「진변」과 기타 소형 함정들을 손에 넣는다. 좌초된 전함 「정원」도 탈취하지만 파손이 심하여 수리를 포기한다. 「래원」, 「위원」, 「경원」 등의 수리도 포기한다. 「진원」은 곧바로 뤼순으로 예인하여 수리한다. 수송선 「강제」는 2월 16일 정여창 제독의 시신과 제독을 따라 자결한 청 장교들의 시신을 싣고 청 측에 인계된다.[744]

일본군은 2월말까지 웨이하이웨이에 머문다. 주요 요새를 폭파시키고 보급품을 접수한 뒤 대부분의 군사는 만주로 재배치된다. 2개 육군 연대만 리우공따오에 남는다. 리우공따오에는 1898년 영국이 접수할 때까지 일본군이 주둔한다.

웨이하이웨이의 함락은 북양함대의 종말을 뜻했다. 청은 웨이하이웨이 전투에서 전함 한척, 순양함 두척, 소형 순양함 한척, 14척의 어뢰정 등을 격침 당하고 전함 한 척, 작은 해안경비 전함, 순양함 한

척, 어뢰정 1척과 6척의 포함을 일본군에 빼앗긴다. 청군의 사상자
는 2,000명에 달했다. 포로는 5,124명이었지만 곧 석방된다. 일본
이 북양함대를 궤멸시키고 제해권을 장악하는데 치른 희생은 육군
전사 83명, 부상 219명, 해군 전사 20명, 부상 46명, 어뢰정 2척 격
침 뿐이었다.[745]

54. 잉커우 전투 (1895.3.)

노즈 장군은 2월 28일 청군을 창커우아이(Changkouai) 마을 부근에
서 공격한다. 다음 날 일본군 제5사단은 후퇴하는 청군을 추격한다.
동시에 제5여단은 랴오양(遼陽)으로 진격하면서 제1군을 청군의 공격
으로부터 보호한다. 제5사단은 3월 4일 제1사단의 일부 병력, 그리
고 제5연대의 병력과 합류한다. 일본군은 그날 약 3,000명의 청군
이 지키는 뉴촹을 공격한다. 격전 끝에 청은 1,900명의 사상자를 내
고 633명이 포로로 잡힌다. 일본군은 70명이 전사하고 319명이 부
상한다.[746]

뉴촹 전투가 벌어지는 동안 일본군 제1,3사단은 잉커우(營口)를 공
격한다. 잉커우(營口)의 수비를 맡은 성 장군은 뉴촹이 함락되었다는
소식을 듣자 일본군에게 완전히 포위되는 것을 막기 위하여 티엔좡
타이(田庄台, 전장태)로 후퇴한다. 3월 7일, 일본군은 잉커우(營口)를 접수
한다. 잉커우(營口) 항구를 지키는 청군의 포대들 역시 별다른 저항 없
이 일본 수중에 떨어진다.

성 장군은 티엔좡타이로 11,000명의 병력을 이끌고 후퇴한다. 일

본군의 노즈 장군은 청군이 다시 한번 방어선을 구축하는 것을 막기 위해서 기진한 일본 군사들을 독려하여 공격을 지속한다. 3월 9일 노즈는 3개 군으로 나눠서 티엔좡타이를 공격한다. 청군은 별다른 저항 없이 퇴각한다. 마을을 접수한 노즈는 곧바로 퇴각하는 청군을 추격하라는 명령을 내린다. 이로써 만주를 지키던 청군은 궤멸된다. 티엔좡타이 전투에서 청군은 2,000명의 사상자를 내고 보유하던 포들을 모두 일본군에게 탈취당한다. 만주의 청군은 더 이상 존재하지 않게 된다. 일본군은 16명의 전사와 144명의 부상자를 낸다.[747]

이로써 일본은 랴오둥반도를 손에 넣고 베이징으로 가는 길이 활짝 열린다. 잉커우(營口) 항구를 접수함으로써 일본군은 보급문제도 모두 해결한다. 제해권을 장악한 일본은 자유롭게 잉커우(營口)로 보급품과 지원군을 실어 나를 수 있게 된다.

보급기지를 확보한 일본군은 다시 한번 총공세를 계획한다. 제1사단과 제3사단으로 구성된 제1군은 잉커우와 티엔좡타이에서 출발하여 산하이관(山海關, 산해관)을 공략하기로 한다. 제5사단은 만주에서 일본군이 접수한 지역들을 지키는 동시에 랴오양으로부터 올 수도 있는 청군의 공세에 대비한다. 제2사단과 6사단은 다롄에 집결해 있었다. 이 군사들은 산하이관을 돌파하는데, 또는 대운하를 빼앗을 준비를 한다.[748]

한편 일본의 제1함대와 제1유격대는 일본으로 복귀한다. 제1, 2군에 대한 해상 지원은 이노우에 요시카(井上良馨, 1845.12.1.~1929.3.22.) 제독이 지휘하는 제2, 3, 4함대가 제공한다. 일본 함대는 뤼순을 모항으로 베이즈리만(北直隸灣, 북직례만)을 순찰하면서 3월 19일에는 다쿠커우포대(大沽口炮台)를 봉쇄한다. 3월 27일, 일본 함대는 상륙작전 준비를 지원한다. 목표는 톈진에서 베이징을 연결하는 대운하를 장악하는 것이었다. 일본 해군은 200명의 해병대를 상륙시켜 지역을 정탐하도록 한다. 그러나 종전이 선언되면서 작전은 중단된다.[749]

55. 3차 강화협상 (1895.3.20.~4.17.)

이홍장은 시종일관 일본과의 전쟁을 막아보려고 노력했다. 그러나 그가 그토록 공을 들인 북양군과 북양함대가 일본군 앞에 힘없이 무너지면서 청의 패배는 모두 그의 탓으로 돌아간다. 가장 큰 역설은 국내 강경파들의 목소리를 잠재우고 일본과 강화조약을 체결할 수 있는 위상과 권위를 갖춘 유일한 중국인 역시 이홍장이었다는 사실이다. 청 조정은 패장으로 몰던 이홍장에게 어쩔 수 없이 강화조약 협상의 중책을 맡긴다.

한족 출신인 이홍장이 청에서 최고의 자리에 오를 수 있었던 것은 오로지 그의 학문과 개인적인 카리스마 때문이었다. 포스터는 그를 다음과 같이 묘사했다.

그는 73세의 나이에도 여전히 상당한 건강과 활력을 유지하였다. 당당한 신체, 180cm가 넘는 키, 모두를 압도하는 분위기, 꼿꼿한 자세와 튼튼한 몸, 검고 날카로운 눈빛, 강인한 인격을 보여주는 힘이 있는 얼굴 선은 그 어떤 외국인도 압도하였다. 부드럽고 화려한 비단 옷을 입고, 찬란한 다이아몬드와 공작의 깃털로 장식한 모자를 쓴 그의 모습은 중국인들에게는 자랑이요 일본인들에게는 강렬한 인상을 심어 주기에 충분했다.[750]

2월 16일 청이 미국을 통해 일본에 문의하자 일본은 청이 새로 보내는 전권대사는 전쟁 배상금을 협상하고 조선의 완전한 독립을 인정할 수 있는 전권 외에도 영토의 할양과 앞으로 청-일관계를 규정할 조약을 체결할 수 있는 전권을 갖고 와야 함을 명확히 한다. 이홍장에게 주어진 전권은 그가 일본의 전권대사들과 협상을 하면서 「상황에 따라 행동할 수 있다」고 규정하고 있었다. 그에게는 강화조약의 모든 조건에 대해 합의하고 서명할 수 있는 권한이 주어진다.[751]

이홍장은 전권대사에 임명된 지 3주 후 일본으로 출발한다. 일본 측은 이홍장을 맞이할 준비가 필요하다면서 이홍장이 2월 18일 이

전에는 시모노세키에 도착하지 말 것을 요구한다.[752] 만주와 타이완에서 작전 중인 일본군에게 더 많은 시간을 벌어주기 위해서였다.[753]

이홍장은 3월 19일 33명의 공식 수행원과 90명의 하인을 대동하고 시모노세키에 도착한다. 그의 수행원 중에는 2명의 전직 공사(대사), 일어, 영어, 프랑스어를 하는 비서 4명, 통역사, 필경자(copyist), 호위부대, 여러 명의 주방장, 최고급 가마와 가마꾼들이 포함되어 있었다. 그의 조카이자 양자인 이경방과 다년간 이홍장과 집안의 비서로 일하고 있던 미국인 페틱(W. N. Pethick)도 동행한다.

이홍장 일행은 독일 국적의 증기선 두 척에 나누어 타고 시모네세키에 입항한다. 배들은 협상이 진행되는 동안 협상단이 머물 수 있도록 개조된다. 그러나 시모노세키에 도착한 일행은 이노우에 가오루의 양자이자 일본 외무성의 서기인 이노우에 가츠노스케(井上勝之助, 1861.8.16.~1929.11.3.)로부터 일본 측이 협상단의 숙소를 준비해 놓았다는 소식을 듣는다. 중국인 대표단은 불교 사찰 「인조지(引接寺)」의 건물 전체를 중국식으로 개조하여 사용하도록 하고 포스터와 그의 비서 헨더슨은 시모노세키에서 유일한 서양식 주택에 머물도록 한다. 회담 장소는 「슌반로우(春帆樓)」라는 식당을 개조한 건물을 이용한다.[754]

이홍장이 도착한 날 오후 무츠는 자신과 이토 히로부미가 일본 측 전권대사에 임명되었음을 알린다. 이홍장이 가급적 빨리 회담 날짜를 잡아줄 것을 요청하자 무츠는 다음날인 3월 20일 오후 3시로 첫 회담 일정을 잡는다.[755]

협상은 영어로 진행된다. 이노우에 가츠노스케와 이홍장의 비서 나풍록(羅豊錄)이 통역을 담당한다. 오경방도 가끔 거들었고 이토는 자주

조약 체결 당시의 슌반로우 사진

슌반로우

영어를 사용한다.[756]

슌반로우 내부의 협상 테이블

태어나서 처음 해외로 나와
보는 이홍장과 달리 나풍록은
1873년 정부 장학생으로 외국
유학을 다녀왔지만 여전히 과
거급제만이 출세의 길이었던
청에서 그의 능력은 썩고 있었
다. 이토가 그에게 왜 청이 서양의 문물을 도입하지 못하고 전쟁에서
도 이토록 약한지 나풍록에게 묻자 「보십시오. 젊은 시절 우리는 학
생으로 서로 알았지 않았습니까? 그런데 이제 당신은 당신 나라의 총
리대신이요 나는 내 나라의 통역사입니다」라고 답한다.[757]

이홍장과 이토는 협상전권에 관한 공문서들을 교환하면서 대화를
나눈다.

이홍장: 아시아에서 우리 두 나라가 가장 가깝고, 또 글(한문)이 같습니다.
최근에 잠시 다투었는데, 이것은 서로의 이로움을 위해서였다고 생각합
니다. 만약 계속해서 원수지간으로 지내면 우리에게 큰 해가 될 것이며,

일본도 결코 이롭지 못합니다. 서양 사정을 보면 군사력이 아무리 강해도 이웃 나라와는 우호적으로 지냅니다. 우리 두 나라도 서양 사정을 참고하여 아시아의 평화를 이룩합시다. 두 나라 관계가 악화되면 아시아 황인종이 유럽 백인종에게 잡아 먹히고 말 것입니다.

이토: 중당의 말씀이 내 생각과 같습니다. 그러나 10년 전에 (1885년 톈진에서 만나 톈진조약을 체결할 당시) 내가 중당에게 권한 바 있습니다만, 어찌하여 오늘까지 정치를 한 가지도 개혁하지 못했습니까?

이홍장: 귀 대신은 저와 만난 후 귀국의 좋지 않은 제도를 일제히 고쳐서 오늘과 같이 발전했으니 진실로 부럽습니다. 우리 청국은 과거의 제도에 젖어 오늘에 이르기까지 10여 년 동안 변한 것이 하나도 없으니 참으로 부끄럽기 그지 없습니다.[758]

이홍장이 이토와 무츠의 나이를 묻자 이토는 55세, 무츠는 52세라고 답한다.

이홍장: 나는 올해 73세요. 귀 대신은 연부역강(年富力强)하여 나라 일을 하면서도 편안한 날이 있을 것입니다.

이토: 일본 국민은 청국 국민보다 다스리기가 더 어렵고, 또 의회가 중간에 있어 처신하기가 더욱 어렵습니다.[759]

3월 21일 이토는 일본 측의 요구사항을 이홍장에게 제시한다.

- 일본은 다쿠커우포대(大沽口炮台), 천진, 산하이관과 이 세 도시를 둘러싼 성곽을 모두 점령한다.
- 이 세 도시의 청군은 모두 항복하고 무기와 보급품을 일본 측에 양도한다.
- 일본군은 톈진과 산하이관을 연결하는 철도에 대한 관할권을 갖는다.
- 휴전기간 동안 청은 일본군의 모든 비용을 부담한다.
- 만일 청 측이 이러한 조건 중 하나라도 거부한다면 청 측의 제안을 제시해야 한다. 일본 측은 조건을 바꾸지 않는다.[760]

이홍장은 일본 측의 혹독한 휴전 조건에 놀란다. 일본군이 아직 점령하지 못한 지역들까지 점령하는 것을 휴전의 조건으로 내세운 까닭을 묻는다.

이홍장: 지금 일본군이 아직 다쿠커우와 톈진과 산하이관 등지에 이르지 못했는데, 이 세 지역을 귀국 군사가 점령하려 하는 이유는 무엇입니까?

이토: 우리 양국이 전쟁을 중지하려는 이유는 양쪽에게 다 이익을 보도록 하기 위해서입니다. 지금 당장 휴전하는 것은 귀국에 이익이니 우리는 세 곳을 점령한 다음 그 지역을 담보로 하여 우리의 이익을 추구하려는 뜻입니다.[761]

이홍장은 이토에게 너무 야박하지 굴지 말라고 사정한다.

이홍장: 청-일 양국은 형제지국이라서 오래 전부터 정이 깊은 사이였는

데 이토록 야박하게 대하십니까? 다른 방법을 생각해 보시기를 바랍니다...... 귀국이 나에게 화친을 요청해 와서 우리도 진심으로 화친이 성사되기를 원하고 있습니다. 지금 귀국이 중요한 세 지역을 점령하려고 하는데, 내 직책이 직례총독으로서 이 세 곳은 내 관할 지역입니다. 이 지역을 남몰래 내주면 내 체면을 잃게 하는 것과 같습니다. 귀 대신이 내 입장이라면 어떻게 하겠습니까?

이홍장은 휴전협정은 미루고 차라리 강화조약을 논의하는 것이 좋겠다고 한다.

이홍장: 휴전 여부는 뒤로 미루고 강화를 먼저 의논하는 것이 좋겠습니다. 우리는 이제 충심으로 나라를 위한다는 큰 틀에서 생각해야 합니다. 우리 청국이 외국과의 전쟁을 대비하지 못했고, 새로 소집한 군사는 훈련을 하지 못해 이 지경에 이르렀습니다. 청-일 두 나라는 가장 가까운 이웃인데 어찌 오랜 기간을 다투어야 한단 말입니까? 기왕 화친을 염두에 두신다면 당연히 청국의 체면을 생각하셔야 합니다. 그렇지 않으면 우리나라 위아래가 모두 어수선하고 소란스러워져 비록 지금은 정전을 한다 해도 오래 가지 못할 것입니다. 특히 톈진과 상하이는 베이징에서 볼 때 대단히 중요한 지역입니다. 부디 이곳은 건드리지 말기를 바랍니다. 그렇지 않으면 황제가 계신 도성이 진동할 것입니다. 이번 분란은 조선 때문에 발생한 것입니다. 지금 우리 군사가 봉천으로 물러가 조선과 상관없게 되었으니 일본군이 톈진과 산하이관 등지만 차지하지 않는다면 휴전에 대한 문제를 의논하지 않고, 정전을 약속하는 것은 문제가 되지 않습니다. 한마디로 귀국의 요청은 절대로 받아들일 수 없습니다.

이토가 「깊이 생각하신 후 신속하게 답을 주실 것을 요청합니다」고 하자 이홍장은 일주일을 달라고 한다. 그러나 이토는 사흘 후까지 답을 달라고 한다. 그러자 이홍장은 다음과 같이 말한다.

> 강화 조건은 휴전을 논의할 때처럼 각박하게 처리할 문제는 아니라고 봅니다. 변함없이 각박하게 하면 결정을 내리기 어려우니, 귀 대신은 천하대세를 깊이 생각하여 우리나라가 감당할 수 있는 조건을 제시하시기 바랍니다.[762]

이홍장은 곧바로 본국에 전문을 보낸다. 그는 일본이 새 부대를 출병시킬 준비를 마쳤고 새 병력은 산하이관, 톈진, 그리고 다쿠커우포대(大沽口炮台)에 투입될 것으로 보인다면서 방어준비를 종용한다.

이홍장의 전보는 22일 도착한다. 광서제와 대신들, 서태후는 경악한다. 청 조정은 곧바로 열강의 외교공관에 사람들을 보내 상황을 논의한다. 열강 외교관들의 건의에 따라 청 조정은 23일 과도한 정전 조건을 거부하고 그 대신 곧바로 강화조약을 협상하기로 한다. 총리아문의 전문은 24일 이홍장에게 전달된다.[763]

회담은 3월 24일 속개된다. 이홍장은 휴전 협정안을 모두 철회하고 곧 바로 강화조약을 위한 협상을 시작할 것을 요청한다. 이토는 이홍장이 건넨 영문 비망록을 담배를 피우면서 침묵 속에 조용히 읽고는 말한다.

이토: 중당이 일본으로 오기 전에 이미 귀국에서 진심으로 강화를 원하고

있다는 것을 알았습니다.

이홍장: 내가 이제 나이가 들어 해외에 나갈 형편이 못되는데, 형세가 이처럼 급한데다가 내가 귀 대신과 친분이 있다 해서 우리 정부에서 특별히 나를 보내 천리 길이 멀다 하고 달려왔으니, 우리나라의 성의는 충분히 짐작하셨으리라 믿습니다.

이토: 우리가 의논하는 일은 한번 결정한 후에는 확실하게 시행해야 합니다. 귀국은 예전부터 외국과의 교섭에서 약속한 것을 시행하지 않은 사례가 많습니다. 사정이 이렇다 보니 우리 일본 정부는 귀국이 약속한 사안을 반드시 이행할 수 있도록 확실한 조치를 위할 것을 나에게 명하셨습니다. 귀국은 이 뜻을 잊지 마시기 바랍니다.[764]

이토는 다음날까지 일본 측의 강화조약 조건을 제시할 것을 약속한다. 이홍장이 전쟁을 하루빨리 종식시켜야 한다면서 자신은 전쟁발발하기 전부터 평화로운 방법을 모색해왔다고 하자 이토는 전쟁은 악한 것이지만 어떤 때는 피할 수 없는 것이라고 한다. 이홍장은 다시 「안하는 것이 훨씬 좋다」고 한다. 그러면서 그랜트 전 미국대통령이 톈진을 방문했을 당시 미국의 남북전쟁은 하도 끔찍해서 자신이 대통령이 된 후로는 어떻게 해서든 전쟁을 막으려고 하였다는 얘기를 전한다. 그러자 이토는 「전쟁은 잔인하고 피로 얼룩진 것」이라면서도 「그러나 국가들의 관계에 있어서는 때로는 피할 수 없는 경우도 있다」고 한다.[765]

56. 이홍장 암살 미수 사건 (1895.3.24.)

3월 24일 협상은 오후 4시 20분에 끝난다. 이홍장은 일본식 가마 「카고(駕籠)」를 타고 숙소인 인조지로 향한다. 그의 가마가 구경꾼들 사이를 헤치면서 좁은 골목을 지날 때 고급 기모노를 입고 산발을 한 남자가 달려들면서 이홍장 얼굴에 권총을 쏜다. 저격범은 두 번째 총알을 쏘기 전에 경찰에 의해 제지된다. 이홍장은 자리를 지키면서 침착하게 가마꾼에게 손수건을 달라고 하여 흐르는 피를 막는다. 숙소에 도착하자 이홍장은 가마에서 내려 걸어서 숙소로 들어간다.

저격범은 혼슈에서 온 26세의 고야마 도요타로(小山豊太郎, 1869.4.21. ~1947.8.4.)였다. 대지주의 아들인 그는 게이오기주쿠에 입학하지만 곧바로 퇴교한 후 쾌락에 빠진 삶을 산다. 아버지가 용돈을 끊자 그는 각지를 전전한다. 재판에서 고야마는 이홍장이 제거되지 않는 한 평화는 불가능하다고 생각해서 오랫동안 이홍장을 암살할 계획을 갖고 있었다고 한다.

그는 극동에서 전쟁이 일어난 것은 모두 중국 때문이고 영국과 프랑스와의 전쟁은 물론 심지어는 사이고 다카모리의 사츠마 반란마저도 중국 탓이라고 한다. 그러면서 청일전쟁 때문에 메이지가 도쿄의 거소를 떠나 대본영과 함께 히로시마로 임시로 거처를 옮겼어야 되었다고 말하는 대목에서는 목놓아 운다. 포로로 잡힌 일본 군인들을 잔인하게 고문하고 일본의 교역을 방해함으로 엄청난 고통을 가져온 이홍장을 제거함으로써 그 때문에 억울하게 죽은 영혼들을 위로하는 것이 자신의 임무라고 생각한다고 한다. 그러면서 일본군이 베이징을 점령하기 전에 전쟁이 끝나는 것은 일본에게는 굴욕이라고 생각

했기 때문에 이홍장을 암살함으로써 평화협상을 지연시키고자 하였다고 한다.[766]

머리를 길게 기른 이유는 중국말을 배운 다음 중국인으로 가장하여 중국에 잠입하여 이홍장을 암살하기 위해서였지만 이홍장이 시모노세키로 온다는 말을 듣고 계획을 바꿨다고 한다. 돈도 없고 무기도 없는 상황에서 고향으로 돌아가 아버지에게 개과천선을 약속하자 아버지는 기뻐하면서 25엔을 주었다고 한다. 고야마는 3월 11일 요코하마에서 총 소지 면허를 받고 권총과 총알 50발을 구입한 후 3월 12일 저녁 도쿄를 출발하여 다음날 히로시마에 도착하여서는 나머지 돈을 탕진하고 시모노세키까지 걸어간다. 24일 시모노세키에 도착한 그는 지나가는 사람들로부터 이홍장이 숙소에서 회담장을 오가는 길을 알아내고는 경찰서 근처의 길목을 암살지점으로 정한 후 그곳에서 이홍장을 공격한다.[767]

총알은 이홍장의 왼쪽 눈 아래 2cm 뺨 부위에 박힌다. 이홍장이 대동하고 온 의사도 수술도구가 없어서 탄환을 찾지 못한다. 다음날 일본 외과의사들이 의료도구를 갖추고 도착하지만 당시 일본에서 의학을 가르치던 독일인 의사 스크리바(Julius Scriba) 박사의 조언에 따라 총탄을 찾는 것을 중단한다. 오히려 상처가 덧나게 할 수 있다고 하였기 때문이다. 이홍장은 고령에도 불구하고 2주 만에 회복한다.[768]

이홍장은 일본 측 전권대사들에게 보낸 서신에서 아무런 불평도 하지 않으면서 그저 숙소로 돌아가던 중 「갑자기 의외의 일을 당하여」 다음날 아침으로 예정된 회담에 참석하지 못하게 되었다면서 강화조약의 조건들을 이경방에게 전해달라고 한다.[769]

메이지는 내각 전원이 공동 서명한 칙령을 이홍장에게 보내 사건에 대한 유감을 표한다.

이토와 무츠는 소식을 듣는 대로 즉시 인조지의 숙소로 이홍장을 찾아가 그들을 맞이한 양자 이경방에게 유감과 위로의 말을 전한다. 다음날도 공식적인 서신을 보내 위로한다. 이홍장은 3월 26일 위로에 감사한다는 답신을 보낸다.[770]

암살시도 소식은 곧바로 히로시마의 대본영과 천황에게 전달된다. 메이지는 격노하면서 곧바로 두 명의 고참 군의관들을 시모노세키로 보내 이홍장을 치료하도록 한다. 다음날 아침 황후는 자신이 손수 만든 붕대와 함께 간호사들을 시모노세키로 보낸다. 메이지는 칙령을 반포한다.[771]

청국이 비록 우리와 전쟁을 멈추지는 않았으나 지체 높은 대신을 우리나라에 파송하여 화친을 의논할 때 우리도 전권대신을 임명하여 회의하도록 했다. 마땅히 국제관례에 따라 청국 사신을 우대해야 국가 체면에 합당한 것이었다. 짐이 이미 특별 명령을 여러 번 내려 문무 관원으로 하여금 화친과 관련한 사무를 잘 처리하도록 했는데 불법한 흉도가 청국 대신을 저격하여 짐의 근심이 끝이 없다. 그 죄인은 엄한 법률로 다스릴 것이며, 특별히 명을 내려 관민에게 다시 한번 경계하니 내 뜻을 각별히 시행하여 나라의 영광을 손상되게 하지 말라.[772]

이홍장에 대한 암살시도가 있기 전까지 일본 사람들은 그를 노회한 중국인으로 묘사하였고 그를 조롱하는 노래도 유행했었다. 그러나 암살시도는 일본인들 사이에 이홍장에 대한 엄청난 동정심을 불러일으킨다. 의회, 정당, 언론, 그리고 일반 대중으로부터 수천 통의 위로 전문이 답지한다. 숙소로 전국에서 선물들이 쏟아져 들어온다. 무츠 외무대신은

실은 일청 양국이 개전한 이래 우리나라의 각 신문들은 물론이고 공적인 모임이든 사적인 모임이든 간에 사람들만 모이면 청국 관민들의 단점을 혹평하거나 욕하고 꾸짖으며 비방하고, 나아가서는 이홍장의 신분에 대해서도 듣기 어려울 정도의 악설을 내뱉던 자들이, 이(李)가 조난을 당하고 나서부터는 그에 대한 애석함을 표하는 언행이 거의 아첨하는 말에 속할 정도로 칭찬에 칭찬을 거듭하는 지나칠 만큼의 말을 하게 되었다. 심지어 이홍장의 지난날의 공적을 열거하여 동방의 장래는 이(李)의 생사에 달려 있는 양 말하기까지 하였다. 이러한 경향은 전국적으로 확대되어 이 (李)의 조난을 애통해 한다기보다는 오히려 이것으로 인하여 생기는 외래적인 비난을 걱정하는 분위기가 되었고, 어제까지만 해도 전승의 열기로 들떠 있고 광희(狂喜)로 물들여져 있던 사회는 마치 초상집의 슬픔에 빠진 것처럼 되었다.[773]

이홍장 암살시도에 대한 일본인들의 반응은 러시아 황태자 니콜라이에 대한 암살시도 때와는 달랐다. 니콜라이 암살미수 사건 때는 러시아의 보복이 두려워 공포에 떨었다. 그러나 이홍장 암살시도로 일본이 걱정한 것은 전쟁에서의 승리로 한껏 고조된 일본의 국제적 위신이 이 사건으로 인해서 다시 추락하고 이를 이홍장이 이용하여 서양의 동정을 사려고 할 수도 있다는 점이었다. 뿐만 아니라 이는 서양이 청일전쟁에 개입하는 빌미를 제공할 수도 있었다.[774]

무츠는 일본이 이홍장에 대한 암살시도를 진정 유감으로 생각한다는 것을 청과 전 세계에 보이기 위해서는 특단의 조치를 취해야 한다고 생각했다. 그는 이홍장이 요청한 휴전협정을 무조건 받아들일 것을 이토에게 제안한다. 이토는 동의하지만 군부가 반대한다. 이토는 곧바로 히로시마로 가서 26일 대본영 회의를 소집한다.

57. 시모노세키 조약 (1895.4.17.)

이튿날 대본영 회의에는 병부대신 야먀가타, 해군대신 사이고 츠구미치, 대장상 마츠카타 마사요시, 그리고 농상부대신 에노모토 다케아키 등이 참석한다. 일부 각료들은 휴전을 무조건 받아들이는 것이 일본에게 불리하게 작용할 것이라고 한다.

그러나 이토는 일본이 연전연승할 수 있었던 것은 외세가 개입하지 않았기 때문이라고 한다. 청은 전쟁 초기부터 지속적으로 열강들의 개입을 요청하였으나 열강들은 개입할 이유가 없었기에 지금까지 개입을 하지 않았다. 그러나 이 「불행한 사태」로 인하여 청이 다시 한번 열강들의 개입을 요청할 핑계가 생겼고 이번에는 개입할 여지도 있다고 한다. 일본이 두 번이나 청의 평화 협상단을 거절하였고 이번에는 전권대사가 저격을 당하는 일까지 발생했으니 청이 일본과 직접 협상할 수 없다고 하면 열강들이 개입할 수도 있다고 한다. 따라서 일본이 이번에 제시했던 휴전의 모든 조건들을 철회하는 모습을 보인다면 청으로서도 열강들의 개입을 요청할 명분이 사라질 것이라고 한다.[775]

야마가타 아리토모가 이에 동의하자 반대하던 군부도 찬성으로 돌아선다. 내각이 대본영회의에서 합의된 안을 추인하자 이토는 곧바로 천황의 재가를 요청한다. 3월 27일, 무쓰는 천황이 휴전안을 재가했다는 소식을 듣고 문안을 만들어 28일 이홍장을 찾는다. 이홍장은 왼쪽 눈에 붕대를 감은 채 침대에 누워서 무쓰를 맞이한다.

서문은 다음과 같이 시작됐다. 「일본 천황폐하는 불행한 사태로 인하여 강화조약을 위한 협상이 중단되었음을 고려하여 제국의 강화조약 협상 전권대사들에게 임시 휴전에 합의할 것을 지시하였다.」[776] 그날 저녁 이노우에와의 대화 중 이홍장은 휴전안을 받아들인다. 휴전협정은 3월 30일 조인되고 그날부터 3주간 모든 육해군은 휴전에 들어갈 것을 명시한다.[777] 이홍장은 곧바로 강화조약 협상을 시작할 것을 제안하는 서신을 일본 측에 보낸다.

4월 1일, 일본은 이홍장에게 강화조약 안을 제시한다. 조건은 가혹했다. 조선을 독립국으로 인정하는 것 외에 청은 일본에게 펑티엔 지역의 남부, 타이완, 펑후제도(澎湖諸島, 팽호제도)를 할양할 것을 요구한다. 청은 또한 일본에 전쟁 배상금으로 3억냥(약 450만 엔)을 낼 것과 청에서 활동하는 일본 시민들에 대한 상업특혜도 요구한다.[778]

이홍장은 어떻게 해서든지 일본의 요구를 줄이고자 한다. 그는 4월 5일 이토에게 보낸 회신에서 「우리는 모두가 휩쓸리지 않도록 공동의 대책을 마련하고 황색인종이 백인종과 경쟁하는데 힘을 합칠 수 있는 방도를 마련해야 합니다」라고 한다. 그러나 이토는 이러한 논리를 거부한다. 이홍장은 또 청이 일본에 영토를 할양한다면 이는 중국인들 사이에 일본에 대한 적개심과 복수심을 불러 일으키게 될 것이고 그렇게 된다면 두 나라 간의 화해는 앞으로도 어려워질 것이라고 경고한다. 이홍장은 또한 일본이 청을 침략하였는데 일본이 청으로부터 배상금을 요구하는 것은 잘못되었다고 한다. 그는 배상금을 지불할 용의는 있으나 합리적인 액수여야 한다고 한다. 일본이 요구한 액수는 너무 커서 청이 이를 낼 수 없게 된다면 일본과 다시 전쟁을 해야 할 수도 있다고 한다. 그러면서 다음과 같은 말로 글을 맺는다.

제가 지난 반세기 동안 조국을 위해 봉사해왔다는 점을 얘기해도 이해해 주시리라 믿습니다. 저의 생은 마지막을 향해 가고 있다고 할 수 있습니다. 이번 임무는 아마 폐하와 백성들에게 봉사하도록 내게 허용된 마지막 중요 임무일 것입니다. 우리가 대표하는 백성과 정부에 지속적인 평화와 우애를 가져다 줄 수 있는 그런 협상을 도출하는 것이 저의 간절한 염원이자 가장 큰 바람입니다.

우리는 이성의 소리에 귀를 기울여야 합니다. 위대한 두 민족의 이익과 장래 번영을 수호하기 위하여 정치인으로서 가장 고귀한 원칙을 따라야 합니다. 수 세기에 걸친 두 민족의 운명과 행복이 지금 우리 손 안에 있습니다.

일본의 번영과 위대함이 넘쳐나는 이 시대, 유능한 인물의 풍요속에서 오늘날 배상금을 더 많이 받든 적게 받든, 일본군이 미치는 경계 안에 더 많은 영토를 병합하든 그렇지 못하든, 이는 일본에게 중요한 문제가 아닙니다. 하지만 현재 대일본 전권변리대신의 손에 달린 협상을 통해 중국 민족을 확고한 친구이자 동맹국으로 만들 것인지, 아니면 완고한 적으로 만들 것인지는 장차 일본의 위대함과 일본 백성의 행복이 걸린 대단히 중요한 문제입니다.

중국 민족의 대표자로서 나는 미래 시대에 싹을 틔워 우리를 저주하게 될 원한의 씨앗을 남겨 주지 않을 그런 평화, 우리에게 영광을 가져다 주고, 동방의 두 강대국에게 축복과 영원한 우정을 가져다 줄 그런 평화를 만드는 데 대일본 전권변리대신 각하와 손을 맞잡을 준비가 되어 있습니다.[779]

이토는 4월 6일 회신한다.

이제 대중국 흠차전권대신이 제시한 비망록을 검토하고 대일본 전권변리대신은 그 내용이 강화조약의 조건을 재고해 달라는 요청과 함께 중국제국이 처한 국내 어려움을 상세히 설명한 것에 국한되어 있음을 발견하고 매우 실망했습니다.

비망록은 대일본 전권변리대신이 제출한 조약 초안에 대한 회신으로 접수될 수 없을뿐더러 대중국 흠차전권대신의 바램이나 요구를 분명하게 표현하지도 못하고 있습니다. 결론적으로 중국이 처한 국내 어려움은 현 논의의 영역 안에 포함하기에 적합하지 않으며, 또한 정쟁의 결과 제기되는 요구 조건은 통상적인 의미에서의 협상문제로 간주될 수 없음을 중국 전권대신에게 상시키면서 대일본 전권변리대신은 대중국 흠차전권대신이 더 이상 지체하지 않고 이미 제시된 강화조약 초안의 수용 또는 수용 불가 여부를 총괄로 또는 항목별로 분명하게 알려주길 바랍니다. 그리고 변경이 필요한 경우에는 명확한 형식으로 이를 제시해 주시기를 요구합니다.[780]

이홍장은 일본에게 할양할 영토를 줄이고 배상금도 1억냥으로 줄이는 역제안을 한다. 그리고 앞으로 청과 일본 간의 분쟁이 일어날 경우 제3국이 중재하도록 하는 안도 낸다. 중재국에 대해서 양측이 합의를 보지 못할 경우에는 미국 대통령이 중재하도록 하자는 제안이었다.[781]

일본은 4월 10일 최종안을 이홍장에게 전달한다. 할양할 영토는 랴오둥(요동)반도, 타이완, 펑후제도(澎湖諸島, 팽호제도)로 축소하고 배상금은 2억냥으로 줄인다. 다른 조항들은 그대로였다. 중국에 거주하는 일본 상인들에게는 관세특혜와 치외법권이 인정되고 4개의 추가 항구를 일본 상인들을 포함한 외국 상인들에게 개항하기로 한다. 일본은 웨이하이웨를 점령하고 청은 50만냥을 일본 측에 점령비용으로 제공하기로 한다.[782] 이홍장은 한번 더 일본 측의 양보를 받아내려고 시도해보지만 결국 이 안을 받아들인다.

5일에 걸친 협상 끝에 4월 15일 오후 7시 이홍장은 협상안을 받아들인다. 4월 16일, 일본의 내각관방장관 이토 미요지(伊東巳代治, 1857.5.7.~1934.2.19.)와 무츠의 개인 비서 나카다는 나풍록, 오정방과 만나 조약의 일어, 중국어, 영어본들을 검토한다. 4월 17일 오전 10시, 이토 히로부미, 무츠 무네미츠, 이홍장, 이경방은 「일청강화 조약」, 일명 「시모노세키 조약」에 서명한다. 휴전은 5월 8일까지 연장하기로 하고 그날 츠푸에서 비준된 조약을 교환하기로 한다.[783]

> 제1조 청국은 조선국이 완전무결한 독립 자주국임을 확인한다. 따라서 자주독립을 훼손하는 청국에 대한 조선국의 공헌(貢獻)·전례(典禮) 등은 장래에 완전히 폐지한다.
>
> 제2조 청국은 아래 토지의 주권 및 해당 지방의 성루(城壘)·병기 제조소 및

관청 소유물을 영원히 일본에 할여한다.

1. 아래의 경계 내에 있는 펑톈 성[奉天省] 남부의 땅

...... (중략) ......

2. 타이완 전도(全島) 및 그 부속 도서(島嶼)

3. 펑후 열도(澎湖列島), 즉 영국 그리니치(Greenwich) 동경 119도에서 120도와 북위 23도에서 24도 사이에 있는 여러 도서

제3조 앞 조항에 게재하고 부속 지도에 표시할 경계선은 본 조약 비준 교환 후 곧바로 일청 양국에서 각각 2명 이상의 경계공동획정위원을 임명하여 실지(實地)에 대해 확정하도록 한다. 그리고 만약 본 조약에 정한 곳의 경계가 지형상 혹은 시정상(施政上)에 완전하지 않으면 해당 경계획정위원은 이를 개정할 임무를 가진다. 경계획정위원은 가급적 신속히 그 임무에 종사하고 임명 후 1개월 이내에 이를 종료해야 한다. 단, 경계획정위원이 개정할 곳이 있을 때에는 그 개정할 곳에 대해 일청 양국 정부에서 인정할 때까지는 본 조약에 게재하는 경계를 유지한다.

제4조 청국은 군비 배상금으로 고평은(庫平銀) 2억 냥(兩)을 일본국에 지불할 것을 약정한다.

...... (중략) ......

제5조 일본국에 할여된 지방의 주민으로서 위의 할여된 지방 이외에 주

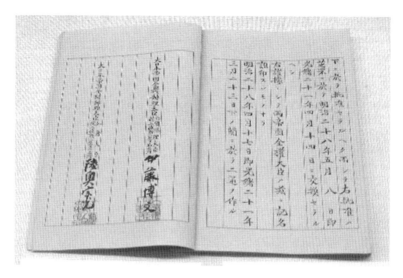

「일청강화 조약」, 일명 「시모노세키 조약」

거하려고 하는 자는 자유롭게 그 소유 부동산을 매각하여 퇴거할
수 있다. 이를 위해 본 조약 비준 교환의 날로부터 2년간을 유예
한다. 단, 이 연한이 만료됐음에도 아직 해당 지방을 떠나지 않은
주민은 일본국의 편의에 따라 일본국(신)민으로 간주할 수 있다.
일청 양국 정부는 본 조약 비준 교환 후 곧바로 각 1명 이상의 위원
을 타이완 성(省)에 파견하여 성을 양도받고, 본 조약 비준 교환 후
2개월 이내에 양도를 완료한다.

제6조 일청 양국 간 일체의 조약은 교전으로 인해 소멸되었으므로 청국
은 본 조약 비준 교환 후 신속히 전권위원을 임명하여 일본국 전
권위원과 통상 항해 조약 및 육로 교통 무역에 관한 약정을 체결
할 것을 약정한다. 그리고 현재 청국과 서양 각국 간에 존재하는
제반 조약·장정을 일청 양국 간 제 조약의 기초로 한다. 또 본 조

약 비준 교환일로부터 제 조약의 실시에 이르기까지 청국은 일본
국 정부의 관리·상업·항해·육로·교통·무역·공업·선박 및 신민에
대하여 모두 최혜국 대우를 부여한다. 청국은 그 외에 아래의 것
을 양여하되 해당 양여 사항은 본 조약 조인일로부터 6개월 후에
유효한 것으로 한다.

...... (중략) ......

제7조 현재 청국 내에 있는 일본국 군대의 철수는 본 조약 비준 교환 후
3개월 이내로 한다. 단, 다음 조항에 기재한 규정에 따르는 것으
로 한다.

제8조 청국은 본 조약의 규정을 성실히 시행한다는 담보로서 일본 군대
가 일시 산둥성[山東省] 웨이하이웨이를 점령하는 것을 승인한다.
그리고 본 조약에 규정한 군비 배상금의 첫 회와 그 다음 회의 불
입을 완료하고 통상 항해 조약의 비준 교환을 완료한 때 청국 정부
에서 위 배상금 잔액의 원금과 이자에 대하여 충분하고 적당한 약
정을 수립하고 청국 해관세로 저당할 것을 승인할 경우 일본 군대
는 위에서 언급한 장소에서 철수한다. 만약 또 이에 관한 충분하고
적당한 약정이 수립되지 않는 경우, 해당 배상금의 최종회 불입을
완료한 후가 아니면 철수하지 않는다. 아울러 통상 항해 조약의 비
준 교환을 완료한 후가 아니면 군대를 철수하지 않는 것으로 한다.

...... (중략) ......

앞의 증거로서 양 제국의 전권대신은 이에 기명하여 조인한다.

메이지(明治) 28년 4월 17일, 즉 광서(光緒) 21년 3월 23일 시모노세키에서 2통을 작성한다.[784]

「일청강화 조약」, 일명 「시모노세키 조약」

메이지는 칙령을 반포하여 일본은 승리에 자만하지 말 것과 남을 이유없이 미워하고 우방들의 신뢰를 저버려서는 안될 것이라고 한다. 그리고 청과 강화조약을 맺은 만큼 일본과 청 양국 간의 우호관계가 복원되길 기원한다고 한다.[785]

짐이 즉위한 이후 항상 평화를 유지하기 위해 노력해왔는데, 갑자기 청국과 시비가 발생한 것은 전혀 생각치 못했던 일이다. 다행히 여러 대신과 관리들이 힘을 다하여 대책을 세우며 전쟁 준비를 하여 국정을 돌보며 백성을 편안하게 하는 각종 중대한 사건에 부족함이 하나도 없었다.

우리 해군과 육군의 군사들은 풍한서습(風寒暑濕)을 무릅쓰고 재난을 두려워하지 않아 가는 곳마다 백전백승했다. 백성들의 충성스러운 마음과 용맹 없이는 이런 결과를 가져오기 어려웠을 것이다. 짐이 이 점을 심히 고맙게 여기는 바이다.

이제 사이가 좋아졌고 휴전 기한도 정했으니 백성들은 앞으로 나라의 발전을 위해 더욱 노력해주기 바란다. 앞으로는 청국을 원수로 삼아서는 안 될 것이다. 그리고 청국이 우리에게 시비한 것을 후회하여 지극한 정성으로 화친을 요구하니 우리나라가 더욱 영광스럽다.

혹시라도 우리 백성이 전쟁에서 승리한 덕에 교만한 마음이 생겨나 이

옷 나라를 업신여길 경우 두 나라 외교관계에 해가 될 수 있음을 우려한다. 앞으로는 타인에게 공손한 마음을 가지고 제반 규정을 지키며, 분수를 넘지 말고, 순응하는 마음을 더더욱 발전시켜 나가기를 바라노라. 청국이 우리나라와 평화조약을 체결한 후 우리와 외교관계를 돈독히 하고 더욱 친밀한 정을 쌓아갈 것이니 지난 허물을 다시 들추어낼 필요는 없을 것이다. 우리 백성들아. 짐의 뜻을 힘써 받들라.[786]

청의 협상단은 4월 17일 오후 2시 배에 올라 3시 10분 톈진으로 출발한다.[787] 다쿠커우포대(大沽口炮台)와 톈진 기차역에는 대규모 환영인파가 모여들어 이홍장을 반긴다. 군은 예포로 그를 반겼고 관리들도 그에게 절하면서 맞이한다. 그러나 사무실로 돌아온 이홍장은 그가 없는 사이에 쌓인 서신들을 보면서 절망한다. 그가 일본과 조약을 협상하는 동안 청의 총독과 장군들 대부분은 광서제에게 강화조약을 비준하지 말 것을 요청하는 상소를 수없이 올리고 있었다. 이홍장은 베이징으로 가서 조약의 비준을 직접 설득하는 대신 포스터를 보낸다.

4월 30일 총리아문에서 소집한 청의 군기처 회의에서 포스터는 이 조약은 이홍장의 조약이 아닌 황제의 조약이며 한 문구, 한 문구 모두 전보로 베이징에 사전에 알렸고 모두 서명을 해도 좋다는 허락을 받은 것이기에 이제 와서 광서제가 비준을 거부할 경우 그는 전 세계 문명국 앞에 굴욕을 당할 것이고 군기처 역시 그렇게 될 것이라고 경고한다.[788]

메이지는 4월 27일 교토로 출발한다.

58. 타이완 복속 (1895.10.21.)

그러나 전쟁은 끝나지 않는다. 일본은 시모노세키 조약으로 타이완 (대만)을 할양 받았지만 아직 일본군은 단 한 명도 타이완(대만)에 상륙하지 않았다. 해군참모부는 가바야마 스케노리(樺山資紀, 1837.12.9.~1922.2.8.) 제독으로 하여금 타이완(대만)의 청 관리들로부터 관할권을 이양 받도록 한다. 청은 타이완의 경우에도 삼국간섭을 기대하였다. 일본은 가급적 빠른 시일내에 타이완 관할권을 이양 받기 위해서 5월 17일 가바야마를 보낸다.[789]

타이완이 일본령이 되었다는 소식을 들은 주민들은 곳곳에서 폭동을 일으킨다. 일본은 저항이 있을 것은 예상하였지만 어떤 규모의 군대를 파견해야 진압할 수 있을지 알 길이 없었다. 타이완의 주민들은 삼국간섭이 없을 것이라는 사실을 깨닫고 전 타이완(대만) 총독 당경숭(唐景崧, 1841년~1903년)을 대통령으로 하는 「타이완 민주국」을 수립하고 1884년 「청불전쟁」 당시 청 측에서 싸웠던 흑기군의 유영복(劉永福, 류용푸, 1837.10.10.~1917.1.9.)을 새 정부군 사령관으로 임명한다.[790] [청불전쟁 당시 유영복과 흑기군의 역할에 대해서는 제III권, 제6장, 10. 「청불전쟁」 참조]. 당시 타이완에는 50,000명의 청군이 주둔하고 있었고 비슷한 숫자의 농민군도 있었다.[791]

그러나 청의 관리들은 가족과 재산을 빼돌릴 궁리만 한다. 대부분의 청 정규군과 장교들 역시 마찬가지였다. 결국 1895년 1월 타이완에 도착한 흑기군 2개 여단과 그들의 지휘관 유영복만이 타이완의 유일한 저항군이 된다. 흑기군의 숫자는 12,000명으로 증가하고 사기는 충천하였지만 훈련이나 무장으로 봤을 때 일본군의 적수가 될 수

가바야마 스케노리(樺山資紀) 제독　　　　　　당경숭(唐景崧) 「타이완 민주국」 대통령

는 없었다.[792]

　　5월 25일 순양함 「나니와」와 「다카치」는 단수이강(淡水河) 어귀에 도
착한다. 곧 이어 나머지 일본 함대도 합류한다. 첫 번째 목표는 타이
완의 수도 타이베이의 점령이었다. 26일 도고 제독은 「나니와」와 「마
츠시마」를 이끌고 지룽(基隆, 기룽)항 근처에 근위대가 상륙할 지점을 찾
아 나선다. 6월 1일 6,000명의 일본 병력은 지룽으로부터 55km 떨
어진 싼디아차오(三貂角)만에 아무런 저항 없이 상륙한다. 상륙한 일본
군은 곧바로 지룽으로 진군하여 다음날 저녁에 도착한다.[793]

　　요시히사 친왕(北白川宮能久親王, 1847.4.1.~1895.10.28.)이 지휘하는 제1근위
여단은 5월 29일 지룽 근처에 상륙하여 6월 3일 마을을 점령한다.
해군에서는 순양함 「요시노」, 「마츠시마」, 「치요다」, 「나니와」, 「다
카치」와 「사이엔」을 호위함으로 보낸다. 「사이엔」은 웨이하이웨이
에서 청군으로부터 포획한 「지원」이었다. 근위대는 16척의 수송선

에 나눠 승선한다. 함대 사령
관은 아리치 시나노조(有地品之
允, 1843.3.15.~1919.1.17.) 제독이었
다.[794]

유영복(劉永福)

6월 3일 새벽, 일본 함대는
지룽항과 일대의 청군 요새에
함포사격을 한다. 일본군은 지
룽 근교의 청군을 공격한다.
2,000~3,000명의 타이완 농
민군이 저항하지만 일본군은
타이완 농민군 200명을 사살한다. 전투가 시작되자마자 당경숭 대통
령은 지지자들과 함께 독일 증기선을 타고 타이완을 탈출한다. 농민
군의 지도자와 청군 1,000명도 패전 소식을 듣자마자 6월 6일 타이
완을 탈출한다. 타이페이는 6월 7일 일본군 수중에 떨어진다.

6월 17일 타이완의 초대 일본 총독에 임명된 가바야마 제독이 타
이페이에 도착한다. 그 직전 일본 함대와 함께 타이완에 온 청의 공식
대표단은 지룽항에 정박한 수송선「요코하마마루」선상에서 공식적
으로 타이완의 주권을 일본에 넘긴다.[793]

일본은 타이완 주민들의 저항이 얼마나 거셀 것인지 미쳐 예상하지
못한다. 사상자는 계속 늘어난다. 타이페이와 신주(신죽) 부근의 저항
군은 8월 3일에야 소탕된다. 남부에는 여전히 20,000명에 가까운 저
항군이 있었다. 가바야마 제독은 주민들이 필요 없는 고통을 겪고 있
다면서 저항군에게 항복을 권유하지만 거절당한다.[796] 흑기군과 타이

완 주민들의 저항은 계속된다.

일본군은 강력한 저항에 부딪히며 타이완 중부와 남부를 평정해 나간다. 험한 지형과 익숙하지 않은 기후로 사상자가 속출한다. 더구나 일본군의 무기와 장비들도 열대지방에 부적합했다. 말라리아와 이질로 제1근위여단 병력은 초토화된다. 결국 펑후제도(澎湖諸島, 펑호제도)에 진주했던 보병 연대

요시히사 친왕(北白川宮能久親王)

를 10월 21일 타이난(臺南)에 상륙시키고 저항군의 마지막 요새가 함락됨으로써 타이완 섬 전체가 평정된다.[797]

일본군의 피해는 막심했다. 전투에서 전사한 숫자는 396명이었지만 열대지방의 풍토병으로 10,236명이 죽는다. 요시히사 친왕도 풍토병으로 죽는다.

제5장

삼국간섭

제5장

삼국간섭

「시모노세키 조약」이 체결된 지 불과 6일 후인 1895년 4월 23일, 러시아, 독일, 프랑스 삼국의 공사들이 일본 외무성을 찾아 하야시 차관을 면담한다. 이 자리에서 삼국 공사들은 일본이 「시모노세키 조약」을 통하여 청으로부터 할양 받은 랴오둥반도를 청에 반환할 것을 요구한다. 「삼국간섭」이었다.

강화조약의 내용이 이미 공표되고 메이지가 승리를 자축하는 칙령을 발표한 후 승리에 취해 있던 일본은 경악한다. 이토 총리대신과 무츠 외무대신 등 민간인 지도자들은 일본이 중국 본토의 영토를 차지하고자 할 경우 서구열강이 개입할 개연성이 높다는 사실을 알고 있었다. 그러나 승리에 들뜬 일본의 여론은 강화조약을 맺고 전쟁을 끝내는 대신 일본군이 베이징까지 진격하여 점령할 것을 주장하고 있던 참이었다.

열강들은 청이 무너지는 것은 용납할 수 없었다. 아편전쟁 이후 중국에 「개항장무역체제(Treaty Port System)」를 구축하면서 교역을 통한 막대한 이윤을 챙기고 있던 구미 열강들은 예상과 달리 일본이 파죽지세로 베이징을 향하여 진격해가자 청 정부가 완전히 붕괴하기 전에 전쟁을 종결할 것을 요구하기 시작한다. 그리고 일본이 강화조약의 조건으로 랴오둥반도를 요구하자 개입한다.

일본이 랴오둥반도를 차지하게 되면 청의 수도 베이징은 「독 안에 든 쥐」가 되고 청은 일본의 속국으로 전락할 것이 분명했다. 일본이 중국대륙의 패자가 되면 수십년에 걸쳐 구축된 기존의 교역질서와 열강들 간의 세력균형이 무너질 것이 분명했다. 특히 러시아는 만주를 관통하는 시베리아 횡단철도의 건설을 극동정책의 근간으로 삼고 있었다. 일본이 랴오둥을 할양 받으면 러시아의 극동전략에 막대한 차질이 생길 수밖에 없었다. 러시아가 삼국간섭을 주도한 이유다.

이토 총리와 무츠 외무대신은 한편으로는 열강들의 반대가 있을 것을 알면서도 다른 한편으로는 일본이 치른 희생을 감안하여 열강들이 랴오둥반도 할양을 용인할 수도 있다는 일말의 희망을 버리지 않는다. 그러나 러시아와 독일, 프랑스가 무력개입도 불사한다는 강경한 입장을 보이자 곧바로 랴오둥반도 반환을 결정한다.

청과 일년 동안 전쟁을 치른 일본이 랴오둥반도 할양을 관철시키기 위해서 러시아, 독일, 프랑스와 전쟁을 하는 것은 어불성설이었다. 삼국간섭에 참여하지 않은 영국이나 미국이 일본의 입장을 지지해 줄 수 있는지 타진해보지만 미국은 오히려 조속한 강화조약의 비준을 종용하고 당시 최강대국 영국은 삼국간섭에 참여하지 않은 만큼 일본편을 드는 것 역시 「간섭」이 된다면서 거절한다. 삼국간섭을 받아들이는 것 외에는 대안이 없었다.

문제는 외교관들만큼 국제정세에 밝지 않은 일본의 군부와 여론이었다. 정부는 야마가타 아리토모를 비밀리에 남만주로 보내 군사령관들로 하여금 정부의 결정을 따를 것을 설득하도록 한다. 그러나 일본 국민들이나 군부가 볼 때 삼국간섭은 군인들이 목숨 바쳐 싸워 얻은 가장 값진 전리품을 외교관들이 서투른 외교로 잃은 것이었다. 이는 훗날 일본이 군국주의로 전락하는 중요한 요인이 된다.

삼국간섭은 메이지 유신 이후의 모든 노력과 성취도 일본을 열강의 반열에 올려 놓기에는 부족하였음을 보여준다. 청일전쟁을 치르느라 각고의 노력을 기울이고 수많은 희생을 치렀지만 일본이 진정 열강의 반열에 오르기 위해서는 더 많은 대포와 전함과 군사가 필요함을 절감한다. 결국 메이지가 삼국간섭을 받아들이는 칙령을 반포하지만 일본은 「와신상담」을 부르짖으면서 천황을 중심으로 더욱 강하게 뭉친다.

1. 랴오둥반도 할양 문제

청일전쟁을 막는데 실패한 열강들은 전쟁이 길어지면서 중국이 혼란에 빠지고 일본이 동아시아의 절대강자가 되는 것을 걱정하기 시작한다. 이홍장이 저격 당하면서 열강들의 개입문제가 다시 고개를 들지만 청일 간의 협상이 곧 재개될 것이라는 히트로보의 보고를 받은 러시아는 일단 일본이 제시하는 강화조약의 조건들을 본 다음에 개입여부를 결정하기로 한다.[1]

영국 외상 킴벌리(John Wodehouse, 1st Earl of Kimberley, 1826.1.7.~1902.4.8.)는 개입에 반대한다. 공조원(龔照瑗, 1836~1897.7.20.) 주 영 청국 공사가 일본이 타이완(臺灣, 대만)을 차지하게 될 경우 영국이 어떤 입장을 취할 것인지 묻자 킴벌리는 영국의 입장에서 좋은 일은 아니지만 전쟁 당사국

이 아니기에 개입할 명분이 없
다고 한다. 어쩔 수 없이 개입
해야 할 상황이 닥친다면 청에
게 타이완을 일본에 할양할 것
을 제의하겠다고 한다.[2]

일본 외무성은 열강의 개
입여부로 전전긍긍한다. 니
시 도쿠지로(西德二郎, 1847.9.4.
~1912.3.13.) 주 러 일본 공사는
전쟁이 길어질수록 열강의 개
입 가능성이 높아진다고 생각

킴벌리 영국 외상

했다.[3] 1894년 12월에는 「일본에 우호적인 러시아 친구들이」 일본
이 전쟁 배상금을 많이 받고 전쟁을 빨리 종결하는 것이 좋을 것이라
고 충고해 왔다고 보고한다. 또한 그 친구들은 일본이 중국으로부터
영토를 할양 받는 것은 열강들의 개입으로 어려울 것이며 다만 타이
완을 할양 받는 것은 러시아도 반대할 가능성이 낮다고 하였다고 보
고한다.[4]

아오키 슈조(靑木周蔵, 1844.3.3 ~1914.2.16.) 주 영 일본 공사는 1894년
12월 영국과 러시아가 일본의 연전연승에 대해 「질투」 하고 있으며
일본의 강화조약 조건에 반대할 수도 있다면서 일본은 독일, 미국과
우호적인 관계를 유지할 필요가 있다고 한다. 「영국은 미국을 반대할
수 없고 러시아는 독일에 반대할 수 없기 때문에」 강화조약을 체결
할 때가 되면 독일과 미국이 일본을 지지하도록 해야 한다고 한다.[5]

1895년 2월 10일 외무대신 무츠는 총리대신 이토에게 런던 『타임

공조원 주 영 청국 공사   니시 도쿠지로 주 러 일본 공사   아오키 슈조 주 영, 주 독 일본 공사

즈』가 2월 7일자 기사에서 유럽의 열강들은 일본이 중국 본토의 단한치라도 할양 받는 것을 용납하지 않을 것이라고 썼음을 알린다. 그러나 니시 주 러 일본 공사는 러시아의 외무상이 『타임즈』의 기사가 근거 없음을 확인하였다면서 조선의 독립이 걸린 문제가 아니라면 러시아가 개입할 가능성은 적다고 보고 한다.[6]

아오키 후임으로 주 영 일본 공사에 부임한 가토 다카아키(加藤高明, 1860.1.3.~1926.1.28.)는 러시아육군이 일본육군과 상대가 안되고 즉위한지 얼마 안되는 젊은 차르 니콜라이 2세가 무모하게 나라를 위험에 빠뜨릴 것 같지는 않다고 『세인트제임스가제트(St. James Gazette)』가 보도하였다고 한다. 이 신문은 또 집권한지 얼마 안되는 프랑스의 새정부 역시 너무 일이 많아서 새로운 모험을 할 겨를이 없고 독일과 미국은 친일적이고 영국의 대중들도 일본 편이라면서 총선을 목전에 두고 있는 영국 정부도 일본에 반대하는 인기 없는 정책을 채택할 리 없다고 보도하였다고 한다.[7]

니시는 4월 22일 외무성에 보낸 전문에서도 러시아의 여론은 일본이 중국 본토의 일부를 차지하는 것은 반대하고 있고 일본이 조선과

이토 히로부미 일본 총리대신　　　무츠 무네미츠 일본 외무대신　　　가토 다카아키 주 영 일본 공사

접경하고 있는 지역을 요구할 경우 러시아가 개입하는 것은 「불가피」
하겠지만 만일 일본이 「진저우반도(錦州半島, 랴오둥반도)」만 요구한다면 크
게 반대하지는 않을 것이라고 분석한다.[8]

　무츠 외무대신은 일본의 언론과 정치인들이 허풍스레 청 본토의 성
을 할양 받을 것을 요구하는 것은 구미 열강들을 자극시킬 뿐이라며
걱정한다. 무츠는 일본이 청에 제시할 강화조건을 열강들에게 미리
알리고 동의를 구할 것을 제안하지만 이토는 이는 오히려 열강들에
게 사전에 개입하는 기회만 제공할 뿐이라며 반대한다. 그렇게 될 경
우 일본은 열강들이 이미 반대한 것들을 청에 요구하거나 아니면 일
본의 정당한 요구도 사전에 포기해야 하는 입장에 처하게 될 것이라
고 한다. 무츠와 이토는 「우선 중국과의 전쟁에서 얻을 수 있는 것은
모두 얻어 내는 것」이 가장 안전하고 만일 열강들이 반대를 하면 그
때 가서 어떻게 할지 결정하면 될 것이라고 한다.[9]

　이토와 무츠는 일본의 강화조약 조건들을 철저하게 비밀에 부친다.
이홍장이 강화조약 협상차 시모노세키에 도착하기 직전까지 일본 내
각의 대신들조차 강화조약 조건들을 모른다. 무츠는 4월 1일 이홍장

에게 제시한 강화조약 조건들을 일본 재외공관 공사들에게 보내면서 청이 그 내용을 열강들에게도 공개하는지 잘 감시하고 만일 공개한다면 어떤 반응을 보이는지 면밀히 감시할 것을 지시한다.[10]

2. 러시아의 입장

4월 3일 주 러 일본 공사 니시는 3월 기르스 후임으로 러시아 외상에 임명된 로바노프(Prince Aleksey Borisovich Lobanov-Rostovsky, 1824.12.30. ~1896.8.30)를 만나 일본 정부가 랴오둥반도를 요구하지 않는다면 오히려 이상하지 않겠냐고 떠보자 로바노프는 그것이 결코 일본에게 유리한 일이 아니라고 한다. 니시는 현재 러시아 지도부의 분위기상 일본이 중국 본토의 일부를 요구할 경우 러시아가 반대할 수도 있다고 무츠에게 전문을 보낸다.[11]

4월 4일 일본 외무차관 하야시 다다스(林董, 1850.4.11.~1913.7.20.)가 주일 러시아 공사 히트로보에게 일본이 랴오둥반도의 할양을 요구하였음을 알리자 러시아 공사의 표정이 굳어진다. 히트로보는 일본의 요구가 유럽열강들의 심기를 건드리고 개입의 구실을 제공할 수도 있을 것이라고 경고한다. 그러면서 일본이 중국 본토에 그토록 많은 영토를 요구하는 것은 일본에게도 매우 위험한 일이 될 것이라고 한다.

외무대신 무츠는 니시에게 히트로보의 말이 조선의 독립에 관련된 것이 아니라면 러시아가 일본의 요구조건에 대해 반대하지 않을 것이라고 한 니시의 말과 배치됨을 지적한다. 그날 요코하마 신문들은 「만일 일본이 중국 본토의 일부를 원한다면 러시아를 대적하는 것을

로바노프 러시아 외상　　　　　　　　하야시 다다스 일본 외무차관

각오해야 할 것이다」고 한 러시아 신문보도를 인용한다. 무츠는 니시에게 그러한 내용이 실제로 러시아 신문에 실렸는지 확인할 것을 지시한다.[12]

　니시가 4월 4일 러시아 외상 로바노프에게 일본의 강화조약 조건을 전달했을 때 로바노프는 「펑티엔성(奉天, 봉천성)」이 어디인지 묻는다. 니시가 진저우(錦州) 즉, 랴오둥반도라면서 지도에서 보여준다. 로바노프는 본토의 일부를 상실하는 것은 중국으로서는 고통스러운 일이 될 것이라고 하자 니시는 일본의 요구는 지극히 합리적인 것이라고 한다. 니시는 이것이 일본의 조건이고 이는 양보할 수 없다고 한다. 로바노프는 차르 니콜라이 2세에게 일본의 조건들을 보고하겠다고 한다. 니시는 일본에 대한 로바노프의 태도가 훨씬 부드러워진 것같다고 보고한다.[13]

　그날 오후 로바노프는 주 러 영국 대사 라셀(Frank Cavendish Lascelles,

1841.3.23.~1920.1.2.)에게 일본이
중국으로부터 펑티엔성 남부
와 타이완의 할양과 조선의 독
립 인정, 300만냥의 배상금을
요구할 것이라고 니시 일본 공
사가 자신에게 밝혔다고 한
다.[14]

프랭크 라셀 주 러 영국 대사

라셀은 랴오둥반도의 할양
에 대한 러시아 정부의 반응을
알아보라는 영국 외상 킴벌리
의 훈령에 따라 4월 5일 로바
노프를 다시 찾는다.[15] 로바노프는 아직 러시아 정부의 공식적인 입
장을 얘기해줄 수는 없지만 개인적으로는 일본이 타이완을 차지하는
것은 러시아보다는 영국에게 더 위협이 될 것으로 생각한다고 한다.
랴오둥반도에 대해서는 개인적으로 볼 때 조선의 독립을 위협하고 베
이징에는 항구적인 위협이 될 것으로 생각한다고 한다.

로바노프는 러시아가 일본에 대한 적대감은 전혀 없지만 중국과 광
활한 국경이 맞닿아 있고 오랜 선린관계를 유지해왔다면서 러시아의
국익도 고려해야 할 것이라고 니시에게 말했다고 라셀에게 전한다.
로바노프는 또한 모든 열강들이 일본에게 중용을 지킬 것을 권할 것
으로 예상한다고 한다. 그러면서 일본이 열강들의 권고를 받아들이
지 않을 가능성도 없지 않다며 그 경우 열강들이 어떻게 반응할 것인
지에 큰 관심을 보인다.

로바노프는 정전협정이 만료되기 전에 열강들이 합의에 도달했으

면 좋겠다면서 「중국해」에 있는 러시아의 해군력은 일본의 해군력과 대등한 것으로 생각한다면서 영국의 해군력은 어느 정도인지 라셀에게 묻는다. 라셀은 극동의 영국 해군력도 러시아의 것과 비등하다고 답하면서 본국으로부터 훈령을 받은 것은 없지만 영국이 일본과 전쟁을 할 가능성은 없다고 한다. 로바노프가 영국의 대중

가브리엘 하노터 프랑스 외상

여론은 일본 편인 것으로 알고 있다고 하자 라셀은 영국인들이 부상하고 있는 동쪽의 열강을 적으로 만드는 것은 지혜롭지 못하다고 생각하기 때문일 것이라고 한다. 로바노프는 전쟁이 끝나는 것을 바랄 뿐 러시아는 일본과의 전쟁을 결코 원하지 않는다고 하면서도 청과의 공동이해관계 때문에 청과 좋은 관계를 유지할 수밖에 없다고 한다.[16]

4월 6일 로바노프는 주 러 프랑스 대사 보비느(Christian Charles Alfred de Gaston de Pollier de Vauvineux)에게 일본의 강화조건을 알린다. 그러면서 뤼순의 할양을 제외하고는 받아들일 수 있는 것이라면서 프랑스의 외상 하노터(Gabriel Hanotaux, 1853.11.19.~1944.4.11.)에게 이러한 내용의 전보를 보낼 것을 종용한다.

로바노프는 보비느에게 열강들이 「매우 우호적인 태도로」 뤼순의 할양은 극동에 불필요한 긴장을 가져올 것이기 때문에 절제를 해야 할 것이라고 일본 정부에 조회(照會, démarche)할 것을 주장한다. 일본이

뤼순을 차지하게 되면 이는 중국에 대한 영구적인 위협이 되고 러시아를 불안하게 하고 러시아가 그토록 중시하는 조선의 독립이 허구임을 보여주게 될 것이라고 한다. 로바노프는 이러한 조회는 기본적으로 우호적인 것이어야 하며 극동에 영구적인 평화 복원을 진심으로 원해서라는 점을 분명히 해야 한다고 한다.

로바노프는 열강들의 공동 조회가 실패할 경우에 대해서도 조심스럽게 언급한다. 러시아는 아직 아무런 결정을 내린 것이 없고 자신도 차르에게 보고를 하기 전까지는 아무것도 얘기할 수 없지만 프랑스와 계속 함께 이 문제를 다루고 싶으며 일본 정부가 열강들의 조회를 거부할 경우 프랑스는 「외교적인 조치 이외에 추가적인 조치」, 즉 무력을 사용할 준비가 되어 있는지 하노터(Hanotaux) 외상에게 문의해 줄 것을 요청한다. 그러면서 그 전날 주 러 영국 대사 라셀이 자신에게 영국은 영국 대중들 사이에서 일본에 대한 지지가 급증하고 있는 상황에서 영국은 일본을 상대로 군사행동을 할 가능성이 없다고 얘기했다고 한다.[17]

로바노프는 같은 날 파리, 런던, 베를린의 러시아 공관장들에게 임지 정부의 입장이 무엇인지 알아볼 것을 지시한다.

4월 7일 로바노프는 차르 니콜라이 2세에게 두 차례 상주문을 올린다. 일본이 랴오둥반도를 차지하게 되면 베이징이 항시 위협에 노출되고 조선의 독립도 위협받게 될 것이라면서 일본이 이 조건을 포기하지 않을 경우를 대비해서 다른 열강들과 공동보조가 필요할 것이라고 한다. 영국 정부는 솔직하게 일본 정부에 대한 압력을 행사하는 데 참여하지 않겠다고 하였지만 프랑스나 독일의 입장이 무엇인지는 불확실하다면서 현재로서는 일본이 뤼순을 할양 받는 것이 청일간의 우호적인 관계를 복원하는데 큰 걸림돌이 될 것임을 일본이 기분 나쁘지 않게 알려야 한다고 한다. 그러나 그 전에 우선 이러한 정책을 추진해도 될 것인지 차르에게 먼저 상주한다고 한다.[18]

두 번째 상주문의 내용은 다음과 같다.

청일전쟁 종결 이후 러시아의 미래 동맹국으로서 청이냐 일본이냐의 선택은 우리의 정책이 소극적인가 적극적인가에 달려 있습니다. 극동에서의 우리 위상이 만족스럽다고 판단하고 이를 강화하는 것을 원하면 청이 최선의 동맹국입니다. 청은 이번의 패배로부터 쉽게 회복하지 못할 것이고 러시아에게는 위험한 존재가 아닐 것입니다.

그러나 적극적인 행동을 통해 극동에서 필요한 것을 획득하고자 한다면 사정은 달라집니다. 우리의 목적은 태평양 연안의 부동항 획득과 시베리아 철도와 연계된 만주의 어떤 항구를 병합하는 것, 두 가지입니다.

청은 조선을 상실한 이후 러시아에게 제공할 항구가 없으며 만주의 일부를 포기하지는 않을 것입니다. 따라서 청은 적극적이고 유용한 동맹국이 될 수가 없습니다.

일본은 앞으로 한동안 우리의 도움이 필요할 것입니다. 청에 대항하기 위해서가 아니고 영국의 우월한 해군력에 대항하기 위해 우리가 필요할 것입니다. 더구나 동양에서 새로 부상한 강국 일본과 러시아가 동맹을 맺는 것은 결코 불가능한 것이 아니기도 합니다.

우리의 주적이고 가장 위험한 상대는 영국입니다. 아시아에서 분쟁이 일어나면 영국의 우방은 언제나 우리의 적이었고 그 반대도 사실입니다. 영국은 러시아와의 충돌에서는 청의 우월적인 영향력에 의존하였습니다.

반대로 일본은 해양 세력이기 때문에 영국과 적대 관계가 될 것입니다.

영국과의 분쟁이 우리를 위협할 때마다 일본에 대한 우리의 태도가 우리 정책의 중요 과제였습니다. 우리는 일본이 중립을 선언하면서 분쟁 당사국에 항구를 폐쇄하지 않도록 최선을 다해 노력해야 합니다.

홍콩을 보유하고 있는 영국에게 일본의 항구들은 무의미합니다. 그러나 우리에게는 절대 필요합니다. 블라디보스토크는 겨울 4개월 동안 결빙되므로 일본의 항구 없이 영국과의 전쟁은 생각할 수 없는 일입니다.

따라서 우리에게 중국이 더 중요한지, 일본이 더 중요한지의 문제는 우리 정책이 얼마나 적극적인지 여부에 달린 동시에 우리의 의지와는 상관없이 극동에서 어떻게 얽히고 섥히는 지에 달렸습니다.

어찌 되었든 다음과 같은 결론을 도출할 수 있습니다. 우리는 물론 다른 열강, 특히 영국과 함께 일본이 이번 전쟁을 통해서 지나치게 강해지는 것을 막을 수 있습니다. 그러나 동시에 우리는 장차 일본과 우호적인 관계를 유지하기 위해 다른 열강들의 동조 없이 단독으로 일본에 적대적인 입장을 취하는 것을 자제해야 합니다.[19]

니콜라이는 로바노프의 상주문 여백에 「러시아는 연중 자유롭고 열린 항구가 절대적으로 필요하다. 이 항구는 본토(조선의 동남부)에 위치해야 하고 우리의 다른 영토와 육로로 연결되어 있어야만 한다」고 적는다.[20]

니콜라이는 열강들이 공동으로 일본에 조회하는 정책을 택한다. 4월 8일, 로바노프 러시아 외상은 프랑스와 독일에 일본이 뤼순을 할양 받는 것이 청일간의 우호적인 관계의 회복과 극동에서의 영구적인 평화를 위협하기에 반대한다는 뜻을 우호적으로 밝힐 것을 제안

한다.[21]

같은 날 로바노프는 영국 대사 라셀을 만나 보다 적극적으로 입장을 밝힌다. 로바노프는 일본이 대륙 영토를 할양 받는 것을 러시아가 반대하는 이유는 조선의 독립을 무효화 시킬 뿐만 아니라 일본이 러시아와 접경할 가능성도 생기기 때문이라고 한다. 라셀은 일본이

러시아의 차르 니콜라이 2세

랴오둥반도를 차지하는 것을 막기 위해서 러시아가 전쟁도 할 준비가 되어 있는지 묻자 로바노프는 「그것은 매우 심각한 결정」이라며 모호하게 답한다.[22]

주 러 일본 공사 니시도 같은 날 로바노프를 만나 일본의 평화협상 조건에 대한 반응을 살핀다. 로바노프는 아직 다른 열강들과 상의하기 전에 사견을 밝히는 것은 적절치 않다면서도 일본이 지리적으로 가까운 타이완을 할양 받는 것은 이해가 되지만 만주의 일부를 할양 받는 것은 일본 본토로부터의 거리를 고려할 때 더 우월한 해군력을 보유하고 있는 열강의 공격을 받을 수 있기 때문에 오히려 일본의 약점이 될 것이라고 한다.[23]

4월 9일 로바노프는 니시 일본공사에게 일본이 유지 불가능한 강화조약 보다는 지속가능한 강화조약을 맺기를 바란다고 다시 한번 강조한다. 일본의 조건이 과도하다고 생각하냐는 니시의 질문에 로바

노프는 자신은 아직 의견을 낼 수 있을 정도로 상황을 파악하지 못하고 있다면서 청의 공사가 그렇다고 했다고 답한다.[24]

3. 독일의 입장

러시아에게 독일의 입장은 특히 중요했다. 청일전쟁 개전 당시 독일은 서구 열강이 개입하는 것에 반대하였다. 독일의 외무 차관 로텐한(Baron Wolfram von Rotenhan, 1845.4.20.~1912.6.2.)은 주 독 러시아 대리공사 차리코프(Nikolai Valerianovich Charykov)에게 「유럽인들이 동양인들 사이의 전쟁으로부터 이득을 볼 수 있는 방법은 그들에게 무기를 파는 것 밖에 없다」고 한다.[25]

독일의 카이저 빌헬름 2세

독일의 카이저 빌헬름 2세는 전쟁 초기부터 「용맹한 왜놈들(plucky little Japs)」이라면서 일본군의 용맹에 경의를 표한다.[26] 그러면서 전쟁에서 부상당한 일본과 청의 장교와 병사들을 요코하마에 있는 독일의 해군병원에서 치료할 수 있도록 한다.[27]

1894년 11월 5일 빌헬름 2세는 아오키 일본 공사를 불러 자신이 일본을 위하여 열강이 무력으로 개입하는 것을 적극적으로 막았다고

아돌프 마르샬 독일 외상   야콥 메켈 장군

한다.[28] 독일 외상 마르샬(Adolf Marschall von Bieberstein, 1842.10.12.~1912.9.12.) 역시 독일이 아니었으면 열강들의 무력 개입이 있었을 것이라고 아오키에게 확인해준다. 그러면서 독일은 친일정책을 계속할 것이되 일본이 다른 열강에 제공하는 이권에 대해서는 호혜평등 원칙에 따라 독일에게도 제공해 줄 것을 요청한다.

독일이 일본편이라는 확신을 갖고 있던 아오키는 「독일은 이기적인 의도가 없기 때문에 우리의 목적을 달성하는데 그들에게 의존하는 것은 지혜로운 방법이다」면서 무츠에게 독일 정부에 일본의 평화조건을 알릴 것을 권하는 전문을 보낸다. 청이 열강들에게 전쟁 종식을 위해 개입해 줄 것을 요청하고 있는 상황에서 일본도 열강들과의 우호적인 관계를 유지하면서 전쟁을 조금 더 지속할 것을 종용한다.[29]

아오키는 일본 정부가 빌헬름과 메켈 장군에게 훈장을 수여할 것을 무츠에게 제안한다. 무츠는 동의하면서 아오키에게 독일도 일본 천

황에게 흑수리 훈장(Hoher Orden
vom Schwarzen Adler)을 수여하는
것을 제안해보도록 한다.[30] 빌
헬름 2세는 적극 동의한다.[31]

그러나 청일전쟁으로 영국
이 다시 한번 극동에서 적극적
으로 움직일 듯한 모습을 보이
자 빌헬름 2세는 걱정하기 시
작한다. 카이저는 11월 17일

독일제국의 흑수리 훈장

수상 호엔로헤 후작(Chlodwig zu Hohenlohe-Schillingsfurst, 1819.3.31.~1901.7.6.)
에게 전문을 보내 영국이 러시아의 발틱 함대가 다르다넬스해협
(Straits of Dardanelle)을 자유롭게 사용할 수 있도록 허락하거나 아니면 다
른 열강들과 상의하지 않고 일방적으로 상하이를 비롯한 중국의 전
략적 요충들을 차지할 것 같다고 한다. 그렇게 되면 러시아와 프랑스
도 중국의 요충들을 차지할 것이고 따라서 독일도 이 기회를 절대 놓
쳐서는 안된다고 한다. 그러면서 일본과 비밀 협약을 맺어 타이완을
독일의 해양기지로 삼아야 한다고 한다. 프랑스도 타이완에 눈독을
들이고 있다면서 빨리 일본과 협상을 하라고 한다.[32]

빌헬름의 놀라운 주장과 제안에 호엔로헤는 회답을 하기 전에 우
선 사실 확인에 나선다. 호엔로헤는 외상 마르샬에게 물어보지만 마
르샬은 영국이 러시아의 흑해함대에게 다르다넬스를 마음대로 통
행할 수 있도록 허락할 가능성은 없다고 한다. 이는 당시 영국 외
상 로즈베리(Archibald Philip Primrose, 5th Earl of Rosebery, 1st Earl of Midlothian,
1847.5.7.~1929.5.21.)가 의회에서 영국과 러시아와의 관계가 우호적이라

고 언급한 것에 대한 카이저의 과잉 해석일 것이라고 한다.

마르샬은 또한 중국을 거대한 완충지대로 여기는 영국이 하루빨리 전쟁을 종결시키고 중국의 분할을 주도하는 것은 있을 수 없는 일이라고 한다. 당시 마다가스카르 침공을 준비하고 있던 프랑스가 타이완을 차지하는 등 동아시아에서 군사행동을 할 가능성도 없다

호엔로헤 독일 수상

고 한다. 「타이완 섬은 38,000 제곱킬로미터의 면적과 3백만의 주민이 있는데 대부분은 중국의 주권을 인정한 적이 없다」면서 청일 간의 강화조약을 통하여 다른 열강들이 특별한 이권을 얻어내려고 할 가능성은 있기에 카이저의 지적대로 독일도 한 몫을 얻어내야 하겠지만 그렇다고 타이완이라는 큰 이권을 독일이 단독으로 따낼 수 있는 가능성은 없다고 한다.

마르샬은 또 이미 몇 주 전에 일본 정부에 연락하여 독일과의 우호적인 관계를 감안하여 다른 열강들이 무엇을 얻고자 하는지 알려줄 것을 요청해 놓았다면서 현 시점에서 독일이 할 수 있는 일은 없다고 한다. 더구나 일본이 타이완에 눈독을 들이고 있는 마당에 독일이 타이완을 차지할 수 있는 가능성은 없고 만일 독일이 그런 요구를 하게 되면 다른 모든 열강들의 의심만 사고 독일의 입장만 매우 곤란해질 것이라고 한다.[33]

주 청 독일 공사 셴크(Gus-
tav Adolf Schenck zu Schweinsberg,
1843.4.24.~1909.10.16.)는 본국에
산동 남부에 위치한 자오저우
만(膠州灣, 교주만. Kiautschou, 키아우초
우)이나 대만해협에 위치한 펑
후 제도(澎湖諸島, 팽호제도)를 조차
하는 것은 아무런 의미가 없다
고 하면서 항저우만 입구에 있
는 저우산(舟山, 주산)을 할양 받을
것을 제안한다.[34]

셴크 주 청 독일 공사

킴벌리 영국외상은 주 영 독일 대사 하츠펠트(Paul Graf von Hatzfeldt,
1831.10.8~1901.11.22.)에게 영국은 원칙적으로 극동의 상황에 대해 러시
아와 의견을 교환하는 것을 반대하지는 않지만 일본의 요구조건이 무
엇인지 모르는 상황에서는 얘기할 수 있는 것이 없다고 한다. 하츠펠
트는 「농담으로」 영토에 큰 변화가 생기는 경우에는 영국, 러시아, 독
일 삼국이 공동보조를 취해야 할 지도 모르겠다고 하자 킴벌리는 부
정하지 않는다. 그러면서 독일이 지금까지의 소극적인 입장을 버리
고 보다 적극적으로 이해관계를 주장하는 것을 환영한다고 한다. 이
에 하츠펠트는 영국 정부가 청일간의 강화협상에 독일이 적극 참여
하는 것을 원하고 경우에 따라서는 독일이 이권을 받아내는 것을 도
울 준비가 되어 있다는 인상을 받는다.[35]

하츠펠트는 2월 8일 독일 외교부 정치국장 홀슈타인(Friedrich von Hol-
stein, 1837.4.24.~1909.5.8. 1890년 빌헬름2세가 비스마르크를 해고한 후 독일의 외교를 주도)에

게 보낸 서신에서 영국, 러시아, 프랑스가 하루빨리 보조를 맞추지 못하면 결국 각자 행동을 취해야 될 것이라고 한다. 만일 독일이 기다리면 삼국이 합의를 못하게 될 것이고 그렇게 되면 영국이든 러시아든 독일에게 가장 유리한 측을 지원하여 여러 가지 이권을 받아낼 수도 있겠지만 합의를 하게 될 가능성도 있기 때문에 그렇게 되면 청으로부터 무엇을 받아낼 지 생각해야 할 것이라고 한다. 더구나 더 지체할 경우 청 정부가 무너지고 그렇게 되면 협상할 대상조차 없어질지도 모른다고 한다.[36]

하츠펠트는 3월 6일 정치국장 홀슈타인에게 보낸 또 한통의 서신에서 열강들이 일본의 진격을 멈추게 하지 않을 경우 일본군이 베이징을 점령하고 청은 무너질 수도 있다고 걱정하면서 영국, 러시아, 프랑스가 전쟁을 종식시키고 청 제국의 와해를 막고 일본과 청이 합의할 수 있는 강화조약을 체결하도록 공동으로 노력해야 할 것이라

홀슈타인 독일 외교부 정치국장

고 한다. 그리고 다른 열강들
이 개입하기 전에 독일이 빨리
개입해야 이토록 중요한 사안
에 대해 목소리를 내고 이권을
챙길 수 있다고 한다.[37] 독일의
입장은 점점 개입으로 돌아서
기 시작한다.

독일 외상 마르샬은 1895년
3월 8일 이홍장이 중국 본토
의 일부를 일본에 할양하는 것
은 청의 존재자체를 위협하는

구트슈미트 주 일 독일 공사

것이기에 받아들일 수 없다며 열강의 개입을 요청하였다는 주 청 독
일 공사 셴크의 보고를 받는다. 마르샬은 주 일 독일 공사 구트슈미
트(Felix Freiherr von Gutschmid, 1843.10.10.~1905.10.17.)에게 훈령을 보내 일본
정부에 강화조건을 완화시킬 것을 종용하도록 한다. 특히 마르샬은
청이 유럽의 열강들에게 개입을 요청하였고 몇 나라는 원칙적으로
합의하였으며 일본이 중국 본토의 일부를 할양 받으려고 할 경우 개
입을 촉발시킬 것이라고 경고하도록 한다. 그러면서 열강들이 개입
의 대가로 중국으로부터 많은 것을 요구할 경우 일본에게 돌아갈 것
은 그만큼 줄어들 것이기에 외부로부터의 개입이나 중재 없이 합리
적으로 강화조약을 체결하는 것이 일본에 가장 유리할 것이라고 조
언하도록 한다.[38]

청의 광서제도 독일의 빌헬름 2세에게 전쟁을 종결시키는데 도움
을 달라는 전문을 보낸다. 수상 호엔로헤 후작(Chlodwig, Prince of Hohenlo-

he-Schillingsfürst, 1819.3.31.~1901.7.6.)은 3월 19일 빌헬름에게 장문의 상주문을 올린다.

독일이 지금까지 중립을 지키면서 개입을 자제한 것은 영국과 러시아는 극동에 직접적인 이해관계가 있는 반면 독일은 없었기 때문이며 전쟁을 종식시키려는 영국이나 러시아의 시도에 동참하는 것은 결국은 영국과 러시아에게 이득이 돌아가는 결과만 초래할 뿐입니다. 현 상황에서 일본으로 하여금 전쟁을 끝내도록 하는 유일한 방법은 병력을 투입하는 것뿐인데 이는 엄청난 피해를 가져올 수밖에 없습니다.

그러나 만일 독일이 중국 연안에 해군기지나 교역거점을 얻고자 한다면 지금까지의 정책을 바꿔야 합니다. 이러한 주장은 지난 수십 년간 제기되었으나 지금까지는 극동에서 독일의 역할이 작았기 때문에 중국의 분할을 독일이 촉발시킬 수는 없었고 따라서 다른 열강들이 이를 촉발시키는 것을 기다릴 수밖에 없었습니다. 이제 청과 일본 간의 평화협상이 어떻게 진행되는지에 따라 이러한 일이 벌어질 수도 있습니다.

일본은 현재까지 강화조약의 조건을 공개하지 않고 있지만 상당히 무거운 조건들일 것으로 예상됩니다. 주 독 일본 공사 아오키는 며칠 전 극비라면서 일본의 군부가 뤼순과 그 내륙지역 일부는 꼭 할양 받을 것을 주장하고 있고 타이완은 오히려 부차적이라고 하고 있다고 하였습니다. 일본이 뤼순을 차지하게 되면 베이즈리만(北直隸灣)을 장악하게 될 것이고 이는 베이징에 대한 상시 위협이 될 것입니다. 따라서 중국은 비록 전쟁에서 철저하게 패할 것이 예상되지만 이 요구를 끝까지 거절할 것이고 결국 이 일방적인 전쟁이 계속될 경우 열강들의 개입이 있을 수도 있습니다.

따라서 독일의 전략은 한편으로는 다른 열강의 이해관계만 진전시킬 뿐인 조기 개입을 피하면서 다른 한편으로는 동아시아에서 유럽열강의 세력균형을 바꿀 수 있는 일에는 참여할 수 있는 유연성을 유지하는 것입니다. 따라서 독일도 공동 개입에 반대하지 않으며 동아시아의 균형이 바뀔 때 독일의 이해를 철저하게 관철시킬 것임을 주 영 독일 공사 하츠펠트를 통해 영국 정부에 구두로 전하겠습니다. 현재로서는 독일이 개입에 참여하는 대가로 무엇을 요구할 수 있을지 모르겠지만 이는 다른 열강들이 무엇을 요구하는지에 달렸습니다. 이와 관련하여 주 러 독일 대사 베르데르(Berhnard von Werder, 1823.2.27.~1907.3.19.)가 보고하기로는 영국은 러시아가 시베리아 횡단 철도 때문에 북 중국의 일부를 할양 받는 것과 조선의 항구 하나를 할양 받는 것에 반대하지 않을 것이라고 라셀 주 러 영국 공사가 말했습니다. 영국이 무엇을 요구할지는 불명확하지만 저우산따오(舟山島, 주산도)를 요구할 가능성이 있는 것으로 봅니다.

해군장관에게는 동아시아에서 독일의 해군기지로 가장 좋은 곳이 어딘지 문의해 놓았습니다. 그러나 전문가들의 견해로는 타이완은 적합하지 않다고 합니다. 타이완은 일본 뿐 아니라 프랑스도 1885년부터 노리고 있으며 일본이 영국과 러시아의 지지로 타이완을 차지하게 되면 러시아와 프랑스 사이가 벌어질 것이기 때문에 독일에게는 유리할 것입니다.

광서제에 대한 답신은 베를린의 청국 대표를 통해서 카이저가 청 황제의 고통에 충분히 공감하면서 하루빨리 평화가 오기를 바라고 다시 한번 일본 측에게도 이를 전달하겠다는 내용을 보낼 것을 윤허해 주시기 바랍니다.

빌헬름 2세는 호헨로헤의 보고를 읽으면서 여백에 「그런데 우리는 우리 몸 값을 충분히 올려야 할 것」이라고 적는다. 그러면서 보고

서 전반에 동의하고 광서제에
게 호헨로헤가 제안한 대로 답
신을 보낼 것을 지시한다.[39]

치르스키 주 러 독일 대리대사

3월 23일, 마르샬 독일 외
상은 주 러 독일 대리대사 치
르스키(Heinrich Leonhard von Tschirschky
und Bögendorff, 1858.7.15.~1916.11.15.)
에게 독일도 극동의 상황을 주
시하고 있으며 러시아와 독일
의 이해는 일치하고 따라서 독

일은 청의 요청에 따라 러시아와 함께 정전을 위하여 개입하는 것을
협상하고 경우에 따라 공동보조를 취하는 것을 환영한다고 로바노
프 러시아 외상에게 전할 것을 지시한다.[40] 로바노프는 독일의 입장
을 반기면서 차르도 이를 「매우 반길 것」이라고 한다. 니콜라이 2세
는 그 다음날 러시아 정부가 독일 정부와 보조를 맞추는 것을 환영한
다고 한다.[41]

로바노프는 독일이 영국과 프랑스에도 같은 입장을 전달했을 것으
로 생각했다.[42] 그러나 독일은 러시아를 통해서만 이 문제를 다루기
로 한다. 주 영 독일 대사 하츠펠트는 본국 정부가 러시아 정부에 이
런 내용을 전달했다는 사실조차 몰랐다.[43] 주 일 독일 대사 구트슈미
트가 일본 정부에 전달한 조회(démarche)에도 독일과 러시아 정부 간의
합의만 언급했다. 독일은 영국과 프랑스에 자국의 입장을 전달하는
것은 러시아의 몫으로 남겨 놓는다.[44]

구트슈미트는 3월 29일 하야시 일본 외무차관에게 독일이 러시아와 협의해 만든 제안서를 전한다. 일본이 「자국의 이해를 위해」 그리고 「평화를 사랑한다는 것을 보이기 위해」 청의 요청대로 정전협상이 종결되기 전에 강화협상의 조건을 공개할 것을 종용한다.[45]

독일의 여론도 바뀐다. 독일에서는 과격주의자들을 제대로 감시하지 않은 일본 정부도 이홍장의 암살 시도에 간접적인 책임이 있다는 여론이 비등한다. 아오키 공사의 독일 친구들도 일본의 강화조약 조건이 과도하다고 비판한다.[46]

4월 2일 아오키 주 독 일본 공사는 독일 외무성의 멀베르크(Otto von Muhlberg, 1843~1934) 고문관에게 협상진행 상황을 알리는 한편 대외비를 전제로 일본이 남만주의 일부, 특히 뤼순을 포함한 랴오둥반도를 요구할 것임을 전한다. 아오키는 일본이 조선의 독립을 보장하기 위해서는 이 영토를 할양 받아야 한다고 주장하면서 뤼순은 「베이즈리만의 지브랄탈」이 될 것이라고 한다. 그 대신 일본은 청조의 입장을 고려하여 셴양(심양)은 요구하지 않을 것이라고 한다. 멀베르크가 아오키에게 타이완을 차지하는 것도 열도 제국인 일본이 대륙과 분리되게 유지해 주는 중요한 할양지가 되지 않겠냐고 하자 아오키는 미소로 답한다. 멀베르크는 일본이 타이완은 요구하지 않을 것이라는 뜻으로 오해한다.

아오키는 러시아가 시베리아 횡단철도를 북만주를 통해 연결하고 싶어하기 때문에 북만주를 노리고 있지만 이는 일본의 문제가 아니라 러시아가 청과 해결해야 할 문제라고 한다. 또 영국은 저우산따오(舟山島, 주산도)를 차지할 것이니 러시아와 영국만 중국 영토를 차지할 이유가 없다면서 독일도 중국 남동쪽의 성을 하나 요구할 것을 종용한다. 중국의 성은 독일이 아프리카에 갖고 있는 모든 식민지를 합친 것보다 값어치가 있을 것이라고 덧붙인다.[47]

그러나 열강들로 하여금 일본의 대륙팽창을 저지하는 대신 각자 청으로부터 이권을 받아내도록 하려는 일본의 작전은 먹히지 않는다. 랴오둥반도의 전략적 중요성 때문이었다. 랴오둥을 차지해야 조선의 독립을 유지할 수 있다는 일본의 주장을 곧이 듣는 열강은 없었다. 독일은 일본이 뤼순을 「제2의 지브랄탈」로 만들면 중국은 일본의 보호국으로 전락할 것으로 보았다.

마르샬은 4월 4일 주 러 독일 대사 치르스키에게 「우리는 이처럼 과도한 요구를 우려스럽게 바라본다. 왜냐하면 그 결과 유럽의 평화마저 위협할 가능성이 있기 때문」이라면서 「이론적으로, 그러나 솔직하게 로바노프 장관과 상의할 것」을 지시한다.[48]

같은 날 주 영 독일 공사 하츠펠트에게 보낸 전문에서 마르샬은 일본이 러시아에게 북만주와 포시예트만을 줌으로써 러시아의 반대를 막을 수 있다고 생각하는 것 같다고 한다. 그러면서 킴벌리 영국 외상에게 직접 묻지는 말고 러시아, 영국, 프랑스 사이에 중국 영토 할양 문제가 이미 상의 된 바 있는지 알아보라고 한다.[49]

킴벌리는 하츠펠트에게 뤼순이 일본에 넘어간다면 중국은 일본의 보호령으로 전락하고 청의 존속 자체가 문제가 되면서 열강들이 앞다투어 중국의 영토를 분할하는 사태가 벌어질 것이라고 한다. 그럼에도 불구하고 이는 러시아에게 불리하지 않은 일이며 따라서 러시아가 개입하지 않을 것 같다고 한다. 프랑스도 청이 더욱 약화되는 것을 싫어하지 않을 것이라면서 그러나 아직까지 영국, 러시아, 프랑스

포시예트만

간에 모종의 합의가 이루어진 것 같지는 않다고 한다. 만일 러시아가
일본에게 자제를 요청하고 뤼순을 차지하는 것은 절대로 안된다고 한
다면 영국도 이에 동조하겠지만 러시아가 먼저 문제제기를 하지 않는
한 영국이 나서지는 않을 것이라고 한다.[50]

　4월 6일, 마르샬은 하츠펠트에게 우선은 일본이 과도한 요구를 하
여 유럽 열강들도 각자 할양 받을 영토를 요구하기 시작하는 일이 없
기를 바란다면서 러시아가 북만주와 포시예트만을 얻고 프랑스가 펑
후제도를 차지하게 되면 영국도 더 많은 것을 요구할지도 모른다고
한다. 그리고 러시아도 대륙에서 현상유지를 하는 것이 가장 좋은 대
안이라고 생각할지도 모른다면서 러시아가 처음부터 극동에서의 현
상유지를 요구한다면 영국도 이를 지지하겠지만 일본이 중국 본토의
일부를 차지하게 되면 러시아 역시 이에 상응하는 영토를 요구할 것

이라고 한다. 마르샬은 하츠펠트에게 이러한 내용을 영국의 킴벌리 외상과 상의하라고 한다.

하츠펠트는 훈령에 따라 그날로 킴벌리를 만난다. 킴벌리는 아직 내각회의를 거치지 않은 사견임을 전제로 영국은 일본과 중국 사이에서 한쪽 편을 드는 것이 매우 불편하다고 한다. 그는 일본이 랴오둥(요둥)반도를 차지하는 것은 조선의 독립을 위협함으로써 러시아의 이해를 침해하는 일이 될 것임을 인정한다. 그러면서 혹시 일본이 랴오둥 끝의 일부분만 할양 받는 것은 어떨지 묻는다. 하츠펠트가 어처구니없다는 표정을 짓자 킴벌리도 일본이 랴오둥반도의 끝부분이라도 대륙에 거점을 마련하게 되면 청과 조선에 대한 위협은 전혀 감소되지 않을 것임을 인정한다. 또 중국이 수도를 베이징에서 난징으로 옮기면 위협을 감소시킬 수 있을 것이라면서 영국의 이해관계는 상하이와 그 주변에 집중되어 있다고 한다. 킴벌리는 하츠펠트의 예상대로 영국에게 가장 이로운 것은 아무도 중국 본토의 일부를 할양 받지 않는 것이라고 한다. 그러나 다른 열강들이 중국으로부터 할양지를 요구할 경우 영국도 이권을 챙길 것이라고 한다.[51]

한편 마르샬은 1875년에서 1893년까지 20년 가까이 주 청 공사를 역임한 당대 최고의 동아시아 전문가 막스 브란트(Max von Brandt, 1835.10.8.~1920.8.24.)에게 자문을 구한다. 브란트는 4월 8일 마르샬에게 제출한 보고서에서 러시아가 청일전쟁 내내 소극적이었던 이유는 프랑스를 포함한 다른 열강들의 입장이 무엇인지 확신할 수 없었기 때문이라고 한다. 독일이 러시아에게 다른 열강들의 입장을 알아보라고 제안한 것을 계기로 러시아는 일본이 랴오둥반도를 차지할 경우 청이나 유럽열강 들과의 관계에 어떤 영향을 미칠지 지적할 수 있는 기회가 생겼다고 분석하면서 러시아의 입장에서는 정치적으로나 군사적으로 청의 영토에 아무도 손을 대지 않는 것이 가장 유리하다고 한다. 그러나 청이 일본에 종속됨으로써 일어날 경제적인 파장은 청과 교역하고 있는 모든 열강들이 느끼게 될 것이라고 한다. 이 사실 하나만으로도 독일은 러시아의 입장을 전폭적으로 지지해야 할 것이라고 한다.

막스 폰 브란트. 1875~1893년 주 청 독일 공사 역임한 당대 최고의 극동아시아 전문가

그러나 더 중요한 것은 정치적인 파장이라고 한다. 독일과 러시아가 아시아에서 협력한다면 이는 유럽에서 독-러시아 관계에도 영향을 미칠 것이라고 한다. 만일 러시아가 주도하는 간섭에 프랑스가 동참하지 않으면 러시아-프랑스 관계는 무너질 것이고 만일 프랑스가 동의한다면 영국 역시 동참하지 않을 수 없을 것이고 이렇게 되면 열강들의 공동보조는 확실 해진다고 한다. 뿐만 아니라 러시아와 공동보조를 취함으로써 중국이 고마워하며 해군기지나 석탄저장소로 사용할 장소를 할양 또는 조차해줄 수도 있다고 한다.[52] 빌헬름 2세는 브란트의 보고서에 전적으로 동의한다.[53]

일본이 뤼순을 할양 받을 경우 극동의 평화가 영구히 위협받게 될 것임을 일본 정부에 공동으로 조회(démarche)할 것을 러시아가 제안하자 마르샬은 곧바로 카이저 빌헬름 2세의 재가를 받는다. 그리고 같은

날 러시아 정부에 전문을 보내 독일 정부는 주 일 독일 공사에게 이와 같은 내용의 조회를 주 일 러시아 공사와 함께 일본 정부에 보낼 준비를 하도록 지시했다고 한다.[54]

프랑스 정부 역시 러시아의 제안에 적극 동의한다. 하노터 프랑스 외상은 4월 9일 보비느 주 러 프랑스 대사에게 전문을 보내 프랑스는 남만주와 뤼순을 일본에 할양하는 문제에 대해서는 직접적인 이해관계가 없지만 무엇보다도 동맹이 중요하기 때문에 러시아 정부의 입장을 전적으로 지지한다고 한다. 하노터는 또 독일은 항상 일본에 친화적이었으며 따라서 일본에 대하여 무력을 사용하지 않으면서도 영향력을 발휘하기 위해서는 러시아와 프랑스가 영국과 협력관계(entente)를 유지하는 것이 중요하다고 한다. 따라서 세 열강이 공동보조를 취한다면 일본을 설득하는데 큰 어려움이 없겠지만 위협을 할 경우 간섭하는 열강들에 대한 일본의 적개심은 오래 갈 것이라고 경고한다.[55]

주 독일 프랑스 대사 에르베트(Jules Herbette Jules Gabriel Herbette)는 독일의 정책이 갑자기 바뀐 것이 브란트의 보고서가 카이저와 수상, 외상을 설득했기 때문이라고 한다.[56] 실제로 동아시아의 상황을 정리한 브란트의 보고서는 독일어로 출판되자마자 러시아어로 번역되는 등 널리 읽힌다.[57] 브란트의 결론은 서구열강 간의 분열이 생길 때마다 아시아가 이득을 보았기 때문에 유럽이 동아시아에서 상업, 산업, 정치적 목표를 달성하고 이권을 보호하기 위해서는 공동보조를 맞춰야 한다는 것이었다.[58]

주 오스트리아-헝가리 독일 대사 율렌버그 공(Philipp, Prince of Eulen-burg, 12 February 1847~17 September 1921)은 영국이 평화를 중재하는데 어려움을 겪는 것에 대해 만족을 표시한다. 독일의 발전은 무역에 달렸는데 이 분야에 있어서 영국은 「최대의 적」이기 때문이라고 한다. 그러면서 러시아가 세계전략의 중심을 극동으로 옮겨가고 있는 상황에서 독일도 러시아와 영국 간에 이해충돌이 일어날 때 마다 입장을 분명히 해야 한다면서 「교역이라는 중차대한 문제에 있어서 우리의 자리는 러시아 바로 옆이다」라고 한다.[59]

주 영 독일 대사 하츠펠트는 주 영 일본 공사 가토에게 독일이 러시아, 프랑스와 협력하기로 한 이유는 유럽 내부의 정치적 역학 때문임을 인정한다.[60]

4. 영국의 입장

러시아, 프랑스와 보조를 맞춰 일본 정부에 조회(démarche)하려던 영국은 독일이 간섭에 동참하기로 하자 발을 뺀다. 영국은 전쟁이 지속될수록 중국 내에서 불만이 폭발하고 혁명이 일어날 것을 러시아 못지않게 걱정한다.[61] 주 톈진 영국 영사 브리스토우(Bristow)는 청의 관료들이 베이징 군기처의 무지를 비판하고 황제에게 권력이 과도하게 집중되어 있다면서 중국이 공화국이 되었으면 좋겠다고 하는 얘기를 공개적으로 하는 것을 듣고 놀란다.[62]

영국은 일본이 강화조약의 조건을 끝까지 공개하지 않는 것에 대해서도 불편해 한다. 킴벌리는 가토에게 이는 청으로 하여금 상황을 질질 끌어서 결국 열강들의 개입을 불러들일 빌미를 줄 수 있다고 경고한다. 그러나 일본이 조건을 공개하자 영국의 내각은 그 조건들이 동아시아에서 영국의 이익을 침해하지 않는다는 결론을 내리고 개입을

하지 않기로 결정한다. 킴벌리는 열강들의 개입은 무력을 동원하지 않고는 효과가 없을 것이라고 본다.[63]

영국은 결국 청의 중재 요청도, 일본이 랴오둥반도를 차지하는 것을 막는데 보조를 맞춰 달라는 러시아의 요청도 모두 거절한다. 영국은 전쟁에서 완패하고 내정이 마비된 청에게 일본의 강화조약 조건들을 거부하라고 제안할 근거가 없다고 한다.[64]

영국이 입장을 급격히 바꾸자 카이저 빌헬름 2세는 그 전 여름만 해도 러시아를 비롯한 유럽이 전쟁에 개입할 것을 그토록 종용하던 영국이 이제 와서 러시아가 두려워서, 그리고 일본과 연대하기 위해서 개입을 거부하는 것을 비웃는다. 그러면서 「이런 식으로 자국의 이익을 지키려는 것은 영국에게는 유리할지 모르지만 항상성과 전통에 기반한 유럽대륙의 정책에는 역행하는 것이다」라고 한다.[65]

브란트는 영국의 마음이 바뀐 이유가 일본이 제시한 경제적 조건들이 밝혀진 후 영국의 언론이 보수, 진보를 막론하고 매우 긍정적이었던 것 때문인 것 같다고 하자 카이저는 자신에게는 정치적인 문제가 더 중요하다고 한다. 그러면서 중요한 것은 이번에 러시아를 지지함으로써 러시아로 하여금 눈을 동쪽으로 돌리게 하여 독일 동부 국경지대에 대한 위협을 다소 줄이는 것이며 또한 현 시점에서 동아시아에 강력한 해군력을 보유하고 있는 것은 러시아뿐이라고 한다.[66]

킴벌리는 프랑스 대사와의 대화에서 영국의 입장을 변호한다. 사견임을 전제로 그는 일본이 중국 무역을 전 세계에 개방함으로써 일본이 중국에서 누리게 될 패권적 지위를 어느 정도 상쇄시킬 수 있다면서 영국은 중국 시장에서 어떤 나라 와도 경쟁해서 이길 수 있다고 한다. 일본과의 무역경쟁이 위험할 수는 있지만 영국의 산업이 중국 전역에 침투할 수만 있다면 충분히 보상하고도 남을 것이라면서 영국은 승리한 일본과의 우호관계를 패배해서 절절 매는 중국과의 관계보다 더 중시할 것임을 솔직히 시인한다.[67]

주 영 프랑스 대사 쿠르셀(Baron Alphonse Chodron de Courcel, 1835.7.30. ~1919.6.17.)은 영국 정부의 갑작스러운 태도변화는 프랑스보다는 러시아를 더 긴장하게 만들 것이라고 한다. 킴벌리는 일본이 랴오둥반도를 요구함으로써 러시아를 자극하는 줄 잘 알고 있을 뿐만 아니라 그 결과 형성되는 일본과 러시아 간의 긴장도 영국은 모두 받아들일 준비가 되어 있다는 얘기를 할 때는 본의 아니게 만족스러운 표정을 지었다고 한다. 쿠르셀은 아노터에게 「영국과 러시아가 그 동안 유화적인 대화를 이어오고 있었고 파미르 문제도 우호적으로 타결 봄으로서 오랫동안 이어온 갈등문제를 해결했음에도 불구하고 두 강국을 갈라 놓는 지구상의 수많은 문제들과 이로써 야기되는 만성적인 적대감은 아무리 우호적인 교류가 있어도 결코 완화될 조짐이 보이지 않는다」고 한다.[68]

러시아의 아시아국장 캡니스트(Count Pyotr Alekseyevich Kapnist, 1839.9.7. ~1904.12.2.)는 4월 9일 라셀 주 러 영국 공사를 만났을 때 불편한 심기를 드러낸다. 그는 영국의 입장은 일본으로 하여금 더욱 강경하게 요구사항들을 관철시키도록 부추길 것이라고 한다. 그는 뤼순을 할양받는 것이 평화를 위협하는 것임을 일본 정부에 전하는 「지극히 우호적인 조회」를 영국이 왜 거부하는지 모르겠다고 한다. 라셀이 전쟁의 위험성 때문에 그렇다고 하자 캡니스트는 처음부터 전쟁의 가능성은 없었으며 「어떤 형식으로든 일본에게 가장 좋은 충고를 하려고 할 뿐」이라고 한다.[69] 로바노프 역시 그날 오후 라셀을 만나 러시아

알퐁스 쿠르셀 주 영 프랑스 대사   피요트르 캅니스트 러시아 아시아국장

정부의 유감을 강하게 표시한다.

라셀은 킴벌리에게 보내는 「극비」 전문에 일본이 랴오둥을 차지하게 되면 베이징이 상시 위협에 노출될 것이고 조선의 독립 역시 훼손될 것이라는 로바노프의 주장은 나름 설득력이 있음을 인정한다. 그렇다고 러시아가 벌써부터 일본이 중국 본토에 발을 딛는 것을 극구 반대할 만큼 일본의 팽창이 심각한 것도 아니라고 한다. 러시아는 부동항을 보유하고자 하는 집착과 만주를 관통하여 시베리아 횡단철도를 건설하겠다는 집착 때문에 결국은 조선의 동해안이나 베이즈리만에 기지를 얻고자 하고 있으며 이 때문에 「일본처럼 국력이 넘치고 잘 조직된 나라가 언젠가는 자신들이 원하는 영토를 갖게 되는 것이 싫어서」 그토록 적극적으로 일본의 조건에 반대하는 것이라고 한다. 라셀은 러시아가 「요구조건을 계속 주장한다면 러시아는 틀림없이 무력을 사용하여야 할 것이고 그렇지 않으면 일본과의 타협을 통해서

충분한 대가를 받아야만 할 것이다」라고 한다.[70]

독일의 빌헬름 2세는 4월 9일 일본이 청에 제시한 강화조건은 유럽의 이해관계에 부합하며 따라서 개입하지 않기로 영국이 프랑스에 전했다는 소식을 듣고는 여백에 영국은 필경 일본과 비밀 조약을 통해 필요한 것을 받아냈겠지만 영국은 이 근시안적인 정책으로 큰 대가를 치르게 될 것이라고 적는다.[71]

청의 해관 총세무사 로버트 하트(Robert Hart)는 「음모가 난무하는구나!」라면서 청은 조약을 체결할 수밖에 없을 것이고 서양 열강은 청을 돕지 않을 것이라고 예측한다. 그러면서 열강이 걱정하는 것은 일본이라면서 만일 청이 조약을 체결한다면 삼국은 「때가 되면」 일본이 청으로부터 할양 받은 영토, 즉 랴오둥과 타이완을 빼앗아갈 것이라고 예측한다.[72]

4월 10일, 마르샬은 주 독일 프랑스 대사 에르베트(Jules Gabriel Herbette, 1839.8.5.~1901.12.18.)에게 중국경제가 일본경제에 종속되는 것을 영국 언론이 좋아한다는 사실에 놀라움을 표시한다. 그는 미국의 농업이 유럽의 농업을 망친 것처럼 일본이 몇 년 안에 유럽의 산업을 다 망칠 것이라면서 유럽은 「환-아시아주의(Pan-Asianism)」와 「환-미국주의(Pan-Americanism)」 사이에 끼이게 되었다고 한다.[73]

한편, 영국뿐만 아니라 프랑스도 독일이 러시아와 보조를 맞추어 일본이 대륙으로 팽창해 나가는 것을 막고자 한다는 것에 대하여 놀란다.[74] 그러나 프랑스에서도 유럽 열강들과 보조를 맞추기를 거부하는 미국에 대한 반감이 늘고 있었다. 주 영 프랑스 대사 쿠르셀은 영국 외상 킴벌리에게 미국과 일본 등 두 「야망을 가진 열강들」은 타이완과 뤼순 사이의 바다를 완전히 장악할 것이라고 한다. 만일 이 상태가 지속된다면 프랑스, 영국, 러시아는 미국, 독일, 그리고 앞으로는 일본 등 세 무역강국과의 엄청난 경쟁을 치르게 될 것이라고 경고한다.[75]

5. 러시아의 간섭 결정

러시아 외상 로바노프는 4월 11일 청일전쟁 문제를 검토하는 특별회의를 다시 한번 소집한다. 회의에는 알렉세이 대공(Grand Duke Alexei Androvich, 1850.1.14.~1908.11.14.), 전쟁상(Minister of War) 반노브스키(Pyotr Se-myonovich Vannovsky, 6 December 1822.12.6.~1904.3.1.), 해군상 치카체프(Nikolai Chikhachev, 1830~1917), 재무상 비테(Sergei Witte, 1849.6.29.~1915.3.13.), 육군참모총장 오부르체프(Nikolai Nikolayevich Obruchev, 1830~1904) 등이 참석한다. 로바노프는 영국은 개입하지 않겠지만 독일은 전쟁 초기에는 별다른 관심을 보이지 않았음에도 불구하고 일본으로 하여금 남만주는물론 펑후제도도 포기하도록 하는데 있어서 러시아와 공동보조를 취하기로 했다고 보고한다. 주 베를린 대리공사 차리코프에 의하면 독일의 정책이 갑자기 바뀐 것은 중국에 대한 일본의 영향력이 예상보다 훨씬 커짐으로 인해서 중국시장에서 독일의 경쟁력이 타격을 입을 것을 염려해서라고 한다. 이러한 변화의 단초를 마련한 것은 20년간 주 청 독일 대사를 역임한 브란트가 일본이 뤼순과 펑후를 차지하게 되면 중국에 대한 패권을 쥐게 될 뿐만 아니라 유럽열강들이 중국에서 차지하고 있는 이권들을 위협하게 될 것이라고 하였기 때문이라고 한다. 프랑스 역시 러시아와 공동보조를 취할 의사를 밝혔다면서 로바노프는 보고를 마친다.

알렉세이 대공은 러시아가 일본과 청나라 사이에 처한 곤란한 상황을 평화적으로 벗어날 수 있는 방법을 찾아야 한다고 강조한다. 막강한 해군력과 태평양에 위치한 지리적 조건으로 일본은 러시아의 천적

알렉세이 대공

인 영국의 적이 될 수밖에 없기 때문 일본과 좋은 관계를 유지하는 것이 절대적으로 중요하다고 한다. 그는 현 상황에서는 러시아가 일본과 서로의 이해를 침해하지 않겠다는 밀약을 할 것을 주장한다.

알렉세이 대공은 이어서 부동항을 얻는 것이 중요하다고 한다. 그는 시베리아 횡단 철도가 완성되지 않은 상황에서 러시아가 원산항이나 아무르강 유역의 영토를 차지하는 것은 일본의 협조 없이는 거의 불가능하다고 한다. 러시아는 아무르 지역에 30,000에 불과한 병력을 갖고 있으며 이는 방어에는 충분하지만 공격용으로는 부족하다고 한다. 그리고 원산을 지키기 위해서는 매우 긴 방어선을 구축해야 하기 때문에 셰스타코프만(신포만)이 차라리 낫다고 한다.[76]

전쟁상 반노브스키는 조선의 독립과 남만주의 할양이 러시아에게는 가장 시급한 문제라고 한다. 한양이나 조선의 항구들이 일본군의 점령하에 있는 한 조선의 독립은 허구라면서 조선으로부터 철군을 하

피요트르 반노브스키 러시아 전쟁상　　니콜라이 치카체프 러시아 해군상　　세르게이 비테 러시아 재무상

겠다는 일본의 약속을 받아낼 것을 주장한
다. 일본이 남만주를 차지하게 되면 이는
아무르 지역에 대한 작전을 전개할 수 있
는 기지가 될 것이고 따라서 러시아에 직접
적인 위협이 될 것이라고 한다. 일본과 러
시아 사이의 국경은 점점 가까워지고 이는
러시아의 국경지역에 큰 위협이 될 것이라
고 한다. 따라서 외교든 무력이든 무슨 방

니콜라이 오부르체프 러시아 육군
참모총장

법을 사용해서라도 일본이 남만주를 포기하게끔 하고 그 대신 일본
에게는 조선의 남부를 갖게 하고 러시아는 조선의 항구들을 차지해야
할 것이라고 한다. 만일 무력 동원이 필요할 경우에는 현재 일본의 경
제상황을 볼 때 러시아군 30,000이면 우선 작전을 시작하기에 충분
하고 6개월 이내에 50,000의 병력을 추가로 투입할 수 있다고 한다.
　알렉세이 대공은 만일 러시아가 일본을 상대로 움직인다면 러시아
는 극동에 항구적이고 막강한 적을 만들고 그 적으로 하여금 영국과
함께 할 수밖에 없도록 하는 꼴이 될 것이라고 반박한다.

외무상 로바노프는 러시아가 일본과 우호적인 관계를 유지할 수 있다는 환상을 가져서는 안될 것이라고 한다. 청일전쟁은 일본과 중국의 전쟁이 아니라 사실상 일본이 러시아와 유럽 전체를 상대로 하는 전쟁이라고 한다. 그는 일본이 남만주를 점령하는데 만족하지 않고 계속해서 북쪽으로 영토를 확장해 나갈 것이라고 한다.[77]

재무상 비테(Sergei Witte, 1849.6.29.~1915.3.13.)는 가장 중요한 것은 재정이라면서 만일 이번 정책에 실패할 경우 그 동안 정부의 재정 건정성을 기하기 위해서 다년간 기울여 온 모든 노력이 수포로 돌아갈 것이라고 한다. 비테는 일본이 청과 전쟁을 시작한 이유는 시베리아 횡단 철도 때문이라고 한다. 일본은 중국이 곧 분할될 것이고 그렇게 되면 시베리아 횡단 철도를 갖고 있는 러시아가 가장 많은 이득을 볼 것임을 알았다고 한다. 비테는 로바노프와 마찬가지로 일본의 정책은 러시아를 상대로 하는 것이라고 한다. 일본이 남만주를 차지하게 되면 이는 러시아에 대한 위협이 될 뿐만 아니라 일본이 조선 전체를 합병하는 결과를 낳게 될 것이라고 한다.

일본은 또한 청으로부터 받는 6억 루블에 달하는 배상금으로 할양받은 영토에 깊은 뿌리를 내리고 호전적인 몽골족과 만주족들을 자기 편으로 끌어들여 새 전쟁을 시작할 것이라고 한다. 이렇게 된다면 일본 천황이 중국의 황제가 되는 것은 시간문제라면서 「우리가 오늘 일본으로 하여금 만주에 진출하게 한다면 수백만의 병력과 해군력의 급격한 증강을 통해서만 우리의 영토와 시베리아 횡단철도를 지킬 수 있을 것이고 결국은 일본과 충돌하게 될 것」이라고 한다.

따라서 문제는 일본이 남만주를 점령하는 것을 받아들이고 그 대가로 시베리아 횡단철도를 완성하는 길을 택할 것인지 아니면 일본의 남만주 점령을 반대할 것인지라면서 본인은 후자를 택한다고 한다. 비테는 러시아가 적극적으로 주장하고 유럽열강이 이를 받아들이면 전쟁은 일어나지 않을 것이라고 한다. 반대로 일본이 러시아의 외교적 접근을 거절하면 러시아 함대는 곧바로 일본 함대와 개전하고 일본 항구들을 포격하도록 해야 한다고 한다. 그렇게 된다면 러시아는 청의 구원자로 등장하게 될 것이고 청은 고마워서 아무르 강변의 청-러시아 국경을 러시아에 유리하게 조정할 것이라고 한다.

비테는 청을 상대로 한 일본의 승리가 진정 일본의 군사력을 보여주는 것인지 의문을 던진다. 실제로 파악된 일본군의 전력은 70,000을 넘지 않았고 이 병력은 조선과 만주, 그리고 남양에 흩어져 있다면서 반노브스키의 주장대로 현재 러시아가 동원할 수 있는 병력만으로도 일단 일본을 상대할 수 있을 것이라고 한다. 그리고 러시아는 일본에 대해 강한 적대감을 갖고 있는 중국과 조선인들의 도움도 받을 수 있을 것이라고 한다.

로바노프는 육, 해군 장관에게 러시아가 일본을 상대로 개전할 수 있는 군사력을 보유하고 있는지 묻는다. 육군장관은 러시아가 당장 동원할 수 있는 병력은 12,000~15,000에 불과하지만 일본 육군은 충분한 병력이동 수단이나 기병대가 없기 때문에 현재로서는 러시아에게 아무런 위협이 되지 않는다고 한다. 그러나 실제로 전쟁이 시작될 경우 초기에는 해군이 전투를 주도함으로써 육군이 병력을 동원할 시간을 벌어주어야 할 것이라고 한다.

해군장관 치카체프는 알렉세이 대공이 제시한대로 일본과 협력하기 위해서는 일본이 러시아를 진정성 있게 대해야 하지만 자신은 외무상과 마찬가지로 일본의 진정성을 믿을 수 없다고 한다. 치카체프는 청을 설득하여 일본의 조건들을 거부하도록 하고 만일 그렇게 하지 않으면 러시아가 북만주를 점령할 것이라고 위협할 것을 주장한다. 청이 일본의 강화조건을 거부함으로써 전쟁이 계속되면 러시아가 청의 편을 들어주면 될 것이라고 한다. 러시아의 태평양 함대는 일본 함대에 비해서 강하고 사기도 높을 뿐 아니라 대규모 해전을 치르지 않고도 일본의 통신망을 즉시에 두절할 수 있다고 한다.

알렉세이 대공은 결코 일본과 전쟁을 시작해서는 안된다고 한다. 전쟁이 시작되면 영국은 분명 일본 편을 들 것이며 독일도 그럴 가능성이 있다고 한다. 러시아 함대는 일본 함대를 상대할 수는 있지만 영국 해군을 상대할 수는 없다고 한다.

육군참모총장 오부르체프 역시 러시아가 전쟁에 말려드는 일은 결코 있어서는 안된다고 한다. 전쟁이 시작되면 러시아는 5,000km 떨어진 전선에서 4천만의 인구와 고도로 발달된 산업경제를 보유한 문명국과 전쟁을 해야 할 것이라고 한다. 일본은 필요한 모든 군수물품을 즉시 조달할 수 있는 반면 러시아는 장총 한정 한정과 탄창 하나 하나를 인구 50만에 불과한 불모지와 같은 영토에 보급해야 한다고 한다. 가장 가까이 있는 군대가 전선에 투입될 때까지는 최소한 3개월은 걸릴 것이고 옴스크와 이르크츠크의 병력이 전장에 도착하려면 5개월은 걸린다고 한다. 러시아가 일본과의 전쟁을, 그것도 유럽 열강들이 러시아를 밀어 넣으려는 전쟁에 말려드는 것은 서부국경도, 코카소스 국경도 취약한 러시아에게는 최악의 재난이 될 것이라고 한다.

반노브스키 전쟁상은 러시아가 서부에서 전쟁할 준비는 안되어 있더라도 극동에서는 가만히 있을 수 없다고 한다. 전쟁에 대한 위협이 뒷받침되지 않는 정책은 아무 소용이 없다고 한다.

오부르체프 참모총장은 모든 것을 일본과의 합의를 통해서 얻을 수 있다고 한다. 중국은 러시아에 전혀 위협이 되지 않는다면서 일본과의 협상을 통해서 북만주를 점령할 수 있을 것이라고 한다.

비테 재무상은 만일 러시아가 중국 영토의 일부를 차지하면 다른 열강들도 그렇게 할 것이고 그렇게 되면 청제국의 분할이 시작되고 결국 전쟁으로 이어질 것이라고 한다. 만일 일본의 조건이 러시아의 안정을 실질적으로 위협할 정도라고 한다면, 전쟁을 하는 것이 바람직하지 않겠지만 차라리 지금 싸우는 것이 낫다고 한다. 나중에 일본과 전쟁을 하려면 그만큼 더 큰 대가를 치러야 할 것이기 때문이라고 한다. 비테는 일본이 타이완과 펑후제도, 심지어는 뤼순과 조선의 남부를 가져도 되지만 만주는 절대 안된다고 한다. 러시아가 단호하게만 말하면 일본도 충분히 받아들일 것이라고 한다. 그러나 그러기 위해서는 전쟁할 준비가 되어 있어야 할 것이라고 한다.

로바노프는 일본과 협상을 통해서 만주에 대해 합의에 도달할 수 있을지 회의적이라고 한다.

격론 끝에 참석자들은 모두 다음의 안 들을 차르에게 상주할 것에 합의한다.

1. 러시아는 만주지역을 전쟁 이전의 상황으로 복귀시키도록 노력해야 할 것. 이를 위해서 일본과 처음에는 우호적으로 남만주를 차지하는 것이 러시아의 이해관계를 침해하는 것이고 극동의 평화를 영구히 위협하는 것이 바람직스럽지 않다고 충고하고 일본이 충고를 무시할 경우

러시아는 자국의 이익을 지키기 위하여 여하 한 조치라도 취할 수 있음을 주지시켜야 할 것.

2. 서구 열강과 청에게는 러시아가 결코 영토를 차지하고자 하는 것은 아니지만 국익을 보호하기 위해서 일본이 남만주를 점령하는 것은 포기하도록 할 것이라는 것을 공식적으로 통보할 것.[78]

6. 영국의 간섭 거부

4월 12일 손육문(孫毓汶, 1833~1899) 군기대신(軍機大臣) 겸 총리각국사무아문대신(總理各國事務衙門大臣)은 영국 공사 오코너에게 밀사를 보내 청이 일본의 강화조약 조건을 거부할 경우 유럽 열강들이 청의 편을 들 것인지를 묻는다. 오코너는 영국 정부는 청이 일본의 강화조건을 거부하는 것을 권장하지 않으며 청은 열강들의 실질적인 도움을 받을 것을 기대해서는 안될 것이라고 한다. 열강들이 개입하더라도 이는 중국을 위해서가 아니라 자신들의 이익을 위해서일 것이라고 한다. 오코너는 킴벌리 외상에게 보낸 보고서에 「청이 버티는 것은 무의미 하다고 봅니다. 최악의 상황은 열강들이 청에게 버티라고 충동질하고는 버리는 것입니다」라고 한다.[79]

4월 13일 오코너 주 청 영국 공사를 만난 청의 총리아문 대신들은 영국이 청을 위하여 개입하지 않은 것에 대한 실망을 표한다. 오코너는 「청에 헛된 희망을 심어주는 것」은 우방으로서 할 일이 아니라면서 「일본 내의 여론을 감안할 때 무력사용의 위협이 전제되지 않는 개입」이 과연 무슨 소용이 있겠냐고 한다. 그는 「영국만큼 청의 안녕

청일전쟁 당시 총리각국사무아문(총리아문) 대신들과 관원들 단체사진. 앞줄 왼쪽부터 장음환(張蔭桓), 료수항(廖壽恆), 허경신(許庚身), 경밀친왕혁광(慶密親王奕劻), 서용의(徐用儀), 손육문(孫毓汶).

을 생각하는 열강은 없으며 바로 그렇기 때문에 청이 회복 불가능한 피해를 입는 길을 가도록 종용하지 않는 것」이라고 한다.[80] 총리아문은 열강의 개입은 난망한 일이며 이홍장에게 일본 측의 모든 조건을 받아들이라는 훈령을 보낸다.[81]

같은 날, 주 영 독일, 프랑스, 러시아 대사들은 영국 외상 킴벌리에게 다시 한번 영국이 간섭에 참여해 줄 것을 요청한다. 일본이 뤼순을 차지할 경우 베이징이 위협을 받고 청제국 전체에 위협이 될 것이라고 하츠펠트가 말하자 킴벌리는 청이 과거에도 그랬듯이 수도를 남경으로 옮기면 되지 않느냐고 반문한다. 주 영 프랑스 대사 쿠르셀은 영국 외무차관보 샌더슨(Sanderson)에게 하노터 프랑스 외상의 견해라면서 유럽열강들이 공동으로 개입할 경우 이는 「열강들 모두에게 이로운 지혜롭고 예지력 있고 단합된 모습」을 극동에 과시할 수 있는 기회가 될 것이라고 한다. 그러나 영국은 꿈쩍도 하지 않는다.

주 영 러시아 대사 슈탈(Egor Egorovich Staal , 1822.3.~1907.2.22.)은 그날 영국 수상 로즈베리(Rosebery)와 오찬을 한다. 로즈베리는 독일, 프랑스, 러시아가 공동보조를 취하기로 하였다는 사실에 충격을 받은 듯했고 영국의 결정을 설명하느라 애를 먹었다고 보고 한다.[82]

같은 날(4월 13일), 러시아 외상 로바노프는 주 러 프랑스 대사 몽테벨로(Gustave Louis Lannes, Marquis de Montebello, 1838.10.4.~1907.12.2.)와의 장시간 대화 중 영국이 다른 열강들과 공동보조를 맞추지 않겠다고 하자 차르 니콜라이 2세도 마음을 정하지 못하고 있다고 털어 놓는다. 러시아가 결심을 하지 못하자 프랑스의 하노터 외상 역시 마음을 정하지 못하고 있는 상황이었다. 로바노프는 일본이 청에게 요구하는 조건들이 아무리 러시아에게 불리해도 유럽에서의 전쟁을 원하지 않는다고 한다. 청으로 하여금 일본의 요구를 거절하도록 종용하는 것에 대한 책임도 회피하고 싶었다. 로바노프는 아직도 일본과의 좋은 관계를 유지하기를 원한다는 것을 분명히 하면서 다만 일본이 청으로부터 요구하는 것은 극동의 항구적인 평화를 불가능하게 한다는 것을 전달하고자 할 뿐임을 재차 강조한다. 그러면서 열강의 해군이 일본의 해저 케이블을 끊으면서 시위를 하면 영국이 무력을 동원하여 반대할 것인지 묻는다.

몽테벨로는 삼국이 무력을 동원한다면 영국이 일본 편을 들 것 같다고 한다. 로바노프와 몽테벨로는 대안으로 청일간에 강화조약을 체결하는 것을 막는 것 보다 추후에 청의 영토를 할양 받는 것이 어떨지 논의한다. 몽테벨로는 프랑스는 하이난섬을 원한다고 한다. 로

주 러 프랑스 대사관 집무실의 몽테벨로

바노프는 러시아에게 필요한 중국영토가 어디인지는 러시아 해군에게 맡기겠다고 한다.

로바노프는 4월 11일의 전략회의 결과를 15일에야 차르 니콜라이 2세에게 보고한다. 일본이 대륙에 발을 딛지 못하게 하자는 비테의 제안이 전쟁으로 이어질 것으로 걱정하였기 때문이다. 로바노프는 일본과 우호적인 관계를 유지하는 것은 어렵다는 것을 알았지만 전쟁은 피하고 싶었다. 더구나 영국이 간섭을 거절하고 프랑스도 입장을 확실하게 정하지 못한 상황에서 러시아 혼자 일본을 적으로 만들고 싶지 않았다.[83]

니콜라이 2세는 보고서 여백에 두 번째 안, 즉 강화조약을 반대하지 않는 대신 영토를 할양 받는 안이 더 좋다고 적는다. 그러면서 11일 회의에서 토의된 내용을 참석자들로부터 직접 듣고 싶다고 한다.

4월 16일 차르는 회의 참석자들을 만난 후 회의의 결론을 받아들인다. 특히 반노브스키와 치카체프 등이 러시아 군사력이 충분하다고 한 것과 독일이 적극적으로 개입에 동참하기로 했다는 소식이 니콜라이를 설득시킨다.[84]

7. 러시아, 독일, 프랑스의 공동 간섭

차르와의 회의 직후 로바노프는 주 일 러시아 공사 히트로보에게 보내는 훈령 초안을 주 러 프랑스 대사 몽테벨로에게 보여주면서 프랑스와 독일 정부에도 보일 것을 요청한다. 훈령을 받은 히트로보는 무엇보다 중요한 것은 일본이 열강들의 간섭을 굴욕으로 생각하지 않도록 하는 것이라고 한다. 그러면서 러시아 정부는 청이 전쟁 배상금을 다 지불할 때까지 일본이 뤼순, 웨이하이웨이 등의 영토를 점령하는 것에는 반대하지 않는다는 내용을 추가한다.[85]

프랑스 외상 하노터는 4월 17일 몽테벨로에게 답신을 보내면서 프랑스 정부는 간섭에 동참할 것이라고 한다. 다만 포레 대통령(Félix François Faure, 1841.1.30.~1899.2.16., 재임: 1895~1899)과 리보 수상(Alexandre-Félix-Joseph Ribot, 1842.2.7.~1923.1.13.)이 부재중이라 최종 답은 나중에 보내겠다고 한다. 하노터는 러시아가 영국 정부에게 간섭에 합류해 줄 것을 다시 한번 요청하는 것이 좋겠다고 한다.

같은 날 러시아 외상 로바노프는 치르스키 주 러 독일 대리공사에게 러시아는 영국이 참여를 거부해도 간섭을 할 것이며 독일과 프랑스가 따라 주기 바란다고 한다. 그리고 일본이 거부할 경우 삼국이 공

동으로 해군을 동원하여 일본의 통신망을 끊고 대륙의 일본군을 고립시킬 것을 제안한다.[86]

주 독 러시아 대리공사 차리코프는 러시아의 제안을 곧바로 독일 외상 마르샬에게 전한다. 몇 시간만에 카이저 빌헬름이 동의하고 중국 근해에 있는 독일 함대 사령관에게 무슨 사태가 발생할 지 모르니 준비를 하라는 명령을 하달한다. 마르샬은 주 일 독일 공사 구트슈미트에게도 훈령을 보내 삼국의 간섭을 선언하는 문건을 작성해 놓을 것을 지시한다.

4월 18일 주 독 일본 공사 아오키는 독일 외상 마르샬에게 청일간 강화조약의 예비문서들이 조인되었음을 알리면서 앞으로도 일본과 독일의 우호적인 관계가 지속되길 바란다고 한다. 그러자 마르샬은 독일이 몇 달 전 일본에 제안했던 충고를 무시함으로써 일본은 독일이 개전 초기에 개입하지 않음으로써 보였던 우의를 저버렸다고 한다. 아오키는 마르샬이 언짢아 하는 이유를 충분히 이해한다고 하면서 자신도 본국 정부에 독일의 충고를 따를 것을 수차례 전했다고 한다.[87]

마르샬은 일본이 청에 강화조약 조건을 제시할 때 독일을 비롯한 다른 유럽 열강들과 중국 간의 교역관계를 고려하지 않았다고 한다. 일본이 청과 맺는 조약이 최혜국대우를 명시하고 있기 때문에 모든 열강들이 같은 경제적 이득을 얻게 될 것이라고 아오키가 답하자 마르샬은 일본이 값싼 임금과 지리적 인접성으로 인해서 강력한 경쟁자가 될 것이라면서 외교 관례를 무시한 일본의 「이기적인 행동」을 강하게 비판하는 동시에 「세상은 일본이 원하는 대로, 일본의 욕구와 명령에 따라 움직이지 않는다」고 질타한다.[88]

같은 날 하노터 프랑스 외상은 주 러 프랑스 공사 몽테벨로에게 삼국간섭에 대한 포레 대통령과 리보 수상의 재가를 받았음을 알린다. 그러면서 간섭은 「우호적」이어야 한다는 점을 강조한다.[89] 4월 20일 프랑스 함대 사령관 보우몽(Jean Olivier Beaumont, 1840.7.23.~1906.1.29.)은 러시아 함대 사령관과 긴밀한 연락을 유지하라는 명령을 받는다.

주 영 독일 공사 하츠펠트는 4월 22일에도 영국 외상 킴벌리를 만나 간섭에 동참할 것을 또 다시 설득해보지만 실패한다. 킴벌리는 거듭 영국의 여론이 반대하기 때문이라고 한다.[90]

4월 23일자 전보에서 아오키 주 독 일본 공사는 무츠 외무대신을 비판한다. 무츠가 보내온 최근 전문들을 보면 무츠가 사태의 심각성을 전혀 파악하지 못하고 있으며 독일이 취하려고 하는 행동들이 얼마나 심각한지 전혀 모르고 있음을 보여준다고 한다. 독일 정부의 공식매체를 통한 발표를 볼 때 독일이 아시아의 새로운 질서가 유럽의 이해를 침해하고 있다고 생각하며 일본의 패권과 청의 고립을 방지하기 위해서 러시아와 프랑스와 공동행동을 취할 것이 자명하다면서 「저는 일이 이지경까지 오게 된 것을 심히 유감스럽게 생각하며 이제 모든 것은 대신께서 러시아가 움직이지 않도록 늦지 않게 예방조치를 취하는 것에 달렸습니다」라고 한다.[91]

같은 날 무츠는 주 러 일본 공사 니시에게 전문을 보내 독일 정부가 「교역에 대한 황당한 질투심때문에」, 그리고 일본에게 무시당했다고 생각해서 다른 유럽 열강들을 부추겨서 일본에 대한 모종의 외교적 음모를 획책하고 있다고 한다. 그는 니시에게 러시아 정부가 독일의 부추김에 넘어가고 있는지 알아보라고 한다.[92] 주 영 일본 공사 다카아키에게 보낸 전문에서는 가급적이면 비밀리에 영국 정부의 진정한

입장이 무엇인지 알아보고 가능하다고 생각하면 삼국이 간섭하는 것을 막아보라고 한다.[93]

무츠가 유럽 각국의 일본 공관장들에게 전문을 보내고 있을 때 러시아, 프랑스, 독일 공사들이 도쿄의 외무성에 나타난다. 당시 무츠는 지병으로 고베의 휴양지 마이코(舞子)에 머물고 있었다. 삼국의 공사들은 외무차관 하야시를 만난다. 삼국 공사들은 외무성에 함께 도착하지만 하야시의 집무실에는 하나씩 들어간다.[94]

가장 먼저 하야시를 면담한 것은 러시아의 히트로보였다. 히트로보는 차르 니콜라이 2세의 말이라면서 일본이 청에 요구한 조건들을 검토해 본 결과 일본이 랴오둥반도를 차지하는 것은 청의 수도 베이징에 대한 항구적인 위협이 되는 동시에 조선의 독립을 무의미하게 만들어 버림으로써 극동의 영구적인 평화를 저해하는 요소가 될 것이라고 한다. 따라서 차르는 「천황의 진정한 친구」로서 일본이 랴오둥(요동)반도를 포기할 것을 종용한다.[95] 다음은 히트로보가 하야시에게 전달한 조회 내용이다.

러시아 황제폐하의 정부는 일본국에서 청국에 요구한 강화조건을 열람하고 랴오둥반도를 일본이 소유하는 것은, 늘 청국정부를 위협하게 될 뿐만 아니라, 조선국의 독립을 유명무실하게 하는 것으로 장래 극동의 영구한 평화에 대해 장애를 줄 것으로 보인다. 따라서 러시아 정부는 일본 황제폐하의 정부에 거듭 성실한 우의를 표하기 위해, 여기에서 일본 정부에게 권고하건대 랴오둥반도를 영유하려는 의도를 확실히 포기하기 바람.[96]

히트로보는 지난 몇 달간 일본 정부에 중국 본토의 영토를 할양 받는 것은 오히려 일본을 약화시킬 것이라고 수차례 충고해왔다면서 삼국 간섭이 오히려 러시아가 일본의 선린임을 증명하는 것으로 받아들여야 할 것이라고 한다. 그러면서 일본이 삼국에 저항하는 것은 무망한 일이라며 일본 정부가 랴오둥반도를 포기함으로써 자신이 부임한 후 발전시키려고 노력해온 양국관계를 더욱 발전시킬 수 있기를 바란다고 한다.

그 다음은 프랑스의 아르망(Harmand) 차례였다. 그 역시 랴오둥반도를 포기하라는 「충고」와 함께 프랑스의 「우호적인 입장」을 전달한다.

히트로보와 아르망은 하야시와 프랑스어로 대화하였고 전달한 문서도 프랑스어로 작성되어 있었다. 그러나 마지막으로 히트로보를 만난 독일의 구트슈미트는 프랑스어와 영어에 능통하였음에도 불구하고 독일어로 간섭을 통보하면서 로마자 표기로 작성한 일어 번역본 문서를 건넨다. 하야시는 프랑스어와 영어에는 능통했지만 독일어는 하지 못했다. 그는 통역관을 통해서 구트슈미트의 말을 알아듣고자 노력한다.[97]

독일어 선언문과 구트슈미트의 말이 하야시에게는 가장 충격적이었다. 히트로보나 아르망과 달리 구트슈미트는 본국 정부로부터 받은 전문 내용을 거의 그대로 옮긴다. 구트슈미트는 전문의 글이 짧기 때문에 직역을 할 경우 독일 외무성이 원했던 것 보다 훨씬 더 직설적이고 강압적으로 들릴 수 있음을 간과한다. 더구나 프랑스어로 된 선언문에는 「저항」한다는 것을 「레지스탕스(resistance)」라는 표현을 사용한 반면 독일어 문건에는 「캄프(kempf)」 즉 「투쟁」이란 표현을 쓴다. 그러면서 일본이 「투쟁」할 경우 삼국은 「필요한 압력」을 행사할 수 있다면서 일본이 삼국과 싸우는 것은 무망하다고 한다.

무력개입을 암시하는 구트슈미트의 발언에 하야시는 충격을 받는다. 구트슈미트는 자신의 발언이 러시아나 프랑스 공사들의 말보다 더 직설적이었다면 이는 다만 독일 정부의 의사를 보다 분명하기 위해서일 뿐 독일 정부 역시 일본 정부의 친구로서 의견을 전하는 것이라며 하야시를 진정시키려고 한다. 하야시는 청이 일본에 전쟁 배상금을 지불할 때까지 랴오둥반도를 점령하고 있는 것에 대해서도 삼국이 반대할 것인지 묻자 삼국공사들은 얼버무린다.

같은 날 메이지 천황은 강화조약을 추인하고 그 내용을 반포한다. 일본이 굴욕을 당하지 않고 물러설 수 있는 여지는 사라진다.[98]

마르샬 독일 외상은 4월 24일 구트슈미트에게 일본이 독일의 3월 6일자 제안을 이행했으면 양국간에 이처럼 얼굴을 붉힐 일이 없었음을 일본 정부에 거듭 얘기하라는 훈령을 보낸다. 구트슈미트는 4월 25일 하야시를 만난다. 하야시는 구트슈미트에게 일본은 독일을 친구로 생각하며 따라서 특별히 경청할 것이라고 하면서 삼국의「충고」가「청일전쟁을 포함한 일본 근대외교사에 있어서 가장 중요한 사건」이라고 한다. 그 중요성에 비추어볼 때 일본 정부는 결정을 내리는 데 며칠 더 시간이 필요할 것이고 따라서 기다려줄 것을 요청한다.[99]

하야시는 트렌치(P. Le Poer Trench) 주 일 영국 영사에게는 삼국간섭을 협박이나 마찬가지라고 한다. 로우터(Gerard August Lowther) 주 일 영국 대리공사는 독일이 러시아, 프랑스와 협력하는 것에는 못 마땅해 한 반면 삼국은 영국이 일본 측에 자문을 해 주고 있다고 의심한다. 23일은「성 게오르기우스의 날(St George's Day)」로 요코하마의 영국 조차지에서 개최된 무도회에 구트슈미트가 도착하자 로우터는「오늘 오후에 선언서를 전달했습니까?」라고 인사한다. 삼국공사들은 삼국간섭을 비밀에 부치고 있었음에도 불구하고 불과 몇시간 후에 영국 대리공사 로우터가 그 내용을 알고 있었다는 것은 일본이 영국에 자문을 구하면서 알렸기 때문이라고 생각한다.

4월 24일 로바노프 러시아 외상은 니시 주 러 일본 공사에게 삼국간섭의 내용을 전달한다. 니시는 전임 기르스 러시아 외상에게 개전 초기부터 러시아의 이해관계에 대해 물었지만 일본이 랴오둥반도 할양에 반대한다는 얘기는 들어본 적이 없다면서 일본이 앞으로 청의 공격을 막고 조선의 독립을 지키려면 랴오둥반도를 차지해야 한다고 한다. 그러면서 러시아가 일본 정부에 미리 알려주었더라면 일본 정부는 분명 이를 심각하게 고려했을 것이라면서 이제 와서 랴오둥반도를 청에 반환하게 될 경우 일본 국민들의 분노를 불러 일으켜서 내정이 불안해질 것이라고 한다.

로바노프는 열강들이 일본의 국내정세에 국익을 맞출 수는 없는 노릇이라면서 상황이 매우 심각하기 때문에 본국 정부에 어떻게 해서든 삼국의 제안을 따를 것을 종용하라고 한다. 니시는 일본군의 계속되는 승전보로 인하여 군부의 기대와 일본국민의 흥분상태가 최고조에 달하고 있는 상황에서 이들을 제어할 수 있는 유일한 방법은 랴오둥반도를 할양 받는 것뿐이라면서 이제 와서 이를 물리는 것은 힘들다고 한다.[100]

4월 25일 허경징(許景澄) 주 러시아, 독일, 오스트리아, 네덜란드 겸임 공사는 로바노프 외상에게 청의 정부가 어떻게 하는 것이 좋겠는지 묻는다. 로바노프는 삼국간섭은 염두에 두지 말되 강화조약을 비준하는데 너무 서두르지 말고 협상이 더 무르익도록 시간을 벌 것을

제안한다.[101]

8. 일본의 랴오둥반도 반환 (1895.5.8.)

이토와 무츠는 삼국공사들이 하야시를 만나던 날 도쿄에 없었다. 그러나 구트슈미트가 4월 23일 외무성을 방문할 것을 3일 전에 통보하였기에 무츠가 요양 차 가 있던 마이코(舞子)에는 전보를 설치해 놓는다. 이토는 대본영이 설치된 히로시마에 있었기 때문에 언제든지 연락이 가능했다. 하야시는 삼국간섭의 내용을 즉시 무츠와 이토에게 전달할 수 있었다.

무츠는 유럽주재 일본 공사들로부터 받은 보고들을 통해서 모종의 간섭이 있을 것은 예측하고 있었다. 따라서 삼국간섭이 일어났다는 하야시의 보고를 받자마자 이토에게 전문을 보낸다.

아오키(주 독 일본 공사), 니시(주 러 일본 공사) 등 두 공사의 전보에 의하면 유럽의 각 열강들로부터의 강력한 간섭을 면하기 어려울 듯한데, 이는 아마도 우리가 처음부터 유럽 열강들에게 청국에 요구할 조건을 언명하지 않았기 때문에, 그들이 청국으로부터 듣고는 비로소 확연히 알게 된 모양으로 이에 대한 항의가 아닐까 생각되는데, 이렇게 된 것은 우리가 그 잘못됨을 설명해줄 수 있는 기회를 가질 수 있게 된 것으로 오히려 다행이라 생각치 않을 수 없습니다. 즉, 우리 정부가 당초에 유럽 열강에 우리의 요구조건을 제시했다면, 그때에 일어날 문제가 지금에야 일어난 것이라고 볼 수 있습니다. 그렇지만 우리 정부는 지금 호랑이 등에 탄 듯한

4월 9일 청이 제시한 경계선

4월 1일 일본이 제시한 할양지 경계선

청

안샨

잉커우

조선

라오둥반도

4월 17일 조약 체결 당시
합의한 할양지 경계선

다롄

뤼순

랴오둥반도 할양협상 당시 지도

세력이므로, 어떠한 위험이 있어도 지금의 위치를 유지하고 일보도 양보
하지 않는다는 의지를 보이는 외에는 다른 방법이 없을 줄 압니다. 이에
대해 귀 대신께서는 어떻게 생각하는지 마음속에 간직하고 계신 바를 알
려 주시기 바랍니다.[102]

무츠는 삼국 공사들이 제시한 조회(démarche)의 내용을 가토와 주 이
탈리아 일본 공사 다카히라 고고로(高平小五郎, 1854.1.29.~1926.11.28.)에게
보내 영국과 이탈리아 정부가 어떻게 대처하려고 하는지 알아보고

「말할 필요도 없이 그들이 중립적이라고 생각한다면 그들을 우리편으로 만들기 위해서 최선을 다 해야 할 것」을 지시한다. 그리고 「사견」임을 전제로 하면서 삼국이 불만을 갖고 있는 교역문제 등은 강화조약을 비준한 후에 우호적인 협의를 통해서 얼마든지 시정할 수 있는 문제이지만 만일 이로 인하여 청이 조약 비준을 거부하

다카히라 코고로 주 이탈리아 일본 공사

게 된다면 「전쟁이 불가피하게 다시 일게 될 것이고 이에 대해서 일본은 책임 질 수 없다」고 말할 것을 지시한다.[103]

무츠는 삼국간섭이 일본의 외교뿐만 아니라 국내 정치에 미칠 영향을 걱정한다.

작년 이래 우리 육해군은 피 흘리며 백전 백승의 군공을 쌓아왔다. 또 우리 정부도 참담하리 만큼의 고심을 참아가며 전력 전심을 다해 외교상의 절충을 거듭하여 얻은 결과에 대해 내외 국민들이 매우 칭송해 마지 않고 있다. 그런데 황상의 비준도 이미 끝낸 조약 중 일부를 헛되이 양보한다는 것은, 가령 당국자인 우리들이 국가의 장래를 위하여 가슴속 깊이 여미어 오는 고통을 참고 장래의 난국을 피하려고 일보 양보하는 것은 각오할 수는 있었다지만, 이러한 소식이 한번 표면화되면 우리 육해군은 얼마나 격동할 것이고, 우리 일반국민들은 또한 얼마나 실망할 것인가? 외

부로부터의 화를 초래하는 것은 경감할 수 있다지만, 내부에서 일어나는
변동은 어떻게 억제할 수 있을 것인지, 내외적인 어려운 상황의 틈바구
니에서 어느 쪽에 비중을 두고 조치를 취해야 할 것인지 걱정이 되지 않
을 수 없었다.[104]

이토는 같은 날(4월 24일) 어전회의를 열게 되었다면서 무츠의 의견을
물어 온다. 무츠는 곧바로 전문을 보내 러시아, 독일, 프랑스에게 개
별적으로 보낼 답을 작성하고 천황의 재가를 받을 것을 제안하면서
그 이전에는 아무런 결론도 내리지 말 것을 종용한다.

본 대신의 의견은 어제 대체로 말한 바와 같이, 이러한 때일수록 일단은
우리의 위치를 유지하고 일보도 양보해서는 안 되며, 장차 그들의 행동거
지가 어떠한지를 보고 다시 어전회의를 갖는 것이 좋다고 봅니다. 그러나
일이 매우 중요하므로 러, 독, 프 삼국정부에 보낼 회담안을 각각 만들어
재가를 얻어내야 할 것이므로, 그때까지는 어떠한 결론도 어전회의에서
확정하지 않기를 바랍니다.[105]

그러나 이토는 무츠의 전보가 도착하기 전에 메이지 천황이 참석한
회의를 주재한다. 메이지와 이토, 육군상 야마가타 아리토모, 해군상
사이고 츠구미치 등 4명만이 참석한 어전 회의에서 이토는 삼국간섭
에 대응하는 3가지 방안을 제시한다.

1. 새로운 적국을 만드는 결과를 가져온다 하여도 삼국의 제안을 거부
   한다.

2. 열강들의 회의를 열어서 랴오둥반도 문제를 다루도록 한다.

3. 개입하는 삼국의 제안을 받아들여 관대하게 랴오둥반도를 청에 반환
한다.

내각은 첫 번째 안을 만장일치로 거부한다. 일본 해군과 육군의 주력은 당시 중국에 있었다. 일본 본토는 무방비 상태였다. 더구나 일본군은 10개월에 걸친 전쟁으로 지쳐 있었고 보급품도 동이 나고 있었다. 일본은 러시아를 상대로 전쟁을 치를 수 있는 입장이 아니었다. 삼국을 상대로는 불가능한 일이었다. 제3안은 일본이 너그러운 모습을 보이는 방법도 되겠지만 동시에 일본이 유럽 열강을 얼마나 두려워하는지를 보여줄 수 있기에 거부한다. 회의는 결국 제2안을 채택하는 것으로 결론이 난다.[106]

그러나 이토는 최종결론을 내리기 전 무츠를 찾는다. 4월 25일 새벽 이토는 마이코에서 요양중인 무츠를 찾아간다. 무츠의 병실에서 열린 회의에는 대장상 마츠카타 마사요시와 내무상 노무라 야스시 등이 교토로부터 도착하여 동석한다.

무츠는 일본이 삼국간섭을 일단 거부한 후 삼국의 진정한 의도가 무엇인지 파악한 다음 전략을 짤 것을 다시 한번 제안한다. 이토는 삼국의 간섭을 거부하는 것은 무모하지 않겠냐고 한다. 그러면서 러시아의 진정한 의도는 지난 1년간 러시아가 보여준 행보를 통해 정확히 드러났기에 더 알아볼 필요도 없다고 한다. 따라서 러시아의 간섭을 거부함으로써 러시아에게 빌미를 줘서는 안되고 외교적 방책을 갖고 시험해보기에는 너무 위험 부담이 크다고 한다. 마츠카타와 노무라 역시 이토의 견해에 찬성한다. 무츠는 자신의 제안을 거둬들인다.[107]

그러나 무츠는 랴오둥 문제를 열강들의 회의를 통해서 해결하자는 24일 어전회의의 결론에 대해서는 끝까지 반대한다. 만일 열강들이 회의를 개최하면 삼국 외에도 한, 두개의 열강들을 추가로 초청해야 할 것이고 5~6개 열강이 이러한 회의에 참석하는데 동의하지도 않겠지만 혹시 동의하더라도 열릴 때까지 오랜 시간이 필요할 것이라고 한다. 그렇게 되면 강화조약 비준 자체가 어려워질 뿐만 아니라 일단 열강들의 회의가 열린다면 열강들은 랴오둥 문제를 다루는데 그치지 않고 각자의 이권을 주장함으로써 결국 평화협상을 무용지물로 만들어버릴 것이라고 한다.[108]

무츠의 논리를 듣고 있던 이토, 마츠카타, 노무라는 모두 열강회의를 개최하는 것은 바람직스럽지 않다는 데 동의한다. 결국 삼국간섭을 부분적으로나마 받아들여야 한다는 결론에 도달한다. 그러나 동시에 청이 삼국간섭을 이용하여 조약 비준을 거부함으로 조약을 휴지조각으로 만드는 것은 용납해서는 안될 것이라고 한다.[109]

따라서 우선은 니시 주 러 일본 공사를 통해 러시아 정부에게 입장을 재고해 줄 것을 부탁해 보도록 하고 그래도 러시아가 입장을 고수한다면 다음과 같은 타협안을 제시하고 이 조건들이 받아들여지면 랴오둥반도의 영구적 점령을 포기하기로 한다.

1) 청이 정해진 날짜에 조약에 조인하고 비준서를 교환할 것.
2) 추가 배상금을 지불할 것.
3) 일본군이 철군하는 즉시 뤼순의 요새를 영구히 파괴할 것.
4) 청이 배상금을 지불할 때까지 일본이 랴오둥반도를 임시 점령할 것.
5) 랴오둥반도 점령 시 발생하는 비용을 청이 부담할 것.

내무대신 노무라 야스시(野村靖, 1842.9.10.~1909.1.24.)는 삼국간섭을 받아들인다는 결정에 대한 천황의 재가를 받기 위해서 그날 저녁 히로시마로 간다. 그러나 우선은 삼국의 입장을 바꾸도록 설득 해보고 다른 열강들의 지지를 받아보는 등 끝까지 노력해 본 후에 최후의 수단으로 채택하기로 한다.[110]

한편 무츠는 러시아의 입장이 얼마나 강경한지 확인하기 위하여 주러 일본 공사 니시에게 로바노프 러 외상을 만나 메이지 천황이 이미 조약을 재가한 이상 러시아가 삼국간섭 내용을 재고할 여지는 없을지 묻도록 한다. 그러면서 일본이 랴오둥반도를 점거해도 추호도 러시아의 국익을 침해하는 일이 없을 것이며 조선의 독립도 저해하는 일이 결코 없을 것임을 다시 한번 강조하도록 한다. 그러면서 이는 오직 러시아에게만 묻는 것이라고 하라고 한다. 프랑스와 독일은 러시아의 긍정적인 답변을 받을 경우에만 묻겠다고 한다.「이 훈령을 이행하기 위해서 당신이 갖고 있는 최고의 외교 능력을 동원할 것」을 당부한다.[111]

니시는 26일 로바노프를 만난다. 로바노프는 다시 한번 차르 니콜라이 2세와 상의하겠다고 한다. 그러나 다음날 로바노프는 황제 니콜라이 2세가 랴오둥반도 반환 문제를

노무라 야스시 일본 내무대신

재고할 만한 이유를 찾을 수 없기에 일본의 요청을 거부했다고 한다. 차르 니콜라이 2세는 히트로보가 24일 보내온 기밀 전문 여백에「우리는 일본이 베이즈리(北直隸, 북직례)의 북쪽 연안에 발을 붙이는 것은 안된다고 단호하게 선언해야 할 것이다. 따라서 포트아서(Port Arthur, 뤼순)나 다롄만은 절대로 안된다. 이것은 나의 최종 결정이다」라고 적는다. 그러면서「일본 공사가 조선의 독립에 대해 한 말은 암탉들이 폭소를 터뜨릴 일이고 우리의 평화로운 동방 정책에 대한 조소다」고 적는다.[112] 니시는 러시아가 입장을 관철하기 위해서 어디까지 갈 것인지는 불확실하지만 오데싸에 군사들이 집결하고 있다는 보고를 보면 이 문제에 대한 러시아의 입장은 강경한 것 같다고 한다.[113]

무츠는 가토 주 영 일본 공사에게도 전문을 보내「영국 정부에게 이번의 러, 독, 프 삼국의 간섭 사실을 숨김없이 폭로시키고, 또 만주 동북부와 조선의 북부에 대해 러시아가 감추고 있는 지나친 야망을 이번의 간섭으로 보아도 충분히 추측할 수 있음」을 전할 것을 지시한다. 또한 일본 정부는「영국 국민은 유럽 각국의 국민과 결코 같지 않다는 사실을 인지하고 있으며, 목하의 형세가 매우 절박하게 되었을 때 우리 정부는 어느 정도까지 영국의 도움을 바랄 수 있겠는지」은 밀히 묻도록 지시한다.[114]

가토는 무츠의 훈령대로 25일 영국 외상 킴벌리를 만난다. 킴벌리는 영국은 절대 삼국간섭에 참여하지 않을 것이니「걱정할 필요 없다」고 한다. 그러나「지금 영국이 일본에 협력하는 것은 또 하나의 간섭에 지나지 않으며 새로운 사태를 불러일으킬 수도 있으므로 내각총리대신인 로즈베리 백작과 상담하지 않고는 어떤 회답도 할 수 없다」고 한다. 그러면서 다음과 같이 조언한다.

러, 독, 프 삼국이 과연 어느 정도선까지 이의를 주장할 것인가는 확실히 알지 못하지만 형세는 매우 쉽지 않을 것이므로, 일본은 이에 대해 십분 각오해두는 것이 좋을 듯하며, 영국은 평화를 원하기 때문에 일본이 유럽 각국과 교전에까지 이르게 됨을 원치 않음은 물론이고, 일청전쟁을 계속하는 것도 단연코 원하지 않으므로 목전의 갈등을 해소할 기회가 있다면 반드시 전력을 다할 것이다. 그러나 영국은 일본에게 우호적인 감정은 갖고 있지만 러, 독, 프 삼국도 우방국이므로 영국은 이럴 경우에 피차간의 상황을 참작하여 위엄을 지키며, 스스로의 결단과 책임을 갖고 운신할 수 밖에는 없다.[115]

킴벌리는 로즈베리 수상과 상담한 후 가토에게 영국 정부의 결정을 알린다. 가토가 29일자로 보낸 전문을 받은 무츠는 회고록에 이렇게 적는다.

전문에 의하면 영국 외무대신은 동 대사에게 영국 정부는 먼저 국외중립을 지킬 것을 결정하였으므로 이번에도 또 같은 의향을 유지하려고 한다 했고, 비록 영국이 일본에 대해 가장 돈독한 우정을 갖고는 있지만 자국의 이익도 생각하지 않을 수 없으므로, 일본의 제의에 협조할 수 없다고 했다는 것이다. 그리고 러시아는 진실로 결심한 바가 있는 것 같으므로 깊이 주의해야 할 것이라고 통보해왔다. 이를 요약하자면 영국은 얼버무리면서 우리의 청구를 거절했던 것이다.[116]

이탈리아 외상 블랑크(Baron Alberto di Blanc)는 주 이탈리아 일본 공사 다카히라에게 독일이 삼국간섭에 참여한 것은 러시아와 프랑스 간의 동맹을 약화시키려는 목적이었다며 영국이 우유부단하게 삼국간섭에 참여 여부를 결정하지 못함으로써 독일이 참여하기로 결정하는데 일조하였다고 한다. 블랑크는 그러면서 일본이 영국, 이탈리아, 미국에 도움을 요청할 것을 제안한다.[117]

다음 날 다카히라는 이탈리아의 외무차관 아다몰리(Guilio Adamoli, 1840.2.29.~1926.12.25.)를 만나 자신이 외상 블랑크와 나눈 대화내용을 주 영, 주 미 이탈리아 대사들에게 전달해 줄 것을 부탁한다. 같은 날 다카히라는 무츠에게 전문을 보내 아다몰리 차관이 자신의 요청을 들어줬고 주 일 이탈리아 공사 오르피니(Count Ercole Orfini)에게도 이탈리아 외무성이 전문을 보내 주 일 영국 공사, 미국 공사와 함께 일본에 친화적인 영향력을 발휘하라고 지시했다고 한다.[118]

이탈리아 외무상 블랑크와 외무차관 아다몰리는 주 이탈리아 프랑스 대사 비요(Albert Billot, 1841.12.3.~1922.11.17.)에게 극동의 상황이 평화롭게 해결되기를 바란다는 의사를 전하면서 이탈리아는 삼국의 입장을 지지하지는 않지만 영국이나 오스트리아-헝가리와 마찬가지로 일본 편을 들어 적극 개입하지는 않을 것임을 분명히 한다.[119]

일본 외교관들은 삼국간섭의 요구 조건을 무효화시키기 위하여 백방으로 노력한다. 주 독 일본 공사 아오키 슈죠는 4월 24일 전문에서 「저는 독일 정부의 계획을 저지하기 위해 모든 계략을 동원하고 있습니다」라고 한다.[120] 25일 전문에서는 「영국이 삼국간섭에 참여하지 않음으로써 이제 모든 것은 미국의 입장에 달렸다는 분위기」라고 전하면서 「미국으로 하여금 우리에게 유리한 견제구를 던질 수 있도

록 빨리 움직여야 될 것」이라
고 한다.[121]

4월 26일 아오키는 청이 조
약을 비준하지 않도록 하려는
시도가 있다면서 무츠에게 미
국과 영국 공사들로 하여금 청
이 하루빨리 조약을 비준하도
록 압력을 넣음으로써 삼국간
섭을 무력화시킬 것을 종용한
다. 그러면서 주 청 미국 공사
덴비와 주 청 영국 공사 오코

알베르토 디 블랑크 이탈리아 외상

너를 통해 삼국이 중국의 영토에 대한 야심을 갖고 있음을 청 측에 지
적해주고 동시에 다른 열강들에게는 강화조약을 방해하는 것이 종전
후의 지형을 더욱 복잡하게만 할 것임을 지적하도록 하라고 한다.[122]

무츠는 4월 26일 구리노 신이치로(栗野慎一郎, 1851.11.29.~1937.11.15.)
주 미 일본 공사로 하여금 미 국무장관 그레샴(Walter Quintin Gresham,
1832.3.17.~1895.5.28.)에게 일본이 우방들의 합리적인 반대는 받아들이겠
지만 이미 천황이 재가한 상황에서 랴오둥반도를 청에 반환하는 것
은 힘들다고 말하도록 한다. 또한 삼국간섭이 오히려 청으로 하여금
강화조약을 거부하게 함으로써 전쟁이 재발될 것이라는 점을 삼국에
주지시켜 줄 것을 요청하라고 한다.[123]

4월 29일 그레샴은 구리노에게 자신이 주 미 청국 공사를 불러 강
화조약을 비준할 것을 종용하였다면서 비록 조약의 조건이 혹독하지
만 전쟁이 지속되고 유럽 열강들이 개입하기 시작하면 청은 더 많은

구리노 신이치로 주 미 일본 공사   월터 그레샴 미 국무장관

것을 잃게 될 것이라고 하였다고 한다. 그러면서 청이 걱정해야 할 것
은 일본이 아니라 러시아임을 지적하는 동시에 청이 러시아의 자문
을 구한다는 것은 어불성설임을 전했다고 한다.[124]

일본 외무성은 백방으로 뛰었지만 상황은 되돌이킬 수 없었다. 무
츠는 당시의 상황을 다음과 같이 기록하고 있다.

이상과 같이 구미 열강들의 형세는 우리의 재외공관원들에 의해서, 겨우
수일간에 걸쳐 전력을 다해 백방으로 주선한 결과 나온 것이었다. 그러
나 지금 그 행적에 대해 말한다 할지라도 이로 인해 러, 독, 프 삼국의 간
섭방향을 돌려놓아 혹시라도 그 정도를 약화시킬 수 없었다.... 일의 성패
야 어쨌든 당시 고심과 전력을 기울인 재외공관원들의 노고는 결코 헛수
고는 아니었다. 왜냐하면 우리들은 러, 독, 프 삼국의 연합이 어떻게 해서
성립됐는가를 알게 됐고, 따라서 간섭의 정도가 어느 정도 될 것인지를

알 수 있었으며, 또 다른 제삼자인 열강들이 이 사건에 대해 어떠한 의향을 갖고 있나를 확실히 알게 되었다. 또 그들의 실제상의 강력한 원조를 얻지는 못했지만 도의상의 성원만큼은 넓히게 되어 은연중에 러, 독, 프 삼국을 견제할 수 있게 되었던 것이다.[125]

4월 28일, 삼국의 공사들은 하야시를 다시 찾아와 삼국간섭에 대한 일본의 공식적인 답변을 요구한다. 히트로보와 아르망은 일본이 삼국의 제안을 거부하면 더 많은 어려움에 봉착하게 될 것이라고 한다. 구트슈미트는 별다른 언급을 하지 않는다. 하야시는 이 문제는 일본의 생존이 걸린 문제이기 때문에 시간이 더 필요하다고 한다.[126]

무츠는 중국 본토의 영토를 대부분 반환하더라도 어떻게 해서든 대륙에 교두보를 마련하고자 한다. 랴오둥반도는 7개 구역으로 나뉘어 있었다. 일본은 4월 30일 니시 주 러 공사에게 보낸 전문에서 그중 6개를 반환하고 진저우(錦州, 금주) 하나만 유지하겠다는 조회를 하도록 한다.[127]

일본 제국정부는 러시아 황제폐하 정부의 우의적 권고를 깊이 생각했고, 또 여기에 다시 양국간에 놓여 있는 친밀관계를 중시한다는 사실을 표시하기 위해, 시모노세키 조약의 비준교환에 따른 일본국의 명예와 위엄이 실추되지 않는 범위에서 조약 중의 아래 항목을 다음과 같이 수정하는 것에 대해 동의를 구하고자 함. 첫째, 일본 정부는 봉천반도에 대한 영원한 점유권은 진저우청(錦州廳)을 제외하고는 모두 이를 포기한다. 단 일본군은 청국과 협상하여 그 포기한 영토에 상응하는 보상을 배상금으로 청구할 것임. 둘째, 그렇지만 일본 정부는 청국이 강화조약의 의무

를 다 이행할 때까지 전기한 영토를 담보로써 점령할 권한이 있음을 주지하기 바람.[128]

무츠는 같은 내용의 전훈을 아오키 주 독 공사, 소네 아라스케(曾禰荒助, 1849.2.20.~1910.9.13.) 주 프랑스 공사에게도 보낸다.

5월 1일 상페테르부르크, 파리, 베를린의 일본 공사들은 주재국 외무상에게 니시와 무츠가 상의한 역제안을 건넨다.[129] 무츠는 일본 주재 삼국 공사들에게도 같은 내용의 공식 답변을 보낸다. 니시는 와병 중이었던 무츠 대신 요코하마에 있는 삼국 공사에게 일본 정부의 공식 답변을 받기위해 도쿄의 외무성으로 와 달라는 전문을 보낸다. 삼국공사는 이튿날인 5월 2일 일본 외무성에 도착한다.[130]

하야시는 비준서가 교환됨으로써 일본의 명예와 존엄이 지켜지면 시모노세키 조약을 개정하겠다고 한다. 일본은 「합리적인 금전적 배상」을 받는다면 진저우를 제외한 랴오둥반도를 영구히 점령하는 것을 취소하고 그 대신 청이 조약을 완전히 이행할 때까지 랴오둥반도를 점령하고 있겠다고 한다.[131]

주 일 프랑스 공사 아르망은 일본 정부의 입장을 지지한다. 그러나 독일 외상 마르샬은 일본이 중국의 배상금을 받을 때까지 랴오둥반도를 점거하고 있는 것은 용납할 수 있지만 뤼순을 포함한 중국 본토의 영토를 소유하는 것은 결코 받아들일 수 없다고 곧바로 답변한다. 그러면서 일본이 삼국을 서로 이간시키려는 것은 오히려 문제만 키울 것이라고 경고한다.[132]

러시아는 5월 2일 내각회의를 소집한다. 일본이 랴오둥의 북부를 반환하겠다고 한 것은 큰 양보임을 인정한다. 그러나 일본이 뤼순을 포함한 반도의 남부를 갖게 되면 여전히 베이징에 대한 영구적인 위협이 될 것이기에 삼국간섭의 근본취지를 위반하는 것이 된다고 한다. 따라서 랴오둥반도 전체를 반환하라는 원래의 제안을 그대로 유지하기로 한다. 로바노프는 5월 3일 니콜라이 2세의 재가를 받고 그날 저녁 니시 주 러 일본 공사에게 러시아 정부의 결정을 통보한다. 러시아 정부는 프랑스와 독일 정부에도 간섭의 원안대로 랴오둥반도 전체의 반환을 요구하기로 했음을 알린다.[133] 다음은 니시가 무츠에게 보낸 전문이다.

> 본 공사는 본 월 1일 우리 정부의 각서를 러시아 정부에 제출하고는 전력을 다해 우리의 제의를 관철시키려고 하였는데, 오늘에 이르러 러시아 외무대신은 러시아 정부는 우리의 각서에 대해 만족할 수 없다고 밝히고, 어제 내각회의를 열었는데 러시아는 일본국이 여순구를 점령하는 것은 우리의 안보에 장해가 되기 때문에 아직은 당초의 권고를 철저히 주장해야 하고 이를 변경해서는 안 된다는 취지를 결의했고, 이 결의는 러시아 황제의 재가를 받았다고 합니다. 이에 본건에 관해 본공사는 온갖 정신을 집중시켜 통변했으나 러시아 정부의 처음 뜻을 결국 되돌리지 못하였으니 참으로 유감스럽게 생각합니다.[134]

주 독 영국 대사도 아오키 주 독 일본공사에게 일본은 독일의 제안을 따를 것을 종용한다. 상황은 점차 악화되고 있으며 독일은 프랑스-러시아 동맹을 약화시키기 위해서라도 러시아의 결정을 절대적으로 따를 것이라고 한다. 따라서 시간이 흘러 상황이 바뀌면 일본은 영국이나 독일과의 관계를 더욱 강화시킴으로써 입지를 보다 공고히 할 수 있을 것이라고 충고한다.[135] 주 영 독일 대사도 주 영 일본 공사 가토에게 일본 정부가 더 이상 지체하지 말고 랴오둥반도를 반환할 것을 종용한다.[136]

5월 4일 교토의 한 여관에서 일본 각료회의가 열린다. 이토 총리대신, 마츠카타 대장성대신, 사이고 해군대신, 노무라 내무대신, 가바야마 스케노리(樺山資紀, 1837.12.9.~1922.2.8.) 해군군령부장 등 도쿄에 있는 각료들과 대본영의 중신들이 참석한다. 무츠는 삼국간섭을 전격적으로 수용하고 시모노세키 조약 비준일도 늦추지 않고 원래대로 추진할 것을 강력히 제안한다. 각료들은 랴오둥반도를 반환하는 것은 어쩔 수 없는 것으로 받아들였지만 그 대신 받아낼 수 있는 배상금 등에 대해 격론을 벌인다. 무츠는 아무런 조건 없이 삼국간섭을 받아들여야 하는 이유를 다음과 같이 적고 있다.

러시아와 모든 수단을 동원해 재삼 재사 담판도 해보고 배짱도 부려보았지만 그들은 완고하여 초지일관 조금도 우리의 요구를 안 받아들여주었다. 이에 우리가 일방적으로 그들의 권고에 따르겠다고 함과 동시에 그 외의 부수적 조건에 대해서까지 그들의 내락을 받으려고 거듭해서 그들에게 통고하는 책략은 옳지 않으며, 또 미리 그들의 내락과 묵인을 얻었는데도 만일 그들이 짖궂게 요동반도의 환부문제에 대해 어떤 조건도 붙이지 못하게 한다면, 이럴 경우 또 이것을 항의할 수 없게 된다. 따라서 삼국에 대한 회답은 깨끗하게 그들이 권고해온 대로 받아들이는 것으로 끝내고, 요동반도의 환부조건에 따른 유무는 언급하지 말고 훗날 외교상 자유롭게 해결할 수 있도록 여지를 남겨두는 것이 좋지 않느냐고 말하였다.[137]

일본 내각은 랴오둥반도를 완전히 포기하기로 결정하고 5월 5일, 러시아, 프랑스, 독일 주재 일본 공사들은 주재국 정부에 일본 정부의 각서를 전한다. 내용은 간단했다.

일본 정부는 러시아, 프랑스, 독일 등의 우호적인 충고에 따라 펑티엔 반도(奉天半島, 요동반도)의 영구적인 소유를 포기한다.[138]

9. 삼국간섭에 대한 반응

일본이 랴오둥반도를 포기한다는 공식 문서는 같은 날 도쿄 주재 삼국 공사들에게도 전달된다. 로바노프는 6일 니시를 만나 일본 정부의 발표에 대한 기쁨을 표한다. 니시는 구두로 일본은 랴오둥을 반환하는 대가로 청으로부터 배상금을 추가로 받을 것이며 청이 조약의 조건들을 이행할 때까지 반환할 영토들을 점령하고 있는 것에 대하여 러시아가 반대하지 않기를 바란다고 한다. 로바노프는 배상금이 너무 커서 일본이 계속해서 랴오둥을 점령하고 있어야 되는 상황이 벌어져서 실질적인 할양이 되지만 않을 정도의 액수면 괜찮다고 한다.[139] 독일 외상 마르샬 역시 대만족을 표시한다.[140]

5월 9일 로바노프 주 일 러시아 공사는 러시아 정부의 공식답변을 들고 일본 외무성을 찾는다.

러시아 황제정부는 일본국이 요동반도의 영구한 점령을 포기한다는 통고를 받았으며, 일본 황제정부가 높은 안목을 갖고 이번의 조치를 내렸음을

높이 평가하고 세계 전체의 평화를 위해 여기에 축하의 말씀을 드린다.[141]

하야시 외무차관은 주 일 영국 공사 트렌치(P. Le Poer Trench)를 5월 6일과 9일 만나 나눈 대화에서 삼국간섭은 근본적으로 일본과 러시아 간의 충돌이었으며 독일과 프랑스는 일본의 역제안을 받아들일 준비가 되어 있었다고 한다. 일본이 랴오둥을 포기한 것은 러시아의 함대 때문이었다고 한다. 그는 삼국간섭을 결코 「우호적인 것」이라고 생각하지 않는다고 한다.[142] 하야시는 러시아가 분명 청의 편을 들어준 대가로 만주의 일부를 할양 받아 시베리아 횡단 철도를 건설할 것이라고 한다. 그러면서 러시아의 「진정한 야망」은 조선에 부동항을 얻는 것이라고 한다.[143]

청일간에 시모노세키 조약 비준서를 교환하는 날짜는 5월 8일로 정해져 있었다. 5월 1일 청 정부는 덴비(Denby) 주 청 미국 공사와 던(Dun) 주 청 영국 공사를 통해 비준서 교환을 최소한 10일간 연장해 줄 것을 일본 측에 요구한다. 삼국과 일본 간의 협상결과를 기다리기 위해서였다. 무츠는 5월 2일자 답신에서 비준서를 지체 없이 예정대로 교환하는 것이 평화를 복구하는데 결정적으로 중요하며 비준서 교환 후에 추가로 내용을 조정하는 것이 쉽다고 답한다.[144] 이토 역시 이홍장에게 동일한 내용의 전보를 보낸다.[145]

5월 3일 이홍장은 광서제가 자신의 건의에 따라 조약을 비준하였으며 곧 비준서 교환 날짜를 잡자고 한다.[146] 그러나 5월 7일, 청 정부는 다시 한번 덴비와 던을 통하여 비준서 교환 날짜를 연기해 줄 것을 일본 측에 요청한다. 삼국이 청에게 일본 측의 답을 들을 때까지 기다

려 달라고 하였기 때문이라고 한다.[147]

무츠는 일본이 이미 삼국의 요구 사항을 다 들어주기로 하였다면서 랴오둥반도 반환을 상의하기 전에 우선 조약이 비준되어야 한다고 답한다. 그러면서 날짜가 촉박하고 그렇다고 다시 정전협정이 만료되어 전쟁이 재개되는 것을 원치 않기 때문에 비준서 교환일을 5일더 연장하겠다고 한다. 그리고 이것이 「마지막」이며 이를 어겨 또 비준이 또 지연될 경우 「심각한 결과」를 초래하게 될 것이라고 한다.[148]

일본은 동시에 러시아, 프랑스 독일 측에 비준서 교환을 지연할 것을 충고했다는 것이 사실인지 문의한다. 프랑스 외상 하노터와 독일 외상 마르샬은 그런 바 없다고 한다. 로바노프는 비준서 교환날짜로 정해진 최종일까지 기다리되 그 이상 지연시켜서는 안된다고 청 측에 충고했다고 한다. 그러면서 일본이 삼국의 제안을 받아들인 이상 독일, 프랑스와 함께 비준서 교환이 속히 이루어질 수 있도록 돕겠다고 한다.[149]

실제로 주 청 러시아 공사 카시니, 주 청 프랑스 공사 제라르, 주 청 독일 공사 셴크는 그 전날인 5월 8일 총리아문에 일본이 공식적으로 삼국의 제안을 받아들였음을 알리면서 더 이상 강화조약 비준을 지연시킬 이유가 없음을 통보한 바 있다. 청 조정은 미국 공사들을 통해 일본 정부에 5월 8일 저녁 청의 대표들에게 비준서를 교환할 것을 명하였다고 한다.[150] 이홍장 역시 이토에게 이와 같은 사실을 알린다.[151]

무츠는 곧바로 시모노세키 조약 비준서 교환을 위하여 츠푸에서 대기하고 있던 이토에게 전문을 보낸다.[152] 5월 8일 오전 11시 30분 원래 정한 시간을 넘기기 30분전 청과 일본은 츠푸에서 강화조약 비준서를 교환한다.[153]

5월 8일 카시니와 제라르, 셴크가 경친왕을 비롯한 총리아문 대신들을 러시아 공사관으로 초청하여 일본이 삼국의 간섭내용을 받아들이기로 했음을 알리자 청은 한없는 기쁨과 감사를 표한다.

삼국간섭이 알려지면서 일본은 충격에 빠진다.

> 이때 국내의 일반적인 정황은 정부가 마치 일종의 정치적인 공황에 휩싸이기라도 한 듯 지금까지의 상황과는 판이하게 다르게 전개되므로 그 놀람이 극에 달해 침울한 분위기에 빠져 있는 듯했고, 나아가 나라의 요소요소에 삼국이 당장 포격이라도 해오지 않을까 하는 근심에 떨게 되었다.[154]

결국 일본이 랴오둥을 반환하고 시모노세키 조약이 츠푸에서 비준되자 삼국이 공격해올 것이라는 공포는 해소되지만 공포는 이내 굴욕감으로 변한다.

> 그들의 뇌리에는 이번의 처리가 어딘가 불편 부당했다는 생각으로 울적하고 불만족스런 상념에 꽉 차 있는 듯했다. 이러한 분위기는 얼마 전까지만 해도 갖고 있었던 분에 넘치는 교만심과는 달리, 이제는 굴욕적인 수치감에 휩싸여 있는 듯이 되었던 것인데, 그만큼 모든 사람들의 뇌리에는 불만과 불쾌감이 가득하게 되어 조만 간에 어느 쪽으로든 이를 표출하여 스스로를 위안받지 않으면 안 될 만큼 심각하였다.[155]

일본 정부의 지도층, 특히 이토와 무츠는 특별 경호를 받는다. 삼국간섭은 「우호적」이었다고 하지만 무력개입에 대한 은연중의 협박은 분명히 있었다. 러시아는 극동의 군대를 동원하기 시작하면서 일본이 삼국의 제안을 거절할 경우 만주로 진격할 준비도 시작하였다. 청일 간의 비준서 교환이 예정되었던 츠푸 항구에는 전투를 위해 회색페인트로 칠하고 전투준비를 마친 전함들이 러시아 군함 22척이 정박해 있었다. 그러나 일본이 랴오둥반도 반환을 결정하자 곧바로 러시아 해군은 전투준비를 해제하고 육군에 대한 동원령도 해제된다.[156]

일본의 국내 여론은 삼국을 동시에 탓하며 「와신상담」을 다짐한다.[157] 마르샬 독일 외상은 아오키 주 독 일본 공사에게 일본이 실패한 이유는 사전에 열강 중 한 나라와 합의를 하지 않았기 때문이라고 하면서 앞으로 이러한 문제가 생기지 않기 위해서는 이를 기억하라고 충고한다.[158]

메이지는 담화문을 발표한다.

우리나라가 청국과 평화조약을 맺을 때 러시아, 프랑스, 독일 3국 공사가 사실관계를 확인한 후 「일본이 랴오둥반도를 영원히 차지하면 동양의 평화가 유지되지 못할 것이니 신속히 청국에 반환해야 한다」는 입장을 밝혔다. 생각해보니 짐이 원래부터 평화를 애호하던 터에 이번에 청국과 잠깐 동안 전쟁을 했는데, 그 이유는 미래의 평화를 보전하기 위해서였다. 이제 러시아, 프랑스, 독일의 권유에 따라 랴오둥반도를 청국에 반환하고 우리의 깊은 뜻과 예절을 세상에 알린다. 이로 인해 일, 청 양국의 관계가 전보다 더욱 친밀해질 것이고, 각국 정부와 국민도 짐의 뜻을 이해하리라 믿는다.[159]

당시 일본의 유력 잡지 『고쿠민노도모(国民之友)』는 전쟁이 시작되자 30명의 특파원을 전장에 투입한다. 발행인 겸 편집인 도쿠토미 소호(德富蘇峰, 1863.3.14.~1957.11.2.)는 개전 초반에는 전쟁에 대해 비판적이었지만 이내 적극적인 지지로 돌아선다. 그는 일본군이 뤼순을 함락시킨 직후 일본 군부의 허락을 받고 군장성들과 함께 요동반도에 건너간다. 그때 삼국간섭으로 일본이 랴오둥반도를 반환해야 한다는 소식을 들은 도쿠토미는 만주의 흙을 한줌 자신의 손수건에 싸서 돌아간다. 이 흙만큼은 서구열강이 빼앗아 갈 수 없다고 한다. 그는 후에 「랴오둥의 반환은 나의 여생을 규정했다. 반환소식을 들은 이후 나는 심리적으로 다른 사람이 되어버렸다. 무슨 말을 어떻게 하든 우리가 강하지 않았기 때문에 일어난 일이다」라고 회고한다.

일본의 모든 정파들은 보다 강력한 군대를 요구하기 시작하였고 나약한 외교관들을 비난하기 시작한다. 시모노세키 조약과 삼국간섭은 일본인들로 하여금 근대화를 이루고 국제법을 지키는 것만으로는 서구와 대등한 위치에 오를 수 없다는 것을 가르쳐 준다. 후쿠자와 유키치는 다음과 같은 글을 남긴다. 「국제법 책 백 권은 대포 몇 문에 필적할 수 없다. 수호조약 몇 개는 화약 한 통 만도 못하다. 대포와 화약은 특정 도덕률을 지키는데 도움을 주는 것이 아니라 도덕이 부재한 상황에서 도덕률을 만들어내는 기제다.」[160]

제6장

갑오경장의 실패

제6장

갑오경장의 실패

제2차 갑오경장이 실패하는 이유는 세 가지다. 첫째는 재정이었다. 내정 개혁을 위해서는 막대한 자금이 필요했다. 조선의 재정은 완전히 파탄이 난 상태였다. 외부로부터의 자금 수혈 없이는 개혁이 불가능했다. 제2차 갑오경장을 시작한 이노우에 가오루는 일본 정부와 민간 은행으로부터 조선의 개혁에 필요한 대규모 차관을 받으려고 백방으로 노력한다. 그러나 일본 정부의 입장에서는 붕괴하고 있는 조선에 일본의 공적 자금을 투입할 이유도 명분도 없었다. 민간 은행들역시 조선에 투자할 이유도 의지도 없었다. 메이지 과두의 일원이며일본 정계의 막강한 실력자인 이노우에도 조선의 내정 개혁에 필요한 자금을 일본으로부터 받는데 실패한다.

제2차 갑오경장이 실패하는 두 번째 이유는 조선의 정치적 내분이었다. 제1차 갑오경장은 일본의 강압으로 반개혁주의자 대원군, 온건개화파 김홍집, 김윤식, 어윤중, 친일개화파 김가진, 유길준, 김학우 등이 어색한 공생 관계를 맺으면서 추진한다. 「군국기무처」라는최고 정책결정 기관을 신설하지만 극단적으로 다른 이념으로 분열되었을뿐만 아니라 임오군란과 갑신정변, 암살시도 등으로 서로 피를 흘리면서 권력 투쟁을 이어온 인물들을 하나로 묶기에는 역부족이었다. 대원군이 모든 개혁안들을 반대하고 일본과 군국기무처를 상대로 암투를 벌이면서 제1차 갑오경장은 실패한다.

제2차 갑오경장은 이노우에 가오루가 조선 공사로 부임하면서 야심차게 추진한다. 대원군의 이름으로 개혁을 추진한 것이 제1차 갑오개혁의 모순이자 실패의 원인이었음을 안 이노우에는 조선 개화파의 대표적 인물인 박영효를 일본에서 귀국시켜 조선 내정 개혁을 맡긴다. 이노우에는 고종과 민비를 박영효와 화해시키는 데 일단 성공한다. 대원군이라는 공통의 적을 제어하기 위해서는 서로가 필요했고 일본이 필요했기 때문이다. 그러나 박영효는 대원군은 물론 온건 개화파인 김홍집, 김윤식, 어윤중과도 갈등하면서 무리하게 정권을 장악하려다 민비와 민씨 척족의 반격으로 다시 한번 일본 망명길에 오른다.

갑오경장이 실패하는 세 번째 이유는 삼국간섭으로 조선에 대한 일본의 장악력이 급격히 떨어졌기 때문이다. 해묵은 반일 감정 때문에, 또는 근대화 개혁에 대한 반감 때문에 갑오경장에 반대하던 세력들은 일본이 서구 열강의 압력에 속수무책으로 랴오둥반도를 반환하는 것을 보고 갑오경장에 노골적으로 반대하기 시작한다. 특히 삼국간섭을 주도한 러시아의 영향력이 급격히 커지면서 개혁 반대 세력들은 친러파를 형성하고 일본을 견제하기 위해 러시아를 적극 끌어들인다.

제2차 갑오경장의 실패 후 이노우에 가오루 후임으로 조선 공사에 부임한 미우라 고로는 급격히 쇠퇴하는 일본의 영향력을 유지하고자 조선의 가장 강력한 반일주의자였던 민비를 시해한다. 그러나 「을미사변」은 조선 국내는 물론 국제적인 공분을 사면서 조선에 대한 일본의 영향력을 오히려 더욱 축소시킨다. 이때 제3차 갑오경장을 추진하던 제2차 김홍집 내각이 「단발령」을 내린다. 단발령은 반일 감정과 개혁에 대한 반동을 전국적으로 확산시킨다. 중전의 시해와 조선 남성성의 상징이자 효의 상징인 상투에 대한 공격은 「상투 폭동」과 「을미의병」으로 이어진다.

정국이 걷잡을 수 없는 혼란으로 빠지자 고종은 「아관파천」을 단행하여 러시아 공사관으로 피신하고 갑오경장을 전면 부정한다. 단발령을 내렸던 김홍집과 어윤중 등은 성난 폭도들에게 피살당한다. 청일전쟁에서의 승리로 절정에 달했던 조선에 대한 일본의 영향력은 사라지고 일본을 상대로 삼국간섭을 주도한 러시아가 조선 정국을 장악한다. 갑오경장은 이렇게 실패한다.

1. 이노우에와 「이집트 모델」

이노우에의 조선 정책의 핵심은 조선을 일본에 경제적으로 종속시키는 것이었다. 조선 내정 개혁에 실패하더라도 일본이 조선 경제를 장악할 수만 있다면 조선에 대한 영향력을 유지할 수 있다고 생각했기 때문이다. 이노우에는 영국의 「이집트 정책」을 모델로 삼는다. 이노우에를 비롯한 일본의 지도층은 영국이 이집트를 속국으로 만드는 데 성공한 이유가 무력을 사용하는 대신 이집트에 대규모 차관을 제공함으로써 이집트를 경제적으로 예속시키는 정책을 폈기 때문이라고 이해한다.[1]

지금까지 우리나라는 오직 선린의 이름으로 조선을 도와 조선의 독립을 강화하고 내정 개혁을 요구해 왔습니다. 그러나 결과적으로 조선에서 우리의 위치는 다른 열강들에 비해서 약하고 이를 강화시킬 수 있는 구실도 없습니다. 영국이 이집트에 개입할 때 구실은 무엇이었습니까? 그것은 영국이 이집트에 차관을 제공함으로써 실질적인 이해관계가 형성되었기 때문이 아니었습니까? 저는 조선에서 우리의 지위를 확고히 하기 위해서, 그리고 조선의 내정에 간섭할 수 있는 구실을 만들기 위해서는 실질적인 이해관계를 형성해야 하고 철도 부설이든, 차관이든, 재정적인 방법을 통하여 다른 관계에도 개입을 확장시킬 수 있는 구실을 만들어야 한다고 확신합니다.[2]

조선 정부가 약속을 어길 경우에는 동학 토벌을 멈추고 일본군을 한양과 개항장으로 철수시킨 후 동학군이 한양을 공격하더라도 손을 쓰지 않는다면 조선 정부는 어쩔 수 없이 도움을 요청하게 될 것이고 그렇게 되면 본격적인 내정 개혁에 착수 할 수 있는 기회가 생길 것이라고 한다.[3]

이러한 정책은 마쓰카타 마사요시(松方正義) 대장대신(大蔵大臣)도 적극 지지한다. 마쓰카타는 청과의 전쟁을 원하지도 않았고 조선의 내정 개혁을 지지하지도 않았지만 일본 군대가 조선에 진주하는 것은 경제적 요구 사항을 관철시킬 절호의 기회로 생각했다. 그는 6월 중순 구로다 기요타카(黒田清隆) 체신성대신에게 조선에서 「구체적인 권리와 구체적인 이해」를 확보할 것을 종용한다. 「이를 위한 첫 번째는 3개의 새 항구를 개항하고 일본 거주 지역을 확보하고, 둘째, 조선에서 채광권을 확보하는 것, 셋째는 전신 케이블 부설권을 확보하는 것, 그

리고 네 번째는 한양과 부산 간에 철도 부설권을 확보하는 것」이라
고 한다. 마쓰카타는 다른 열강들도 조선 시장을 개발하는 것을 목표
로 하고 있기 때문에 이러한 정책에 반대하지 않을 것이라고 한다.[4]

조선 정부는 최악의 재정 상황에 처해 있었다. 새로운 사업을 추진
하기는커녕 파산에 직면해 있었다. 이노우에가 12월에 일본 정부에
보낸 보고서에 의하면 조선 군대는 4개월 동안 봉급을 받지 못하고
있고 대신들의 봉급은 50% 삭감되었으며 한양 경찰국의 예산도 대
폭 삭감되었다. 청일전쟁으로 초토화된 서북 지역에서는 세금을 걷
을 수 없는 상황이었고 삼남 지방은 동학난으로 인해 세수가 격감했
다. 세금이 그나마 걷히는 곳은 경기, 강원, 함경 밖에 없었다. 일본
정부가 조선 정부를 재정난에서 구제하지 않는다면 조선 관료는 사기
가 꺾일 것이고 군대는 반란을 일으킬 수도 있다고 한다.[5]

본격적으로 개혁을 시작하여 조선의 군대, 경찰, 교육제도를 재건
하기 위해서는 아무런 역할도 하지 않으면서 매관매직, 매과로 불어
날 대로 불어난 관료들을 퇴직시키는 것이 급선무였다. 이를 위해서
는 퇴직자들에게 막대한 연금을 제공해야 했다. 만일 이를 위한 차
관을 조선에 제공하지 않는다면 모든 개혁은 결국 수포로 돌아갈 수
있다고 이노우에는 경고한다.[6] 조선 조정도 이미 1894년 10월 유길
준을 히로시마에 보내 일본 지도자들을 만나 일본 정부 차관을 요청
한 바 있다.[7]

이노우에는 조선 정부의 시급한 재정난을 타개하기 위해서 우선 일
본인을 조선 해관장에 임명하는 조건으로 300,000엔을 단기 차관으
로 제공하고 조선이 다른 나라에 갚아야 할 빚을 탕감하는데 쓰도록

추가로 240,000엔을 제공할 것을 제안한다. 그리고 전라, 경상, 충청도의 세금을 일본 관리들의 감독 하에 걷는 것을 담보로 5,000,000엔의 장기 차관을 제공할 것을 제안한다.[8]

그러나 이토 내각은 이노우에의 제안을 거절한다. 그러자 이노우에는 한양과 인천의 「다이이치은행(第一銀行)」 지점장들을 만난다. 다이이치은행 도쿄 본점은 300,000엔이 액수가 너무 크다며 1월에 인천 지점으로 하여금 연리 10% 이자로 200,000엔을 조선 정부에 빌려줄 것을 지시한다. 이노우에는 이자율이 너무 높다고 생각하였지만 빚을 청산해야 하는 연말이 다가오자 조선 조정이 조급해한다. 결국 「다이이치은행」과 「NYK상선」은 1월 말 이노우에의 중재로 조선 정부에 연 8% 이자로 130,000엔을 빌려준다.[9]

조선 정부에 5,000,000엔 장기 차관을 제공하는 문제는 더 큰 난관에 봉착한다. 무츠 외무대신은 공적 자금을 사용할 경우 의회를 통과해야 하기 때문에 이를 피해 「미츠이은행(三井銀行)」의 나카미가와 히코지로(中上川彦次郎, 1854~1901) 행장과 융자 방안을 상의한다. 나카미가와는 내켜하지 않으면서 10% 이자를 요구한다. 이노우에는 청 정부도 조선에 제공하는 차관들에 대해 아무런 이자를 요구하지 않는다면서 10% 이자는 「이 불쌍한 나라의 독립과 개발을 돕겠다는 우리의 「온정주의적 선언」과 전혀 맞지 않는다」고 항의 한다. 그러나 일본 은행가들은 융자금을 회수하는 것이 관심사였을 뿐 조선에 대한 일본의 영향력을 확대하는 문제에는 관심이 없었다.[10]

일본 은행들의 융자를 받는 계획도 무산되자 이토와 무츠는 필요한 자금을 비상 군사 예산을 통해 마련하고자 한다. 2월 일본 의회는 추경예산을 통과시켜 조선의 세수를 담보로 3,000,000엔을 연리 6%

에 일본 은행을 통해서 제공하기로 한다. 그 대신 일본 은행은 조선에 제공하는 차관을 일본 화폐로 제공하고 차관을 완전히 환수할 때까지 일본 화폐만 조선에서 사용할 것을 조건으로 내건다. 당시 청과 전쟁 중이던 일본군은 짐꾼, 말, 보급품을 조선으로부터 구입할 때 일본화폐를 사용하고 있었다. 만일 일본 은행의 조건을 받아들인다면 일본은 조선의 화폐제도를 완전히 장악하고 따라서 경제를 장악할 수 있었다.[11]

조선 조정은 반발한다. 김홍집 총리대신과 어윤중 탁지(財務)대신은 일본 화폐가 조선에서 통용되는 것은 조선의 국위를 손상시킬 뿐만 아니라 조선의 화폐 개혁도 막을 것이라고 한다. 그러나 조선의 재정상태는 심각했다. 3월 30일 협상 끝에 조선은 1) 3,000,000엔 차관의 절반은 은화로, 나머지 반은 화폐로 제공할 것 2) 융자금은 1899년 말까지 2회에 걸쳐서 갚을 것 3) 일본은 조선의 토지세와 세수에 대한 1순위 채권을 갖도록 할 것 4) 조선 정부는 일본 은행의 동의 없이 조선의 세수나 해관수입을 담보로 하는 다른 차관을 들여오지 않을 것 등의 조건에 합의한다.[12]

윤치호는 일기에 다음과 같이 쓴다.

그 차관은 300만 엔 가운데 절반은 은화로, 나머지 절반은 지폐로 한 불리한 조건으로 결정되었다. 일본 정부의 쩨쩨함이 경멸스럽다. 이곳의 일본 대표는 가난하고 무망하고 도움의 손길이 없는 조선에 일본이 얼마나 교활한 장난을 치고 있는지 알고 있다. 그들은 그 치사한 차관에 대해 미국인들에게 떠벌릴 만큼 뻔뻔하진 못하다.[13]

차관 문제는 철도부설권 문제와도 얽힌다. 이노우에는 조선 정부와 일본 정부가 1894년 8월 20일에 서명한 「잠정합동조관」에 따라 우선 한양과 인천, 한양과 부산을 잇는 철도 부설권을 일본에게 넘길 것을 요구한다. 철도에 대한 소유권은 조선 정부가 갖지만 운영권은 철도 부설 비용을 완납할 때까지 일본 정부가 갖고 영업 이익의 일부를 조선 정부에 제공하는 조건이었다. 차관 상환 기간은 50년이었다.[14]

2월 말 일본 의회가 3,000,000엔 차관 안을 통과시키자 이노우에는 조선 정부에 철도부설권과 전보망 운영권을 요구한다. 조선 정부는 처음에는 이의를 제기하지 않다가 이내 전보망 운영권을 일본에 넘기는 것에 반대한다. 철도 부설권을 더 중시한 이노우에는 타협안을 제시한다. 조선 정부가 전보방을 운영하되 비상시에는 일본이 사용할 수 있도록 하는 안이었다. 그러나 조선 조정내에 이견이 생기면서 협상이 지연된다.[15]

일본의 「쩨쩨한 전략」은 조선 내에서 강력한 반일 감정을 불러일으킨다. 주 조선 미국 공사 실스는 3월 1일자 보고서에 다음과 같이 적는다.

대를 이어 물려받은 일본인에 대한 증오는 더욱 강렬해지고 있고 사람들은 피로 얼룩진 역사로 엮인 혐오스럽기 그지없는 나라가 아닌 다른 정복자를 맞이할 준비가 되어 있다. 1884년의 암살범들(박영효, 서광범 등)에게 최고 권력을 준 것은 상황을 악화만 시키고 있다. 조선 사람들은 일본이 선의를 갖고 있다는 말을 전혀 믿으려고 하지 않는다.[16]

4월 초가 되면 이노우에는 자신감을 잃는다. 시모노세키에서 청일간에 강화조약을 위한 협상이 진행되면서 한양에는 러시아가 곧 개입할 것이라는 소문이 파다했고 일본 정부는 러시아의 의도를 파악하기 위해 전전긍긍한다. 이노우에는 본국 정부에 경제 조약 협상에 대해, 개혁에 대해, 그리고 전쟁 후 일본군의 조선 주둔 문제에 대해 어떻게 해야 좋을지 지침을 줄 것을 요청한다.[17] 조선 부임 초기의 자신감과 낙관은 모두 소진된 듯 했다.

일본군이 청군을 상대로 연전연승을 거두고 있던 1894년 말 조선의 위정자들은 모두 이노우에의 말을 따른다. 그러나 전쟁이 끝나가고 「삼국간섭」이 일어나자 조선 조정은 더 이상 일본 정부의 말을 듣지 않는다. 삼국간섭이 조선에게 끼친 심리적, 외교적 충격은 지대했다. 일본은 청일전쟁에서 승리했음에도 불구하고 여전히 구미 열강을 거역할 수 없었다. 「시모노세키 조약」으로 조선의 독립을 국제적으로 확인하자 조선 조정은 구미 열강을 이용하여 일본의 영향력을 견제하기 시작한다. 이노우에는 무츠에게 다음과 같이 보고한다.

조선 사람들은 강화조약이 발표되는 순간 일본이 혼자서 모든 것을 좌지우지 못한다는 것 정도는 알 정도로 똑똑합니다. 그리고 일본이 압력을 행사하려고 할 경우 「다른 외교사절들에게 도움을 요청하면 된다」는 것도 압니다.[18]

실제로 5월 5일, 미국, 독일, 영국, 러시아 공사들은 공동으로 외무아문에 공문을 보내 일본이 조선 정부로부터 특별 경제이권을 받는 것에 대해 항의한다. 미국 공사 실은 러시아 공사 베베르와 함께 외무대신 김윤식에게 「조선이 각국과 체결한 모든 조약에 포함된 「최

혜국 대우」 조항을 위반할 일을 하기 전에 우리를 불러서 회의를 먼저 할 것」을 충고한다.[19]

일본이 철도, 전보 등의 사업권을 독차지하는 것에 미국, 영국, 독일, 러시아 영사들이 반대한 것은 모두에게 공정한 기회가 돌아가야 한다고 한 것이었지만 일본의 영향력이 급속히 약화되면서 이내 자국의 사업자들이 조선에서 사업권을 따낼 수 있도록 영향력을 행사하기 시작한다. 6월에는 일본에서 사업을 하던 미국인 제임스 모스(James Morse)가 주 조선 미국 공사관의 도움으로 평안도의 벌채권과 채광권을 따낸다. 그 후로 조선 정부는 수많은 사업권을 열강의 사업자들에게 내준다.

1896~1900년 조선의 외국인 사업권 목록[20]

년도	지역	국가
1896	인천-한양 철도	미국
1896	함경북도 채광권	러시아
1896	평안북도 채광권	미국
1896	한양-의주 철도부설권	프랑스
1896	압록강 하류와 울릉도 벌채권	러시아
1897	강원도 채광권	독일
1898	한양 전차부설권	미국
1898	한양 전력발전소	미국
1898	한양 수도설비	미국
1898	평안북도 채광권	영국
1900	평안북도 채광권	독일

일본은 러시아와 미국 등이 자신들이 그토록 탐내던 사업권들을 모두 조선 정부로부터 받아내는 것을 속수무책으로 바라보아야 했다. 그렇다고 열강들을 상대로 전쟁을 할 수도 없었고 조선 정부에 압력을 행사할 영향력도 없었다. 청일전쟁으로 일본의 국력은 소진되었고 대만 점령은 여전히 엄청난 군사력이 필요했다.[21]

이는 청일전쟁 직후부터 동아시아에서 일기 시작한 「사업권 제국주의(concession imperialism)」라는 새로운 형태의 제국주의가 조선에서도 기승을 부리기 시작했음을 보여준다. 일본은 청일전쟁 이전에는 조선에서 청과 경쟁하면 되었다. 그러나 전쟁 후에는 유럽의 열강들, 특히 러시아와 경쟁을 시작해야 했다. 중국에서는 「사업권 경쟁(race for concession)」이 본격적으로 벌어지면서 열강들이 패전한 청으로부터 각종 사업권과 조차지를 경쟁적으로 받아내기 시작한다. 조선에서도 규모는 작지만 유사한 상황이 벌어지기 시작한다.[22]

2. 조선의 내분

이노우에가 조선의 내정 개혁을 강력하게 추진할 것으로 제일 큰 기대를 걸었던 인물은 박영효였다. 오랜 망명생활로 인해 조선 내에 정치적 기반이 없었던 박영효는 철종의 부마였다는 사실을 이용하여 고종과 민비와 가까워진다. 박영효는 국왕 내외의 신임을 기반으로 정부 내에서 권력을 장악해갔다. 물론 고종과 민비도 박영효를 대원군을 견제하는데 이용하고자 한다.

스기무라는 당시 박영효와 국왕 내외의 관계를 다음과 같이 기록

하고 있다.

민씨와 박씨 일파는 불구대천의 원수라고 말할 수 있는 사이였으나 목하의 정세는 박씨의 입각을 거절할 수 없었다. 그런 까닭으로 왕비는 일찍부터 그 낌새를 눈치채고 동씨(同氏) 복작(復爵: 작위가 복원됨)이 결정되기에 앞서 먼저 내사(內使: 궁에서 파견한 벼슬아치)를 박씨 숙소로 보내 그 기거를 물어보고 이어 관복을 조정해야 된다고 말하고 복지(服地: 양복감)를 하사하고 봉공녀(縫工女: 바느질 하는 여자)까지 파견하였다. 그것은 복작되기 2, 3일 전의 일이었다. 12월 10일 복작이 이뤄지자 왕비는 특별히 저택을 하사하였다.(이 집은 본시 민영주의 저택으로 매우 광장(廣壯: 너르고 훌륭함)하였다.) 또한 선년(先年: 전 해)에 관몰(官沒: 관청에서 몰수하였던 물건)하였던 전원(田園: 논과 밭)을 환부(還附: 돌려주다)하였다. 동 13일 박씨는 처음으로 참내(參內: 예궐)하여 국왕, 왕비 및 왕대비 삼폐하를 알현하였을 때 국왕이 이것저것 속사정을 이야기하기도 하였다.… (중략) 또 한편으로 보면 당시 대원군은 이미 정권을 잃고 운현궁에 칩거하여 앙앙불락(怏怏不樂: 매우 야속하게 여겨 즐겁지 아니함)하였다. 동군(同君: 대원군)이 처음 박씨를 끌어들여 자가(自家)의 고굉(股肱: 팔다리, 수족)으로 삼고자 시도했으나 이루지 못하였다. 지금 박씨가 도리어 내각에 자주 궁중에 출입한다는 것을 듣고 경은 무슨 까닭으로 시기를 기다리지 않고 입각했는가 하고 말하였다.[23]

그러나 이노우에가 정치적 타협을 통하여 형성한 개혁세력은 서로 협력하지 못한다.

2월 12일 조선으로 귀국한 윤치호는 13일 법무대신 서광범을 예방한다.

S.K.P.(서광범)를 방문하였다. 그는 따뜻하게 나를 맞이하여 주었고 몇 마디의 말을 한 뒤 현재의 정부 상태를 설명하여 주었다. 그는 이야기하기를 정부에는 대원군파와 왕당파가 있는데 어윤중 탁지(度支: 호조)와 김윤식 외무, 김홍집 총리는 전자에 속해 있고, 자기와 P.Y.H.(박영효)는 왕당파를 이끌고 있다고 하였다. 또 그가 말하기를 대원군은 자유당, 즉 왕당파를 타도하려는 음모를 짜는데 정력을 쏟고 있고 유길준이 대원군파에 속해 있다고 하였다...... [24]

개혁을 추진하는데 고종과 민비의 힘을 빌리려는 「왕당파」와 대원군의 힘을 이용하려는 「자유당」으로 갈라지면서 친일 개화파를 대표하던 유길준과 박영효는 정적이 된다.

박영효와 다른 파벌들 간의 갈등이 표면화되기 시작한 것은 2월초였다. 첫 계기는 훈련대장 임명 문제였다. 「훈련대」는 일본 군사고문들의 도움으로 창설된 군대였다. 박영효는 훈련대장 신태휴(申泰休)가 1884년 갑신정변 당시 청군의 앞잡이로 정변을 무산시키는데 앞장선 인물이라면서 그를 해직시키고 자신을 따르는 신응희(申應熙)를 임명하고자 한다. 군무대신 조희연은 내무대신 박영효가 군대 인사문제에 개입할 권한이 없다고 하지만 박영효는 고종의 힘을 빌어 신응희를 훈련대장에 임명한다. 스기무라는 당시 정황을 다음과 같이 기록하고 있다.

당시 군무 대신은 조희연(趙羲淵, 1856.5.26.~1915.7.20.)이었고 경무사는 이윤용(李允用)이었다. 박씨는 양인을 꾀여 자기 편 사람으로 삼았다. 그러나 훈련대장 신태휴가 지난 갑신란 때 청병을 도왔다는 이유로 그를 꺼려 전직시키고 대신 신응희를 임명코자 하여 이를 조군무와 의논하였던 바, 조씨가 응하지 않았다. 이에 양씨는 서로 다투어 조씨는 이노우에 공사의 후원을 얻어 박씨에게 대항하였다. 박씨는 왕명을 빌어 조씨를 압도하고 마침내 대대장(大隊長) 경질 목적을 달성하게 되자 이로 말미암아 박, 조, 양씨는 곧 불화를 일으켰다. 그리하여 조씨는 신파에서 떨어져 구파에 붙게 되었다. 그 뒤 박씨는 조씨를 깊이 원망하여 그를 제외시키고 같은 파의 사람을 받아들여 군부를 자기 예하에 두고자 계획하였다.[25]

5월 17일 박영효는 조희연이 비리를 저질렀다면서 군무대신직에서 해임시킨다.

내각은 조씨의 진퇴에 대해 공격파와 보호파 둘로 나뉘어져 공격파는 박영효, 서광범, 김가진의 삼인, 보호파는 김굉(홍)집, 어윤중, 김윤식의 삼인으로, 박정양은 처음에 중립 태도를 보이다가 마침내 공격파에 가담하게 되었다. 이노우에 공사도 처음에는 조씨를 보호하였으나 애써 그를 보호하게 되면 도리어 왕실 의향을 거스르게 되고 또한 내각의 협화를 해치지 않을까 걱정하였다. 의견이 차츰 온화(穩和)함으로 기울어지고 있을 때인 5월 17일 마침내 어전회의가 열렸다. 구파의 두 대신은 국왕에게 그 불가를 간쟁(諫爭)하였던 바 곧 국왕이 격노하여 그날로 조씨는 그 직에서 떨어져 나가고 대신 신기선(申箕善)이 다음달 2일 군부대신에 임명되었다. 신씨는 박 내부의 존신(尊信)하는 사람으로 박씨를 미래의 총리대신으로 점친 바 있었다.[26]

이 과정에서 박영효는 김홍집 등 온건 개화파와도 충돌한다. 그는 김홍집 총리대신을 무골소인(無骨小人) 또는 간물(奸物: 간사한 인물)이라고 비난하면서 축출하고자 한다.[27] 조희연이 물러나자 결국 김홍집도 사임한다. 김홍집이 사임하자 박영효는 이노우에가 자신을 고종에게 천거하여 새 총리로 임명할 것을 기대했다. 그러나 이노우에는 고종에게 김홍집 등의 사표를 받지 않도록 하는 동시에 강력한 어조로 당파 간의 화해를 종용한다. 하지만 박영효는 협력하기를 거부한다. 정부는 1주일간 문을 닫는다.

이때부터 박영효는 더 이상 이노우에와 일본에만 기대서는 권력을 유지하기 어렵다는 사실을 깨닫고 독자적인 권력 기반을 구축할 방안을 모색하기 시작한다. 스기무라에게도 자신의 권력 기반은 이노우에의 권력과 일본 군대라면서 「이노우에는 여기에 몇 년 이상은 머물지 않을 것이고 일본 군대도 떠날 것이다. 그렇게 되면 나는 어디에 기대나? 따라서 나는 내 자리를 지키기 위해서 뿐만 아니라 우리나라의 개혁을 완수하기 위하여 권력을 키워야 한다」고 실토한다.[28]

박영효는 일본의 3,000,000엔 차관 조건이 너무 가혹하다고 반대한다. 철도 부설권과 전보망 운영권을 일본에 넘기는 것도 반대한다. 한양에 있는 일본인 거주지역 확대에도 반대한다.[29] 박영효는 스기무라에게 자신은 일본 기업을 좋아하고 일본 정부가 조선 정부의 행정력을 향상시키는데 도움을 주는 것은 좋지만 「관리를 임명하는 것과 같은 문제에 대해서는 간섭을 받는 것을 싫어한다」고 한다. 그러면서 박영효는 일본인 고문이 너무 많아지고 있다고 불평한다. 「이런 경향이 계속된다면 우리는 어떻게 독립국이 될 수 있겠는가? 특히 다른 나라들도 같은 식으로 하기 시작한다면...... 전임 총리는 줏대가 없어서 외국 외교관(이노우에)에게 모든 것을 일임하였다. 우리는 이처럼 줏

대 없는 대신들을 축출해야 한다」고 한다.[30]

박영효와 조희연 간의 권력 투쟁은 결국 제1차 김홍집 내각을 붕괴
시킨다. 박영효는 새 내각의 총리대신 서리 겸 내부대신에, 그의 측근
이주회(李周會, 1843~1895)는 군무대신 서리에 임명된다.[31] 새 내각의 총리
대신에는 박정양이 임명되고 김윤식, 어윤중 등의 온건 개화파도 임
명된다. 그러나 실제로는 박영효의 내각이었다.

새 내각은 총리대신 박정양(55세), 내부대신 박영효(35세), 외부대신
김윤식(60세), 탁지부대신 어윤중(47세), 군부대신 신기선(44세), 학부대신
이완용(37세), 법부대신 서광범(37세), 농상공부대신 김가진(49세) 등으로
구성되었다. 차관급으로는 내부협판 유길준(39세), 외부협판 서재필(32
세), 탁지부협판 안경수(42세), 학부협판 윤치호(31세), 법부협판 이재정
(49세), 농상공부협판 이채연(35세), 군부협판 이주회(52세), 내각총서 권
재형(40세), 경무사 이윤용(42세), 훈련대 제2대 대장 우범선(39세), 훈련
대 제1대 대장 신응희(39세), 경무관 이규완(33세) 등으로 구성되었다.[32]

내각의 평균 연령은 42세였고 30대가 9명이었다. 서출은 4명이었
다. 이들 대부분은 유학 내지는 외교관으로, 또는 망명객으로 외국을
경험하였다. 조선 정부가 이토록 외부 세계를 잘 알고 개혁에 대한 신
념이 강한 인사들로 채워진 것은 전례가 없었다. 새 내각은 수많은 개
혁안들을 쏟아내기 시작한다.[33]

3. 제2차 갑오경장의 성취와 좌절

박영효는 1894년 12월 의정부를 개편하여 내각으로 만든다. 국왕과 왕실의 호칭을 격상시킬 것을 상주한다.

주상 전하는 대군주 폐하, 왕대비 전하는 왕태후 폐하, 왕비 전하는 왕후 폐하, 왕세자 저하는 왕태자 전하, 왕세자빈 저하는 왕태자비 전하로 부르고, 전문(箋文: 나라에 길흉이 있을 때 신하가 임금에게, 임금이 그 어버이에게 써 올리는 글)은 표문(表文)이라 칭하자는 데 대해서, 모두 그대로 승인했다.[34]

1895년 2월에는 청에 대한 사대주의의 상징인 「영은문」을 부수고 4월에는 일본군 고문의 훈련을 받는 「훈련대」를 설치한다. 또 각 아문을 부(部)로 고치고 사범학교를 설립한다.[35] 4월 4일에는 총 88항목으로 된 「내무아문 훈시」를 전국에 반포함으로써 근대 개혁에 박차를 가한다.[36]

5월에 10일에는 「독립 경축일」을 지정하는 고종의 교지를 내리게 한다.

나는 개국 503년 12월 12일에 종묘와 사직에 종래 청나라의 간섭을 끊어 버리고 우리 대조선국의 고유한 독립 기초를 굳건히 할 것임을 고했다. 또한 이번 시모노세키 조약을 통하여 이 사실을 더욱 더 세계에 빛나게 드러내게 되었다.

나는 신하나 백성들과 기쁨을 같이하여, 이제부터 우리나라의 영광스런 명예를 축하하기 위해 꼭 들어맞는 방법을 세우려는 뜻을 지니고 있다. 나는 여러 대신에게 명령한다. 나의 신하와 백성들은 나의 뜻을 충분히 본받아, 영원히 독립하는 업적을 기념하여 나라를 위하는 간절한 나의 마음에 부합되게 해야 할 것이다.

해마다 열게 되는 독립 경축일을 정하여, 영원히 우리나라의 큰 경축일의 하나로 삼는다. 내가 신하와 백성들과 함께 축하하는 규범에 대해서는 다시 나의 뜻을 신하와 백성들에게 알리겠다.[37]

그리고는 5월 14일 독립을 기념하는 「원유회(園遊會)」를 연다. 조선 최초의 「가든 파티」였다.

5월 10일 칙령을 내리고, 가든 파티를 열어서 오늘날 나라의 태평과 청나라의 종래 간섭을 끊어 버린 것을 축하하게 했다. 농상공부 대신 김가진을 각 대신의 총대위원으로 임명하여, 동쪽 대궐(창덕궁) 연경당에 연회석을 준비하고, 14일 날짜로 우리나라와 외국의 신사 및 상인들을 편지로 초청하여 경축의 뜻을 장식하게 했다.

임금이 궁내 대신 김종한에게 명령하여 칙어를 내렸다.

「나는 맑고 아름다운 날씨 아래서 열린 오늘의 가든 파티에 우리 정부와 각국의 사신 및 신사, 상인이 함께 잔치를 즐기니, 이는 진실로 세계 평화의 복이라고 생각한다. 나는 매우 기뻐하여, 특별히 궁내 서리대신 김종한에게 명령해 나의 뜻을 널리 알린다. 자리를 가득 메운 귀한 손님들은 나의 뜻을 기꺼이 모두 받아들이기 바란다」[38]

5월 21일에는 순검들을 서양 총으로 무장시키고 훈련시켜도 좋다는 고종의 윤허를 받아 이틀 후 경무청관제(警務廳官制)를 반포하여 한양의 경찰을 대폭 증강한다.[39] 5월 26일에는 전통적인 지방 관직인 감사, 안무사, 유수, 부윤, 목사, 부사, 군수, 서윤, 판관, 현령, 현감 등의 관직을 혁파하고 전국을 23부 331개 군으로 나누고 부에는 관찰사, 군에는 군수를 두기로 한다.[40]

6월에는 1894년 12월 17일 폐지된 총위영, 장위영, 총어사, 경리사 등을 대체할 새로운 군대 창설을 시작한다. 기존에 2개 대대로 구성된 훈련대를 6개 대대로 확장하여 3,000명의 병력을 한양, 평양, 청주 등 주요 도시에 배치하고 8개 대대의 공병, 2개 대대의 경중병, 2개 대대의 기병 등 총 4,800명의 「신설대(新設隊)」를 창설하는 계획을 마련한다. 그리고 「훈련대 사관 양성소 관제(訓鍊隊士官養成所官制)」와 「육군 무관 진급령(陸軍武官進級令)」 등을 반포하여 근대 상비군의 골격을 갖추어 나간다.[41]

제2차 갑오경장 중에는 총 213건의 개혁안이 제정된다. 그 중 68건은 박영효가 서명한 것들이다. 그리고 그 중 절반 이상은 박영효가 실권을 장악한 1895년 5월 말에서 그가 다시 일본 망명길에 오르는 7월 초 사이에 제정, 반포된다.

그러나 새 내각은 2개월도 못 간다. 민씨 척족이 다시 권력을 잡기 시작하면서 박영효와 고종, 민비 간의 관계가 무너지기 시작한다.

일본의 영향력이 급격히 쇠퇴하자 박영효는 궁궐 수비대를 일본군이 훈련시킨 「훈련대」로 대체시키고자 한다. 기존의 궁궐 수비대는 미군 장교의 훈련을 받은 700~800명 정도로 구성되어 있었다. 궁궐 외곽을 수비하는 것은 「훈련대」 병력이었다. 훈련대는 일본군 장교들이 훈련시킨 2개 대대 800명으로 구성되어 있었다. 박영효는 궁궐 수비대를 일본 장교들이 훈련시키는 「훈련대」로 교체시킨다면 자신의 권력이 더욱 공고해질 것으로 생각했다.

박영효는 고종에게 궁궐의 방위를 훈련대에게 완전히 맡길 것을 종용한다. 고종은 반대하지 않는다. 6월 25일, 박영효는 박정양을 통하여 고종에게 궁궐수비를 훈련대에게 맡길 것을 공식적으로 상주하게 한다. 그러나 고종은 갑자기 격노한다. 놀란 박정양은 곧바로 사직서를 제출한다. 사태가 긴박하게 돌아가자 스기무라는 곧바로 무츠 외무대신에게 전문을 보낸다.

총리대신(박정양)이 궁궐에 가서 근위병을 훈련대로 교체하는 안을 보고하자 고종은 격노하면서 근위대를 교체하는 것을 애초에 원하지 않았으며 왜 총리와 다른 대신들이 교체를 제안하는지 모르겠다고 하였습니다. 총리가 근위대의 교체는 고종이 이미 재가한 것이라고 하자 고종은 더욱 화를 내면서 작년 6월 이후에 공표된 모든 조칙들은 자신이 원하는 것이 아니었으며 따라서 모두 무효화되어야 한다고 하였습니다. 총리대신과 다른 대신들은 이에 놀라 결국 총리대신은 사표를 제출하였습니다.

이 일련의 사건들은 여왕이 비밀리에 첩자를 통하여 러시아 공사와 내통한 후에 일어났으며 민씨 척족의 세력을 회복하려는 시도입니다. 따라서 이 사건은 아무도 거부할 수 없는 힘으로 뒷받침된 것입니다. 이 뿐만 아니라 박영효의 일파는 과거에 갖고 있었던 영향력을 모두 상실하였기에 우리는 더 이상 그에게 의존할 수 없습니다. 이노우에 공사가 곧바로 귀임하지 않는다면 저희들만의 힘으로는 사태를 우리에게 유리하게 역전시키는 것이 불가능합니다. 우리나라의 안보를 위협하는 위기가 불어닥치고 있습니다. 이 보고서를 이노우에 공사께 전달해 주시기를 바랍니다.[42]

스기무라는 고종과 민비가 박영효를 제거하려고 한 이유가 처음에는 박영효를 이용하여 자신들의 권력을 되찾으려고 하였으나 박영효가 거의 절대적인 권력을 잡고 자신들은 오히려 권력이 약해지고 있었기 때문이라고 추론한다.[43]

민비와 민씨 척족의 반격이 시작된 것을 감지한 박영효는 스기무라에게 민비를 암살할 것을 제안한다. 민비를 실제로 암살할 계획이었는지, 아니면 일본과의 관계를 재정립하기 위해서 한 말인지는 분명치 않다. 그러나 박영효의 이 계획은 고종과 민비의 귀에 들어간다.

7월 6일 일본인 소시(壯士: 불량배) 사사키 도메조(佐佐木留藏)는 일본 공사관 경찰들의 조선어 선생이었던 한재익(韓在益)에게 박영효가 고종을 폐위시키고 민비를 시해할 음모를 꾸미고 있다는 서신을 보낸다. 한재익은 이를 민씨 척족파 관료 심상훈과 대원군파의 유길준에게 보냈고 이들은 이를 고종과 민비에게 보낸다.[44]

박영효가 실제로 고종 폐위와 민비 시해 계획을 세웠는지는 당시의 증언들도 엇갈린다. 미국 공사 실과 일본 영사 우찌다 사다즈치(內田定槌) 등은 본국에 보낸 보고서에서 박영효가 훈련대를 이용하여 민비를 암살하려고 하였다고 한다. 반면 일본 대리공사 스기무라는 박영효가 「과격한 행동」을 계획한 것은 사실이지만 자신의 강력한 만류로 철회하였다고 한다. 실제로 박영효는 이미 1894년 9월 스기무라에게 제시한 5개조 개혁안에서 민비의 폐서인을 제안했었다.[45]

7월 6일 개최된 내각 회의에서 박영효와 서광범이 불참한 가운데 고종은 박영효가 불궤음모(不軌陰謀)를 저질렀다면서 그의 관직을 박탈하고 체포령을 내린다. 박영효는 7월 7일 새벽 일본 공사관으로 피신한다. 곧 이어 고종의 교지를 들고 외무대신 김윤식이 일본 공사관에 도착한다. 다음은 스기무라의 기록이다.

고종은 나에게 일본 외교관들로 하여금 박영효를 돕지 말라고 명령할 것을 부탁했다. 나는 상황이 돌변한 것에 대해 놀라면서 「저는 무척 놀랐지만 물론 이는 귀국의 내정 문제이기 때문에 저는 간섭할 수 없습니다. 저는 최대한 일본 외교관들이 박영효를 돕지 말라고 하겠지만 모든 것이 너무 급작스럽습니다」고 했다. 고종의 전령(외교장관)은 알겠다고 하고 떠나려고 할 때 문 쪽에서 소란이 일어나더니 누군가가 급히 들어왔다. 박영효였다. 외무대신은 떠났다. 박영효가 들어오자 내가 「어떻게 하시렵니까?」하자 박영효는 「나는 일본으로 가야만 하오」라고 했다. 나는 알겠다고 하고 그를 2층에 숨겼다. 그리고는 사이토와 호시를 불렀으나 그들은 오지 않았다. 그 대신 오카모토가 왔다. 벌써 아침 6시였다. 이때 50~60명의 순사들이 내 사무실로 들이닥쳤다. 대장은 박영효를 내놓으라고 했고 나는 거부했다. 그들은 앉아서 기다렸다. 7시쯤 우리는 박영효를 보호할 준비를 하였지만 사이토도 호시도 오지 않았다. 나는 그들에게 오카모토를 보냈다. 드디어 그들이 도착했다. 우리는 좋은 안이 생각나지 않아 일단 박영효를 인천으로 보내기로 했다. 우리는 일본 사복경관들과 우리 공사관의 호위병 10명 정도를 공사관 뒷문으로 데리고 옆길로 해서 인천으로 가도록 하였다. 한양의 대문을 지날 때 문에는 박영효의 체포를 알리는 고종 명의의 방이 붙어 있었다. 사람들은 박영효 일행에게 돌을 던졌으나 일행은 무사히 빠져나갔다.[46]

인천으로 피신한 박영효는 8일 새벽 「후지카와마루(富士川丸)」에 승선하여 또다시 일본 망명길에 오른다.[47] 박영효가 일본으로 탈출한 후 스기무라는 여러 차례 궁으로 가서 고종을 알현한다. 고종은 일본 공사관이 박영효를 도운 것은 유감이라고 한다.

4. 러시아의 간섭

일본으로부터 대형 차관을 얻어 조선 내정 개혁을 본격적으로 추진하려던 이노우에 가오루는 삼국간섭으로 절망한다. 조선에 대한 러시아의 입김은 강해지기 시작한다. 1895년 5월 15일 주 러 일본 공사 니시는 로바노프 러시아 외상에게 러시아 정부가 일본에게 조선의 독립을 절대로 해치지 않는 범위 내에서 행동할 것을 충고할 예정이라는 소문이 있다면서 사실 여부를 묻는다. 로바노프는 소문의 내용을 부인하면서도 일본이 조선 정부에 일본 관리들을 임명하라는 압력을 행사하고 조선의 탄광, 철도 등에 대한 특혜를 받아 내려고 하는 등 막무가내로 조선 내정에 간섭하고 있으며 이에 대한 불만이 조선에 팽배하고 있다는 보고를 받았다고 한다. 그러면서 이러한 일들은 일본에 대해 부정적인 인상을 확산시키고 있다고 한다.

니시는 이에 대한 정보가 없기에 확답을 줄 수는 없지만 뭔가 오해가 있는 듯하다면서 일본 정부는 진정으로 「조선의 내정을 개혁하여 조선의 독립을 공고히 하고자 한다」고 한다. 니시는 로바노프와의 면담 후 무츠 외무대신에게 보낸 보고서에 소문이 현실이 되지 않게 하려면 일본은 조선에서 행동하는데 조심해야 할 것이라고 한다.[48]

무츠로부터 니시와 로바노프의 대화 내용을 전달받은 이노우에는 5월 19일 무츠에게 회신한다. 이노우에는 조선에서 일본이 하는 일에 대해 러시아가 얼마나 민감한지 잘 알고 있으며 특히 철도 건설, 전보망 부설, 개항장 추가 지정 등이 과도한 관심의 대상이 되고 있다면서 조선 정부의 모든 기관에 일본인 고문들을 배치한 것은 사실이지만 궁내부와 통상외무아문에는 의도적으로 일본인 고문을 배치하지 않았다고 한다.

그러면서 자신의 노력에도 불구하고 열강의 방해와 조선 정부 내의 수많은 음모 때문에 조선의 개혁은 지지부진하고 조선 조정은 여전히 불안하다고 한다. 조선의 무수한 당파들 간의 화해는 「절대로 불가능」해 보이고 「현재의 위기는 지나겠지만 곧바로 또 다른 위기가 닥칠 것이다」고 한다. 그는 「더 이상 무엇을 할 수 있을지 모르겠다」면서 「우리의 정책 기조가 어느 정도의 개입을 허락 할 것인지」보다 명확히 할 필요가 있다고 한다. 그러면서 「앞으로의 정책을 논의하기 위해서」 도쿄로 일시 귀국하고 싶다면서 「더구나 저는 류마티즘으로 고생하고 있습니다」고 한다.[49]

무츠 역시 러시아의 개입을 걱정한다. 5월 18일에는 주영 일본 공사 가토 다카아키(加藤高明, 1860.1.3.~1926.1.28.)에게 전문을 보낸다.

일본이 조선에서 하고 있는 일에 대해 러시아가 강력히 항의할 것으로 보인다. 현재 일본은 이에 대해 끝까지 맞설 수 있는 입장이 아니다. 러시아의 요구에 맞서는데 있어서는 가장 적합한 방법으로 맞서야 하며 러시아가 동방을 장악하는 것은 영국의 이해에도 반하는 것이다. 그리고 영국이 지난 10월 공동으로 조선의 독립을 보장하는 방안을 제안했었기에 영국 정부에 이에 관해 문의하고자 한다.

무츠는 가토에게 영국이 일본의 입장을 지지할 것이라고 생각하는
지 묻는다.[50]

가토는 영국 정부의 의사를 타진하지도 않고 5월 19일 곧바로 답한
다. 가토는 지난 10월 이후 상황이 완전히 바뀌었기 때문에 영국 정
부와 상의해보기 전에는 확답을 할 수 없다면서 그러나 일단은 영국
정부가 관망하는 정책을 취할 것으로 보인다고 한다. 「특히 조선에
대한 야심을 갖고 있는 러시아 입장에서는 이러한 안(영국과 일본이
공동으로 조선의 독립을 보장하는 방안)을 받아들일 수 없을 것이기
때문」이라고 한다. 따라서 영국 정부는 러시아가 먼저 조선에 적극적
으로 개입하기 전에는 움직이지 않을 것이라고 한다.[51]

무츠는 가토에게 보낼 훈령을 준비한다. 무츠는 가토가 영국에 전
할 내용을 나열한다.

첫째, 일본이 청과 전쟁을 치른 것은 조선의 독립이 그 목표였으며 랴오
둥반도를 할양 받으려고 한 것도 이러한 의도에서였다. 그렇기에 랴오
둥반도를 반환하는 것은 앞으로 일본이 조선을 돕는 일을 더 어렵게 만
들 것이다.

둘째, 지난 해 10월 열강들이 조선의 독립을 보장하면 일본의 평화조약
조건으로 받아들이겠냐고 물어왔는데 이제 일본은 이러한 보장이 조선
의 독립을 보장해 줄 것이라고 믿게 되었으며 만일 그렇게 된다면 조선에
서 모든 군사를 다 철수할 것이다.

셋째, 삼국간섭이 일어난 것도 조선의 독립이 위협받을 것으로 생각해서

이루어진 것이기 때문에 삼국도 이러한 제안에 논리적으로 반대할 명분이 없을 것이다.

가토는 킴벌리(Kimberley) 영국 외무상에게 다른 어떤 열강에도 이런 제안을 하지 않았으며 영국의 답을 듣기 전에는 하지 않을 것임을 밝히라고 한다. 그리고 동시에 킴벌리에게 일본이 랴오둥반도를 반환하는 만큼 청으로부터 「포기한 영토의 일부분이라도 다른 열강에게 할양하지 않을 것을 청에게 요구하는 것은 자연스럽고 당연한 일」이라는 것도 얘기하도록 한다. 가토는 또한 영국과 일본의 이해는 일치하기에 두 정부가 공동으로 다른 열강들에게도 이러한 제안을 할 것을 제안하도록 한다. 그리고 「러시아가 곧 조선 문제를 갖고 일본에게 접근할 것이기 때문에」 영국이 가급적 빨리 움직여줄 것도 부탁하라고 한다.[52]

5월 25일 일본 내각은 열강들이 조선의 독립을 보장하는 것이 현실화될 것을 대비해서 무츠가 준비한 발표문을 논의한다.

일본이 청과 전쟁을 시작한 것은 조선에서 청의 나쁜 영향을 걷어 버리기 위해서였다. 이 목표는 시모노세키 조약으로 인하여 완전히 달성하였다.

조선이 독립을 지속하는 것은 모두가 바라는 바다. 따라서 제국 정부는 단독으로 조선의 독립을 유지시키는 책임과 의무를 떠맡을 필요가 없다고 생각한다. 따라서 반도왕국(조선)의 상황을 개선하는데 필요한 여하한 조치라도 다른 열강들과 협력할 의향이 있음을 밝히면서 제국 정부는 앞으로 조선과의 관계를 조약상의 권리(convention rights)에 기반할 것임을 밝힌다.[53]

5. 이노우에와 개화파의 결별

5월 31일, 일본 정부는 이노우에 공사에게 일시 귀국하여 조선 상황에 대한 대면보고를 하도록 명한다. 이노우에는 일본으로 일시귀국하기 전 고종과 오랜 시간 대화를 나눈다. 고종은 이노우에에게 대원군은 항상 반외세였지만 민씨들은 그렇지 않다고 한다. 민씨들은 일본과 친하게 지내려고 하지만 오히려 일본이 이들을 거부하였다면서 이는 「앞뒤가 안 맞는다」고 한다.

이노우에가 6월 7일 일시 귀국하자 일본의 『니치니치신문』은 이노우에가 귀국한 사실을 보도하면서 조선은 설사 열강들이 조선의 독립을 보장한다고 해도 자치가 불가능한 나라라고 한다. 이제 할 수 있는 것은 조선을 합병시키든지 아니면 보호령을 만들고 그것도 안되면 그저 운명에 맡기는 방법 밖에 없다고 한다. 그러나 일본은 조선을 합병시킬 의도는 가져본 적이 없고 보호령은 일본의 국익에 도움이 되지 않을 것이라고 한다.[54]

이노우에가 귀국하자 일본 정부는 조선 개혁 정책을 포기하기로 한다. 일본 내각은 6월 4일 삼국간섭으로 랴오둥의 반환을 결정한지 한달 후, 조선 내정 개혁을 포기하는 결정을 내린다.

우리의 조선정책은 조선의 독립을 인정하고 조선이 청의 속방이라는 주장을 거부하는 것이었고 결국 조선의 독립을 실현시켰다. 작년에 벌어진 일본과 청 간의 전쟁도 이러한 정책을 추진하는 과정에서 일어났다. 우리의 승리로 인하여 청은 조선의 독립을 인정하였고 우리는 러시아가 조선의 완전한 독립을 인정할 것을 요청하였을 때 우리의 과거의 정책에 입각하여 이미 수차례 명실상부한 조선의 독립을 인정한다는 것을 천명하였기에 우리는 지금부터 가능한 한 조선의 내정에 개입하는 것을 자제함으로써 조선이 자치를 이룰 수 있도록 할 것이다. 따라서 우리는 수동적인 정책을 추진할 것을 결의한다. 이러한 결정에 따라 우리는 그 나라[조선]에 강제로 철도와 전보망을 건설하는 것을 포기한다.[55]

개화파를 통해서는 구미 열강의 압력을 제어할 힘이 없음을 깨달은 이노우에는 결국 고종, 민비, 민씨 척족과의 관계를 회복하는 방법밖에 없음을 깨닫는다. 이에 일본은 조선조정에 막대한 재정지원을 하기로 한다. 첫 번째 안은 청나라로부터 받은 전쟁 배상금 중 5,000,000~6,000,000엔을 사용하여 3,000,000엔은 조선이 일본에 지고 있는 빚을 탕감하는데 사용하도록 하고 1,000,000~1,500,000엔은 조선 왕실에 선물로 주는 안이었다. 나머지는 한양-인천 철도 부설 등에 사용하고 모자라는 액수는 일본 개인이나 은행으로부터 융자를 받아 채우는 안이었다. 두 번째 안은 2월에 제안했던 3,000,000엔 차관에 대한 조건을 완화하는 것이었다.[56] 일본 정부는 결국 3,000,000엔 차관을 15~20년 상환 조건으로 제공하고 추가로 3,000,000엔을 조선-일본 우호 관계를 「항구적으로 기리기 위한 사업」을 위해 무상 제공하기로 한다.

한 달간 일본에 머무는 동안 이노우에는 2,000,000~3,000,000엔의 차관을 의회의 동의로 얻을 수 있을 것이라는 희망을 갖고 조선으로 돌아간다. 이노우에가 조선으로 귀임한 후에는 5월 25일 내각 회의의 결정에 따라 조선의 내정에 대한 간섭을 최소화하면서 고종과 각료들이 국정을 운영하도록 한다. 개혁의 폭은 원래 계획했던 것보다 줄어들 수밖에 없었지만 그래도 희망이 보였다. 그는 이 차관을 개화파 대신들을 통하지 않고 직접 고종과 집행할 생각이었다. 차관의 가장 큰 용처는 한양-인천 철도 건설과 고종을 위한 궁궐 건설이었다. 나머지 금액으로는 정부 재정적자를 메우고 고종 개인이 사용할 수 있는 자금을 제공하기로 한다. 철도 건설비는 1,000,000엔 정도가 들 것으로 예상했다.[57]

이노우에는 7월 11일 조선으로 귀임한다. 이노우에가 돌아온다는 소식이 전해지자 그 사이에 박영효를 축출한 고종은 걱정한다. 이노우에가 3천명의 군사를 이끌고 돌아와 박영효를 축출한 자들을 벌할 것이라는 소문이 파다했다. 그러나 스기무라는 이노우에의 귀국을 다음과 같이 기록하고 있다. 「그러나 조선 사람들의 예상과 달리 이노우에는 일본 군대를 이끌고 오지 않았다. 그가 데려온 것은 그의 부인뿐이었다. 어떤 일본인들은 이노우에가 궁으로 가서 고종의 목을 조를 것이라고 하였으나 기대와는 달리 이노우에는 무척 침착했다......」[58]

이노우에는 고종과 민비와의 관계를 회복하기 위하여 처음 조선에 부임할 때 제시한 21조 개혁안 중 민비의 정치 개입을 금하는 제20조를 삭제하고 민비가 다시 정치에 적극 개입해도 좋다고 한다. 7월 25일 고종과 민비를 알현하면서 이노우에는 일본은 조선의 독립과 왕실의 안녕을 진심으로 원한다는 것과 일본 정부가 은밀하게 조선 정부에 3백만엔을 제공하는 안을 일본 의회에서 가을에 통과시킬 것이라고 전한다. 또한 고종으로 하여금 민씨 척족들에 대한 사면령을 내림으로써 대원군이 숙청한 민씨들이 권력에 복귀할 수 있는 길을 터 놓는다.[59] 고종과 민비는 크게 기뻐한다.[60] 이노우에는 자주 궁

을 방문했고 그의 사무실은 「궁으로부터 온 손님들로 북적댔다」.[61]

한편 이노우에는 국왕과 왕비와 아주 가까운 신료들을 제외하고는 조선의 대신들과는 정치를 논하지 않기로 한다. 이로써 이노우에는 개화파와 갈라선다. 박영효의 동료들은 이노우에에게 크게 실망한다. 「어제까지도 이노우에는 개화당의 친구였으나 오늘은 국왕의 친구다」. 이노우에의 주된 임무는 고종에게 비자금을 전해주는 것과 민씨 척족들을 일본에 유학시키는 일이었다. 이노우에의 주선으로 20~35세의 민씨들 20명이 일본으로 유학을 떠나는 것도 이때다. 반면 내각은 무시당한다.[62]

7월 12일, 이토는 로우터(Gerard Augustus Lowther, 1858.2.16.~1916.4.5.) 주일 영국 대리공사에게 「열강들이 조선의 독립을 위하여 공동의 보장을 제공할 수 있도록 하는 안」을 영국 수상 솔즈베리(Robert Arthur Talbot Gascoyne-Cecil, 3rd Marquess of Salisbury, 1830.2.3.~ 1903.8.22.)에게 보내겠다고 한다. 이에 로우터는 「지금 러시아, 프랑스, 독일이 이렇게 화합해서 함께 일하고 있는 때라서 안 좋을 것」이라고 하지만 이토는 「러시아의 계획을 망치기 위해서」 솔즈베리의 견해를 듣겠다고 한다. 이토는 사람들이 일반적으로 생각하기를 러시아의 목표가 부동항과 만주의 일부를 얻는 것으로 여기지만 러시아의 진정한 목표는 조선을 보호령으로 만드는 것이라고 한다. 그러면서 아직 결정적인 증거도 없고 러시아의 공식적인 입장도 그렇지 않지만 러시아가 그러한 방향으로 움직이고 있는 정황은 많이 포착되고 있다고 한다.[63]

7월 13일, 주 청 영국 공사가 오코너(O'Conor)가 주 청 일본 공사 하야시에게 러시아 군 60,000명이 이르크추크에서 조선 국경으로 이

동 중이라는 소문을 들었냐고 묻자 하야시는 그런 정보는 들은 바가 없다고 한다. 그러면서, 이 소문이 만일 사실이라면 러시아 군이 이동하면서 거치는 모든 지역에 스파이를 두고 있는 일본 육군참모부 (General Army Staff)가 알 것이라고 한다. 또한 만일 러시아가 조선을 침공한다면 일본은 러시아와 전쟁을 할 수 밖에 없고 전쟁이 일어나면 일본은 육지에서 승리할 것이라고 한다. 하야시는 바다에서는 러시아가 우위에 있다는 것은 인정한다. 특히 현재 러시아 함대가 중국 근해에 배치하고 있는 3척의 전함을 상대할 수 있는 일본 전함은 없다고 한다. 「그러나 일본은 어뢰정에 우위를 확보하고 있으며 많은 항구와 석탄 저장소를 갖고 있다」고 한다. 그러면서 하야시는 일본 해군의 전략은 러시아 함대를 예상하지 못하는 곳에서 급습하여 괴롭히는 게릴라전을 전개하는 것이라고 한다.[64]

일본의 불안은 조선에서 러시아의 영향력이 점차 강해지기 시작하면서 가중된다. 주 조선 영국 총영사 힐리에는 7월 중순 러시아의 영향력이 「급격히 상승」하고 있다고 본국에 보고한다. 영국 공사관의 조선인 통역사는 고종의 초청을 받는 일이 별로 없는데 반하여 러시아 공사관의 조선 통역관은 지난 몇 주간 거의 매일 고종을 알현하고 있다고 한다. 힐리에는 얼마 전에 파면되었던 르장드르(Legendre)가 고종의 아들(순종)의 개인 교사와 왕실의 고문으로 고용된 것은 베베르 주 조선 러시아 공사의 영향력 때문이었다고 한다.

그리고 러시아 공사관의 비서인 니콜라이 라스포포프(Nikolai Aleksandrovich Raspopov)가 곧 고종의 고문에 임명될 것이라는 소문이 도는데 이는 아직 확인하지는 못했지만 사실일 것이라고 한다. 그 이유는 「베베르씨와 미국 공사 (실스)는 매우 가깝고 일본이 수많은 고문들을 강제로 조선 정부에 강요하는 것에 노골적으로 반대하고 있으며 일본인 고문을 다른 외국인들로 대체하는 것이 목적」이라고 한다. 힐리에는 이어서 「미국인들은 두 명의 미국인이 고문으로 임명된 것에 매우 만족하고 있고 (비록 그 중 한 사람인 그레이트하우스(Clarence R. Greathous)는 별로 능력이 없는 사람이지만), 러시아 역시 만일 라스포포프에 대한 소문이 사실이라면 러시아의 이익을 챙기는 두 명의 고문을 심게 될 것이기 때문이다」고 한다.[65]

일본의 예상대로 러시아는 일본의 조선정책에 대해서 불평하기 시작한다. 7월 31일, 본국 정부의 훈령을 받은 히트로보는 사이온지에게 조선이 겉으로는 평화로워 보이고 왕도 필요한 개혁을 추진하는 것처럼 보이지만 고종은 일본의 개입이 조선 백성들의 눈에 자신의 권위를 떨어뜨리고 있다고 생각한다고 한다. 러시아는 일본 정부가 과거에 조선의 독립을 보장한다고 선언한 것을 상기시키면서 그 선언에 부합하게 행동하기를 원한다고 한다.

히트로보는 또한 일본 정부가 오해를 사지 않기 위해 조선 문제에 대해서 러시아와 합의를 도출할 것을 종용하면서 니시에게 필요한 훈령을 내릴 것을 제안한다. 사이온지는 자신도 조선 문제에 대한 오해를 불식시키기 위해 러시아 정부와 합의에 도달하는 것이 중요하다고 보지만 얼마 전 조선으로 돌아간 이노우에로부터 조선의 실제 상황이 어떤지에 대한 보고를 받기 전까지는 정확히 무엇을 해야 할지 모르겠다고 한다.[66]

히트로보는 이토 총리대신에게도 조선 문제에 대해 묻는다. 그러나 이토 역시 사이온지처럼 이노우에 공사의 보고를 받아봐야 답할 수 있다고 한다.[67]

히트로보와 사이온지 간의 대화에 대해 보고를 받은 이노우에는 러시아와 어떤 조건으로 합의에 도달하는지는 전적으로 정부에 달렸다고 한다. 러시아와의 현 관계를 유지하기 위해서 그렇게 해야만 한다면 자신도 양국이 조선 영토를 조금도 침탈하지 못하는 것을 기본적인 조건으로 하겠다고 한다. 그러나 이 문제를 영국이 어떻게 바라보고 있는지 주시해야 하며 이것이 시간을 벌기 위해서 하는 거라면 몰라도 영국의 역할을 과소평가해서는 안될 것이라고 한다.[68]

6. 제3차 갑오경장 (1895.8.10.)

8월 10일 김홍집은 다시 한번 총리대신에 임명된다. 그러나 내각은 더 이상 이노우에의 지원을 받지 못하면서 모든 영향력을 상실하고 표류한다. 이노우에와 일본의 지원 없이 김홍집 내각에 의해서 추진된 제3차 갑오경장은 조선 내정을 개혁하고 강한 정부를 만든다는 본래의 목적에서 벗어나기 시작한다. 국가 체제의 근본적인 문제들을 개혁하는데 초점을 맞추기 보다 지엽적인 문제들에 관한 법령들을 만들기 시작한다.

관료들의 부인과 소실들의 명칭을 제정하고 담뱃대의 길이를 줄이고 남자들의 윗도리의 소매 섶을 줄이고, 갓 챙의 넓이를 줄이고 외투의 색깔을 규제하고 가마를 들고 갈 수 있는 하인 숫자를 줄인다. 정부가 사소한 관습법까지 제정하면서 백성들의 분노를 자초한다.

1년 넘게 지속된 개혁에 대한 백성들의 반감을 최고조로 끌어 올린 것은 단발령이었다. 한 미국인은 단발령이야말로 「낙타의 등을 부러뜨린 마지막 지푸라기」, 또는 문제가 되는 사안들의 경중을 고려할 때 보다 정확히 말하자면 「지푸라기의 등을 부러뜨린 마지막 낙타」 라고 하는 것이 옳을 것이다」고 한다.[69]

한편 조선에 제공되는 차관을 의결할 일본 임시 의회는 계속해서 연기된다.[70] 그리고 결국 삼국간섭 이후 일본 정부의 대외 정책에 대한 비난이 쏟아지면서 일본 내각은 가을에 열기로 예정되었던 임시 의회를 열지 않기로 한다. 조선 왕실에 제공할 3백만엔은 일본 의회를 통과해야 되는 사안이었기에 역시 보류된다.[71]

8월 29일까지만 해도 이노우에는 차관이 들어올 것으로 생각했다. 그날 이노우에는 와병 중인 무츠를 대신해서 외무대신직을 수행하고 있던 사이온지에게 「3,000,000엔은 비밀 전문 79호에서 내가 제안했던 명의로 보내주길 바랍니다. 돈과 관련해서는 경의 훈령을 받았고 왕과 정부의 모든 대화는 그 훈령에 따랐습니다」라고 한다.[72]

이때 미우라 고로가 주 조선 공사로 임명되어 한양에 도착하여 9월 3일 고종에게 신임장을 제정한다. 이노우에는 자신이 특명전권공사로 남아 있으면서 미우라를 조선 정부에 소개하고 차차 임무에 적응하게 한 다음 자신이 수립한 개혁 계획을 미우라로 하여금 집행하도록 하는 것으로 생각했다. 그는 미우라를 고종에게 소개하고 고종에게도 그렇게 얘기를 한다.

그러나 9월 4일 사이온지는 미우라에게 전보를 보내 이노우에에게 전하도록 한다. 전보에는 조선에 두 명의 일본 공사가 있을 수 없고 따라서 이노우에는 일본으로 돌아와야 한다고 적혀 있었다. 그리고는 「경의 185호 전보에 관해서는 [차관을 통과시키기 위한] 긴급의회를 소집하지 않기로 결정되었습니다」라고 한다.[73]

이노우에는 격노한다. 그는 사이온지에게 곧바로 전보를 보내 이 제 그는 창피해서 고종을 볼 수가 없다고 한다. 미우라는 앞으로 「조선의 내정에 관해서는 아무런 발언권이 없을 것」이라고 한다. 그리고 는 고종에게 공사직을 사임했음을 알렸다고 한다.

저는 오늘 왕에게 신임장을 반환하였습니다. 저는 더 이상 주 조선 공사가 아닙니다. 그저 일개의 민간인일 뿐입니다. 나는 새 공사가 적응할 때까지 이곳에 머물것으로 예상했었지만...... 이제 경은 저에게 모든 것을 그만두고 돌아오라고 명령했습니다. 그래서 나는 모든 것을 멈추고 내일 떠날 것입니다.[74]

사이온지는 다시 전문을 보내 이노우에가 귀국하면 임시 의회 건에 대해서 자세히 설명하겠다고 한다. 그리고 모든 것을 멈추고 돌아 오라고 하였지만 곧바로 오라는 뜻은 아니었다고 한다. 그러면서 미우라에게 상황 등을 설명해 주고 난 다음 돌아와 달라고 한다. 그러자 이노우에는 또 전보를 보내 내각이 의회로 하여금 예산을 통과시키도록 하지 않으면 「미우라는 설자리가 없을 것」이라면서 「우리는 조선을 버리는 것이고 모든 품위를 잃게 될 것」이라고 한다.

그러나 이노우에는 차관을 받지 못했다는 사실을 고종과 민비에게 알리지 않는다. 고종을 마지막으로 알현한 9월 16일 이노우에는 고 종에게 3백만 엔은 일본 정부가 재정적인 문제를 해결하는 즉시 제공 될 것이라고 한다. 그는 9월 17일까지 조선에 남는다.[75] 그러나 「기부금」은 오지 않는다. 그로부터 한 달도 안되어 「을미사변」이 일어난다. 조선에 대한 일본의 영향력은 사라진다.[76]

7. 을미사변 (1895.10.8.)

미우라 고로(三浦梧楼, 1847.1.1.~1926.1.28.)는 7월 19일 주 조선 전권공사에 임명된다. 그는 거듭 고사한다. 자신은 외교에 문외한이며 과거에도 프랑스 공사에 임명된 적이 있었지만 여러 차례 고사한 바 있다고 한다.[77]

미우라는 조선 공사에 어울리지 않는 사람이었다. 미우라는 이토나 야마가타와 같은 조슈 출신이었지만 일찍부터 삿쵸동맹에 반대해온 인물이었다. 보수주의자이면서 극단적 민족주의자였던 미우라는 조선의 복잡하고 민감한 상황에 대처할 자질이 없는 사람이었다. 미우라 본인도 자신 같이 아무런 외교 경험도 없는 사람이 조선에 부임하는 것은 「컴파스나 별도 안보이는 깜깜한 밤에 배를 타고 항해하는 것과 같다」고 한다.[78]

그러나 도사의 사무라이 출신으로 야마가타 아리토모를 도와 일본 육군 창설에 기여한 다니 다테키(谷干城, 혹은 다니 간조, 1837.3.18.~1911.5.13.)가 미우라를 추천하자 이토는 이를 받아들인다. 다니는 특히 미우라가 박영효와 친하다면서 적극 추천한다. 이토는 의회 내의 반정부 강경파들을 무마시키기 위해서 미우라를 임명한다. 이토는 미우라가 일본 정부의 6월 4일 결정에 따라 조용한 외교를 할 것으로 기대했다.[79]

미우라는 조선에 부임하기 전인 8월 3가지 조선정책 대안을 내놓으면서 어떤 정책을 추진하는 것이 좋을지 공개적으로 질의한다. 첫째는 「은혜적(恩惠的) 정책」으로 조선을 일본과 동맹을 맺은 독립국으로 인정하고 조선의 독립을 지키고 개혁을 돕는 것, 둘째는 「협박(脅迫) 정책」으로 다른 서구 열강들과 조선의 독립을 공동으로 보호할 것, 셋째는 「묵종(默從) 정책」으로 다른 열강과 조선을 분할 점령하는 것 등이었다.[80] 그러나 아무도 그에게 어떤 정책을 추진해야 좋을지 지침을 주지 않는다. 미우라는 자신이 받은 유일한 지침은 야마가타 아리토모가 가급적 빨리 조선에 부임하라는 지침 밖에 없었다고 한다.[81]

미우라 고로(三浦梧楼)

　미우라는 조선에 부임할 때 오카모토 류노스케(岡本柳之助, 1852.8.14.~1912.5.14.)를 대동한다. 오카모토는 1894년 7월 23일 오토리 공사가 경복궁을 장악할 때도 대원군을 설득해서 동행했던 인물이다. 오카모토는 김옥균과 각별했다. 김옥균이 상하이에서 홍종우에게 암살되었다는 소식을 들은 오카모토는 곧바로 상하이로 가서 김옥균의 시신을 수습하고자 한다. 김옥균의 시신을 그의 적들이 능욕하는 것을 막기 위해서였다고 한다.[82] 그는 비록 김옥균의 시신을 수습하는데는 실패하지만 김옥균을 끝까지 추앙한다.

　미우라는 9월 3일 고종을 알현하고 신임장을 제정한다. 미우라는 고종과 민비에게 좋은 인상을 남긴다. 그는 자신이 일개 군인에 불과하고 따라서 외교의 화려한 화술에 능하지도 않으며 자신은 왕이 부르지 않는 이상 공사관에 머물면서 불경을 필사하거나 조선의 아름다운 자연을 감상하면서 소일을 하겠다고 한다. 그는 민비에게 『묘법

연화경(妙法蓮華經)』 필사본을 곧 바칠 수 있게 되기를 바란다고 한다. 실제로 그는 조선에 부임한 후 주로 공사관에 머물면서 불경을 읽는데 대부분의 시간을 보낸다.[83]

그러나 그는 이때 이미 민비를 시해할 계획을 하고 있었다. 미우라가 부임했을 때 한양의 일본인들은 민씨 척족의 복귀가 일본에게는 불리하게 작용할 것을 우려하고 있었다. 한양에는 일본이 임명한 제2차 김홍집 내각을 대상으로 하는 음모들이 있다는 소문이 파다했다. 미우라는 훈련대의 반란이나 대원군의 음모가 곧 터질 것으로 예상한다.[84] 미우라는 극단적인 반일주의자였을 뿐만 아니라 근대 개혁을 반대하는 민비를 제거하면 조선과 일본의 관계가 좋아질 것이라고 단순하게 생각한다.

이때 뜻밖에도 대원군이 미우라에게 접근한다. 대원군은 미우라의 전임자였던 이노우에 가오루에 의해서 권력에서 배제되었지만 왕실과 일본 공사관의 관계가 악화되는 것을 보고는 고종과 민비, 민씨 척족에 대한 반격의 기회로 삼고자 한다. 9월 말 대원군은 일본 공사관의 영사관보 호리구치 구마이치(堀口九萬一, 1865.2.23.~1945.10.30.)를 통하여 미우라에게 화해의 손짓을 보낸다.

대원군은 일본의 도움으로 조선 조정을 개혁하기를 원한다고 한다. 망설이던 미우라는 대원군의 제안을 받아들이기로 한다. 청일전쟁과 갑오경장 초기부터 대원군과 일본 공사관의 관계를 지근거리에서 목격한 스기무라 후카시는 대원군이 일본 측이 제시하는 몇 가지 조건을 따른다는 전제 하에 그와 협력할 것을 미우라에게 충고한다. 10월 5일 미우라는 오카모토 류노스케를 대원군에게 보내 협력의 조건으로 다음의 네 가지를 제시한다.[85]

1. 태공(太公)께서는 모름지기 대군주가 궁궐 안의 일만을 다스리는데 보필해야 하며 모든 정무는 내각대신에게 일임하여 단연코 간여하지 말 것. 삼가 서고문(誓告文)에 기재된 바에 의하여 앞으로 왕실 사무 및 국정사무는 명백하게 구별하여 단연코 궁내부에서 자기 직분을 넘어서 남을 간섭하거나 정부 직권을 침범하여 그 한계를 문란하게 하는 것은 허용될 수 없으며 또 내외직 관원들의 임명, 해임 및 기타 정무에 간여할 수 없음. 태공께서는 이 모든 일에 추호도 용훼(容喙) 할 수 없으며, 모름지기 내각대신에게 주선을 일임하여 대군주의 재가를 우러러 청하여 시행하도록 해야 함.

2. 김홍집, 어윤중, 김윤식 등 3명을 위시하여 기타 몇 사람들은 정치개혁을 지성으로 원하는 사람들이니 이들을 모두 등용하여 국정을 담당하게 하고 고문관들이 말하는 바를 힘써 듣고 정치개혁사업을 단행하여 공고한 독립 국가의 기초를 도모할 것.

3. 이재면(李載冕) 군을 궁내대신(宮內大臣)에, 김종한(金宗漢)을 궁내협판(宮內協辦)에 복직시키고, 그 둘로 하여금 궁내부의 모든 일을 담당하게 할 것.

4. 이준용(李埈鎔) 군을 일본에 파견하여 3년간 유학시켜 실력을 양성하게 할 것. 다만 매년 한번 하계 방학 때에 귀성하도록 하는 것은 무방함.[86]

대원군은 손자 이준용과 상의 후 일본 공사관의 조건들을 받아들이기로 한다.[87] 오카모토는 다음 날 인천으로 떠난다. 민비 등을 안심시키기 위해서였다.[88]

대원군을 전면에 내세울 수 있다는 확신이 서자 미우라는 오카모토 류노스케와 함께 민비를 시해하고 민씨 척족을 축출할 쿠데타를 계획하기 시작한다. 거사를 조선의 정파들 간의 갈등으로 포장하기 위

해서 일본 장교들이 훈련시킨
「훈련대」를 동원하기로 한다.
정변에 참여할 일본인은 대원
군과 훈련대 통역관을 경복궁
까지 호위하고 갈 오카모토 류
노스케 한 명으로 국한시킨다.

10월 7일 아침 안경수 군부
대신은 고종이 훈련대를 곧 해
산시키고 민영익을 궁내부대
신에 임명할 것이라는 소식을
전한다. 당시 민영익은 친러파

호리구치 구마이치(堀口九萬一)

의 대표였다. 원래 거사일은 10월 10일로 잡혔으나 이 소식을 들은
미우라는 「시간이 임박했다. 한시라도 지체하면 왕실이 모든 상황을
장악하게 될 것이다」라고 스기무라에게 말하면서 행동에 들어간다.[89]

그러나 막상 거사일이 다가오자 미우라는 훈련대가 자력으로 거사
를 도모할 수 있을지 걱정하기 시작한다. 미우라는 아다치 겐조(安達謙
蔵, 1864.12.20.~1948.8.2.)와 구니토모 시게아키(国友重章, 1861.12.~1909.7.16.) 등
당시 조선에 거주하던 일본인들을 불러 모은다. 아다치는 구마모토
번 무사집안 출신으로 청일전쟁 당시 기자로 조선에 건너와 『조센지
호(朝鮮時報, 조선시보)』와 『게이조심포(漢城新報)』 등의 신문사를 운영하고 있
었다. 구니모토는 『한성신보』 주필이었다. 미우라는 이들에게 민비
시해 계획을 얘기하고 조선에 있는 일본 소시(壯士: 폭력배)들을 동원해
줄 것을 요청한다.[90]

미우라는 모든 책임을 조선 측에 돌리기 위해 민비는 대원군이 기

도한 쿠데타 와중에 시해된 것
이라고 하기로 한다. 궁을 수
비하고 있는 일본군은 구데타
를 지원하는데 동원하지만 실
제로 민비를 시해하는 것은 한
양의 일본 폭력배 「소시」들이
하도록 계획한다.[91]

아다치 겐조(安達謙蔵)

10월 7일 미우라는 아다치
를 불러 상황이 급변하고 있기
때문에 그날 밤 거사해야 한다
고 한다. 10월 8일 새벽, 일본
소시들과 민간인 복장을 한 일본 경찰 등이 운현궁에 들이닥친다. 아
직 잠에서 덜 깨어 정신이 혼미한 대원군을 가마에 태운다. 경복궁으
로 향하던 중 대원군은 가마를 세우게 한 다음 오카모토에게 왕과 왕
세자에게는 절대 해가 가해져서는 안된다는 약속을 받아낸다. 이때
대원군이 일본인들이 민비 시해를 계획하고 있다는 사실을 인지하고
있었는지는 불확실하다.[92] 대원군의 가마가 경복궁에 도착했을 때는
이미 동이 트기 시작했다. 궁에는 60명 정도의 소시들과 일본 군인
들이 도착해 있었다.

다음은 고종의 명으로 1896년 3월 조선 정부의 고문이자 법부협
판이었던 그레이트하우스(Clarence Ridgley Greathouse, 1846~1899.10.21.)가 을
미사변 가담자들에 대한 재판을 진행한 후 발표한 공식 보고서의 일
부다.

일본 군인들은 정문을 통과해 곧바로 이 건물(국왕 내외의 처소인 건천궁)을 비롯하여 궁내의 여러 곳으로 향했다. 도중에 궁을 수비하던 조선 군사들을 만나고 조선 군사들 몇 명이 죽는다. 그러나 조선군은 별다른 저항을 하지 못한다.

일본인들이 국왕 내외의 처소에 도착하자 이들 중 일부는 장교의 명령에 따라 군대식으로 정렬을 하고, 작은 정원에 있는 건물에서 몇 발자국 떨어지지 않은 곳에서 정원으로 들어오는 문을 지킴으로서 중전마마를 찾아서 죽이는 나쁜 일을 하러 온 소시들과 다른 일본인들을 지킨다.

30명 정도의 일본인 소시들은 일본인 우두머리의 지도하에 칼을 뽑아 들고 건물안으로 뛰어들어가 방방을 뒤지고 모든 궁녀들을 잡아서 머리채를 잡아 구타하면서 중전이 어디 있는지 물었다. 이는 당시 정원에 있던 궁궐 수비대와 일하던 사바티니씨 등이 모두 목격하였다. 사바티니씨는 정원의 일본 장교들이 일본인 군사들을 지휘하는 것을 보았고 궁녀들에 대한 천인공노할 일을 저지르는 것을 보았고 자신도 일본인들에 의해서 중전마마가 어디 있는지 대라고 하지만 대지 않자 수차례 위협을 받는다.

그의 증언에 따르면 당시 정원에는 일본군 장교들이 있었고 일본인 소시들이 저지른 모든 것을 다 알고 있었으며 일본 군인들은 정원을 에워싸고 정원 문을 지키면서 소시들이 살인을 저지르는 것을 보호하고 있었다.

모든 방을 뒤지던 소시들은 결국 작은 골방에 숨어 있는 중전을 찾아 칼로 내리쳤다. 심한 부상을 입은 것은 확실하지만 목숨이 끊겼는지는 확실하지 않은 중전을 비단 홑청으로 싼 판자위에 눕히고 마당으로 나갔다. 곧 이어 일본 소시들의 지휘하에 중전의 시신을 나무들이 있는 곳으로 옮기고 케로신을 붓고 나뭇가지들을 위에 쌓은 다음 불을 붙였다.

타지 않고 남은 것은 뼈 몇 조각 뿐이었다. 중전을 시해하는 악행의 임무를 맡은 일본인 소시들은 확인 차원에서 여러 명의 궁녀들을 잡아와 자신들이 불태운 시신이 중전이었음을 증언하도록 한다. 그리고 일본인들과 조선인 반역자들은 중전마마가 도망칠 수 없도록 철저하게 준비를 하였던 것으로 드러났다.

클래런스 그레이트하우스(Clarence R. Greathouse)

이리하여 우리의 경애하는 중전마마이자 세자의 모친은 잔혹하게 암살되고 모든 증거를 인멸하고자 그의 시신은 불태워졌다.[93]

일본군과 폭력배들이 경복궁을 다시 한번 장악하면서 대원군도 다시 한번 권력을 잡는다. 대원군은 어윤중을 탁지부대신, 유길준을 내부 및 학부대신에, 조희연을 군부대신에 임명한다. 사변 직후 우치다 영사가 미우라를 만나자 미우라는 「조선은 드디어 일본의 손아귀에 있다. 이제 안심할 수 있다」고 한다.[94]

미우라는 8일 늦은 아침에야 사이온지 외무대신에게 전문을 보내 사건을 보고 한다. 미우라는 이번 사건이 대원군과 훈련대의 음모였으며 일본이 개입한 것은 고종을 보호하고 조선의 군대가 서로 충돌하는 것을 막기 위해서였다고 한다. 그러나 미우라의 보고는 거짓이었음이 곧 드러난다. 시해 장면을 목격한 궁녀들이 있었고 미국 군사

고문 윌리엄 다이(Wiliam Dye) 장군은 칼을 빼든 일본인들이 오가는 것을 경복궁에서 목격한다. 미국 공사 호러스 알렌도 「악마 같이 생긴 일본인들이 옷을 풀어헤친 채 긴 칼과 소드케인(sword cane, 칼이 든 지팡이)들을 들고 궁을 급히 떠나는 모습」을 본다.[95]

이런 증언들이 나오자 일본 공사관은 시해를 한 것은 일본인과 서양인 옷을 입은 조선 사람들이었다고 우긴다. 알렌은 「대꾸할 가치도 없을 만큼 어처구니 없는 주장」이라며 일축한다.[96] 결국 사건의 전말이 밝혀지면서 미우라는 해임되고 본국으로 송환된다. 미우라 고로, 오카모토 류노스케 등은 군법재판을 받지만 모두 증거불충분으로 무죄 판결을 받는다.

10월 10일 고종은 민비를 폐서인 한다는 교지를 발표한다.

짐(朕)이 보위(寶位)에 오른 지 32년에 정사와 교화가 널리 펴지지 못하고 있는 중에 왕후(王后) 민씨(閔氏)가 자기의 가까운 무리들을 끌어들여 짐의 주위에 배치하고 짐의 총명을 가리며 백성을 착취하고 짐의 정령(政令)을 어지럽히며 벼슬을 팔아 탐욕과 포악이 지방에 퍼지니 도적이 사방에서 일어나서 종묘 사직(宗廟社稷)이 아슬아슬하게 위태로워졌다.

짐이 그 죄악이 극대하다는 것을 알면서도 처벌하지 못한 것은 짐이 밝지 못하기 때문이기는 하나 역시 그 패거리를 꺼려하기 때문이기도 하였다. 짐이 이것을 억누르기 위하여 지난해 12월에 종묘(宗廟)에 맹세하기를, 「후빈(后嬪)과 종척(宗戚)이 나라 정사에 간섭함을 허락하지 않는다」고 하여 민씨가 뉘우치기를 바랐다. 그러나 민씨는 오래된 악을 고치지 않고 그 패거리와 보잘것없는 무리를 몰래 끌어들여 짐의 동정을 살피고 국무 대신(國務大臣)을 만나는 것을 방해하며 또한 짐의 나라의 군사를 해산한다고 짐의 명령을 위조하여 변란을 격발시켰다. 사변이 터지자 짐을 떠나고 그 몸을 피하여 임오년(1882)의 지나간 일을 답습하였으며 찾아도 나타나지 않았다. 이것은 왕후의 작위와 덕에 타당하지 않을 뿐만 아니라 그 죄악이 가득차 선왕(先王)들의 종묘를 받들 수 없는 것이다. 짐이 할 수 없이 짐의 가문의 고사(故事)를 삼가 본받아 왕후 민씨를 폐하여 서인(庶人)으로 삼는다.[97]

8. 단발령 (1895.12.30.)

김홍집 내각을 상대로 한 음모는 끊이지 않는다. 11월 말, 미우라의 후임으로 조선 공사에 임명된 고무라 주타로(小村壽太郎, 1855.10.26.~1911.11.26.)에게 이범진(李範晋, 1852.9.3.~1911.1.26.) 등이 쿠데타를 획책하고 있다는 정보가 들어온다. 이범진은 형조판서, 판의금부사 등을 지낸 이경하(李景夏, 1811~1891)의 서자였다. 1873년 생원시 입격 후 1879년 식년문과에 병과 급제하여 고종과 민비의 총애를 받아 직책이 법부대신 서리에 오르지만 을미사변으로 물러난다. 친러파였던 이범진은 을미사변 당시 러시아 공사관으로 피신한다.

이범진의 계획은 200명의 군사와 40명의 검객을 동원하여 궁을 급습하여 김홍집 내각의 대신들을 모두 죽이고 새로운 내각을 세우는 것이었다. 고무라가 김홍집에게 이러한 사실을 알리자 김홍집은 일본군이 궁궐을 지키고 음모를 획책하는 일당을 체포할 것을 요청한다. 열강의 눈치를 보고 있던 고무라는 일단 이범진 일당에게 경고하여 자진 해산 하도록 한다. 그러나 이범진은 계획대로 11월 28일 새

고무라 주타로(小村壽太郎)　　　이범진

벽, 경복궁을 공격하면서 「춘생문 사건(春生門 事件)」을 일으킨다. 그러나 새 궁궐 수비대는 이들의 공격을 저지하고 일당들 일부는 다시 러시아 공사관 안으로 피신한다. 이범진은 한양을 빠져나가 인천에서 러시아 군함에 올라 상하이로 피신한다.[98]

김홍집 내각을 붕괴시키고 갑오경장이 실패로 막을 내리게 되는 결정적인 계기는 다른 정파들의 음모가 아닌 근대식 개혁 그 자체였다. 12월 30일(음력 11월 15일), 고종은 「단발령」을 내린다.

짐(朕)이 머리를 깎아 신하와 백성들에게 우선하니 너희들 대중은 짐의 뜻을 잘 새겨서 만국(萬國)과 대등하게 서는 대업을 이룩하게 하라.[99]

이어 내부대신 서리 유길준은 다음과 같은 공고문을 발표한다.

최근의 단발령은 건강과 업무 처리에 유리하다고 판단되며 우리 대군주 폐하께서는 행정 개편과 국력확장의 두 가지 관점에서 그의 신하들의 건의를 받아들여 우리에게 본보기를 보이셨다. 대조선국의 모든 신민들은 폐하의 의도를 경건하게 따라야 한다. 그리고 신민은 복장을 다음과 같이 해야 한다.

1. 국상(國喪)중에는 이전과 같이 흰색의 모자와 옷을 입어야 한다.
2. 망건은 쓰지 않는다.
3. 외국 복장의 채용에는 반대하지 않는다.[100]

그리고는 고종이 단발령을 내리는 뜻을 설명하고 따를 것을 종용한다.

오늘(음력 11월 15일) 국왕 폐하의 포고문에서 자비롭게 강조하신 말씀은 「머리카락을 깎은 짐은 짐의 백성들에게 모범을 보였다. 그대들 백성은 짐의 결정을 인정하겠는가? 그리고 지구상의 다른 나라들과 동등한 국가를 건설하는 위대한 사업을 성취하는데 기여할 수 있겠는가?」

이와 같은 변혁의 시대에 우리가 선언의 정신을 겸손히 정독하였을 때, 우리 대조선국 백성들 중에서 감사의 눈물을 흘리지 않을 사람이 어디 있겠으며, 그들의 최선을 다하지 않을 사람이 어디 있겠는가? 열과 성을 다해서 국왕 폐하의 변혁 의지에 순종해야 한다.[101]

1896년 1월 11일에는 고종이 단발령의 의미를 설명하는 교지를 내린다.

짐(朕)이 조상들의 위업을 받들고 만국(萬國)이 교통(交通)하는 시운(時運)을 당하여 천시(天時)를 상고하고 인사(人事)를 살펴보건대 500년마다 반드시 크게 변천하니 너희 백성들은 나의 계고(戒誥)를 들으라.

전장 법도(典章法度)는 천자(天子)로부터 나오는 법이다. 아! 짐이 등극(登極)한 지 33년에 세계가 맹약(盟約)을 다지는 판국을 맞아 정치를 경장(更張)하는 길을 가지 않을 수 없다. 이에 정삭(正朔)을 고치고 연호(年號)를 정했으며 복색(服色)을 바꾸고 단발(斷髮)을 하니 너희 백성들은 내가 새것을 좋아한다고 말하지 말라. 넓은 소매와 큰 관(冠)은 유래(流來)한 습관이며 상투를 틀고 망건(網巾)을 쓰는 것도 일시(一時)의 편의(便宜)로, 처음 시행할 때에는 역시 신규(新規)였다. 하지만 세인(世人)의 취향과 숭상함에 따라 국가의 풍속 제도를 이룬 것이니, 일하기에 불편하며 양생(養生)에 불리한 것은 고사하고 배와 기차가 왕래하는 오늘에 와서는 쇄국(鎖國)하여 홀로 지내던 구습을 고수(固守)해서는 안 될 것이다. 짐도 선왕의 시제(時制)를 변경하기를 어찌 좋아하겠는가마는 백성들이 부유하지 못하고 군사가 강하지 않으면 선왕들의 종묘 사직(宗廟社稷)을 지키기 어렵다. 옛 제도에 얽매여 종묘 사직의 위태로움을 돌보지 않는 것은 때에 맞게 조치하는 도리가 아니니, 어찌 그렇게 할 수 있겠는가? 너희 백성들은 또 혹시 「선왕의 시제(時制)를 고치지 않고도 종묘 사직을 지킬 방도가 반드시 있다」고 하겠지만 이것은 한 구석의 좁은 소견으로서 천하 대세를 알지 못하는 것이다.

짐이 이번에 정삭을 고치고 연호를 세운 것은 500년마다 크게 변하는 시운(時運)에 대응하여 짐이 국가를 중흥(中興)하는 큰 위업의 터전을 마련하는 것이며, 복색을 바꾸고 머리를 깎는 것은 국인(國人)의 이목(耳目)을 일신시켜 옛것을 버리고 짐의 유신(維新)하는 정치에 복종시키려는 것이니, 이것은 짐이 전장 법도로써 시왕(時王)의 제도를 세우는 것이다. 짐이 머리를 이미 깎았으니 짐의 신민(臣民)인 너희 백성들도 어찌 받들어 시행하지 않겠는가? 나라는 임금의 명령을 듣고 가정(家庭)은 가장(家長)의 명령을 들으니, 너희들 백성들은 충성을 다하고 분발하여 짐의 뜻을 잘 새겨서 서로 알리고 서로 권하여 너희들의 머리카락과 구습을 한꺼번에 끊으며 모든 일에서 오직 실질만을 추구하여 짐의 부국강병하는 사업을 도울 것이다.

「아! 나의 어린 자식들인 너희 백성들이여!」 하였다.[102]

단발령은 수도 한양에서부터 강제 집행되기 시작한다. 당시 상황을 목격한 비숍 여사는 「커다란 가위들의 딸깍거리는 소리가 사대문 앞에서, 궁궐에서, 공관들에서 들려왔다」고 한다.[103] 단발령은 백성들의 강력한 저항에 부딪친다. 「나라는 상투를 둘러싼 복잡한 문제와 고통과 어려움으로 온통 들끓었고」 관료들까지도 「자르느냐 마느냐, 그것이 문제로다」하는 딜레마에 시달렸다」고 한다.

비숍 여사는 조선 사람들이 단별령을 그렇게 거부한 이유 중에는 「그것이 일반인들 사이에 존경받지 못하는, 머리를 짧게 깎은 신부나 수도사의 복식이었기 때문」이었다고 한다. 더우기 「단발령은 일본에 의해 조선인이 일본인과 똑같이 보이게 하려는 수작으로 믿어졌고 일본식 관습에 맞추려는 것으로 생각」하였기 때문이라고 한다.[104] 조선 내륙으로 다니는 일본 상인들은 단발령 이후 거래가 급감하였을 뿐만 아니라[105] 「일본인에 대한 야만적인 행동이 공공연히 일어났고 때때로 살인까지」 일어난다.[106]

개성에 거주하는 일본인들은 모두 한양과 인천으로 피한다. 군산과 목포 등지에서도 일본인들이 철수한다. 평양의 일본 상인들은 떠나

길 망설인다. 자신들이 떠나면
청나라 상인들이 그 자리를 차
지하게 될 것을 걱정했기 때문
이다. 그러나 일본 정부가 군
사와 배를 보내자 모두 정부
명령에 따라 철수한다.[107]

급기야 전국적으로「상투 폭
동」이 일어난다. 한양에 올라
왔다가 상투를 잘린 사람들은
고향으로 돌아가지 못한다.

단발령

> 사업 관계로 한양에 올라왔다가 머리를 깎인 지방민, 상인, 기독교 전도
> 사 등등의 사람들은 감히 그들의 목숨을 걸고 고향으로 돌아가지 못했
> 다.[108]

단발을 한 관리가 지방의 임지에 도착하면 성난 주민들과 맞닥뜨
린다.

> 한 지방에서는 새로 임명된 단발을 한 관리가 한양으로부터 도착했을 때,
> 그는 최악의 상황을 준비한 거대한 군중들을 만났다. 백성들은 지금까지
> 정상적인 조선인에 의해서만 다스림을 받았으며,「양(洋)머리 관리」의 다
> 스림은 절대로 용납할 수 없다고 소리소리 질렀다. 이 관리는 현명하게도
> 즉시 수도로 되돌아 왔다.

단발령을 집행하려던 지방관들은 주민들의 거센 저항을 받는다.

한양에서 80킬로미터 떨어진 춘천에서는 수령이 법령을 집행하려 하였을 때 주민들이 무리지어 일어나 수령을 죽이고 그가 내린 모든 법령을 폐기했다. 그리고 마을과 지역 주변의 모든 재산을 장악했다.[109]

극단적인 선택을 하는 사람들도 있었다.

어떤 아버지는 그의 두 아들이 칙령에 복종하여 머리를 깎은 그 비탄과 치욕을 못 이겨 독약을 먹고 자살했다. 상투가 떨어졌을 때 사회의 존립 기반이 위협받았던 것이다.[110]

대표적인 사대당 보수파 김병시는 단발령 반대 상소를 올린다.

신은 방금 사임을 청하는 상소를 올리고 윤허한다는 비답이 내리기를 애타게 기다리고 있는 중에 삼가 듣건대 일전에 단발(斷髮)에 대한 조칙(詔勅)이 내려졌다니 이것이 무슨 일입니까? 신도 물론 폐하가 즐겨 하는 일이 아니라는 것을 알고 있으니, 그렇다면 누가 위력에 의지해서 이권(利權)으로 권한 것입니까? 요즘 변고가 많아 헤아릴 수 없는데 또 오늘 이런 해괴한 조치가 있으리라고는 짐작도 못하였습니다.

　신은 듣건대 《춘추(春秋)》의 뜻을 중국에 적용하면 중국 것으로 되고 오랑캐에 적용하면 오랑캐 것으로 되므로 비록 오랑캐라고 하더라도 중국의 예법을 시행하면 찬양하여 내세우고, 비록 중국 사람이라고 하더라도 오랑캐의 법을 쓰면 내리깎아 배척합니다. 대체로 성인(聖人)들은 중국과 오랑캐의 구분을 이와 같이 엄격하고도 단호하게 하였습니다. 우리나라는 기자(箕子)가 동쪽으로 와서 백성들에게 8가지 조항을 가르친 때로부터 문물 제도가 찬연히 크게 갖추어져서 소중화(小中華)라고 불렸습니다. 우리 왕조에 이르러서는 훌륭한 임금들이 서로 이어 거듭 빛내어서 오늘과 같은 경사에까지 이르렀으니, 어떻게 이전의 훌륭한 조상들의 아름다운 규범과 선대 임금들이 남긴 제도를 버리고 그만 이 지경에 이르게 하겠습니까? 이것을 어떻게 참을 수 있겠습니까? 설사 응당 시행해야 할 법이 있다고 하더라도 예사로운 변경에 관계되는 것이 아니면 응당 조정에 있는 신하들에게 널리 물어서 처리해야 할 것입니다. 그런데 명령을 급작스레 내려 사람들이 감히 그 속마음을 헤아릴 수 없게 하니, 이것이 또 어찌된 일입니까? 신체와 털과 피부는 부모에게서 받은 것으로서 감히 손상시킬 수 없다는 것은 바로 공자(孔子)의 말입니다. 만대를 두고 내려오는 공자의 말도 믿을 것이 못 된단 말입니까? 대체로 만물의 뜻을 계발하여 세상일을 성취한 것치고 오제(五帝)보다 나은 것이 없으며 백성들을 교화시켜 좋은 풍속을 이룬 것치고 삼왕(三王)보다 나은 것이 없습니다. 우리 열성(列聖)들이 서로 전해오는 심법(心法)을 조술(祖述)하면서 지키고 놓치지 않는 데에서 다시 다른 무엇을 구한다고 오랑캐의 법을 선대 임금들의 가르침 위에다 더 놓겠습니까? 장차 이런 몰골로 종묘(宗廟)에 들어가 신하와 백성들을 대하겠습니까? 신은 지극히 원통하고 안타까움을 금할 수 없습니다.

신은 지금 병들고 혼미하여 죽을 날이 멀지 않았지만 어리석은 생각이 북받쳐 어리석음을 무릅쓰고 우러러 말씀드립니다. 삼가 바라건대 폐하는 분연히 조심하고 가다듬어 무망(无妄)한 거조를 가지고 그대로 영원히 변치 않을 법으로 만들지 말며 종묘 사직의 중함을 생각하여 해와 달이 바뀌듯이 특별히 마음을 전환하시어 이미 내린 명을 도로 취소 하소서. 이것은 비단 우리나라의 다행일 뿐만 아니라 또한 이웃 나라의 수치를 면하는 것인 만큼 신은 비록 죽는 날이라도 오히려 살아 있는 때와 같이 땅에 엎드려 손을 모아 빌 뿐입니다.[111]

갑오경장이 계속되면서 전통관습에 대한 전방위적이고 지속적인 공격이 이어지자 민심 이반이 일고 있던 중 민비 시해 소식까지 전해지면서 민심을 더욱 악화시킨다. 단발령은 악화될 대로 악화된 민심에 기름을 붓는다. 1894년의 동학난은 전라남도, 충청남도, 황해도, 경상남도 등 곡창지대에 집중되었다. 그러나 단발령으로 촉발된 「상투 폭동」은 강원도, 충청북도, 경상북도를 포함한 훨씬 광범위한 지역에서 일어난다. 저항세력은 모두 지역의 선비, 사대부들이었다. 이들에게 민비 시해와 단발령은 전통체제에 대한 침탈의 적나라한 상징이었다.

9. 아관파천 (1896.2.11.)

「상투 폭동」은 1896년 2월까지 계속된다. 단발령으로 인한 전국적인 소요는 김홍집 내각과 갑오경장에 반대하는 세력들에게 또 한번 기회를 준다. 「춘생문 사건」을 일으켜 상하이로 피신했던 이범진은 한양으로 돌아와 미국과 러시아의 도움을 받아 고종을 러시아 공사관으로 피신시키는 계획을 세운다. 을미사변 이후 고종은 궁궐에서 미국의 군사고문 다이 장군과 미국 선교사들의 보호하에 칩거하고 있었

정동의 러시아 공사관

다. 고종은 호러스 알렌 공사에게 러시아의 도움을 받는 것은 어떻겠냐고 하자 알렌은 러시아 공사와 고종의 시종 간의 만남을 주선한다.

1896년 2월 10일, 러시아는 러시아 공사관 호위를 위해서라며 200명의 해병을 인천에서 한양으로 전개한다. 다음날 새벽, 고종과 왕세자는 궁녀들이 사용하는 가마를 타고 궁궐을 빠져나와 러시아 공사관으로 간다. 덕수궁에서 러시아 공사관으로 가는 길은 조선군이 지키고 있었고 러시아 공사관에는 러시아 해병들이 고종이 묵는 방 아래 테라스에 대포들을 설치하고 지킨다.

「아관파천」을 단행한 직후 고종은 내각 총리대신 김홍집, 외무대신 김윤식, 내부대신 유길준, 탁지부대신 어윤중, 군부대신 조희연, 법부대신 장박, 농상공부대신 정병하, 궁내부협판 김종한, 경무사 허진, 참령 이범래, 이진호를 모두 파직한다.[112] 김홍집과 정병하, 어윤중은

성난 군중에 의해 길거리에서 잔혹하게 살해당한다.[113]

새 내각 총리대신에는 김병시(金炳始), 궁내부 대신에는 이재순(李載純), 내부 대신에 박정양(朴定陽)을, 외부 대신에 이완용(李完用), 법부 대신에 조병직(趙秉稷), 군부 대신에 이윤용(李允用)을 임명한다.[114]

같은 날 을미사변 당시 민비를 폐서인한 조칙을 취소한다.

을미년(1895) 8월 22일 조칙(詔勅)과 10월 10일 조칙은 모두 역적 무리들이 속여 위조한 것이니 다 취소하라.[115]

결론

결론

쇄국정책을 고집하던 조선은 청의 적극적인 설득과 일본의 노골적인 압박으로 어쩔 수 없이 개국을 한다. 그러나 개국 후에도 조선은 일체의 개혁을 거부한다. 뿐만 아니라 조선의 권력층에는 개혁을 근본적으로 저해하는 구도가 고착된다. 흥선대원군과 민씨 척족 간의 처절한 권력 투쟁으로 모든 개혁은 무위에 그친다.

대원군은 민비와 민씨 척족에 대한 증오로 민비를 제거하고 고종을 폐위시킨 다음 손자 이준영을 왕위에 앉히는 것에 모든 것을 건다. 이를 위하여 때로는 청과, 때로는 일본과, 때로는 동학과 협력한다. 민비와 민씨 척족은 수단과 방법을 가리지 않고 민씨정권을 지킨다. 이를 위해서 때로는 청과, 때로는 일본과, 때로는 러시아와 손을 잡는다. 이 과정에서 근대화 개혁은 권력투쟁의 도구는 될지언정 국정의 목표가 되지 못한다. 조선은 「실패한 국가(failed state)」로 전락한다.

실패한 국가 조선의 가여운 민초들은 전형적인 천년왕국설에 기대어 「개벽」을 약속하는 민간신앙을 따르지만 이마저 박해받자 결국 동학난을 일으킨다. 봉건질서와 화이질서에서 벗어날 수 없었던 이들은 일본과 외세, 그리고 이들에 기대어 근대개혁을 추구하는 친일파, 개화파를 국난의 원인으로 오해한다.

일본은 동학난이 촉발한 청일전쟁에서 승리하여 중화질서를 무너뜨리고 동북아시아에 근대국제질서를 구축하는데는 성공하지만 갑오경장을 통해 조선을 근대국가로 변화시키는데는 실패한다. 조선의 비극은 본격적인 근대화를 꿈꾸었던 친일개화파 김옥균에게도, 박영효에게도 개혁의 비전을 펼칠 정치적 공간을 제공해주지 못했다는 점이다. 갑오경장은 반일, 반외세, 반개화의 이름으로 실패하고 조선의 근대화는 또 한번 좌절한다.

청일전쟁과 갑오경장이 숨가쁘게 진행되는 와중에 갑신정변 후 미국으로의 망명길에 올랐던 윤치호와 서재필이 조용히 돌아와 개혁정부에서 일하기 시작한다. 이들은 일본이 삼국간섭과 을미사변, 아관파천으로 모든 영향력을 상실하고 친일개화파가 시도한 개혁이 또다시 실패로 돌아가자 개신교 사상을 기반으로 한 근대개혁을 시작한다.

윤치호와 서재필 등의 개혁시도가 동력을 얻을 수 있었던 것은 이들이 망명을 떠나 있던 10년 동안 기독교 선교사들이 조선에 설립한 학교에서 기독교식 근대교육을 받은 젊은이들이 양성되었기 때문이다. 미국에 직접 가서 미국의 기독교 문명을 배우고 익힌 윤치호와 서재필은 조선에서 기독교 교육을 받고 자란 이승만 등의 청년들을 만난다. 이들은 함께 정치, 사회, 문화, 사상 전반에 걸친 전방위적 개혁을 추진하기 위해 「독립협회」와 「독립신문」을 시작하고 의회정치 도입을 위하여 「만민공동회」를 개최한다. 친미기독교파의 개혁이 본격적으로 전개되기 시작한다.

주(註)

서론

1. 다보하시 기요시 지음, 김종학 옮김, 『근대 일선관계의 연구, 하』 (서울: 일조각), p. 150.
2. Foulk to Sec. State, Aug. 16, 1885. No. 214: Dipl. Desp., Korea. George M. Mccune and John A. Hrisson, *Korean-American Relations, Vol. 1: The Initial Period, 1883-1886* (Berkeley: University of California Press 1951,) p. 126.
3. 다보하시, 『근대 일선관계의 연구, 하』, p. 151.
4. 다보하시, 『근대 일선관계의 연구, 하』, p. 150.
5. Hilary Conroy, *The Japanese Seizure of Korea: 1868-1910: A Study of Realism and Idealism in International Relations* (Philadelphia: University of Pennsylvania Press, 1960,) p. 177.
6. William T. Rowe, *China's Last Empire: The Great Qing* (Cambridge, MA: Harvard University Press, 2009,) p. 228.
7. George Alexander Lensen, *Balance of Intrigue: International Rivalry in Korea & Manchuria, 1884-1899, Vol. 1* (Tallahassee: University Presses of Florida, 1982,) p. 92.
8. S.C.M. Paine, *The Sino-Japanese War of 1894-1895* (Cambridge: Cambridge University Press, 2003,) p. 103.
9. 야마가타 아리토모, 「외교정략론」, 함재봉, 『한국 사람 만들기 III: 친미기독교파 1』 (경기도 광주: H 프레스), 2020, pp. 979-985, pp. 980-981.
10. Donald Keene, *Emperor of Japan: Meiji and His World, 1852-1912* (New York: Columbia University Press, 2002,) p. 446.
11. Conroy, *The Japanese Seizure of Korea*, p. 222.
12. Conroy, *The Japanese Seizure of Korea*, p. 223.
13. "A failed state is a political body that has disintegrated to a point where basic conditions and responsibilities of a sovereign government no longer function properly." "Failed State," *Wikipedia*. https://en.wikipedia.org/wiki/Failed_state#:~:text=A%20failed%20state%20is%20a,fragile%20state%20and%20

state%20collapse).

14. 이사벨라 비숍, p. 358. 함재봉, 『한국 사람 만들기 III: 친미기독교파 1』 (경기도 광주: 에이치(H) 프레스, 2020,) p. 96에서 재인용.

15. Daniel L. Gifford, *Every-day Life in Korea: A Collection of Studies and Stories* (Chicago, New York, Toronto: Fleming H. Revell Company, 1898,) p. 107. 함재봉, 『한국 사람 만들기 III: 친미기독교파 1』 (경기도 광주: 에이치(H) 프레스, 2020,) p. 111에서 재인용.

16. Rowe, *China's Last Empire*, p. 230.

17. NGNSB, I: 158. Duus, p. 71에서 재인용.

18. NGB, 27.1, pp. 578-80, 586-91. Duus, p. 71.

제1장 청의 조선 직할통치와 동북아

1. Spencer J. Palmer, ed., *Korean-American Relations II: The Period Of Influence, 1887-1895,* (Berkeley: University of California Press 1963,) p. 304. 함재봉, 『한국 사람 만들기 III: 친미기독교파 1』 (경기도 광주: 에이치(H)프레스, 2020,) p. 838에서 재인용.

2. Lensen, *Balance of Intrigue, Vol. 1*, p. 87.

3. Lensen, *Balance of Intrigue, Vol. 1*, p. 98.

4. Lensen, *Balance of Intrigue, Vol. 1*, p. 87.

5. Brandt to Bismark, A. no. 33, Peking, Feb. 5, 1887, GA, FSU/China, film 187, reel 74, file 8/1. Lensen, *Balance of Intrigue, Vol. 1*, p. 87.

6. Lensen, *Balance of Intrigue, Vol. 1*, p. 88.

7. Robert R. Swartout, Jr., *Mandarins, Gunboats, and Power Politics: Owen Nickerson Denny and the International Rivalries in Korea* (Honolulu: University of Hawaii Press, 1980,) pp. 1-2.

8. Denny to Seward, August 12, 1879, No. 28, Consular Despatches, Tientsin, Roll 2. Swartout, *Mandarins, Gunboats, and Power Politics*, p. 3.

9. Swartout, *Mandarins, Gunboats, and Power Politics*, p. 5에서 재인용.

10. Swartout, *Mandarins, Gunboats, and Power Politics*, p. 43.

11. Swartout, *Mandarins, Gunboats, and Power Politics*, p. 43.

12. Swartout, *Mandarins, Gunboats, and Power Politics*, p. 56.

13. Foulk to Bayard, April 2, 1886, No. 290. Diplomatic Despatches, Korea, Roll 3. Swartout, *Mandarins, Gunboats, and Power Politics*, p. 56에서 재인용.

14. Swartout, *Mandarins, Gunboats, and Power Politics*, p. 56에서 재인용.

15. Swartout, *Mandarins, Gunboats, and Power Politics*, p. 57.

16. Swartout, *Mandarins, Gunboats, and Power Politics*, p. 96.

17. Swartout, *Mandarins, Gunboats, and Power Politics*, p. 96.

18. Swartout, *Mandarins, Gunboats, and Power Politics*, p. 97.

19. Lensen, *Balance of Intrigue, Vol. 1*, p. 88.

20. Swartout, *Mandarins, Gunboats, and Power Politics*, p. 104.

21. Swartout, *Mandarins, Gunboats, and Power Politics*, p. 105.

22. Swartout, *Mandarins, Gunboats, and Power Politics*, p. 98.

23. Swartout, *Mandarins, Gunboats, and Power Politics*, p. 109.

24. Swartout, *Mandarins, Gunboats, and Power Politics*, p. 109.

25. Merill to Hart, October 26, 1887, Letterbook 2, Merrill Papers. Swartout, *Mandarins, Gunboats, and Power Politics*, p. 109에서 재인용.

26. Merill to Hart, October 26, 1887, Letterbook 2, Merrill Papers. Swartout, *Mandarins, Gunboats, and Power Politics*, p. 110에서 재인용.

27. Lensen, *Balance of Intrigue*, p. 89.

28. Lensen, *Balance of Intrigue*, p. 89.

29. Lensen, *Balance of Intrigue*, p. 89.

30. Lensen, *Balance of Intrigue*, p. 89.

31. Dinsmore to Secretary of State James Gillespie Blaine, no. 222, DS, Seoul, Feb. 1, 1890, USDD, Korea, 134/6. Lensen, *Balance of Intrigue*, p. 90.

32. *North China Herald*, September 21, 1888, pp. 313-314. Swartout, *Mandarins, Gunboats, and Power Politics*, pp. 114-115.

33. *Chinese Times*, September 22, 1888, pp. 605-607. Swartout, *Mandarins, Gunboats, and Power Politics*, p. 115.

34. *Chinese Times*, September 22, 1888, p. 606. Swartout, *Mandarins, Gunboats, and Power Politics*, p. 115.

35. *Chinese Times*, November 17, 1888, pp. 737-739, Novebmer 24, 1888, pp 756-757, February 2, 1889, p. 69. Swartout, *Mandarins, Gunboats, and Power Politics*, p. 115.

36. Japan Weekly Mail, December 15, 1888, pp. 562-563, November 10, 1888, p. 438, December 8, 1888, pp. 537-538. Swartout, *Mandarins, Gunboats, and Power Politics*, p. 117.

37. *Japan Weekly Mail*, December 15, 1888, pp. 452-563. Swartout, *Mandarins, Gunboats, and Power Politics*, pp. 117-118.

38. Denny to Detring, September 22, 1888, Denny Papers, University of Oregon.

Swartout, *Mandarins, Gunboats, and Power Politics,* p. 119.

39. Morse to Merrill, December 20, 29, 1888, Hart Papers; Hosea B. Morse, *The International Relations of the Chinese Empire,* 3 vols. (London: Longmans, Green, and Co., 1918), 3:17-18, Chinese Times, January 19, 1889, pp. 34-34. *Swartout, Mandarins, Gunboats, and Power Politics,* p. 119.

40. Morse to Merrill, December 29, 1888, Hart Papers. Swartout, *Mandarins, Gunboats, and Power Politics,* pp. 119-120.

41. *China Mail,* July 13, 1889, pp. 2-3. Swartout, *Mandarins, Gunboats, and Power Politics,* pp. 120-121.

42. Morse, *The International Relations fo the Chinese Empire,* 3: 18. Swartout, *Mandarins, Gunboats, and Power Politics,* p. 121.

43. Samuel Hawley, ed., *America's Man in Korea: The Private Letters of George C. Foulk, 1884-1887* (Lanham, MD: Lexington Books, 2008,) p. 8.

44. Samuel Hawley, ed., *America's Man in Korea: The Private Letters of George C. Foulk, 1884-1887* (Lanham, MD: Lexington Books, 2008,) p. 8.

45. Bayard To Foulk, August 19, 1885. *Korean-American Relations: Documents Pertaining to the Far Eastern Dipomacy of the United States, Vol. 1. The Initial Period, 1883-1886* (Berkeley: University of California Press, 1951,) p. 65.

46. Anders Stephanson, *Manifest Destiny: American Expansion and the Empire of Right* (New York: Hill and Wang, 1995,) p. 70.

47. 『승정원일기』, 광서 16/4/17, 20-22. (고종 27년 경인(1890) 4월 17일(병진)) https:// db.itkc.or.kr/dir/item?itemId=ST#dir/node?grpId=&itemId=ST&gubun=-book&depth=5&cate1=&cate2=&dataGubun=%EC%B5%9C%EC%A2%85%EC%A0%95%EB%B3%B4&dataId=ITKC_ST_Z0_A27_04A_17A_00350

48. Spencer Palmer, *Korean-American Relations, Vol. 2,* pp.124-128.

49. Joshua Van Lieu, "The Politics of Condolence: Contested Representations of Tribute in Late Nineteenth-Century Chosŏn-Qing Relations," *Journal of Korean Studies,* Volume 14, Number 1, Fall 2009, pp. 83-115, pp. 86-87.

50. Zhongyang Yanjiuyuan Jindaishi Yanjiusuo, *Qingji Zhong-Ri-Han guanxi shiliao* (Taibei: Zhongyang Yanjiuyuan Jindaishi Yanjiusuo, 1972), 5: 2785, Doc. 1538. (GXSL)

51. 고려대학교 아세아문제연구소, 구한국외교문서 (서울: 고려대학교출판부, 1965-1973.)

52. Li Hongzhang, *Li wenzhong gong quanshu: diangao* (1908). *(Diangao).* 12: 23b-24a; Guoli Beiping Gugong Bowuyuan, *Qing Guangxu chao Zhong-Rijiaoshe shiliao* (Beiping: Guoli Beiping Gugong Bowuyuan, 1932-1933). (JSSL).

53. *JSSL,* 11: 33b, Doc. 725; 11: 32b, Doc. 719.

54. Lieu, "The Politics of Condolence," p. 88.

55. *Diangao,* 12: 37a; JSSL 11: 42b, Doc. 760.

56. Lieu, "The Politics of Condolence," p. 88.

57. *Diangao,* 12: 37a; JSSL 11: 42b, Doc. 760; KHOMS: 730, Doc. 1246.

58. *KHOM,* 8: 732-733, Doc. 1252.

59. Lieu, "The Politics of Condolence," p. 89.

60. KHOM, 10: 526-7, Does. 796-7; 2: 146, Docs. 1769-70

61. *JSSL,* 11: 43b, Doc. 763, 11: 44b, Doc. 767; Palmer, ed., *Korean-American Relations* 2: 54-55

62. *KHOM,* 8: 733, Doc. 1253

63. *KHOM,* 8: 734-735, Doc. 1256-7. 민종묵이 허드에게 보낸 감사 서한은 *KHOM,* 10: 527, Doc. 798

64. JSSL, 11: 31a, Doc. 709; GXSL, 5: 2785, Doc. 1538.

65. *Diangao,* 12: 26a-b.

66. *Diangao,* 12: 26b-27a; Lin 1970: 141.

67. Lieu, "The Politics of Condolence," p. 92.

68. Hong, 465-466; Chong, la; *JSSL,* 11: 43a-b, Doc. 762; GXSL, 5: 2826-7, Doc. 1563.

69. Lieu, "The Politics of Condolence," p. 92.

70. 홍종용 「연행록」, 『연행록 전집』 (서울: 동국대학교출판부, 2001,) 86: 440, 449, 450, 453, 454-455;

71. Chong, 3a-3b; *Diangao,* 12: 39a; JSSL, 11: 46a-b, Docs. 777-9.

72. JSSL, 11: 46b-47a, Doc. 780

73. Chong, 3a-3b; JSSL, 11: 47a-b, Doc. 783; *Diangao,* 12: 39b-40a, 12: 40a-b.

74. *Diangao,* 12: 40b; JSSL, 11: 48a, Doc. 786.

75. Lieu, "The Politics of Condolence," p. 92.

76. *NICM,* 12-24; JSSL, 11: 50b, Doc. 797.

77. *NICM,* 25-26; *CXRJ,* 2b-3a; Palmer, ed., *Korean-American Relations,* II: 30-31

78. *SJW,* kwangsö 16/9/26; *JSSL,* 11: 50b, Doc. 798.

79. *NICM,* 16-17, 27

80. Palmer, ed., *Korean-American Relations,* II: 31.

81. Heard to Blain, no. 87, DS, Seoul, Nov. 18, 1890, USDD, Korea, 134/7. George Alexander Lensen, *Balance of Intrigue: International Rivalry in Korea & Manchuria, 1884-1899, Vol. 1* (Tallahassee: University Presses of Florida, 1982,) p. 91에서 재인용.

82. *JSSL,* 11: 51b-53a, Doc. 803.

83. Lensen, *Balance of Intrigue, Vol. 1*, p. 92.

84. Keene, *Emperor of Japan*, p. 445에서 재인용.

85. Keene, *Emperor of Japan*, p. 446에서 재인용.

86. Keene, *Emperor of Japan*, p. 446.

87. Keene, *Emperor of Japan*, p. 446에서 재인용.

88. Keene, *Emperor of Japan*, p. 446.

89. Keene, *Emperor of Japan*, p. 447.

90. Keene, *Emperor of Japan*, p. 447.

91. Keene, *Emperor of Japan*, p. 447.

92. Keene, *Emperor of Japan*, p. 447.

93. Keene, *Emperor of Japan*, p. 448.

94. Keene, *Emperor of Japan*, p. 448.

95. Keene, *Emperor of Japan*, p. 448.

96. Keene, *Emperor of Japan*, p. 448.

97. Keene, *Emperor of Japan*, p. 449에서 재인용.

98. Keene, *Emperor of Japan*, p. 449.

99. Keene, *Emperor of Japan*, p. 450.

100. Keene, *Emperor of Japan*, p. 450.

101. Keene, *Emperor of Japan*, p. 450에서 재인용.

102. Keene, *Emperor of Japan*, p. 451에서 재인용.

103. Keene, *Emperor of Japan*, p. 451.

104. Keene, *Emperor of Japan*, p. 451.

105. Keene, *Emperor of Japan*, p. 452.

106. Keene, *Emperor of Japan*, p. 452.

107. Keene, *Emperor of Japan*, p. 452.

108. Keene, *Emperor of Japan*, p. 452.

109. Keene, *Emperor of Japan*, pp. 452-453.

110. Keene, *Emperor of Japan*, p. 453.

111. Keene, *Emperor of Japan*, p. 453.

112. Keene, *Emperor of Japan*, p. 453.

113. Keene, *Emperor of Japan*, p. 454.

114. Keene, *Emperor of Japan*, p. 454.

115. Keene, *Emperor of Japan*, p. 454.

116. Keene, *Emperor of Japan*, p. 454.

117. Keene, *Emperor of Japan*, p. 455.

118. Keene, *Emperor of Japan*, p. 455.

119. Keene, *Emperor of Japan*, p. 456.

120. Keene, *Emperor of Japan*, p. 456.

121. Keene, *Emperor of Japan*, p. 456.

122. Keene, *Emperor of Japan*, p. 457.

123. Keene, *Emperor of Japan*, p. 457.

124. 'Letter to Nishida Sentaro,' August 26, 1893. Library of the University of Virginia 소장. Keene, *Emperor of Japan*, pp. 457-458에서 재인용.

125. Lensen, *Balance of Intrigue*, Vol. 1, p. 98

126. Lensen, *Balance of Intrigue*, Vol. 1, p. 99.

127. Heard to Foster, no. 301, DS, Seoul, Sept 12, 1892, and no 335, Dec. 1, 1892, USDD, Korea, 134/9; *the Japan Mail*, Nov. 17, 1892. Lensen, *Balance of Intrigue, Vol. 1*, p. 99.

128. Frandin to Foreign Minister Ribot, DP, no. 39, Seoul, Jan. 15, 1893, FA, CP, Korea, 5: 27-31. *Lensen, Balance of Intrigue, Vol. 1*, pp. 99-100에서 재인용.

129. Lensen, *Balance of Intrigue, Vol. 1*, p. 100에서 재인용.

130. Heard to Forster, no. 398, DS, Seoul, May 6, 1893, *Korean-American Relations*, II: 279-283.

제2장 김옥균과 박영효의 일본 망명기

1. 다보하시, 『근대 일선관계의 연구, 하』, p. 151

2. 다보하시, 『근대 일선관계의 연구, 하』, pp. 152-153.

3. 『日案』 5권. 다보하시, 『근대 일선관계의 연구, 하』, p. 157에서 재인용.

4. 『統理衙門日記』, 8권, 李太王乙酉年十一月 , 『日案』 5권. 다보하시, 『근대 일선관계의 연구, 하』, p. 158

5. 『日省錄』, 李太王丁亥年四月二十六日. 『金氏言行錄』 , pp. 87-103. 다보하시, 『근대 일선관계의 연구, 하』, p. 159.

6. 外務省,『日本外交文書デジタルアーカイブ』第１９?(1886年) p. 557.

7. 『總理衙門日記』 10권, 丙戌生 511日. 다보하시, 『근대 일선관계의 연구, 하』, p. 160.

8. 『世外井上公傳』 3권, pp. 750-751. 다보하시, 『근대 일선관계의 연구, 하』, p. 160.

9. 『日省錄』, 李太王 丙戌年 6月 3, 4, 5, 10日. 다보하시, 『근대 일선관계의 연구, 하』, p. 161에서 재인용.

10. 外務書,『外交文書デジタルアーカイブ』、第19?(1886年), p.573

11. 渡邊修二郎(와타나베 슈지로), 『東邦關係』(明治27年刊), p. 233. 다보하시, 『근대 일선관

계의 연구, 하』, pp. 161-162에서 재인용.

12. 다보하시, 『근대 일선관계의 연구, 하』, p. 162.

13. 다보하시, 『근대 일선관계의 연구, 하』, p. 162.

14. 다보하시, 『근대 일선관계의 연구, 하』, p. 163.

15. Conroy, *The Japanese Seizure of Korea*, p. 178.

16. 外務省, 『日本外交文書デジタルアーカイブ』第2 3?(1890年) p. 335.

17. 김선주, 「이세직(이일직)의 활동을 통해 본 대한제국기 정치와 외교」, 『역사와 현실』, 99 호, 2016년, pp. 193-230, p. 194.

18. 『朝鮮人李逸植謀殺未遂被告事件記錄』, 『世外井上公傳』3권, pp. 762-764. 다보하시, 『근 대 일선관계의 연구, 하』, p. 169-170.

19. 『朝鮮人李逸植謀殺未遂被告事件記錄』, 「檢事聽取書」, 다보하시, 『근대 일선관계의 연구, 하』, p. 172에서 재인용.

20. 『福澤諭吉傳』3권, pp. 387-390. 다보하시, 『근대 일선관계의 연구, 하』, pp. 174-175 에서 재인용.

21. 『李逸植謀殺未遂被告事件豫審調書』

22. 『李逸植謀殺未遂被告事件豫審調書』

23. 「李逸植事件豫審調書」, 『公文謄錄』. 다보하시, 『근대 일선관계의 연구, 하』, p. 178.

24. 『公文謄錄』, 「光緒二十年三月九日駐韓淸道員袁世凱到朝鮮領議政沈舜澤照會」. 다보하시, 『근대 일선관계의 연구, 하』, pp. 178-179에서 재인용

25. 『公文謄錄』, 「光緒二十年三月九日駐韓淸道員袁世凱到朝鮮領議政沈舜澤照會」. 다보하시, 『근대 일선관계의 연구, 하』, p. 179.

26. 『李文忠公全集』(電稿) 15권, 「寄上海?道」. 다보하시, 『근대 일선관계의 연구, 하』, p. 181 에서 재인용.

27. 「明治二十七年四月二十六日大越上海駐在總領事代理報告」. 다보하시, 『근대 일선관계의 연구, 하』, p. 182.

28. 『李逸植謀殺未遂被告事件豫審調書』

29. 『公文謄錄』, 「光緒二十年三月九日駐韓淸道員袁世凱到朝鮮領議政沈舜澤照會」. 『李文忠公 全集』(電稿) 15권, 「寄上海?道」. 「寄朝鮮遣道」. 다보하시, 『근대 일선관계의 연구, 하』, p. 183.

30. 고종실록 31권, 고종 31년 3월 9일 병술 1번째기사 1894년 조선 개국(開國) 503년. http://sillok.history.go.kr/id/kza_13103009_001

31. 고종실록 31권, 고종 31년 3월 9일 병술 2번째기사 1894년 조선 개국(開國) 503년. http://sillok.history.go.kr/id/kza_13103009_002

32. Conroy, *The Japanese Seizure of Korea*, p. 223.

33. Loomis, *Henry Loomis*, p. 84. 柳永益(류영익), 『韓國近代史論』(서울: 일조각, 1992,) p. 86.

34. 백낙준, 『한국개신교사』 (서울: 연세대학교 출판부, 1973,) p. 118, 각주 81. 柳永益, 『韓國近現代史論』 (서울: 일조각, 1992,) pp. 86-87.

35. 柳永益(류영익), 『韓國近現代史論』 (서울: 일조각, 1992,) p. 87.

36. 『新聞集成 明治編年史』 6권, p. 216. 이광린, 『개화기의 인물』 (서울: 연세대학교출판부, 1993,) p. 133.

37. 「朴泳孝氏」, 『朝野新聞』, 1886년 5월 23일. 『新聞集成 明治編年史』 6권, p. 216. 이광린, 『개화기의 인물』 (서울: 연세대학교출판부, 1993,) p. 133에서 재인용.

38. 『朝野新聞』, 1888년 4월 18일. 『新聞集成 明治編年史』 7권, p. 54. 이광린, 『개화기의 인물』 (서울: 연세대학교출판부, 1993,) p. 133에서 재인용.

39. 『新聞集成 明治編年史』 7권, p. 83.

40. 김갑천 역, 「박영효의 건백서: 내정 개혁에 대한 188년의 상소문」. 『한국정치연구』 2권, 1990년 06월, pp. 245-295, p. 245.

41. 김갑천 역, 「박영효의 건백서」, pp. 245-246.

42. 김갑천 역, 「박영효의 건백서」, p. 246.

43. 김갑천 역, 「박영효의 건백서」, p. 247.

44. 김갑천 역, 「박영효의 건백서」, p. 248.

45. 김갑천 역, 「박영효의 건백서」, p. 248.

46. 김갑천 역, 「박영효의 건백서」, p. 252.

47. 김갑천 역, 「박영효의 건백서」, p. 252.

48. 김갑천 역, 「박영효의 건백서」, pp. 253-254.

49. 김갑천 역, 「박영효의 건백서」, pp. 254-256.

50. 김갑천 역, 「박영효의 건백서」, p. 257.

51. 김갑천 역, 「박영효의 건백서」, p. 257.

52. 김갑천 역, 「박영효의 건백서」, p. 258.

53. 김갑천 역, 「박영효의 건백서」, p. 258.

54. 김갑천 역, 「박영효의 건백서」, pp. 259-260.

55. 김갑천 역, 「박영효의 건백서」, pp. 260-261.

56. 김갑천 역, 「박영효의 건백서」, p. 261.

57. 김갑천 역, 「박영효의 건백서」, p. 261.

58. 김갑천 역, 「박영효의 건백서」, pp. 260-265.

59. 김갑천 역, 「박영효의 건백서」, pp. 265-268.

60. 김갑천 역, 「박영효의 건백서」, pp. 268-269.

61. 김갑천 역, 「박영효의 건백서」, pp. 271-273.

62. 김갑천 역, 「박영효의 건백서」, p. 273.

63. 김갑천 역, 「박영효의 건백서」, p. 273.

64. 김갑천 역, 「박영효의 건백서」, pp. 273-274.

65. 김갑천 역, 「박영효의 건백서」, p. 275.

66. 김갑천 역, 「박영효의 건백서」, p. 275.

67. 김갑천 역, 「박영효의 건백서」, pp. 273-275.

68. 김갑천 역, 「박영효의 건백서」, pp. 276-277.

69. 김갑천 역, 「박영효의 건백서」, pp. 277-278.

70. 김갑천 역, 「박영효의 건백서」, p. 278.

71. 김갑천 역, 「박영효의 건백서」, p. 279.

72. 김갑천 역, 「박영효의 건백서」, pp. 279-280.

73. 김갑천 역, 「박영효의 건백서」, p. 282.

74. 김갑천 역, 「박영효의 건백서」, p. 283.

75. 김갑천 역, 「박영효의 건백서」, p. 284.

76. 김갑천 역, 「박영효의 건백서」, p. 285.

77. 김갑천 역, 「박영효의 건백서」, p. 285.

78. 김갑천 역, 「박영효의 건백서」, p. 286.

79. 김갑천 역, 「박영효의 건백서」, p. 288.

80. 김갑천 역, 「박영효의 건백서」, p. 288.

81. 김갑천 역, 「박영효의 건백서」, p. 288.

82. 김갑천 역, 「박영효의 건백서」, p. 288.

83. 김갑천 역, 「박영효의 건백서」, p. 288.

84. 김갑천 역, 「박영효의 건백서」, pp. 288-289.

85. 김갑천 역, 「박영효의 건백서」, pp. 289-290.

86. 김갑천 역, 「박영효의 건백서」, p. 290.

87. 김갑천 역, 「박영효의 건백서」, p. 290.

88. 김갑천 역, 「박영효의 건백서」, pp. 290-291.

89. 김갑천 역, 「박영효의 건백서」, p. 291.

90. 김갑천 역, 「박영효의 건백서」, p. 291.

91. 김갑천 역, 「박영효의 건백서」, p. 292.

92. 이광린, 『개화기의 인물』(서울: 연세대학교출판부, 1993,) p. 137. 柳永益(류영익), 『東學農民蜂起와 甲午更張』(서울: 일조각, 1998,) p. 76.

93. 『新聞集成 明治編年史』 8권, p. 489. 이광린, 『개화기의 인물』(서울: 연세대학교출판부, 1993,) p. 138에서 재인용.

94. 영어원문: Mr. Pak further told me of his plans for bringing out about one hundred young men from Corea to be taught in medicine, commerce, and military tactics. He gave me a copy of the compact of the Patriotic Association of the Corean Youths. 국문 번역 이광린, 『개화기의 인물』(서울: 연세대학교출판부, 1993,) p. 138에서 재인용.

95. 『新聞集成 明治編年史』 9권, p. 47. 이광린, 『개화기의 인물』, p. 138.

96. 다보하시, 『근대 일선관계의 연구, 하』, p. 185.

97. Conroy, *The Japanese Seizure of Korea*, p. 224.

98. 다보하시, 『근대 일선관계의 연구, 하』, p. 186.

99. 「李逸植謀殺未遂被告事件豫審調書」. 다보하시, 『근대 일선관계의 연구, 하』, pp. 186-187에서 재인용.

100. Conroy, *The Japanese Seizure of Korea*, p. 224.

101. 다보하시, 『근대 일선관계의 연구, 하』, p. 187.

102. 다보하시, 『근대 일선관계의 연구, 하』, p. 190.

103. Conroy, *The Japanese Seizure of Korea*, p. 224.

104. 김선주, 「이세직(이일직)의 활동을 통해 본 대한제국기 정치와 외교」, p. 197.

제3장 동학난

1. 『고종실록』 1권, 고종 1년 3월 2일 임인 1번째기사. http://sillok.history.go.kr/id/kza_10103002_001

2. Hubert Seiwert, in Collaboration with Ma Xisha, Popular Religious Movements and Heterodox Sects in Chinese History (Leiden, Boston: Brill, 2003,) p.

3. 『후한서』, 「황보숭전皇甫嵩伝(1편)」, https://gall.dcinside.com/board/view/?id=samgugji&no=131456

4. 『후한서』, 「황보숭전皇甫嵩伝(1편)」, https://gall.dcinside.com/board/view/?id=samgugji&no=131456

5. 『후한서』, 「황보숭전皇甫嵩伝(1편)」, https://gall.dcinside.com/board/view/?id=samgugji&no=131456

6. 『후한서』, 「황보숭전皇甫嵩伝(1편)」, https://gall.dcinside.com/board/view/?id=samgugji&no=131456

7. George D. Sussma, "Was the Black Death in India and China?" CUNY Academic Works, 2011, pp. 319-355, pp. 347-348. https://academicworks.cuny.edu/cgi/viewcontent.cgi?article=1052&context=lg_pubs

8. 『정조실록』 52권, 정조 23년 11월 16일 경오 2번째기사 1799년 청 가경(嘉慶) 4년. http://sillok.history.go.kr/id/kva_12311016_002

9. 『순조실록』 5권, 순조 3년 윤2월 18일 계미 1번째기사 1803년 청 가경(嘉慶) 8년. http://sillok.history.go.kr/id/kwa_10302118_001

10. Kallander, *Salvation Through Dissent: Tonghak Heterodoxy and Early Modern*

Korea (Honolulu: University of Hawaii Press, 2013,) p. 33.

11. Kallander, *Salvation Through Dissent*, p. 35.

12. Kallander, *Salvation Through Dissent*, p. 34.

13. Kallander, *Salvation Through Dissent*, p. 41.

14. 『용담유사』, 「권학가」, 김인환 역주, 『수운선집: 용담유사, 동경대전』 (서울: 고려대학교 출판문화원, 2019,) pp. 100-101.

15. Kallander, Salvation Through Dissent, p. 41.

16. 『동경대전』, 「포덕문」, 김인환 역주, 『수운선집: 용담유사, 동경대전』 (서울: 고려대학교 출판문화원, 2019,) pp. 141-142.

17. 『동경대전』, 「포덕문」, 김인환 역주, 『수운선집: 용담유사, 동경대전』 (서울: 고려대학교 출판문화원, 2019,) p. 143

18. 『동경대전』, 「포덕문」, 김인환 역주, 『수운선집: 용담유사, 동경대전』 (서울: 고려대학교 출판문화원, 2019,) pp. 142-143.

19. 『동경대전』, 「포덕문」, 김인환 역주, 『수운선집: 용담유사, 동경대전』 (서울: 고려대학교 출판문화원, 2019,) pp. 144-145

20. 『동경대전』, 「포덕문」, 김인환 역주, 『수운선집: 용담유사, 동경대전』 (서울: 고려대학교 출판문화원, 2019,) p. 145.

21. 『용담유사』, 「안심가」, 김인환 역주, 『수운선집: 용담유사, 동경대전』 (서울: 고려대학교 출판문화원, 2019,) pp. 50-52.

22. 『용담유사』, 「안심가」, 김인환 역주, 『수운선집: 용담유사, 동경대전』 (서울: 고려대학교 출판문화원, 2019,) pp. 53-54.

23. 『용담유사』, 「안심가」, 김인환 역주, 『수운선집: 용담유사, 동경대전』 (서울: 고려대학교 출판문화원, 2019,) pp. 53-56.

24. 『용담유사』, 「용담가」, 김인환 역주, 『수운선집: 용담유사, 동경대전』 (서울: 고려대학교 출판문화원, 2019,) pp. 66-67.

25. 『용담유사』, 「용담가」, 김인환 역주, 『수운선집: 용담유사, 동경대전』 (서울: 고려대학교 출판문화원, 2019,) pp. 68-69.

26. 『용담유사』, 「용담가」, 김인환 역주, 『수운선집: 용담유사, 동경대전』 (서울: 고려대학교 출판문화원, 2019,) p. 69.

27. 『용담유사』, 「용담가」, 김인환 역주, 『수운선집: 용담유사, 동경대전』 (서울: 고려대학교 출판문화원, 2019,) pp. 69-70.

28. 『용담유사』, 「용담가」, 김인환 역주, 『수운선집: 용담유사, 동경대전』 (서울: 고려대학교 출판문화원, 2019,) pp. 70-71.

29. 『용담유사』, 「용담가」, 김인환 역주, 『수운선집: 용담유사, 동경대전』 (서울: 고려대학교 출판문화원, 2019,) pp. 72-74.

30. Kallander, *Salvation Through Dissent*, p. 41.

31. 「삼칠주(三七呪)」, 『한국민족문화대백과사전』. http://encykorea.aks.ac.kr/Contents/Item/E0026906

32. 신복룡, 『[개정판] 동학사상과 갑오농민혁명』, (서울: 선인, 2006,) p. 122.

33. 『고종실록』 1권, 고종 즉위년 12월 20일 임진 6번째기사. https://sillok.history.go.kr/id/kza_10012020_006

34. 『고종실록』 1권, 고종 1년 3월 2일 임인 1번째기사. http://sillok.history.go.kr/id/kza_10103002_001

35. 샤를르 달레 원저, 한응열, 최석우 역주, 『한국천주교회사 下』 (서울: 한국교회사연구소, 1990), p. 135.

36. Kallander, *Salvation Through Dissent*, pp. 93-94.

37. 윤석산, 「해월 최시형의 신앙 운동」, 부산예술문화대학 동학연구소 엮음, 『해월 최시형과 동학 사상』 (서울: 예문서원, 1999,) pp. 133-157, p. 139.

38. 윤석산, 「해월 최시형의 신앙 운동」, pp. 139-140.

39. 윤석산, 「해월 최시형의 신앙 운동」, p. 140.

40. 임형진, 「혁명가 이필제의 생애와 영해」, p. 120.

41. 임형진, 「혁명가 이필제의 생애와 영해」, 『동학학보』 제 30호, 2014, pp. 107-147, pp. 111-112.

42. 임형진, 「혁명가 이필제의 생애와 영해」, p. 124.

43. 임형진, 「혁명가 이필제의 생애와 영해」, p. 125.

44. 임형진, 「혁명가 이필제의 생애와 영해」, p. 128.

45. 다보하시 기요시 지음, 김종학 옮김, 『근대 일선관계의 연구, 하』 (서울: 일조각), p. 207.

46. 임형진, 「혁명가 이필제의 생애와 영해」, p. 137.

47. 다보하시, 『근대 일선관계의 연구, 하』, p. 207.

48. 윤석산, 「해월 최시형의 신앙 운동」, p. 146.

49. 윤석산, 「해월 최시형의 신앙 운동」, p. 145.

50. 윤석산, 「해월 최시형의 신앙 운동」, p. 146.

51. 윤석산, 「해월 최시형의 신앙 운동」, p. 147.

52. Kallander, *Salvation Through Dissent*, p. 91.

53. Kallander, *Salvation Through Dissent*, p. 92, footnote 6.

54. Kallander, *Salvation Through Dissent*, p. 92.

55. Kallander, *Salvation Through Dissent*, p. 93.

56. Kallander, *Salvation Through Dissent*, p. 112.

57. 「삼례역 소장(1)(1892. 11. 1)」, 신복룡, 『[개정판] 동학사상과 갑오농민혁명』, pp. 515-516.

58. 『천도교서』

59. 『天道敎創建史』, 第2編. 다보하시, 『근대 일선관계의 연구, 하』, pp. 209-212에서 재인용.

60. 다보하시, 『근대 일선관계의 연구, 하』, pp. 217-218에서 재인용.

61. 『聚語』, 다보하시, 『근대 일선관계의 연구, 하』, pp. 216-327에서 재인용.

62. Spencer Palmer, ed., *Korean-American Relations: Documents Pertaining to the Far Eastern Diplomacy of the United States, Vol II: The Period of Growing Influence: 1887-1895* (Berkeley: University of California Press, 1963,) pp. 305-311.

63. 신복룡, 『[개정판] 동학사상과 갑오농민혁명』, pp. 527-528.

64. 신복룡, 『[개정판] 동학사상과 갑오농민혁명』, p. 531.

65. 『東學黨匪難史料』, 다보하시, 『근대 일선관계의 연구, 하』, p. 213에서 재인용.

66. 『東學黨匪難史料』, 『日案』 22권. 다보하시, 『근대 일선관계의 연구, 하』, pp. 214-215에서 재인용.

67. 『고종실록』 30권, 고종 30년 2월 25일 무인 1번째기사. http://sillok.history.go.kr/id/kza_13002025_001

68. 『고종실록』 30권, 고종 30년 2월 25일 무인 3번째기사. http://sillok.history.go.kr/id/kza_13002025_003

69. 『고종실록』 30권, 고종 30년 2월 25일 무인 4번째기사. http://sillok.history.go.kr/id/kza_13002025_004

70. 『고종실록』 30권, 고종 30년 2월 27일 경진 4번째기사. http://sillok.history.go.kr/id/kza_13002027_004

71. 『고종실록』 30권, 고종 30년 2월 26일 기묘 1번째기사. http://sillok.history.go.kr/id/kza_13002026_001

72. 『고종실록』 30권, 고종 30년 2월 28일 신사 1번째기사. http://sillok.history.go.kr/id/kza_13002028_001

73. 『고종실록』 30권, 고종 30년 3월 21일 계묘 1번째기사. http://sillok.history.go.kr/id/kza_13003021_001

74. 『고종실록』 30권, 고종 30년 3월 21일 계묘 1번째기사. http://sillok.history.go.kr/id/kza_13003021_001

75. 『고종실록』 30권, 고종 30년 4월 1일 계축 3번째기사. http://sillok.history.go.kr/popup/print.do?id=kza_13004001_003&gubun=kor 정교 저, 조광 편, 김우철 역주, 『대한계년사 1』 (서울: 소명출판, 2004,) pp. 200-201.

76. 『聚語』, 다보하시, 『근대 일선관계의 연구, 하』, pp. 221-222에서 재인용.

77. 『聚語』, 다보하시, 『근대 일선관계의 연구, 하』, pp. 221-222에서 재인용.

78. 신복룡, 『[개정판] 동학사상과 갑오농민혁명』, p. 160.

79. 『승정원일기』, 고종 31년 갑오(1894) 1월 9일(정해). 신복룡, 『[개정판] 동학사상과 갑오농민혁명』, pp. 159-160.

80. 『전봉준공초(全捧準供草)』, p. 12. http://www.e-donghak.or.kr/bbs/dataimg/ch1203_%EC%A0%84%EB%B4%89%EC%A4%80%EA%B3%B5%EC%B4%88.pdf

81. 『전봉준공초(全捧準供草)』, p. 11. http://www.e-donghak.or.kr/bbs/dataimg/ch1 203_%EC%A0%84%EB%B4%89%EC%A4%80%EA%B3%B5%EC%B4%88.pdf

82. 『전봉준공초(全捧準供草)』, p. 12. http://www.e-donghak.or.kr/bbs/dataimg/ch1 203_%EC%A0%84%EB%B4%89%EC%A4%80%EA%B3%B5%EC%B4%88.pdf

83. 국사편찬위원회 편, 『동학난기록 상』, pp. 142-143. 유영익, 『동학농민봉기와 갑오경 장』 (서울: 일조각, 1998,) pp. 19-20에서 재인용.

84. 신복룡, 『[개정판] 동학사상과 갑오농민혁명』, p. 176.

85. 『전봉준공초(全捧準供草)』, p. 12. http://www.e-donghak.or.kr/bbs/dataimg/ch1 203_%EC%A0%84%EB%B4%89%EC%A4%80%EA%B3%B5%EC%B4%88.pdf

86. 정교 저, 조광 편, 김우철 역주, 『대한계년사 2』 (서울: 소명출판, 2004,) p. 24.

제4장 청일전쟁과 갑오경장

1. "Peking," *The North-China Herald* (Shanghai), 9 November 1894, p. 774.

2. "Manchuria," *The North-China Herald* (Shanghai), 17 August 1894, p. 264. Paine, *The Sino-Japanese War of 1894-1895*, p. 127에서 재인용.

3. Hart to Campbell, 27 July 1894, in Fairbank et al., The I. G. in Peking, vol. 2, 979. Paine, *The Sino-Japanese War of 1894-1895*, p. 127에서 재인용.

4. "Manchuria," *The North-China Herald* (Shanghai), 17 August 1894, p. 264. Paine, *The Sino-Japanese War of 1894-1895*, p. 127에서 재인용.

5. Paine, *The Sino-Japanese War of 1894-1895*, p. 127.

6. Paine, *The Sino-Japanese War of 1894-1895*, p. 191.

7. Paine, *The Sino-Japanese War of 1894-1895*, p. 128.

8. "Japan's Attack on Corea," *The North-China Herald* (Shanghai), 29 June 1894, p. 100

9. Paine, *The Sino-Japanese War of 1894-1895*, p. 126.

10. "Korean Question," The Times (London), 23 July 1894, p. 5. Paine, *The Sino-Japanese War of 1894-1895*, p. 129.

11. "The Impending War," *The North-China Herald* (Shanghai), 29 June 1894, p. 1009. See also "Japan," *The North-China Herald* (Shanghai), 20 July 1894, p. 94; "The Corean Embroglio," 77K?, *North-China Herald* (Shanghai), 20 July 1894, p. 106; "The War Cloud in Corea," *The Peking and Tientsin Times*, 28 July 1894, p. 82; Hart to Campbell, 8 July 1894, in Fairbank et al., The I G. in Peking, 975. Paine, *The Sino-Japanese War of 1894-1895*, p. 130에서 재인용.

12. "The Corean Embroglio," The North-China Herald (Shanghai), 20 July 1894, p. 108. See also "War and Peace," *The North-China Herald* (Shanghai), 14 December 1894, p. 966

13. Louise McReynolds, *The News under Russia's Old Regime: The Development of a Mass-Circulation Press* (Princeton: Princeton University Press, 1991), 21. Paine, *The Sino-Japanese War of 1894-1895,* p. 130에서 재인용.

14. Sir Edwin Arnold, *New Review,* quoted in "Sir Edwin Arnold's Defence of Japan," The North-China Herald (Shanghai), 12 October 1894, pp. 596-7. Paine, *The Sino-Japanese War of 1894-1895,* p. 130에서 재인용.

15. Paine, *The Sino-Japanese War of 1894-1895,* p. 131.

16. Jeffery M. Dorwart, *The Pigtail War; American Involvement in the Sino-Japanese War of 1894-1895* (Amherst: University of Massachusetts Press, 1975), 23. Paine, *The Sino-Japanese War of 1894-1895,* p. 131에서 재인용.

17. Paine, *The Sino-Japanese War of 1894-1895,* p. 131.

18. Paine, *The Sino-Japanese War of 1894-1895,* p. 111.

19. Keene, *Emperor of Japan,* pp. 509-501에서 재인용.

20. Keene, *Emperor of Japan,* p. 510에서 재인용.

21. Keene, *Emperor of Japan,* p. 510에서 재인용.

22. William T. Rowe, *China's Last Empire: The Great Qing* (Belknap Press of the Harvard University Press, 2009,) p. 230.

23. Peter Duus, *The Abacus and the Sword: The Japanese Penetration of Korea, 1895-1910* (Berkeley: University of California Press, 1998,) p. 69.

24. 무쓰 무네미쓰 지음, 김승일 옮김, 『건건록』(경기도 파주: 범우, 2021,) pp. 68-69.

25. Paine, *The Sino-Japanese War of 1894-1895,* p. 122.

26. "Corean King Is a Captive," *The New York Times, 28 July 1894,* p. 5.

27. Hart to Campbell, 15 July 1894, in Robert Hart, eds. John King Fairbank, Katherine F. Bruner Fairbank et al., *The I. G. in Peking: Letters of Robert Hart, Chinese Maritime Customs,* 1868-1907, vol. 2 (Cambridge, MA: Harvard University Press, 1976,) p. 976.

28. 김영수, 「갑오농민군과 흥선대원군의 정치적 관계에 대한 연구: 이병휘, 전봉준 공초(供草)에 대한 분석을 중심으로」, 『한국사회과학』 제19권 제3호 (1997): 144-184, p. 156에서 재인용.

29. *Nihon gaikō bunsho* (日本外交文書). Tokyo: Nihon Kokusai Renmei Kyōkai, 1936-., 27.2, p. 154., (NGB). Duus, *The Abacus and the Sword,* p. 67.

30. NGB, 27.2, p. 154., Duus, *The Abacus and the Sword,* p. 67.

31. 「全忠兩道民亂二付杉村濬意見書」, 『朝鮮 交涉史料』 中卷, pp. 329-331. 다보하시, 『근대

일선관계의 연구 下』, p. 272에서 재인용.

32. 『在韓苦心錄』, pp. 285-301. Conroy, *The Japanese Seizure of Korea,* p. 238에서 재인용.

33. 『時事新報』, 1894년 5월 30일. *Meiji nyūsu jiten,* 5:443-44. Duus, *The Abacus and the Sword,* p. 67에서 재인용.

34. 『在韓苦心錄』, pp. 283-301. Conroy, *The Japanese Seizure of Korea,* p. 238에서 재인용.

35. 「全忠兩道民亂二付杉村濬意見書」, 『朝鮮 交涉史料』 中卷, pp. 329-331. 다보하시, 『근대 일선관계의 연구 下』, p. 260에서 재인용.

36. Lensen, *Balance of Intrigue: Vol 1,* p. 124.

37. 『蹇蹇錄』, pp. 14-15, 『在韓苦心錄』, pp. 5-6. 다보하시, 『근대 일선관계의 연구 下』, pp. 261-262에서 재인용.

38. Keene, *Emperor of Japan,* p. 477.

39. Keene, *Emperor of Japan,* p. 477에서 재인용.

40. 무쓰, 『건건록』, p. 38.

41. Duus, *The Abacus and the Sword,* p. 67.

42. Meiji tennō⁻ki, 8, p. 428. Keene, *Emperor of Japan,* p. 476. "The Cabinet's Memorial to the Throne about the Dissolution of the House of Representatives," *The Japan Weekly Mail* (Yokohama), 9 June 1894, p. 691.

43. Paget to Kimberly, no. 64. Tokyo, June 21, 1894, EA, FO 405-60, p. 62. Lensen, *Balance of Intrigue, Vol. 1,* p. 126에서 재인용.

44. KNSKK, 1:897ff. Duus, *The Abacus and the Sword,* p. 67.

45. Lensen, *Balance of Intrigue, Vol. 1,* 45.

46. Lensen, *Balance of Intrigue, Vol. 1,* p. 126.

47. "The Troubles in Korea," *The North-China Herald* (Shanghai), 22 June 1894, p. 985.

48. 무쓰, 『건건록』, p. 38.

49. 『蹇蹇錄』, pp. 4-5. 『日淸戰史』 1권, p. 95. 다보하시, 『근대 일선관계의 연구 下』, pp. 263-264에서 재인용.

50. 『蹇蹇錄』, pp. 14-15. 『在韓苦心錄』, pp. 5-6. 다보하시, 『근대 일선관계의 연구 下』, p. 273에서 재인용.

51. Conroy, *The Japanese Seizure of Korea,* pp. 238-239에서 재인용.

52. Lensen, *Balance of Intrigue, Vol. 1,* p. 126.

53. Piotr Olender, *Sino-Japanese Naval War: 1894-1895* (Sandomierz, Poland: MMPBooks, 2014,) p. 58.

54. Allen, "Acquaintance with Yuan Shih-kai," 114.

55. Duus, *The Abacus and the Sword,* p. 68.

56. "The Newspapers and the Korean Affair," *The Japan Weekly Mail* (Yokohama), 9 June 1894, pp. 684-5; "Suspensions," *The Japan Weekly Mail* (Yokohama), 9 June 1894, p. 685; "The Vernacular Press and Its Troubles," *The Japan Weekly Mail* (Yokohama), 16 June 1894, p. 717.

57. Spencer Palmer, ed., *Korean-American Relations: Documents Pertaining to the Far Eastern Diplomacy of the United States, Vol II: The Period of Growing Influence: 1887-1895* (Berkeley: University of California Press, 1963,) p. 312.

58. Keene, *Emperor of Japan,* p. 477. "The Troubles in Korea," *The North-China Herald* (Shanghai), 22 June 1894, p. 985; U.S. Adjutant-General's Office, Military Information Division, Notes on the War between China and Japan (Washington. Government Printing Office, 1896), 9. "Reports that troops sent from China," *Rising Sun Newspaper* (Tokyo), 8 June 1894, p. 1.

59. 정교 저, 조광 편, 김우철 역주, 『대한계년사 2』 (서울: 소명출판, 2004,) pp. 28-30.

60. 정교, 『대한계년사 2』, p. 30.

61. Keene, *Emperor of Japan* p. 477. Lensen, *Balance of Intrigue, Vol. 1,* 126-7.

62. 정교, 『대한계년사 2』, pp. 31-32.

63. Lensen, *Balance of Intrigue, Vol. 1,* p. 127.

64. Lensen, *Balance of Intrigue, Vol. 1,* p. 127.

65. 『在韓苦心錄』, pp. 285-301. Conroy, *The Japanese Seizure of Korea,* p. 239에 서 재인용.

66. Gardner to O'Conor, Seoul, June 7, 1894, "Confidential," EA, FO 405-460, pp. 135-137. Lensen, *Balance of Intrigue, Vol. 1,* p. 135.

67. Olender, *Sino-Japanese Naval War,* p. 58.

68. 정교, 『대한계년사 2』, p. 30.

69. Lensen, *Balance of Intrigue, Vol. 1,* pp. 128-129.

70. Lensen, *Balance of Intrigue, Vol. 1,* p. 127.

71. Japan Weekly Mail, Oct. 27, 1894, pp. 486-487, Hirto to Giers, no 63, Tokyo, Oct. 19/31, Komura to Mutsu, Peking, June 10, 1894, NGB, vol. 27, pt. 2., pp. 179-180; *Lensen, Balance of Intrigue, Vol. 1,* p. 127.

72. 정교, 『대한계년사 2』, pp. 32-33.

73. 『駐韓日本公使館記錄』 3권, 二. 東學亂과 淸日關係 一, (27) 大鳥公使 京城 도착 二, (27).

74. 정교, 『대한계년사 2』, p. 33.

75. Duus, *The Abacus and the Sword,* p. 68.

76. 『駐韓日本公使館記錄 2권』, 一. 「兩湖招討謄錄」, (1) 1894년 4, 5월 承政院 開拆, 17.

77. Pak Jong-keun, *Nisshin sensö to Chosen,* 24-31. Duus, *The Abacus and the*

Sword, p. 68.

78. Keene, *Emperor of Japan*, p. 478.

79. Olender, *Sino-Japanese Naval War*, p. 59.

80. Mutsu to Komura, no. 4, July 12, 1894, 『일본외교문서』, vol. 27, pt. 2, pp 249-250. Lensen, *Balance of Intrigue, Vol. 1*, p. 138.

81. Lensen, *Balance of Intrigue, Vol. 1*, p. 128.

82. "Russian troops enter Korea," *Rising Sun Newspaper* (Tokyo), 8 June 1894, p. 1.

83. "Troop Deployments by Both Japan and China," *Rising Sun Newspaper* (Tokyo), 10 June 1894, p. 1.

84. Lensen, *Balance of Intrigue, Vol. 1*, p. 136.

85. Duus, *The Abacus and the Sword*, p. 68.

86. Pak Jong-keun, *Nisshin sensö to Chosen*, 24-31. Duus, *The Abacus and the Sword*, p. 68.

87. Keene, *Emperor of Japan*, p. 478.

88. Duus, *The Abacus and the Sword*, p. 69.

89. "The Troubles in Korea," *The North-China Herald* (Shanghai), 22 June 1894, p. 985.

90. Lensen, *Balance of Intrigue, Vol. 1*, p. 130.

91. "Summary of News," *The Japan Weekly Mail* (Yokohama), 16 June 1894, p. 713. "Korean Affairs," *The Japan Weekly Mail* (Yokohama), 7 July 1894, p. 12.

92. Keene, *Emperor of Japan*, p. 478.

93. 정교, 『대한계년사 2』, p. 37.

94. "Count Okuma on the Korean Question," *The Japan Weekly Mail* (Yokohama), 16 June 1894, p. 721. "The Spirit of the Vernacular Press during the Week," *The Japan Weekly Mail* (Yokohama), 30 June 1894, p. 774; "The Japanese Government and the Korean Question," *The Japan Weekly Mail* (Yokohama), 7 July 1894, p. 10.

95. "Count Okuma on the Korean Question," *The Japan Weekly Mail* (Yokohama), 16 June 1894, p. 721.

96. Telegram to Kerberg, Seoul, June 6/18, 1894. Lensen, *Balance of Intrigue, Vol. 1*, p. 136.

97. Mutsu to Wang, Tokyo, June 17, 1894, in *Japan Weekly Mail*, Oct. 27, 1894, pp. 486-487, Hitrovo to Giers, no. 63, Tokyo, Oct. 19/31, 1894; Mutsu to Komura, no. 210, June 17, 1895, *Nihon gaiko bunsho*, vol. 27, pt. 2, pp. 213-214. Lensen, *Balance of Intrigue, Vol. 1*, p. 130.

98. 『在韓苦心錄』, pp. 17-18. 다보하시 기요시 지음, 김종학 옮김, 『근대 일선관계의 연구

下』(서울: 일조각, 2016,) p. 318에서 재인용.

99. 정교, 『대한계년사 2』, p. 37.

100. 『在韓苦心錄』, p. 18. 다보하시, 『근대 일선관계의 연구 下』, pp. 318-319에서 재인용.

101. Keene, *Emperor of Japan,* p. 478.

102. 정교, 『대한계년사 2』, p. 38.

103. 정교, 『대한계년사 2』, pp. 38-39.

104. "The Situation in Korea," *The Times* (London), 27 June 1894, p. 5; "The Rising in Korea," *The Times* (London), 28 June 1894, p. 5.

105. Mutsu, 26.

106. Hitrovo to Giers, no. 37, Tokyo, June 10/22, 1894, Iaponskii stol, 1894, del 899. . Lensen, *Balance of Intrigue, Vol. 1,* p. 136.

107. O'Conor to Kimberley, no. 144, Peking, June 23, 1894, 「Secret,」 EA, FO 405-460, pp. 132-133. Lensen, *Balance of Intrigue, Vol. 1,* p. 136.

108. O'Conor to Kimberley, no. 144, Peking, June 23, 1894, 「Secret,」 EA, FO 405-460, pp. 132-133. Lensen, *Balance of Intrigue, Vol. 1,* p. 137.

109. 『在韓苦心錄』, p. 19. 다보하시, 『근대 일선관계의 연구 下』, p. 319에서 재인용.

110. Communication of Hitrovo, Minister at Tokyo, to K. L. Weber, Chare d'Affaires at Seoul, February 21, 1894. *Russia Documents relating to Sino-Japanese War, 1894-1895,* from Krasny Archive Vols. L-LI, No, I, pp. 480481 (*The Chinese Social and Political Science Rerview,* Vol. XVII, No. 3, 1933). 다보하시, 『근대 일선관계의 연구 下』, p. 402에서 재인용.

111. Cassini to Foreign Minister, no. 9, Feb. 26/Mar. 10, 1894, "Iz epokhi," 5-6. Lensen, *Balance of Intrigue, Vol. 1,* p. 142.

112. Waeber to Giers, Seoul, May 20/June 1, 1894. Lensen, *Balance of Intrigue, Vol. 1,* p. 133.

113. Lensen, *Balance of Intrigue, Vol. 1,* p. 134.

114. Lensen, *Balance of Intrigue, Vol. 1,* p. 134.

115. Dispatch of the Minister at Tokyo to the Minister of Foreign Affairs, June 8, *Russia Documents relating to Sino-Japanese War, 1894-1895,* from Krasny Archive Vols. L-LI, No, 6, p. 485 (*The Chinese Social and Political Science Rerview,* Vol. XVII, No. 3, 1933). 다보하시, 『근대 일선관계의 연구 下』, pp. 405-406에서 재인용. Lensen, *Balance of Intrigue, Vol. 1,* p. 134.

116. Hitrovo to Giers, no. 31, Tokyo, June 10/22, 1894, RA, AVPR, Iaponskii stol, 1894, delo 899. Lensen, *Balance of Intrigue, Vol. 1,* p. 134.

117. Cassini to Giers, June 10/22, 1894, "Iz epokhi," 16-17. Lensen, *Balance of Intrigue, Vol. 1,* p. 142.

118. Nikhamin, "Russko-iaponskie otnosheniia," 27. Lensen, *Balance of Intrigue, Vol. 1,* p. 142.

119. Kapnist to Waeber, May 27/June 8, 1894. Lensen, *Balance of Intrigue, Vol. 1,* p. 133.

120. Cassini to Giers, June 10/22, 1894, "Iz epokhi," 16-17. Lensen, *Balance of Intrigue, Vol. 1,* p. 142.

121. 『日中交涉史料』 13권, 문서번호 1009, 「光緒二十年五月十八日北洋大臣來電.」 다보하시, 『근대 일선관계의 연구 下』, pp. 405-406에서 재인용.

122. Cassini-Girs 전보, 1894. 6. 22. CSPSR, XVII/3(1933), 문서번호 16, pp. 494-495. 김용구, 『러시아의 만주, 한반도 정책사, 17~19세기』 (서울: 푸른역사, 2018), p. 167에서 재인용.

123. 외상의 상주문, 1894. 6. 22. CSPSR, VII/3(1933), 문서번호 15, pp. 493-494. 김용구, 『러시아의 만주, 한반도 정책사, 17~19세기』 (서울: 푸른역사, 2018), p. 168에서 재인용.

124. Giers to Alexander III, June 10/22, 1894, "Iz epokhi," 15-16. Lensen, *Balance of Intrigue, Vol. 1,* p. 143.

125. Cassini-Girs 전보, 1894. 6. 24. CSPSR, VII/3(1933), 문서번호 19, p. 496. 김용구, 『러시아의 만주, 한반도 정책사, 17~19세기』 (서울: 푸른역사, 2018), p. 168에서 재인용.

126. Otori to Mutsu, no. 8, Seoul, June 25, 1894, JA, TEL 1894/0166-0167. Lensen, *Balance of Intrigue, Vol. 1,* p. 143.

127. Cho Piong Chik (Cho Pyong-jik) to J.M.B. Sill, Seoul, June 24, 1894, Palmer, ed., *Korean-American Relations,* 2, pp. 334-35.

128. Palmer ed., *Korean-American Relations,* 2, pp. 334-335.

129. Palmer, ed., *Korean-American Relations,* 2, pp. 334-335.

130. Lensen, *Balance of Intrigue, Vol. 1,* p. 147.

131. Hitrovo to Giers, Tokyo, June 13/25, 1894. Lensen, *Balance of Intrigue, Vol. 1,* p. 143.

132. 무쓰, 『건건록』, pp. 84-85.

133. Hitrovo to Giers, Tokyo, June 17/29, 1894, RA, AVPR, Iaponskii stol, 1894, delo 899. Lensen, *Balance of Intrigue, Vol. 1,* pp. 144-145.

134. Telegram of the Minister at Tokyo to the Minster of Foreign Affairs, June 25, 1894. Russian Documents relating to Sino-Japanese War, 1894-95, from Krasny Arhiv vols. L-LI, No. 21, pp. 497-498. (*The Chinese Social and Political Science Review,* vol. XVII, No.3 1933.) 다보하시, 『근대 일선관계의 연구 下』, p. 408-409에서 재인용.

135. Lensen, *Balance of Intrigue, Vol. 1,* pp. 146-147. 외상의 상주문, 1894. 6. 28.

CSPSR, VII/3(1933), 문서번호 23, pp. 498-499. 김용구, 『러시아의 만주, 한반도 정책사, 17~19세기』 (서울: 푸른역사, 2018), p. 168에서 재인용.

136. 「외상의 상주문」, 1894. 6. 29. CSPSR, VII/3(1933), 문서번호 24, pp. 499-500. 김용구, 『러시아의 만주, 한반도 정책사, 17~19세기』 (서울: 푸른역사, 2018), pp. 168-169.

137. 다보하시, 『근대 일선관계의 연구 下』, p. 411에서 재인용.

138. 다보하시, 『근대 일선관계의 연구 下』, p. 412에서 재인용.

139. Lensen, *Balance of Intrigue, Vol. 1*, p. 148.

140. Telegram of the Minister at Tokyo to the Minster of Foreign Affairs, June 25, 1894. Russian Documents relating to Sino-Japanese War, 1894-95, from Krasny Arhiv vols. L-LI, No. 21, pp. 497-498. (*The Chinese Social and Political Science Review*, vol. XVII, No.3 1933.) 다보하시, 『근대 일선관계의 연구 下』, p. 502-503에서 재인용.

141. 무쓰, 『건건록』, p. 86.

142. 무쓰, 『건건록』, p. 86.

143. Lensen, *Balance of Intrigue, Vol. 1*, pp. 149-150.

144. Mutsu to Aoki, Tokyo, June 30, 1894, JA, TEL 1894/0573-0574. Lensen, *Balance of Intrigue, Vol. 1*, p. 150.

145. Lensen, *Balance of Intrigue, Vol. 1*, p. 150.

146. Hitrovo to Giers, no. 43, Tokyo, July 1/13, 1894, RA, AVPR, Iaponskii stol, 1894, delo 899 Hitrovo to Giers, Tokyo, June 19/July1, 1894, 「Iz epohi,」 22-25. Lensen, *Balance of Intrigue, Vol. 1*, pp. 150-151.

147. Cassini to Giers, Tientsin, June 19/July 1, 1894, 「Iz epokhi,」 22-25. Lensen, *Balance of Intrigue, Vol. 1*, pp. 150-151.

148. Cassini to Giers, Tientsin, June 21/Jult3m 1894, 「Iz epokhi,」 26-27. Lensen, *Balance of Intrigue, Vol. 1*, pp. 150-151.

149. Cassini to Geirs, Tienttsin, Jun 21/July 3, 1894. Lensen, *Balance of Intrigue, Vol. 1*, p. 151.

150. Montebello to Hanotaux, tel. no. 65, St. Peteresburg, July 2, 1894, DDF, ser. 1, 11: 263. Lensen, *Balance of Intrigue, Vol. 1*, p. 151.

151. Giers to Hitrovo, St. Petersburg, Jun 21/July 3, 1894, "Iz epokhi," 26. Lensen, *Balance of Intrigue, Vol. 1*, p. 151.

152. 무쓰, 『건건록』, pp. 87-88.

153. Mutsu to Nishi, Tokyo, July 4, 1894, JA, TEL 1894/0588. Lensen, *Balance of Intrigue, Vol. 1*, p. 152.

154. Hitrovo to Geirs, Jun3 24/July 6, 1894. Lensen, *Balance of Intrigue, Vol. 1*, p.

152.

155. Nishi to Mutsu, St. Petersburg, July 8, 1894, JA, TEL 1894/0213-0214. Lensen, *Balance of Intrigue*, Vol. 1, p. 152.

156. Cassini to Giers, June 25/July 7, 1894, "Iz epokhi," 29-30. Lensen, *Balance of Intrigue*, Vol. 1, p. 153.

157. Giers to Cassini, no. 72, St. Petersburg, June 25/July 7, 1894. Lensen, *Balance of Intrigue*, Vol. 1, p. 153.

158. Note of Giers to Alexander III, June 26/July 9, 1894. Lensen, *Balance of Intrigue*, Vol. 1, p. 153.

159. Giers to Stall, no. 75, St. Petersburg, Jun 27/July 9, 1894. Lensen, *Balance of Intrigue*, Vol. 1, p. 154.

160. Lensen, *Balance of Intrigue*, Vol. 1, p. 154.

161. O'Conor to Kimberley, no. 41, tel., P., Peking, July 11, 1894, "Confidential," EA FO 405-460, p. 30. Lensen, *Balance of Intrigue*, Vol. 1, p. 154.

162. 무쓰, 『건건록』, p. 88.

163. 무쓰, 『건건록』, pp. 88-89.

164. Aoki to Mutsu, London, June 13, 1894, JA, TEL 1894/0136-0137. Lensen, *Balance of Intrigue*, Vol. 1, p. 156.

165. O'Conor to Kimberley, no. 30, tel., Peking, June 28, 1894, "Confidential," EA, FO 405-460, p. 8. Lensen, *Balance of Intrigue*, Vol. 1, p. 156.

166. Mutsu to Aoki, Tokyo, June 30, 1894, JA, TEL 1894/0573-0574. Lensen, *Balance of Intrigue*, Vol. 1, p. 157.

167. O'Conor to Kimberley, no. 36, Peking, July 6, 1894, "Confidential," EA, FO 405-460, p. 18. Lensen, *Balance of Intrigue*, Vol. 1, p. 157.

168. Kimberley to Paget, no. 18, tel., Foreign Office, July 3, 1894, EA, FO 405-460, pp. 14/15. Lensen, *Balance of Intrigue*, Vol. 1, p. 157-158.

169. Mutsu to Aoki, 295, July 4, 1894, JA, TEL 1894/0573-0589. Lensen, *Balance of Intrigue*, Vol. 1, p. 158.

170. Kromura to Mutsu, Peking, July 5, 1894, Komura to Mustu, Peking, July 7, 1894 Nihon gaiko bunsho, vol. 27, pt. 2, pp. 293-294. Lensen, *Balance of Intrigue*, Vol. 1, p. 158.

171. Memorandum by Bertie, Foreign Office, July 7, 1894, EA, FO 405-460, pp. 18-19. Lensen, *Balance of Intrigue*, Vol. 1, p. 158.

172. Kimberley to O'Conor, no. 50, tel., P., Foreign Office, July 7, 1894, EA, FO 405-460, p. 90. Lensen, *Balance of Intrigue*, Vol. 1, p. 158.

173. Kimberley to Paget, no. 21, tel., P., Foreign Office, July 7, 1894, EA, FO 405-

460, p. 19. Lensen, *Balance of Intrigue, Vol. 1*, p. 158.

174. Lensen, *Balance of Intrigue, Vol. 1*, p. 159.

175. Sir J. Pauncefote to Kimberley, no. 82, tel., Washington, July 9, 1894, EA, FO 405-460, p. 23. Lensen, *Balance of Intrigue, Vol. 1*, p. 160.

176. Hanotaux to Dufferin, Paris, July 12, 1894, DDF, ser. 1, 11: 273. Lensen, *Balance of Intrigue, Vol. 1*, p. 160.

177. Lensen, *Balance of Intrigue, Vol. 1*, p. 160.

178. Cassini to Giers, Tientsin, July 5/17, 1894, "Iz epokhi," 38-39. Lensen, *Balance of Intrigue, Vol. 1*, p. 160.

179. Staal to Giers, London, June 29/July 11, 1894, "Iz epokhi," 32. Lensen, *Balance of Intrigue, Vol. 1*, p. 160.

180. Komura to Mutsu, no. 2, Peking, July 13, 1894, *Nihon gaiko bunsho*, vol. 27, pt. 2, p. 251. Lensen, *Balance of Intrigue, Vol. 1*, p. 161.

181. O'Conor to Kimberley, no. 193, Peking, July 13, 1894, "Confidential," EA, FO 405-460, p. 183. Lensen, *Balance of Intrigue, Vol. 1*, p. 161.

182. Bristow to O'Conor, Tientsin, July 11, 1894, "Confidential," EA FO 405-460, pp. 182-183. Lensen, *Balance of Intrigue, Vol. 1*, p. 162.

183. Hitrovo to Giers, Tokyo, June30/July12, 1894, "Iz epokhi," 34. Lensen, *Balance of Intrigue, Vol. 1*, p. 162.

184. Nishi to Mutsu St. Petersburg, July 3, 1894, JA, TEL 1894/0237-0238. Lensen, *Balance of Intrigue, Vol. 1*, p. 162.

185. Lensen, *Balance of Intrigue, Vol. 1*, p. 162.

186. Mutsu to Komura, no. 3, Tokyo, July 12, 1894, *Nihon gaiko bunsho*, vol. 27, pt. 2, pp. 248-249. Lensen, *Balance of Intrigue, Vol. 1*, p. 162.

187. O'Conor to Kimberley, no. 44, tel., P., Peking, July 14, 1894, EA, FO 405-460, p. 34. Lensen, *Balance of Intrigue, Vol. 1*, p. 162.

188. Otori to Mutsu, no. 27, July 16, 1894, Nihon gaiko bunsho, vol. 27, pt. 2, pp. 254-254. Lensen, *Balance of Intrigue, Vol. 1*, p. 163.

189. Waeber to Giers, Seoul, July 6/18, 1894, "Iz epokhi," 41. Lensen, *Balance of Intrigue, Vol. 1*, p. 163.

190. Giers to Waeber, St. Petersburge, July 10/22, 1894, "Iz epokhi," 41. Lensen, *Balance of Intrigue, Vol. 1*, p. 163.

191. Mutsu to Komura, no. 9, July 17, 1894, *Nihon gaiko bunsho*, vol. 27, pt. 2, pp. 305-306. Lensen, *Balance of Intrigue, Vol. 1*, p. 164.

192. Cockburn to O'Conor, Tientsin, July 16, 1894, "Confidential," EA, FO 405-460, p. 187. Lensen, *Balance of Intrigue, Vol. 1*, pp. 164-165.

193. O'Conor to Kimberley, no. 214, Peking, July 24, 1894, EA, FO 405-460, p. 227. Lensen, *Balance of Intrigue, Vol. 1*, p. 165.

194. Kimberley to O'Conor, no. 55, tel., P. Foreign Office, July 14, 1894, EA, FO 405-460, p. 34. Lensen, *Balance of Intrigue, Vol. 1*, p. 165.

195. Mutsu to Aoki, July 21, 1894, Mutsu to Komura, no. 15, July 22, 1894, *Nihon gaiko bunsho*, vol. 27, pt. 2, pp. 309, 313. Lensen, *Balance of Intrigue, Vol. 1*, p. 165.

196. Note to Kapnist, July 7/19, 1894, "Iz epokhi," 41-42. Lensen, *Balance of Intrigue, Vol. 1*, p. 165.

197. 김용구, 『러시아의 만주, 한반도 정책사, 17~19세기』 (서울: 푸른역사, 2018), p. 171 에서 재인용. Lensen, *Balance of Intrigue, Vol. 1*, p. 165.

198. Hitrovo to Mutsu, no. 236, Tokyo, July 9/21, 1894. Lensen, *Balance of Intrigue, Vol. 1*, p. 168.

199. Hitrovo to Giers, no. 44, Tokyo, Aug. 10/22, 1894. Lensen, *Balance of Intrigue, Vol. 1*, p. 168.

200. Lensen, *Balance of Intrigue, Vol. 1*, p. 169.

201. Sill to Gresham, no. 32, DS, Seoul, July 18, 1894, USD, Korea, 134/11. Lensen, *Balance of Intrigue, Vol. 1*, p. 166.

202. C.T. Gardner to Otori, Seoul, July 15, 1894, USDD〈 Korea, 134/11. Gardner to Vice Admiral Sir E. Fremantle, tel., Seoul, July 16, 1894; Commander Rogers to Fremantle, tel., *Archer* at Chemulpo, July 17, 1894, EA, FO 405-460, p. 219. Lensen, *Balance of Intrigue, Vol. 1*, p. 166.

203. Otori to Garnder, Seoul, July 17, 1894, USDD〈 Korea, 134/11. Lensen, *Balance of Intrigue, Vol. 1*, p. 166.

204. O'Conor to Kimberley, no. 200, Peking, July 19, 1894, EA, FO 405-460, p. 191. Lensen, *Balance of Intrigue, Vol. 1*, p. 166.

205. Otori to Mutsu, Juy 17, 1894, JA, TEL 1894/0237. Lensen, *Balance of Intrigue, Vol. 1*, p. 166.

206. Mutsu to Otori, July 18, 1894, JA, TEL 1894/0634-0635. Lensen, *Balance of Intrigue, Vol. 1*, p. 166.

207. 『翁文恭公日記』 33권, 光緒20年5月22日. 다보하시, 『근대 일선관계의 연구 下』, p. 487 에서 재인용.

208. 『中日交涉史料』 13권, 문서번호 1032번, 光緒二十年5月22日軍機處寄北洋大臣李鴻章上諭. 다보하시, 『근대 일선관계의 연구 下』, p. 488에서 재인용.

209. 『中日交涉史料』 13권, 문서번호 1051번, 光緒二十年5月22日軍機處寄北洋大臣李鴻章上諭. 다보하시, 『근대 일선관계의 연구 下』, pp. 488-489에서 재인용.

210. Keene, *Emperor of Japan*, p. 478.

211. 다보하시, 『근대 일선관계의 연구 下』, pp 319-320.

212. 다보하시, 『근대 일선관계의 연구 下』, p. 320.

213. Duus, *The Abacus and the Sword*, p. 75.

214. 『日清韓交涉事件紀事』(朝鮮之部);『在韓苦心錄』. 20-22쪽. 다보하시, 『근대 일선관계의 연구 下』, pp. 321-322에서 재인용.

215. 『在韓苦心錄』, p. 24. 다보하시, 『근대 일선관계의 연구 下』, p. 325에서 재인용. Lensen, *Balance of Intrigue, Vol. 1*, p. 138.

216. 『日清韓交涉事件紀事』. 다보하시, 『근대 일선관계의 연구 下』, pp. 326-328에서 재인용.

217. Lensne, *Balance of Intrigue, Vol. 1*, p. 125.

218. 『日清韓交涉事件紀事』, 다보하시, 『근대 일선관계의 연구 下』, p. 330에서 재인용.

219. 中日交涉史料, 13권, 문서번호 1039. 「光緒二十年五月二十六日北洋大臣來電」. 다보하시, 『근대 일선관계의 연구 下』, pp. 330-331에서 재인용.

220. 『中東戰記本末續篇』港 亨, 「東征電報上」, 「光緒二十五年五月二十六日奇遠道」. 다보하시, 『근대 일선관계의 연구 下』, p. 331에서 재인용.

221. Keene, *Emperor of Japan*, p. 479. 『日案』28권, 「甲午年五月二十八日」. 다보하시, 『근대 일선관계의 연구 下』, pp. 331-332에서 재인용.

222. "Japan's Attack on Corea," *The North-China Herald* (Shanghai), 29 June 1894, p. 1008

223. "China, Japan, and Corea," *The North-China Herald* (Shanghai), 29 June 1894, p. 1010. For a similar opinion, see "Japan's Intentions," *The North-China Herald* (Shanghai), 6 July 1894, p. 10.

224. 『在韓苦心錄』, pp. 29-30. 다보하시, 『근대 일선관계의 연구 下』, p. 339에서 재인용.

225. 『日清韓交涉事件紀事』,(朝鮮之部). 다보하시, 『근대 일선관계의 연구 下』, pp. 339-340에서 재인용.

226. Keene, *Emperor of Japan*, p. 479.

227. Lensen, *Balance of Intrigue, Vol. 1*, pp. 138-139.

228. "Japan Defied by Corea," *The New York Times*, 23 July 1894, p. 5.

229. 다보하시, 『근대 일선관계의 연구 下』, p. 341.

230. 中日交涉史料 13권, 문서번호 1103. 「光緒二十年榴月三一, 光緒二十年榴月六日北洋大臣來電」. 다보하시, 『근대 일선관계의 연구 下』, p. 341에서 재인용.

231. Lensen, *Balance of Intrigue, Vol. 1*, p. 137.

232. Montebello to Hanotaux, D. no. 83, St. Petersburg July 25, 1894, "Confidential," DDF, ser. 1, 11: 2990300. Lensen, *Balance of Intrigue, Vol. 1*, pp. 137-138.

233. 다보하시, 『근대 일선관계의 연구 下』, pp. 341-342.

234. Waeber to Giers, Seoul, July 5/17, 1894. Lensen, *Balance of Intrigue, Vol. 1*,

p. 139.

235. Otori to Mutsu, no. 22, Seoul, July 11, 1894, *Nihon gaiko bunsho,* vol. 27, pt 1, p. 594. Lensen, B*alance of Intrigue, Vol. 1,* p. 139.

236. 『日淸韓交涉事件紀事』,(朝鮮之部). 다보하시, 『근대 일선관계의 연구 下』, pp. 371-372에서 재인용.

237. Mutsu to Otori, no. 36, Tokyo, July 11, 1894, *Nihon gaiko Bunsho,* vol. 27, pt.1, p. 595. Lensen, *Balance of Intrigue, Vol. 1,* p. 139.

238. Mutsu to Otori, no. 36, Tokyo, July 11, 1894, *Nihon gaiko Bunsho,* vol. 27, pt.1, p. 596. Lensen, *Balance of Intrigue, Vol. 1,* p. 139..

239. 『日淸韓交涉事件紀事』,(朝鮮之部),「明治二十七年七月十二日 大鳥公使 원 外務大臣電報. 다보하시, 『근대 일선관계의 연구 下』, p. 373에서 재인용.

240. Waeber to Giers, Seoul, July 5/17, 1894. Sill to Gresham, no. 32, DS, Seoul, July 18, 1894. O'Conor to Kimberley, no. 43, tel. P., Peking, July 14, 1894. Lensen, *Balance of Intrigue, Vol. 1,* p. 139.

241. 『蹇々錄』 p. 136. 다보하시, 『근대 일선관계의 연구 下』, pp. 373-374에서 재인용.

242. Komura to president and ministers of the Tunsgli-Yamen, July 14, 1894. fHitrovo to Giers, no, 63, Tokyo, Oct. 19/31, 1894, Mutsu to Komura, no. 3, July 12, 1894, *Nihon gaiko bunsho,* vol. 27, pt. 1 pp. 248-249. Lensen, *Balance of Intrigue, Vol. 1,* p. 138.

243. Keene, *Emperor of Japan,* p. 479.

244. Keene, *Emperor of Japan,* p. 479.

245. "Summary of News," *The Japan Weekly Mail* (Yokohama), 30 June 1894, p. 773.

246. "Imperial Ordinance," *The Japan Weekly Mail* (Yokohama), 7 July 1894, p. 8.

247. "The Spirit of the Vernacular Press," *The Japan Weekly Mail* (Yokohama), 21 July 1894, p. 62

248. "The Spirit of the Vernacular Press," *The Japan Weekly Mail* (Yokohama), 28 July 1894, p. 90

249. 『中日交涉史料』13권, 문서번호 1130번, 光緖二十年6月10日御使張仲炘. 다보하시, 『근대 일선관계의 연구 下』, p. 489에서 재인용. 軍機處寄北洋大臣李鴻章上諭. 다보하시, 『근대 일선관계의 연구 下』, p. 488에서 재인용.

250. Olender, *Sino-Japanese Naval War,* p. 60.

251. Hart to Campbell, 15 July 1894, in Fairbank et al., The 1. G in Peking, vol. 2, 976.

252. Paine, *The Sino-Japanese War of 1894-1895,* p. 117.

253. 『中日交涉史料』13권, 문서번호 1177번.

254. Lensen, *Balance of Intrigue, Vol. 1*, 140. 다보하시, 『근대 일선관계의 연구 下』, p. 376.

255. 『日清韓交渉事件紀事』,(朝鮮之部); 『日案』28권, 「甲午年六月十八日」; 『中日交渉史料』15권, 문서번호 1201. 光緒二十年六月二十一北洋大臣來電. 다보하시 『근대일선관계의 연구, 下』, pp. 379-380에서 재인용.

256. 『日清韓交渉事件紀事』,(朝鮮之部); 『日案』28권, 「甲午年六月十八日」; 『中日交渉史料』15권, 문서번호 1207. 光緒二十年六月二十一北洋大臣來電. 다보하시, 『근대일선관계의 연구, 下』, pp. 378-379에서 재인용.

257. 『日清韓交渉事件紀事』,(朝鮮之部); 『日案』28권, 「甲午年六月二十日」, 다보하시, 『근대 일선관계의 연구, 下』, pp. 381-382에서 재인용.

258. 『日清韓交渉事件紀事』,(朝鮮之部); 『日案』28권, 「甲午年六月二十一日」, 다보하시, 『근대일선관계의 연구, 下』, p. 382에서 재인용.

259. Duus, *The Abacus and the Sword*, p. 77.

260. Duus, *The Abacus and the Sword*, p. 75.

261. 류영익, 『동학농민봉기와 갑오경장』, p. 33.

262. 류영익, 『동학농민봉기와 갑오경장』, p. 33.

263. 황현, 『매천야록』, 상, pp. 585-586.

264. Palmer, ed., *Korean-American Relations*, II, pp. 303-304.

265. 『在韓苦心錄』, p. 47. 다보하시, 『근대일선관계의 연구, 下』 p. 386에서 재인용.

266. ōtori to Mutsu, July 13; Mutsu to Nakagawa (Hongkong), July 14; Nakagawa to Mutsu, July 15, 1894, Nos. 24, 2, 5: Archives, MT 1.6.1.5, pp. 218, 220-21, 224-25. Conroy, *The Japanese Seizure of Korea*, p. 261.

267. Duus, *The Abacus and the Sword*, p. 75.

268. 유영익, 『동학농민봉기와 갑오경장』 (서울: 일조각, 1998,) p. 37.

269. 杉村濬, pp. 47-48. 유영익, 『동학농민봉기와 갑오경장』 (서울: 일조각, 1998,) p. 39.

270. 『日外書』XXVII: 1, #422, p. 621. 杉村濬, 『在韓苦心錄』, pp. 51-54. 『日韓外交資料集成』4, #136, pp. 446-447.유영익, 『동학농민봉기와 갑오경장』, p. 40.

271. 『日外書』XXVII: 1, #422, p. 621. 杉村濬, 『在韓苦心錄』, pp. 51-54. 『日韓外交資料集成』4, #136, pp. 446-447.유영익, 『동학농민봉기와 갑오경장』, p. 40.

272. 杉村濬, 『在韓苦心錄』, pp. 53-54. 유영익, 『동학농민봉기와 갑오경장』, p. 40.

273. 『日清韓交渉事件紀事』,(朝鮮之部); 「明治二十七年七月二十五日外務大臣 원 大鳥公使報告」, 『在韓苦心錄』, p. 54-55. 다보하시, 『근대일선관계의 연구, 下』, p. 390에서 재인용.

274. Mutsu to Otori, no. 38, Juy 12, 1894, *Nihon gaiko Bunsho*, vol. 27, pt.1, p. 596. Lensen, *Balance of Intrigue, Vol. 1*, p. 171-172.

275. Waeber to Giers, Seoul, July 5/17, 1894; Sill to Gresham, no. 32, DS, Seoul, July 18, 1894; O'Conor to Kimberley, no. 43, tel. P., Pkeing, July 14, 1894. Lensen,

Balance of Intrigue, Vol. 1, p. 172.

276. 『고종실록』 31권, 고종 31년 6월 22일 정묘 3번째기사. http://sillok.history.go.kr/id/kza_13106022_003

277. 『고종실록』 31권, 고종 31년 6월 22일 정묘 3번째기사. http://sillok.history.go.kr/id/kza_13106022_003

278. 『고종실록』 31권, 고종 31년 6월 22일 정묘 5번째기사. http://sillok.history.go.kr/id/kza_13106022_005

279. 유영익, 『동학농민봉기와 갑오경장』, p. 49.

280. 『日省錄』, 李太王 甲午年六月二十四, 二十五日. 다보하시, 『근대일선관계의 연구, 下』, p. 393.

281. 『在韓苦心錄』, pp. 57-59. 다보하시, 『근대일선관계의 연구, 下』, p. 393.

282. 유영익, 『동학농민봉기와 갑오경장』, p. 49.

283. Keene, *Emperor of Japan*, p. 480. 「Korea,」 *The Japan Weekly Mail* (Yokohama), 11 August 1894, p. 159; Eckert et al., 223; Conroy, *The Japanese Seizure of Korea*, 304; Oh, "Background," 384-5.

284. 다보하시, 『근대 일선관계의 연구 下』, p. 395에서 재인용.

285. 『中日交涉史料』 15권, 문서번호 1239번. 다보하시, 『근대 일선관계의 연구 下』, p. 503에서 재인용.

286. Paine, *The Sino-Japanese War of 1894-1895*, p. 121.

287. Olender, *Sino-Japanese Naval War*, p. 61.

288. Japan, Imperial General Staff, 48; Oh, 「Background,」 306; Sun Kefu and Guan Jie, 122, Paine, *The Sino-Japanese War of 1894-1895*, p. 132.

289. Olender, *Sino-Japanese Naval War*, p. 63.

290. Olender, *Sino-Japanese Naval War*, pp. 63-65.

291. Olender, *Sino-Japanese Naval War*, p. 65.

292. Olender, *Sino-Japanese Naval War*, p. 65.

293. Olender, *Sino-Japanese Naval War*, pp. 65-66.

294. Olender, *Sino-Japanese Naval War*, p. 67..

295. Olender, *Sino-Japanese Naval War*, p. 68.

296. Olender, *Sino-Japanese Naval War*, p. 70.

297. Olender, *Sino-Japanese Naval War*, pp. 70-71.

298. Olender, *Sino-Japanese Naval War*, p. 71.

299. Olender, *Sino-Japanese Naval War*, p. 71.

300. Olender, *Sino-Japanese Naval War*, p. 72.

301. Olender, *Sino-Japanese Naval War*, p. 71.

302. Paine, *The Sino-Japanese War of 1894-1896*, p. 133.

303. Olender, *Sino-Japanese Naval War,* p. 73.

304. Olender, *Sino-Japanese Naval War,* p. 74.

305. Vladimir, 72.

306. "The Fight on the 25th Ultimo," The Japan Weekly Mail (Yokohama), 11 August 1894, p. 154. Paine, *The Sino-Japanese War of 1894-1895,* p. 134.

307. 『翁文恭公日記』 33권, 光緒20年6月25日. 다보하시, 『근대 일선관계의 연구 下』, p. 503 에서 재인용.

308. Earl of Kimberley to O'Conor, 26 February 1895, doc. 137, British Documents, Nish, ed., 93-4 ; "The Kowshing Inquiry," *The North-China Herald* (Shanghai), 31 August 1894, p. 344; Ballard, 142; Holland, 128.

309. 다보하시, 『근대일선관계의 연구, 下』, p. 393.

310. Duus, *The Abacus and the Sword,* p. 77.

311. Duus, *The Abacus and the Sword,* pp. 77-78.

312. Duus, *The Abacus and the Sword,* p. 78.

313. Duus, *The Abacus and the Sword,* p. 79.

314. Hitrovo to Giers, Tokyo, July 17/29, 1894, "Iz epokhi," 51/-52. Hitrovo to Giers, no. 46, Tokyo, Aug. 10/22, 1894, RA: Aoi to Kimberley, July 30, 1894, EA, FO 405-460, pp. 76-77. Lensen, *Balance of Intrigue, Vol. 1,* p. 179.

315. Kimberley to O'Conor, no. 74, tel., P., London, Aug. 1, 1894, EA, FO 405-460, p. 89. Lensen, *Balance of Intrigue, Vol. 1,* p. 179.

316. 『日外書』, XXVII: 1, #425, p. 632, #432, p. 639. 유영익, 『동학농민봉기와 갑오경 장』, p. 40에서 재인용.

317. 『고종실록』 31권, 고종 31년 6월 28일 계유 4번째기사. http://sillok.history.go.kr/ id/kza_13106028_004

318. 『고종실록』 31권, 고종 31년 6월 28일 계유 4번째기사. http://sillok.history.go.kr/ id/kza_13106028_004

319. 『고종실록』 31권, 고종 31년 6월 28일 계유 5번째기사. http://sillok.history.go.kr/ id/kza_13106028_005

320. Olender, *Sino-Japanese Naval War,* p. 76.

321. Olender, *Sino-Japanese Naval War,* p. 76.

322. Eastlake and Yamada, 16-21. Paine, *The Sino-Japanese War of 1894-1895,* p. 158

323. Cassini to Giers, Tientsin, July 14/26, 1894, "Iz epokhi," 49. Lensen, *Balance of Intrigue, Vol. 1,* p. 173.

324. O'Conor to Kimberley, no. 60, tel., P., Peking, July 26, 1894, #A, FO 405-460, p. 75. Lensen, *Balance of Intrigue, Vol. 1,* p. 173.

325. Hitrovo to Giers, Tokyo, July 27, 1894, "Iz epokhi," 50. Mutsu to Nishi, July 27, 1894, JA, TEL 1894/0664-0665. *Nihon gaiko bunsho*, vol. 27, pt. 2, p. 320. Lensen, *Balance of Intrigue, Vol. 1*, pp. 173-174.

326. Eastlake and Yamada, 16-21. Paine, *The Sino-Japanese War of 1894-1895*, p. 158

327. Paine, *The Sino-Japanese War of 1894-1895*, p. 158.

328. Olender, *Sino-Japanese Naval War*, p. 77.

329. Olender, *Sino-Japanese Naval War*, p. 77.

330. Russell, 90; Eastlake and Yamada, 21.

331. Paine, *The Sino-Japanese War of 1894-1895*, p. 159.

332. Komura to Mutsu, no 12, Peking, July 28, 1894, *Nihon gaiko bunsho*, vol. 27, pt. 2, pp. 320-321. Lensen, *Balance of Intrigue, Vol. 1*, p. 174.

333. Note to Kapnist, July 16/28, 1894, "Iz epokhi," 51. Lensen, *Balance of Intrigue, Vol. 1*, p. 174.

334. Memorandum by Sir T.H. Sanderson, Foreign Office, July 28, 1894, EA, FO 405-460, p. 73. Lensen, *Balance of Intrigue, Vol. 1*, p. 174.

335. Kimberley to O'Conor, no. 167, no. 71, tel., London, July 28, 1894, EA, FO 405-460, pp. 74-75. Lensen, *Balance of Intrigue, Vol. 1*, p. 174.

336. Lascelles to Kimberley, no 168, St. Petersburg, July 30, 1894, "Confidential,"EA, FO 405-460, p. 104. Lensen, *Balance of Intrigue, Vol. 1*, p. 174-175.

337. O'Conor to Kimberley, no. 273, Peking, Aug. 10, 1894, "Confidential," EA, FO 405-460, pp. 5-6. Lensen, *Balance of Intrigue, Vol. 1*, p. 175.

338. 「일본 메이지 천황의 선전포고문」, 이승만 편저, 김용삼, 김효선, 류석춘 번역, 해제, 『쉽게 풀어 쓴 청일전기』 (서울: 북앤피플, 2015), pp. 113-114. "Imperial Rescript," The *Japan Weekly Mail* (Yokohama), 4 August 1894, pp. 133-4. Paine, *The Sino-Japanese War of 1894-1895*, p. 135.

339. Paine, *The Sino-Japanese War of 1894-1895*, p. 135.

340. 「1894년 8월 1일, 청국 황제 광서제의 조칙(청의 선전포고)」, 이승만 편저, 『쉽게 풀어 쓴 청일전기』, pp. 48-50.

341. "Les Affairs de CoreV (Korean Affairs)," *Le Temps* (The Times) (Paris), 15 August 1894, p. 1.

342. "Wo-jen," *The Japan Weekly Mail* (Yokohama), 1 September 1894, p. 260.

343. "The Japanese in Corea," *The North-China Herald* (Shanghai), 10 August 1894, pp. 239-40; "Corea," *The North-China Herald* (Shanghai), 17 August 1894, p. 263; "Corea," *The North-China Herald* (Shanghai), 17 August 1894, p. 263; "Corea," *The North-China Herald* (Shanghai), 24 August 1894, p. 305; "Les Af-

fairs de Coree" (Korean Affairs), *Le Temps* (The Times) (Paris), 15 August 1894, p. 1; "La Chine and le Japon" (China and Japan), *Le Temps* (The Times) (Paris), 30 December 1894, p. 1.

344. "Japanese Jingoism," *The Japan Weekly Mail* (Yokohama), 4 August 1894, p. 123. Paine, *The Sino-Japanese War of 1894-1895*, p. 135에서 재인용.

345. "The China-Japanese War," *The Pall Mall Gazette* (London), 4 September 1894, 4th ed., p. 7.

346. "Japanese Jingoism," *The Japan Weekly Mail* (Yokohama), 4 August 1894, p. 123

347. "Japanese Jingoism," *The Japan Weekly Mail* (Yokohama), 4 August 1894, p. 123. Paine, *The Sino-Japanese War of 1894-1895*, p. 135에서 재인용.

348. Keene, *Emperor of Japan*, p. 481.

349. 『内村鑑三全集』 16, p. 35. Keene, *Emperor of Japan,* p. 482에서 재인용.

350. Hitrovo go Giers, no. 53, Tokyo, Oct. 1/13, 1894, RA, AVPR, Iaponskii stol, 1894, delo 899. Lensen, *Balance of Intrigue, Vol. 1,* p. 183.

351. Lensen, *Balance of Intrigue, Vol. 1,* p. 184.

352. "The War in the East," *The Times* (London), 26 December 1894, p. 4; "China and Japan," *The North-China Herald* (Shanghai), 14 December 1894, p 964.

353. Tyler, 61.

354. Tyler, 95.

355. Paine, The Sino-Japanese War of 1894-1895, p. 138.

356. "Chine et Japon" (China and Japan), *Journal de St-Petersbourg* (St. Petersburg Journal), no. 198, 8 August 1894, p. 2.

357. *The Pall Mall Gazette,* 28 July 1894, reprinted in "Summary of News," *The North-China Herald* (Shanghai), 12 October 1894, p. 595.

358. Mark Christopher Elliott, "Resident Aliens: The Manchu Experience in China, 1644-1760" (Ph.D. diss., University of California, Berkeley, 1993), 391-3, 472. Paine, *The Sino-Japanese War of 1894-1895,* p. 141.

359. Paine, T*he Sino-Japanese War of 1894-1895,* p. 142.

360. Robert Coltman, Jr., The Chinese, *Their Present and Future: Medical, Political, and Social* (Philadelphia: F. A. Davis, Publisher, 1891), 209-10. Paine, *The Sino-Japanese War of 1894-1895*, p. 142에서 재인용.

361. Citing Der Ostasiatische in "China's Armies," *The North-China Herald* (Shanghai), 27 July 1894, p. 150.

362. Guy Boulais, *Manuel du Code Chinois* (Chang-hai: Imprimerie de la Mission Catholique, 1924), 415, 418. Paine, *The Sino-Japanese War of 1894-1895,* p.

145.

363. Paine, *The Sino-Japanese War of 1894-1895*, pp. 145-146.

364. Citing Der Ostasiatische in "China's Armies," *The North-China Herald* (Shanghai), 27 July 1894, p. 150. Paine, *The Sino-Japanese War of 1894-1895*, p. 147에서 재인용.

365. Julius M. Price, World, quoted in "A Talk with Sir Robert Hart at Peking," *The North-China Herald* (Shanghai), 21 September 1894, p. 500.

366. "Manchuria," *The North-China Herald* (Shanghai), 17 August 1894, p. 264. Paine, *The Sino-Japanese War of 1894-1895*, p. 148.

367. Curzon, 3rd ed., 351-2. For similar opinions, see "Les Affaires de Coree. La Situation militaire" (Korean Affairs: The Military Situation), *Journal des debats politiques et litteraires* (Journal of Political and Literary Debates) (Paris), 26 July 1894, morning edition, p. 1. Paine, *The Sino-Japanese War of 1894-1895*, pp. 148-149에서 재인용.

368. "Corean Light on the Far East," *The New York Times*, 27 October 1894, p. 12. Paine, *The Sino-Japanese War of 1894-1895*, p. 149에서 재인용.

369. Intelligence Division to Foreign Office, July 1894, doc. 91, British Documents, Nish, ed., 54-6. Paine, *The Sino-Japanese War of 1894-1895*, p. 149에서 재인용.

370. Paine, *The Sino-Japanese War of 1894-1895*, p. 149.

371. Paine, *The Sino-Japanese War of 1894-1895*, p. 143 참조.

372. Paine, *The Sino-Japanese War of 1894-1895*, p. 143.

373. Paine, *The Sino-Japanese War of 1894-1895*, p. 144.

374. Lensen, *Balance of Intrigue, Vol. 1*, p. 184.

375. Lensen, *Balance of Intrigue, Vol. 1*, pp. 184-185.

376. Lensen, *Balance of Intrigue, Vol. 1*, p. 185

377. Paine, *The Sino-Japanese War of 1894-1895*, p. 125.

378. Paine, *The Sino-Japanese War of 1894-1895*, p. 125.

379. Paine, *The Sino-Japanese War of 1894-1895*, p. 154

380. Citing *The Peking and Tientsin Times*, 2 June 1894, in "The Chinese Naval Manoeuvres," *The North-China Herald* (Shanghai), 8 June 1894, p. 904. Paine, *The Sino-Japanese War of 1894-1895*, p. 155.

381. "The Viceroy Li's Inspection," *The North-China Herald* (Shanghai), 8 June 1894, p. 883. Paine, *The Sino-Japanese War of 1894-1895*, p. 155.

382. "Finding Fault," *The North-China Herald* (Shanghai), 4 May 1894, p. 685.

383. "Li Hung-chang's Tour of Inspection," *The North-China Herald* (Shanghai), 15 June 1894, pp. 925-6.

384. "The Chinese Navy," *The Japan Weekly Mail* (Yokohama), 8 September 1894, pp. 294-5.

385. Norman, 265-6. For other similar stories, see Michie, vol. 2, 412-3

386. Quoted in "Shanghai News," *The Japan Weekly Mail* (Yokohama), 14 July 1894, p. 42. Paine, *The Sino-Japanese War of 1894-1895,* p. 156에서 재인용.

387. "Foreigners and the War," *The North-China Herald* (Shanghai), 24 August 1894, p. 293. Paine, *The Sino-Japanese War of 1894-1895,* p. 156에서 재인용.

388. Paine, *The Sino-Japanese War of 1894-1895,* p. 156.

389. "The Chinese Navy," *The North-China Herald* (Shanghai), 21 September 1894, p. 501; "China and Japan," *The Peking and Tientsin Times,* 3 November 1894, p. 139. Paine, *The Sino-Japanese War of 1894-1895,* p. 156에서 재인용.

390. "Fighting Strength of the Japanese and Chinese Navies," *The Japan Weekly Mail* (Yokohama), 23 June 1894, p. 748.

391. Paine, *The Sino-Japanese War of 1894-1895,* p. 157.

392. Citing *Der Ostasiatische* in "Japan's Armies," *The North-China Herald* (Shanghai), 27 July 1894, pp. 151-2.

393. Cited in "The Japanese Army in Korea," *The Japan Weekly Mail* (Yokohama), 8 September 1894, p. 295. Paine, *The Sino-Japanese War of 1894-1895,* p. 146 에서 재인용.

394. "La Guerre entre la Chine et le Japon" (War between China and Japan), *Journal des debats politiques et litteraires* (Journal of Political and Literary Debates) (Paris), 28 July 1894, morning edition, p. 1. Paine, *The Sino-Japanese War of 1894-1895,* p. 149에서 재인용.

395. Intelligence Division to Foreign Office, July 1894, doc. 91, British Documents, Nish, ed., 54-6. Paine, *The Sino-Japanese War of 1894-1895,* p. 149에서 재인용.

396. Paine, *The Sino-Japanese War of 1894-1895,* p. 150.

397. Charles Malo, "Revue militaire: Les armes de la Chine et du Japon" (Military Review: The Armies of China and Japan), *Journal des debats politiques et litteraires* {Journal of Political and Literary Debates) (Paris), 30 July 1894, evening edition, p. 1. Paine, *The Sino-Japanese War of 1894-1895,* p. 150.

398. Paine, *The Sino-Japanese War of 1894-1895,* p. 150.

399. "The Chino-Japanese War," *The Pall Mall Gazette* (London), 18 August 1894, 4th ed., p. 7. Paine, *The Sino-Japanese War of 1894-1895,* p. 151에서 재인용.

400. "Foreigners in Japanese Service," *The North-China Herald* (Shanghai), 20 July 1894, p. 89. "Japanese Eager to Enlist," *The New York Times,* 29 July 1894, p. 5.

401. Paine, *The Sino-Japanese War of 1894-1895,* p. 151.

402. Paine, *The Sino-Japanese War of 1894-1895*, p. 151.

403. Japan, Imperial General Staff, 21.

404. "Japanese Next Station," *The New York Times*, 20 February 1895, p. 5

405. Paine, *The Sino-Japanese War of 1894-1895*, p. 152.

406. Herbert, 690-1. Paine, *The Sino-Japanese War of 1894-1895*, p. 152.

407. Paine, *The Sino-Japanese War of 1894-1895*, pp. 153-154.

408. Paine, *The Sino-Japanese War of 1894-1895*, p. 140에서 재인용.

409. "Chine et Japon" (China and Japan), *Journal de St-Petersbourg* (St. Petersburg Journal), no. 207, 17 August 1894, pp. 2-3

410. "Chine et Japon" (China and Japan), *Journal de St-Petersbourg* (St. Petersburg Journal), no. 220, 1 September 1894, p. 2.

411. "The War," *The North-China Herald* (Shanghai), 24 August 1894, p. 299. Paine, *The Sino-Japanese War of 1894-1895*, p. 160에서 재인용.

412. "Korean Affairs," *The Japan Weekly Mail* (Yokohama), 4 August 1894, p. 27. Paine, *The Sino-Japanese War of 1894-1895*, p. 160.

413. 『翁文恭公日記』 33권, 光緒20年6月28, 29, 7月1日. 다보하시 『근대 일선관계의 연구 下』, p. 505에서 재인용.

414. 다보하시, 『근대 일선관계의 연구 下』, p. 505.

415. 「1894년 8월 3일, 황태후(西太后) 조칙」, 이승만 편저, 『쉽게 풀어 쓴 청일전기』, pp. 50-51. Paine, *The Sino-Japanese War of 1894-1895*, p. 160.

416. "Oh, East is East and West is West," *The Pall Mall Gazette* (London), 6 August 1894, 4th ed., p. 1. Paine, *The Sino-Japanese War of 1894-1895*, p. 160에서 재인용.

417. Paine, *The Sino-Japanese War of 1894-1895*, p. 160.

418. 「1894년 8월 26일, 청국 황제 조칙」, 이승만 편저, 『쉽게 풀어 쓴 청일전기』, pp. 51-52.

419. 「1894년 8월 26일, 청국 황제 조칙」, 이승만 편저, 『쉽게 풀어 쓴 청일전기』, pp. 52-53.

420. "The New Chihli Commander-in-Chief," *The North-China Herald* (Shanghai), 30 November 1894, p. 903; Oh, "Background," 348. Paine, *The Sino-Japanese War of 1894-1895*, p. 160.

421. N. Arraisso, "An Asiatic's Ruminations," *The North-China Herald* (Shanghai), 7 September 1894, p. 408. Paine, *The Sino-Japanese War of 1894-1895*, pp. 160-161.

422. Paine, *The Sino-Japanese War of 1894-1895*, p. 161.

423. Paine, *The Sino-Japanese War of 1894-1895*, p. 161.

424. Paine, *The Sino-Japanese War of 1894-1895*, p. 162.

425. "Li Still Acting as Viceroy," *The New York Times*, 13 August 1894, p. 5. Paine, *The Sino-Japanese War of 1894-1895*, p. 162에서 재인용.

426. "Japanese Embroglio," 313. Paine, *The Sino-Japanese War of 1894-1895*, p. 163에서 재인용.

427. Paine, *The Sino-Japanese War of 1894-1895*, p. 163.

428. Olender, *Sino-Japanese Naval War*, p. 78.

429. Paine, *The Sino-Japanese War of 1894-1895*, p. 157.

430. Paine, *The Sino-Japanese War of 1894-1895*, p. 158.

431. "The Japanese in Corea," *The North-China Herald* (Shanghai), 10 August 1894, p. 240. 「Peking,」 *The North-China Herald* (Shanghai), 9 November 1894, p. 774. Paine, *The Sino-Japanese War of 1894-1895*, p. 158에서 재인용.

432. Olender, *Sino-Japanese Naval War*, p. 79.

433. Olender, *Sino-Japanese Naval War*, p. 80.

434. Olender, *Sino-Japanese Naval War*, p. 81.

435. Duus, *The Abacus and the Sword*, p. 79.

436. Duus, *The Abacus and the Sword*, p. 82.

437. Conroy, *The Japanese Seizure of Korea*, p. 263.

438. 『고종실록』 31권, 고종 31년 6월 24일 기사 1번째기사.

439. 『고종실록』 32권, 고종 31년 7월 15일 기축 4번째기사.

440. 『고종실록』 32권, 고종 31년 7월 20일 갑오 1번째기사.

441. 유영익, 『동학농민봉기와 갑오경장』 (서울: 일조각, 1998,) p. 49.

442. 유영익, 『동학농민봉기와 갑오경장』 (서울: 일조각, 1998,) p. 49.

443. Duus, *The Abacus and the Sword*, p. 82.

444. 『日外書』 XXVII: 1, #431, pp. 638-639. 유영익, 『동학농민봉기와 갑오경장』, p. 49.

445. 『日外書』 XXVII: 2, #699, pp. 332-333; #700, p. 333. 유영익, 『동학농민봉기와 갑오경장』 (서울: 일조각, 1998,) p. 49에서 재인용.

446. 유영익, 『동학농민봉기와 갑오경장』, p. 49.

447. 伊藤博文 編, 『祕書類纂: 朝鮮交涉史料』 中, pp. 633-637. 유영익, 『동학농민봉기와 갑오경장』, p. 54.

448. 國史編纂委員會 編, 『駐韓日本公事官記錄 5』 (국사편찬위원회, 1990), p. 335. 伊藤博文 編, 『祕書類纂: 朝鮮交涉史料』 中, p. 635. 유영익, 『동학농민봉기와 갑오경장』, p. 55에서 재인용.

449. 伊藤博文 編, 『祕書類纂: 朝鮮交涉史料』 中, p. 634. 유영익, 『동학농민봉기와 갑오경장』, p. 55.

450. 『고종실록』 32권, 고종 31년 7월 20일 갑오 4번째기사. http://sillok.history.go.kr/

id/kza_13107020_004

451. 『고종실록』 32권, 고종 31년 8월 29일 계유 1번째기사. http://sillok.history.go.kr/id/kza_13108029_001

452. 『李秉輝供草』, p. 589. 김영수, 「갑오농민군과 흥선대원군의 정치적 관계에 대한 연구」, p. 151.

453. 『李秉輝始末書』. 김영수, 「갑오농민군과 흥선대원군의 정치적 관계에 대한 연구: 이병휘, 전봉준 공초(供草)에 대한 분석을 중심으로」, 『한국사회과학』 제 19권 제 3호 (1997): 144-184, p. 154에서 재인용.

454. 정교, 『대한계년사 2』, pp. 73-74.

455. 伊藤博文 編, 『祕書類纂: 朝鮮交涉史料』 下, p. 635. 『東學亂記錄』, 下, p. 589. 李相佰, 동학당과 대원군, 역사학보 제17, 18집, p. 19. 류영익, 『동학농민봉기와 갑오경장』, p. 56.

456. 伊藤博文 編, 『祕書類纂: 朝鮮交涉史料』 下, p. 634. 『고종실록』 32권, 고종 31년 11월 2일 갑술 1번째기사. https://sillok.history.go.kr/id/kza_13111002_001

457. 김영수, 「갑오농민군과 흥선대원군의 정치적 관계에 대한 연구: 이병휘, 전봉준 공초(供草)에 대한 분석을 중심으로」, 『한국사회과학』 제 19권 제 3호 (1997), pp 144-184, pp. 156-157에서 재인용.

458. 『李秉輝供草』, p. 590. 김영수, 「갑오농민군과 흥선대원군의 정치적 관계에 대한 연구」, p. 150에서 재인용.

459. 『李秉輝供草』, p. 591. 김영수, 「갑오농민군과 흥선대원군의 정치적 관계에 대한 연구」, pp. 152-153에서 재인용.

460. 『李秉輝始末書』. 김영수, 「갑오농민군과 흥선대원군의 정치적 관계에 대한 연구」, p. 155에서 재인용.

461. 『李秉輝始末書』. 김영수, 「갑오농민군과 흥선대원군의 정치적 관계에 대한 연구」, p. 155에서 재인용.

462. Keene, *Emperor of Japan*, p. 485.

463. NKGS, 9:57-59. Duus, *The Abacus and the Sword*, pp. 79-80.

464. Mutsu to Ito, Aug. 7, 1894: Archives, MT. 1.6.1.5, *PP*· 488-94. Conroy, *The Japanese Seizure of Korea*, p. 264.

465. Cabinet decision, Aug. 8, 1894: Archives, M T 1.6.1.5, *P*· 495· Conroy, *The Japanese Seizure of Korea*, p. 264.

466. Conroy, *The Japanese Seizure of Korea*, p. 265.

467. Keene, *Emperor of Japan*, p. 484.

468. Duus, *The Abacus and the Sword*, p. 80. Conroy, *The Japanese Seizure of Korea*, pp. 265-266.

469. Duus, *The Abacus and the Sword*, p. 80에서 재인용.

470. 무쓰, 『건건록』, p. 164.

471. Duus, *The Abacus and the Sword*, pp. 80-81에서 재인용.

472. Keene, *Emperor of Japan*, p. 485.

473. 무쓰, 『건건록』, p. 154.

474. Duus, *The Abacus and the Sword*, p. 81.

475. William W. Rockhill (ed.), *Treaties and Conventions with or concerning China and Korea 1894~1904* (Washington: Government Printing Office.) Conroy, *The Japanese Seizure of Korea*, pp. 266-267. 무쓰, 『건건록』, p. 155.

476. 『駐韓日本公使館記錄』 3권, 七. 和文電報往復控, (8) 朴泳孝 일행의 入京次 釜山 출발.

477. 『日外書』 XXVII: 1, #360, p. 552. 류영익, 『동학농민봉기와 갑오경장』, p. 49.

478. Japan Weekly Mail 22, p. 127, 1894. 8. 4 일자. 류영익, 『동학농민봉기와 갑오경장』, p. 49.

479. 류영익, 『동학농민봉기와 갑오경장』, p. 49.

480. 『고종실록』 32권, 고종 31년 8월 1일 을사 7번째기사. http://sillok.history.go.kr/id/kza_13108001_007

481. 『고종실록』 32권, 고종 31년 8월 4일 무신 1번째기사. http://sillok.history.go.kr/id/kza_13108004_001

482. 『고종실록』 32권, 고종 31년 8월 5일 기유 2번째기사. http://sillok.history.go.kr/id/kza_13108005_002

483. 『고종실록』 32권, 고종 31년 8월 5일 기유 2번째기사. http://sillok.history.go.kr/id/kza_13108005_002

484. Paine, *The Sino-Japanese War of 1894-1895*, pp. 165-166.

485. "Yamagata Aritomo," *Kodansha Encyclopedia of Japan, vol. 8* (Tokyo: Kodansha, 1983), pp. 290-2. Paine, *The Sino-Japanese War of 1894-1895*, p. 200 에서 재인용.

486. Olender, *Sino-Japanese Naval War*, p. 86.

487. Olender, *Sino-Japanese Naval War*, p. 84.

488. Olender, *Sino-Japanese Naval War*, p. 86.

489. Olender, *Sino-Japanese Naval War*, pp 88-89.

490. Olender, *Sino-Japanese Naval War*, p. 88.

491. Olender, *Sino-Japanese Naval War*, p. 88-89.

492. Keene, *Emperor of Japan*, p. 485.

493. Keene, *Emperor of Japan*, pp. 485-486.

494. Keene, *Emperor of Japan*, p. 486.

495. Keene, *Emperor of Japan*, p. 486.

496. Keene, *Emperor of Japan*, p. 486.

497. Paine, *The Sino-Japanese War of 1894-1895*, p. 166.

498. Olender, *Sino-Japanese Naval War*, p. 89.

499. "The Chino-Japanese War," *The Pall Mall Gazette* (London), 11 September 1894, 4th ed., p. 7. Paine, *The Sino-Japanese War of 1894-1895*, p. 166에서 재인용.

500. Paine, *The Sino-Japanese War of 1894-1895*, p. 166.

501. Paine, *The Sino-Japanese War of 1894-1895*, p. 167.

502. Olender, *Sino-Japanese Naval War*, pp. 89-90.

503. Paine, *The Sino-Japanese War of 1894-1895*, p. 168.

504. "The Fall of Pyong-yang," *The Japan Weekly Mail* (Yokohama), 29 September 1894, p. 369. Paine, *The Sino-Japanese War of 1894-1895*, p. 169에서 재인용.

505. "War News," *The Japan Weekly Mail* (Yokohama), 3 November 1894, p. 509. Paine, *The Sino-Japanese War of 1894-1895*, p. 169에서 재인용.

506. "The Chinese Loss at Phyong-yang," *The Japan Weekly Mail* (Yokohama), 22 September 1894, p. 343. Paine, *The Sino-Japanese War of 1894-1895*, p. 169에서 재인용.

507. "The Fall of Pingyang," *The North-China Herald* (Shanghai), 12 October 1894, p. 620

508. "The Fall of Pingyang," *The North-China Herald* (Shanghai), 12 October 1894, p. 620. Paine, *The Sino-Japanese War of 1894-1895*, p. 169에서 재인용

509. "Moukden in Anarchy," *The New York Times*, 4 January 1895, p. 5

510. Paine, *The Sino-Japanese War of 1894-1895*, p. 170에서 재인용.

511. Paine, *The Sino-Japanese War of 1894-1895*, p. 170.

512. Paine, *The Sino-Japanese War of 1894-1895*, p. 170.

513. Paine, *The Sino-Japanese War of 1894-1895*, p. 170.

514. A. B. De Guerville, "The Battle of Phyong-yang," *The Japan Weekly Mail* (Yokohama), 20 October 1894, pp. 452-4; "Moukden," *The North-China Herald* (Shanghai), 12 October 1894, p. 605.

515. "The War in the East," *The Times* (London), 3 October 1894, p. 3. Paine, *The Sino-Japanese War of 1894-1895*, p. 171에서 재인용.

516. Paine, *The Sino-Japanese War of 1894-1895*, p. 171에서 재인용.

517. "The War in the East," *The Times* (London), 23 November 1894, p. 5.

518. "Corean Light on the Far East," *The New York Times*, 27 October 1894, p. 12; "The War," *The North-China Herald* (Shanghai), 7 December 1894, p. 944; Kuo, 82-3. Paine, *The Sino-Japanese War of 1894-1895*, p. 172.

519. Olender, *Sino-Japanese Naval War*, p. 81.

520. Olender, *Sino-Japanese Naval War*, p. 81.

521. Olender, *Sino-Japanese Naval War*, p. 93.

522. Paine, *The Sino-Japanese War of 1894-1895*, p. 179.

523. Lensen, *Balance of Intrigue, Vol. 1*, p. 186.

524. Olender, *Sino-Japanese Naval War*, p. 95-96.

525. Paine, *The Sino-Japanese War of 1894-1895*, p. 180.

526. Olender, *Sino-Japanese Naval War*, pp. 98-102.

527. Paine, *The Sino-Japanese War of 1894-1895*, p. 180.

528. Olender, *Sino-Japanese Naval War*, pp. 104-106.

529. Olender, *Sino-Japanese Naval War*, pp. 111-113..

530. Olender, *Sino-Japanese Naval War*, p. 112.

531. Olender, *Sino-Japanese Naval War*, pp. 113-115.

532. Olender, *Sino-Japanese Naval War*, pp. 115-116.

533. Paine, *The Sino-Japanese War of 1894-1895*, p. 181에서 재인용.

534. "Another Account of the Naval Battle on the 17th," *The Japan Weekly Mail* (Yokohama), 6 October 1894, p. 396. Paine, *The Sino-Japanese War of 1894-1895*, p. 181에서 재인용.

535. "Letters from Hiroshima," *The Japan Weekly Mail* (Yokohama), 6 October 1894, p. 394. Paine, The Sino-Japanese War of 1894-1895, p. 181에서 재인용.

536. Paine, *The Sino-Japanese War of 1894-1895*, p. 182에서 재인용.

537. Paine, *The Sino-Japanese War of 1894-1895*, p. 182.

538. Hart to Campbell, 2 September 1894. Paine, *The Sino-Japanese War of 1894-1895*, p. 182에서 재인용.

539. Paine, *The Sino-Japanese War of 1894-1895*, p. 182에서 재인용.

540. "The War in the East," *The Times* (London), 22 September 1894, p. 5. Paine, *The Sino-Japanese War of 1894-1895*, p. 182에서 재인용.

541. Paine, *The Sino-Japanese War of 1894-1895*, p. 182에서 재인용.

542. "Abstract of Peking Gazette," *The North-China Herald* (Shanghai), 21 December 1894, p. 1017. Paine, *The Sino-Japanese War of 1894-1895*, p. 183에서 재인용.

543. "Documents Seized at Port Arthur," *The Japan Weekly Mail* (Yokohama), 5 January 1895, p. 15; 「Imperial Decrees,」 *The North-China Herald* (Shanghai), 11 January 1895, p. 46. Paine, *The Sino-Japanese War of 1894-1895*, p. 183에서 재인용.

544. "Herr von Hanneken Summoned to Peking," *The North-China Herald* (Shanghai), 2 November 1894, p. 720. Lensen, *Balance of Intrigue, Vol. 1*, 184. Paine,

The Sino-Japanese War of 1894-1895, p. 188.

545. "The War in the East," *The Times* (London), 3 September 1894, p. 4. Paine, *The Sino-Japanese War of 1894-1895*, p. 199에서 재인용.

546. Paine, *The Sino-Japanese War of 1894-1895*, p. 198.

547. "The War," *The North-China Herald* (Shanghai), 28 September 1894, p. 534; "China's Missing Transports," *The New York Times*, 24 September 1894, p. 5. Paine, *The Sino-Japanese War of 1894-1895*, p. 186.

548. Paine, *The Sino-Japanese War of 1894-1895*, p. 198.

549. "The China-Japanese War," *The Pall Mall Gazette* (London), 23 November 1894, 4th ed., p. 7. Paine, *The Sino-Japanese War of 1894-1895*, p. 190.

550. "The China-Japanese War," *The Japan Weekly Mail* (Yokohama), 6 October 1894, p. 403-4. Paine, *The Sino-Japanese War of 1894-1895*, p. 194에서 재인용.

551. "English Opinion on the War," *The Japan Weekly Mail* (Yokohama), 24 November 1894, p. 579. Paine, *The Sino-Japanese War of 1894-1895*, p. 194.

552. Paine, *The Sino-Japanese War of 1894-1895*, pp. 194-195.

553. Olender, *Sino-Japanese Naval War*, p. 121.

554. Olender, *Sino-Japanese Naval War*, pp. 121-122

555. Olender, *Sino-Japanese Naval War*, p. 124.

556. Olender, *Sino-Japanese Naval War*, p. 124.

557. Hummel, 686-8; "The New Chinese Generalissimo," *The North-China Herald* (Shanghai), 5 October 1894, p. 550; Eastlake and Yamada, 111. Paine, *The Sino-Japanese War of 1894-1895*, p. 199.

558. Olender, *Sino-Japanese Naval War*, p. 199..

559. Olender, *Sino-Japanese Naval War*, p. 199.

560. "Invasion of Manchuria," Du Boulay, 5. Paine, *The Sino-Japanese War of 1894-1895*, pp. 200-210에서 재인용.

561. Paine, *The Sino-Japanese War of 1894-1895*, p. 172.

562. "Our Naval Force in Asia," *The New York Times*, 28 November 1894, pp. 1, 5; "The Shanghai Incident," *The New York Times*, 29 November 1894, p. 1. Paine, *The Sino-Japanese War of 1894-1895*, p. 173.

563. "The War, Chinese Victory at Pingyang," *The North-China Herald* (Shanghai), 24 August 1894, p. 300. "The War," *The North-China Herald* (Shanghai), 28 September 1894, pp. 534-5.

564. "Moukden," *The North-China Herald* (Shanghai), 12 October 1894, p. 604.

565. "The Chino-Japanese War," *The Pall Mall Gazette* (London), 17 September 1894, 4th ed., p. 7.

566. "Letter from Phyong-yang," *The Japan Weekly Mail* (Yokohama), 20 October 1894, p. 451-2

567. "Port Arthur" Du Boulay, 10. Paine, *The Sino-Japanese War of 1894-1895*, p. 176에서 재인용.

568. Paine, *The Sino-Japanese War of 1894-1895*, p. 176.

569. "War Items," *The Japan Weekly Mail* (Yokohama), 29 September 1894, p. 361; Sakuye Takahashi, *Cases on International Law during the Sino-Japanese War* (Cambridge: Cambridge University Press, 1899), 1. Paine, *The Sino-Japanese War of 1894-1895*, p. 176.

570. "Battles in the Far East," *The New York Times*, 21 November 1894, p. 5. For more information on Japanese medical services, see S. Suzuki, The Surgical and Medical History of the Naval War between Japan & China, 1894-95, Y. Saneyoshi, trans. (Tokyo: Z. P. Maruya, 1901). Paine, *The Sino-Japanese War of 1894-1895*, p. 177에서 재인용.

571. "Battles in the Far East," The New York Times, 21 November 1894, p. 5. Paine, *The Sino-Japanese War of 1894-1895*, p. 178에서 재인용.

572. "The Red Cross Hospital," *The North-China Herald* (Shanghai), 8 February 1895, p. 183; "Red Cross Hospitals" and "Can Be Grateful," *The North-China Herald* (Shanghai), 8 February 1895, pp. 184-5; Paine, The Sino-Japanese War of 1894-1895, p. 178.

573. "The Wounded," *The North-China Herald* (Shanghai), 15 March 1895, p. 384. Paine, *The Sino-Japanese War of 1894-1895*, p. 178에서 재인용.

574. "The Situation," *The Peking and Tientsin Times*, 3 November 1894, p. 138. Paine, *The Sino-Japanese War of 1894-1895*, p. 179.

575. 『시천교종역사』, 2편 11장, 19쪽. 박맹수, 「동학농민전쟁기 해월 최시형의 활동」, 부산 예술문화대학 동학연구소 엮음, 『해월 최시형과 동학 사상』(서울: 예문서원, 1999,) pp. 158-200, p. 188-189에서 재인용.

576. 『駐韓日本公使館記錄』5권, 五. 機密諸方往 二, (10) 東學黨 鎭壓을 위한 第19大隊 파견 에 따른 訓令.

577. 駐韓日本公使館記錄 1권, 四. 東學黨에 關한 件 附巡査派遣의 件 一, (4) 忠淸道 天安郡에 서 日本人 6명이 東學黨에게 殺害된 件, 1) 忠淸道 天安郡에서 日本人이 東學黨에게 살해 된 件.

578. 『駐韓日本公使館記錄』1권, 四. 東學黨에 關한 件 附巡査派遣의 件 一, (1) 東匪의 城內潛 入에 따른 警備强化, 1) 東學黨 城內潛入說과 嚴重警戒要求.

579. 『駐韓日本公使館記錄』1권, 四. 東學黨에 關한 件 附巡査派遣의 件 一, (6) 安東亂民巨魁 徐相轍의 檄文入手 송부.

580. 『駐韓日本公使館記錄』 1권, 四. 東學黨에 關한 件 附巡査派遣의 件 一, (9) 安東 등의 東匪實情과 檄文上申.

581. 『駐韓日本公使館記錄』 3권, 七. 和文電報往復控, (76) 東學黨征討를 위한 병력증강 요청.

582. Sill to Sec. State, Sept. 24, 1894, No. 55: Dipl. Desp., Korea. Conroy, *The Japanese Seizure of Korea*, p. 270.

583. Duus, *The Abacus and the Sword*, p. 83.

584. Otori to Mutsu, Sept. 21, 1894: Archives, M T 1.6.1.5, pp. 617-25. Conroy, *The Japanese Seizure of Korea*, p. 270

585. Mutsu to Otori, Sept. 30 and otori to Mutsu, Oct. 1, 1894: Archives, M T 1.6.1.5, pp. 613-12 (reverse pagination), 616. Conroy, *The Japanese Seizure of Korea*, p. 270.

586. Duus, *The Abacus and the Sword*, p. 83.

587. Otori to Mutsu, Aug. 14, 1894. Duus, *The Abacus and the Sword*, p. 83.

588. Duus, *The Abacus and the Sword*, p. 83

589. *KKR*, 101-2, 112.

590. Otori to Mutsu, No. 870: Archives, M T 1.6.1.5, p. 117. Conroy, *The Japanese Seizure of Korea*, p. 270.

591. 유영익, 『동학농민봉기와 갑오경장』, p. 49.

592. Mutsy to Nabshima for Ito, Tokkyo, Oct. 4, 1894, JA, TEL 1894/2978-2979. Lensen, *Balance of Intrigue, Vol. 1*, p. 518.

593. *Japan Mail*, October 15, 1894. Lensen, *Balance of Intrigue, Vol. 1*, Vol. II, p. 517에서 재인용.

594. Sugimura Diary, Archives, PV M 3, pp. 498-507. Otori recall, Oct. 11 , 1894: Archives, M T 1.6.1.5, p. 672. Mutsu to Nabeshima (for Inoue Kaoru) , Oct. 9, 1894: ibid., pp. 683-84. Conroy, *The Japanese Seizure of Korea*, p. 271.

595. Mutsu to Uchida (London) , Aoki (Berlin), Nishi (St. Petersburg), etc., Oct. 15, 1894: Archives, M T 1.6.1.5, *P P·* 689-88 (reverse pagination). Conroy, *The Japanese Seizure of Korea*, p. 271에서 재인용.

596. Memorandum of conference between Inoue and Hillier, Seoul, Oct. 29, 1894: Archives, M T 1.6.1.5, *P P·* 745-56. Conroy, *The Japanese Seizure of Korea*, p. 272에서 재인용.

597. Sill to Sec. State, Nov . 2, 1894, No . 65 : Dipl. Desp., Korea. Conroy, *The Japanese Seizure of Korea*, p. 271에서 재인용.

598. 『駐韓日本公使館記錄』 2권, 五. 機密本省及其他往來, (65) 東學黨 의 件.

599. Lew Young Ik, "Minister Inoue Kaoru and the Japanese Reform Attempts in Korea During the Sino-Japanese War, 1894-1895" *The Journal of Asiatic Stud-*

ies, Vol. XXVII, No. 2, pp. 145-186, p. 156.

600. 『日外書』 XXVII: 2, #477, p. 53. 유영익, 『동학농민봉기와 갑오경장』, p. 65에서 재인용.

601. 『東學亂記錄』 上 , pp. 90-91. 유영익, 『동학농민봉기와 갑오경장』, p. 67에서 재인용.

602. 駐韓日本公使館記錄 6권, 二. 各地東學黨 征討에 관한 諸報告, (3) 各地 戰鬪詳報 및 東學黨征討策 實施報告書 送付의 件.

603. 駐韓日本公使館記錄 6권, 二. 各地東學黨 征討에 관한 諸報告, (3) 各地 戰鬪詳報 및 東學黨征討策 實施報告書 送付의 件.

604. 유영익, 『동학농민봉기와 갑오경장』, p. 67.

605. 『고종실록』 32권, 고종 31년 12월 27일 기사 1번째기사. https://sillok.history.go.kr/id/kza_13112027_001

606. 『日外書』, XXVII: 2, #473, pp. 27-28. 유영익, 『동학농민봉기와 갑오경장』, p. 52에서 재인용.

607. 황현 저, 이장희 역, 『매천야록』, 상(서울: 명문사, 2008,) p. 800.

608. Morinosuke Kajima, The diplomacy of Japan, 1894-1922. Vol. I. Sino-Japanese War and Triple Intervention. 471 pp. (Tokyo: Kajima Institute of International Peace, 1976,) pp. 120-122.

609. Kajima, The diplomacy of Japan, 1894-1922. Vol. I, pp. 120-122.

610. Kajima, The diplomacy of Japan, 1894-1922. Vol. I, pp. 120-122.

611. 유영익, 『동학농민봉기와 갑오경장』, p. 63.

612. 『고종실록』 32권, 고종 31년 10월 25일 무진 1번째기사. https://sillok.history.go.kr/id/kza_13110025_001

613. Kajima, The diplomacy of Japan, 1894-1922. Vol. I, pp. 120-122.

614. Olender, Sino-Japanese Naval War, p. 125.

615. Olender, Sino-Japanese Naval War, p. 127.

616. Olender, Sino-Japanese Naval War, p. 129.

617. Olender, Sino-Japanese Naval War, p. 131.

618. Olender, Sino-Japanese Naval War, pp. 130-131.

619. Olender, Sino-Japanese Naval War, p. 132.

620. Olender, Sino-Japanese Naval War, p. 134.

621. Olender, Sino-Japanese Naval War, p 134.

622. Olender, Sino-Japanese Naval War, p 139.

623. Olender, Sino-Japanese Naval War, pp. 139-140.

624. Olender, Sino-Japanese Naval War, p 142.

625. Olender, Sino-Japanese Naval War, p 143.

626. Olender, Sino-Japanese Naval War, p 144.

627. Olender, *Sino-Japanese Naval War*, p 144.

628. Olender, *Sino-Japanese Naval War*, p 145.

629. Olender, *Sino-Japanese Naval War*, pp 145-146

630. Olender, *Sino-Japanese Naval War*, p 146.

631. Olender, *Sino-Japanese Naval War*, pp. 147-148.

632. Olender, *Sino-Japanese Naval War*, p 148.

633. Olender, *Sino-Japanese Naval War*, p 148.

634. Keene, *Emperor of Japan*, p. 492.

635. Keene, *Emperor of Japan*, p. 492.

636. Keene, *Emperor of Japan*, p. 492.

637. Keene, *Emperor of Japan*, pp. 492-493.

638. Keene, *Emperor of Japan*, p. 493.

639. 井上晴樹(이노우에 하루키)『旅順虐殺事件』, p. 153, 157, 176. Keene, *Emperor of Japan*, p. 494.

640. 井上晴樹(이노우에 하루키)『旅順虐殺事件』, pp. 202-204. Keene, *Emperor of Japan*, p. 494.

641. 井上晴樹(이노우에 하루키)『旅順虐殺事件』, p. 48, 189, 192. Keene, *Emperor of Japan*, p. 494.

642. Keene, *Emperor of Japan*, p. 493.

643. 井上晴樹(이노우에 하루키)『旅順虐殺事件』, p. 40. Keene, *Emperor of Japan*, p. 493.

644. 井上晴樹(이노우에 하루키)『旅順虐殺事件』, p. 58, 147-147. Keene, *Emperor of Japan*, p. 493.

645. 井上晴樹(이노우에 하루키)『旅順虐殺事件』, p. 82, 85. Keene, *Emperor of Japan*, p. 494.

646. 井上晴樹(이노우에 하루키)『旅順虐殺事件』, p. 186. Keene, *Emperor of Japan*, p. 494.

647. Keene, *Emperor of Japan*, p. 495.

648. Paine, *The Sino-Japanese War of 1894-1895*, p. 201.

649. Olender, *Sino-Japanese Naval War*, p. 200

650. Keene, *Emperor of Japan*, pp. 497-498.

651. Keene, *Emperor of Japan*, p. 498.

652. *Meiji tenno ki*, 8, p. 497. Keene, *Emperor of Japan*, p. 498.

653. Olender, *Sino-Japanese Naval War*, p. 200.

654. "The War from Native Sources," *The North-China Herald* (Shanghai), 2 November 1894, p. 742. Paine, *The Sino-Japanese War of 1894-1895*, pp. 201-202

에서 재인용.

655. "Japan," *The North-China Herald* (Shanghai), 9 November 1894, p. 773. Paine, *The Sino-Japanese War of 1894-1895*, p. 202에서 재인용.

656. Olender, *Sino-Japanese Naval War*, p. 202.

657. Olender, *Sino-Japanese Naval War*, p. 200.

658. Olender, *Sino-Japanese Naval War*, p. 201.

659. Olender, *Sino-Japanese Naval War*, p. 202.

660. Keene, *Emperor of Japan*, p. 498.

661. Keene, *Emperor of Japan*, p. 498.

662. Olender, *Sino-Japanese Naval War*, p. 200.

663. Olender, *Sino-Japanese Naval War*, p. 204.

664. Keene, *Emperor of Japan*, p. 499.

665. *Meiji tenno ki*, 8, p. 486. Keene, *Emperor of Japan*, p. 497.

666. 무쓰, 『건건록』, pp. 200-201.

667. 무쓰, 『건건록』, p. 201.

668. Lensen, *Balance of Intrigue, Vol. 1*, pp. 229-230.

669. Lensen, *Balance of Intrigue, Vol. 1*, p. 230.

670. Mutsu to Nabeshima for Ito, Tokyo, Nov. 28, 1894, Nihon gaiko bunsho, vol. 27, pt. 2, pp. 533-534. Lensen, *Balance of Intrigue, Vol. 1*, p. 230.

671. Lensen, *Balance of Intrigue, Vol. 1*, p. 230.

672. Detring to Ito, Kobe, Nov. 28, 1894, Nihon gaiko bunsho, vol. 27, pt. 2, pp. 531-532. Lensen, *Balance of Intrigue, Vol. 1*, p. 230.

673. Detring to Kot, Kobe, Nov. 28, 1894, Nihon gaiko bunsho, vol. 27, pt. 2, p. 534. Gerard to Hanotaux, no. 123, Peking, Nov. 27, 1894, DDF, ser. 1, 11: 440-442. Lensen, *Balance of Intrigue, Vol. 1*, p. 230.

674. John W. Foster, *Diplomatic Memoirs,* Vol. 2 (Boston: 1909,) p. 106. Lensen, *Balance of Intrigue, Vol. 1*, p. 230.

675. O'Conor to Kimberley, no. 41, Peking, Feb. 4, 1895, "Confidential" EA, FO 405-60, pp. 5-6. Lensen, *Balance of Intrigue, Vol. 1*, pp. 230-231.

676. Trench to Kimberley, no. 205, Tokyo, Dec. 24, 1894, EA, FO 405-460, pp. 61-62. Lensen, *Balance of Intrigue, Vol. 1*, p. 231.

677. Lensen, *Balance of Intrigue, Vol. 1*, p. 231.

678. Lensen, *Balance of Intrigue, Vol. 1*, p. 231.

679. Lensen, *Balance of Intrigue, Vol. 1*, p. 231.

680. Denby to Dun, Peking, Jan. 3, 1895. Lensen, *Balance of Intrigue, Vol. 1*, p. 232.

681. Foster, *Diplomatic Memoirs, Vol. 2*, pp. 113-114. Denby to Dun, Peking, Jan. 23, 1895, *Nihon gaiko bunsho,* vol. 28, pt. 2, p. 227. Lensen, *Balance of Intrigue, Vol. 1,* p. 233.

682. Foster, *Diplomatic Memoirs, Vol. 2*, p. 114. Lensen, *Balance of Intrigue, Vol. 1,* p. 233.

683. Foster, *Diplomatic Memoirs, Vol. 2*, p. 215. Lensen, *Balance of Intrigue, Vol. 1,* p. 233.

684. Minutes of the Hiroshima Conference, *Nihon gaiko bunsho,* vol. 28, pt. 2, pp. 249-253. Lensen, *Balance of Intrigue, Vol. 1,* p. 235.

685. Minutes of the Hiroshima Conference, *Nihon gaiko bunsho,* vol. 28, pt. 2, pp. 249-253. Lensen, *Balance of Intrigue, Vol. 1,* pp. 235-236.

686. Foster, *Diplomatic Memoirs,* Vol. 2, pp. 116-117. Lensen, *Balance of Intrigue, Vol. 1,* p. 236.

687. Trench to Kimberley, no. 14, Tokyo, Feb. 3, 1895, EA, FO 405-462, p. 68. Lensen, *Balance of Intrigue, Vol. 1,* p. 237.

688. 『고종실록』 32권, 고종 31년 10월 23일 병인 1번째기사. http://sillok.history.go.kr/id/kza_13110023_001

689. Inoue to Mutsu, Nov. 4, 16, 20, 21, 1894: Archives, M T 1.6.1.5,pp. 974-75,1055, 1056-57. 1130-1229. Conroy, The Japanese Seizure of Korea, p. 272 에서 재인용.

690. Conroy, *The Japanese Seizure of Korea,* p. 273.

691. 『駐韓日本公使館記錄』 5권, 六. 內政釐革의 件 一, (7) 甲申政變 改革派 人物들을 赦免 귀국시켜 起用하라는 日本公使의 건의, 1) 甲申政變 改革派人物들을 赦免 귀국시켜 起用하라는 日本 公使의 건의.

692. 駐韓日本公使館記錄 5권, 六. 內政釐革의 件 一, (7) 甲申政變 改革派 人物들을 赦免 귀국시켜 起用하라는 日本公使의 건의, 2) [日本公使의 建議에 대한 答書.

693. 駐韓日本公使館記錄 5권, 六. 內政釐革의 件 一, (14) 朴泳孝 復爵과 甲申罪犯赦免 및 金玉均의 妻·女 發見의 件.

694. 駐韓日本公使館記錄 5권, 六. 內政釐革의 件 一, (14) 朴泳孝 復爵과 甲申罪犯赦免 및 金玉均의 妻·女 發見의 件.

695. 『駐韓日本公使館記錄』 3권, 一. 通常報告 附雜件, (18) 朝鮮 新內閣組織의 件.

696. Inoue to Mutsu, Jan. 7, 1895, No. 255: NGB, XXVIII:i , p. 377. Cf. Inoue to Mutsu, Dec. 25, 28, 1894: Archives, M T 1.6.1.5, *PP·* ·242, 1349. Conroy, *The Japanese Seizure of Korea,* p. 275.

697. 『駐韓日本公使館記錄』 3권, 七. 和文電報往復控, (196) 朝鮮內政改革에 관한 件.

698. Mutsu to Inoue, Dec. 23 and Inoue to Mutsu, Dec. 25, 1894, Nos. 1166, 1189:

Archives, M T 1.6.1.5, *P P*· 1238-36, 1245-42. Conroy, *The Japanese Seizure of Korea,* pp. 275-276.

699. Duus, *The Abacus and the Sword,* p. 90.

700. Duus, *The Abacus and the Sword,* p. 90-91.

701. 『駐韓日本公使館記錄』3권, 七. 和文電報往復控, (201) 朝鮮國王 太廟參詣誓約 연기의 件, 1) 朝鮮國王 太廟參詣誓約 연기의 件 1, 2.

702. 이승만 편저, 『쉽게 풀어 쓴 청일전기』, pp. 279-281.

703. Henry H. Em, *The Great Enterprise: Sovereignty and Historiography in Modern Korea* (Durham: Duke University Press, 2013,) p. 39.

704. 이광린, 『개화기의 인물』(서울: 연세대학교출판부, 1993,) p. 143에서 재인용.

705. https://namu.wiki/w/교육입국조서

706. 『駐韓日本公使館記錄』3권, 七. 和文電報往復控, (196) 朝鮮內政改革에 관한 件.

707. Inoue to Mutsu, Jan. 8, 1895, No. 9 (also No. 161): Archives, M T 1.6.1.5, pp. 1262-60 (reverse pagination); same document in NGB, XXVIII:i , pp. 315-16, here numbered No. 191. Conroy, *The Japanese Seizure of Korea,* pp. 276-277 에서 재인용.

708. Mutsu to Inoue, Jan. 10, 1895, No. 193: NGB, XXVIII-.i, p. 316. Conroy, *The Japanese Seizure of Korea,* p. 277.

709. Inoue to Mutsu, Jan. 11, 1895, No. 194: NGB, XXVIII : 1, p. 317. Conroy, *The Japanese Seizure of Korea,* p. 277-278.

710. Mutsu to Inoue, Jan. 15,1895, No. 196: NGB, XXVII I :i, p. 318. Conroy, *The Japanese Seizure of Korea,* p. 278에서 재인용.

711. Inoue to Mutsu, Jan. 16, 1895, No. 197: NGB, XXVIII:i , pp. 318-19. Conroy, *The Japanese Seizure of Korea,* p. 279에서 재인용.

712. Inoue to Mutsu, Jan. 19, 26, 1895, Nos. 199, 200: NGB, XXVIII:i , pp. 320-21. Conroy, *The Japanese Seizure of Korea,* p. 279에서 재인용.

713. Inoue to Mutsu, Jan. 31, 1895, No. 201: NGB, XXVIII :i, p. 321. Conroy, *The Japanese Seizure of Korea,* pp. 279-280에서 재인용.

714. Inoue to Ito, Feb. 1, 1895, No. 203 and to Mutsu, Feb. 17,1895, and encl. No. 222: NGB, XXVIII:i , pp. 322, 334-42. Conroy, *The Japanese Seizure of Korea,* p. 280.

715. Ilo to Inoue, Mar. 3, 1895 in Ito, *Chosen Kosho Shiryo,* III, 556-5. Conroy, *The Japanese Seizure of Korea,* p. 281에서 재인용.

716. Olender, *Sino-Japanese Naval War,* p 151.

717. Olender, *Sino-Japanese Naval War,* p 152.

718. Olender, *Sino-Japanese Naval War,* p 156-157.

719. Olender, *Sino-Japanese Naval War*, pp. 157-158

720. Olender, *Sino-Japanese Naval War*, p. 158

721. 이승만 편저, 『쉽게 풀어 쓴 청일전기』, pp. 272-276.

722. Olender, *Sino-Japanese Naval War*, p. 160.

723. Olender, *Sino-Japanese Naval War*, p. 161.

724. Olender, *Sino-Japanese Naval War*, p. 162.

725. Olender, *Sino-Japanese Naval War*, pp. 163-164.

726. Olender, *Sino-Japanese Naval War*, pp. 164-165.

727. Olender, *Sino-Japanese Naval War*, p. 166.

728. Olender, *Sino-Japanese Naval War*, pp. 176

729. Olender, *Sino-Japanese Naval War*, pp. 179-180.

730. Olender, *Sino-Japanese Naval War*, pp. 182.

731. Olender, *Sino-Japanese Naval War*, p. 187.

732. Olender, *Sino-Japanese Naval War*, pp. 187-188

733. Olender, *Sino-Japanese Naval War*, p 188.

734. Olender, *Sino-Japanese Naval War*, pp. 187-188..

735. Olender, *Sino-Japanese Naval War*, pp. 190-191.

736. 이승만 편저, 『쉽게 풀어 쓴 청일전기』, p. 276.

737. Keene, *Emperor of Japan*, p. 500.

738. 이승만 편저, 『쉽게 풀어 쓴 청일전기』, p. 277.

739. 이승만 편저, 『쉽게 풀어 쓴 청일전기』, pp. 277-278.

740. Keene, *Emperor of Japan*, p. 500.

741. Olender, *Sino-Japanese Naval War*, p. 192.

742. Meiji tenno ki, 8, p. 684. Keene, *Emperor of Japan*, p. 501에서 재 인용.

743. Trumbull White, The War in the East, p. 641. Keene, *Emperor of Japan*, p. 501에서 재 인용.

744. Olender, *Sino-Japanese Naval War*, p. 195.

745. Olender, *Sino-Japanese Naval War*, pp. 196-197.

746. Olender, *Sino-Japanese Naval War*, p. 205.

747. Olender, *Sino-Japanese Naval War*, pp. 206-207.

748. Olender, *Sino-Japanese Naval War*, p. 207.

749. Olender, *Sino-Japanese Naval War*, p. 207.

750. Denby to Dun, Peking, Feb. 19, 1895, *Nihon gaiko bunsho*, vol. 28, pt. 2, p. 270. Lensen, *Balance of Intrigue, Vol. 1*, p. 237.

751. Denby Dun, Peking, Feb. 23, 1895, *Nihon gaiko bunsho*, vol. 28, pt. 2, pp. 272-274. Lensen, *Balance of Intrigue, Vol. 1*, p. 238.

752. Lensen, *Balance of Intrigue, Vol. 1*, p. 238.

753. Lensen, *Balance of Intrigue, Vol. 1*, p. 238.

754. Foster, *Diplomatic Memoirs, Vol. 2*, pp. 127-129. Lensen, *Balance of Intrigue, Vol. 1*, p. 239.

755. Li to Mutsu, Shimonoseki, Mar. 19, 1895, *Nihon gaiko bunsho*, vol. 28, pt. 2, pp. 285-286. Lensen, *Balance of Intrigue, Vol. 1*, p. 239.

756. Lensen, *Balance of Intrigue, Vol. 1*, p. 239.

757. Lensen, *Balance of Intrigue, Vol. 1*, p. 239.

758. 이승만 편저, 『쉽게 풀어 쓴 청일전기』, p. 189.

759. 이승만 편저, 『쉽게 풀어 쓴 청일전기』, pp. 189-190.

760. Keene, *Emperor of Japan*, p. 503.

761. 이승만 편저, 『쉽게 풀어 쓴 청일전기』, p. 191.

762. 이승만 편저, 『쉽게 풀어 쓴 청일전기』, pp. 193-194.

763. Lensen, *Balance of Intrigue, Vol. 1*, p. 242.

764. 이승만 편저, 『쉽게 풀어 쓴 청일전기』, p. 195.

765. Foster, *Diplomatic Memoirs*, Vol. 2, pp. 129-131. Lensen, *Balance of Intrigue, Vol. 1*, p. 243.

766. Mutsu to Nishi and other Japanese represeentatives in Europe and the United States, Shionseki, Mar. 24, 1895, JA〈 TEL 1895/2539-2540. *Nihon gaiko bunsho*, vol. 28, pt. 2, pp. 292-293. Lensen, *Balance of Intrigue, Vol. 1*, p. 243-244.

767. Lensen, *Balance of Intrigue, Vol. 1*, p. 244.

768. Mutsu to Nishi and other Japanese representatives in Europe and the United States, Shimonseki, March 24, 1894. Foster, *Diplomatic Memoirs*, Vol. 2, p. 132. Lensen, *Balance of Intrigue*, Vol. 1, p. 244.

769. 이승만 편저, 『쉽게 풀어 쓴 청일전기』, pp. 205-206.

770. 이승만 편저, 『쉽게 풀어 쓴 청일전기』, p. 206.

771. *Meiji tenno ki*, 8, pp. 730-732. Keene, *Emperor of Japan*, p. 503에서 재인용.

772. 이승만 편저, 『쉽게 풀어 쓴 청일전기』, p. 203.

773. 무쓰, 『건건록』, p. 261.

774. Keene, *Emperor of Japan*, p. 503.

775. 무쓰, 『건건록』, pp. 262-263.

776. Mutsu, *Kenkenrou*, p. 175. Keene, *Emperor of Japan*, p. 504에서 재인용

777. Keene, *Emperor of Japan*, p. 504.

778. Keene, *Emperor of Japan*, p. 504.

779. Mutsu, *Kenkenroku*, pp. 186-187, *Meiji tenno ki*, 8, pp. 751-753. 이승만 편저, 『쉽게 풀어 쓴 청일전기』, pp. 220-221에서 재인용..

780. 이승만 편저, 『쉽게 풀어 쓴 청일전기』, pp. 221-222.

781. Keene, *Emperor of Japan*, p. 505.

782. Olender, *Sino-Japanese Naval War*, p. 211.

783. Lensen, *Balance of Intrigue, Vol. 1*, p. 255.

784. 「우리역사넷」, 국사편찬위원회. http://contents.history.go.kr/front/hm/view. do?treeId=010701&tabId=03&levelId=hm_119_0030

785. Meiji tenno ki, 8, pp. 773. Keene, *Emperor of Japan*, pp. 505-506.

786. 이승만 편저, 『쉽게 풀어 쓴 청일전기』, pp. 267-268.

787. Lensen, *Balance of Intrigue, Vol. 1*, p. 255.

788. Foster, *Diplomatic Memoirs*, Vol. 2, pp. 149-150. Lensen, *Balance of Intrigue*, Vol. 1, p. 255.

789. Keene, *Emperor of Japan*, p. 508.

790. Piotr Olender, *Sino-Japanese Naval War 1894-1895*. (Hampshire, UK: Mushroom Model Publications, 2014,) p. 217.

791. Keene, *Emperor of Japan*, pp. 508-509.

792. Olender, *Sino-Japanese Naval War 1894-1895*, p. 217.

793. Olender, *Sino-Japanese Naval War 1894-1895*, p. 218.

794. Olender, *Sino-Japanese Naval War 1894-1895*, p. 217

795. Olender, *Sino-Japanese Naval War 1894-1895*, p. 218.

796. Keene, *Emperor of Japan*, p. 509.

797. Keene, *Emperor of Japan*, p. 509.

제5장 삼국간섭

1. De Vauvieneux to Hanotaux, tel. no. 49, St. Petersburg, Mar. 29, 1895, *Documents diplomatiques francais*, 1871-1914(DDF). Compiled by the French Foreign Ministry. 41 vols. Paris, 1929-1959, ser. 1, 11: 636. George Alexander Lensen, *Balance of Intrigue, Vol. 2*. p. 256.

2. Courcel to Hanotaux, tel. no. 31, London, Apr. 1, 1895, DDF, ser. 1, 11: 634-644. Lensen, *Balance of Intrigue, Vol. 2*. p. 256, footnote 2.

3. Nish to Mutsu, no. 19, St. Petersburg, Mar. 27, 1895, Japanese Archives (JA), TEL 1895/2052-2053. Lensen, *Balance of Intrigue, Vol. 2*. p. 256.

4. Nishi to Mutsu, St. Petersburg, Dec. 1, 1894, JA TEL 1894/1223-1225; Hayashi to Nabeshima for Mutsu, Tokyo, Dec. 2, 1894, JA TEL 1894/3252-3255. Lensen,

Balance of Intrigue, Vol. 2. p. 256.

5. Aoki to Mutsu, no. 41, Berlin, Dec. 7, 1894, JA, TEL 1894/1245. Lensen, *Balance of Intrigue, Vol. 2.* p. 257.

6. Hayashi to Nabshima for Mutsu, Tokyo, Jan. 28, 1895, JA TEL 1895/1767. Lensen, *Balance of Intrigue, Vol. 2.* p. 257.

7. Kato to Mutsu, no. 77, London, Feb. 17, 1895, JA, TEL 1895/0220-0221. Lensen, *Balance of Intrigue, Vol. 2.* p. 257.

8. Nishi to Mutsu, no. 27, Apr. 20, 1895, JA, TEL 1850/0336-0337; Hayshi to Sato, Apr. 22, 1895, JA〈 TEL 1895/2219-2220; Hayashi to Mutsu, Apr. 22, 1895, JA, TEL 1895/4350-4361. Lensen, *Balance of Intrigue, Vol. 2.* p. 257.

9. 무츠, 『건건록』, pp. 225-226.

10. Lensen, *Balance of Intrigue, Vol. 2.* p. 258.

11. Nishi to Mutsu, no. 20, St. Petersburg, Apr. 3, 1895, JA, TEL 1895/0303, *Nihon gaiko bunsho* (日本外交文書) vol. 28, pt. 1, p. 728; Hayashi to sato, Tokyo, Apr. 4, 1895, JA, TEL 1895/2113-2114; *Nichi-ro kosho-shi,* (日露國境交涉史) 233-34. Lensen, *Balance of Intrigue, Vol. 2.* p. 259.

12. Mutsu to Nishi, Shimonoseki, Apr. 4, 1895, JA, TEL 1895/2649-2650, *Nihon gaiko bunsho* (日本外交文書), vol. 28, pt. 1, pp. 604-605; Trench to Kimberley, no. 113, Tokyo, Apr. 11, 1895, "Confidential," signed by Lowther in the absence of Trench, English Archives (EA), Foreign Office (FO) 405-463, p. 166. *Nichi-ro kosho-shi,* (日露國境交涉史) 234. Lensen, *Balance of Intrigue, Vol. 2.* p. 259.

13. Nish to Mutsu, no. 72, St. Petersburg, Apr. 4, 1895, JA, TEL 1895/0305-0306, *Nihon gaiko bunsho* (日本外交文書), vol. 28, pt.1, pp. 732-733. Hayashi to Sato, Tokyo, Apr. 6, 1894, JA, TEL 1895/2118-2119. Lensen, *Balance of Intrigue, Vol. 2.* p. 260.

14. Hanotaux to French ambassadors in St. Petersburg and London, telegrams nos. 58 and 41, Paris, Apr. 5, 1895, DDF, ser. 1, 11: 662-663. Lensen, *Balance of Intrigue, Vol. 2.* p. 260.

15. Kimberley to Lascelles, telegram no. 43, London, Apr. 4, 1895, EA, FO 405-463, p. 24. Lensen, *Balance of Intrigue, Vol. 2.* p. 260.

16. Lascelles to Kimberley, no. 35, tells., St. Petersburg, Apr. 5, 1895, EA, FO 405-463, p. 25; Lascelles to Kimberley, no. 88. St. Petersburg, Apr. 9, 1895, EA, FO 405-463, pp. 60-61. Lensen, *Balance of Intrigue, Vol. 2.* pp. 260-261.

17. Vauvineux to Hanotaux, tel. no. 54, St. Petersburg, Apr. 6, 1895, DDF, ser. 1, 11: 665-666. Lensen, *Balance of Intrigue, Vol. 2.* pp. 260-261.

18. 김용구, 『러시아의 만주, 한반도 정책사, 17-19세기』 (서울: 푸른역사, 2018,) p. 179.

19. 김용구, 『러시아의 만주, 한반도 정책사, 17-19세기』, pp. 179-181.

20. Note of Lobanov, St. Petersburg, Mar. 25/Apr. 6, 1895. Lensen, *Balance of Intrigue, Vol. 2.* p. 263.

21. Marschall to Tschirschky, no. 45, Berlin, Apr. 8, 1895. Hanotaux to French representatives in St. Petersburg and London, tells. nos. 62 and 43, Paris, Apr. 8, 1895, DDF, ser 1, 11: 666-667. Lensen, *Balance of Intrigue, Vol. 2.* p. 264.

22. Lascelles to Kimberley, no. 36, te., St. Petersburg, Apr. 8, 1895, EA, FO 405-463, p. 30; no. 38, St. Petersburg, Apr. 9, 1895, FO 405-463, pp. 60-61. Lensen, *Balance of Intrigue, Vol. 2.* p. 264.

23. Nishi to Mutsu, no. 87, St Petersburg, Apr. 8, 1895, JA, TEL 1896/2134-2135. Lensen, Balance of Intrigue, p. 264.

24. Nishi to Mutsu, no. 25, Apr. 11, 1895, JA, TEL 1895/2155-2157, Nihon gaiko bunsho (日本外交文書) vol. 28, pt. 1, pp. 749-750. Lensen, *Balance of Intrigue, Vol. 2.* p. 264.

25. Charykov to Giers, no. 49, Berlin, July 23/Aug. 8, 1894. Lensen, *Balance of Intrigue, Vol. 2.* p. 264.

26. Friedrich von Holstein, *The Holstein Papers: The Memoirs, Diaries and Correspondence of Friedrich von Holstein 1837-1909* (The Holstein Papers 4 Volume Paperback Set) 1st Edition, I: 178-179. Lensen, *Balance of Intrigue, Vol. 2.* p. 264.

27. Gutschmid to Mutsu, Tokyo, Oct. 25, 1895, *Nihon gaiko bunsho* (日本外交文書), vol. 27, pt 2, pp. 603-604. Lensen, *Balance of Intrigue, Vol. 2.* p. 264.

28. Aoki to Mutsu, no. 27, Berlin, Nov. 5, 1895, JA, TEL 1894/1110. *Nihon gaiko bunsho* (日本外交文書), vol. 27, pt 2, p. 487. Lensen, *Balance of Intrigue, Vol. 2.* p. 265.

29. Aoki to Mutsu, no. 27, Berlin, Nov. 5, 1895, JA, TEL 1894/1115. *Nihon gaiko bunsho* (日本外交文書), vol. 27, pt 2, p. 488. Lensen, *Balance of Intrigue,* p. 265.

30. Mutsu to Aoki, no. 27, 1894, JA, TEL 1894/1578; no. 30, Dec. 4, 1894, JA TEL 1894/1616. Lensen, *Balance of Intrigue, Vol. 2.* p. 265.

31. Gutschmid to Mutsu, Tokyo, Jan. 29, 1895, JA, TEL 1895/1770; Hayashi to Nabeshima for Mutsu, Tokyo, Jan. 28, 1895, JA, TEL 1895/1765. Lensen, *Balance of Intrigue, Vol. 2.* p. 265.

32. Hohenlohe to Marschall, no. 7, Strassburg, Nov. 11, 1894. Lensen, *Balance of Intrigue, Vol. 2.* p. 265.

33. Marschall to Hohenlohe, no. 6, Berlin, Nov. 17, 1894. Lensen, *Balance of Intrigue, Vol. 2.* p. 266.

34. Marschall to Hatzfeldt, no. 129, Berlin, Feb. 1, 1895. Lensen, *Balance of Intrigue, Vol. 2.* pp 266-267.

35. Hatzfeldt to German Foreign Ministry, no. 31, London, Feb. 6, 1895. Lensen, *Balance of Intrigue, Vol. 2.* p. 267.

36. Hatzfeldt to Holstein, London, Feb. 8, 1895, Holstein Papers, 3: 494-496. *Lensen, Balance of Intrigue, Vol. 2.* p. 267.

37. Hatzfeldt to Holstein, London, Mar. 6, 1895, *Holstein Papers,* 3: 506-508. Lensen, *Balance of Intrigue, Vol. 2.* pp. 267-268.

38. Lensen, *Balance of Intrigue, Vol. 2.* p. 268.

39. Hohenlohe to Kaiser Wilhelm II, Berlin, Mar. 19, 1895. Lensen, *Balance of Intrigue, Vol. 2.* pp. 269-271.

40. Marschall to Tschirschky, no. 34, Berlin, Mar. 23, 1895. Lensen, *Balance of Intrigue, Vol. 2.* p. 271.

41. Tschirschky to Marschall, no. 60, St. Petersburg, Mar. 25, 1895. Lensen, *Balance of Intrigue, Vol. 2.* p. 271.

42. Lascelles to Kimberley, no. 33, tel., St. Petersburg, Mar. 28, 1895, EA, FO 405-462, p. 179; Vauvineux to Hanotaux, tel. no. 51, St. Petersburg, Apr. 3, 1895. DDF, ser. 1, 11: 556-557. Lensen, *Balance of Intrigue, Vol. 2.* p. 271.

43. Coucel to Hanotaux, tel. no. 31, London, Apr. 1, 1895, DDF, ser. 1, 11: 643-644. Lensen, *Balance of Intrigue, Vol. 2.* p. 271.

44. Hanotaux to French ambassadors in St. Petersburg and London, tells nos. 58 and 41, Paris, Apr. 5, 1895, DDF, ser. 1, 11: 662-663. Vauvineux to Hanotaux, tel. no. 54, St. Petersburg, Apr. 6, 1895, DDF, ser. 1, 11: 665-666. Lensen, *Balance of Intrigue, Vol. 2.* p. 271.

45. German memorandum, transmitted on Mar. 29, 1895, *Nihon gaiko bunsho* (日本外交文書), vol. 28, pt. 1, pp. 724-725. Lensen, *Balance of Intrigue, Vol. 2.* p. 272.

46. Aoki to Mutsu, no. 71, Berlin, Mar. 30 1895, JA, TEL 1895/2073-2074. Lensen, *Balance of Intrigue, Vol. 2.* p. 272.

47. Mulsberg's record of his conversation with Aoki, Berlin, Apr. 2, 1895. Lensen, *Balance of Intrigue, Vol. 2.* p. 272.

48. Marschall To Tschirschky, no. 41, Berlin, Apr. 4, 1895. Lensen, *Balance of Intrigue, Vol. 2.* p. 273.

49. Marschall to Hatzfeldt, no. 62, Berlin, Apr. 4, 1895. Lensen, *Balance of Intrigue, Vol. 2.* p. 273.

50. Hatzfeldt to Marschall, no. 72, London, Apr. 4, 1895. Lensen, *Balance of Intrigue, Vol. 2.* p. 273.

51. Hatzfledt to Marschll, no. 73, Apr. 6, 1895. Lensen, Balance of Intrigue, p. 274.

52. Memorandum of Brandt, Berlin, Apr. 8, 1895. Lensen, *Balance of Intrigue, Vol. 2*. pp. 274-275.

53. Grosse Politik, 9: 266, footnote. Lensen, *Balance of Intrigue, Vol. 2*. p. 275.

54. Marschall to Tschirschky, no. 45, Berlin, Apr. 8, 1895, Grosse Politik, 9:265; Vauvineux to Hanotaux, tel. no. 57, St. Petersburg, Apr. 11, 1895, DDF, ser. 1, 11: 679. Lensen, *Balance of Intrigue, Vol. 2*. p. 275.

55. Hanotaux to Vauvineux, tel. no. 63, Paris, Apr. 9, 1895, "Confidential," DDF, ser. 1, 2: 668-669. Lensen, *Balance of Intrigue, Vol. 2*. pp. 275-276.

56. Lensen, *Balance of Intrigue*, p. 276.

57. Lensen, *Balance of Intrigue*, p. 276.

58. Lensen, *Balance of Intrigue*, p. 276.

59. Lensen, *Balance of Intrigue*, pp. 276-277.

60. Lensen, *Balance of Intrigue*, p. 277.

61. Lensen, *Balance of Intrigue*, p. 277.

62. Lensen, *Balance of Intrigue*, p. 277.

63. Lensen, *Balance of Intrigue*, p. 277.

64. Lensen, *Balance of Intrigue*, p. 277.

65. Lensen, *Balance of Intrigue*, p. 277.

66. Lensen, *Balance of Intrigue*, p. 278.

67. Lensen, *Balance of Intrigue*, p. 278.

68. Lensen, *Balance of Intrigue*, p. 278.

69. Lensen, *Balance of Intrigue*, pp. 278-279.

70. Lensen, *Balance of Intrigue*, p. 279.

71. Lensen, *Balance of Intrigue*, p. 280.

72. Lensen, *Balance of Intrigue*, pp. 281-281.

73. Lensen, *Balance of Intrigue*, p. 282.

74. Lensen, *Balance of Intrigue*, p. 283.

75. Lensen, *Balance of Intrigue*, p. 283.

76. Lensen, *Balance of Intrigue*, p. 285.

77. Lensen, *Balance of Intrigue*, pp. 285-286.

78. Lensen, *Balance of Intrigue*, pp. 283-289.

79. Lensen, *Balance of Intrigue*, p. 289.

80. Lensen, *Balance of Intrigue*, p. 289.

81. Lensen, *Balance of Intrigue*, p. 289.

82. Lensen, *Balance of Intrigue*, p. 290.

83. Lensen, *Balance of Intrigue,* p. 291.

84. Lensen, *Balance of Intrigue,* p. 292.

85. Lensen, *Balance of Intrigue,* p. 292.

86. Lensen, *Balance of Intrigue,* p. 293.

87. Lensen, *Balance of Intrigue,* p. 294.

88. Lensen, *Balance of Intrigue,* p. 294.

89. Lensen, *Balance of Intrigue,* p. 294.

90. Lensen, *Balance of Intrigue,* p. 301.

91. Lensen, *Balance of Intrigue,* p. 302.

92. Lensen, *Balance of Intrigue,* p. 302.

93. Lensen, *Balance of Intrigue,* p. 302.

94. Lensen, *Balance of Intrigue,* p. 303.

95. Keene, *Emperor of Japan,* p. 506.

96. 무쓰 무네미쓰 지음, 김승일 옮김, 『건건록』(경기도 파주시: 범우, 2020,) p. 296.

97. Lensen, *Balance of Intrigue,* p. 303.

98. Lensen, *Balance of Intrigue,* p. 305.

99. Lensen, *Balance of Intrigue,* p. 305.

100. Lensen, *Balance of Intrigue,* p. 306.

101. Lensen, *Balance of Intrigue,* p. 308.

102. 무츠, 『건건록』, pp. 297-298

103. Lensen, *Balance of Intrigue,* p. 309.

104. 무츠, 『건건록』, p. 298.

105. 무츠, 『건건록』, p. 299.

106. Keene, *Emperor of Japan,* p. 507.

107. 무츠, 『건건록』, pp. 300-301.

108. 무츠, 『건건록』, p. 301

109. 무츠, 『건건록』, pp. 302-303.

110. Lensen, *Balance of Intrigue,* p. 311.

111. 무츠, 『건건록』, p. 303. Lensen, *Balance of Intrigue,* p. 314.

112. Lensen, *Balance of Intrigue,* pp. 314-315.

113. 무츠, 『건건록』, pp. 305-306. Lensen, Balance of Intrigue, p. 314.

114. 무츠, 『건건록』, p. 304.

115. 무츠, 『건건록』, p. 306.

116. 무츠, 『건건록』, p. 307.

117. Lensen, *Balance of Intrigue,* p 312.

118. Lensen, *Balance of Intrigue,* p. 312.

119. Lensen, *Balance of Intrigue*, pp. 312-313.

120. Lensen, *Balance of Intrigue*, p. 313.

121. Lensen, *Balance of Intrigue*, p. 313.

122. Lensen, *Balance of Intrigue*, p. 313.

123. 무츠, 「건건록」, pp. 304-305. Lensen, *Balance of Intrigue*, p. 314.

124. Lensen, *Balance of Intrigue*, p. 314.

125. 무츠, 「건건록」, pp. 308-309.

126. Lensen, *Balance of Intrigue*, pp. 315-316.

127. Lensen, *Balance of Intrigue*, p. 316.

128. 무츠, 「건건록」, p. 311.

129. Lensen, *Balance of Intrigue*, p. 316.

130. Lensen, *Balance of Intrigue*, p. 316-317.

131. Lensen, *Balance of Intrigue*, p. 317.

132. Lensen, *Balance of Intrigue*, p. 318.

133. Lensen, *Balance of Intrigue*, p. 318.

134. 무츠, 「건건록」, pp. 311-312.

135. Lensen, *Balance of Intrigue*, p. 319.

136. Lensen, *Balance of Intrigue*, p. 320.

137. 무츠, 「건건록」, pp. 313-314.

138. Lensen, *Balance of Intrigue*, p. 320.

139. Lensen, *Balance of Intrigue*, p. 320.

140. Lensen, *Balance of Intrigue*, p. 320.

141. 무츠, 「건건록」, p. 315.

142. Lensen, *Balance of Intrigue*, p. 321.

143. Lensen, *Balance of Intrigue*, p. 321.

144. Lensen, *Balance of Intrigue*, p. 321.

145. Lensen, *Balance of Intrigue*, p. 321.

146. Lensen, *Balance of Intrigue*, p. 321.

147. Lensen, *Balance of Intrigue*, p. 321.

148. Lensen, *Balance of Intrigue*, p. 321.

149. Lensen, *Balance of Intrigue*, p. 322.

150. Lensen, *Balance of Intrigue*, p. 322.

151. Lensen, *Balance of Intrigue*, p. 322.

152. Lensen, *Balance of Intrigue*, p. 322.

153. Lensen, *Balance of Intrigue*, p. 322.

154. 무츠, 「건건록」, p. 350.

155. 무츠, 『건건록』, p. 351.

156. Lensen, *Balance of Intrigue,* p. 323.

157. Lensen, *Balance of Intrigue,* p. 323.

158. Lensen, *Balance of Intrigue,* p. 324.

159. 이승만 편저, 김용삼, 김효선, 류석춘 번역, 해제, 『쉽게 풀어 쓴 청일전기』, p. 269.

160. Marius B. Jansen, *Japan and China: from War to Peace, 1894-1972* (Chicago: Rand McNally College Publishing Company, 1975,) p. 74.

제6장 갑오경장의 실패

1. Satoshi Mizutani, "Transimperial Genealogies of Korea as a Protectorate: The Egypt Model in Japan's Politics of Colonial Comparison," *Cross Currents: East Asian History and Culture Review* (e-journal) 32: 22-49. https://cross-currents. berkeley.edu/e-jounral/issue-32/mizutani.

2. *NGB,* 27.1, p. 477. Duus, p. 92에서 재인용.

3. Duus, *The Abacus and the Sword,* p. 92.

4. Tokutomi, *Koshaku Matsukata Masayoshi den,* 2:499-500, 510-524. Peter Duus, p. 70에서 재인용.

5. *NGB,* 27.1, pp. 480-481; 27.2, pp. 123-124. Duus, p. 93, footnote 62.

6. *NGB,* 27.1, pp. 480-481; 27.2, pp. 123-124. Duus, p. 93, footnote 62.

7. Duus, *The Abacus and the Sword,* p. 93, footnote 63.

8. Duus, *The Abacus and the Sword,* pp. 91-92.

9. Duus, *The Abacus and the Sword,* p. 93.

10. *NGB,* 28.1, p. 139. Duus, p. 93.

11. *NGB,* 8.1, pp. 347-348, Mar. 14, 1895. Duus, p. 94.

12. *NGB,* 30: 329. Duus, pp. 94-95.

13. 『윤치호일기』, 1895. 3. 31.

14. Duus, *The Abacus and the Sword,* p. 95.

15. Duss, *The Abacus and the Sword,* pp. 95-96.

16. Palmer, *Korean-American Relations, Vol. II,* p. 353.

17. *NGB,* 4: 386-388. Duus, *The Abacus and the Sword,* p. 96.

18. *KSH,* Mutsu Papers, vol. 28, pp. 104-107, Inoue to Mutsu. Duus, *The Abacus and the Sword,* p. 97에서 재인용.

19. *NA,* Dispatch Book U.S. Legation to Seoul, no. 111, May 11, 1895, Sill to Gresh-

am. Duus, *The Abacus and the Sword*, p. 97에서 재인용.

20. Duus, *The Abacus and the Sword*, p. 104.

21. Duus, *The Abacus and the Sword*, p. 104.

22. Duus, *The Abacus and the Sword*, p. 103.

23. 『在韓苦心錄』(東京: 1932), p. 113-114. 이광린, 『개화기의 인물』(서울: 연세대학교출판부, 1993,) p. 142에서 재인용.

24. 『윤치호일기』, 1895. 2. 13. 이광린, 『개화기의 인물』, pp. 141-142에서 재인용.

25. 『在韓苦心錄』(東京: 1932), pp. 132-135. 이광린, 『개화기의 인물』, pp. 1425-146에서 재인용.

26. 『在韓苦心錄』, pp. 132-135. 이광린, 『개화기의 인물』, pp. 1425-146에서 재인용.

27. 유영익, 『동학농민봉기와 갑오경장』, p. 82. Peter Duus, *The Abacus and the Sword: The Japanese Penetration of Korea, 1895-1910* (Berkeley: University of California Press, 1998,) p. 99.

28. Conroy, p. 300.

29. Duus, *The Abacus and the Sword*, p. 100.

30. Conroy, *The Abacus and the Sword*, p. 301.

31. 유영익, 『동학농민봉기와 갑오경장』, p. 83.

32. 유영익, 『동학농민봉기와 갑오경장』, pp. 85-87

33. Duus, *The Abacus and the Sword*, p. 100.

34. 정교, 『대한계년사 2』, p. 82.

35. 정교, 『대한계년사 2』, pp. 88-89.

36. 『고종실록』33권, 고종 32년 3월 10일 신사 1번째기사. https://sillok.history.go.kr/id/kza_13203010_001

37. 정교, 『대한계년사 2』, pp. 92-93.

38. 정교, 『대한계년사 2』, p. 93.

39. 유영익, 『동학농민봉기와 갑오경장』, p. 104

40. 정교, 『대한계년사 2』, p. 95.

41. 유영익, 『동학농민봉기와 갑오경장』, p. 105. 『고종실록』33권, 고종 32년 5월 16일 병술 1번째기사. https://sillok.history.go.kr/id/kza_13205016_001

42. Morinosuke, *The Diplomacy of Japan 1894-1922*, pp. 388-389.

43. Conroy, *The Japanese Seizure of Korea*, pp. 301-302.

44. 유영익, 『동학농민봉기와 갑오경장』, pp. 89-90, 각주 53.

45. 유영익, 『동학농민봉기와 갑오경장』, p. 89, 각주 52.

46. Conroy, *The Japanese Seizure of Korea*, p. 302.

47. Morinosuke, *The Diplomacy of Japan 1894-1922*, p. 389.

48. Lensen, *Balance of Intrigue, Vol. 2*, p. 523, footnote 32.

49. Inoue to Mutsu, May 19, 1895, No. 279: NGB, XXVIII : 1, pp. 420-21. Conroy, pp. 281-282.

50. Mutsu to Kato, Tokyo, May 18, 1895, JA, TEL 1895/0699-0700, and *Nihon gaiko bunsho,* vol. 28, pt. 1, p. 420. Lensen, *Balance of Intrigue, Vol. 2,* p. 524.

51. Kato to Mutsu, London, May 19, 1895, JA, TEL 1895/0432, and *Niho gaiko bunsho,* vol. 28, pt. 1, p. 420. Lensen, *Balance of Intrigue, Vol. 2,* p. 524. Footnote 35.

52. Mutsu to Nabshima for Ito, Tokyo, May 17, 1895, JA, TEL 1895/0695-0698, and Nihon gaiko bunsho, vol. 28, pt. 1, pp. 415-416. Lensen, *Balance of Intrigue, Vol. 2,* pp. 524-525.

53. Cabinet decision, May 25, 1895, No. 288: NGB, XXVII I pp. 434-35; also in Itö, Chösen Köshö Shiryi, III, 596. Mutsu to Nabeshima for Ito, Tokyo, May 25, 1895, JA, TEL 1895/0708-0709, and *Nihon gaiko bunsho,* vol. 28, pt. 1, pp. 434-435. Lensen, p. 525. Conroy, *The Japanese Seizure of Korea,* p. 282에서 재인용.

54. Gutschmid to Hohenlohe-Shillingsfurst, no. A. 197, Tokyo, June 2, 1895, GA. Lensen, *Balance of Intrigue, Vol. 2,* p. 529에서 재인용.

55. Kajima Morinosuke, *The Diplomacy of Japan 1894-1922, Vol. 1: Sino-Japanese War and Triple Intervention* (Tokyo: The Kajima Institute of International Peace, 1976,) pp. 387-388.

56. Duus, *The Abacus and the Sword,* p. 106.

57. Conroy, *The Japanese Seizure of Korea,* pp. 282-283.

58. Conroy, *The Japanese Seizure of Korea,* p. 302.

59. Duus, *The Abacus and the Sword,* p. 106.

60. Morinosuke, *The Diplomacy of Japan 1894-1922,* pp. 389-390.

61. pp. 589-694 of *Sugimura's Diary,* Archive, PVM 3. Conroy, *The Japanese Seizure of Korea,* p. 303.

62. pp. 589-694 of *Sugimura's Diary,* Archive, PVM 3. Conroy, *The Japanese Seizure of Korea,* p. 303.

63. Lowther to Salisbury, no. 288, Tokyo, July 13, 1895, "Confidential," EA, FO 405-64, p. 120.

64. O'Conor to Salisbury, no. 265, Peking, July 13, 1895, "Confidential," EA, FO 405-64, pp. 152-153. Lensen, *Balance of Intrigue, Vol. 2,* p. 526에서 재인용.

65. Hilier to O'Conor, Seoul, July 18, 1895, "Very Confidential," EA, FO 405-64, pp. 144-145. Lensen, *Balance of Intrigue, Vol. 2,* pp. 526-527에서 재인용.

66. Nihon gaiko bunsho, vol. 28, p5. 1, pp. 480-481; Saionji to Nishi, no. 135, to Inouue, no. 206, and Hayashii, no. 16, Tokyo, Aug. 1, 1895, JA, TEL 1895/1119-

1120. Lensen, *Balance of Intrigue, Vol. 2*, p. 527.

67. Gutschmid to Hohenloh-Schillingsfurst, no. A. 263, Tokyo, Aug. 9, 1895, GA, FSU/China, 20/56. Lensen, *Balance of Intrigue, Vol. 2*, p. 528.

68. Inoue to Saionji, no, 183, Seoul, Aug. 2, 1895, JA, TEL 1895/0890-0891. Lensen, pp. 527-528.

69. X.Y.Z. "The Atttack on the Top Knot," Korean Repository, 1896, 3:263-272.

70. Morinosuke, *The Diplomacy of Japan 1894-1922*, pp. 389-390.

71. Duus, *The Abacus and the Sword*, p. 108.

72. Inoue to Saionji, Aug. 6, 1895, No. 248 (also numbered 79, secret) and Aug. 29, 1895, No. 249 (also numbered 185): NGB, XXVIII:i , pp. 369-74. 374-75. Conroy, *The Japanese Seizure of Korea*, p. 283.

73. Saionji to Miura, Sept. 4, 1895, No. 250: NGB, XXVIII:i , p. 375. Conroy, *The Japanese Seizure of Korea*, pp 283-284.

74. Inoue to Saionji, Sept. 4, 1895, No. 251: ibid. Cf. Sugimura Diary, pp. 692-95. Conroy, *The Japanese Seizure of Korea*, p. 284에서 재인용.

75. 6 Saionji to Miura, Sept. 5 and Inoue to Saionji, Sept. 5, 1895, Nos. 253, 254: NGB, XXVIII:i , pp. 376-77. Sugimura Diary, pp. 692-95. Allen to Sec. State, Sept. 18, 1885, No. 146 gives the date of Inoue's departure. Conroy, *The Japanese Seizure of Korea*, p. 284.

76. Duus, *The Abacus and the Sword*, p. 108.

77. Donald Keene, *Emperor of Japan: Meiji and His World, 1852-1912* (New York: Columbia University Press, 2002,) p. 513.

78. NGKS, 10: 252-254, Duus, p. 108.

79. Duus, *The Abacus and the Sword*, p 108.

80. 미우라 고로, 《칸쥬장군회고록》(観樹将軍回顧録), NKGS, 10: 252-254. Duus, p. 109.

81. Keene, *Emperor of Japan*, p. 513.

82. 岡本柳之助, 『風雲回顧録』, pp. 222?23. Keene, p. 513.

83. Keene, *Emperor of Japan*, p. 514.

84. Duus, *The Abacus and the Sword*, p. 109.

85. Keene, *Emperor of Japan*, p. 514.

86. 『駐韓日本公使館記錄』 6권, 三. 全羅民擾報告·宮闕內騷擾의 件, 三 (제1권 제3장의 후반부), (12) [乙未事變 이후 大院君과 日公使館 간의 約章 4個條]

87. Duus, *The Abacus and the Sword*, p. 110.

88. Keene, *Emperor of Japan*, p. 515.

89. NKGS, 5: 71. Duus, *The Abacus and the Sword*, p. 110.

90. Duus, *The Abacus and the Sword*, p. 111.

91. Keene, *Emperor of Japan,* p. 514.

92. Keene, *Emperor of Japan,* p. 515.

93. "Official Report on Matters connected with the Events of October 8th, 1895, and the Death of the Queen," *The Korean Repository*, March, 1896, pp. 120-142, pp. 125-126.

94. Duus, *The Abacus and the Sword,* p. 111.

95. Duus, *The Abacus and the Sword,* p. 111.

96. NA, Dispatch Book, U.S. Legation to Seoul, no. 156, Allen to Olney, Oct. 10, 1895. Duus, *The Abacus and the Sword,* p. 112에서 재인용.

97. 『고종실록』 33권, 고종 32년 8월 22일 경인 1번째기사. https://sillok.history.go.kr/id/kza_13208022_001

98. Duus, *The Abacus and the Sword,* p. 115.

99. 『고종실록』 33권, 고종 32년 11월 15일 신해 3번째기사

100. 이사벨라 버드 비숍 지음, 이인화 옮김, 『한국과 그 이웃나라들: 백년 전 한국의 모든 것』 (경기도 파주시: 도서출판 살림, 2012,) pp. 417-418.

101 비숍 지음, 『한국과 그 이웃나라들』, p. 418.

102. 『고종실록』 34권, 고종 33년 1월 11일 양력 1번째기사. https://sillok.history.go.kr/id/kza_13301011_001

103. Isabella Bird Biship, *Korea and Her Neighbors,* 2: 179-80.

104. 비숍 지음, 『한국과 그 이웃나라들』, p. 419.

105. Duus, *The Abacus and the Sword,* p. 116.

106. 비숍 지음, 『한국과 그 이웃나라들』, p. 419.

107. Duus, *The Abacus and the Sword,* p. 117.

108. 비숍, 『한국과 그 이웃나라들』, p. 419.

109. 비숍, 『한국과 그 이웃나라들』, p. 419.

110. 비숍, 『한국과 그 이웃나라들』, p. 419.

111. 『고종실록』 34권, 고종 33년 1월 7일 양력 3번째기사. https://sillok.history.go.kr/id/kza_13301007_003

112. 『고종실록』 34권, 고종 33년 2월 11일 양력 3번째기사. https://sillok.history.go.kr/id/kza_13302011_003

113. 『고종실록』 34권, 고종 33년 2월 11일 양력 4번째기사. https://sillok.history.go.kr/id/kza_13302011_004

114. 『고종실록』 34권, 고종 33년 2월 11일 양력 3번째기사. https://sillok.history.go.kr/id/kza_13302011_003

115. 『고종실록』 34권, 고종 33년 2월 11일 양력 5번째기사. https://sillok.history.go.kr/id/kza_13302011_005

참고문헌

고문헌

『고종실록』, 『숙종실록』, 『순조실록』, 『승정원일기』, 『日省錄』, 『정조실록』, 『駐韓日本公使館記錄』, 『후한서』

논문 및 단행본

김갑천 역, 「박영효의 건백서: 내정개혁에 대한 188년의 상소문」, 『한국정치연구』 2권, 1990년 06월, pp. 245-295.

김선주, 「이세직(이일직)의 활동을 통해 본 대한제국기 정치와 외교」, 『역사와 현실』, 99호, 2016년, pp. 193-230.

김인환 역주, 『수운선집: 용담유사, 동경대전』 (서울: 고려대학교 출판문화원, 2019).

김영수, 「갑오농민군과 흥선대원군의 정치적 관계에 대한 연구: 이병휘, 전봉준 공초(供草)에 대한 분석을 중심으로」, 『한국사회과학』 제 19권 제 3호 (1997): 144-184.

김용구, 『러시아의 만주, 한반도 정책사, 17~19세기』 (서울: 푸른역사, 2018).

다보하시 기요시 지음, 김종학 옮김, 『근대 일선관계의 연구, 하』 (서울: 일조각, 2016).

샤를르 달레 원저, 한응열, 최석우 역주, 『한국천주교회사 下』 (서울: 한국교회사연구소, 1990).

무쓰 무네미쓰 지음, 김승일 옮김, 『건건록』 (경기도 파주: 범우, 2021).

박맹수, 「동학농민전쟁기 해월 최시형의 활동」, 부산예술문화대학 동학연구소 엮음, 『해월 최시형과 동학 사상』 (서울: 예문서원, 1999,) pp. 158-200.

백낙준, 『한국개신교사』 (서울: 연세대학교 출판부, 1973).

신복룡, 『[개정판] 동학사상과 갑오농민혁명』 (서울: 선인, 2006).

柳永益, 『韓國近現代史論』 (서울: 일조각, 1992).

유영익, 『동학농민봉기와 갑오경장』 (서울: 일조각, 1998).

윤석산, 「해월 최시형의 신앙 운동」, 부산예술문화대학 동학연구소 엮음, 『해월 최시형과 동학 사상』(서울: 예문서원, 1999,) pp. 133-157.

이광린, 『개화기의 인물』(서울: 연세대학교출판부, 1993).

이승만 편저, 김용삼, 김효선, 류석춘 번역, 해제, 『쉽게 풀어 쓴 청일전기』(서울: 북앤피
플, 2015).

임형진, 「혁명가 이필제의 생애와 영해」, 『동학학보』 제 30호, 2014, pp. 107-147.

정교 저, 조광 편, 김우철 역주, 『대한계년사 1』(서울: 소명출판, 2004).

함재봉, 『한국 사람 만들기 III: 친미기독교파 1』(경기도 광주: 에이치(H)프레스, 2020).

황현 저, 이장희 역, 『매천야록』, 상(서울: 명문사, 2008).

Hilary Conroy, *The Japanese Seizure of Korea: 1868-1910: A Study of Realism and Idealism in International Relations* (Philadelphia: University of Pennsylvania Press, 1960.)

Duus, Peter, *The Abacus and the Sword: The Japanese Penetration of Korea, 1895-1910* (Berkeley: University of California Press, 1998.)

Em, Henry H., *The Great Enterprise: Sovereignty and Historiography in Modern Korea* (Durham: Duke University Press, 2013.)

Glahn, Richard von, "Economic Depression and the Silver Question in Nineteenth-Century China" M. Perez Garcia and L. de Sousa (eds.), *Global History and New Polycentric Approaches, Palgrave Studies in Comparative Global History,* https://doi.org/10.1007/978-981-10-4053-5_5

Jansen, Marius B., *Japan and China: from War to Peace, 1894-1972* (Chicago: Rand McNally College Publishing Company, 1975.)

Kajima Morinosuke, *The Diplomacy of Japan 1894-1922, Vol. 1: Sino-Japanese War and Triple Intervention* (Tokyo: The Kajima Institute of International Peace, 1976.)

Kallander, George, *Salvation Through Dissent: Tonghak Heterodoxy and Early Modern Korea* (Honolulu: University of Hawai'i Press, 2013.)

Donald Keene, *Emperor of Japan: Meiji and His World, 1852-1912* (New York: Columbia University Press, 2002.)

Lensen, George Alexander, *Balance of Intrigue: International Rivalry in Korea & Manchuria, 1884-1899, Vol. I* (Tallahassee: University of Florida Press, 1982.)

Lieu, Joshua Van, "The Politics of Condolence: Contested Representations of Tribute in Late Nineteenth-Century Chosŏn-Qing Relations" *Journal of Korean Studies,* Volume 14, Number 1, Fall 2009, pp. 83-115.

Mizutani, Satoshi, "Transimperial Genealogies of Korea as a Protectorate: The

Egypt Model in Japan's Politics of Colonial Comparison" *Cross Currents: East Asian History and Culture Review* (e-journal) 32: 22-49. https://cross-currents.berkeley.edu/e-jounral/issue-32/mizutani.

Olender, Piotr, *Sino-Japanese Naval War: 1894-1895* (Sandomierz, Poland: MMP-Books, 2014.)

Paine, S.C.M., *The Sino-Japanese War of 1894-1895* (Cambridge: Cambridge University Press, 2003.)

Palmer, Spencer, ed., *Korean-American Relations: Documents Pertaining to the Far Eastern Diplomacy of the United States, Vol. II* (Berkeley: University of California Press, 1951-1989.)

Rowe, William T., *China's Last Empire: The Great Qing* (Belknap Press of the Harvard University Press, 2009.)

Seiwert, Hubert, in Collaboration with Ma Xisha, *Popular Religious Movements and Heterodox Sects in Chinese History* (Leiden, Boston: Brill, 2003.)

Sussma, George D., "Was the Black Death in India and China?" *CUNY Academic Works,* 2011, pp. 319-355, pp. 347-348. https://academicworks.cuny.edu/cgi/viewcontent.cgi?article=1052&context=lg_pubs

Swartout, Robert R., Jr., *Mandarins, Gunboats, and Power Politics: Owen Nickerson Denny and the International Rivalries in Korea* (Honolulu: University of Hawaii Press, 1980,)

사진 출처

나카무라로 식당, 82면, https://shinise.tv/nakamurarou-kyoto/

요코하마 그랜드 호텔, 118면, 요코하마 그랜드 호텔 http://www.oldtokyo.com/grand-hotel-yokohama-c-1910/

스기무라 후카시(杉村濬), 261면, https://www.city.morioka.iwate.jp/kankou/kankou/1037106/1009526/1024995/1024998/1025147.html

※ 본문에 별도로 저작권 및 출처를 표기하지 않은 사진은 모두 위키피디아(wikipedia) 퍼블릭 도메인 사진이다.

색인

한국 사람 만들기 IV
친일개화파 2

초판 1쇄 발행 2022년 9월 5일
초판 2쇄 발행 2022년 10월 1일
초판 3쇄 발행 2024년 7월 18일

지은이	함재봉
펴낸곳	H 프레스
펴낸이	함재봉
신고	2019년 12월 30일
신고번호	제 2019-24호
주소	경기도 광주시 천진암로 995-57
전화	010-2671-2949
이메일	cehahm@gmail.com

ISBN   979-11-971035-5-1
ISBN   979-11-971035-0-6 (세트)

값 38,000 원

※ 이 도서의 국립중앙도서관 출판예정도서목록(CIP)은 서지정보유통지원시스템 홈페이지
(http://seoji.nl.go.kr)와 국가자료공동목록시스템(http://www.nl.go.kr/kollsnet)에서
이용하실 수 있습니다.(CIP제어번호:CIP2020028450)